Franz Hoffmann

Lehrbuch der Fisik zum Gebrauche der gewerblichen Wiederholungs und Fortbildungsschule

Franz Hoffmann

Lehrbuch der Fisik zum Gebrauche der gewerblichen Wiederholungs und Fortbildungsschule

ISBN/EAN: 9783741157349

Hergestellt in Europa, USA, Kanada, Australien, Japan

Cover: Foto ©Paul-Georg Meister /pixelio.de

Manufactured and distributed by brebook publishing software (www.brebook.com)

Franz Hoffmann

Lehrbuch der Fisik zum Gebrauche der gewerblichen Wiederholungs und Fortbildungsschule

Lehrbuch der Fisik.

Zum Gebrauche
der
gewerblichen
Wiederholungs- und Fortbildungsschulen.

Mit 360 in den Text eingedruckten Holzschnitten.

Von
Franz Hoffmann,

k. k. Professor an der Oberrealschule und der damit vereinigten Gewerbeschule, Sekretär
des kärnt. Industrie- und Gewerbevereines zu Klagenfurt.

Preis broschiert 60 Neukreuzer.

Wien.
Im k. k. Schulbücher-Verlage.
1867.

Lehrbuch der Fisik.

Zum Gebrauche
der
gewerblichen
Wiederholungs- und Fortbildungsschulen.

Mit 360 in den Text eingedruckten Holzschnitten.

Von

Franz Hoffmann,

k. k. Professor an der Oberrealschule und der damit vereinigten Gewerbeschule, Sekretär des kärnt. Industrie- und Gewerbevereines zu Klagenfurt.

Wien.
Im k. k. Schulbücher-Verlage.
1867.

Vorwort.

Jeder denkende Gewerbsmann wird die Überzeugung gewonnen haben, daß ein gewisser Grad von allgemeiner Bildung, und das Aneignen einer entsprechenden Menge von technischen Kenntnissen sowohl zur Begründung der zum Geschäftsbetriebe erforderlichen Selbständigkeit, als auch zur Erwerbung der im gesellschaftlichen Leben einzunehmenden Stellung, die zur Erreichung höherer menschlicher Zwecke nothwendig ist, unerläßlich sind.

Der materielle Fortschritt ist ohne Zweifel vom geistigen, der letztere nicht minder vom sittlichen abhängig. Diese Dreiheit der menschlichen Bestrebungen macht demnach die Grundlage aller unserer Bedürfnisse aus, und je gleichmäßiger ihr genüget wurde, um so gedeihlicher und beglückender wird unser Schaffen und Wirken ausfallen.

Was Anderes, Segenbringenderes konnte also der Staat zum Frommen des den größten Theil seines Lebens an die Werkstätte gebundenen Handwerksmannes veranlassen, als der Jugend dieses Standes, bei der offenbar das Gemüth für die sittlichen und geistigen Eindrücke am empfänglichsten ist, mit dem zu ihrer Ausbildung Nothwendigen, durch Errichtung von entsprechenden Schulen, entgegenzukommen.

Dem Zeitgeiste gemäß organisirte Wiederholungs- und Fortbildungsschulen, welche nicht nur an Sonntagen, sondern auch in den Abendstunden einzelner Wochentage die gewerbliche Jugend eines Ortes um erfahrene und berufstüchtige Lehrer versammeln, damit sie durch diese mit den für das praktische Leben ersprießlichen Lehren ausgerüstet werde, sind es vorzüglich, welche unseren Gewerbestand auf den erwünschten Höhepunkt der geistigen Ausbildung bringen, welche ihn erwerbsfähig, thatkräftig und für die Umgebung wohlthuend machen können.

Das hohe k. k. Staatsministerium hatte nun, die große Wichtigkeit der geistigen Entwicklung unseres Gewerbestandes hinreichend würdigend, zum Gebrauche der Vorträge an diesen Gewerbeschulen die Abfassung eines aus drei Bänden bestehenden Lehrbuches „über die wichtigsten technischen Wissenschaften" angeordnet, und dabei meine Person mit dem Auftrage hoch beehrt, eine Zusammenstellung der für einen solchen Unterricht passenden fisikalischen Wahrheiten zu veranstalten.

Von dem innigsten Wunsche beseelt mit dieser Arbeit unserem wackeren Gewerbestande einen ausgesprochenen Nutzen zu bereiten, unterzog ich mich auch derselben mit Freuden.

Das Lehrbuch liegt nun vollendet vor meinen Augen, und indem ich es durchblicke, beschleicht mein Innerstes ein banges Gefühl, ob ich damit auch in allem dem Wunsche meiner Amtsgenossen nachgekommen bin, ob ich mit der Art der Verfassung desselben das mir vorgesetzte Ziel, darin das für den Gewerbsmann Wichtige und Lehrreiche aus der Naturlehre mit der möglichsten Klarheit und zulässlichen Ausführlichkeit niederzulegen, und dasselbe nicht nur für die Schule, sondern auch für das Haus zur Fortbildung geeignet zu machen, in hinreichendem Grade erreicht habe.

Möge eine freundliche Aufnahme dieses Buches mir die Überzeugung von seiner Brauchbarkeit verschaffen.

Indem sich unsere Gewerbeschulen, je nach den besonderen Verhältnissen eines Ortes, derzeit auf verschiedener Stufe ihrer Entwicklung befinden, weshalb auch für den Vortrag in der Naturlehre an den verschiedenen Schulen dieser Art ein ungleiches Zeitausmaß entfallen wird, so habe ich in diesem Lehrbuche diejenigen Paragrafe oder Absätze derselben, welche meiner Ansicht nach minder wichtig sind, vorne mit einem Sternchen bezeichnet.

Ferner habe ich auch am Ende des Inhaltsverzeichnisses einige Bemerkungen über einen den vorliegenden Lehrstoff enger zusammenfassenden Lehrplan, als dieß in einem solchen Lehrbuche thatsächlich einzuhalten räthlich gewesen wäre, mitgetheilt, welchen zu befolgen vielleicht mancher von meinen geehrten Kollegen, als den Umständen entsprechend, für gut erachten dürfte.

Klagenfurt, Ende September 1867.

Der Verfasser.

Inhalt.

Seite

Einleitung (§§. 1—3) 1
    Sinneswerkzeuge des Menschen. Begriff der Naturlehre. Naturgesetze.

Erster Abschnitt.
Von den sisikalischen Eigenschaften der Körper.

a) Die allgemeinen Eigenschaften derselben (§§. 4—57) . . . 7
    Ausdehnung. Geometrische Körperformen. Rauminhalt, Materie. Mathematische, flüssige Körper. Raummessen parallelepipedischer und zilindrischer Körper. Rückblick.
  Undurchdringlichkeit 20
    Taucherglocke. Vorsichtsmaßregeln.
  Theilbarkeit 24
    Thatsachen hierüber. Aggregatzustände. Moleküle. Molekularkräfte. Chemische Zerlegung.
  Porosität 32
    Zusammendrückbarkeit und Zusammenziehbarkeit.
  Wärme und Ausdehnung durch dieselbe 37
    Dampf und seine Spannkraft. Thermometer. Beziehungen zwischen den verschiedenen Thermometergraden. Vorsichten wegen Ausdehnung und Zusammenziehung der Körper. Hohe Wärmegrade. Pirometer.
  Trägheit 55
    Masse. Kraft. Bewegung. Widerstände derselben. Rückblick. Momentane Kraft. Gleichförmige Bewegung. Kontinuirlich-wirkende Kraft. Gleichförmig beschleunigte Bewegung. Gleichgewicht der Kräfte.
  Schwere 73
    Freier Fall. Schwere im Gleichgewicht mit dem Luftwiderstande. Fallschirm. Vertikale. Horizontale. Senkel. Sezwaage. Absolutes, spezifisches Gewicht. Dichte. Rückblick.

b) Die besonderen Eigenschaften der Körper (§§. 58—65) . . 84
    Härte. Festigkeit. Weichheit. Zähigkeit. Elastizität. Biegsamkeit. Dehnbarkeit. Sprödigkeit. Kohäsionskraft. Rückblick.

Zweiter Abschnitt.

Die Gleichgewichts- und Bewegungserscheinungen fester Körper.

	Seite
a) Vom Schwerpunkte (§§. 66—75)	94
Lage des Schwerpunktes	95
Stabile, labile, indifferente Gleichgewichtslage.	
Standfestigkeit	104
Gravitationsgesetz.	
b) Zusammensetzung und Zerlegung der Bewegungen und Kräfte (§§. 76—89).	
1. Zusammensetzung der Bewegungen	112
Krummlinige, geradlinige Bewegung. Bewegungsparallelogramm.	
2. Zusammensetzung der Kräfte	121
Mittelkraft oder Resultirende zweier oder mehrerer auf einen Punkt wirkender Kräfte. Mittelkraft parallelwirkender Kräfte. Drehende Wirkungen paralleler Kräfte. Schwengelbrunnen.	
3. Zerlegung der Kräfte und Bewegungen	133
Seilmaschine. Kniepresse. Reflexionsgesetz elastischer Kugeln.	
c) Die Maschinen (§§. 90—124)	137
1. Maß der Arbeit physischer Kräfte	139
Arbeitsgröße. Effect. Pferdekraft.	
2. Einfache Maschinen	142
Hebel	—
Anwendungen auf: Hebelade, Sicherheitsventil, Hebeisen, Tragstange. Wage.	
Rolle	160
Feste, bewegliche Rolle. Rammmaschine.	
Wellrad	163
Kreuz- und Hornhaspel. Winde. Tummelbaum.	
Schiefe Ebene	165
Schrotleiter. Bewegung auf der schiefen Ebene. Pendel. Pendeluhr.	
Keil	175
Anwendungen.	
Schraube	—
Anwendungen. Schlußbetrachtung.	
3. Zusammengesetzte Maschinen	179
Hebelwerk. Glockenscheere. Brückenwage. Rollenzug. Flaschenzug. Räderwerk. Stirn-, Kamm- und Kegelräder. Riemenscheiben. Schraubenpresse. Schraube ohne Ende. Grundgesetz bei Maschinen: „Die Arbeitsgröße der Kraft ist gleich jener der Last."	
d) Grundzüge des Maschinenbaues (§§. 125—140)	195
1. Festigkeit der Materialien und Maschinenbestandtheile	196
Absolute, rückwirkende, relative, Torsionsfestigkeit	198

	Seite
2. Stoß, und der Kraftverlust dabei	201
3. Ungleichförmige Bewegung bei Maschinen	203
Ausgleichung derselben mittels Kurbelpaare. Schwungräder.	
4. Bewegungsdruck	206
Fliehkraft.	
5. Reibung	210
Gleitende, rollende, Zapfenreibung.	

Dritter Abschnitt.

Die Gleichgewichts- und Bewegungserscheinungen tropfbarflüssiger und luftförmiger Körper (§§. 141—197).

1. Einleitung	216
Gestalt der ruhigen Flüssigkeitsoberfläche. Adhäsion. Luftförmige Stoffe. Spannkraft derselben. Rückblick.	
2. Die Schwere der Flüssigkeiten	221
Ihr spezifisches Gewicht. Wasser- und Reaktionsräder. Bewegung der Flüssigkeiten. Bodendruck derselben (hydrostatischer Druck). Extraktionspresse. Luftdruck. Stechheber. Handspritze. Barometer. Saug- und Druckpumpe. Geknicktmer Heber.	
3. Absolute Verschiebbarkeit der Flüssigkeitstheilchen	252
Gesetz der allseitigen und unveränderten Druckfortpflanzung durch Flüssigkeiten. Hidraulische Presse.	
4. Kommunizierende Gefäße	258
Wasserstandsmesser, Oelampen, Springbrunnen. Haarröhrchenwirkung.	
5. Verhalten fester Körper in Flüssigkeiten und dieser letzteren gegeneinander	269
Archimed'sches Prinzip. Schweben, Schwimmen. Untersinken. Wasserwage. Aufeinanderlagerung der Flüssigkeiten und Gase. Diffusion. Aufsteigen erwärmter Flüssigkeiten in kälteren. Luftballons.	
6. Dichtenbestimmungen der Körper	278
Tausendgranfläschchen. Hidrostatische Wage. Senkwagen. Volumeter.	
7. Spannkraft luftförmiger Stoffe und Apparate, welche auf ihr beruhen	289
Manometer. Luftpumpe. Spritzflasche. Heronsball. Feuerspritze. Windbüchse. Blasbalg. Gebläse. Regulatoren. Gasometer.	

Vierter Abschnitt.

Die Lehre vom Schalle (Akustik) (§§. 198—214) . . 307

Schwingen der Körper. Schallwellen. Ton- und andere Schallempfindungen. Schwingungsknoten. Knotenlinien. Tonleiter. Musikinstrumente. Stimmorgan. Fortpflanzung des Schalles. Stärke, Reflexion des Schalles. Nachhall, Wiederhall. Sprachrohr. Hörrohr. Gehörorgan.

Fünfter Abschnitt.

Die Lehre vom Lichte (Optik) (§§. 215—260).

                                                              Seite

a) **Allgemeine Begriffe vom Lichte** 327
    Licht, Schatten.
    Fortpflanzung des Lichtes.
    Stärke der Beleuchtung.
    Bunsen'sches, Rumford'sches Fotometer.

b) **Reflexion der Lichtstralen** 333
    Ebene Spiegel 335
    Kaleidoskop.
    Gekrümmte Spiegel 339
    Hohlspiegel. Erhabene Spiegel. Rückblick.

c) **Brechung der Lichtstralen** 346
    Grundgesetze 347
    Ablenkung durch Glasprismen. Totale Reflexion. Camera lucida.
    Stralenbrechung.
    Farbenzerstreuung 355
    Farbenspektrum. Komplementäre Farben. Gegenstandsfarbe. Regenbogen und andere Lichtmeteore.
    Brechung in Glaslinsen (Augengläsern) 361
    Sammellinsen. Sfärische Abweichung. Camera obscura. Zauberlaterne. Sonnenmikroskop. Einfaches, zusammengesetztes Mikroskop. Fernrohr.
    Zerstrauungslinse. Operagucker. Chromatische Abweichung der Linsen. Achromatische Doppellinsen.

d) **Sehorgan** 391
    Sehen. Die Akkommodazionsfähigkeit des Auges. Normale Sehweite. Kurz- und Weitsichtigkeit, Brillen. Lichteindruck. Dauer und Stärke desselben.

e) **Anhang** 400
    Chemische Wirkungen des Lichtes. Fotografie.

Sechster Abschnitt.

Die Lehre von der Wärme (§§. 261—316).

a) **Allgemeine Begriffe über Wärme** 402
    Quellen, Fortpflanzung, Stralung, Leitung der Wärme. Gute, schlechte Wärmeleiter.

b) **Wirkungen der Wärme** 410
    Ausdehnungskoeffizient. Kompensazionspendel. Erwärmung der Flüssigkeiten und luftförmigen Stoffe. Wasser- und Luftheizungen. Nessen

der Wärme. Kalorica. Spezifische Wärme. Wärmekapazität. Aenderungen des Aggregatzustandes der Körper. Schmelzen. Erstarren. Latente Wärme. Verdampfen. Gesättigter Wasserdunst. Maximum der Spannkraft des Dunstes. Feuchtigkeitsgrad der Luft. Hygrometer. Kochen. Dampf. Kondensation. Spannkraft des Dampfes. Dampfkochtopf. Kochen im luftverdünnten Raum. Dampfmenge. Destillation. Sublimiren. ... 430

c) **Benutzung des Wasserdampfes** 440
Kochen. Abdampfen. Heizen. Trocknen. Bewegende Kraft. Dampfkessel. Heizen derselben und im allgemeinen. Leuchten. Löschen. Dampfkesselwartung.

Dampfmaschine. Kolbensteuerung. Meyer'sche Expansionsvorrichtung 460
Zentrifugalpendel. Kondensator. Schlußbetrachtung.

Siebenter Abschnitt.

Die Lehre vom Magnetismus (§§. 317—324) . . 475
Natürliche, künstliche Magnete. Magnetnadel. Magnetische Deklination und Inklination. Wirkung der Magnete auf einander. Erdmagnetismus. Magnetische Induktion. Magnetisiren der Stahlstäbe. Aufbewaren, Tragkraft, Benutzung der Magnete.

Achter Abschnitt.

Die Lehre von der Elektrizität (§§. 325—350) . . 485

a) **Reibungs- oder Spannungselektrizität** 486
Gute, schlechte Leiter. Isoliren. Vertheilung der Elektrizität. Einwirkung der Elektrizitäten auf einander. Elektrische Induktion. Gebundene Elektrizität. Elektroskop. Elektrisirmaschine. Leydner Flasche. Elektrische Batterie. Felssprengen mit der Elektrisirmaschine. Elektrofor. Blitz. Blitzableiter.

b) **Berührungs- oder strömende Elektrizität (Galvanismus)** . . . 510
Volta'sche Säule. Wirkungen strömender Elektrizität. Die chemische Einwirkung als Elektrizitätsquelle. Die elektrischen Ketten. Schlußbetrachtung.

c) **Verwendung des galvanischen Stromes** 520
Minensprengen. Elektrische Beleuchtung. Magnetisiren. Elektrische Telegrafie. Elektrische Arbeitsmaschinen. Galvanoplastik im weiteren und engeren Sinne. Galvanische Verkupferung, Vergoldung, Versilberung. Galvanoplastische Apparate. Vorsichten dabei. Metallochromie. Rückblick.

Einige Bemerkungen über die Behandlung des Lehrstoffes des vorliegenden Lehrbuches.

Die mit Sternchen bezeichneten Paragrafe oder Absätze können weggelassen und dem Selbststudium der Schüler anheimgestellt werden. Das mit kleineren Lettern Gedruckte enthält die Ausführung von dem im Haupttexte Enthaltenen und kann, je nach dem Bedürfnis und der Gewerbskategorie der Schüler entweder gekürzt oder ganz übergangen werden. Wenn die Zeit für den Vortrag des Gegenstandes kurz bemessen ist, oder wenn das Wesentliche des Vorgetragenen übersichtlich wiederholt werden soll, erscheint es als rathsam, gleich nach der Erklärung des Thermometers den Abschnitt von der Wärme, welcher für den Gewerbsmann von besonderer Wichtigkeit ist, vorzunehmen.

Es würde ferner in den angeregten Fällen nicht minder anzuempfehlen sein, nachdem die Schwere der Körper erklärt wurde, alsogleich deren Schwerpunkt und Dichte zu behandeln, endlich von da auf das Archimed'sche Prinzip, die Dichtenbestimmung und die Senkwagen zu übergehen.

Dem Abschnitte über Maschinen ließe sich, nachdem man den Hebel und das Sicherheitsventil besprochen hat — bei welch letzterem die Dampfspannung einer Berechnung unterzogen wird — die Lehre vom Atmosfärendruck mit Vortheil anschließen; auch könnte von hier gleich auf die wichtigsten Apparate übergangen werden, welche auf dem Luftdrucke und der Spannkraft der Luft beruhen.

Nachdem während der Behandlung der Maschinen stets ihr Grundgesetz, nämlich jenes der virtuellen Geschwindigkeit (§. 120), anschaulich gemacht wurde, dürfte es nicht schaden der hidraulischen Presse, dieser praktischen Vorrichtung, bei welcher das erwähnte Gesetz giltig und leicht bemerkbar ist, Erwähnung zu thun.

Zum Schlusse würde die Auseinandersetzung der Grundlehren des Magnetismus, der Elektrizität, sammt der Anwendung dieser letzteren als Betriebskraft und in der Galvanoplastik, so wie jener des Lichtes anzurathen sein.

Einleitung.

§. 1.
Die Sinneswerkzeuge des Menschen.

Die Menschen sind von Natur aus mit Sinneswerkzeugen versehen, welche sie in beständiger Wechselbeziehung mit der Außenwelt erhalten.

Mittels des Gesichtssinnes sind wir im Stande die beleuchteten und für uns sichtbaren Gegenstände wahrzunehmen. Welche Mannigfaltigkeit von Formen und Farben werden nicht durch das Auge unserer Seele vorgeführt, in welch kläglicher Lage befindet sich nicht der Blinde, dem alle diese Herrlichkeiten der Natur vorenthalten sind!

Der mit Blumen bedeckte Teppich unserer Erde, der das Auge so gewaltig entzückende Hintergrund ausgedehnter Gebirgszüge, das Firmament mit den unzähligen, die Allmacht des Schöpfers verkündenden Gestirnen, die majestätische Sonne mit ihren wohlthätigen, alles belebenden Stralen, der wechselnde Mond mit seinem milden Glanze und viele ähnliche Wunderwerke des Herrn üben auf ihn keinen Reiz aus; die künstlerischen Schöpfungen der Menschen in Form von Gemälden und Denkmälern, welche uns auf den Flügeln der Fantasie in entfernte Gegenden versetzen, welche den Schauplatz und die Thaten vor übergezogener Jahrhunderte in uns wiedererwecken, sind für ihn nicht vorhanden.

Der Gehörsinn übermittelt unserer Seele jede wahrnehmbare Erschütterung der Luft. Wird dieselbe regelmäßig und anhaltend zum Beben gebracht, so werden deren Erzitterungen vermöge der wunderbaren Einrichtung unseres Ohres der Seele in einer Weise vorgeführt, welche unser Gemüth bald lustig bald traurig stimmt. Wer kennt nicht den Zauber der menschlichen Stimme im Gesange. Lächelt nicht das Kind, wenn die Mutter singt, wird nicht das weinende durch den Gesang beruhiget? — Die Musik mildert die Sitten, sie macht die Gesunden wacker und regsam. — Bemitleidenswert ist demnach der Taube, dem diese angenehmen Eindrücke entgehen. Er liest zwar durch den gesteigerten Gesichtssinn an den Lippen unseren Wunsch ab, er erkennt nicht minder seinen Freund in dessen Gebärden; aber die geistigen Töne unserer Sprache, die hinreißenden Klänge der die Menschen einenden Weltsprache, der Musik nämlich, vernimmt er nicht.

Der Geruch- und Geschmacksinn, mit einander innig verwandt, erhöhen unsere irdischen Freuden und spielen beim Ernährungsprozeß eine sehr bedeutende Rolle.

Der Tastsinn, welcher keinem thierischen Organismus fehlt, ist obwohl auf dem ganzen Körper verbreitet, doch vorzüglich in den Fingerspitzen ausgebildet. Derselbe macht uns möglich, die in der nächsten Umgebung befindlichen Gegenstände durch das Betasten wazunehmen. Wir unterscheiden hiedurch das Rauhe von dem Glatten, das Feste von dem Flüssigen und Luftförmigen, das Dichte von dem minder Dichten, das Warme von dem Kalten. Der Blinde hilft sich mittels des Getastes; er verrichtet durch das feine Gefühl, welches in seinen Fingerspitzen entwickelt ist, Arbeiten, die sonst nur mit dem Gesichtssinne möglich wären.

Das Gefühl von Stärke oder Kraft ist ebenfalls ein Ausfluß unseres Tastsinnes. Mit dessen Hilfe gewaren wir, welcher Gegenstand schwer, welcher leicht ist, auch unterscheiden wir damit das Feste von dem minder Widerstandsfähigen. Der Kräftige hat den Kampf mit der Thierwelt und den Elementen aufgenommen, er hat den Boden bebaut, die Wasser in ihren Betten eingedämmt, die Erde mit Straßen umstrickt. Er hat es möglich gemacht, daß sich friedliche Völker in den gelichteten Auen ansiedeln, daß sich neben den körperlichen auch die geistigen Kräfte des Menschen entwickeln konnten.

Das Bewußtsein von unserer Kraft führt uns zur Vorstellung, daß auch die Außenwelt durch Kräfte geleitet und geregelt wird.

Wir gelangen mit Beherzigung dieser Wahrheit zur Einsicht, daß sobald der Mensch das Bestehende umstalten, das ihm vom Allgütigen in zierlicher Form Dargebotene zu seinem besonderen Nutzen ausbeuten will, derselbe den ohne Unterlaß thätigen Naturkräften entgegentreten und ihnen eine andere, ihm erwünschte Richtung ihrer Thätigkeit zuzuweisen bestrebt sein muß.

Der vernünftige Mensch wird die Naturkräfte stets den jedesmaligen Zwecken entsprechend wirken lassen.

§. 2.
Begriffsbestimmung der Naturlehre im weiteren und engeren Sinne.

Sämmtliche Erfahrungen, welche die Menschen beziehlich der Wirkungen dieser Kräfte machten, wurden geordnet, erläutert und in einen sachlichen Zusammenhang gebracht. Diese auf angegebene Art gewonnenen Lehrsätze bilden die Wissenschaft, welche Naturlehre im weiteren Sinne genannt wird. Sie ist als das Ergebnis des siegreichen geistigen Kampfes des Menschen mit den Kräften der Natur anzusehen.

Die Fisik oder die Naturlehre im engeren Sinne befaßt sich mit der Darstellung und Erklärung der Wirkungen von Kräften auf Gegenstände der Sinnenwelt oder ihre Theile, wobei die beiden letzteren keine wesentliche Veränderung ihrer gewöhnlichen Beschaffenheit erfahren.

Läßt man z. B. eine Kugel frei niederfallen, so wird sie gerade nach abwärts und stets nach der gleichen Richtung zu Boden eilen.

Ist die Kugel elastisch und der Boden hart, so springt dieselbe nach dem Niederfallen in die Höhe.

Die Erscheinung des Fallens und Aufhüpfens der Kugel ist eine Folge der Wirkungen von Kräften sowohl auf die Kugel als auch auf den Boden. Jedermann muß aber zugeben, daß bei der Hervorrufung dieser Erscheinung die Kugel und der Boden dasselbe geblieben sind, was sie vordem waren, daß nämlich beide Gegenstände dabei keine wesentliche Veränderung ihrer früheren Beschaffenheit erfuhren.

Der allenfallsige, dabei entstehende Eindruck in dem Boden, die etwaige Änderung der Gestalt des Körpers während des Fallens oder nach demselben sind bloß zufällige Veränderungen an den diese physikalische Erscheinung veranlassenden Gegenständen.

Die Darstellung und Erklärung von Erscheinungen dieser Art gehört nun in das Bereich der Fisik, und nur mit solchen Naturerscheinungen werden wir uns in diesem Lehrbuche befassen.

Unterschied zwischen Fisik und Chemie.

Außer der bezeichneten und soeben beschriebenen Art von Naturerscheinungen gibt es noch andere Erscheinungen, auf welche sich der oben angezogene Satz nicht anwenden läßt. Diese werden in der Schwester-Wissenschaft, Chemie genannt, auseinandergesetzt und erklärt. Würde man z. B. gepulverten Schwefel mit Quecksilber innig gemengt, hierauf längere Zeit geschüttelt und erwärmt haben, so erhielte man die äußerst schätzbare rothe Farbe, welche unter dem Namen Zinnober hinreichend bekannt ist.

Auch in diesem Falle haben Kräfte eingewirkt u. z. sowohl auf den Schwefel als auch auf das Quecksilber. Die Thätigkeit der auftretenden Kräfte verursachte aber dießmal, daß sowohl der Schwefel als auch das Quecksilber eine wesentliche Veränderung ihrer früheren Beschaffenheit erlitten, indem beide Stoffe sich vereinigt und einen neuen Körper, den Zinnober gebildet haben. Diese Erscheinung unterscheidet sich daher wesentlich von der früher angeführten und gehört in das Gebiet der Chemie.

Die Fisik, Chemie und Naturgeschichte müssen zu den, dem Gewerbsmanne wichtigsten Naturwissenschaften gezählt werden.

Die Fisik beschäftigt sich nicht mit der Betrachtung der Eigenthümlichkeiten der Naturdinge oder Körper, sie erblickt in ihnen nur die Träger der fisikalischen Erscheinungen (Phänomene), und faßt sie rücksichtlich dieser bloß nach ihrem allgemeinen Wesen auf. Die Naturgeschichte dagegen stellt die eigenthümlichen Merkmale der Naturdinge fest, nämlich jene, durch welche sich dieselben bleibend von einander unterscheiden. Sie ist die Wissenschaft, welche die Dinge nach ihrer Ähnlichkeit untersucht und klassifiziert.

Die Chemie lehrt die Dinge in ihre chemischen Bestandtheile zerlegen und aus diesen jene wieder zu bilden.

§. 3.
Die Naturgesetze.

Es gibt kein Gewerbe, welches die Naturwissenschaften nicht benutzen und anwenden würde. Ihr, meine lieben Freunde, seid auch schon in der Lage, während der Arbeit nutzbringende Beobachtungen anzustellen. Bei der Beschäftigung in der Werkstätte sollet ihr bei jeder Gelegenheit nachdenken, auf welche Weise die Umformung der Arbeitsstoffe erfolge, welche Umstände die Bearbeitung derselben begünstigen, welche ihr hinderlich sind; denn nur ein derartiges, selbstbewußtes Schaffen kann den wahren Segen bringen und den Eifer zur Arbeit bei ungetrübter Frische erhalten.

Die einzelnen Vorgänge bei der Arbeit wird man aber um so besser verstehen, man wird sich selbst hierüber um so früher Rechenschaft geben und auch die Erklärung anderer um so genauer auffassen, je mehr man mit den Wirkungen der Naturkräfte vertraut ist.

Die Kräfte, wie sie in der leblosen Natur wirken, sind keineswegs der Willkür unterworfen, sondern ihre Thätigkeit erfolgt nach unabänderlichen, von dem höchst weisen Weltschöpfer angeordneten Grundsätzen, welche man Gesetze nennt. Diese Gesetze muß man genau kennen, wenn man die Wirkungen der Kräfte zum allgemeinen Wohle auszubeuten beabsichtiget.

Aus diesem Wenigen erhellet schon der überaus große Nutzen, den die Naturlehre dem Gewerbsmanne darbietet.

Die unmittelbare Auffassung einer Naturerscheinung ist nicht immer die richtige, weil sich manche Erscheinung unseren Sinnen anders darstellt, als sie es in der Wirklichkeit ist. Wenn wir z. B. in einem Wagen fahren, so sehen wir die an und für sich ruhenden Gegenstände in einer, der unserigen entgegengesetzten Bewegung begriffen. Wir sehen die Sonne am Himmel einen Bogen beschreiben, obwohl sie selbst in der Wirklichkeit keine solche Bewegung hat.

Nur der geübte Beobachter, welcher zugleich mit einem scharfen, durchdringenden Verstande begabt ist, wird aus dem unmittelbar Gegebnen die richtige Erklärung einer Naturerscheinung ableiten können. — Aus dieser Ursache werden die fisikalischen Grundwahrheiten in der Fisik erläutert und gelehrt. — Erst nach genauer Auffassung derselben wird man die im Leben vorkommenden fisikalischen Erscheinungen sich erklären können.

Ich beginne mit der Auseinandersetzung der **fisikalischen Eigenschaften der Körper**, welche wieder in die **allgemeinen** und **besonderen** Eigenschaften derselben zerfallen.

Erster Abschnitt.
Die fisikalischen Eigenschaften der Körper.

a. Die allgemeinen Eigenschaften derselben.

§. 4.
Begriff der allgemeinen Eigenschaften der Körper.

Wenn wir die Gegenstände um uns herum aufmerksam betrachten, auch die Zustände berücksichtigen, in welche sie gelangen können, so bemerken wir an ihnen gewisse Eigenschaften, welche allen Gegenständen ohne Ausnahme zukommen und die ihnen unter allen Bedingungen anhaften. Man nennt diese Eigenschaften, die allgemeinen Eigenschaften der Körper.

1. Die Ausdehnung.

§. 5.
Die Ausdehnung oder Raumbegränzung, eine allgemeine Eigenschaft der Körper.

Die wesentlichste dieser Eigenschaften ist die Ausdehnung der Körper. Jeder Gegenstand ist ausgedehnt, jeder nimmt nämlich einen bestimmten Raum ein. Soll ein Ding sinnlich wargenommen werden, so muß es begränzt sein, d. h. einen Raum einschließen. Jeder begränzte Gegenstand heißt ein Körper. Gränzen heißen die Flächen, welche den Raum eines Körpers bestimmen. Die Wände des Zimmers sind zugleich seine Gränzen. Der Zimmerraum liegt zwischen diesen Gränzen.

man sagt: er ist von den Wandflächen eingeschlossen. Ebenso bilden die Wände eines Kastens dessen Gränzen. Sie schließen seinen Raum von jenem des Zimmers ab.

Der Kasten, das Zimmer und andere ähnliche Gegenstände sind von sechs Flächen begränzt; nämlich von vier Seitenflächen, einer obern und einer unteren Fläche, welche letztere die Grundfläche heißt.

Geometrische Körperformen.

Derlei Begränzungen stellen einfache Körperformen dar, welche Parallelopipede genannt werden. Man sagt: der Kasten ist parallelopipedisch geformt, das Zimmer schließt einen parallelopipedischen Raum ein.

Die Form eines Körpers geht hervor aus der Verschiedenartigkeit der Begränzung seines Raumes. Ein Ofen z. B. ist gewöhnlich von ebenen Flächen begränzt. Man sagt, er habe eine prismatische Form. Es gibt aber auch Öfen, welche von krummen Flächen begränzt sind. Von diesen sagt man, daß sie eine zilindrische oder walzenförmige Gestalt besitzen. Die Kugel ist von einer einzigen krummen Fläche begränzt, deren Punkte von einem in ihrem Innern liegenden Punkte, dem Mittelpunkte, gleich weit abstehen. Die Figur 1 stellt ein Prisma, die Figur 2 einen Zilinder und die Figur 3 eine Kugel vor.

Fig. 1.

Prisma.

Fig. 2.

Zilinder.

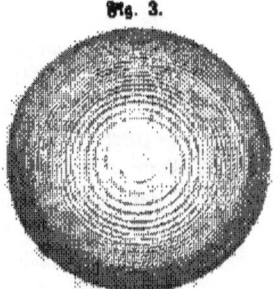

Fig. 3.

Kugel.

Der Zilinder besitzt also auch eine krumme Begränzungsfläche, aber die Punkte dieser Fläche sind nicht um einen Punkt herum, sondern um eine Linie, welche die Achse des Zilinders heißt, gleich weit gelegen.

Das Parallelopiped ist ein Sechsflächner; das Prisma ein Sechs- oder ein Mehrflächner. Der Zilinder ist ein Dreiflächner, wovon zwei Flächen eben, eine hingegen krumm ist. Die Kugel ist ein Einflächner.

Die wichtigsten von den übrigen im Gewerbswesen vorkommenden Formen sind die zugespitzten, eckigen Formen, welche wir bei den Zirkeln, Feilen, Reibahlen, Bohrspitzen, Zwickzangen u. s. w. antreffen.

Man heißt sie die piramidalen Formen. Bei ihnen können drei, vier, auch mehrere Flächen in eine Spitze zusammenlaufen. Nach der Anzahl dieser Flächen benennt man sie drei-, vier-, mehrseitige Piramiden. Die Figur 4 stellt eine fünfseitige Piramide dar.

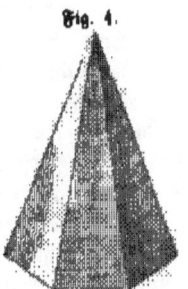

Fig. 4.

Fünfseitige Piramide.

Anstatt der ebenen Flächen kann aber auch eine einzige krumme Fläche zu einer Spitze zulaufen, wie dieß z. B. bei den gewöhnlichen Bohrspitzen, Nadeln, Reißahlen, bei manchen Dächern zu sehen ist.

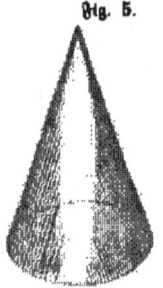

Fig. 5.

Kegel.

Fig. 6.

Keil.

Man heißt solche Begränzungsformen, kegelförmige oder konische Formen. Ein Kegel ist in der Figur 5 gezeichnet.

Abgestutzte Piramiden oder Kegel sind Formen dieser Art, deren Spitzen durch eine ebene Fläche abgenommen wurden. Man bemerkt sie z. B. an dem Maule der Flach- und Spitzzangen.

Zuletzt will ich noch der schneidebildenden Formen erwähnen. Die Meißel, Stemmeisen, Hacken, Beile, das Hobeleisen, überhaupt alle Keile gehören zu dieser Gattung von Formen. Es sind dieß lauter dreiseitige Prismen, und sie werden daher zu den prismatischen Körpern gezählt. Die Figur 6 stellt einen Keil vor.

Mannigfache Verbindungen dieser Grundformen, Zusammensetzungen der krummen und ebenen Flächen werden gewählt, um den Gewerbsartikeln die zu ihrer Verwendung passende und dem herrschenden Geschmacke entsprechende Form zu geben.

§. 6.

Begriff des Rauminhaltes.

Wenn ich den Raum, welchen ein Zimmer einschließt, ganz überblicken will, so muß ich mich in dasselbe hineinbegeben. Um den Raum eines Kastens zu übersehen, ist ein Hineinsteigen in denselben nicht nöthig. Die Ausdehnung der Begränzungsflächen des Kastens verschafft uns die Vorstellung seines Rauminhaltes.

Denket euch einen Holzstoß, dessen Holzscheite zu einem parallelopipedischen Körper aufgeschlichtet sind. Derselbe nimmt offenbar einen bestimmten Raum ein. Ich frage nun: Könnte man, ohne den Holzstoß selbst zu zerstören oder die Holzscheite aus demselben wegzunehmen, in dessen Raum gelangen? Jeder von euch wird sicherlich antworten — nein.

Ebenso gehört es zu den Unmöglichkeiten in einen Berg einzudringen, ohne die Erde, welche den Raum desselben ausfüllte, früher wegzuräumen. Besonders schwierig würde das Eindringen in denselben erfolgen, wenn der Berg aus einem festen Gestein bestünde. Anderseits finden wir wieder, daß in ein Gefäß mit Wasser sich die Hand leicht eintauchen lasse, daß um in den Raum eines Zimmers zu gelangen, bloß das Eintreten in dasselbe nöthig wäre.

Der Raum ist mit Materie erfüllt.

Aus dieser Darstellung ergibt sich, daß die Körper innerhalb ihrer Begränzung, also in dem Raume, den sie einschließen, etwas enthalten müssen, das einen verschieden gearteten Widerstand gegen das Eindringen anderer Körper in diesen Raum ausübt. Dieses Widerstandsfähige und den Raum Ausfüllende heißt Stoff oder Materie. In dieser Richtung lehrte die Erfahrung folgendes:

Jeder begränzte Raum, also jeder Körper, ist von Natur aus mit einem Stoffe oder mit Materie angefüllt. Ist der Stoff, welcher den Raum ausfüllt, fest, so wird das Eindringen in den Raum schwierig sein, ist aber dieser Stoff von geringerer Festigkeit, so wird auch der Widerstand, welchen er beim Eindringen in den von ihm eingenommenen Raum äußert, kleiner ausfallen; man wird in diesen Raum leichter eindringen können.

Die Luft ist auch ein Stoff.

Die Luft ist ein feiner Stoff, welcher große Räume ausfüllt und beim Eindringen in denselben einen kaum bemerkbaren Widerstand entgegensetzt.

In dem Raume eines leeren Zimmers, im allgemeinen überall, wo wir uns befinden, ist ein sehr dünner Stoff, Luft genannt, enthalten. Wir sehen ihn zwar nicht, aber um sich von seinem Vorhandensein zu überzeugen, brauchen wir bloß die Hand, einen Fächer oder am besten einen geöffneten Regenschirm in demselben etwas rasch auf und ab zu bewegen, so erfahren wir den von dem Stoffe herrührenden Widerstand; auch setzen wir damit etwas dünnflüssiges in Bewegung, was auf uns den Eindruck des Windes macht.

Dieser feine Stoff ist nichts anderes als Luft. Er füllt alle leeren Räume aus. Der mit Luft erfüllte Raum, welcher unsere Erde umschließt, heißt das Luftmeer oder die Atmosföre.

Soll ein Raum luftleer gemacht werden, so muß die Luft auf künstliche Weise aus demselben geschafft, und der Raum gegen das fernere Eindringen der Luft in demselben durch ein luftdichtes (hermetisches) Abschließen sorgfältig verwart werden. Der Wind ist Luft, welche in Bewegung begriffen ist.

§. 7.

Der mathematische und fisische Körper.

Jeder begränzte Raum heißt Körper. Man unterscheidet mathematische und fisische Körper.

Wenn man bei der Vorstellung eines Körpers die Ausfüllung desselben mit Materie sich wegdenkt, so faßt man den Körper als einen mathematischen auf. Körper, bei denen bloß die Begränzungen u. s. vor allem nur deshalb in Erwägung gezogen werden, um den Raum, den sie einschließen, zu messen heißen mathematische Körper.

Berücksichtigt man aber außer dem Raume, den ein Körper einschließt, auch noch die Beschaffenheit der Materie desselben, so hat man diesen Körper in zweifacher Beziehung in Betracht gezogen und ihn als fisischen Körper aufgefaßt. Ein mit Materie erfüllter, begränzter Raum heißt demnach ein fisischer Körper.

Vorerst will ich die Körper bloß in mathematischer Beziehung berücksichtigen und ihre Größen mit einander in's Verhältnis bringen. Durch das Vergleichen der Größen der Körper unter einander gelangt man zu dem Begriffe des Rauminhaltes (des Volumens) derselben.

Begriff vom Raummessen

Um den Rauminhalt (das Volumen) eines Körpers messen zu können, ist vor allem die Aufstellung eines bequemen Körpermaßes nothwendig, welches zur Einheit des Raumes angenommen wird. Man verfährt hierauf, bei der Messung des Volumens selbst, ähnlich wie bei der Messung gerader Linien.

Längenmessungen geschehen bekanntlich mit Klafterstangen oder mit Zollstäben. Man untersucht dabei, wie oftmal eine bestimmte Länge, die man als Einheit ansieht, z. B. eine Klafter, ein Schuh u. s. w. auf einer gegebenen Länge sich auftragen läßt.

Um auch ganz kleine Längen abmessen zu können, wurde die Klafter in 6 Schuh, der Schuh in 12 Zoll und der Zoll in 12 Linien getheilt. Diese Eintheilung gibt das Werkmaß.

Theilt man dagegen die Klafter in 10 Schuh, den Schuh in 10 Zoll, den Zoll in 10 Linien, so heißt man die Unterabtheilungen der Klafter, Dezimal-Schuhe, -Zolle, -Linien, und bezeichnet sie mit dem Gattungsnamen: Dezimalmaß. Eine Klafter hat 1000 Dezimallinien. Ein Dezimalzoll ist beiläufig ⅘ Werkzoll. Eine österreichische Meile enthält 4000 Wr. Klafter.

Der Schuh wurde der Länge des Fußes eines erwachsenen Mannes gleich gemacht. Die Franzosen haben den Meter zur Einheit des Längenmaßes gewählt. Der Meter entspricht einem bestimmten Theile der graden Entfernung zweier um 90 Grad auf der Erde entfernt gelegenen Orte. Er ist etwas über drei Schuh lang (genau ist er $= 3\cdot1635$ Wr.-Fuß). Ein Centimeter (sprich Santimeter) ist der hundertste Theil eines Meters. Ein Millimeter ist der tausendste Theil eines Meters.

§. 8.

Weitere Entwicklungen über das Raummessen.

Die Bestimmung des Rauminhaltes (des Volumens) der Körper ist sehr wichtig. Ich will nun sehen, von welchen Bestimmungsstücken das Volumen eines Körpers abhängig ist.

Jeder von euch wird gewiß, wenn er einen parallelopipedischen Körper z. B. einen Kasten abmessen will, dessen Länge, Breite und Höhe mit dem Zollstabe abnehmen. Hätte jemand eine von diesen drei Ausdehnungen abzumessen vergessen, so würde er einen gleich großen Kasten nicht anfertigen können. Der Raum, den der Kasten einnimmt, hängt demnach von der Länge, Breite und Höhe desselben ab.

Der Rauminhalt eines Körpers wird um so größer, je größer seine Länge, Breite und Höhe ist.

In jedem Körper lassen sich stets drei Hauptrichtungen auffinden, welche man abmessen muß, wenn man seinen Rauminhalt bestimmen will.

Ist die Höhenausdehnung eines Raumes nach abwärts gerichtet, so heißt sie auch die Tiefe, wie dies bei den Erdabgrabungen der Fall ist. Von den zwei übrigen auf der Höhenausdehnung senkrechten Dimensionen (Ausdehnungen) eines Körpers wird die beträchtlichere die Länge, die andere die Breite genannt.

Wenn einer von euch den Rauminhalt eines Zimmers zu berechnen hätte, so müßte er die Länge, Breite und Höhe desselben abmessen. Zur Bestimmung des Rauminhaltes eines Bollichs würde die Abmessung von dessen Länge, Breite und Tiefe nothwendig sein.

Die Messung eines Raumes geschieht, dem Erwähnten zufolge, nach denselben Grundsätzen, wie jene einer Länge. Man wählt nämlich auch hier ein Raummaß als Einheit und untersucht, wie oftmal dasselbe in einem gegebenen Raume enthalten ist.

Die Raum- und Flächeneinheit. Die Unterabtheilungen derselben.

Die Raumeinheit muß ein möglichst einfach begränzter, und zur Neben- und Übereinanderstellung in dem zu messenden Raume tauglicher Körper sein; weil nur im Wege der Untersuchung, wie vielmal sich diese Einheit in dem Raume eintragen, d. h. neben- und übereinander ohne Zwischenräume aufstellen läßt, die Größe des Raumes durch eine Zahl angegeben werden kann.

Fig. 7.

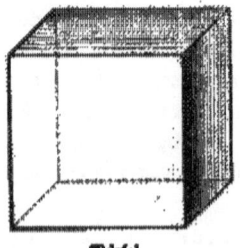

Würfel.

Der regelmäßigste, einfachste und zu der erwähnten Nebeneinanderstellung passendste Körper ist der Würfel; daher diese Körperform zur Einheit des Raummaßes gewählt wurde. Die Figur 7 stellt ihn dar.

Die beinernen Würfel, welche man beim Würfelspiel braucht, wird gewiß ein jeder von euch kennen. Wenn diese Würfel genau geformt sind, so müssen die Kanten derselben gleich lang sein und sämmtliche Seitenflächen gleich große Quadrate bilden. Außerdem gibt es noch andere Gegenstände, z. B. Schmuckkästchen, Zuckerdosen u. s. w., welche genau die Würfelform besitzen. Den Würfel kann man sich von verschiedener Größe denken. Zeichnet einen Würfel an die Tafel. Erklärt mir jede Fläche an dieser Zeichnung. Wie müßten die Seitenflächen, wie die Kanten eines Zimmers beschaffen sein, wenn dasselbe genau einen Würfel (Kubus) bilden soll?

Diejenigen von euch, welche die Form eines Würfels richtig aufgefaßt haben, werden sich gewiß auch einen Würfel denken können, welcher nach seinen drei Hauptrichtungen einen Schuh mißt, d. h. einen solchen, dessen sämmtliche Kanten einen Schuh lang sind. Der Raum, welchen ein solcher Würfel einschließt, wird ein Kubikschuh oder Kubikfuß genannt.

Jede Seitenfläche (Begränzungsfläche) eines solchen Körpers heißt ein Quadratfuß, weil dieselbe ein Quadrat vorstellt, dessen Länge und Breite ein Fuß ist.

Ganz auf dieselbe Weise gelangt ein jeder von euch zu der Vorstellung eines Kubikzolles und einer Kubiklinie.

Ein Kubikzoll, eine Kubiklinie ist derjenige Raum, den ein Würfel einnimmt, dessen jede Kante einen Zoll, eine Linie lang ist. Der erstere wird von Quadratzollen, der letztere von Quadratlinien begränzt. Der Raum von einer Kubiklinie ist schon ziemlich klein, und solche Formen lassen sich in Wirklichkeit bloß bei Kristallen antreffen. Kristalle sind jene regelmäßigen Gebilde, in welchen unser allgütiger Schöpfer die Steine und Metalle im Erdinnern entstehen läßt, um auch diese unorganischen Körper dem Menschen so anmuthig wie nur möglich zu machen.

Der Raum, den eine Kubikklafter einschließt, ist ziemlich bedeutend und selten wo abgegränzt anzutreffen.

Man mißt zwar im gewöhnlichen Leben das Holz nach Raumklaftern, ohne jedoch darunter eine geometrische Kubikklafter zu verstehen; denn eine solche müßte außerdem, daß sie 6 Fuß lang und ebenso hoch ist, auch noch 6 Fuß breit sein. Die einzelnen Scheite einer wirklichen Kubikklafter müßten nämlich eine Länge von 6 Schuh haben. Scheite von dieser Länge sind aber nicht bequem, man macht sie daher bloß drei, zwei oder einen Schuh lang und heißt einen solchen, aufgeschlichteten Holzstoß eine Rahmklafter.

Die Rahmklafter dreischuhiges Holz stellt eine halbe Kubikklafter vor, weil zwei solche Klafter knapp hintereinander aufgeschichtet, eine ganze Kubikklafter ausmachen. Aus derselben

Ursache macht eine Rahmklafter zwei Schuh langes Holz ½ Kubikklafter, eine solche mit ein Schuh langen Scheiten ¼ Kubikklafter.

Aufgabe. Wie viele Kubikklafter wird eine 10° lange, 1° hohe und 1′ breite Mauer in sich fassen?

Auflösung. Besäße die Mauer anstatt der Breite von 1′ jene von 1°, so enthielte sie 10 Kubikklafter. Nachdem aber deren Breite bloß ⅙ Klafter ausmacht, so wird der Rauminhalt der Mauer auch nur $\frac{10}{6} = 1\frac{2}{3}$ Kubikklafter betragen.

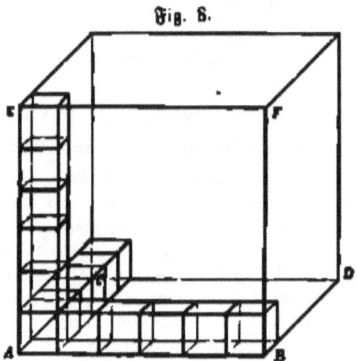

Fig. 8.

Grundfläche einer Klafter.

Hat man sich eine genaue Vorstellung von einer Kubikklafter verschafft, so sieht man auch mit Leichtigkeit ein, daß sie aus 216 Kubikfuß bestehet; denn auf der Grundfläche (ABCD Fig. 8) einer solchen Klafter, welche eine Quadratklafter vorstellt, lassen sich ganz genau 36 Würfel von der Größe eines Kubik'ußes nebeneinander stellen (6 Reihen zu 6 Würfel nämlich). Sechs solche übereinander gelegte Würfelschichten sind aber nothwendig, um den Raum einer Kubikklafter auszufüllen, es muß demnach 1 Kub.° ... 6 × 36 = 216 Ku.′ enthalten. Mittels ähnlicher Betrachtung gelangt man zu der Einsicht, daß 1 Kub.′ = 12 × 144 = 1728 Kub.″ und 1 Kub.″ = 1728 Kub.‴ hält.

Bei diesen Erklärungen ergibt sich auch, daß in einer Quadratklafter (□°) 36 Quadratfuß (□′), ferner in 1 □′ = 12 × 12 = 144 □″ und in 1 □″ = 144 □‴ enthalten sind. ABEF stellt auch eine Quadratklafter vor.

Je nachdem man also die drei Ausdehnungen des Würfels oder ferner die zwei des Quadrates in Fußen, Zollen oder Linien genommen mit einander multiplizirt, erhält man die in dem ersteren enthaltenen Kubikfuße

($6 \times 6 \times 6 = 216$), Kubikzolle ($12 \times 12 \times 12 = 1728$), Kubiklinien ($12 \times 12 \times 12 = 1728$', — sobald er als eine diesen Unterabtheilungen entsprechende kubische Obereinheit gedacht wird — oder die in einer quadratischen Fläche enthaltenen niederen Quadratmaße.

§. 9.
Die Volumensbestimmung parallelopipedischer Körper.

Der Kubikinhalt eines parallelopipedischen Körpers wird gefunden, wenn man dessen Länge mit der Breite und Höhe multipliziert.

Dieser höchst wichtige geometrische Lehrsatz ergibt sich aus den im vorhergehenden § angestellten Betrachtungen. Zur praktischen Beleuchtung wähle ich die nachstehende Berechnung:

Aufgabe. Man bestimme den Rauminhalt einer Kiste, welche 4' lang, 2' breit und 3' hoch ist.

Auflösung. Der Rauminhalt oder das Volumen der Kiste wird sein $4 \times 2 \times 3 = 24$ Kubikfuß, indem sich auf der Grundfläche dieses Raumes $4 \times 2 = 8$ Würfel, wovon jeder einen Kub.-Fuß vorstellt, aneinander reihen, nach der Höhe der Kiste sich 3 solche Würfelschichten übereinander aufrichten lassen würden.

Der obige Lehrsatz kann auch auf folgende Weise ausgedrückt werden:

Es wird der Rauminhalt eines Parallelopipeds gefunden, wenn man die Grundfläche desselben mit der Höhe multipliziert.

Als Übungsaufgabe berechne man noch das Volumen eines Maischstocks, der 10' lang, 9½' breit und 3½' tief ist. Es beträgt: 332½ Kubikfuß. Der Maischstock würde etwas über 185½ Eimer fassen. Ein Eimer ist = 1·792 Kubikfuß angenommen worden.

§. 10.
Die Volumensbestimmung zilindrischer Körper.

Die zilindrischen Körper kommen in der Praxis ebenso häufig vor, wie die parallelopipedischen. Ich will demnach den vorliegenden Gegenstand nicht eher verlassen, als

18

bis ich euch hier auch die Berechnung des körperlichen Inhaltes eines Zilinders werde mitgetheilt haben.

Die Geometrie lehrt, daß der Kubikinhalt eines Zilinders gefunden wird, wenn man die drei Dimensionen desselben (wovon zwei, die Breite und Länge, als Durchmesser seines kreisförmigen Querschnittes, unter sich gleich sind) miteinander multipliziert und von diesem Produkte den $\frac{11}{14}$ten Theil nimmt. Die nachstehende Aufgabe wird das Verfahren erläutern.

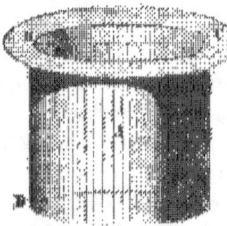

Fig. 9.

Zilindrischer Braukessel.

Aufgabe. Wie groß ist der Rauminhalt eines zilindrischen Braukessels, A Figur 9. dessen Durchmesser DC 7 Fuß und die Tiefe BD 4 Fuß beträgt?

Auflösung. Bezeichnet man dieses Volumen mit V, so wird zufolge der angegebenen Regel das Volumen $V = 7 \times 7 \times 4 \times \frac{11}{14}$; abgekürzt $= 14 \times 11 = 154$ Kubikfuß betragen. — Der Braukessel hält demnach etwas weniger als 86 Eimer.

<small>Die weitere Auseinandersetzung der Volumenberechnungen gehört in die Geometrie, welche einen Theil der Mathematik, nämlich der Größenlehre ausmacht und deren Studium jedem Gewerbsmanne anzuempfehlen ist.</small>

§. 11.
Rückblick.

Wenn ihr auf das bisher Betrachtete genau zurückblickt, so werdet ihr bemerken, daß die eingehende Behandlung der ersten allgemeinen Eigenschaft der Körper, der Ausdehnung nämlich, gänzlich in das Gebiet der Größenlehre einschlägt.

Begränzte Räume nennen wir Körper; nur solche sind wir im Stande wahrzunehmen und aufzufassen. Die unendliche Ausdehnung des Raumes, welche in der Wirklichkeit besteht, indem Gott in seinem Schaffen unbegränzt ist, erscheint für uns unmündige Geschöpfe ebenso unbegreiflich, wie die unendliche Dauer der Zeit.

Die Astronomie (Sternkunde) gewährt uns allein noch einige Einsicht in die Unermeßlichkeit des Weltalls. Sie lehrt, daß wenn wir uns mit der gewöhnlichen Schnelligkeit eines Personentrains bewegen, wir von hiernieden nach dem Monde etwas über $1\frac{1}{2}$ Jahre, nach der Sonne beinahe 525 Jahre, nach dem nächsten Fixsterne sogar 300 Millionen Jahre brauchen würden. Diese erhabene Wissenschaft enthüllte uns, daß die Erde, welche doch für sich genommen kein unbedeutend großer Körper ist (der Durchmesser der Erdkugel beträgt nämlich 1719 geogr. Meilen), von der Sonne an Größe vielmal übertroffen wird (die Sonne hat einen 112mal so großen Durchmesser wie die Erde), daß sie auch in Vergleich zu den Fixsternen sehr klein ist. Diese Wissenschaft verzeichnet tausende von solchen Sternen in ihren Katalogen und deutet auf das Vorhandensein von unfaßlich vielen Weltkörpern hin.

Auf anderer Seite finden wir in der Natur eine Unzahl Körperchen, welche wegen ihrer Kleinheit sich unserem Auge entziehen. So sind z. B. die Staubkügelchen in der Luft bloß dann sichtbar, wenn sie von der Sonne stark beleuchtet werden, wenn etwa die Sonnenstralen in einen verfinsterten Raum einfallen. Die einzelnen Theilchen des fein zerstoßenen Schleif- oder Polierpulvers, die Gestalt der Kreide- oder Stärketheilchen sieht man mit dem freien Auge ebensowenig, wie die feinen Röhrchen, welche die Menschenhaare, die Leinen-, Hanf- und Baumwollfäden durchziehen oder die äußerst kleinen Thierchen, welche eine Wasserlache, worin Pflanzentheilchen in Verwesung geriethen, bevölkern. Das Vergrößerungsglas zeigt uns das ungemein Kleine in sichtbarer Ausdehnung und stellt uns auch in der kleinen Welt die größte Mannigfaltigkeit, die weiseste Einrichtung dar.

Jedes Werk, es mag noch so groß oder noch so klein sein, ist wunderbar und lobet den unaufhörlich thätigen, Gnaden ausspendenden Allvater. Lasset uns demnach, zum Schlusse dieser Betrachtungen einstimmen in die Worte der heil. Schrift: „Der Herr ist unaussprechlich groß und seine Macht ist wunderbar."

2. Die Undurchdringlichkeit.

§. 12.

Die Undurchdringlichkeit, eine allgemeine Eigenschaft der Körper.

Die zweite allgemeine Eigenschaft der Körper ist die Undurchdringlichkeit derselben. Ich sagte in dem §. 5, daß jeder Körper einen Raum einnehme. Diesen Raum behauptet derselbe so lange, als er sich in demselben befindet. Wenn in einem Raume kein Gegenstand enthalten ist, so sagt man im gewöhnlichen Leben, der Raum sei leer. Diese Bezeichnung ist aber nicht richtig, weil jeder Raum hiernieden, mindestens die Luft, welche leicht begreiflich auch ein Stoff ist, in sich hält. Ein annähernd leerer Raum kann bloß mit Hilfe der Luftpumpe geschaffen werden.

Wenn ich meinen Körper weiter bewegen will, so muß ich wenn sonst nichts anderes, doch wenigstens die Luft aus dem Raume verdrängen, in welchen ich den Körper zu versetzen beabsichtige. Wünsche ich meinen Körper in's Wasser zu tauchen, so bin ich genöthiget, das Wasser früher aus dem Raume fortzudrängen, in welchen ich gelangen will. In das Innere des Berges kann ohne Herausschaffung der Bergart desselben nicht eingedrungen werden u. s. w. Nachdem nun ein jeder Körper mit Materie erfüllt ist (vergl. mit §. 6), so muß auch ein jeder undurchdringlich sein.

Diese allgemeine Eigenschaft der Körper läßt sich demnach in nachstehende Worte kleiden:

In den Raum, in welchem sich ein Körper bereits befindet, kann ein zweiter nicht eher eindringen, als bis der erste den Raum verlassen hat.

Dieses ist gleichbedeutend mit jenem, daß an einem und demselben Orte sich unter keiner Bedingung gleichzeitig zwei Körper befinden können. Aus demselben Grunde gehört es zu den Unmöglichkeiten, daß z. B. auf demselben Sessel und an derselben Stelle zwei Menschen zu gleicher Zeit sitzen können.

Die Eigenschaft der Undurchdringlichkeit macht uns erklärlich, warum wir einen Widerstand erfahren, wenn wir mit dem Stemmeisen im Holze ein Loch anbringen, mit dem Bohrer in's Holz oder Eisen eindringen wollen oder wenn wir mit dem Hammer auf den Amboß schlagen. Es müssen nämlich zuerst die Theilchen des Holzes oder Eisens in Form von Spänen aus der Stelle geschafft werden, dann erst ist das Eindringen an derselben möglich.

Bringt man einen Trichter in eine Flasche (Fig. 10) und setzt ihn fest auf, was bei schlecht schließenden Trichtern durch das Umwickeln mit Papier leicht erreicht wird, so ist es nicht schwer zu beobachten, daß nachdem in den Trichter irgend eine Flüssigkeit, z. B. Wasser gegossen wird, anfänglich zwar ein kleiner Theil davon in die Flasche hineinfließen wird, daß aber das Hineinrinnen bald aufhört. Mit Berücksichtigung des Auseinandergesetzten kann der ganze Verlauf dieser Erscheinung leicht erklärt werden.

Flasche mit Trichter.

Das im Trichter befindliche Wasser nämlich drückt anfangs die Luft etwas zusammen und bringt sie auf einen geringeren Raum. Dieser Umstand veranlaßt das theilweise Hineinfließen des Wassers. Der fernere, bei weitem größere Theil des Wassers kann aus dem Trichter in die Flasche nicht eintreten, weil die in der Flasche befindliche Luft dieß vermöge ihrer Undurchdringlichkeit nicht erlaubt. — Zufolge dieser allgemeinen Eigenschaft wird in den Raum, der bereits mit Luft erfüllt ist, das Wasser nicht hineinfließen können. — Wird aber der Trichter gelüftet, wobei die Luft aus dem Innern der Flasche entweichen kann, so erfolgt eine vollständige Entleerung des Trichters in die Flasche.

In der obigen Figur ist diese Entleerung dadurch bewerkstelliget, daß ein seitlich angebrachter Kanal v geöffnet wird, durch welchen die Luft aus der Flasche herausdringt.

Wenn man ein Trinkglas mit der nach unten gekehrten Öffnung, ohne es zu neigen, in's Wasser taucht (Fig. 11),

Trinkglas mit Glasglocke.

so tritt nur ein geringer Theil des Wassers in das Glas, nämlich bloß so viel, als der durch Zusammendrückung der Luft erfolgte geringere Raum es gestattet. Ein großer Theil des inneren Gefäßraumes wird vom Wasser nicht bespült, man möge das Glas noch so tief in das Wasser tauchen.

Zur Rechtfertigung dieser Behauptung braucht man bloß über ein größeres Stück Kork, das in einem Behälter mit Wasser schwimmt, ein Trinkglas umzustülpen und langsam unterzutauchen. Man wird dabei den Kork sich mit dem untern Glasrande senken und beim Herausheben des Glases emporsteigen sehen. Seine Oberfläche wird ferner auf der oberen Seite ganz trocken bleiben, was neuerdings ein Zeichen ist, daß in den Raum, wo Luft war, kein Wasser eindringen konnte. Besonders auffällig prägt sich diese Eigenschaft aus, sobald man auf den Kork ein brennendes Kerzchen aufsteckt, und darüber ein etwas größeres Glas umstülpt. Das Kerzchen wird scheinbar unter dem Wasser brennen.

Die Taucherglocke.

Die Taucherglocke beruht ebenfalls auf der Undurchdringlichkeit der Luft. Mit Hilfe derselben gelangen kühne Seeleute bis auf den Grund des Meeres, ohne dabei naß zu werden. Aus dem Innern der Glocke können sie nach den Gegenständen, welche sie heraufzuholen beabsichtigen, langen und solche in den Raum der Taucherglocke schaffen. Nachdem die Taucher ein Zeichen nach aufwärts geben, wird die Glocke sammt ihnen und den erbeuteten oder geretteten Gegenständen mittels Ketten hinaufgezogen. Man verwendet die Taucherglocke vorerst zum Herausschaffen der Schätze versunkener Schiffe, außerdem beim Felsensprengen unter Wasser, bei Wasserbauten, bei der Perlenfischerei u. dgl.

23

Taucherglocke.

Die Taucherglocke (Fig. 12) ist gewöhnlich von Guß- oder Schmiedeisen und besitzt eine piramidale Form, welche oben abgestutzt ist. Die untere Grundfläche (die Bodenfläche) fehlt ihr selbstverständlich, die obere ist mit Oeffnungen versehen, welche mit starkem Glase verschlossen sind, und durch welche das Licht in den Raum der Glocke eindringen kann. Obwohl die Luft in der Glocke sehr stark zusammengepreßt ist — um so stärker nämlich, je tiefer dieselbe herabgelassen wird — so kann dennoch das Athmen des darin befindlichen Tauchers ungehindert vor sich gehen. Je länger die Glocke am Grunde des Meeres verbleiben soll, um so größer muß ihr innerer Rauminhalt sein, wenn nicht durch Hineinpumpen der Luft in dieselbe, dem Verderben derselben in der Glocke Einhalt gethan wird. Ein erwachsener Mensch braucht zwar jede Stunde bloß 10 Kubikfuß Luft zum Athmen, aber eine viel größere Menge davon dazu, um ordentlich ausdünsten zu können. Man rechnet demnach 240 Kubikfuß Luft als den von dem Menschen in der Stunde benöthigten Luftraum. Wenn nun die Glocke einen mittleren Querschnitt von 1 $\square^{o}$ = 36 $\square'$ hätte, so müßte dieselbe eine Höhe von 7 Schuh haben, um einem Taucher durch eine Stunde hindurch die nöthige Luftmenge darzubieten. — Es mag noch erwähnt werden, daß die Taucherglocke mittels Ketten von einem Schiffe aus geleitet und damit sie untersinke, durch angehängte Gewichte (siehe die Figur) niedergezogen wird. Sollen die Taucher längere Zeit im freien Meere zubringen, so müssen dieselben über den Kopf eine wasserdicht schließende Kappe a mit eingesetzten gläsernen Augen anthun. Die Kappe

ruht in einem Schlauch a, welcher entweder mit der Luft in der Taucherglocke oder mit einer Luftpumpe, welche in dem Schiffe oberhalb aufgestellt
ist, in Verbindung gesetzt wird, wodurch es möglich ist den Taucher mit frischer
Luft zu versehen. Mittels Schlauches e läßt sich die Luft auch in die Glocke
hineinpumpen.

§. 13

Vorsichtsmaßregeln, wegen Undurchdringlichkeit der Luft.

Aus der Undurchdringlichkeit der Luft erklärt es sich, warum stets der Trichter gelüftet werden muß, wenn man eine Flüssigkeit in eine Flasche hineinschütten will, warum das Einfüllen in eine Flasche mit schmalem Halse so umständlich ist und warum man beim Gießen der Metallgegenstände in den hierzu nöthigen Formen eigene Kanäle, Windpfeifen genannt, ausspart. Durch diese Öffnungen tritt nämlich die in den hohlen Räumen der Formen enthaltene Luft, welche beim Eingießen des geschmolzenen Metalles nach denselben gedrängt wird, in die Atmosfäre. Nicht minder vermitteln diese Windpfeifen dem Dampfe den Ausweg, der sich bei der Berührung der glühenden Metallmasse mit dem feuchten Formsande bildet.

3. Die Theilbarkeit.

§. 14.

Die Theilbarkeit, eine allgemeine Eigenschaft der Körper.

Vermöge der Undurchdringlichkeit übt jeder Körper einen ihm eigenthümlichen Widerstand aus gegen jeden anderen, welcher in den von ihm eingenommenen Raum eindringen will.

Forscht man nach der Ursache dieses Widerstandes, so wird man gewar, daß jeder Körper aus sehr kleinen Theilchen besteht, welche sich gegenseitig anziehen und in Folge dieser Anziehung einen Zusammenhang unter sich bilden, welcher bei einigen Körpern stärker, bei anderen schwächer ausfallen kann.

Diese allgemeine Eigenschaft der Körper heißt die Theilbarkeit, weil man durch fortwährende Theilung oder Spaltung der Körpertheile, welche man, in Gedanken wenigstens, so weit ausführen kann als man nur will, endlich auf die kleinsten Theilchen der Körper gelangen wird.

Jedermann muß zugeben, daß die Luft und das Wasser aus kleinen Theilchen bestehen, obwohl diese Theilchen selbst nicht sichtbar sind; weil ja sonst das leichte Eindringen der festen Körper in beide Stoffe unerklärlich wäre. Jeder von euch wird auch einsehen, daß zwischen den Theilchen der Luft ein geringerer Zusammenhang besteht, als zwischen jenen des Wassers oder gar zwischen denen eines festen Körpers.

Drückt man die Luft zusammen, so werden ihre Theilchen näher aneinandergebracht, läßt man mit dem Drucke nach, so dehnt sich die Luft wieder auf ihren ursprünglichen Raum aus, d. h. ihre Theilchen gelangen wieder in ihre natürliche Lage gegen einander.

Die Körper werden aus sehr kleinen Theilchen zusammengesetzt.

Weitere Betrachtungen werden uns lehren, daß nicht bloß Luft und Wasser, sondern daß jeder Körper aus einer zahllosen Menge von an sich ungemein kleinen Theilchen zusammengesetzt ist, welche wegen ihrer Kleinheit weder mit freiem Auge noch mit dem schärfsten Mikroskope wargenommen werden können.

§. 15.

Thatsachen, welche auf das Bestehen der kleinsten Körpertheilchen hinweisen.

Woher erfahren wir aber, daß sämmtliche Körper aus solchen ungemein kleinen Theilchen bestehen?

Aus der Anschauung nicht, sondern bloß durch Schlüsse, welche wir gewinnen, wenn wir die Körper in ihren verschiedenen Verhältnissen aufmerksam beobachten.

Es ist uns nämlich aus der Erfahrung bekannt, daß jeder Körper sich entweder pulverisieren, dehnen, schmelzen oder verdampfen läßt. Diese Veränderungen an den Körpern wären unmöglich, wenn sie nicht aus sehr kleinen Theilchen beständen, welche entweder durch fisische Gewalt, wie beim Stoßen und Zermalmen, oder durch Hitze, wie bei allen Feuergewerben, aus ihrem Zusammenhange gebracht werden können.

In geschmolzenem Blei oder einem anderen flüssigen Metalle sieht man die einzelnen Theilchen ebenso wenig, wie an den festen Metallkörpern selbst. Erwärmt man aber das geschmolzene Blei stärker, so übertritt ein Theil desselben während des Erhitzens nach und nach in die Luft; man sagt: das Blei verdampft. Bei diesem Verdampfen entfernen sich die äußerst feinen Bleitheilchen aus dem Bleibade, sie erheben sich in die Atmossäre, um entweder wo anders niederzufallen oder als feinster Staub eine Zeit in der Luft schwebend sich zu erhalten. Diese Lostrennung der kleinsten Theilchen des Bleies erfolgt auch in gewöhnlichem, unerwärmtem Zustande des Metalles; in dem erhitzten tritt sie nur in einem erhöhten Grade auf. Die Bleikolik der bei dem Blei beschäftigten Arbeiter rührt her von dem Einathmen der unsichtbaren, in der Luft schwebenden, kleinsten Bleitheilchen.

Der Wasserdampf ist das auf gleiche Weise in Luftform übergegangene Wasser.

Ich will hier nur noch einige Beispiele anführen, welche auf ein Zertheilen der festen Körper in ihre kleinsten Theile hinweisen.

Zucker löst sich bekanntlich im Wasser auf. Die kleinsten Theilchen des Zuckers verlassen ihren Zusammenhang und mischen sich ganz gleichförmig mit dem Wasser. Jeder Tropfen Zuckerwasser ist zuckerhaltig, ohne daß die einzelnen Zuckertheilchen in demselben zu gewahren wären. Man heißt diese Erscheinung eine Auflösung oder geradehin eine Lösung.

Dasselbe gilt bei der Auflösung von Farbstoffen in Wasser oder anderen Flüssigkeiten. Harze lösen sich in Weingeist (Spiritus) auf. Gibt man z. B. gebleichten Schellack in Weingeist, so erhält man eine wasserhelle Flüssigkeit. Überzieht man damit das Holz, so nimmt dieses eine glatte Oberfläche an, ohne daß man auf derselben die einzelnen Schellacktheilchen entdecken könnte. Die Bereitung der Firnisse und Lacke beruhet auf der Löslichkeit fester Stoffe in flüssigen.

Das Kupfer löst sich in Scheidewasser (Salpetersäure) zu einer bläulich-grünlichen Flüssigkeit auf, worin die darin befindlichen, seinen Kupfertheilchen gar nicht zu bemerken sind. Eine solche mit Wasser verdünnte Lösung braucht man häufig in Werkstätten zum Füllen von Glaskugeln. Taucht man in diese Auflösung des Kupfers einen eisernen Stab oder bloß ein Messer, eine Nadel u. dgl., so wird man beim Herausziehen an der Oberfläche der erwähnten Gegenstände einen Überzug von einer äußerst dünnen Schichte Kupfer bemerken, ohne die einzelnen Theilchen derselben unterscheiden zu können.

Gold, Silber, Platin lassen sich auf Tratzügen zu ungemein feinen Drähten ziehen, welche zu Borten, Tressen, Fäden u. s. w. verwendet werden.

Die dehnbaren Metalle lassen sich mit dem Hammer oder unter der Walze zu Blech austreiben, wobei selbstverständlich die Theilchen derselben, welche früher über einander lagen, nebeneinander ausgebreitet wurden. Kupfer-, Blei-, Zink- und Eisenbleche werden bekanntlich vom Schmiede und Dachdecker, Blau-, Eisen-, Zink- und Messingbleche vom Spängler verwendet. Die dünnsten Bleche, welche Folien heißen, werden als Zinnfolie zum Einwickeln der Riechstoffe, zum Belegen von Spiegeln, zum Unterlegen der Schmucksteine, als Gold- und Silberfolien (Blattgold, Blattsilber genannt) zum Vergolden und Versilbern benutzt. In der neuesten Zeit kann auch das Eisen zu sehr dünnen Blechen ausgewalzt werden. Das dünnste Eisenblech hat nämlich die halbe Dicke des feinsten Seidenpapiers. Auch organische Stoffe, z. B. das Leder lassen sich durch's Klopfen dünner und breiter schlagen.

Die Riechstoffe zertheilen sich in der atmosphärischen Luft, sie schweben in derselben und bilden dort so ungemein kleine Theilchen, daß man sie durch den Gesichtsinn nicht im mindesten wahrnehmen kann. Bloß das Begegnen dieser Theilchen mit der Schleimhaut der Nase bringt die Empfindung des Riechens hervor.

Zur Erregung des Geschmackes ist wieder die Lösung der Speisen oder anderer Stoffe in dem Speichel des Mundes und ein Begegnen der aufgelösten, äußerst kleinen Theilchen mit den Geschmackswärzchen, welche an der Zungenwurzel liegen, nothwendig.

§. 16.
Rückblick.

Das Verdampfen und Verflüchtigen fester Körper, das Auflösen derselben in flüssigen, das Dehnen und Ziehen der Metalle rechtfertigen hinreichend die Behauptung, daß die festen Körper aus ungemein kleinen Theilchen bestehen. Über die eigentliche Größe dieser Theilchen läßt sich aber nichts Genaues bestimmen, weil sich dieselben, wegen ihrer Kleinheit, unserer Messung entziehen; doch wie unendlich klein müssen nicht die kleinsten Theilchen der edlen Metalle sein, wenn ihre Bleche so dünn werden können, daß selbst acht Millionen davon über einander gelegt, erst die Dicke von 1 ½ Linie geben. Nicht minder weiset die Farben spielende Seifenblase auf die ungemeine Kleinheit der einzelnen Wassertheilchen hin.

§. 17.
Die Aggregatzustände der Körper.

So viele Thatsachen sprechen für das Vorhandensein der kleinsten Theile der Körper, daß wir die Theilbarkeit derselben als eine allgemeine Eigenschaft der Körper annehmen müßen.

Bestehen aber die Körper aus lauter unendlich kleinen Theilchen, so muß zugegeben werden, daß dieselben mittels Kräfte, welche von den einzelnen Theilchen selbst ausgehen und auf die benachbarten ringsum wirken, im Zusammenhange erhalten werden.

Zeigen diese Körpertheilchen nun, in Folge der ihnen eigenthümlichen Kräfte, ein bedeutendes Bestreben in ihrer Nebeneinanderlagerung zu verbleiben — lassen sie sich also von außen nur schwierig gegen einander verschieben, oder von einander trennen — so setzen dieselben einen **festen Körper** zusammen.

Geschieht dieses Streben der Theilchen oder erfolgt, wie man sagt, ihre gegenseitige Anziehung in einem unmerklichen Grade, so daß sie sich leicht gegen einander verschieben, also in andere Stellungen zu einander bringen lassen, ohne dabei die Körperbeschaffenheit zu ändern, so bilden sie einen **flüssigen Körper**.

Wenn endlich die Körpertheilchen, anstatt des Bestrebens in nächster Nähe gegen einander zu verbleiben, vermöge der sie begleitenden Kräfte, sich von einander so weit zu entfernen trachten, bis andere Widerstände diesem Auseinanderfahren eine Gränze setzen, so geht aus dieser nach außen gerichteten Thätigkeit der Theilchenkräfte ein solcher Zusammenhang der Körpertheilchen hervor, wie dieß bei den **luft- oder gasförmigen Körpern** der Fall ist.

Man kann demnach dreierlei **Zusammenhangszustände (Aggregatzustände)** der Körper unterscheiden, nämlich: den festen, flüssigen und den gas- oder luftförmigen Aggregatzustand.

Die ersten zwei Zustände werden durch die verschiedenen Anziehungsgrade der zwischen den kleinsten Theilchen der Körper thätigen Zusammenhangskräfte, der letztere Zustand aber durch das Auftreten abstoßender Kräfte, welche zwischen den einzelnen Körpertheilchen wirken, erklärt.

Es gibt Körper, welche bloß in einem Aggregatzustande vorkommen z. B. die Luft, das Holz u. v. a. Die meisten Körper lassen sich in alle drei oder wenigstens in zwei Aggregatzustände bringen. Das Wasser bildet im festen Zustande das Eis, und im luftförmigen den Dampf. Auch die Metalle und viele andere Stoffe sind aller drei Formen fähig. Sie können fest, flüssig und luftförmig (vergl. mit §. 15) werden.

Die Moleküle, die Molekularkräfte.

Die kleinsten Theilchen der Körper heißen Moleküle. Die Kräfte, welche diese Theilchen in ihrer Nebeneinanderlagerung erhalten, und die wir Zusammenhangskräfte nannten, heißen demnach Molekularkräfte.

Bei festen Körpern müssen die Molekularkräfte den Theilchen die stärkste, bei den flüssigen eine unbedeutend starke, gegenseitige Anziehung ertheilen. Bei den gas- oder luftförmigen Körpern ist die Wirkung dieser Kräfte auf die Entfernung der Körpertheilchen gerichtet.

§. 18.
Die chemische Theilung.

Obwohl die Gestalt der Moleküle nicht bekannt ist, so wissen wir von ihnen doch so viel, daß sie auf chemischem Wege weiter getheilt werden können, und daß die neuen Theile sich von den Molekülen, aus welchen sie hervorgegangen sind, wesentlich unterscheiden.

Die Zerspaltung der Moleküle heißt die chemische Theilung derselben, und ist in manchen Fällen sehr schwierig zu bewerkstelligen. Die Chemie lehrte uns zuerst, daß die Moleküle sich wieder in Theile zerklüften lassen, welche Atome heißen.

§. 19.
Die chemische Zerlegung des Wassers.

Die chemische Theilung eines Körpers wird dadurch bewirkt, daß man zu dem zu theilenden Körper einen fremden Körper bringt, von welchem letzteren man aus Erfahrung weiß, daß er einen oder mehrere Bestandtheile des ersteren Körpers aus jedem seiner Moleküle an sich zieht und auf diesem Wege den Verband der Moleküle des gegebenen Körpers löset.

Durch diese Zerklüftung kommen entweder andere, neue Molekülverbindungen (feste oder flüssige chemische Stoffe) zum Vorschein, oder es scheiden sich Theilchen der Moleküle aus den so genäherten Körpern in Gasform aus.

Wenn nun die aus dem inneren Zusammenhange der Moleküle losgetrennten Theilchen derselben, Körperchen von so einfacher Art bilden, daß sie selbst durch chemische Kräfte nicht mehr weiter getheilt werden können, so werden diese einfachsten Theilchen — Atome genannt.

Leitet man z. B. Wasserdampf durch einen glühenden Flintenlauf, der mit spiralförmig gewundenem Eisendrate gefüllt ist, so wird aus demselben nicht mehr Wasserdampf, sondern eine Luftart austreten, welche andere Eigenschaften besitzt als der Wasserdampf. Das aus dem Flintenlaufe entweichende Gas kann nämlich, nachdem es aufgefangen wurde, beliebig abgekühlt und zusammengedrückt werden, ohne daß es seinen luftförmigen Aggregatzustand einbüßt, was doch beim Wasserdampf nicht der Fall ist, weil derselbe sowohl durch Abkühlung als auch durch Zusammendrückung flüssig wird. Dieses Gas hat ferner die eigenthümliche und sehr schätzbare Eigenschaft, daß es einmal ausgezündet, fortbrennt, und dabei eine obwohl schwach leuchtende, aber sehr heiße Flamme erzeugt. Man nennt dieses Gas Wasserstoffgas, weil es aus dem Wasser darstellbar ist. Es bildet den einen Bestandtheil des Wassers.

Während des angegebenen Experimentes bemerkte man ferner, daß der Flintenlauf und die Eisenspirale innerhalb desselben mit Rost überzogen wurden. Der andere Bestandtheil des Wassers mußte sich demnach mit dem Eisen der Spirale und des Flintenlaufes zu einem Körper, der dem Hammerschlag ähnlich ist, verbunden haben.

Untersucht man diesen letzteren auf chemischem Wege weiter, so erfährt man, daß der zweite Bestandtheil der Wassermoleküle gleichfalls aus einem gasförmigen Körper besteht, welcher zwar nicht brennt, in welchem aber glimmende Körper stark auflodern und mit hellem Glanze schnell verbrennen. Dieses Gas heißt Sauerstoffgas. Beide Gase sind nicht mehr weiter theilbar. Sie heißen demnach einfache Stoffe oder Elemente. Ihre Theilchen heißen Atome.

§. 20.

Das Wasser besteht aus Wasserstoff und Sauerstoff.

Der Chemiker Lavoisier (sprich Lawoasiäh) hatte mittels dieses Experimentes vor achtzig Jahren zuerst nachgewiesen, daß das Wasser kein einfacher Körper sei, sondern aus zwei Luftarten, dem Sauerstoffe und Wasserstoffe bestehe.

Der Sauerstoff hatte sich bei diesem chemischen Versuche vom Wasserstoffe des Wasserdampfes getrennt und ist auf das erhitzte Eisen übergegangen. Aus dieser Ursache pflegt man zu sagen, der Sauerstoff habe zum glühenden Eisen eine größere, chemische Verwandtschaft als zum Wasserstoffe. Diese Eigenschaft des Sauerstoffes wäre aber mit nachstehenden Worten richtiger bezeichnet:

Ein Sauerstoff-Atom wird von einem mit ihm in Berührung gebrachten Eisen-Atome (wenn sich; das Eisen im glühenden Zustande befindet) stärker angezogen, als von dem benachbarten Wasserstoff-Atome.

Die Chemie lehrt, welche Atome sich stärker und welche sich schwächer anziehen.

§. 21.

Das Wasser besteht aus 2 Raumtheilen Wasserstoff und 1 Raumtheile Sauerstoff.

Auch mit Hilfe der Elektrizität, welche uns im großen als Blitz erscheint, lassen sich die Körper-Moleküle in ihre Atome zerlegen. Das Wasser läßt sich mittels eines kräftigen elektrischen Stromes ohne Schwierigkeiten, und obwohl allmählich, dennoch ziemlich schnell in seine Bestandtheile, Sauerstoff und Wasserstoff zerfällen. (Vergl. mit §. 347.)

Dieses Experiment lehrt auch zugleich, daß **zwei Maß Wasserdampf aus 1 Maß Sauerstoff- und 2 Maß Wasserstoffgas** bestehen.

Aus einer Maß Wasser könnte man auf diesem Wege mehrere tausend Maß (etwas über 2.600) von diesen zwei Luftarten erhalten.

Jedes Wasser-Molekül muß demnach aus zwei Wasserstoff-Atomen und einem Sauerstoff-Atome bestehen, welche drei Atome mittels chemischer Anziehung (man nennt diese Anziehung, chemische Affinität) aneinanderhaften und sofort das Wassertheilchen bilden.

4. Die Porosität.
Wärmeerscheinungen im allgemeinen.

§. 22.

Die Porosität, eine allgemeine Eigenschaft der Körper.

Die vorhergehenden Betrachtungen setzten außer Zweifel, daß jeder Körper aus unendlich vielen, ungemein kleinen Theilchen (Molekülen, Atomen) besteht.

Wir wollen jetzt an uns die Frage richten, auf welche Weise die einzelnen Moleküle der Körper aneinander gereiht sein müssen. Bilden nämlich die Moleküle bei ihrer Nebeneinanderlagerung Zwischenräume oder nicht?

Vielfältige Thatsachen sprechen dafür, daß alle Körper mit unendlich vielen solchen Zwischenräumen versehen sind. Diese **Zwischenräume heißen Poren** und die allgemeine Eigenschaft der Körper, Poren zu haben wird die **Porosität** genannt.

Bei regelmäßigen, kristallinischen Gebilden müssen die Poren entweder ganz gleichförmig oder nach gewissen Gesetzen vertheilt sein. In den organischen Gebilden (bei Thieren und Pflanzen nämlich) sind dieselben im allgemeinen unregelmäßig gruppiert und bereits mit freiem Auge oder durch Vergrößerungsgläser sichtbar.

Wenn man den Schwamm, an welchem die Poren am augenfälligsten ausgebildet sind, in die Hand nimmt und dieselbe schließt, so wird der Schwamm zusammengedrückt. Die damit erfolgte Raumverringerung desselben wurde nur deshalb möglich, weil die Theilchen des Schwammes wegen der vielen Löcher (Poren), die er besitzt, sich einander nähern konnten.

Die Zusammendrückbarkeit der Körper ist demnach stets eine Folge ihrer Porosität.

Nun haben Thatsachen festgestellt, daß sämmtliche Körper sich zusammendrücken oder zusammenpressen, d. h. durch Druck auf ein kleineres Volumen bringen lassen, es müssen demnach alle Körper Poren haben.

Die Porosität bietet in gewerblichem Leben manche Vortheile dar. Sie kann aber auch nachtheilig auftreten. In diesen Fällen sucht man ihr wieder zu begegnen.

Benutzung und Beschränkung der Porosität.

Wenn man Quecksilber vom anhängenden Staube reinigen will, so preßt man es durch Leder. Die Poren des Leders lassen das flüssige Quecksilber durch und die Unreinigkeiten desselben bleiben am Leder zurück. Das Flußwasser wird von seinen unangenehmen Beimischungen befreit, wenn man dasselbe durch poröse Filter, gewöhnlich aus feinen Kieselsteinen, Sand, Scherwolle bestehend, passieren läßt. Das poröse Fließpapier (Filtrierpapier) scheidet feste Stoffe von flüssigen ab. Durch die Poren der Leinwand dringt beim Polieren die Politur durch und zieht sich in die Holzporen hinein, wodurch die Oberfläche des Holzes geglättet wird. Branntwein in eine Blase gethan und in die Nähe eines warmen Ofens gebracht, wird stärker, weil vornehmlich das Wasser desselben durch die Poren der Blase dringen und verdunsten wird. Das Zehren des Weines erfolgt wegen der Porosität der Fässer. Braupech dient zum Auspichen der Bierfässer.

Die enthaarte Thierhaut (Blöße) nimmt, nachdem ihre Poren noch durch einfache Vorbereitungen (das Schwellen oder Treiben) geöffnet wurden, bei dem Eintauchen und Liegenlassen in der Gärberbrühe den Gärbstoff in ihre Poren auf; dadurch verlieren die einzelnen Hautfasern ihre Verschiebbarkeit und werden zu Leder. Beim Schnellgärben wird der Gärbstoff künstlich in die Poren gepreßt.

Die Porosität der menschlichen Haut erlaubt das Hervortreten des Schweißes, und damit die Abkühlung des Körpers. Ohne das Schwitzen wäre die Hitze im Sommer unerträglich (vergl. mit §. 279).

Die Eierschalen sind auch mit kleinen Poren bedeckt, welche die Luft in das Innere des Eies hineinlassen, wodurch allmählich die Fäulnis des Eies erfolgt. Verschließt man diese Öffnungen durch das Hineinlegen der Eier in Asche, in Kalkmilch oder durch das Bestreichen derselben mit Öl, Wasserglas u. a., so halten die Eier viel länger, als gewöhnlich.

Man bemerkt bei den hidraulischen Pressen, daß **Wasser selbst durch's Eisen dringen kann**. Dieses könnte nicht geschehen, wenn das Eisen keine Poren hätte. Freilich sind die Poren der Metalle ungemein klein und gar nicht warnehmbar. Auch das **Glas muß ungewöhnlich feine Poren haben**, weil man in geschlossenen Glasgefäßen die feinsten (dünnsten) Gase aufbewaren kann, ohne bei ihnen einen Verlust zu bemerken.

Das Aufquellen des Holzes.

Das Holz schwillt bekanntlich in der Feuchtigkeit an; es nimmt dabei Wasser in seine Poren auf. — Die Volumenvergrößerung des Holzes bei seinem **Aufquellen ist bei Möbeln sehr ungelegen**, daher sie mit Farbanstrichen und Politurüberzügen versehen werden. Ähnlich wie Holz quellen auch Leim, Leder, Gerste, die Sämereien im allgemeinen, Mauerziegel, Kalksteine u. s. w. auf.

Thatsachen, welche für die Porosität flüssiger Körper sprechen.

Auch flüssige Körper haben Poren, welche aber **ungemein klein sein müssen**, indem sich Flüssigkeiten unmerklich wenig zusammendrücken lassen. Füllt man eine Flasche ganz mit Wasser, bringt einen gut schließenden Stöpsel darauf und treibt denselben mit Gewalt in dieselbe, so wird die Flasche zerspringen, weil das Wasser beinahe unzusammendrückbar ist. Stets muß man daher zwischen dem Stöpsel und der Flüssigkeit, beim Verkorken der Flaschen, einen Zwischenraum lassen.

Daß das Wasser wirklich Poren hat, gewahrt man am leichtesten, wenn man ein Glas Wasser auf den Ofen stellt, oder in einem warmen Zimmer längere Zeit stehen läßt. Man bemerkt in beiden Fällen, nach einer Weile nämlich, daß sich zarte Luftbläschen an die innere Wand des Glases ansetzen. Von wo kommen diese Luftbläschen? — Diese Bläschen haben sich aus den Poren des Wassers durch die Wärme ausgeschieden, und sind von der Wand des Glases angezogen worden, an welcher sie nun haften. In den Poren des Wassers ist demnach stets Luft enthalten. In dem abgestandenen weniger, als in dem frischen (kalten) Wasser. Auch das Leben der Fische im Wasser, welche zum Athmen Luft brauchen, bestätiget das obige Ergebniß. Zugefrorene Teiche müssen mit Eislöchern, sogenannten Wuhnen, versehen sein.

Die Poren gasförmiger Körper.

Die gas- oder luftförmigen Körper besitzen ohne Zweifel Poren. Diese Zwischenräume müssen aber bei ihnen sehr bedeutend sein, weil man sie durch Druck beträchtlich zusammenpressen kann.

Wer von euch nicht wüßte, daß die Luft zusammendrückbar ist, der denke nur an die Spielerei, welche gewöhnlich die Knallbüchse heißt. Diese besteht bekanntlich aus einer Holunderröhre (s. Fig. 13), welche sowohl

Fig. 13.

Knallbüchse.

vorne als rückwärts einen Pfropfen b bekommt. Stößt man den einen Pfropfen mittels eines Stämpels c in die Röhre hinein, so treibt man damit den andern mit einem Knall weit hinaus. Der vordere Pfropfen wird hier durch den Druck, welchen die zusammengepreßte Luft ausübt (man bemerkt dabei, daß sie sich stark zusammendrücken läßt), hinausgeschleudert. Daß die zusammengedrückte Luft in der That einen Druck ausübt, kann man sich überzeugen, wenn man den vorderen Pfropfen sehr fest in die Röhre thut und den rückwärtigen mit Hilfe des Stämpels vorwärts schiebt. Beim Vorwärtsschieben des Pfropfens erfährt man einen bedeutenden Widerstand in der Hand, und der Pfropfen wird sich sammt dem Stämpel wieder zurückbewegen, wenn man den letzteren losläßt.

3 *

§. 23.

Die Luft ist elastisch.

Die Luft hat ein merkliches Bestreben sich wieder auf ihr früheres Volumen auszudehnen, sobald sie zusammengedrückt wird. Sie verhält sich dabei ähnlich wie eine stählerne Spiralfeder, welche vermöge ihrer Elastizität sich zwar zusammendrücken läßt, dabei aber ihr ursprüngliches Volumen wieder herzustellen sucht. Die Luft ist demnach eine **elastische Flüssigkeit**. Ihr Bestreben nach Volumenherstellung, sobald sie zusammengepreßt wurde, ist ein nach allen Seiten gerichtetes.

Es läßt sich daher allem dem zufolge als wahr hinstellen, daß **die Luft und die anderen luftförmigen Stoffe sich stark, die festen Körper sich schwach und die flüssigen Körper sich nur unmerklich zusammendrücken lassen.**

Leder, Holz, Metalle u. s. w. lassen sich zusammenpressen und man macht hiervon häufig Anwendung. Durch das Pressen wird Baumwolle, Heu, Papier auf ein viel geringeres Volumen gebracht, was beim Transporte dieser Gegenstände bedeutende Vortheile darbietet. Ein gebundenes Buch ist viel handsamer als ein ungebundenes, welches einen großen Bausch bildet.

§. 24.

Die Zusammendrückbarkeit und Zusammenziehbarkeit der Körper sind Folgen der Porosität.

Die **Zusammendrückbarkeit** der Körper ist, wie bereits erwähnt wurde, eine unmittelbare Folge der Porosität; aber auch die **Zusammenziehbarkeit** einiger Körper hat ihren Grund in der Eigenschaft derselben, Poren zu besitzen.

Wenn feuchtes Holz trocken wird, so zieht es sich zusammen, man sagt: es schwindet. Diese unangenehme Erfahrung macht man bei neuen Möbeln, wenn feuchtes, schlecht ausgetrocknetes Holz dazu verwendet wurde. Die Möbel bekommen Sprünge, Stellen, welche früher genau gepaßt haben, klaffen auseinander. Ein solches Möbelstück verliert sehr an Werth und Ansehen. Reißbretter und ähnliche Tafelbretter werfen sich aus derselben Ursache. Ursprünglich ebene Stellen werden uneben, windschief, weil das Zusammenziehen nicht gleichförmig nach allen Seiten geschieht. Diesem Übelstande begegnet man durch

Verwendung von möglichst trockenem Holze und durch das Anbringen von Grad- und Hirnleisten an den Brettern.

Warum naß gemachtes Papier, eine feuchte, schlappe Blase nach dem Trocknen sich ausspanne, findet in dem Vorstehenden ebenfalls seine Erklärung.

§. 25.
Die Wärme eine stete und innige Begleiterin der Körper.

Ähnlich wie die Feuchtigkeit (das Wasser) beim Anschwellen des Holzes sich in dessen Poren hineinzieht, dringt auch die Wärme in die Poren der Körper ein und schiebt deren Theilchen auseinander.

Aus dieser Ursache dehnen sich sämmtliche Körper durch die Wärme aus, d. h. sie vergrößern dabei ihr Volumen. Andererseits ziehen sich die Körper wieder auf ihr ursprüngliches Volumen zusammen, sobald deren Wärme abgenommen hat. Dieses Eindringen der Wärme in die Poren ist aber nicht wörtlich zu nehmen, weil noch niemand nachgewiesen hat, daß die Wärme etwas Stoffliches sei. Die Wärme scheint auch in der Wirklichkeit nichts Stoffliches vorzustellen, sondern bloß einen Zustand anzuzeigen, in welchem sich die Moleküle der Körper befinden, wenn sie ein Bestreben äußern, sich von einander zu entfernen. Dieses Streben hält die Theilchen auseinander, bedingt vielleicht die Porosität, höchst wahrscheinlich aber die abstoßende Molekularkraft der luftförmigen Körper.

Unsere Behauptung, daß sich die Körper durch die Wärme ausdehnen, ist in der Natur begründet; denn der aufmerksame Beobachter kann dieß bei jeder Gelegenheit bemerken.

Füllen wir z. B. eine dicht schließende Schweinsblase mit kalter Luft zum Theile an, und bringen dieselbe in ein warmes Zimmer, so werden wir bemerken, daß die schlaffe Blase in der Wärme anschwellen und sich bedeutend ausspannen wird. Diese Erscheinung ist eine Folge der Ausdehnung der in der Blase enthaltenen Luft; denn: verfügt man sich mit der vollständig gespannten Blase wieder in die Kälte, so nimmt dieselbe neuerdings ihre schlappe Beschaffenheit an.

Bei stärkerer Erwärmung wird die Ausdehnung auch bedeutender, bei der Erhitzung der luftförmigen Stoffe kann die Wirkung dieser Ausdehnung eine sehr gewaltige werden. Man denke nur an die Kraft des entzündeten Schießpulvers, welches einzig und allein durch die Ausdehnung der gasförmigen Stoffe, die es beim Lodbrennen liefert, die bekannten bedeutenden Wirkungen hervorbringt.

§. 26.
Die Ausdehnung flüssiger Körper durch die Wärme.

Das Wasser und überhaupt alle Flüssigkeiten dehnen sich ebenfalls durch die Wärme aus. Viele von euch werden bereits bemerkt haben, daß Wasser, welches einen Topf ziemlich voll anfüllt, sobald es stark erwärmt wird, in dem Topfe höher steigt, bis es überläuft. Noch auffälliger sieht man diese Eigenschaft tropfbarer Flüssigkeiten, wenn man das Wasser in einen gläsernen Kolben (Fig. 14), der mit

Fig. 14.

Glaskolben mit Weingeistlampe.

einem recht schmalen Halse versehen ist, bis an das untere Ende des Halses einfüllt. Sobald das Wasser erwärmt wird, steigt dasselbe in dem Halse des Kolbens allmählich höher und höher.

Am auffallendsten wird diese Ausdehnung des Wassers, wenn man in den Hals des Kolbens einen Korkstöpsel thut, durch welchen eine feine und lange Glasröhre gesteckt wurde. Wird nun so viel Wasser in den Kolben gethan, daß dasselbe bei verstopfter Flasche in die feine Röhre reicht, so wird nachdem der Kolben nach und nach erwärmt wurde, das Wasser in der dünnern Röhre langsam aufwärts steigen. Dieses allmähliche Erwärmen mittels Spiritusflamme ist anzurathen, weil sonst der Glaskolben springen könnte.

Der Dampf.

Je größer die Erwärmung des Wassers ist, desto größer wird die Zunahme des Volumens ausfallen, u. z. nimmt das Volumen des erwärmten Wassers in einem schnelleren Verhältnisse zu, als der Grad der Erhitzung zunimmt. Erwärmt man das Wasser so lange bis es kocht, so entwickelt sich aus dem Wasser der Dampf (also Wasser im luftförmigen Zustande), welcher einen 1700mal so großen Raum einnimmt, als der Raum war, den das Wasser in kaltem Zustande behauptet hat.

Ein Kubikfuß kalten Wassers gibt beiläufig 1700 Kubikfuß Dampf, der bei der Kochhitze erzeugt wurde.

Die Spannkraft des Dampfes.

Der Dampf hat ein namhaftes Bestreben sich nach allen Richtungen auszudehnen, er drückt deshalb auch auf die Gefäßwände, welche seiner Ausdehnung ein Ziel setzen. Dieser **Druck des Dampfes gegen die ihn einschließenden Gefäßwände** heißt seine **Spannkraft** oder **Ausdehnsamkeit**.

Wird in einem Topfe Wasser gekocht und dabei der Deckel fest aufgelegt, so erfolgt durch die Spannkraft des Dampfes eine plötzliche und gewaltige Abhebung des Deckels. Bei großen und verspersten Behältern kann diese Dampfspannung sehr gefährlich werden. Zur Vermeidung von Unglücksfällen müssen demnach die Kessel, worin der Dampf erzeugt wird, vor dem Gebrauche auf ihre Festigkeit ausprobiert sein. Sicherheitsventile werden die zu starke Spannung des Dampfes im Kessel verhindern. Das starke Aufwallen des kochenden Wassers, das Überlaufen der Milch beim Sieden derselben, das starke Aufschäumen (Übersteigen) des Leinöls bei der Bereitung der Firniße sind lauter Folgen der Spannkraft der bei der Kochhitze erzeugten Dämpfe. In den beiden ersten Fällen sind es Wasser-, in letzterem Falle Öldämpfe, welche die bezeichneten Erscheinungen hervorrufen.

§. 27.

Die Ausdehnung verschiedenartiger Flüssigkeiten durch die Wärme.

Nicht alle Flüssigkeiten dehnen sich gleich stark aus. Der Weingeist dehnt sich z. B. 2½mal stärker, das Quecksilber 2½mal schwächer als das Wasser aus. Die Ausdehnung des Quecksilbers durch die Wärme bemerkt man auf der Stelle, wenn man das bekannte Instrument, welches Thermometer heißt, in die Hand nimmt und die Kugel des Instrumentes längere Zeit mit der Hand berührt. Die Wärme der Hand, welche dem Quecksilber der Thermometerkugel mitgetheilt wird, bewirkt die Ausdehnung desselben in der Thermometerröhre. Wird die Hand von der Kugel entfernt, so zieht sich die Quecksilbersäule des Thermometers wieder zusammen.

Bei Flüssigkeiten, welche nach dem Maß ein- oder verkauft werden, kann bloße Wirkung der Wärme eine ökonomische Wichtigkeit erlangen; denn wenn jemand z. B. 100 Maß Branntwein (Spiritus) bei bedeutender Sommerhitze einkauft und bei starker Winterkälte wieder verkauft, der wird einen Abgang von 4—5 Maß erfahren, welcher bloß von der Zusammenziehung des Branntweines in Folge der Wärmeabnahme herrührt.

Aus derselben Ursache dürfen alle geistigen und öhligen Flüssigkeiten, wenn sie in Fässern zur Versendung kommen, nie ganz voll gefüllt werden. Sie könnten nämlich bei den gewöhnlichen Schwankungen der Luftwärme leicht eine Volumenszunahme von 1—2 Prozent erfahren und sofort ein Sprengen der Fässer, in welche sie eingefüllt wurden, verursachen.

§. 28.

Das Thermometer.

Ich habe kurz vorher von dem, beinahe in jedem Hause antreffbaren und von jedem Kinde gekannten Instrumente, dem Thermometer (Fig. 15) (Wärmemesser), gesprochen und dabei die Bemerkung gemacht, daß dasselbe mit Quecksilber gefüllt sei, welches sich in der gläsernen Röhre des Instrumentes ausdehnen könne. Das glänzende Säulchen nun, welches ihr bemerken werdet, sobald ihr die Thermometerröhre näher betrachtet, stellt das flüssige Metall vor, welches Quecksilber genannt wird. Die Röhre mündet in die Glaskugel des Instrumentes aus, in welcher sich der Vorrath an Quecksilber befindet, und aus welcher dasselbe in die Thermometerröhre emporsteigen kann. Dieses Steigen oder Verlängern der Quecksilbersäule erfolgt in einem um so größeren Maße, je wärmer der Gegenstand ist, welcher der Kugel genähert wurde.

Je feiner die Thermometerröhre ist, um so empfindlicher wird das Instrument, d. h. um so kleinere Temperatur- oder Wärmeveränderungen wird man mit demselben an den genäherten Gegenständen, im allgemeinen in der Luft beobachten können.

Die Thermometerröhre muß kalibriert sein.

Soll das Quecksilbersäulchen bei gleichmäßiger Zunahme der Wärme auch gleichmäßig sich verlängern, so muß die feine Röhre der ganzen Länge nach gleich dick, d. h. sie muß genau kalibriert sein. Eine Glasröhre, welche Knoten oder andere Anschwellungen besitzen würde, wäre zu Thermometern ganz untauglich. Die Thermometerröhre und ihre Kugel sind aus demselben Glase, u. z. ist die Kugel aus der Röhre herausgeblasen, was mittels der Glasbläserlampe F und der Kautschukblase B Fig. 16 leicht angeht. Am obern Ende ist diese Röhre zugeschmolzen. Der Raum in der Glasröhre über dem Quecksilbersäulchen ist luftleer gemacht,

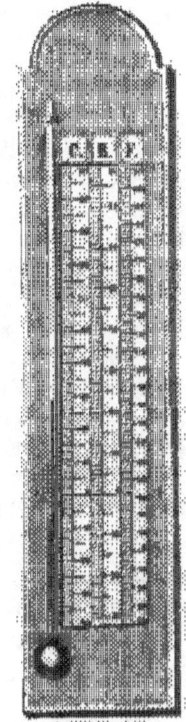

Fig. 15.

Thermometer.

Fig. 16.

Glasbläserlampe.

42

um den sonst durch die Ausdehnung der Luft in der Röhre hervorgehenden, störenden Druck auf das Quecksilber zu verhindern.

Die Luftleere des Thermometers.

Ich gelange an dieser Stelle zum erstenmale zu der Beschreibung, auf welche Weise man im Stande ist, irgendwo einen luftleeren Raum herzustellen. Jeder von euch wird gewiß begierig sein, dieß zu erfahren; also höret! Um den oberen Raum der Thermometerröhre luftleer zu machen, erwärmt man das Quecksilber in der Kugel langsam, wodurch es sich ausdehnt und die 6"—10" lange Röhre nach und nach ganz ausfüllt. In dem Augenblicke nun, als das Quecksilber oben austritt, wird die Röhre mit Hilfe der Stichflamme einer Weingeistlampe (Glasbläserlampe) zugeschmolzen.

Nachdem nun während des Zuschmelzens der Röhre das Quecksilber dieselbe vollfüllte, das letztere beim Erkalten sich nothwendiger Weise wieder auf den ursprünglichen Raum, wo es für gewöhnlich den dritten oder vierten Theil der Röhre einnimmt, zurückziehen wird, so muß der vom Quecksilber verlassene Raum der Röhre von jeder Materie frei, d. h. luftleer sein.

Eine vollständige Luftleere läßt sich auf diesem Wege doch nicht herstellen, weil bei noch so großer Erhitzung des Quecksilbers, Luft in seinen Poren zurückgehalten wird, welche dann während der Zusammenziehung desselben aus diesem in den leeren Raum austreten wird.

Das Einfüllen des Quecksilbers in die Thermometerröhre.

Eine andere Frage, welche gleichfalls eine Beantwortung verdient, ist jene, auf welche Weise das Quecksilber in die sehr feine Glasröhre eingefüllt wird. Man versuche dieses ohne besondere Vorbereitung, so bringt man gewiß keinen Tropfen davon in die Röhre. Macht man aber oben an derselben, durch das Anblasen einen trichterförmigen Ansatz, wie dieß die Fig. 17 zeigt, oder steckt dort mittels Kautschukschlauches einen Glastrichter an, thut in diesen einen Theil des wohl gereinigten Quecksilbers und erwärmt die Kugel der Röhre, so wird die Luft, weil sie sich ausdehnt aus dem Innern der Röhre, das Quecksilber im Trichter durchfahrend, entweichen. Nach Abkühlung und Zusammenziehung der Luft, welche in der Röhre noch zurück-

geblieben ist, wird aber das Quecksilber aus dem Trichter in
dieselbe nach und nach hineinbringen, was anfänglich wegen der
Undurchdringlichkeit der Luft nicht geschehen konnte.

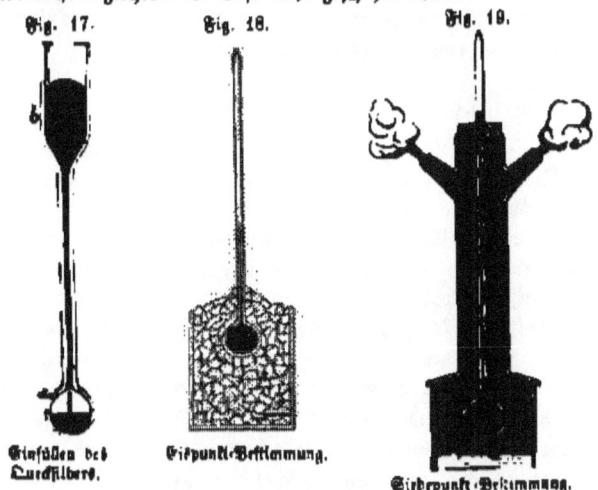

Fig. 17.   Fig. 18.   Fig. 19.

Einfüllen des   Eispunkt-Bestimmung.   Siedepunkt-Bestimmung.
Quecksilbers.

Die Anfertigung der Thermometerskale.

Weiter bemerken wir neben der Thermometerröhre, an einer
Holz- oder Messingplatte eine genau getheilte Skale. Wir lesen
auf derselben ziemlich unten: Eispunkt und beinahe ganz oben:
Siedepunkt. Ich will euch nun die Bedeutung dieser zwei
wichtigen Punkte des Thermometers verständlich machen.

Der Eispunkt bezeichnet, wie dieß schon der Name sagt,
den Punkt, bis zu welchem das Ende des Quecksilbersäulchens
hinweiset, sobald die Thermometerkugel in schmelzendes, reines
Eis, in der Art wie es die Fig. 18 vorführt, eingetaucht wird.

Der Siedepunkt bezeichnet wiederum jene Stelle, bis zu
welcher das Quecksilbersäulchen steigen wird, sobald das Thermometer in siedendes Wasser oder besser in die Dämpfe desselben,
knapp über dem siedenden Wasser, in der Weise wie es die
Fig. 19 darstellt, hineingehalten wird.

Hat man einmal diese Hauptpunkte des Thermometers durch Brobachtung bestimmt und an der Röhre bezeichnet, so wird bei jedem späteren Eintauchen in schmelzendes Eis oder in siedendes Wasser (in dessen Dämpfe) das Ende des Quecksilbersäulchens die nämlichen zwei Stellen einnehmen.

Die Thermometergrade nach Réaumur.

Dieses Ergebnis zeigt zur Genüge, daß die Raumerfüllung des Quecksilbers an ein Gesetz gebunden ist. Andere Thatsachen lehrten überdieß, daß das Quecksilber sich in dem Maße ausdehnt, als die Wärme desselben zunimmt. d. h. daß es sich ganz gleichmäßig mit der Temperaturzunahme ausdehne. Aus dieser Ursache theilte man den Abstand zwischen dem Eis- und Siedpunkte in 80 gleiche Theile, welche Grade genannt werden. — Ebenso gut, wie man diesen Abstand in achtzig Theile theilte, hätte man denselben in hundert oder in eine andere Anzahl Grade theilen können. — Die aus der zuerst angegebenen Eintheilung hervorgehenden Grade heißt man Réaumur'sche (sprich Reomür'sche) Grade, weil Réaumur (Reomür) diese Theilung in 80 Grade zuerst ausgeführt hat.

Die Wärmegrade.

Taucht man die Kugel eines solchen Thermometers in eine Flüssigkeit, z. B. in ein vorgerichtetes warmes Wannenbad und es zeigt das Quecksilbersäulchen desselben auf 25, so sagt man, das Bad besitzt 25 Grad Wärme, oder die Temperatur des Bades beträgt 25 Grad.

Die Kältegrade.

Unter dem Eispunkte sind die Kältegrade verzeichnet. Hängt man nun im Winter ein solches Thermometer in's Freie und weist das bewußte Säulchen auf 10 unter dem Nullpunkte, so bedeutet dieß, daß die Luft 10 Grad Kälte besitzt. Man sagt, die Temperatur der Luft ist 10 Grad unter Null.

Reines, schmelzendes Eis hat, wie angegeben wurde, die Temperatur von 0°. Streut man zwischen die Eisstücke Salz, so sinkt die Temperatur desselben aus Ursachen, die ihr später kennen lernen werdet, tiefer u. z. bis 14° unter Null. Kälte ist kein besonderer Zustand der Körper.

Kälte ist bloß ein niederer Grad von Wärme. Der Körper, den wir kalt heißen, enthält von dem, was wir Wärme nennen (§. 25) wenig. Keinem Körper, selbst dem kältesten kann ein gänzlicher Mangel an Wärme zugeschrieben werden. — Die Wärme könnte demnach in diesem Sinne auch als eine allgemeine Eigenschaft der Körper angesehen werden. — Körper ohne Wärme sind bloß denkbar, aber nicht nachweisbar.

§. 29.
Anwendung des Thermometers.

Das Thermometer findet sowohl in gewöhnlichem, als auch in gewerblichem Leben eine bedeutende Anwendung. Bei vielen chemischen und fisikalischen Verrichtungen, wie bei der Durchführung von Destillazionen (besonders den frakzionierten oder gebrochenen), beim Anrichten der Maische, beim Anstellen der Färbeküpen, bei den Dörr- und Gärungsprozessen, beim Abdampfen, in Treibhäusern, Brutanstalten u. d. gl. ist die Einhaltung der bestimmten Temperatur eine unerläßliche Bedingung, welche nur mit Hilfe des Thermometers mit Sicherheit ermöglicht wird.

Beim Weichkochen der Eier ist es bekanntlich ziemlich schwierig den richtigen Augenblick zu treffen, wann das Kochen unterbrochen werden soll, wenn man weich gekochte Eier haben will. Mittels des Thermometers ist dieses Weichkochen leicht und verläßlich ausführbar. Man weiß nämlich aus der Erfahrung, daß der Eiweißstoff bei einer Temperatur von etwas über 59° gerinnt. Will man nun die Eier weich kochen, so muß man dieselben aus dem Wasser nehmen, bevor sie zu dieser Temperatur gelangen, weil sonst der Eiweißstoff gerinnen und man anstatt weicher, harte Eier erhalten würde.

Es ist sehr gesundheitsdienlich in der Werkstätte eine Temperatur von 15 bis 17 Grad aufrechtzuhalten, was mit Hilfe eines Thermometers leicht geschehen kann.

Man hat mittels des Thermometers gefunden, daß jede Flüssigkeit ihren besonderen Siede- oder Kochpunkt hat. Das

Wasser siedet bei 80°, Weingeist schon bei 63°. Die Öle sieden bei hoher Temperatur, einige erst bei 250°.

Mit dem Gefühle (dem Tastsinne nämlich) kann man zwar bei einiger Übung die gewöhnlichen Wärmegrade mit ziemlicher Sicherheit abschätzen, man kann z. B. leicht ein Wannenbad anrichten, oder angeben, wie viel Grad Wärme ein geheizter Raum hat. Ganz verläßliche Angaben lassen sich aber auch hierüber nicht machen, weil der Tastsinn oftmals Täuschungen unterworfen ist. So erscheint im Winter ein Zimmer, welches im Sommer für kühl gehalten wurde, noch angenehm warm. Die ziemlich beständige Temperatur der Kellerluft (etwa 10—12°) erscheint im Sommer sehr kühl, im Winter dagegen, besonders beim Eintreten in den Keller, warm.

§. 30.

Die Thermometergrade nach Celsius.

Ihr werdet gewiß auch schon von Celsischen (eigentlich Celsius'schen) Wärmegraden gehört haben. Diese sind etwas kleiner als die Réaumur'schen.

Celsius hatte nämlich den Abstand zwischen dem Eis- und Siedpunkt eines Thermometers, welcher selbstverständlich bei jedem einzelnen Thermometer insbesondere ausgemittelt werden muß, anstatt in achtzig, in hundert gleiche Theile getheilt.

Bei uns sind die Réaumur'schen, bei den Franzosen die Celsius'schen Grade im Gebrauche. Nicht selten bedient man sich aber auch bei uns der letzteren, besonders in der technischen Ausübung.

Verwandlung der Grade nach Réaumur in jene nach Celsius und umgekehrt.

Ich will euch deshalb hier noch die Methode angeben, nach welcher Réaumur'sche Grade in Celsius'sche und umgekehrt verwandelt werden. Ihr leset z. B. in einem Buche, daß zur Erreichung eines bestimmten Zweckes die vorzunehmende Destillazion (Verdampfung) eines Stoffes bei 75° Celsius ausgeführt werden muß. Ihr besitzet kein Celsius'sches, sondern ein Réaumur'sches Thermometer.

Bei welcher Temperatur nach Réaumur werdet ihr diese Verdampfung veranlassen?

In diesem Falle wird also die Frage gestellt, wie viele Grade Réaumur die angegebenen 75 Grad Celsius ausmachen.

Die Beantwortung geschieht ganz leicht, wenn man überlegt, daß eine und dieselbe Größe, der Abstand zwischen den zwei Hauptpunkten des Thermometers nämlich, nach Réaumur in 80, nach Celsius in 100 Theile getheilt wird. Jeder Grad Réaumur ist dem zufolge $^1/_{80}$, jeder Grad Celsius $^1/_{100}$ dieser Länge. Diese beiden Theilungsmethoden lassen sich demnach so denken, als hätte man zwei Maßstäbe vor sich, einen 80- und einen 100theiligen.

Die einzelnen Theile des ersteren müssen größer ausfallen, als jene des letzteren. Man bringt die Größen der Theile des 100theiligen Maßstabes auf jene des 80theiligen, wenn man mit ihnen gerade so verfährt, wie man vorgehen müßte, um von 100 auf 80 zu gelangen. Von der Zahl 100 gelangt man auf 80, wenn man von 100 dessen Fünftel d. i. 20 wegnimmt.

Man wird demnach Celsius'sche Grade in Réaumur'sche verwandeln, wenn man von ihrem Betrage, dessen fünften Theil abzieht.
$75°$ Cels. $= 75 - \frac{1}{5}. 75 = 75 - 15 = 60°$ Réaum.
Die gewünschte Verdampfung wird man also bei $60°$ Réaumur ausführen.

$30°$ Celsius $= 30 - \frac{1}{5}. 30 = 30 - 6 = 24°$ Réaumur.

Will man dagegen vom 80theiligen Maßstab auf den 100theiligen gelangen, so muß man mit dessen Theilen so verfahren, wie wenn man von der Zahl 80 auf die Zahl 100 kommen wollte. Von 80 kommt man auf 100, wenn man zu 80 dessen vierten Theil (20) hinzuschlägt.

Man wird demnach Réaumur'sche Grade in Celsius'sche verwandeln, wenn man zu ihrem Betrage, dessen vierten Theil hinzufügt. Z. B. Wie viele Celsius'sche Grade machen $60°$ Réaumur?

Es sind dieß $60 + \frac{1}{4}. 60 = 60 + 15 = 75°$ Cels.
$24°$ R. $= 24 + \frac{1}{4}. 24 = 24 + 6 = 30°$ Cels.
u. s. w.

48

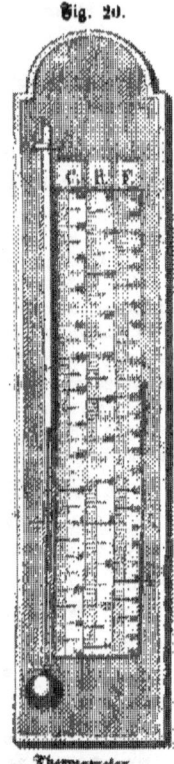

Fig. 20.

Thermometer.

Auf manchen Thermometern sind beide Eintheilungen (Skalen) angebracht. Die eine ist dann rechts und die andere links der Röhre. In der nebenstehenden Zeichnung (Fig. 20) ist die Celsius'sche und Réaumur'sche Skale nebeneinander, rechts von der Thermometerröhre angebracht. Außerdem bemerkt ihr auch eine mit F beschriebene Skale. Sie rührt vom Fahrenheit her und ist bloß in England gebräuchlich. Man gewart dabei, daß 100 Grad Fahrenheit so viel gelten wie 30 Grad Réaumur.

§. 31.
Ausdehnung der festen Körper durch die Wärme.

Bisher habe ich von der Ausdehnung luftförmiger und flüssiger Körper gesprochen, wie sieht es in dieser Beziehung mit den übrigen aus, also mit welchen? — ich meine mit den festen Körpern.

Dehnen sich diese durch die Wärme ebenfalls aus oder nicht?

Ich brauche nicht weit hinauszugreifen, so finde ich das erstere bestätiget.

Jeder von euch wird ein Bügeleisen (Plätteisen) kennen. Jedermann weiß, daß bevor mit demselben gebügelt wird, der eiserne Kern desselben, Stahl oder Bolzen genannt, im Kohlenfeuer rothglühend gemacht und hierauf in's Bügeleisen hineingeschoben wird.

Die Hitze des glühenden Eisens theilt sich dem messingenen Bügeleisen mit, um von dort auf die zu plättenden Gegenstände, welche feucht werden, zu überleiten und auf diese Weise den feuchten Stoff zu trocknen, durch den Druck dagegen, welchen die Hand gegen das Bügeleisen ausübt, die Falten des Stoffes zu ebnen.

Würde nun der Stahl, im kalten Zustande, nur knapp in das Bügeleisen hineingehen, so wäre derselbe selbst nach unbedeutender Erwärmung nicht mehr in dasselbe hineinzubringen.

Das Material des Bügeleisenbolzens hat sonach durch die Wärme eine Raumvergrößerung erfahren. Aus dieser Ursache muß auch der Bolzen stets um ein namhaftes kleiner gemacht werden, als der hohle Raum des Bügeleisens beträgt.

Ein Topf, der mit dem oberen Rande an das Thürchen einer Heizung anstoßen würde, könnte, nachdem er heiß geworden ist, nicht mehr aus dem Ofen gezogen werden, ohne ihn zu neigen. Ein Topf kann sich ferner in dem Einsatzringe eines Sparherdes wegen seiner Ausdehnung durch die Wärme derart einklemmen, daß derselbe in überhitztem Zustande von dem Ringe nicht wegzubringen ist.

Ihr werdet mir demnach auch beantworten, warum eine Metallkugel, welche sich im kalten Zustande durch einen Ring leicht stecken läßt, dieses nicht mehr erlaubt, wenn sie erhitzt wird; warum ein Metallring eine Kugel, welche in denselben genau paßt, leicht durchläßt, wenn derselbe stärker erhitzt wird, als die Kugel. Die unten gezeichneten Figuren 21 und 22 verdeutlichen diese Fragen.

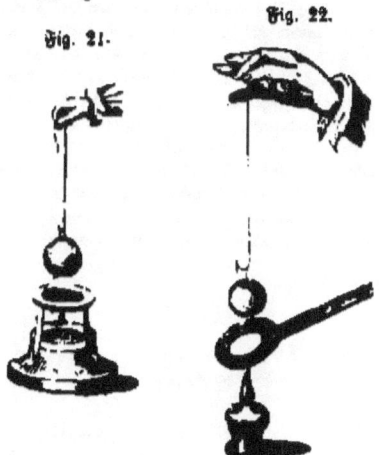

Metallkugel und Reif.

Dieses berücksichtigend, wird auch klar, warum man einen Glasstöpsel, der sich nicht lüften lässt, durch Erwärmen des Gefäßhalses locker machen kann.

Vorsichtsmaßregeln gegen die Ausdehnung fester Körper durch die Wärme.

Bei kleineren Wärmezunahmen beträgt die Ausdehnung fester Körper nur wenig und wird im gewöhnlichen Leben nicht beachtet; in Fällen aber wo entweder die Gegenstände eine bedeutende Länge haben, oder einen großen Raum einnehmen, endlich wenn dieselben hohen Wärmegraden ausgesetzt werden, dürfen die Vorsichten wegen ihrer Ausdehmung durch die Wärme nicht außer Acht gelassen werden, denn die Kraft, mit welcher diese Ausdehnung erfolgt, ist eine sehr große.

Wenn man einen kupfernen oder eisernen Kessel derart einmauern würde, dass er sich nach den Seiten zu nicht ausdehnen könnte, so möchte derselbe im erhitzten Zustande das Mauerwerk auseinander treiben. Würde man die Malzdarrbleche so nebeneinander legen und befestigen, dass dabei ihre Längenausdehnung durch die Wärme unmöglich wäre, so möchten sie sich krümmen und sogenannte Beutel bilden. Aus derselben Ursache darf nun das Dachblech nicht aufgenagelt, sondern ineinander gefalzt werden, auch dürfen belegte (fournierte) Möbel nicht neben den Ofen gestellt werden. Die Bauschlosser wissen recht gut, dass die Schließen (Schleudern) für Gewölbe- und Scheibemauern, welche einer hohen Temperatur ausgesetzt werden, so eingerichtet sein müssen, dass man sie anziehen und verlängern kann, was mittels Schlussteile und Schrauben bewerkstelliget wird. Die Enden der Eisenbahnschienen dürfen aus demselben Grunde nicht zusammenstoßen, es muss ein kleiner Zwischenraum gelassen werden (3''' genügt schon), gegen welchen sie sich bei höherer Lufttemperatur ausdehnen können. Dasselbe gilt bei den Röhrenleitungen, deren Enden aus derselben Ursache mittels Flantschen (angegossener Kränze), Muffe u. dgl. verbunden werden.

§. 32.
Die Größe der Ausdehnung der Körper durch die Wärme.

Die Größe der Ausdehnung durch die Wärme ist, selbst unter der Voraussetzung einer gleichen Wärmezunahme, bei den verschiedenen Körpern auch eine verschiedene. Man kann im allgemeinen sagen, daß die luftförmigen Stoffe sich am beträchtlichsten, die flüssigen sich minder stark und daß die festen sich am wenigsten ausdehnen. Jeder einzelne Körper erfährt im allgemeinen eine andere Ausdehnung durch die Wärme.

Holz dehnt sich in der Wärme nur unmerklich aus, das Eisen bedeutender, Messing beinahe doppelt so stark und das Zink fast dreimal so stark wie das Eisen. Diese Ausdehnung muß bei Zinkbedachungen vorzüglich beachtet werden.

Bei den Hähnen der Brauketteln und Dampfleitungen dehnt sich die Hülse in einem größeren Verhältnisse aus, als der Wirbel, d. i. der bewegliche Theil des Hahnes; der Schluß würde demnach bei höherer Temperatur undicht werden, wenn beide aus demselben Metall angefertigt wären. Macht man aber die Hülse von Gelbguß (Messing), den Wirbel von Rothguß (rothem Messing), so wird diesem Übelstande abgeholfen, weil sich der letztere in einem größeren Verhältnisse ausdehnt, als der Gelbguß.

§. 33.

Zusammenziehung der Körper durch die Kälte.

Nachdem sich die Körper durch die Wärme ausgedehnt haben, ziehen sich dieselben wieder zusammen, sobald ihre Temperatur eine Erniedrigung erfahren hat.

Der Quecksilberfaden wird bei abnehmender Temperatur kürzer. Das Wasser zieht sich unter gleichen Umständen auch u. z. bedeutend zusammen, bis es gefriert. Kurz vor dem Gefrieren macht es eine kleine Ausnahme von dieser Regel, indem es sich da anstatt weiter zusammenzuziehen, um etwas weniges ausdehnt. Das Eis nimmt demnach ein größeres Volumen ein, als das Wasser, aus welchem es entstanden ist. (Ausführliches hierüber im §. 277.)

Das Öl stockt schon bei einer Temperatur von einigen Graden über Null. Das Fett selbst bei 24 Grad Wärme. Das Quecksilber gefriert auch, obwohl erst bei 30 Grad unter Null. Weingeist gefriert noch später, nämlich erst bei einer Temperatur von 63 Grad unter Null.

Das Schwinden der Metalle nach dem Gusse ist auch eine Folge der Zusammenziehung derselben in Folge der Wärmeabnahme. Die Gußformen müssen um diese Ursache um den Betrag der Schwindung größer gemacht werden. Messing schwindet beinahe doppelt so stark wie Zinn.

Ähnliches muß der Schmied berücksichtigen, wenn er von einem glühenden Eisenstabe ein Stück von bestimmter Länge abschroten will.

§. 34.

Vor- und Nachtheile dieser Zusammenziehung der Körper.

Die Zusammenziehung der Körper während der Temperaturabnahme geschieht gleichfalls mit Ausübung einer beträchtlichen Gewalt, welche man im gewerblichen Leben theils ausbeutet, theils zu verhindern sucht.

So umbannt der Schmied das hölzerne Rad oder die hölzerne Welle mit einem glühenden Reif. Beim Abkühlen des Reifes zieht sich derselbe zusammen und bewirkt damit ein strenges Zusammenhalten der erwähnten hölzernen Bestandtheile.

In der plötzlichen und deshalb ungleichförmigen Ausdehnung oder Zusammenziehung ist auch der Grund zu suchen, warum Glas- oder Porzellangefäße zerspringen, wenn man sie schnell erhitzt oder abkühlt. Das einseitige, örtliche Erhitzen oder Abkühlen würde diesen, aus derselben Ursache gleichen Nachtheil bringen. Gefäße, welche einen namhaften Temperaturwechsel zu ertragen bestimmt sind, sollen stets nur dünne Wände haben. Knöpfe, Henkel und andere Ansätze erhöhen immer die Gefahr des Zerspringens. Porzellangefäße vertragen leichter schnelle Temperaturwechsel als solche von Glas, weil Porzellan die Wärme rascher fortleitet als Glas. Das Glasspringen, das Zertheilen dicker Spiegelplatten beruhet auf der stellenweisen starken Erhitzung und Abkühlung des Glases. Das Abschrecken des Glases erfolgt, wenn man dasselbe glühend macht und gleich darauf in heißes Wasser gibt.

Das Email haftet auf Porzellan am besten, minder gut auf Steingut, Gußeisen und Blech. Warum? — Weil es in seiner Zusammensetzung dem Porzellan am ähnlichsten ist. Aus dieser Ursache wird es sich mit letzterem ganz gleichmäßig ausdehnen und zusammenziehen. — Die Sprünge und Risse, die das Email bei der Verwendung emaillierter Geschirre erhält, rühren meistens davon her, weil die Geschirre beim Waschen aus dem heißen Wasser plötzlich in kaltes gethan werden.

§. 35.

Scheinbare Ausnahmen von der Ausdehnung der Körper durch die Wärme.

Ich will euch noch erwähnen, daß einige Stoffe von der stets auftretenden Eigenschaft der Ausdehnung der Körper durch die Wärme scheinbar eine Ausnahme machen. So ziehen sich der Thon, das Leder, selbst Holz und andere ähnliche Körper in der Wärme zusammen. Man sagt: der Thon, das Holz schwindet.

das Leder geht ein. Bei Porzellangefäßen beträgt diese Zusammenziehung ⅐ nach jeder Richtung. Darnach wird ein Teller, der im lufttrocknen Zustande 7 Zoll Durchmesser hat, nach dem Starkbrande bloß 6 Zoll messen.

Diese eigenthümliche Erscheinung rührt von dem , diesen Stoffen anhaftenden Wasser her. Wird nämlich das Wasser aus deren Poren mit Hilfe der Wärme hinausgetrieben, so werden dadurch ihre Moleküle näher aneinander gebracht, was zur Folge hat, daß sich die Stoffe zusammenziehen. Diese Zusammenziehung ist vorübergehend; denn entfernt man durch's Austrocknen oder Ausglühen sämmtliche Feuchtigkeit aus denselben, so dehnen sich auch diese Körper gleich den anderen durch die Wärme aus.

Vollständig ausgeglühter Thon wird durch die Wärme ebenso gut ausgedehnt, wie jeder andere Körper. Dieses kann man auch bei unseren Kachelöfen bemerken, die, wenn sie Sprünge haben, beim Erhitzen minder klaffen (besser schließen), als im kalten Zustande.

§. 36.

Bestimmung höherer Wärmegrade der Körper.

Die Quecksilberthermometer sind selten weiter als bis 80 Grad Réaumur getheilt, weil das Quecksilber über diese Gränze hinaus sich nicht mehr gleichmäßig ausdehnt.

Zur Bestimmung der höheren Temperaturen dienen die Metallthermometer und zur Abschätzung der hohen und höchsten Hitzegrade werden die Pyrometer (Hitzmesser) verwendet.

Das Metallthermometer.

Ein Metallthermometer besteht aus zwei oder drei übereinandergelegten und zusammengelötheten Metallstreifen von verschiedenem Ausdehnungsvermögen. Man nimmt gewöhnlich hierzu Messing und Eisen, oder Platin, Gold und Silber.

In ersterem Falle wird der zweifache Metallstreifen kreisförmig gekrümmt und das eine Ende desselben in einer Büchse (ähnlich einem Uhrgehäuse) befestiget. Sein anderes freies Ende ist mit einem Zeiger in Verbindung gebracht und gleitet über einer Skale.

In dem letzteren Falle wird der dreifache Streifen spiralförmig gewunden und mit dem einen Ende an eine aufrechtstehende Säule festgemacht; das andere Ende, welches auch mit einem Zeiger versehen ist, weiset, wie zuvor, auf eine Skale hin.

In beiden Fällen erfährt man die Temperatur des dem Instrumente genäherten Körpers, wenn man am Zifferblatte die Zahl abliest, auf welche der Zeiger des Instrumentes gerichtet ist. Die Bewegung des Streifens und damit die Fortrückung des Zeigers geschieht auf die Weise, daß der Streifen, welcher bei einer bestimmten Temperatur eine dieser entsprechende Lage angenommen hat, bei einer anderen Temperatur sich anders einstellt. Er wird sich nämlich gegen früher mehr oder weniger stark krümmen. — Weil sich Messing stärker ausdehnt als Eisen, so muß das Messing die äußere Seite des Ringes bilden. — Die Skale wird mit Hilfe eines Quecksilberthermometers getheilt.

Das Werfen der Bretter beim Austrocknen.

Aus ähnlicher Ursache, aus welcher der Metallstreifen des eben behandelten Thermometers sich krümmt, werfen sich die Bretter, welche bald naß, bald trocken werden. Beim Austrocknen ziehen sich nämlich die lockeren (porösen) Splinttheile des Holzes stärker zusammen, als jene des Kernes, welcher Umstand ein Vorspringen der Rindenenden, und ein Zurückbleiben des Kernes, also ein Krümmen der Bretter veranlaßt. Selbst ganze Baumstämme können aus demselben Grunde eine nach außen gekrümmte Gestalt annehmen und reißen. Auch die Böttcher benutzen diese Eigenschaft des Holzes beim Faßbinden, indem sie von außen die Dauben befeuchten und im Innern des Fasses ein Feuer anmachen.

Die höchsten Hitzegrade der Feuergewerbe.

Die hohen Hitzegrade, welche z. B. in einem Porzellan-, Hoch- oder Flammofen bestehen und die 1000—2300° betragen, kann man nur sehr schwierig mit Verläßlichkeit messen. Am genauesten lassen sie sich mittels Luftthermometer bestimmen. Die Handhabung derselben ist aber umständlich. Aus der Ausdehnung der Luft wird dabei auf den herrschenden Hitzegrad geschlossen.

Das Wedgwood'sche Pyrometer.

Ein einfaches, obwohl unverläßliches Instrument, Wedgwood'sches (lies: Wedschwod'sches) Pyrometer genannt, verwendeten die Praktiker eher dem häufiger als jetzt zur Bestimmung von Hitzegraden. Es besteht dasselbe aus einer Messingplatte (Fig. 23), auf welcher zwei zusammenlaufende Leisten, oder ein Paar solcher, befestigt sind, dann aus einem von eigens gemischtem Thon angefertigten Zilinder, der eine bestimmte Breite hat, und welcher in den Heizraum, dessen Temperatur zu bestimmen ist, hineingethan wird. Durch die Hitze dieses Raumes wird der Thonzilinder schmäler (§. 35), u. z. um so schmäler, je größer die Temperatur des zu prüfenden Feuerraumes ist. Diese Abnahme in der Breite des Zilinders beobachtet man an den schief zusammengehenden Leisten des Instrumentes und bestimmt darnach die Temperatur des Heizraumes.

Fig. 23.

Hitzmesser.

Viel praktischer sind diejenigen Pyrometer, welche den Hitzegrad aus dem Schmelzpunkte verschiedener Metalle oder Metallgemische zu entnehmen erlauben.

5. Die Trägheit oder das Beharrungsvermögen.

Die Kraft und Bewegung.

§. 37.

Die Trägheit, eine allgemeine Eigenschaft der Körper.

Ich schreite nun zu einer weiteren allgemeinen Eigenschaft der Körper, nämlich zur Trägheit.

Die Eigenschaft des Verharrens der Körper in der Ruhe oder in der fortwährenden gleichen Bewegung, wenn sie einmal in Bewegung gesetzt wurden, heißt die Trägheit.

Die Ruhe und Bewegung.

Wenn ich einen Stein an einen Ort hinlege, so bleibt derselbe an diesem Orte liegen ohne sich von selbst von der Stelle zu bewegen. Man sagt, er verharrt in Ruhe. Dieses Verbleiben im Zustande der Ruhe müßte ohne Ende andauern, wenn keine Ursache hinzuträte, welche den Körper in Bewegung setzen würde.

Die Ursache der Bewegung nennt man Kraft. Es läßt sich demnach im allgemeinen der Satz aussprechen: Ohne Kraft findet keine Bewegung statt, und wo die letztere eingetreten ist, mußte eine Kraft wirksam gewesen sein oder noch wirken.

Der menschliche Körper würde in beständiger Unbeweglichkeit verbleiben, wenn nicht der Wille, seine geistige Kraft nämlich, auf die Muskeln belebend einwirken, und sofort dessen Bewegung veranlassen möchte.

Wir gewaren an unserem Körper seine Trägheit stets damals, wenn wir ihn in Bewegung bringen wollen; es ist dieß der Widerstand, den er der Bewegung seiner Theile entgegensetzt.

Es ist bekannt, daß in dem Augenblicke des Anziehens eines Wagens von Seite der Pferde stets eine größere Anstrengung gemacht wird, als dieß später der Fall ist, nachdem der Wagen bereits in Bewegung gesetzt wurde. — Aus dieser Ursache reißen auch gewöhnlich die Stränge während des ersten Anziehens des Wagens, u. j. um so eher, je schneller dieses geschieht. — Bei der Inbewegungsetzung des Wagens muß nämlich seine Trägheit überwunden werden.

Wenn man einen großen Schleifstein mit Hilfe der Kurbel drehen will, so bedarf es hiezu anfangs einer ziemlichen Kraft. In den ferneren Augenblicken, wo der Schleifstein sich bereits in drehender Bewegung befindet, braucht man die ganze anfängliche Kraft nicht mehr anzuwenden, es ist zu seiner Drehung bloß eine kleine Nachhilfe nöthig. Soll ein Wasserrad in Bewegung gesetzt werden, so geschieht dieß allmählich. Es muß anfangs eine bedeutende Menge Wasser über das Rad fließen, bis es in

Bewegung kommt; auch tritt die gewünschte Bewegung desselben erst nach und nach ein.

Diese anfängliche größere Kraftanstrengung bei Bewegungsveranlassungen wird zu der Überwindung der Trägheit der Körper verwendet.

Die Erfahrung hat gelehrt, daß ein Körper um so träger ist, eine je größere Masse, d. h. je mehr Stoff oder Materie derselbe besitzt.

§. 38.
Die Masse der Körper.

Unter Masse versteht man die Materie oder das Stoffliche der Körper, welche sich der Bewegung entgegenstemmt. Sie ist das einzig Tastbare und dasjenige, welchem sich eine äußere Kraft innig beigesellen muß, wenn eine Bewegung erfolgen soll.

Wie die Erfahrung lehrt, bleibt die Kraft nicht bloß äußerlich an der Masse haften, sie muß, wenn sie thätig auftritt, sich derselben einverleiben. Jedes Theilchen des Körpers wird dabei von der äußeren Kraft gleichmäßig ergriffen und zur Bewegung angeregt.

Die Trägheit der Masse wird durch die Thätigkeit der Kraft überwunden. Die Trägheit ist demnach als ein Widerstand anzusehen, welchen die Masse selbst, ihrer Bewegung, zu der sie durch eine äußere Kraft angetrieben wird, entgegensetzt. Die andere Seite dieser Eigenschaft der Masse, in der angenommenen Bewegung nämlich, ohne Unterlaß zu verharren, wird später (im §. 43) ausführlich behandelt werden.

Jeder Körper ist um so träger, je mehr Masse derselbe enthält. Weil nun die einzelnen Theilchen, welche ihn zusammensetzen, seine Masse bilden, so muß dessen Trägheit um so größer ausfallen, je größer deren Anzahl ist. Ein zwölf Fuß hohes Wasserrad wird bei sonst gleichen Verhältnissen eine größere Masse besitzen und deshalb auch träger sein, als ein sechs Fuß hohes; ein eisernes Rad wird eine größere Trägheit äußern, als ein gleich großes hölzernes, weil in beiden Fällen in dem ersteren Rade eine beträchtlichere Anzahl Theilchen (Moleküle) enthalten ist, als in dem letzteren.

Um bei der Beurtheilung der Trägheit sicherer zu gehen, wollen wir einige Übungen über die Abschätzung der Massen vornehmen.

Denken wir uns zwei große und ganz gleich gebaute Wasserräder, wovon das eine von hartem, das andere von weichem Holze bestände und befragen wir uns, welches Rad eine größere Masse besitze, so werden wir antworten: das Wasserrad von hartem Holze; weil im harten Holze die Moleküle gedrängter, als im weichen angeordnet sind, und deßhalb auch in dem Rade von hartem Holze bedeutend mehr Moleküle enthalten sein müssen.

Ein eisernes, den obigen ganz gleich gebautes Wasserrad würde wieder eine größere Masse haben, als dies das eine oder das andere von den hölzernen Rädern hat; weil in dem Eisen die Moleküle noch enger beieinander liegen, als dieses bei dem härtesten Holze der Fall ist. Man sagt, um diese Beschaffenheit des Eisens zu bezeichnen, das Eisen ist dichter als das Holz. Das Dichte läßt sich zwar mittelst des Tastsinnes von dem minder Dichten in den meisten Fällen unterscheiden; genauere Vergleiche der Dichten werden aber erst mit Hilfe der Gewichte der Körper, wie wir dieses später kennen lernen werden, möglich.

Jedermann wird jetzt leicht begreifen, warum man zum Fortwälzen einer eisernen Kugel eine bedeutendere Kraft nöthig hat, als zu jenem einer gleich großen, aber hölzernen Kugel. — Die eiserne hat nämlich eine größere Masse als die hölzerne, die Trägheit der ersteren ist daher größer als jene der letzteren.

Zum Begrädnen eines etwas größeren eisernen Amboßes ist aus demselben Grunde eine beträchtliche Kraft nothwendig.

Die Trägheit ist eine allgemeine Eigenschaft der Körper, weil jeder fisische Körper aus einzelnen, an sich bewegungslosen Theilchen besteht.

§. 39.
Die Kraft.
Eintheilung der Kräfte.

Soll ein Körper in Bewegnng gerathen, so ist, wie aus dem vorhergehenden erhellet, nichts anderes nothwendig, als Kraft.

Die Kräfte lassen sich in thierische und in materielle Kräfte eintheilen. Die thierischen Kräfte heißen auch Muskelkräfte. Die materiellen Kräfte scheinen von der leblosen Materie auszugehen und derselben anzuhaften. Ihre Wirksamkeit erstreckt sich von einer Masse auf die andere mit Hilfe der Berührung beider, oder selbst aus der Ferne mit Umgehung aller Berührung.

§. 40.

Die **thierischen Kräfte** können entweder ziehend oder drückend wirken und heißen darnach **Zug-** oder **Druckkräfte**.

Die **materiellen Kräfte** wirken entweder bloß **durch Berührung** und heißen **Stoßkräfte**; sie treten z. B. auf, wenn eine Kugel gegen eine andere stößt, der Hammer gegen den Amboß schlägt, das fließende Wasser gegen die Schaufeln eines Wasserrades anprallt; oder die **materiellen Kräfte** wirken **in die Ferne**, wie die Schwerkraft, die magnetische, elektrische Kraft, die Molekular- und die chemische Kraft, ohne ihre Wirkung mit der Berührung der Massen oder Massentheilchen, welche von ihnen beherrscht werden, einzubüßen.

Die **Schwerkraft** ist die Anziehungskraft, welche von der Erdmasse auf jeden Körper außer ihr und in ihr ausgeübt wird. Sie ist eine Fernkraft, indem sie durch Luft, Wasser, sowie durch alle anderen Körper ungehindert und in die weiteste Ferne wirksam ist. Wenn man einen Körper, den man in der Hand hält, losläßt, so fällt derselbe zu Boden. Die Schwerkraft ist die Ursache dieses Herabfallens.

Die **magnetische Kraft** ist die Anziehungskraft, welche ein Magnet (ein Stahlstab, der magnetisiert wurde) auf das Eisen ausübt. Sie kann unter Umständen auch abstoßend wirken und ist eine Fernkraft, weil der Magnet das Eisen und andere ähnliche Metalle aus der Ferne gleichfalls anzieht.

Die **elektrische Kraft** ist jene fernwirkende Anziehungskraft, welche ein elektrischer Körper gegen andere Körper ausübt. Das Anziehen wechselt hier mit der Abstoßung. Die elektrische Kraft wirkt auch auf die Trennung des molekularen Zusammenhanges der Körper hin.

<small>Wenn man eine Siegellack- oder eine Glasstange mit Tuch oder Flanell reibt, so werden die geriebenen Körper, also hier Siegellack und Glas ziemlich anhaltend elektrisch, ziehen in Folge der angenommenen elektrischen Kraft (Elektrizität genannt) leichte Körperchen an, und stoßen sie bald darauf wieder ab.</small>

Die **Molekular- und chemischen Kräfte** sind die zwischen den einzelnen Massentheilchen, also zwischen den Molekülen und Atomen der Körper wirksamen Kräfte.

Man unterscheidet eine anziehende und eine abstoßende Molekularkraft. Beide Kräfte sind zu gleicher Zeit zwischen den einzelnen Molekülen der Körper thätig. Aus ihrer Gesammtwirkung geht der Aggregatzustand der Körper, so wie die Zusammenhangskraft ihrer Theilchen, welche mit dem fremden Worte Kohäsion benannt wird, hervor.

Die abstoßende Molekularkraft ist Ursache, daß die einzelnen Moleküle auch bei festen Körpern noch einige Beweglichkeit behalten, daß sie sich durch äußere Kräfte gegen einander etwas verschieben lassen.

Die abstoßende Wirkung der Molekularkraft beuten wir mit Zuhilfnahme der Dampfmaschinen aus. Der Dampf erlaubt bekanntlich mittels dieser gewaltige Massen mit erstaunlicher Schnelligkeit in Bewegung zu setzen, die bedeutendsten Widerstände mit Leichtigkeit zu überwinden.

§. 41.
Die Kraft ist die alleinige Ursache der Bewegung.

Nachdem ich euch eine Übersicht über die verschiedenen Arten von Kräften gegeben habe, gehe ich neuerdings auf die Beantwortung der schon einmal angeregten, wichtigen Frage über, welche Wirkung nämlich eine verfügbare Kraft zu erzeugen im Stande ist.

Jede Kraft übt entweder einen Druck oder Zug aus. Ist die Kraft stark genug, so ist die unmittelbare Folge dieser ihrer Thätigkeit die Bewegung des Körpers, auf den sie einwirkt. Jeder Körper braucht eine Zeit, wenn auch nur eine sehr geringe (z. B. beim Abfeuern der Kugel), um in Bewegung versetzt zu werden. Es muß sich nämlich die Anregung zur Bewegung zuvor allen Molekülen des Körpers mittheilen, dann erst kann die Bewegung desselben erfolgen. Dieses Hineinlegen der Kraft in die Masse des Körpers haben wir schon früher mit dem Kraftaufwande zur Überwindung der Trägheit des Körpers bezeichnet.

Betrachten wir nun das Verhalten der Körper während der Bewegung derselben.

Ist es nothwendig, wenn ein Körper in Bewegung verbleiben soll, daß die Kraft ohne Unterlaß auf ihn wirke, oder genügt es, wenn sie bloß einen Augenblick auf ihn gewirkt habe?

Ich stelle zwar an euch diese Frage, obwohl ich dabei einer richtigen Antwort nicht gewärtig bin; denn ihr werdet mir vermuthlich darauf so antworten: Damit ein Körper sich fortbewege, muß auch stets eine Kraft auf denselben einwirken. Diese Aussage scheint in der Wirklichkeit einzutreten; sobald man aber die Verhältnisse der Bewegung näher betrachtet, so gelangt man zu einer besseren Einsicht. Man findet nämlich, daß wenn eine Kraft auf irgend einen Körper auch nur einen Augenblick wirkt und ihn in Bewegung setzt, dieselbe damit gleichsam auf die Masse des Körpers übergeht, sich sonach derselben einverleibt und diese ohne Unterlaß, also in's Unendliche in der Bewegung zu erhalten strebt. Der einmal, wenn auch nur durch eine augenblicklich wirkende (momentane) Kraft, in Bewegung gesetzte Körper sucht diese Bewegung vermöge der Trägheit ohne Aufhören, stets auf gleiche Weise zu verfolgen.

§. 42.
Ursachen, warum die eingeleiteten Bewegungen nicht in's Endlose gehen.

Warum erfolgt aber in dem betrachteten Falle, wo die Kraft bloß augenblicklich wirkte, eine solche endlos gleichförmige Bewegung nicht? Warum rollt eine Kugel, die wir beim Kegelschieben hinauswerfen, nicht in's Unendliche, eine Kanonenkugel, welche doch mit einer bedeutenden Gewalt aus dem Geschosse geschleudert wird, nicht in's Endlose, warum verfolgen die Kugeln ihren Lauf, nachdem sie den Boden erreicht haben, immer langsamer und langsamer und gelangen zuletzt zur Ruhe?

Um die Ursache dieser Verlangsamung und Einstellung der Bewegung einzusehen, müßet ihr mir Schritt für Schritt in der nachstehenden Auseinandersetzung aufmerksam folgen.

Ich werde nämlich zuerst einige Thatsachen vorführen und euch dann um den Grund derselben befragen.

Nimmt man nämlich eine Kugel und schiebt sie über einem ebenen (nicht geneigten) und sehr glatten Boden, also z. B.

über eine Eisbahn hinaus, so wird dieselbe, wenn sie auch unbedeutend stark geworfen wurde, sich ziemlich weit hinausbewegen. Sie wird anfangs schneller, hierauf allmählich langsamer fortrollen und zuletzt stehen bleiben.

Schiebt man die Kugel mit der nämlichen Kraft wie zuvor über einem ebenen Bretterboden, so wird sich dieselbe ähnlich wie früher bewegen, sie wird aber viel eher als zuvor stehen bleiben.

Schiebt man ferner die Kugel auf gleiche Weise, wie vordem, über einem ebenen sandigen Boden, so wird ihre Bewegungsart von jener der früheren Fälle im allgemeinen nicht abweichen, sie wird aber noch früher, als zuvor, zur Ruhe gelangen. Versuchen wir sie endlich über einem ebenen aber steinigen oder holperigen Boden mit derselben Kraft, wie vorhin, wegzurollen, so werden wir bemerken, daß sie nicht einmal die Richtung des Schubes beibehalten, daß sie ganz unregelmäßig hin und her springen, und am wenigsten weit vorrollen wird.

Ich frage nun, aus welcher Ursache lief die Kugel auf jeder der verschiedenen Unterlagen anders?

Der Reibungswiderstand.

Die meisten von euch werden mir darauf ganz richtig antworten, daß das Stehenbleiben der Kugel durch die Reibung, welche dieselbe auf dem Boden erfährt, bewirkt wurde. Auf dem glatten Boden hat sie sich bedeutend weniger, als auf dem steinigen und holperigen gerieben. Sie ist deshalb auf dem ersteren viel weiter, als auf dem letzteren vorgedrungen.

Die **Reibung** ist demnach eine Gegenkraft, welche sich ebenso, wie die Wurfkraft, auf alle Moleküle vertheilt und in jedem Molekül die Wurfkraft bekämpft.

Der Luftwiderstand.

Eine ähnliche, obwohl bedeutend schwächere Gegenkraft der Bewegung ist der Widerstand, welchen die Luft, wegen ihrer Undurchdringlichkeit (§. 12), den sie durchfahrenden Körpern entgegensetzt.

Wie würde sich also die geworfene Kugel bewegen müßen, wenn sie weder die Reibung noch den Luftwiderstand erführe?

Die Kugel müßte, weil keine Gegenkraft ihrer Bewegung entgegenträte, sich in's Endlose weiter bewegen, vorausgesetzt die ebene Bahn wäre auch eine unbegränzte.

Ihr sehet daraus, daß eine in Bewegung gesetzte Masse sich in's Unendliche bewegen würde, wenn dabei weder Reibung noch andere Widerstände thätig wären. Obwohl eine solche Bewegung auf unserer Erde nicht vorkommen kann, so besteht sie doch im Weltraume, wo die Planeten um die Sonne schon seit undenklichen Zeiten herumkreisen und diese ihre Bewegung ohne Aufhören fortsetzen. Im Weltraume ist nämlich kein derartiger Stoff vorhanden, welcher dieser Bewegung einen Widerstand entgegensetzen könnte.

§. 43.
Das Auftreten der Trägheit.

Vermöge der Trägheit wird demnach ein ruhender Körper so lange in der Ruhe verbleiben, bis ihn eine äußere Kraft in Bewegung gesetzt hat; ein bewegter Körper wird zufolge derselben Eigenschaft seine Bewegung so lange fortsetzen, bis dieselbe durch die Gegenwirkung äußerer Kräfte aufgehoben wird.

Diese letztere Eigenschaft der Materie nehmen wir auch an unserem Körper war, sobald wir denselben in eine ungewöhnlich schnelle Bewegung versetzen.

Beim Hinablaufen von einem Berge bemerkt man ziemlich bald, wie der menschliche Körper, der offenbar aus trägen Theilen besteht, in der angenommenen Bewegung zu verharren sucht, und es ist bekanntlich eine bedeutende Gegenkraft nothwendig, um diese Bewegung zu hemmen.

Dieses Bestreben der Körper, in der Bewegung zu verharren, ist um so größer, eine je größere Masse dieselben besitzen, und je schneller sie sich bewegen.

Fährt jemand stehend in einem Kahne und dieser stößt unverhofft gegen einen Widerstand, so wird der Körper des Fahrenden vermöge der Trägheit in der Richtung seiner Bewegung zu verbleiben suchen, er wird nach vorwärts taumeln, ja es kann geschehen, daß die stehende Person nach der Bewegungsrichtung umfällt.

Dasselbe wird auch eintreten, wenn der Kahn schnell in Bewegung gesetzt würde, ohne daß der Fahrende darauf vorbereitet wäre. Derselbe fiele jetzt nach rückwärts. Auch an den in einem Wagen Fahrenden kann man ähnliche unwillkürliche Bewegungen des Körpers beobachten u. z. beim plötzlichen Anhalten ein Vorneigen, beim unverhofften Anziehen der Pferde ein Zurücksinken. Ein Pferd ist um so weniger im Stande, den von ihm gezogenen Wagen anzuhalten, je massiver dieser ist und je schneller sich derselbe bewegt. Wer Gläser oder zerbrechliche Gegenstände trägt und dabei eilt, darf nicht plötzlich einhalten.

Die Ausnützung der Trägheit.

Wenn man einen Hammer oder eine Hacke auf ihren Stiel besser auftreiben will, so schlägt man mit demselben wie bekannt gegen einen Widerstand, so, daß die Hacke oder der Hammer durch ihre Trägheit nach der Richtung des Schlages sich bewegen, und sofort auf ihren Helm besser aufsitzen. Beim Ausschlingen der Wäsche, eines beregneten Hutes machen wir auch von der Trägheit Anwendung. Auf welche Art? —

Ein Eisenbahnzug läuft noch ziemlich weit, gewöhnlich ¼ Meile, nachdem die Kraft zu wirken aufgehört hat, vermöge seiner Trägheit. Der Dampf muß demnach beiläufig ¼ Meile vor dem Anhalten des Trains (wenn man denselben nicht mittels Gegendampf oder mit Hilfe der Bremsung aufhalten will) außer Wirkung gebracht werden, indem man ihn aus dem Dampfkessel in's Freie treten läßt.

Die Bewegung des Schleifsteines mittels des Fußtrittes würde nicht erfolgen, wenn die Masse nicht die Fähigkeit besäße den Überschuß der ihr mitgetheilten Kraft in sich aufzubewaren und nöthigenfalls durch diesen ihre Bewegung fortzusetzen. Der Schleifstein bewegt sich nämlich bei seiner drehenden Bewegung auch während jener Augenblicke, wo die Kraft des Fußes zur Bewegung nichts beitragen kann, d. i. in den Augenblicken, in denen die Triebstange in der Richtung des Kurbelhalbmessers zu stehen kommt. Diese Lagen der Kurbel heißen ihre todten Punkte (vergl. §. 133). Die Trägheit verhilft ihm aber diese todten Punkte hinwegzugleiten.

Die eisernen Schwungräder, welche vorzüglich bei solchen Triebwerken angewendet werden, bei denen keine gleichmäßige, sondern bloß eine absatzweise Kraftausübung benöthigt wird, wie dieß z. B. beim Walzen während des Durchführens des glühenden Eisens eintritt, bilden vermöge ihrer großen Masse einen Behälter für die Kraft, welche in der Zwischenzeit, als die Walzen leer gehen, sich in ihnen ansammelt, um in den Augenblicken wo gewalzt wird, in denen also ein großer Kraftaufwand nöthig ist, von ihnen wieder auf die Walzen zu übergehen.

Man sieht hieraus, daß es möglich wird, mit Hilfe der Trägheit eines Schwungrades die Größe der verfügbaren Kraft zu erhöhen.

Rückblick.

Die vorhergehenden Betrachtungen haben uns gelehrt, daß eine Kraft, welche groß genug ist, um die Trägheit der Masse zu überwinden und um die anderen Widerstände, wie z. B. jene der Gegenkräfte, wozu auch die Reibung u. s. w. gehört, zu bekämpfen, stets die Bewegung der Masse, auf welche sie einwirkt, veranlassen wird. In dem Verhältnisse, als die Kraft größer ist, wird diese Bewegung schneller, d. i. die Geschwindigkeit der Bewegung wird größer ausfallen.

Ferner wurdet ihr in den früheren Auseinandersetzungen aufmerksam gemacht, daß jede Kraft, welche eine Bewegung hervorzurufen im Stande ist, sich der Masse, die sie in Bewegung setzt, in der Weise bemächtiget, daß man sie als in derselben aufgesammelt ansehen kann; indem dieselbe von der bewegten Masse jederzeit wieder abgegeben wird, wenn die Überwindung äußerer Widerstände es verlanget.

§. 14.
Die momentane Kraft.
Die gleichförmige Bewegung, ihre Geschwindigkeit.

Wirkt eine Kraft auf einen Körper eine sehr kurze Zeit, bloß einen Augenblick, so heißt sie eine momentane. Das Ergebnis ihrer Wirkung ist die Bewegung der durch sie bewegten Masse nach der Richtung der Anregung mit ganz gleichbleibender Schnelligkeit, welche vermöge der Trägheit in's Unendliche gienge, wenn keine Bewegungswiderstände (Reibung, Luftwiderstand) oder andere störende Ursachen (Gegenkräfte) vorhanden wären.

Wenn eine momentane Kraft so stark wäre, daß sie in Folge ihrer Wirkung einen Körper in der ersten Sekunde um drei Fuß fortschieben würde, so möchte derselbe in jeder ferneren Sekunde einen gleich großen Weg, also den von drei Fuß durchschreiten. Eine so geartete

Bewegung nun, wo nämlich das Bewegliche in demselben Zeitmaße stets einen gleich großen Weg zurücklegt, heißt **eine gleichförmige Bewegung**. Den Weg, der während einer solchen Bewegung jede Sekunde gleichförmig beschrieben wird, nennt man die **Geschwindigkeit**. Sie wird bei uns stets in Wiener Fußen angegeben.

Eine Kanonenkugel, welche mit der Geschwindigkeit von 1500' abgefeuert wird, müßte in der zweiten und in jeder ferneren Sekunde denselben Weg, nämlich jenen von 1500' zurücklegen.

Wie weit käme also eine solche Kugel vermöge ihrer Trägheit während der Dauer von 10 Sekunden, wenn keine Hindernisse ihrer Bewegung entgegenträten? — Gewiß zehnmal so weit, als sie in der ersten Sekunde gekommen ist, d. h. $1500 \times 10 = 15000' = 2500°$, oder etwas über eine halbe Meile weit.

Der Weg einer gleichförmigen Bewegung.

Man findet demnach den **Weg der gleichförmigen Bewegung**, wenn man die **Geschwindigkeit** derselben **mit der Zeit** während welcher sie anhält, **multipliziert**.

Bewegungen von so einfacher Art sind zwar sehr selten, sie bilden aber die Grundlage für die übrigen Bewegungen. Der Zeiger einer Uhr, das Maschinenrad, der Wettrenner, das eingeschulte Pferd u. s. w. bewegen sich bloß annähernd gleichförmig. Die Wälzung der Erde um ihre Achse ist beinahe das einzige Beispiel einer so unveränderlichen und zugleich in Folge der Trägheit ihrer Masse hervorgerufenen Bewegung.

Diese Bewegung bemerken wir aber auch, wegen ihrer großen Gleichförmigkeit nicht unmittelbar, denn sie gelangt nur damals zu unserem Bewußtsein, wenn wir die Bewegung des Fixsternhimmels beobachten. Sämmtliche Fixsterne machen binnen einem Tage, also während 24 Stunden, einen vollständigen Umschwung um die Erdachse, sich dabei ganz gleichförmig bewegend.

Diese Bewegung der Sterne ist scheinbar und bloß eine Folge von jener der Erde um ihre Achse. Wir, die wir uns auf der Erdoberfläche befinden, beschreiben demnach (für den 48. Breitengrad) binnen 24 Stunden etwas über 4000 Meilen gleichförmig und deshalb in der Sekunde einen Weg von beiläufig 1100 Wiener Fuß.

Zufolge der Drehung der Erde um ihre Achse bewegen wir uns also mit einer Geschwindigkeit von 1100 Fuß gleichförmig um dieselbe ohne von dieser Bewegung etwas wahrzunehmen, weil sämmtliche uns nahe und fernliegende Gegenstände auf der Erdoberfläche an dieser Bewegung auf gleiche Weise theilnehmen.

Annähernd gleichförmige Bewegung. — Die mittlere Geschwindigkeit.

Bei der **annähernd gleichförmigen** Bewegung wird der in einer Sekunde durchschnittlich zurückgelegte Weg die **mittlere Geschwindigkeit** der Bewegung genannt.

Einige Aufgaben werden die einschlägigen Rechnungen klar machen.

1. **Aufgabe.** Ein Wasserrad von 14 Fuß Durchmesser macht in der Minute 6 Umläufe. Wie groß wird die mittlere Geschwindigkeit eines an seinem Umfange befindlichen Punktes sein?

Auflösung. Der Umfang dieses Rades beträgt $14 \times \frac{22}{7} = 44$ Fuß. Ein Punkt am Umfange durchläuft in einer Minute $44 \times 6 = 264$ Fuß demnach in der Sekunde: $264 : 60 = 4{\cdot}4$ Fuß. — Die Umdrehungsgeschwindigkeit des Rades wird also beiläufig $4\frac{1}{5}$ Fuß betragen.

Die Geometrie lehrt, daß der Umfang eines Rades gefunden wird, wenn man den Durchmesser desselben mit $\frac{22}{7}$ multiplizirt.

2. **Aufgabe.** In welcher Zeit wird ein Eisenbahnzug die Strecke von einer Meile zurücklegen, wenn derselbe sich mit einer Geschwindigkeit von 30 Fuß bewegt?

Auflösung. Eine Meile enthält 24000 Fuß, weil nun von dem Zuge 30 Fuß in einer Sekunde zurückgelegt werden, so sind zu einer Meile $24000 : 30 = 800$ Sekunden $= 13\frac{1}{3}$ Minuten nöthig.

§. 45.
Zusammenhang zwischen Kraft, Masse und Geschwindigkeit.

Es ist leicht einzusehen, daß eine stärkere Kraft in einer bestimmten Masse auch eine größere Geschwindigkeit hervorzubringen im Stande ist. Ebenso nahe liegt die Thatsache, daß bei gleichbleibender Kraft die Masse eine um so geringere Geschwindigkeit annehmen wird, je größer sie ist; weil bei einer größeren Masse von der verfügbaren Kraft auf jedes einzelne Theilchen der Masse ein geringerer Betrag entfällt.

Eine größere Pulverladung theilt der Kugel eine größere Geschwindigkeit mit. Eine 50pfündige Kugel wird bei gleicher Ladung mit einer kleineren Geschwindigkeit als eine 10pfündige hinausgeschleudert werden.

§. 46.
Die kontinuierlich wirkende Kraft.
Die gleichförmig beschleunigte Bewegung.

Wirkt die Kraft auf eine Masse nicht bloß einen Augenblick, sondern anhaltend, so muß, wenn keine Widerstände stattfinden, die Schnelligkeit der erfolgten Bewegung von Augenblick zu Augenblick zunehmen, u. z. in einem um so bedeutenderen Verhältnisse, je länger die Kraft thätig ist. Jeden Augenblick wird nämlich zu der Kraft, welche sich bereits den Theilchen des Körpers beigesellte, ein neuer Antheil Kraft hinzutreten, wodurch eine Vergrößerung der Geschwindigkeit der Bewegung hervorgehen muß.

Ein Körper, welcher unter dem Einflusse einer beständig wirkenden Kraft steht, wird sich demnach mit zunehmender Geschwindigkeit bewegen müssen. Die in den einzelnen gleichen Zeiträumen beschriebenen Wege werden jetzt nicht mehr unter sich gleich sein, sondern sie werden größer und größer ausfallen. Diese Art der Bewegung heißt eine beschleunigte, u. z. geht bei stets gleichbleibender Kraft eine gleichförmig beschleunigte

Bewegung hervor. In der untenstehenden Figur 24 ist sowohl die **gleichförmige**, als auch die **gleichförmig beschleunigte Bewegung** dargestellt.

Fig. 24.

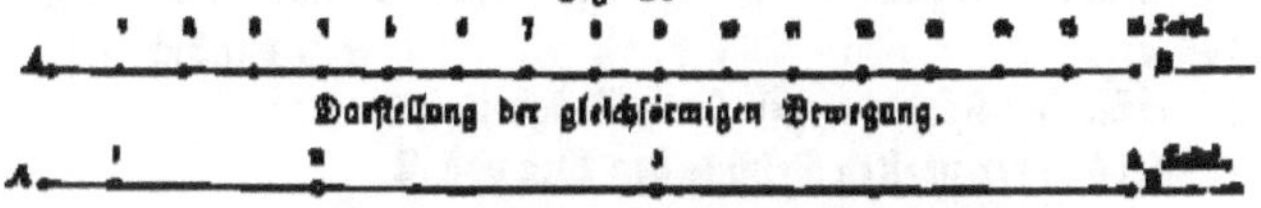

Darstellung der gleichförmigen Bewegung.

Darstellung der gleichförmig beschleunigten Bewegung.

Aus dieser Darstellung wird klar, daß wenn der Körper sich beschleunigt bewegte, derselbe bereits in 4 Sekunden den nämlichen Weg AB beschriebe, welchen er bei gleichbleibender Geschwindigkeit in 16 Sekunden zurücklegen würde.

§. 47.
Der Weg bei der gleichförmig beschleunigten Bewegung.

Ein weiteres Eingehen in das Wesen der gleichförmig beschleunigten Bewegung lehrt, daß die Wege, welche von dem Beweglichen in den aufeinander folgenden Zeittheilchen beschrieben werden, sobald keine Widerstände stattfinden, sich wie die ungeraden Zahlen, also wie $1:3:5:7$ u. s. w. verhalten; d. h. wenn die beständig und gleich stark wirkende Kraft in der ersten Sekunde das Bewegliche 2 Fuß weit vorwärtsschöbe, so würde sie dasselbe zwingen in der zweiten Sekunde den Weg von $2 \times 3 = 6$ Fuß, in der dritten Sekunde jenen von $2 \times 5 = 10$ Fuß u. s. w. zurückzulegen.

Wenn also das Bewegliche unter dem Einflusse einer beständig wirkenden und gleichen Kraft
in der ersten Sekunde den Weg von 2 Fuß macht, so wird es
„ „ zweiten „ „ „ . 6 „ $= 2 \times 3$,
„ „ dritten „ „ „ . 10 „ $= 2 \times 5$,
„ „ vierten „ „ „ . 14 „ $= 2 \times 7$,
„ „ fünften „ „ „ . 18 „ $= 2 \times 9$ zurücklegen. Es wird sich demnach das Bewegliche in der Zeit von 5 Sekunden um . . . . 50 Fuß von dem Ausgangspunkte der Bewegung entfernt haben.

Würde das Bewegliche bloß **einen Augenblick** dem Einflusse der Kraft ausgesetzt worden sein, d. h. hätte die Kraft auf das Bewegliche einen momentanen Stoß ausgeübt, vermöge dessen der bewegliche Körper in der ersten Sekunde den Weg von . . . . 2 Fuß durchschritte, so möchte der Körper wegen seiner Trägheit
ebenfalls in der zweiten Sekunde den Weg von 2 „
„ „ dritten „   „ „ „ 2 „
„ „ vierten „   „ „ „ 2 „
„ „ fünften „   „ „ „ 2 „ also im Ganzen den Weg von . . . . 10 Fuß zurücklegen.

Durch die Vergleichung beider Tabellen kommt man zu der Einsicht, daß man den Weg der **gleichförmig beschleunigten Bewegung** erhält, wenn man den Weg der entsprechenden gleichförmigen Bewegung mit der Zeit der Bewegung multipliziert. Der Weg der entsprechenden gleichförmigen Bewegung beträgt in dem angezogenen Beispiele 10 Fuß. Dieser Weg multipliziert mit der Anzahl Sekunden der Bewegung, also mit 5, gibt 50 Fuß als den Weg der gleichförmig beschleunigten Bewegung.

Man kann diese Regel auch in folgende Worte einkleiden: Es wird der Weg einer gleichförmig beschleunigten Bewegung gefunden, sobald man den Weg in der ersten Sekunde dieser Bewegung kennt, wenn man denselben als die Geschwindigkeit einer gleichförmigen Bewegung betrachtet, hiezu den Weg für die gewünschte Zeit berechnet, und denselben noch einmal mit der Zeit multipliziert.

Aufgabe. Wie weit gelangt ein Körper, welcher unter dem Einflusse einer beständig wirkenden Kraft sich bewegt, binnen 10 Sekunden, wenn er in der ersten Sekunde den Weg von 3 Fuß zurücklegt?

Auflösung. Der gleichförmig zurückgelegte Weg wäre = 3 × 10 = 30 Fuß und dieser noch einmal mit der Zeit multipliziert, gibt 30 × 10 = 300 Fuß als den Weg dieser gleichförmig beschleunigten Bewegung.

§. 48.

Die beschleunigte Bewegung mit Berücksichtigung der Widerstände.

Das bewegliche Gleichgewicht.

Betrachten wir die Bewegung eines Handschlittens auf einer glatten Eisbahn, und nehmen wir an, dass die Kraft, welche den Schlitten vor sich stößt, fortwährend thätig und stets gleich sei, so muß uns diese Bewegung als eine gleichförmig beschleunigte erscheinen. Wir müßten weiter zugeben, daß selbst in dem Falle, wo der Schlitten in der ersten Sekunde bloß einen Weg von $\frac{1}{2}$ Fuß machte, derselbe unter dem Einflusse einer gleichbleibenden Kraft in einer Stunde eine bedeutende Strecke zurücklegen würde. Die Rechnung zeigt, daß dieselbe 270 Meilen betrüge.

Zufolge vorhergehenden Paragrafes ist nämlich der entsprechende, gleichförmig zurückgelegte Weg $= \frac{1}{2} \times 3600 = 1800$ Fuß und der gleichförmig beschleunigte Weg $1800 \times 3600 = 648000$ Fuß $= 270$ Meilen.

Bei dieser und bei ähnlichen Rechnungen wird stets die Zeit in Sekunden ausgedrückt, weshalb auch hier statt 1 Stunde, — 3600 Sekunden gesetzt wurden.

Eine solche Bewegung stellt sich offenbar wegen der stets auftretenden Reibungs- und Luftwiderstände niemals ein. Anfänglich wird sich zwar der Schlitten immer schneller und schneller bewegen, es wird aber ziemlich bald ein Augenblick eintreten, wo die zunehmende Geschwindigkeit der Bewegung durch die in demselben Maße zunehmenden Widerstände derselben vollständig bekämpft wird. Ist dieser Moment angelangt, so wird der Schlitten, ungeachtet ihn die Kraft noch immer mit der nämlichen Stärke weiter treibt, sich doch nur gleichförmig ohne alle Beschleunigung vorwärts bewegen. Von dem bezeichneten Augenblicke an, werden nämlich die Zuschüsse der thätigen Kraft, durch die ebenfalls sich stetig erneuernden Widerstände der Bewegung vernichtet; und man sagt, Kraft und Gegenkraft halten sich das Gleichgewicht. Der Körper bewegt sich von diesem Momente an gerade so, als wenn auf ihn die Kräfte aufgehört hätten zu wirken und er bloß vermöge der Trägheit seinen Weg mit der bis dorthin erworbenen Geschwindigkeit fortsetzen würde. Die unten stehende Figur 25 entwirft ein Bild von der eben betrachteten unveränderlichen Bewegung.

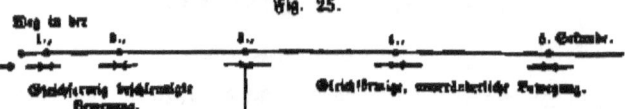

Fig. 25.

Die Bewegung eines Eisenbahntrains oder eines Wagens, wenn beide jeden Augenblick gleich stark zur Bewegung angeregt werden, und wenn solche auf ebenem Boden geschieht, würde dem oben angegebenen Gesetze des beweglichen Gleichgewichtes unterworfen sein; die bewegten Massen würden nämlich eine gleichförmige unveränderliche Bewegung befolgen, obwohl dieselben unter dem Einflusse einer beständig wirkenden Kraft ständen.

Hört bei dieser Art von Bewegung die fördernde Kraft auf zu wirken, und bleiben die Widerstände dieselben, so muß die Geschwindigkeit der Bewegung abnehmen. Dieß wird so lange stattfinden, bis diese Geschwindigkeit durch die Widerstände vollständig aufgebraucht ist. Die Bewegung wird eine abnehmende. Ist diese Abnahme denselben Gesetzen unterworfen, wie die Zunahme bei der beschleunigten Bewegung, so heißt sie eine **gleichförmig verzögerte Bewegung**.

Die Geschwindigkeit, welche das Bewegliche unter dem Einflusse der beständigen Kraft sich erwirbt, wird offenbar um so größer ausfallen, je kleiner dessen Masse, je größer die Kraft ist, welche die Bewegung einleitet und je geringer die Widerstände sind, welche die Bewegung hemmen. Der Train wird aus den beiden zuletzt ausgesprochenen Gründen eine bedeutend größere Geschwindigkeit als ein gewöhnlicher Wagen sich aneignen können.

§. 49.

Gegenseitige Bekämpfung der Kräfte oder das Gleichgewicht derselben.

Wenn der Widerstand gleich anfangs so groß ist, daß die von Seite der Kraft angeregte Bewegung durch die Größe des Widerstandes überwunden wird, so bleibt der Körper in Ruhe.

Wollte jemand z. B. eine Mauer von der Stelle schieben, so würde derselbe eine vergebliche Mühe anwenden. Der Widerstand, den die Mauer entgegenstellt, ist so groß, daß obzwar ein Druck von der Kraft auf die Mauer ausgeübt würde, die Bewegung derselben doch unterbliebe.

Aus diesem Beispiele erhellet, daß die Kraft nicht immer Bewegung schaffe, obwohl sie stets ein Bestreben in dieser Richtung äußere.

Aus derselben Ursache folgt, daß ein Körper, der in Ruhe sich befindet, dieselbe auch unter dem Einflusse von Kräften beibehalten kann, wenn nur die Kräfte, welche auf ihn einwirken, sich gegenseitig vollständig bekämpfen, d. h. wenn der Bewegung, welche ein Theil der wirkenden Kräfte veranlaßt, die übrigen Kräfte eine gleich groß· entgegensetzen.

Kräfte von solcher Beschaffenheit, sagt man, halten sich **das Gleichgewicht**.

Aus dem Vorhergehenden wird demnach folgender Satz klar: **Wirken auf einen ruhenden oder in Bewegung begriffenen Körper Kräfte, welche sich das Gleichgewicht halten, so wird im ersten Falle dessen Ruhe, im zweiten Falle dessen Bewegung nicht gestört.**

Auf jeden ruhenden Körper wirken wenigstens zwei Kräfte. Die eine Kraft ist die Schwere, die andere ist der Widerstand, welcher der durch die Schwerkraft anstrebenden Bewegung entgegenwirkt. Läßt man den Stein fallen, so wirkt auf ihn die Schwerkraft allein, wenn wir den Luftwiderstand nicht berücksichtigen.

6. Die Schwere.

§. 50.

Die Schwere, eine allgemeine Eigenschaft der Körper.

Welche von den euch bisher auseinandergesetzten Bewegungen müßte stattfinden, wenn ein Körper bloß unter dem Einflusse der Schwere sich nach abwärts bewegen, also frei fallen würde?

Zur Beantwortung dieser Frage müsset ihr zuerst erfahren, ob die Schwere auf den Körper bloß einen Augenblick, oder ob sie anhaltend wirke.

Die Schwere ist eine auf jeden noch so kleinen Körper fortwährend wirkende Kraft. Vermöge derselben besitzt ein jeder Körper das Bestreben zur Erde zu fallen. Die Schwere ist eine allgemeine Eigenschaft der Körper. Der Rauch, die Wolken, die Staubtheilchen, welche sich in der Luft schwebend erhalten, der Ballon, welcher sich in die Lüfte hinaufhebt, haben sich der Schwerkraft nicht entzogen; es ist in beiden Fällen bloß der Luftwiderstand größer, als die nach abwärts ziehende Kraft der Schwere. Man sagt, der Rauch, die Wolken, die Staubtheilchen, der Ballon u. a. werden von der Luft getragen.

Die Bewegung der Körper beim freien Falle geschieht demnach unter dem Einflusse einer kontinuierlich (beständig) wirkenden Kraft, und muß aus dieser Ursache eine gleichförmig beschleunigte sein.

§. 51.
Der freie Fall.

Die Höhe, über welche ein Körper in einer bestimmten Zeit frei niederfällt, ist nichts anderes als der Raum, den er bei Befolgung einer gleichförmig beschleunigten Bewegung während dieser Zeit durchfällt. Derselbe läßt sich nach §. 47 berechnen, wenn der in der ersten Sekunde beschriebene bekannt ist.

Durch vielfach angestellte Beobachtungen hat man gefunden, daß der Weg, den ein frei fallender Körper in der ersten Sekunde zurücklegt, bei uns $15\frac{1}{2}$ Fuß betrage. Er ist nicht an allen Orten der Erdoberfläche gleich groß, weil die Schwerkraft, wie Versuche lehrten, nicht überall dieselbe Intensität (Stärke) besitzt. Sie ist auf den Polen am größten; am Äquator am kleinsten.

* Man löse die nachfolgende Aufgabe: Von einem Turm braucht ein Stein $2\frac{1}{2}$ Sekunden zum Herabfallen; wie hoch ist der Turm?

Auflösung. Der entsprechende, gleichförmig zurückgelegte Weg wäre $15\frac{1}{4} \times 2\frac{1}{2} = 38\frac{1}{8}$. Der Weg der gedachten gleichförmig beschleunigten Bewegung $= 38\frac{1}{8} \times 2\frac{1}{2} = 96\frac{7}{8}$ Fuß als Höhe des Turmes. Der Turm würde die Höhe von $96\frac{7}{8}$ Fuß besitzen.

Wenn man ferner in einen Schacht (Brunnen) einen schweren Körper herabfallen ließe, um zu erfahren wie tief derselbe sei, und man erführe, daß derselbe erst in der 9. Secunde auf dem Boden des Schachtes ankomme, so lehrt die nachstehende Rechnung: $15\cdot 5 \times 9 = 139\cdot 5 \times 9 = 1255\cdot 5$ Fuß, daß der Schacht $1255\frac{1}{2}$ Fuß $= 209\frac{1}{4}$ Klafter tief ist.

Im luftleeren Raume fallen sämmtliche Körper gleich schnell.

Je dichter der fallende Körper ist und je leichter derselbe zufolge seiner Gestalt die Luft durchdringen kann, um so weniger wird der Luftwiderstand auf seine Bewegung Einfluß üben. Metallene und zugespitzte Körper werden demnach am ungehindertsten herabfallen.

Im luftleeren Raume fallen alle Körper gleich schnell. Eine Holundermarkkugel oder ein Papierstreifen ebenso schnell wie eine Bleikugel.

Die Schwere der Bleikugel ist größer als jene der Holundermarkkugel, es sind aber in der Bleikugel in dem Verhältnisse auch mehr Theilchen vorhanden, welche in Bewegung zu setzen sind; demnach entfällt auf jedes einzelne Theilchen dieser zwei Kugeln, wenn sie auch ungleich groß sind, gleich viel Kraft, welcher Umstand in beiden dieselbe Bewegung hervorruft.

§. 52.
Die Schwere im Gleichgewicht mit dem Luftwiderstande.

Wird die Schwerkraft durch die Luftwiderstände vollständig bekämpft, so wird von diesem Augenblicke an der fallende Körper nach §. 48 gleichförmig, also ohne Beschleunigung, sich herabbewegen. Dieß tritt um so eher ein, je mehr die Breite des Körpers vorwaltet und je weniger Masse er hat, wie dieß bei den Fallschirmen, mittels welcher man sich aus der Höhe der Luftballone herabläßt, der Fall ist.

Der Fallschirm.

Der **Fallschirm** (Fig. 26) gleicht einem Regenschirme von 20—30 Fuß im Durchmesser; während des Fallens öffnet

Fig. 26.

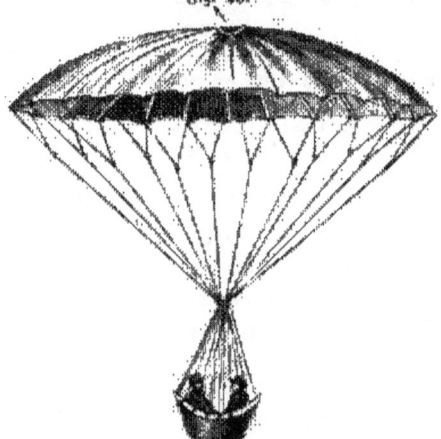

Der Fallschirm.

sich derselbe vollends und fällt anfänglich beschleunigt, später mit einer bestimmten, während dieses beschleunigten Fallens erlangten Geschwindigkeit gleichförmig nieder.

<small>Auch die Flügel der Vögel bilden eine Art Fallschirm, um ein langsames Herabsinken derselben von der Höhe zu ermöglichen. Die Flügelbremse, welche bei den Schlagwerken der Uhren die zu schnelle Abwindung des Schlagwerkes verhindert und den Schlag regulirt, beruht ebenfalls auf dem beweglichen Gleichgewichte zwischen Kraft und Widerstand. Auf dem verschiedenen Widerstande, den das Wasser sinkenden Körpern entgegensetzt, beruht das Trennen der dichten von den minder dichten Theilchen beim Schlämmen das Abscheiden der Erze von ihrer Gangart u. s. w.</small>

§. 53.
Die Richtung der Schwerkraft.

Die Richtung der Schwerkraft ist offenbar keine andere als jene, nach welcher die Körper zu Boden fallen. Wir erhalten demnach die Vorstellung nach welcher Richtung die Schwerkraft wirkt, wenn wir einen schweren Körper frei fallen lassen, oder ihn an einer Schnur aufhängen. Die Schnur gibt die Richtung der Schwerkraft an. Den schweren Körper bildet gewöhnlich eine metallene Kugel oder ein messingener Zilinder, welcher unten in eine Stahlspitze ausläuft, um zugleich auch den Punkt angeben zu können, welcher in der Verlängerung der Schwerlinie auf der Erdoberfläche liegt.

Der Senkel. Die Vertikale. Die Horizontale.

Man nennt jede Vorrichtung, welche die Richtung der Schwerkraft anzeigt, ein **Senkblei** oder **Senkel** (Fig. 27 CA).

Fig. 27.

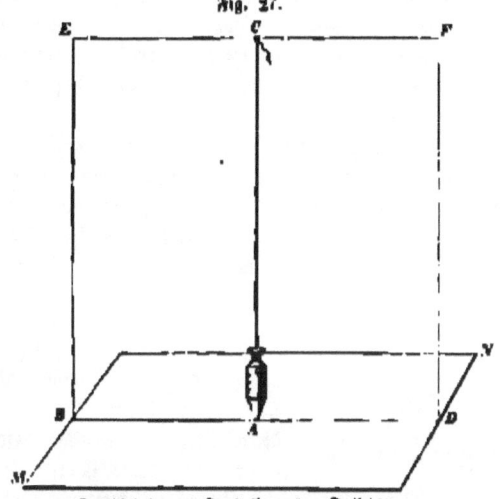

Senkblei sammt Darstellung der Fallrichtung.

Die **Fallrichtung** der Körper heißt die **Lothrechte** oder **Vertikale** (CA). Eine darauf senkrechte Linie heißt die **Horizontale** (BD). Eine Ebene, welche durch die Vertikale gelegt wird, heißt **Vertikal-Ebene** (BF). Die Ebene endlich, welche auf der Lothrechten senkrecht steht, heißt die **Horizontal-Ebene** (MN). Diese Ebene kann man sich durch Drehung der horizontalen um die vertikale Linie erzeugt denken.

Die vertikalen Richtungen, nach welchen die Körper zur Erde fallen, gehen, wie Beobachtungen lehrten, alle nach dem Mittelpunkte derselben. Es kann demnach der Erdmittelpunkt als derjenige Punkt angesehen werden, von welchem aus die Schwerkraft die Körper auf die Erdoberfläche niederzieht, obgleich in der Wirklichkeit die Schwerkraft der Körper in nichts anderem besteht, als in dem Erfolge, welcher aus der Anziehung aller Theile des schweren Körpers von Seite des ganzen Erdkörpers herrührt. — Wenngleich sämmtliche vertikale Linien, welche mittels des Senkels auf der Erdoberfläche bestimmt werden, sich im Erdmittelpunkte begegnen, so können sie dennoch in allen jenen Punkten der Erdoberfläche, die nicht weit auseinanderliegen als gleichlaufend (parallel) angesehen werden. Sämmtliche vertikale Kanten eines Gebäudes sind gleichlaufend, ebenso die horizontalen Abgränzungen (Gesimse) desselben.

Es ist bekannt, daß die Mauerflächen eines Gebäudes vertikal, die Ziegelscharen oder die Auflagerungsflächen der Steine horizontal sein müssen, wenn das Gebäude fest aufgebaut sein soll. Dem Maurer gibt die Richtung der Vertikalen das Senkblei, jene der Horizontalen die Setzwage an.

Die Setzwage.

Fig. 28.

Setzwage.

Die Setzwage (Fig. 28) besteht aus einem hölzernen, gleichschenkeligen Dreiecke (amn), an dessen Spitze ein Senkblei befestigt und an dessen Basis, in der Mitte (o) eine kleine Vertiefung angebracht ist. Wird diese Setzwage mit der Basis auf eine Latte (rs) aufgestellt, und es legt sich dabei die Kugel des Senkels (b) in die bemerkte Vertiefung hinein, so ist dieß ein Zeichen, daß sowohl die Latte, als auch die Mauerfläche, auf welcher sie ruht, horizontal ist. Das Einspielen der Setzwage gibt nach diesem Vorgange deshalb die horizontale Richtung an, weil diese stets senkrecht auf der vertikalen sein muß, welche letztere der Senkelfaden der Wage anzeigt.

§. 54.
Das absolute Gewicht der Körper.

Jeder Körper ist schwer; jeder besteht nämlich aus materiellen Theilchen, welche von der Schwerkraft nach abwärts gezogen werden. Das Bestreben der Körper zur Erde zu fallen, bewirkt auf ihre Unterlage einen Druck, welcher vertikal abwärts gerichtet ist und das Gewicht der Körper genannt wird. Mittels unseres Tastsinnes werden wir dieses Druckes bewusst.

Das Abwägen der Körper.

Um das Gewicht eines Körpers anzugeben, nimmt man ein bestimmtes Gewicht, bei uns das Wiener Pfund als Einheit an und untersucht, wie oftmal ein abzuwägender Körper schwerer ist, als dieses zur Einheit angenommene Gewicht. Mittels der Wage ist es möglich, diesen Vergleich einfach anzustellen. Jeder von euch wird eine Wage gesehen und wahrscheinlich auch damit gewogen haben. Legt man in beide Wagschalen ein gleiches Gewicht, so wird der Wagbalken (die Stange, auf welcher beide Wagschalen aufgehängt sind) sich horizontal einstellen. Die Zunge der Wage (ein auf dem Wagbalken in der Mitte senkrecht angebrachter Stift) wird die vertikale Richtung annehmen, und sonach mit der Richtung der Schere, welche frei in der Hand an einem Häkchen gehalten wird, zusammenfallen. Halten sich also an einer richtigen Krämerwage Ware und Gewicht bei horizontaler Stellung des Wagbalkens das Gleichgewicht, so muß das Gewicht der Ware gleich sein der Schwere der einzelnen Gewichte, welche in der anderen Wagschale sich befinden und welche man bloß abzuzählen braucht um das Gewicht der Ware zu erfahren.

Das Pfund wird bekanntlich in 32 Loth, das Loth in 4 Quentchen eingetheilt. 1 Unze hält 2 Loth. 1 Loth hat 240 Grane; 1 Quentchen hat demnach 60 Grane. Eine größere Einheit als das Pfund bildet der Zentner, welcher 100 Pfund enthält.

In Frankreich ist das Kilogramm die Gewichtseinheit. 1 Kilogramm = 1·786 Wiener Pfund, also etwas über 1¾ Wiener Pfund. Das Kilogramm wird in 1000 Gramme getheilt. Ein Milligramm ist der tausendste Theil eines

Gramms, also der millionste eines Kilogramms. 1 Zollpfund = ½ Kilogramm = 0·893 Wiener Pfund. 1 Zollpfund ist demnach um ¹⁄₁₀ kleiner als ein Wiener Pfund; es wiegt etwas mehr als 28½ Wiener Loth.

§. 55.
Beziehung zwischen dem absoluten Gewichte und dem Volumen der Körper.

In gewerblichem Leben kommt häufig die Frage vor, das Gewicht eines Körpers aus seinem Volumen zu berechnen. Man verlangt z. B. den Kostenüberschlag einer gußeisernen Walze (Fig. 29 A), welche 4 Fuß lang und 2 Fuß breit sein soll, wenn der Walzenguß sammt Appretur per Zentner 12 fl. 75 kr. kostet.

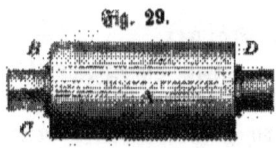
Fig. 29.

Um diese Aufgabe zu lösen, müssen wir das Gewicht der zu gießenden Walze kennen. Dieß erfordert wieder die Berechnung des Volumens, weil sich das Gewicht offenbar nach dem Volumen richten muß.

Der Rauminhalt der Walze wird sein nach §. 10, indem der Durchmesser BC der Walze = 2 Fuß, die Länge derselben BD = 4 Fuß ist, $2 . 2 . 4 . \frac{11}{14} = 12\frac{4}{7}$ Kubikfuß.

Um aus dem Volumen das Gewicht der Walze zu berechnen, muß das Gewicht von einem Kubikfuß Gußeisen bekannt sein. Ein Kubikfuß Gußeisen wiegt, wie dieses unmittelbare Abwägungen lehrten, 405 Wiener Pfund. Es wird demnach die ganze Menge Gußeisen, welche zur Anfertigung dieser Walze nöthig ist, $12\frac{4}{7} \times 405 = 5091\frac{3}{7}$ Wiener Pfund wiegen und der Preis der Walze würde 649 fl. 16 kr. öst. W. sein.

Spezifisches Gewicht der Körper.

Das Gewicht von einem Kubikfuß irgend eines Körpers heißt sein spezifisches Gewicht, zum Unterschied von seinem absoluten Gewichte, welches sich auf keinen besonderen Rauminhalt bezieht. So stellt im vorliegenden Beispiele der Betrag von 5091½ Wiener Pfunden das absolute Gewicht des Gußeisens der Walze, dagegen jener von 405 Wiener Pfunden das spezifische Gewicht desselben vor.

Die nachstehende Tabelle gibt die spezifischen Gewichte der am häufigsten im gewerblichen Leben vorkommenden Materialien an.

Tabelle der spezifischen Gewichte.

1 Kubikfuß lufttrockene Holzmasse harter Gattung wiegt	45 Pfund
1 " " " weicher "	33 "
1 " frischgebrannte harte Kohle	12 "
1 " geschmiedetes Eisen	440 "
1 " Gußeisen	405 "
1 " gehämmertes oder gewalztes Kupfer	508 "
1 " gegossenes Kupfer	496 "
1 " Zinn	411 "
1 " Zink	405 "
1 " gehämmertes oder gewalztes Zink	440 "
1 " gegossenes Blei	640 "
1 " gepreßtes oder gewalztes Blei	641 "
1 " Messingguß	462 "
1 " Messingblech oder Drat	481 "
1 " Glockenspeise	494 "
1 " Quecksilber	765 "
1 " Wasser	56·4 "

Auf Grund dieser Tabelle will ich noch an euch einige Fragen richten. Ich hätte drei Kästchen (Fig. 30), jedes von 1 Kubikfuß Rauminhalt. Das erste fülle ich mit Wasser, das zweite mit Eisen, das dritte mit Blei, wie viel wird jeder von diesen drei Körpern wiegen?

Fig. 30.

Gewiß werden nun alle von euch antworten: Das Wasser wird 56½, das Eisen 405 und das Blei 640 Pfund wiegen.

Eine andere Frage wäre folgende: Welche Stoffe, von den in obiger Tabelle angeführten sind leichter, welche schwerer als Wasser? — Holz und Kohle sind leichter, die übrigen sind schwerer als Wasser, weil der Kubikfuß von den ersteren weniger, von den letzteren mehr wiegt, als ein Kubikfuß Wasser, dessen Gewicht = 56½ Wiener Pfund ist.

Wenn ihr noch einmal die Methode ansehet, mittels welcher ich das absolute Gewicht der Walze aus ihrem Rauminhalte berechnete, so gelanget ihr leicht zu der folgenden Regel: **Man findet das absolute Gewicht eines Körpers, wenn man den Rauminhalt desselben mit seinem spezifischen Gewichte multipliziert.**

§. 56.
Die Dichte der Körper.

So oftmal der Kubikfuß eines Körpers schwerer ist, als der Kubikfuß eines anderen Körpers, ebenso vielmal mehr einzelne Theilchen werden in dem Kubikfuße dieses Körpers vorhanden sein.*) Wenn aber in einem Raume von demselben Ausmaße, bei zwei verschiedenen Körpern, ungleich viele Theilchen enthalten sind, so werden offenbar bei demjenigen Körper, in welchem sich eine größere Anzahl von Theilchen befindet, diese näher aneinander liegen; d. h. der Körper, welcher in einem Kubikfuße eine größere Menge einzelner Theilchen enthält, wird dichter sein, als ein anderer, der nicht so viele Theilchen in demselben Raume einschließt. Hieraus folgt, daß ein Körper dessen Kubikfuß mehr wiegt, auch dichter sein muß, als ein anderer, bei dem dieß nicht der Fall ist.

Man vergleicht die Dichten der Körper mit jener des Wassers und sagt: wiegt der Kubikfuß eines Körpers zweimal so viel als ein Kubikfuß Wasser, so muß der Körper eine doppelt so große Dichte haben als das Wasser. Zufolge dieser Annahme wird die Dichte des Schmiedeisens = 7·8 sein, weil 1 Kubikfuß Schmiedeisen 7·8mal so viel wiegt wie ein Kubikfuß Wasser. — 410 : 56·4 = 7·8. —

Die Dichte des Bleies wird sein 11·3, weil 1 Kubikfuß Blei 11·3mal so schwer ist, wie 1 Kubikfuß Wasser. Aus demselben Grunde wird die Dichte des Quecksilbers 13·5 betragen.

---

*) Dabei wird vorausgesetzt, daß die Moleküle sämmtlicher Körper gleich groß und gleich schwer sind, was man für diese Zwecke annehmen kann.

Die Dichten der Körper sind also, wie ihr bemerket, durch kleinere Zahlen ausgedrückt. Sie sind demnach auch dem Gedächtnisse leichter einzuprägen, als die spezifischen Gewichte derselben, und sie zeigen an, wie oftmal ein Körper schwerer ist als Wasser, wenn man beide unter gleichem Volumen abwiegt.

Kennt man die Dichte eines Körpers, so ist sein spezifisches Gewicht leicht zu berechnen. Das letztere ist zufolge des Auseinandergesetzten dem Produkte aus der Dichte in die Zahl 56·4 gleich, welche letztere Zahl bekanntlich das Gewicht von 1 Kubikfuß Wasser angibt.

Dichten-Tabelle.

Die Dichte des destillierten Wassers ist . . . . . = 1.
„ „ der frischgebrannten harten Kohle . . = 0·21
„ „ „ lufttrockenen Holzmasse, weich. Gattung = 0·58
„ „ „ „ „ harter „ = 0·8
„ „ vom Gußeisen . . . . = 7·2
„ „ „ geschmiedeten Eisen . . . . = 7·8
„ „ „ gegossenen Zinn . . . . . = 7·3
„ „ „ „ Zink . . . . . = 7·2
„ „ „ gehämmerten oder gewalzten Zink = 7·8
„ „ „ Messingguß . . . . = 8·2
„ „ „ Messingblech oder Draht . . . = 8·5
„ „ der Glockenspeise . . . . = 8·76
„ „ vom gegossenen Kupfer . . . . . = 8·8
„ „ „ gehämmerten oder gewalzten Kupfer = 9·0
„ „ „ gegossenen Blei . . . . . . = 11·35
„ „ „ gepreßten oder gewalzten Blei . = 11·36
„ „ „ Quecksilber . . . . = 13·56
„ „ „ Silber . . . . = 10·5
„ „ „ Gold . . . . = 19·2
„ „ „ Platin . . . . = 21.

6*

§. 57.

Rückblick.

In den vorhergehenden Paragrafen wurden die allgemeinen Eigenschaften der Körper behandelt. Die Ausdehnung, Undurchdringlichkeit, Theilbarkeit, Porosität, Trägheit, Wärme und Schwere gelangten dabei zur Darstellung. Aus dieser ersahet ihr, daß die Materie der Körper einen Raum einnimmt, daß sie undurchdringlich, in Theilchen zerlegbar, mit seinen meist unsichtbaren Zwischenräumen durchzogen ist, daß sie keine Fähigkeit besitzt, sich selbst in Bewegung zu setzen, oder die vorhandene abzuändern und aufzuheben; daß also die Materie bloß als Substrat (Grundlage) der Kraft anzusehen sei, deren Wirkung sie aufzubewaren und an Gegenkräfte wieder abzugeben im Stande ist. Ferner gaben wir zu, daß die kleinsten Theilchen der Materie, welche sämmtlich von der Schwere beherrscht werden, durch die Wärme auseinandergehalten würden und durch dieselbe selbst auch aus ihrem Zusammenhange gebracht werden können; daß Kälte bloß ein niederer Grad von Wärme sei. Endlich haben wir dem Erdkörper die Eigenschaft eingeräumt, zufolge welcher derselbe die Körper nach seinem Mittelpunkte anzuziehen vermag, auch sahen wir dabei, daß das absolute Gewicht der Körper von dem Rauminhalte und der Dichte abhängig ist, und daß es gefunden wird, wenn man den Rauminhalt eines Körpers mit seiner Dichte und dem spezifischen Gewichte des Wassers, also mit 56·4 multipliziert.

b. Von den besonderen Eigenschaften der Körper.

§. 58.

Begriff der besonderen Eigenschaften der Körper.

Außer den angegebenen allgemeinen Eigenschaften der Körper gibt es noch andere Eigenschaften derselben, welche sich gegenseitig ausschließen können, und daher die besonderen Eigenschaften der Körper heißen. Sie sind: die Härte, Festigkeit, Weichheit, Zähigkeit, Elastizität, Biegsamkeit und die Sprödigkeit.

§. 59.
Die Härte.

Wann nennt man einen Körper hart? — Gewiß dann, wenn zum Aneinanderbringen seiner Theilchen eine bedeutende Kraft nöthig ist. Das Fleisch ist hart, wenn es sich nicht leicht zerkauen läßt. Der Stein, das Holz sind hart, wenn man sie nicht ohne Mühe spalten kann.

Das Eisen ist hart, der Stahl ist härter. Das Glas ist hart, die Edelsteine sind härter als dieses. Am härtesten von allen Körpern ist der Diamant. Der härteste Stahl steht in der Härte dem Diamant nach, indem der letztere jeden Stahl ritzt. Der Diamant läßt sich bloß mit seinem eigenen Staube, dem Diamantbrote, schleifen und poliren.

In den Gewerben wird die Härte der Körper mannigfach ausgenützt. Der Glaser schneidet mit dem Diamant das Glas. Der Graveur braucht den stählernen Grabstichel, um in Stein und Metall Zeichnungen anzuführen. Die Zapfen der Uhrräder laufen in Korunds, Rubin- und in Diamantlagern. Das Hütchen der Magnetnadel ruht mittels Achate auf einer Stahlspitze.

Die Festigkeit.

Die Festigkeit der Körper ist von ihrer Härte wohl zu unterscheiden. So ist z. B. der Stahl der festeste Körper; er trägt nämlich ein großes Gewicht ohne zu zerreißen. Das Glas dagegen, welches härter ist als Stahl, hat bei weitem diese Festigkeit nicht.

Die Festigkeit ist der Widerstand, welchen die Körper den ihnen anvertrauten Belastungen entgegensetzen und wird vorzüglich bei den Baumaterialien in Anschlag gebracht. Sie kann im allgemeinen auch als der Widerstand angesehen werden, den die Körper äußeren Kräften entgegenstellen, welche ihre Theilchen verschieben oder von einander trennen wollen.

Die Festigkeit wird durch die Zusammenhangskraft (Kohäsion) der Körpertheilchen bedingt, und ist als das Resultat der Thätigkeit der zwischen ihnen wirkenden Molekularkräfte anzusehen.

Die Festigkeit der Körper wird durch die Näherbringung ihrer Theilchen erhöht, indem damit auch ihre Kohäsion eine Vergrößerung erfährt. Deshalb gewinnen die Metalle durch das Hämmern, Schmieden, Walzen, Ziehen an Festigkeit. Die gestrickten und gewebten Stoffe, auch Leder und Papier, nehmen durch das Walken und Pressen eine größere Festigkeit an. Aus derselben Ursache ist der mit Wachs bestrichene Faden fester, als der unbestrichene, die rohe Leinwand fester, als die gebleichte.

§. 60.

Die Weichheit.

Weich sind jene Körper, deren Theilchen sich ohne Schwierigkeit von einander trennen lassen und welche demnach auch leicht Eindrücke von außen annehmen. Der frische Teig, die Brotkrume, das Wachs, der eingeweichte Thon, der Formsand und andere ähnliche Stoffe sind weich. Das Glas und das Eisen werden in der Hitze weich. Das Vereinigen zweier so weich gemachten Eisenstücke miteinander heißt das Schweißen. Eine schätzbare Eigenschaft der Körper, die Bildsamkeit nämlich, ist eine Folge der Weichheit. Die plastischen Abbildungen in Wachs und Thon, ferner die zahllosen auf der Drehscheibe hervorgehenden Geschirr- und Kunstartikel der Töpferei u. s. w. legen von ihr Zeugniß ab.

Daß leinene und andere Hadern in Form von Papiermasse, also in erweichtem Zustande, mannigfaltige Figuren annehmen können, beweisen die Steinpappe- und Papier-maché- (Papiermasche-) Gegenstände in Fülle. Holz gehörig zubereitet, läßt sich gießen und zu allen möglichen Ornamenten verwenden; mittels Dampf weich gemacht, läßt sich dasselbe beliebig krümmen und biegen. Das Anquellen des Holzes benimmt demselben die Festigkeit, weil dadurch seine Theilchen auseinandergerückt werden.

§. 61.

Die Zähigkeit.

Die **Zähigkeit** bezeichnet einen weichen Zustand der Körper, bei welchem die Theilchen noch einen Zusammenhang behalten, wenn man sie auch etwas auseinanderbringt. Es ist Weichheit mit einem gewissen Zusammenhangsbestreben verbunden.

Der Teig, das Gebäck kann zähe sein. Der Stein, welcher sich zwar leicht bohren läßt, bei dem aber der Schuß schlecht reißt, ist zähe. Das Schmiedeisen, welches beim Zerreißen nicht in ebenen Flächen, sondern zackenbildend auseinandergeht, ist ebenfalls zähe. Die **Dehnbarkeit oder die Geschmeidigkeit der Metalle** (ihr Auswalzen zu Blech, Ausziehen zu Drat) beruht auf deren Zähigkeit.

§. 62.

Die Elastizität oder Federkraft.

Die **Elastizität oder Federkraft** bezeichnet die schätzenswerte Eigenschaft mancher Körper, wornach sie einem äußeren Drucke nachgeben, dabei aber das Bestreben beibehalten, die frühere Form anzunehmen. Geschieht bei ihnen die Wiederherstellung der ursprünglichen Gestalt nach Entfernung oder Verschwinden des Druckes vollständig, so heißt man sie vollkommen elastische Körper. Im anderen Falle nennt man sie unvollkommen elastisch oder geradezu unelastisch.

Die Luft ist vollkommen elastisch. Zusammengepreßte Luft dehnt sich nämlich auf ihr früheres Volumen vollständig aus. — Die Luftkissen sind bekanntlich sehr elastisch. — Andere elastische Körper sind: Kautschuk, Guttapercha, die Federn, das Elfenbein, die Haare, Seide, Wolle, der Flachs, das Fischbein, manche Holzarten und Metalle, unter diesen vornehmlich gehämmertes Messing und Stahl. Auch Glas, wenn es fein gesponnen wird, ist sehr elastisch.

Die Art und Weise, wie ein Körper vermöge seiner Elastizität einer Kraft entgegenwirkt, zeigt die im nachstehenden beschriebene Erscheinung.

Wenn man auf eine mit Lampenruß überzogene Marmorplatte eine Kugel von Elfenbein ruhig hinlegt, so erhält sie an der aufliegenden Stelle nur ein schwarzes Pünktchen. Läßt man dagegen die Kugel auf die Platte fallen, so nimmt sie einen runden schwarzen Fleck an, der um so größer ist, je höher die Kugel herabfiel. Dieß beweiset, daß die Kugel im Augenblicke des Auffallens sich, vermöge der Trägheit, zwar abplattet, aber alsogleich wieder (die Wirkung der Schwerkraft bekämpfend), zufolge ihrer Elastizität, die Kugelgestalt vollkommen herstellet und auf diese Weise, sich gleichsam gegen die untere Platte anstemmend, einen Stoß auf ihre Masse ausübt, wodurch dieselbe der Schwere entgegen, wieder beinahe bis zu jener Höhe zurückspringt (abprallt), von welcher sie herabgefallen ist. Diese Abprallshöhe wird um so kleiner ausfallen, je geringer die Elastizität des Kugelmateriales ist. Ein mit Luft gefüllter Ballen prallt ziemlich vollständig ab.

Die Elastizität der Metalle wird durch alles dasjenige erhöhet, was deren Dichte vergrößert, also durch das Hämmern und Pressen. Sie wird allmählich verringert, wenn sie ununterbrochen der Einwirkung äußerer Kräfte ausgesetzt ist, welcher Umstand bei den meisten elastischen Vorrichtungen stattfindet. Beim Zwirn, bei Schnüren und ähnlichen Gegenständen bleiben bloß aus dieser Ursache die einzelnen Fäden in dem zusammengewundenen Zustande. Durch das Erhitzen oder Erweichen kann man die Elastizität plötzlich abschwächen.

Viele organische Körper nehmen die beim Erhitzen und Weichwerden verlorene Elastizität nach dem Erkalten wieder an, wie z. B. die Schafwolle, die Knochen der Thiere.

<small>Wird Schafwolle durch heiße Metallkämme gezogen, so verliert jeder Faden das Bestreben sich zu kräuseln, erweicht sich und kommt in eine gerade Lage, behält sie aber auch nach dem Erkalten beharrlich bei. Darauf beruhet das Kämmen der Wolle und die Erzeugung von Kammgarn. Selbst in gewebten Wollzeugen können die hervorstehenden, sich kräuselnden Fasern durch das Erwärmen dahin gebracht werden, daß sie sich an den Grund des Gewebes</small>

anlegen und daß sie nach dem Erkalten in dieser Lage verharren. — Das Delatiren des Tuches besteht in nichts anderem. — Ochsenhörner lassen sich im warmen Zustand in ebene Platten verwandeln und behalten diese Form, wenn sie wieder kalt geworden sind. Davon wird beim Kammachen Gebrauch gemacht.

Anwendung der Elastizität.

Der Bogen, die Armbrust verdanken ihre Wirkungen der Elastizität. Die Federkraft des Hammerstieles erlaubt bei Schlagwerken der Uhren das Ertönen der Glocke. Besonders wichtig ist die Ausnützung dieser Kraft in Form von Federn, welche bekanntlich von Stahl oder Messing angefertigt werden, und welche durch ihr Bestreben, in ihre frühere Lage zu gelangen, eine beständig wirkende Kraft ersetzen. Wie mangelhaft würde es mit unseren Thürschlössern aussehen, wenn nicht die Zuhaltungen (Fig. 31 z) (welche die Riegel in ihrer Stellung halten) und die Fallen (f) (Thürklinken) mittels Spiralfedern (s) in ihrer Stellung erhalten würden. Die Federn geben dem Hahn an Flintenschlössern die Kraft des Schlages, sie bewirken das Einschnappen der Taschenmesser, sie drücken die Backen der Scheren, Zangen, Schraubstöcke, Feilkloben auseinander.

Fig. 31.

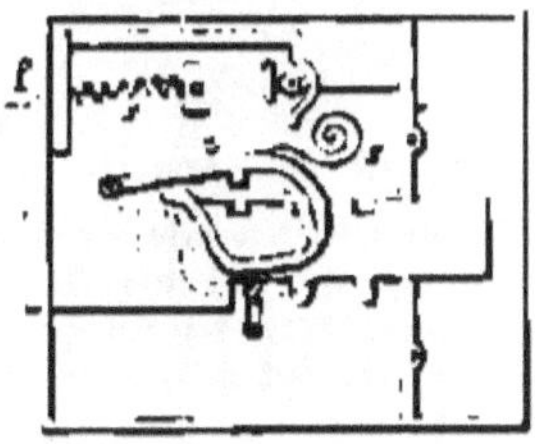

Thürschlosse.

Eine bedeutende Verwendung erfahren die Federn in dem eigentlichen Maschinenwesen, wo man sie als bewegende Kraft wirken läßt, wie z. B. bei Uhren, Spielwerken, Bratenwendern u. s. w.

Die Uhr.

Bei Uhren gibt eine lange Spiralfeder, welche in einem zilindrischen Gehäuse, dem Federhause, angebracht ist, dadurch daß sie an seiner Achse sich abwickelt, diesem eine drehende Bewegung. An dem Gehäuse ist ein Zahnrad, das Bodenrad, angebracht, welches eine Reihe größerer und kleinerer Räder, das Räderwerk der Uhr nämlich, in Bewegung setzt, welche bis zur Unruhe (das Rad ohne Zähne) durch Vermittlung der Hemmung (in Lappen-, Zilinder-,

Anker- oder Hakenform) fortgepflanzt wird. Die Unruhe besitzt oberhalb ihres Ringes eine sehr feine Feder, deren Elasticität dadurch, daß sie sich bald auf-, bald abwickelt, den Takt für den Gang der Uhr angibt, wodurch das ganze Räderwerk, obgleich ruckweise, doch im ganzen eine gleichförmige Bewegung um seine Achse einhält. Mittels der Zeiger wird auf dem Zifferblatte diese Bewegung beobachtet und darnach die Zeit bestimmt. Die Figur 32 stellt das Gehwerk einer Taschenuhr dar.

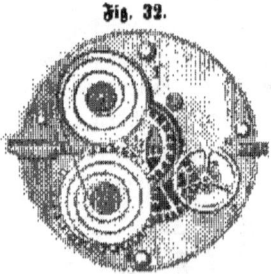

Fig. 32.

Dabei ist bei f das Federhaus und bei u die Unruhe abgebildet. Man bemerkt an diesem Uhrwerke außerdem bei s die sogenannte Schnecke — eine kegelförmige Trommel mit Gängen, welche in schraubenförmigen Windungen treppenförmig übereinander liegen — an welcher erst das Bodenrad befestiget ist. Bei den neueren Uhren mit genaueren Hemmungen — den Zilinder- und Ankerhemmungen — ist die Nothwendigkeit der Schnecke entfallen. Bei sehr genauen Taschenuhren wird sie aber noch immer angewendet. Ihre Bestimmung besteht in

Gehwerk einer Taschenuhr.

dem, die beim Abwinden der bewegenden Feder abnehmende Triebkraft der Uhr auszugleichen und möglichst gleichförmig zu machen. Die Drehung des Federhauses pflanzt sich mit Hilfe einer fein gegliederten Kette k auf die Schnecke fort, mit welcher das Bodenrad in Verbindung gesetzt ist.

Die Kraftmesser (Dynamometer).

Fig. 33.

Die im Maschinenwesen zur Anwendung kommenden Kraftmesser, welche zum Messen thierischer oder anderer Druck- und Zugkräfte dienen, beruhen ebenfalls auf der Elasticität der Federn. Nebenstehende Figur 33 stellt einen solchen Kraftmesser vor.

Die Vförmig gebogene Schiene ist von Federstahl, also elastisch. Die zwei durchgesteckten Schienen sind mit einer Eintheilung (empirischen Skale), welche durch Versuche gefunden wurde, versehen. Beim Gebrauche schaltet man den Kraftmesser (Dynamometer) zwischen der Kraft und der Last ein, und liest auf der eingetheilten Schiene die Kraft in Pfunden ab.

Kraftmesser.

Schraubenförmig gewundene Spiralfedern verleihen den tapezierten Möbeln ihre Springkraft, den Wagen die sanft schaukelnde Bewegung, den Ventilen ihren Hall, den Federwagen die Eigenschaft, das Gewicht der Körper anzugeben.

Die Figuren 34, 35, 36 stellen drei Federwagen vor. Man erkläre sie. Könnte die unter Figur 36 gezeichnete Wage nicht auch als Kraftmesser benutzt werden? In der Figur 37 ist eine Federlaterne abgebildet. Welchen Zweck hat hier die Feder FF?

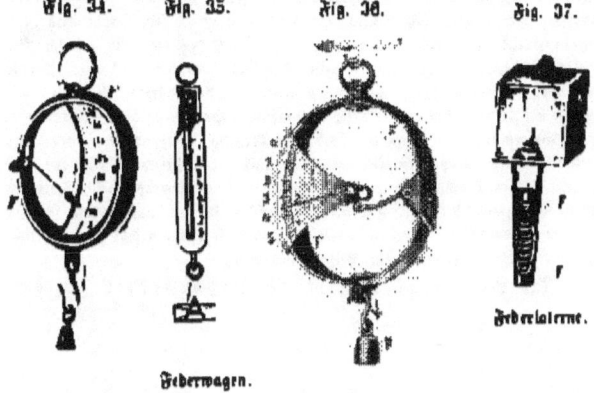

Fig. 34.   Fig. 35.   Fig. 36.   Fig. 37.

Federwagen.   Federlaterne.

§. 63.
Die Biegsamkeit.

Die Biegsamkeit ist nichts anderes als Elastizität, die bei jenen Körpern sich äußert, welche eine vorwaltende Ausdehnung in die Länge oder Breite haben. Bleche, Dräte, Metallsaiten, Fischbein u. s. w. sind biegsam. Glas erlangt diese Eigenschaft in der Glühhitze, welcher Umstand seine Bildsamkeit hervorruft.

§. 64.
Die Sprödigkeit.

Die Sprödigkeit besteht in dem Mangel an Elastizität. Spröde Körper brechen bereits bei der geringsten Verschiebung ihrer Theilchen. Glas, Porzellan, gehärteter Stahl sind spröde. Zinkblech ist spröder als eines der übrigen Bleche. Bei 120 bis 150° C. wird es aber geschmeidig, so daß es sich hämmern und walzen, bei 200° C. wird es neuerdings so spröde, daß es sich zu Pulver zerstoßen läßt.

Die fertigen Glaswaren müssen langsam auskühlen (im Kühlofen), weil durch das schnelle Abkühlen die Sprödigkeit des Glases bedeutend gesteigert wird. Erhitztes und plötzlich abgekühltes (geschrecktes) Glas ist sehr spröde und läßt sich in Folge dessen recht gut pulverisieren. Durch das Erhitzen und schnelles Abkühlen (Löschen) des Stahles geschieht das Härten desselben. Kupfer, Bronze und Messing werden durch das Löschen weicher, anstatt härter. Gußeisen zerspringt bei strenger Winterkälte unter bloß mäßigen Hammerschlägen in Trümmer. Beim Walzen wird das Eisen, der Stahl, das Messing, insbesondere werden deren Dräte hart und spröde und diese müssen deshalb oft während des Walzens ausgeglüht werden. Schmiedeisen und Messing wird in Folge dauernder Erschütterungen spröde und zuletzt brüchig. Eiserne Wagenachsen brechen aus diesem Grunde oft ganz unversehens. Messingene Ketten sind auch deshalb sehr unverläßlich, und der Messingdrat taugt für Blitzableiter nicht.

Die Sprödigkeit steht der Dehnbarkeit entgegen.

§. 65.

Rückblick.

Die besonderen Eigenschaften der Körper finden ihre Erklärung in der verschiedenen gegenseitigen Gruppierung der Atome und Moleküle, aus denen sie bestehen und in der verschiedenen Stärke der Zusammenhangskraft (Kohäsion) ihrer Theilchen.

Begriff der Kohäsion.

Die Kohäsion ist eine in der nächsten Nähe wirkende Kraft; denn zerreißt oder zerbricht man einen Körper, z. B. ein Stück Holz, einen Stein u. s. w. und fügt dessen Theile mit den Bruchflächen ganz genau aneinander, so werden dieselben ohne Beihilfe eines Klebmittels oder Kittes nicht zusammenhalten. Erst nachdem man die Körper an ihren Flächen recht genau angeschliffen und sofort ihre Theilchen sehr nahe aneinander gebracht hat, wird die beginnende Thätigkeit der Zusammenhangskraft bemerkbar. Die Erfahrung lehrt, daß eine bedeutende

Anstrengung nothwendig ist, um große eben abgeschliffene und übereinander gelegte Spiegel- oder Metallplatten (Fig. 38) auseinander zu bringen. Bleiplatten, die man gegeneinander preßt, haften vermöge der Kohäsion stark an einander. Weiche Körper, wie Butter, Wachs, Thon u. s. w., auch glühendes Eisen oder Platin kleben beim Schweißen mit Hilfe derselben Kraft vollständig zusammen.

Fig. 38.

Kohäsionsprobe.

Es gibt eine Reihe von Gewerben, welche die Kohäsion der Körper bekämpfen, um denselben eine gefälligere, widerstandsfähigere und zu ihrer Verwendung brauchbarere Form zu geben. Die Körper werden zu diesem Behufe entweder gespalten, geschnitten, zersägt oder gepocht, sie werden behauen, geschabt, gefeilt oder geschliffen.

Holz und Steine, besonders die Edelsteine, sind bloß nach gewissen Richtungen spaltbar. Erze werden gepocht. Metallgegenstände gefeilt und geschliffen.

Zweiter Abschnitt.

Die Gleichgewichts- und Bewegungserscheinungen fester Körper.

a. Von dem Schwerpunkte.

§. 60.

Begriff des Schwerpunktes.

Alles Körperliche wird von der Erde angezogen und fällt zu derselben nieder, sobald es nicht aufgehängt oder gehörig unterstützt ist.

Gerade so wie die Anziehungskraft der Schwere aus dem Mittelpunkte der Erde hervorzugehen scheint, weil alles Stoffliche nach dieser Richtung zur Erde fällt, ebenso läßt sich auch in jedem Körper außerhalb derselben, ein Punkt auffinden, in welchem die Schwere vorzüglich anzugreifen scheint. Dieser Punkt heißt der Schwerpunkt des Körpers und hat die Eigenschaft, sobald er unterstützt oder aufgehängt wird, den ganzen Körper vor dem Fallen zu sichern. Die nachstehenden Figuren 39—41

Fig. 39.   Fig. 40.   Fig. 41.

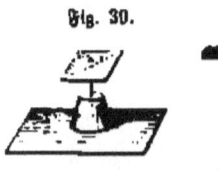
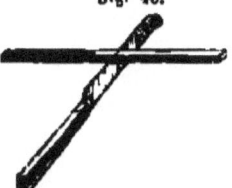

Aufgespießtes Kartenblatt.   Holzstab auf einer Messerschneide.   Aufgehängter Blechdeckel.

zeigen, daß ein Kartenblatt in Ruhe verbleiben wird, wenn man es in der Mitte (im Durchschnitte beider Diagonalen) auf eine Spitze setzt, ein Holzstab, wenn man denselben in seinem mittleren Querschnitte mittels einer Schneide unterstützt, endlich ein runder Blechdeckel, wenn man ihn an einen Faden oberhalb seines Mittelpunktes befestiget.

Flüssige und luftförmige Körper, deren kleinste Theilchen sehr leicht verschiebbar sind, müssen in allen ihren Theilen unterstützt, also in Gefäße gethan werden, um sie in Ruhe zu erhalten.

Die Lage des Schwerpunktes eines Körpers ist von der Materie unabhängig, mit welcher sein Raum erfüllt wird, wenn sie nur ganz gleichförmig in demselben vertheilt ist. Ein Körper, bei dem diese Bedingung eintrifft, heißt **gleichartig** oder **homogen**. Solche Körper vorausgesetzt, lassen sich über die Lage des Schwerpunktes die nachstehenden Sätze aufstellen.

Die Aufsuchung des Schwerpunktes.

Die Lage des Schwerpunktes etlicher einfachen Flächen und Körper von homogener Beschaffenheit.

Der Schwerpunkt einer **prismatischen** oder **walzenförmigen Stange** liegt im Mittelpunkte der Gestalt derselben, also in der Mitte ihres mittleren Querschnittes, nämlich in a Figur 42. Bringt man unter diesen Punkt eine Spitze,

Fig. 42.

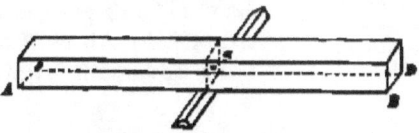

Schwerpunkt eines Prisma's.

Schneide oder legt durch dieselbe eine Achse, so wird der Körper in allen drei Fällen sich im Gleichgewichte befinden. Er wird ähnlich in der Ruhe verbleiben, als wenn derselbe auf der ganzen Fläche ABCD aufliegen würde.

Die Theilchen der links liegenden Hälfte werden nämlich von der Schwere nach links herabgezogen und sie sollten sich dem zufolge nach abwärts bewegen, weil sie aber mit den rechts liegenden Theilchen in fester Verbindung stehen, so müssen sie dabei diese heben, welche aber im ganzen ebenso schwer sind, als die strebend fallenden Theilchen der linken Hälfte der Stange. Die beiden Anregungen zur Bewegung werden sich demnach gegenseitig aufheben müssen; man sagt: sämmtliche Schwerkräfte der Stange halten sich bezüglich der Schneide oder Achse das Gleichgewicht.

Der Schwerpunkt einer Kugel liegt genau in ihrem Mittelpunkte. Jener der Piramide oder des Kegels in dem unteren Viertel der Simmetrielinie. Die letztere ist jene Gerade, um welche herum die Körpertheilchen ganz gleichmäßig vertheilt sind; also bei den zwei genannten Körpern ist es die Verbindungslinie der Spitze mit dem Mittelpunkte der Grundfläche.

Die Simmetrielinie eines Dreieckes ist die Gerade, welche von seiner Spitze nach dem Halbierungspunkte der gegenüberliegenden Seite geführt werden kann. Der Schwerpunkt des Dreieckes liegt in dem unteren Drittel dieser Simmetrielinie.

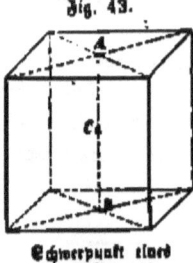

Fig. 43.

Schwerpunkt eines Parallelopipeds.

Der Schwerpunkt eines Parallelopipeds, z. B. einer Mauer, wird zufolge des von der Stange (Fig. 42) Auseinandergesetzten in der Hälfte der Simmetrielinie liegen, welche letztere die Mittellinie dieser Körperform sein wird. In dem in nebenstehender Fig. 43 gezeichneten Parallelopipede stellet AB die Mittellinie und C den Schwerpunkt desselben dar.

§. 67.

Die Lage des Schwerpunktes zusammengesetzter Körper von homogener Beschaffenheit.

Der Schwerpunkt zusammengesetzter Körper wird aus der Lage der Schwerpunkte der Theilkörper gefunden.

97

In der Figur 44 ist der Körper eines Vorschlaghammers gezeichnet. — Um dessen Schwerpunkt theoretisch zu bestimmen, müßte man folgende Schlüsse in Anwendung bringen: Der Hammer besteht aus einem parallelopipedischen und einem keilförmigen Körper. Der erstere hat seinen Schwerpunkt in der Hälfte der Symmetrielinie AB, also in C. Bei dem letzteren liegt der Schwerpunkt gleichfalls in der Mitte der Symmetrielinie EF, welche horizontal ist und durch die beiden Schwerpunkte der dreieckigen

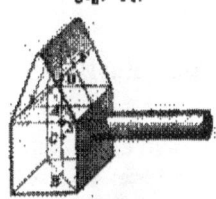

Fig. 44.

Vorschlaghammer.

Grundflächen geht, nämlich in D. Der Schwerpunkt des Hammers muß also höher liegen als der Punkt C und niedriger als D. Um die Lage desselben genau anzugeben, schließt man weiter wie folgt: würden die Gewichte der beiden Theilkörper des Hammers unter sich gleich sein, so müßte deren gemeinschaftlicher Schwerpunkt, und demnach auch der Schwerpunkt des Hammers im Halbirungspunkte der Linie CD liegen. Wäre aber das Gewicht des oberen Körpers halb so groß wie jenes des unteren, also der dritte Theil vom ganzen Hammerkörper, so würde auch die Hinaufrückung des Schwerpunktes über C um den dritten Theil von CD erfolgen. Unter dieser Voraussetzung wird demnach der Punkt S den Schwerpunkt des Hammers vorstellen; er kommt jedenfalls noch in den unteren Theil des Hammerkörpers zu liegen. Durch Anbringung des Stieles an demselben wird auch dieser Schwerpunkt, vom Punkte S, etwas gegen den Stiel verschoben.

§. 68.

Der Schwerpunkt ungleichartiger Körper.

In den meisten Fällen ist es gerathen den Schwerpunkt eines Körpers durch Versuche aufzufinden, weil die wenigsten Körper von homogener Beschaffenheit sind, und auch die bei der theoretischen Bestimmung vorausgesetzte mathematische Form nicht besitzen. Aus dieser Ursache wird bei vielen Körpern der Schwerpunkt außer ihrem Mittelpunkte oder außerhalb der geometrischen Symmetrielinie liegen können.

So wird z. B. eine kreisförmige Scheibe, welche in ihrem geometrischen Mittelpunkte mittels eines Hölzchens an einem Faden aufgehängt ist, in den seltensten Fällen sich alsogleich horizontal erhalten, was darauf hindeutet, daß der Schwerpunkt außerhalb des Mittelpunktes der Scheibe liegt. Dieselbe muß erst an den entsprechenden Stellen behobelt und gefeilt werden, wenn man die horizontale Einstellung der Scheibe herbeiführen will.

§. 69.

Das Auffinden des Schwerpunktes durch den Versuch.

Der Schwerpunkt eines Körpers wird am einfachsten entweder durch das Unterstützen mittels einer Schneide oder durch das Aufhängen an einer Schnur gefunden. Legt man nämlich den Körper, dessen Schwerpunkt man bestimmen will, über eine Schneide (Fig. 45) und verschiebt denselben auf dieser so lange bis er sich im Gleichgewichte erhält, so muß offenbar oberhalb der Schneide sein Schwerpunkt liegen, weil nur durch Unterstützung dieses Punktes der Körper in's Gleichgewicht kommt. Man zieht

Fig. 45.

Schwerpunkt einer Platte.

demnach in der Richtung der Schneide eine Linie (ab) über die Oberfläche des Körpers; nun bringt man denselben in eine Lage, welche auf der früheren beinahe senkrecht ist, über dieser Schneide und sucht ihn wieder zu equilibriren d. h. in's Gleichgewicht zu bringen. Ist dieß geschehen, so zieht man neuerdings eine Linie (cd) nach der Richtung der Schneide. In dem Durchschnittspunkte beider Linien liegt nun der auf die Oberfläche des Körpers bezogene Schwerpunkt (S) desselben. Hat der Körper eine gleiche Dicke, so liegt sein wirklicher Schwerpunkt vertikal unterhalb S, in der Mitte dieser Erstreckung.

In den Fällen, wo das Auflegen der Körper auf eine Schneide unthunlich ist, hängt man dieselben auf einen Faden (Fig. 46) und zieht nach der Richtung des sich vertikal eingestellten Fadens eine Linie (AB) auf der Oberfläche des Körpers. Thut man dasselbe bei einer anderen, von dieser beiläufig um 90 Grad abweichenden Aufhängung des Körpers, so gibt der Durchschnitt dieser zwei Geraden den auf die Oberfläche bezogenen Schwerpunkt (S) dieses Körpers an. Der wirkliche Schwerpunkt liegt im Innern des Körpers; und um die Lage desselben zu erhalten, müßten die zwei Geraden in das Innere des Körpers — im Gedanken — verlängert und dort zum Durchschnitte gebracht werden. Die Richtigkeit dieses Vorganges ist leicht einzusehen. Wird nämlich ein Körper in einem Punkte seiner Oberfläche an einem Faden aufgehängt, so kommt er nur in jener Lage in's Gleichgewicht oder in die Ruhe, bei welcher der Schwerpunkt, d. i. der Angriffspunkt der Schwerkraft, genau unter der Schnurrichtung liegt, indem nur damals die angeregte Widerstandskraft (Kohäsion) des Fadens, der Zugkraft der Schwere gerade entgegengesetzt ist, und beide Kräfte, weil sie auch gleich sind, sich das Gleichgewicht halten werden.

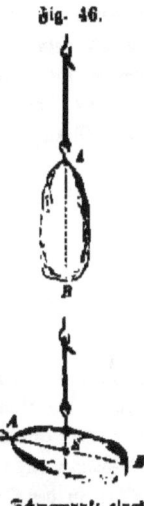

Fig. 46.

Schwerpunkt eines unregelmäßigen Körpers.

§. 70.
Die verschiedenen Gleichgewichtslagen unterstützter Körper.

Das stabile, labile, indifferente Gleichgewicht.

Wird der Schwerpunkt eines Körpers auf irgend welche Weise unterstützt, so ist damit das Gleichgewicht zwischen der Schwere und der Widerstandskraft des Unterstützungspunktes hergestellt. Dieses Gleichgewicht kann aber von verschiedener Beschaffenheit sein.

Nehme ich eine Scheibe, welche erhalten wird, wenn man etwa ein rundes, ½ Zoll dickes Plättchen von einem großen Korke wegschneidet, stecke einen Drahtstift oder eine Nadel durch dieselbe senkrecht auf ihre Fläche aber außerhalb ihres Mittelpunktes, und suche dieselbe auf ihrer krummen Fläche aufzustellen, so werde ich bemerken, daß dieß nicht in jedem ihrer Punkte thunlich sein wird. Die gewünschte Gleichgewichtslage wird nämlich nur dann eintreten, wenn der Nagel sich genau vertikal über dem Unterstützungspunkte befindet, wie dieß die Fig. 47 a zeigt. Versetze ich die Scheibe in die Lage b, so wird sie in

Fig. 47.

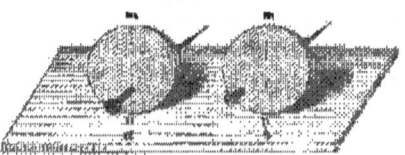

Stabile Gleichgewichtslage.

derselben sich nicht erhalten; der Stift bringt nämlich durch seine Schwere die Scheibe in Bewegung und die letztere wird sich erst nach mehrmaligem Schwanken um die Linie m n neuerdings in's Gleichgewicht einstellen, wobei der Schwerpunkt der Scheibe, welcher in den Stift hineinfällt, die früher angegebene Stellung a bezüglich des Unterstützungspunktes n einnehmen wird.

Der Grund dieser Erscheinung ist leicht einzusehen. In der zweiten Lage der Scheibe nämlich liegt ihr Schwerpunkt höher, als in der ersten. Derselbe fällt demnach in die frühere, tiefere Lage zurück. In dieser Gleichgewichtslage nimmt der Schwerpunkt seine tiefste Stellung ein.

Das Hin- und Herschwanken der Scheibe um die Gleichgewichtslage geschieht wegen der Trägheit derselben. Die beim Herabgehen des Schwerpunktes erworbene Geschwindigkeit nämlich macht ein plötzliches Anhalten der Scheibe über dem Punkte n unmöglich, und bewirkt ein Weiterrollen derselben, so daß der Stift der Scheibe auf der anderen Seite in die Höhe steigt. Diese Hebung dauert nur kurze Zeit, weil die vorhandene Geschwindigkeit des Stiftes wieder bald durch die Schwere aufgezehrt wird; sie geht demnach in ein Zurückneigen der Scheibe über. Dieses Hin- und Herschwanken derselben, welches man schwingen heißt, würde vermöge der Trägheit ohne Ende anhalten, wenn nicht die Reibung und der Luftwiderstand demselben ein Ziel setzen würden. Diesem zufolge wird die Scheibe bei jeder Verschiebung aus ihrer Gleichgewichtslage nach etlichen Schwingungen in dieselbe zurückgelangen.

Diese Gleichgewichtslage der Scheibe heißt demnach die sichere oder stabile, das Gleichgewicht des Körpers ein sicheres oder stabiles.

Denken wir uns jetzt die Scheibe so aufgestellt, daß der Stift oberhalb des Mittelpunktes und vertikal über dem Unterstützungspunkte der Scheibe (Fig. 48 n) liege, so wird auch in dieser Lage das Gleichgewicht zwischen der Schwerkraft und der Widerstandskraft des Unter

Fig. 48.

Labile Gleichgewichtslage.

stützungspunktes stattfinden können. Ein behutsames Aufstellen wird auch wirklich die Scheibe in der bezeichneten Stellung in die Ruhe bringen, in welcher Lage deren Schwerpunkt offenbar den höchst möglichen Punkt einnimmt. Stört man jetzt dieses Gleichgewicht durch sanftes Anstoßen gegen die Scheibe, so erfolgt nicht das mindeste Bestreben von Seite der Scheibe sich in dieser Gleichgewichtslage zu erhalten, sondern es findet ein vollständiger Rückgang in die zuerst besprochene Gleichgewichtslage s statt. Die geringste Kraft bringt also die Scheibe aus dieser zweiten Gleichgewichtslage und führt sie zurück in die erste, d. h. in die stabile Lage.

Diese zweite Lage der Scheibe heißt demnach auch die unsichere oder labile Gleichgewichtslage; das Gleichgewicht, welches sie in dieser Stellung behauptet, wird auch das unsichere oder labile Gleichgewicht genannt.

Ein Körper befindet sich demnach in sicherem oder unsicherem Gleichgewichte, je nachdem bei Verrückung desselben aus seiner Gleichgewichtslage derselbe wieder in diese zurückkehrt oder nicht.

Bei den eckigen Körpern geschieht diese Verrückung durch Drehung um ihre Kante.

Das sichere Gleichgewicht findet bei einem Körper also auch dann statt, wenn mit der beschriebenen Verrückung sein Schwerpunkt gehoben, das unsichere dagegen, wenn bei der geringsten Verrückung desselben aus der Gleichgewichtsstellung sein Schwerpunkt gesenkt wird.

Außer den angeführten zwei Gleichgewichtslagen der Körper gibt es noch eine dritte, nämlich jene, bei welcher der Schwerpunkt während der eingetretenen Bewegung stets dieselbe Höhe beibehält. Man heißt sie die **indifferente oder gleichgiltige**. Das Gleichgewicht eines so beschaffenen Körpers wird ein indifferentes genannt. Der Körper bleibt nämlich in allen seinen Stellungen im Gleichgewichte.

Die erwähnte Korkscheibe mit durch ihren Mittelpunkt gestecktem Stifte würde ein solches Gleichgewicht vorstellen. In ähnlichem Gleichgewichte befindet sich auch ein runder Bleistift, überhaupt jeder Zilinder, jede Kugel.

Ein auf die Spitze gestelltes Ei — diese Aufstellung ist nicht schwierig — befindet sich im labilen, ein niedergelegtes dagegen im stabilen Gleichgewichte.

Anwendung der vorstehenden Lehren.

Es versteht sich von selbst, daß man die Körper bei ihrer Aufstellung stets in die **stabile Gleichgewichtslage** versetzen wird.

Die Räder müssen mit ihren Achsen immer so verbunden werden, daß der Schwerpunkt des Rades in die Mittellinie seiner Achse hineinfällt; sie müssen demnach bezüglich der Achse vollkommen simmetrisch gebaut sein. Ein richtig konstruiertes Rad soll, wenn man es auf seine Achse aufstellt, in allen Stellungen, in die man es beim Drehen um dieselbe bringen kann, im Gleichgewichte verbleiben.

Jedes Wasserrad, jeder Schleifstein, ja jede Rolle wird mit Beachtung dieser Vorsicht auf ihre Achse aufgeteilt, weil damit eine größere Festigkeit der Räder, eine gleichförmigere Bewegung derselben und ein besseres Aufliegen der Achsen in ihren Lagern erreicht wird.

Was aber bei den Rädern Bedingung ist, würde bei der Konstruktion der Balken einer Wage gefehlt sein. Die Achse des Waghalters darf nämlich nicht durch dessen Schwerpunkt gehen. Sie muß etwas über demselben angebracht sein; denn nur dann wird der Waghalter in unbelastetem Zustande der Wage sich horizontal einstellen und in dieser Lage stabil bleiben.

§. 71.
Die Gleichgewichtslage und die Schwingung hängender Körper.

Hängende Körper befinden sich stets im stabilen Gleichgewichte. Werden dieselben auf irgend eine Weise aus ihrer sicheren Gleichgewichtslage gebracht, so schwingen sie vermöge der Trägheit um diese eben so, wie wir dieß im vorigen Paragrafe bei der runden Scheibe bemerkten, und kommen erst in dieser Lage zur Ruhe.

Die stabile Gleichgewichtslage hängender Körper wird in jener Stellung derselben eintreten, bei welcher der Schwerpunkt des aufgehängten Körpers sich vertikal unter dem Aufhängepunkte, also genau in der Verlängerung des gespannten Fadens befindet. Die nebenstehende Figur 49 zeigt eine Kugel, die an einem Faden aufgehängt ist, in ihrer Gleichgewichtslage Ca und in den beiden aus dieser verschobenen Stellungen Cb und Cd.

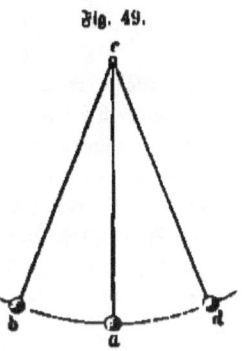

Fig. 49.

Schwingung hängender Körper.

Die Schwingungen würden auch hier bis in's Endlose anhalten, wenn nicht der Luftwiderstand die bewegende Kraft des aufgehängten Körpers — die Schwerkraft nämlich — verringern würde. (Vergl. mit §. 112.)

Beim Versetzen der Quadersteine ist die Ausmittlung des Schwerpunktes derselben von großer Wichtigkeit. Soll nämlich ein Stein, der mittels einer Vorrichtung hoch aufgezogen wurde, ohne Veränderung seiner Lage senkrecht auf sein Lager herabgelassen werden, so wird die Befestigung des Lastseiles an einer solchen Stelle des Steines geschehen müssen, bei welcher die Verlängerung des gespannten Seiles durch den Schwerpunkt des Körpers geht, wenn der Stein in derjenigen Lage gedacht

Fig. 50.

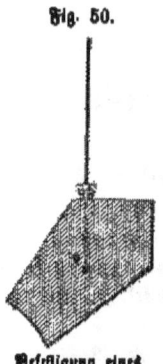

Befestigung eines
Gewölbsteines.

wird, welche derselbe, nachdem er versetzt ist, in der Konstruktion einzunehmen hat. Die nebenstehende Figur 50 stellt die Befestigungsweise eines Gewölbsteines dar, dessen Schwerpunkt S ist.

§. 72.

Die Standfestigkeit der Körper.

Die Schwerlinie.

Ein Körper bleibt auf seiner Unterlage fest stehen, sobald die Vertikale, welche vom Schwerpunkte auf die unterstützende Fläche errichtet wird und welche die **Schwerlinie** heißt, innerhalb seiner Grundfläche fällt. Gerade Parallelopipede, Prismen, Zilinder stehen auf ihren Basen vollständig und demnach fest auf. Bei ihnen ist nicht bloß die Schwerlinie, sondern jede von den einzelnen Körpertheilchen vertikal abwärts gefällte Linie durch die Grundfläche unterstützt, wie dieß aus der nachstehenden Figur 51 zu ersehen ist. — Hier und bei den späteren Abbildungen zeigt der Pfeil die Richtung der Schwerlinie an.

Standfestigkeit der Körper.

Anders verhält es sich bei einem schiefen Prisma. Betrachtet die Fig. 52 wo die vordere Fläche eines schiefen Prisma gezeichnet ist, so werdet ihr bemerken, daß bloß der Theil ABEC über der Grundfläche AC aufsteht und von dieser unterstützt wird. Der Theil EDC liegt dagegen außerhalb dieser

Fläche und würde auf das Umwerfen des ganzen Körpers hinwirken, also die Standfestigkeit der Körper vermindern. Je größer der über die Basis hinausragende Theil des Körpers ist, desto geringer wird dessen Standfestigkeit oder Stabilität sein. Ist der Theil, welcher über diese Basis hinausfällt ebenso schwer wie jener, der durch dieselbe unterstützt wird, so fällt die Schwerlinie, wie dieß die Fig. 53 zeigt, in die Kante des Prisma. Dasselbe wird in dieser Stellung zwar noch von der Unterlage getragen, aber die geringste nach auswärts wirkende Kraft müßte das Prisma umwerfen. In einer solchen unsicheren Lage befindet sich auch der in der nebenstehenden Figur 54 gezeichnete Tisch.

Fig. 53.

Geringe Standfestigkeit des Körpers.

Fig. 54.

Labile Gleichgewichtslage.

Versuchte man endlich noch ein schieferes Prisma auf seine Basis (Grundfläche) aufzustellen, so würde dasselbe in dieser Lage sich nicht erhalten können, weil seine größere, nicht unterstützte Hälfte nach abwärts ziehend das Übergewicht erhielte. Die Schwerlinie fiele jetzt außerhalb dessen Basis, das Prisma selbst auf diejenige Seite, auf welcher der freie, nicht unterstützte Schwerpunkt liegt.

Wir erfahren demnach aus dieser Betrachtung, daß sobald die Schwerlinie außerhalb der Unterstützungsfläche (Basis) eines Körpers fällt, derselbe sich über dieser Fläche ohne eine andere äußere Unterstützung nicht erhalten wird, daß derselbe also umfallen muß.

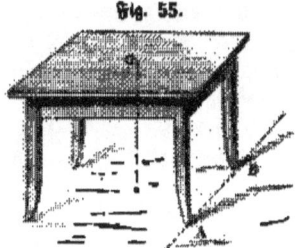

Fig. 55.

Stabile Gleichgewichtslage.

Der Tisch (Fig. 55), der Kasten u. s. w. stehen fest, weil ihre Schwerlinie innerhalb der von den Füßen begränzten Grundfläche fällt. Der Mensch muß beim Gehen seinen Schwerpunkt, welcher in der Gegend des Magens liegt, bald über den einen, bald über den anderen Fuß bringen. Aus diesem Grunde erklärt sich das Wackeln des Körpers beim Gehen, was bei den beleibten Personen besonders auffällt. Aus derselben Ursache bückt sich der lastträger nach vorwärts, wenn er am Rücken eine Last trägt. Wer eine Last in der linken Hand hält, streckt auch deshalb unwillkürlich seinen rechten Arm aus und neigt sich nach rechts, ebenso wird jeder, der nach einer Seite hinzufallen in Gefahr ist, dieses dadurch zu verhüten suchen, daß er seine Arme nach der entgegengesetzten Seite versetzt. Die Kunst des Balanzierens besteht in der Fertigkeit, den Schwerpunkt des zu balanzierenden Körpers jeden Augenblick über der schmalen Basis desselben zu erhalten. In den nachstehenden Figuren 56 A—H sind verschiedene der besprochenen Fälle verzeichnet, und die Richtungen der Schwerlinien angegeben. Die unter H gezeichnete Statue müßte auch so befestigt werden, daß ihr Schwerpunkt durch deren Zehen geht.

Fig. 56.

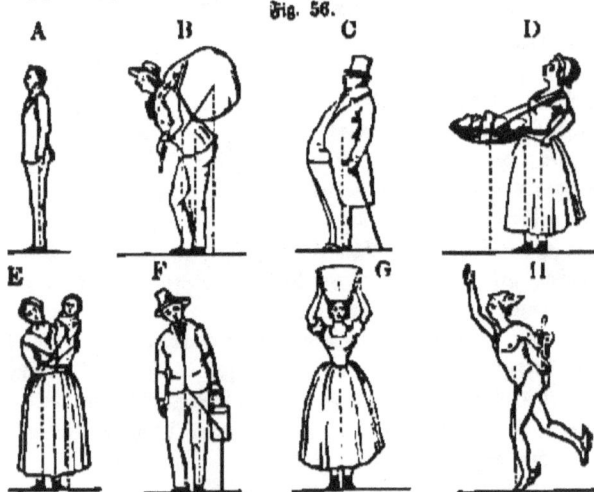

Die Richtung der Schwerlinien bei menschlichen Figuren.

§. 73.

Das Drehen der Körper um ihre Kanten.

Weitere Erläuterungen über deren Standfestigkeit.

Ein Körper bleibt bekanntlich bloß deshalb auf seiner Unterlage ruhig liegen, weil die Schwere desselben durch die Widerstandsfähigkeit der Unterlage im Gleichgewichte erhalten wird. Daß aber die Schwere trotz des Verharrens des Körpers in der Ruhe doch fortwährend thätig ist, erfährt man sogleich an dem Widerstande, wenn man denselben von seinem Platze wegrücken will.

Verschiebt man den Körper einfach über der Unterlage ohne dabei seinen Schwerpunkt zu heben, so braucht nicht das Gewicht desselben, sondern bloß die Reibung, welche zwischen der Basis des Körpers und der Unterlage besteht und die von der Rauhigkeit beider Flächen sowohl als von dem Gewichte des zu verschiebenden Körpers abhängig ist, überwunden zu werden.

Bezweckt man aber den Körper um seine Kanten zu drehen, so tritt die Thätigkeit der Schwere bemerkbarer auf. Der Schwerpunkt beschreibt dabei einen Bogen um die Drehungskante, er muß also gehoben werden. Es ergibt sich daraus, daß während des Anstrebens, einen Körper um seine Kante umzuwerfen, ein Theil seines Gewichtes gehoben werden muß. Der andere Theil wird durch die Festigkeit der Unterlage getragen.

Wir wollen nun sehen, von welchen Bedingungen die Standfestigkeit der Körper abhängt, wenn äußere Kräfte dieselben um eine ihrer Kanten zu drehen, also umzuwerfen streben.

1. Die Schwierigkeit des Umwerfens wird selbstverständlich von dem Gewichte der Körper abhängig sein.

Jedermann sieht nämlich sogleich ein, daß von zwei gleich großen Kisten, der hölzerne Kasten leichter als der eiserne umgeworfen werden kann.

Je größer das Gewicht eines Körpers ist, um so größer wird seine Standfestigkeit, bei sonst gleichen Nebenumständen sein.

2. Der Widerstand gegen das Umwerfen wird ferner um
so größer werden, je weiter die Schwerlinie von der Drehungskante entfernt ist.

Jeder, welcher in der Lage gewesen ist, Lasten von der Stelle zu
bewegen, wird die Erfahrung gemacht haben, daß beim Umwerfen um eine
Kante, anfangs die größte Kraft angewendet werden muß, daß die Anstrengung
um so geringer wird, je mehr sich die Schwerlinie der Drehungskante nähert.
Hat man den Körper so weit herübergedreht, daß die Schwerlinie durch dessen
Kante geht, so wird seine ganze Schwere durch die Unterlage aufgehoben und
man würde in dieser Stellung den Kasten ohne Anwendung von Kraft erhalten
können, wenn nicht vermöge der Trägheit ein sofogleiches Hinausbewegen des
Schwerpunktes aus dieser labilen Gleichgewichtslage und demnach ein Umschlagen
des Körpers in die neue sichere Lage erfolgen möchte.

Je weiter also die Schwerlinie des Körpers
von seiner Drehungskante entfernt ist, desto
schwieriger wird das Umwerfen des Körpers um
diese erfolgen können, wenn sonst die übrigen
Verhältnisse dieselben bleiben.

3. Die höhere oder niedrigere Lage des Schwerpunktes hat
auf die Stabilität der Körper ebenfalls einen Einfluß.

Je niedriger nämlich der Schwerpunkt eines Körpers liegt, um so höher
muß derselbe gehoben werden bis die vollständige Drehung eines Körpers um
seine Kante erfolgt.

Man kann demnach auch sagen: die Standfestigkeit
der Körper ist, unter sonst gleichen Nebenumständen, um so größer, je tiefer der Schwerpunkt derselben liegt.

4. Die Schwierigkeit einen Körper umzuwerfen wird endlich
auch abhängen von der Höhe, in welcher die äußere Kraft einen
Gegenstand angreift, wenn sie ihn um seine Kante drehen will.

Je höher nämlich die Kraft einen Gegenstand
angreift, desto leichter bewirkt sie das Umwerfen
desselben.

In dem Maße als die Kraft den Körper, z. B. einen Kasten oder
Ballen höher anfaßt, wird auch der Weg, über welchen sie die Arbeit des
Schwerpunkthebens verrichtet, größer; was zur Folge hat, daß der Widerstand
in jedem Punkte dieses Weges geringer ausfällt, weil die nämliche Arbeit
sich auf einen größeren Weg vertheilen wird. Hierbei ist es gerade so, wie
beim Heben einer Last, z. B. seines eigenen Körpers über einen stark

ansteigenden, kürzeren oder über einen schwach ansteigenden, aber in dem Verhältnisse längeren Weg, wobei das erstere selbstverständlich beschwerlicher sein wird, wie das letztere.

Fig. 57. Fig. 58.

Verhältnisse des Umwerfens.

Die Figur 57 zeigt die günstigen, die Figur 58 dagegen die ungünstigen Verhältnisse des Umwerfens.

§. 74.

Zusammenfassung des Vorhergehenden über die Standfestigkeit.

Die Eigenschaft der Körper, dem Umwerfen um eine ihrer Kanten, welches durch äußere Kräfte angestrebt wird, vermöge ihrer Schwere zu widerstehen, heißt die **Standfestigkeit** oder **Stabilität** der Körper.

Die Standfestigkeit eines Körpers wird, zufolge des Auseinandergesetzten, um so bedeutender: 1. je größer das Gewicht des Körpers ist, 2. je tiefer dessen Schwerpunkt liegt, 3. je weiter derselbe von der drehenden Kante entfernt ist, und 4. je niedriger über der Basis des Körpers die, das Umwerfen anstrebende, äußere Kraft angreift.

Der ersten Bedingung gemäß wird ein Wagen, welcher mit Heu, Wolle, Hohlglas oder anderen leichten Materialien beladen ist, leichter dem Umwerfen ausgesetzt sein, als wenn derselbe in gleicher Höhe mit Steinen, Metallen oder ähnlichen Körpern von großer Dichte bepackt wäre. Aus demselben Grunde werden Säulen oder Postamente bei gleichen Dimensionen, wenn sie von Holz sind, leichter umgeworfen, als jene von Stein oder Metall. Aus derselben Ursache wird auch ein gefülltes Glas schwerer umgestoßen, als ein leeres.

Aus der zweiten Bedingung folgt, warum man beim Beladen der Wagen den schwersten Gegenständen die tiefste Stelle anweiset, weshalb man den Ballast der Schiffe in deren untersten Raum anbringt, warum man die Füße oder das Gestell von hohen Gegenständen, die sonst leicht umgeworfen werden könnten, mit Blei ausgießt, oder von Eisen macht; ferner warum hochgewachsene

Menschen leichter umfallen, weshalb das Stehaufmännchen (Fig. 59), sich stets wieder aufrichtet, wenn man es schief anstellen will, und warum die in Fig. 60 gezeichnete Balanzierfigur auf der feinen Spitze im stabilen Gleichgewichte verharrt.

Fig. 59.   Fig. 60.

Die dritte Bedingung macht klar, weshalb Säulen, Kandelaber, Möbel u. s. w. mit breiter Grundfläche oder nach außen geschweiften Füßen, Mauern mit Strebepfeilern, Menschen mit auseinandergehaltenen Füßen weniger leicht umgeworfen werden, endlich warum pyramidale Körper viel fester stehen als die prismatischen. Die ägyptischen Pyramiden haben es nur ihrer Form zu verdanken, daß sie, trotz so vielen Jahrtausenden, die an ihnen vorübergiengen, noch immer mit ihrer riesigen Gestalt unsere Bewunderung in Anspruch nehmen. — Bei den Roll- und Schiffslampen (Fig. 61 und 62) macht die Beweglichkeit der Achsen oder der Ringe, an welcher die Lampen aufgehängt sind, möglich, daß die ersteren beim Rollen, die letzteren während der Schwankungen des Schiffes stets dieselbe lothrechte Lage beibehalten.

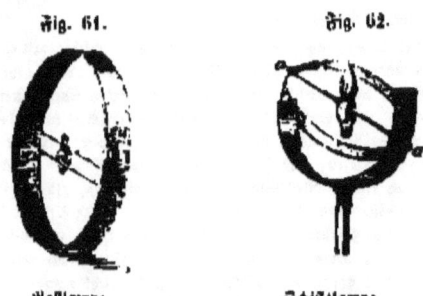

Fig. 61.   Fig. 62.

Rolllampe.   Schifflampe.

§. 75.
Das Gravitazionsgesetz.

*Wenn wir schließlich fragen, wie es kommt, daß die Erde sämmtliche Körper niederzieht, so wissen wir darauf nichts anderes zu entgegnen, als die Worte des großen Naturforschers Newton (sprich Niut'n), welcher vor zweihundert Jahren lebte, und der diese Erscheinung damit zuerst erklärte, nämlich:

„Jedes Theilchen der Erde ziehe jedes einzelne Theilchen der außerhalb ihr liegenden Körper an, und umgekehrt, jedes Theilchen der außer ihr befindlichen Körper ziehe jedes einzelne Theilchen des Erdkörpers an."

Dieses Gesetz beschränkt sich nicht bloß auf die Wirkung der Anziehung zwischen dem Erdkörper und den irdischen Massen, sondern es läßt sich auch auf beliebige zwei Massen auf der Erdoberfläche oder im Weltraume ausdehnen.

Das wirkliche Bestehen der gegenseitigen Anziehung der Massen wurde durch genaue Versuche außer Zweifel gesetzt, und diese Anziehung bildet ein Grundgesetz der Natur, welches das Gravitazionsgesetz genannt wird.

Vermöge dieses Gesetzes fallen die Massen, welche sich anziehen, gegeneinander. Bei der Anziehung von zwei Massen, die eine sehr verschiedene Größe besitzen, wie dieß z. B. zwischen einem irdischen Körper und der Erde der Fall ist, kann dieses Gegeneinandereilen als ein bloßes Niederfallen des ersteren gegen die letztere angesehen werden, weil wegen der Größe des Erdkörpers die Verschiebung desselben, in Folge der gegenseitigen Anziehung beider Massen, ungemein klein sein wird.

Das Niederfallen der Körper nach der Erdoberfläche geschieht deshalb bloß nur in Folge der gegenseitigen Anziehung der Theilchen des verhältnismäßig kleinen, fallenden Körpers und des ganzen Erdkörpers, gegen welchen, wegen seiner bedeutenden Größe, das Fallen allein stattfindet.

In dem allumfassenden Gravitazionsgesetze sehen wir wieder die bewunderungswürdige Ebenmäßigkeit in den Schöpfungswerfen des Herrn abgespiegelt. — Kein Haar kann ohne den Willen des Allerhöchsten von unserem Haupte fallen; denn jeder Körper fällt nach demselben Gesetze der Gravitazion, nach welchem die Sisteme, aller Welten bewegt und in Ordnung, gehalten werden!

b. Von der Zusammensetzung und Zerlegung der Bewegungen und Kräfte.

1. Die Zusammensetzung der Bewegungen.

Die krummlinige Bewegung.

§. 76.

Andeutungen über die Zentralbewegung.

* Nach dem nämlichen Gesetze, nach welchem ein Stein zur Erde fällt, würde auch der Mond zur Erde, diese und alle übrigen Planeten mit ihren Monden zur Sonne fallen, wenn nicht an allem Anfang den in Bewegung begriffenen Weltkörpern von dem Allmächtigen außer der Eigenschaft der gegenseitigen Anziehung auch noch ein seitlicher Stoß, senkrecht auf die Anziehungsrichtung ertheilt worden wäre. In Folge dieses Stoßes (Tangentialkraft genannt) wurde die geradlinige, fallende Bewegung des Planeten in eine krummlinige umgewandelt, zufolge welcher der fallende Körper um den auf ihn anziehend wirkenden Zentralkörper (die Sonne) in einer krummen Linie, die Gesetze der Zentralbewegung befolgend, herumkreiset. Dieser Umlauf der Himmelskörper um ihren Zentralkörper geschieht seit undenklichen Zeiten und kann selbst in's Unendliche fortdauern, weil in dem luftleeren Weltraume kein einziger Bewegungswiderstand sich befindet, welcher auf den einmal eingeschlagenen Lauf der Weltkörper störend einwirken könnte. Die hier auftretenden Einflüsse sind gegenseitig, welche sich im Verlaufe eines bestimmten Zeitraumes wieder ausgleichen.

Jeder Planet bewegt sich um die Sonne (den Zentralkörper) in einer Ellipse, welche vom Kreise wenig abweicht. Die Erde braucht zu einem Umlauf um die Sonne etwas über 365¼ Tage. Auf dieser Bahn bewegt sich dieselbe sehr schnell — im Winter schneller als im Sommer — indem sie durchschnittlich 4 Meilen in der Sekunde zurücklegt, so daß sie jeden Augenblick in einem anderen Punkte des Weltalls sich befindet.

Auch die Kometen bewegen sich um die Sonne. Einige unter ihnen beschreiben derartig gestreckte Ellipsen, daß sie einige tausend Jahre zu einem Umlauf um die Sonne brauchen.

§. 77.
Der wagrechte Wurf.

Bei Gelegenheit der kurz vorher angestellten Betrachtungen ist uns zum erstenmal der Fall vorgekommen, wo zwei Kräfte — anstatt wie bisher einander entgegen — unter einem rechten Winkel auf einen Körper wirken. Ich habe dabei erwähnt, daß wenn sich dem Beweglichen außer der Schwerkraft (Gravitazion) noch die Stoßkraft beigesellt, dieses eine krummlinige Bewegung (Zentralbewegung) einschlagen muß. Wir wollen uns jetzt umsehen, ob nicht auch ähnliche Bewegungen in unserer nächsten Umgebung nachweisbar sind?

Betrachten wir das herausfließende Wasser eines Röhrenbrunnens, so wird uns gewiß alsogleich die krumme Bahn, auf welcher der Wasserstral zur Erde sinkt, auffallen. Forschen wir nach der Ursache dieser krummlinigen Bewegung, so erfahren wir, daß in dem vorliegenden Falle sich die Geschwindigkeit des wagrecht heraustretenden Wassers mit jener der Schwere verbindet. Die Richtungen beider Geschwindigkeiten stehen auch hier aufeinander senkrecht. Vermöge der Trägheit sollte nämlich jedes einzelne Wassertheilchen mit der aus der Röhre tretenden, horizontalen Geschwindigkeit sich gleichförmig weiter bewegen, also in gleichen Zeiten gleiche Wege, u. z. in wagrechter Richtung zurücklegen. Zufolge der Schwere dagegen müßte ein jedes solche Theilchen sich gleichförmig beschleunigt, gerade nach abwärts bewegen. Nachdem nun die Flüssigkeitstheilchen beiden Anregungen zur Bewegung nachkommen, beschreiben sie insgesammt die bekannte krumme Bahn, welche die Form einer **Parabel** hat. Die Figur 63 zeigt die Entstehung dieser krummlinigen Bewegung.

114

Fig. 63.

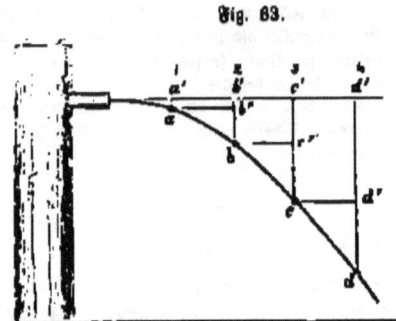

Entstehung der krummlinigen Bewegung.

Die Wassertheilchen würden vermöge der Trägheit in der . . . . 1., 2., 3., 4. Sekunde u. s. w. nach . . . . a' b' c' d' fortgeschritten sein. Vermöge der Schwerkraft sänken sie sich in den aufeinanderfolgenden Augenblicken nach . . . a b c d u. s. w. Die stetige Verbindungslinie dieser Punkte giebt demnach die Gestalt der krummen Linie an. Dabei muß zufolge §. 47 . . . b'b = 3mal, c'c = 5mal, d'd = 7mal so groß wie a'a gezeichnet werden.

Fig. 64.

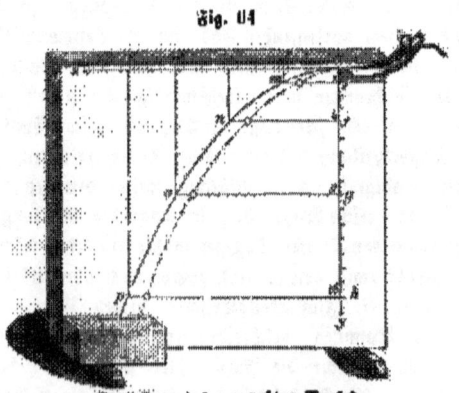

Darstellung des wagrechten Wurfes.

115

In der Figur 64 ist ein Apparat gezeichnet, mit dem man den wagrechten Wurf deutlich vor Augen führen kann. Auch hier würde die Kugel, wenn die Schwere nicht bestände, sich vermöge der Trägheit aus der Rinne wagrecht hinausbewegen.

Wegen des Luftwiderstandes bleibt die Kugel gegen die Parabel etwas zurück.

Der schiefe Wurf.

* Jede entweder **horizontal** oder **schief** gegen den **Horizont** abgefeuerte **Kugel** beschreibt ebenfalls eine **krummlinige Bahn.** — Die Figur 65 stellt den schiefen Wurf dar. —

Fig. 65.

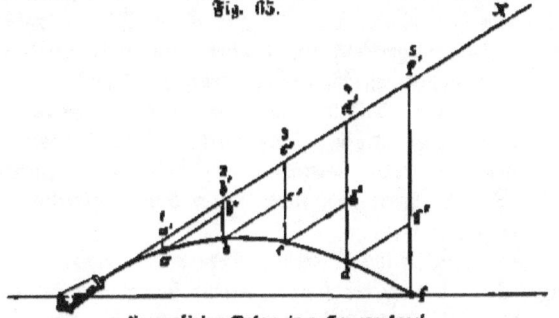

Krummlinige Bahn einer Kanonenkugel.

Zufolge der Trägheit müßte nämlich die Kugel mit der im Geschosse erworbenen Geschwindigkeit, nach der Richtung Cx des Geschosses gleichförmig, u. z. in der 1., 2., 3., 4., 5. Sekunde nach . . . . a' b' c' d' f' eilen. In Folge der Schwerkraft wird sie aber in den angegebenen Augenblicken vertikal nach . . . . a b c d f herabgezogen. Hat man nun auch hier $b \cdot b = 3a'a$; $c \cdot c = 5a'a$; $d \cdot d = 7a'a$; $f \cdot f = 9a'a$ u. s. w. aufgetragen, so stellt die stetige Verbindungslinie abcdf die krumme Bahn der Kugel vor. In dem eben besprochenen Falle wirken die beiden Kräfte, die Stoßkraft des Pulvers und die Schwerkraft der Kugel, in gegeneinander schiefen Richtungen auf das Bewegliche.

8 *

Ein Schütze bemerkt das Sinken der Körper während ihrer Wurfbewegung an einer Gewehrkugel deutlich. Er weiß, daß für verschiedene Schußweiten das Absehen am Gewehrlaufe entsprechend eingestellt werden muß. Beim Bolzenschießen fällt dieser Umstand am deutlichsten auf.

§. 78.
Die geradlinige Bewegung als Mittelbewegung zweier anderen.

Das Bewegungs- und Kräftenparallelogramm.

Wird jedesmal, wenn zwei Kräfte auf einen Körper unter einem Winkel wirken, die dadurch veranlaßte Bewegung desselben eine krummlinige sein, oder gibt es auch Fälle, in welchen aus der Zusammenwirkung zweier unter einem Winkel gerichteten Kräfte eine geradlinige Bewegung hervorgehen kann?

Ich behaupte, daß in allen Fällen, in welchen die auf den Körper wirkenden Kräfte gleicher Art, also beide entweder momentane oder beide fortwährend auf gleiche Weise wirkende Kräfte sind, die Bewegung, welche sie dem Körper ertheilen, eine geradlinige sein muß.

Zur Rechtfertigung meiner Behauptung zeichne ich die Figur 66. M wäre der Körper, welcher sowohl nach der Richtung Mx, als auch nach jener My durch zwei momentane, d. h. bloß einen Augenblick wirkende Kräfte zur Bewegung angeregt wird.

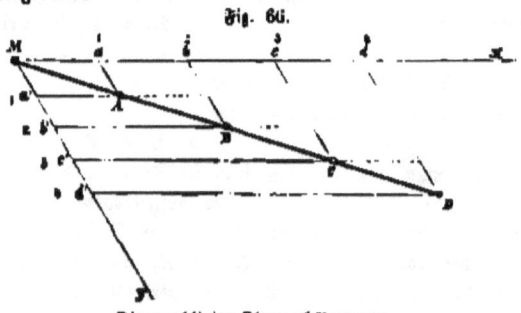

Fig. 66.

Die geradlinige Diagonal-Bewegung.

117

Zufolge der ersten Kraft käme das Bewegliche M in der . . . . 1., 2., 3., 4. Sekunde nach . . . . a b c d gleiche Wege beschreibend. Unter dem alleinigen Einflusse der zweiten Kraft würde es in den oben angenommenen Augenblicken nach a' b' c' d' gelangen, wobei die Wege ebenfalls gleich wären

Der Körper kann nun unmöglich zu gleicher Zeit die beiden Richtungen einschlagen. Es werden sich demnach diese zwei Bewegungen, nach dem Grundgesetze der Mechanik, auf das Bewegliche in der Weise übertragen, daß das letztere beiden Bewegungsrichtungen genügt; welcher Bedingung das Bewegliche nur dann entsprechen wird, wenn es jeden Augenblick im Verhältnis des zu beschreibenden Weges Ma parallel zu Mx, und in jenem des Weges Ma' parallel zu My fortschreitet. Der Erfolg des Einhaltens der beiden gleichzeitigen Verschiebungen wird offenbar jener sein, daß der Körper M sich in der Richtung MA geradlinig bewegen, und zu Ende der 1., 2., 3., 4. Sekunde sich in den Punkten . . . . A B C D einfinden wird.

Die Stellungen des Beweglichen in den angegebenen Zeitabschnitten werden durch Konstruktion leicht gefunden, wenn man von a, b, c, d... die Parallelen zu My, von a', b', c', d'... jene zu Mx zieht und die Durchschnittspunkte dieser Paare von Gleichlaufenden sucht.

Bedenkt man ferner, daß die kontinuierlich (beständig) wirkenden Kräfte als Stoßkräfte angesehen werden können, welche jeden Augenblick thätig sind, so gelangt man zur Einsicht, daß auch beständige Kräfte, wenn sie auf ein Bewegliches wirken, eine geradlinige Bewegung zustande bringen können. Die im vorhergehenden Paragrafe beschriebene krummlinige Bewegung ging durch das Zusammenwirken einer momentanen und einer konstanten, d. h. beständig auf gleiche Weise wirkenden Kraft hervor. Es waren dem zufolge dabei zwei ungleichartige Kräfte thätig.

Die vorhergehende Auseinandersetzung beweist demnach hinreichend, daß eine zusammengesetzte geradlinige Bewegung stets zum Vorschein kommen müße, wenn das Bewegliche nach zwei einen Winkel einschließenden Richtungen so zur Bewegung angeregt wird, daß dasselbe zufolge dieser Anregungen, nach beiden Richtungen zugleich entweder eine gleichförmige oder eine gleichförmig beschleunigte Bewegung annehmen sollte.

§. 79.
Das Bewegungsparallelogramm.

Der unter dem Einflusse zweier solchen, einen Winkel einschließenden Kräfte stehende Körper folgt den vereinten Wirkungen beider. Er bewegt sich nämlich nach der Richtung der Diagonale des Parallelogrammes, welches über die entsprechenden, in gleich großen Zeiten zurückgelegten Wege des Beweglichen, dieses den beiden Kräften einzeln folgend gedacht, verzeichnet werden kann. Man nennt dieses Parallelogramm das Bewegungsparallelogramm.

Fig. 67.

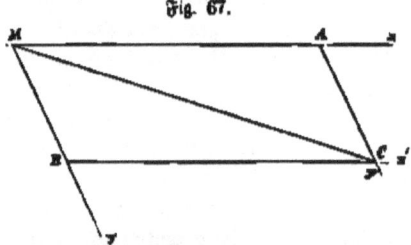

Darstellung des Bewegungsparallelogrammes.

Aufgabe. Der Punkt M (Fig. 67) soll zufolge der einen Kraft nach der Richtung Mx mit der Geschwindigkeit von 10 Fuß, vermöge der andern Kraft nach My mit jener von 4 Fuß sich gleichförmig bewegen; bis wohin gelangt derselbe, wenn beide Kräfte auf ihn gleichzeitig wirken, nach Verlauf von 3 Sekunden, und welche Richtung wird er einhalten?

Auflösung. Nach der Richtung Mx würde das Bewegliche M der ersten Kraft folgend binnen 3 Sekunden $3 \times 10 = 30'$ weit, nach der Richtung My der zweiten Kraft entsprechend $3 \times 4 = 12'$ weit gelangen. Trägt man demnach auf Mx dreißig, auf My zwölf gleiche Theile auf, wovon ein jeder einen Fuß (verkleinert) vorstellen soll und zieht durch die Endpunkte A und B die zu den Bewegungsrichtungen Parallelen Ay' und Bx', so erhält man, sobald M mit dem Durchschnittspunkte C der beiden Parallelen verbunden wird, die Richtung der Bewegung des Punktes M. Der Durchschnittspunkt C gibt den Ort an, bis zu welchem das Bewegliche am Ende der 3. Sekunde vorgedrungen sein wird.

MC ist die Diagonale des Bewegungsparallelogramms MADC und gibt nicht nur die Richtung, sondern auch die Geschwindigkeit der erfolgten (resultierenden) Bewegung an. Um diese letztere näher zu bestimmen, braucht man bloß die Strecke MC nach dem gewählten Maßstabe abzumessen, und durch die Zeit der Bewegung zu dividieren; denn die Strecke MC = 37 Fuß wurde binnen 3 Sekunden zurückgelegt, es entfallen demnach auf eine Sekunde 37 : 3 = 12⅓ Fuß, welche die Geschwindigkeit der betrachteten Bewegung angeben.

Die Flugwerke in Theatern, mittels welcher ein Gegenstand schräge durch die Luft geführt werden kann, beruhen auf der Diagonalbewegung der Körper. Eine einfache Vorrichtung zur Versinnlichung dieser zusammengesetzten Bewegung ist in der Figur 68 gezeichnet.

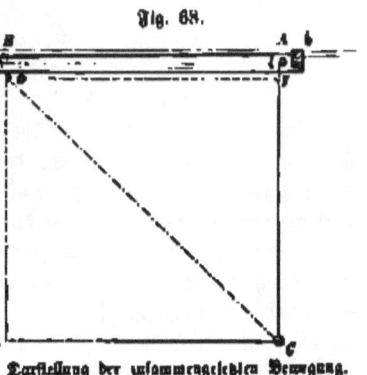

Fig. 68.

Innerhalb eines Rahmens DA befindet sich ein Schieber (Schlitten). Auf dem Schieber a ist ein Häkchen oder eine Rolle angebracht, über welche eine Schnur gleitet, deren oberes Ende an dem Rahmen in b befestigt ist, das untere dagegen einen Körper, z. B. eine Kugel c trägt. Der Rahmen selbst ist mittels zweier Häkchen an einer Wand oder Tafel aufgehängt. Wird nun der Schlitten von A nach D bewegt, so wird die Kugel C parallel nach der

Darstellung der zusammengesetzten Bewegung.

Richtung Cx verschoben; jedermann sieht aber sogleich ein, daß sie bei dieser Verschiebung auch gehoben wird. Der Kugel werden demnach mit Hülfe dieser Vorrichtung zwei Bewegungen mitgetheilt. Eine Bewegung ist parallel zu Cx, die andere vertikal gerichtet, also parallel zu Cy. Die Kugel bewegt sich demnach nach der Diagonale CD des Bewegungsparallelogramms. Wenn man den Apparat so einrichtet, daß die Kugel gleichmäßig und unabhängig von der Bewegung des Schlittens aufgezogen wird — sieh die Figur etwas näher an — so ist man damit im Stande Bewegungen jeder Art zusammenzusetzen und geradlinige sowohl, als krummlinige Bewegungen anschaulich zu machen. Würde man endlich den Rahmen anstatt horizontal, schief aufhängen, so könnten auch Bewegungen, welche einen spitzen oder stumpfen Winkel einschließen, zu einer Resultierenden verbunden werden.

§. 80.
Anwendungen des Bewegungsparallelogramms auf Naturerscheinungen.

In der Wirklichkeit treffen wir solche zusammengesetzte Bewegungen sehr häufig an. Ein Bot, welches über einen Fluß von einem Ruderer querüber getrieben wird, kommt in einer schiefen, flußabwärts gerichteten Linie am entgegengesetzten Ufer an.

Fig. 69.

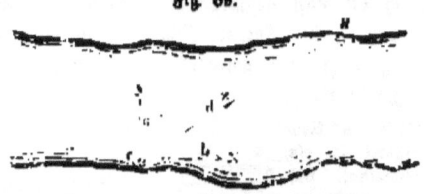

Bewegung eines Schiffes über den Fluß.

In der Figur 69 wäre c der Schwerpunkt des Botes. Der Ruderer treibt das Bot mit der Geschwindigkeit ca nach der Richtung cy. Mit jener gleich cb wird es durch den Fluß nach cx bewegt. Das Bot wird demnach in Folge der beiden Seitenbewegungen eine mittlere Bewegung einschlagen, welche man durch die Verzeichnung des Bewegungsparallelogramms cadb und das Ziehen der Diagonale cd erhält. Dasselbe wird sich also mit der Geschwindigkeit cd nach der Richtung cx bewegen und zuletzt nach B gelangen.

Aus dem Vorstehenden wird es klar, warum beim Rudern über einen Fluß, mit demselben ziemlich hoch stromaufwärts begonnen und gerade auf das gegenüberliegende Ufer hingerudert werden muß, wenn man dort an einer bestimmten Stelle mit dem Fahrzeuge ankommen will. Ähnliche Zusammensetzungen treten auch bei der Bewegung der Segelschiffe auf.

Aus derselben Ursache fallen die vom Winde getriebenen Regentropfen, dem Winde und der Schwere zugleich folgend, in schiefer Richtung zu Boden, auch können so viele andere Bewegungen als Mittelbewegungen zweier oder mehrerer anderen angesehen werden, wie dieß die Folge lehren wird.

2. Die Zusammensetzung der Kräfte.

§. 81.

Nicht jedesmal bringen die Kräfte Bewegungen hervor (vergl. §. 49). In manchen Fällen sind nämlich zwei oder mehrere Kräfte auf einen **festen Punkt** wirksam, und suchen diesen Punkt nach einer bestimmten Richtung zu verschieben, welcher aber vermöge seiner Festigkeit diesem Bestreben Widerstand leistet. — Unter solchen Umständen ist der **Druck**, den die Kräfte auf den Punkt ausüben, fraglich.

Dieser Druck ist die resultierende Kraft zweier oder mehrerer auf den festen Punkt wirksamen Kräfte und wird ganz ähnlich, wie die resultierende Bewegung, gefunden.

Die Kräfte werden zu diesem Behufe durch Linien ausgedrückt. Die Größen derselben gibt man in Wiener-Pfunden an, und sie sind entweder geradezu bekannt, wenn nicht, so müßen dieselben aus gewissen Bestimmungsstücken berechnet oder mit Hilfe der Kraftmesser (§. 62) aufgefunden werden.

Wirken nun zwei Kräfte unter einem Winkel auf einen Punkt und man hat die Richtung derselben mittels gerader Linien gezeichnet, endlich auf dieselben ihre Größen nach einem willkürlich angenommenen Maßstabe aufgetragen, so erhält man ganz einfach die **Richtung und Größe der resultierenden Kraft**, wenn über diese zwei begränzten Geraden das

Parallelogramm verzeichnet und die entsprechende Diagonale desselben gezogen wird.

Die Richtung der Diagonale gibt die Richtung, ihre Länge die Größe der resultierenden Kraft an, welche auch kurz die **Resultierende** heißt.

Die Wirkung der beiden Kräfte ist durch jene der Resultierenden vollständig ersetzt. Anstatt der Kräfte kann die Resultierende als alleinwirkend gedacht werden, welcher Umstand viele Betrachtungen sehr vereinfacht. Das über den Kräften konstruierte Parallelogramm heißt das **Kräftenparallelogramm**.

Ein Beispiel möge zur Erläuterung des Auseinandergesetzten hier folgen:

Aufgabe. Auf den Punkt M Figur 70 wirke eine Kraft von 50 Pfund nach der Richtung Mx und eine Kraft von 30 Pfund nach jener von My. Nach welcher Richtung und mit welcher Kraft wird der feste Punkt gedrückt werden?

Fig. 70.

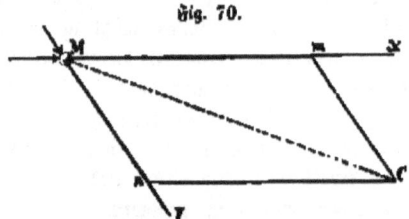

Darstellung des Kräftenparallelogrammes.

Auflösung. Man mache Mm = 50 und Mn = 30 Theilstrichen. Ziehe durch m eine Parallele zu My, durch n ebenfalls eine Parallele zu Mx und endlich die Diagonale MC, so gibt diese die Richtung der Resultierenden an. Sucht man endlich auf dem angenommenen Maßstabe die Größe der Linie MC, so erhält man damit auch die Größe der Resultierenden. In dem vorliegenden Falle ist sie gleich 72 Pfund.

Man übe sich im Konstruieren des Kräftenparallelogrammes ein.

Verzeichnet man das Kräfteparallelogramm für verschiedene Fälle, so kommt man zur Einsicht, daß so lange die Seitenkräfte unter sich gleich sind, die Mittelkraft (die Resultierende) ihren Winkel genau halbieren wird; ferner, daß die Mittelkraft bei gleichbleibenden Seitenkräften von der Größe des Winkels, den die Kräfte einschließen, abhängig ist. Je kleiner nämlich der Winkel ist, unter welchem die Kräfte wirken, um so größer wird die sich ergebende Mittelkraft werden. Man lernt endlich aus der Konstruktion des Parallelogramms, daß die Mittelkraft zweier einen Winkel einschließenden Kräfte stets kleiner ist, als die beiden Kräfte zusammengenommen; nur wenn die Kräfte in eine und dieselbe Richtung zusammenfallen, ist ihre Mittelkraft gleich der Summe von beiden. Wirken aber die Kräfte einander entgegen, so ist die Resultierende ihrem Unterschiede gleich und nach der Seite der größeren Kraft gerichtet.

§. 82.

Beziehungen zwischen Kraft, Masse und Geschwindigkeit.

* Aus der Größe der momentan wirkenden Kraft läßt sich auch die Geschwindigkeit der Bewegung berechnen. Man braucht sich bloß die Kraft, welche die Bewegung hervorbringt, als ein Produkt aus der Masse des bewegten Körpers in die Geschwindigkeit der Bewegung zu denken. Die Masse wird aber aus dem Gewichte des Körpers gefunden, wenn man das letztere durch 31 dividiert.

Der Divisor 31 drückt die Beschleunigung (Akzeleration) der Schwere aus.

Wenn der Körper zur Erde fällt, so legt er, wie wir wissen, in der ersten Sekunde den Weg von 15½ Fuß zurück, wenn nun in dem Augenblicke, wo er so tief gefallen ist, die Schwere auf ihn zu wirken aufhörte, so würde derselbe, wie genaue Versuche lehren, vermöge der Trägheit obige 31 Fuß in jeder weiteren Sekunde zurücklegen. Dieser Weg macht zugleich auch die Geschwindigkeit am Ende der ersten Sekunde bei dem freien Falle der Körper aus.

Denken wir uns nun die Kräfte, wie wir sie im vorhergehenden Paragrafe annahmen, auf einen beweglichen Körper von 124 Pfund momentan wirkend, so wäre zufolge des Vorhergehenden dessen Masse 124 : 31 = 4. und die Geschwindigkeit, mit welcher derselbe durch die Mittelkraft = 72 Pfund getrieben würde, 72 : 4 = 18 Fuß.

§. 83.

Anwendung der Zusammensetzung der Kräfte auf Naturerscheinungen.

Das Zusammensetzen der Kräfte findet in der Wirklichkeit sehr oft statt; z. B. beim Schwimmen und Fluge der Thiere (Fig. 71 und 72). Ähnlich wie diese erhält sich auch der Mensch

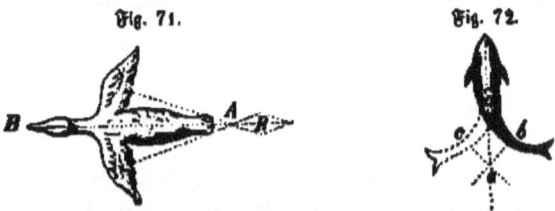

Fig. 71.　　　　　　　　Fig. 72.

Der Vogel im Fluge.　　　Der Fisch im Wasser.

beim Schwimmen an der Oberfläche des Wassers. Durch die dabei entsprechend ausgeführten Hand- und Fußbewegungen übt er gegen das Wasser Stöße aus, die sich zu einer einzigen Kraft zusammensetzen, welche ihn vorwärts bewegt (Fig. 73).

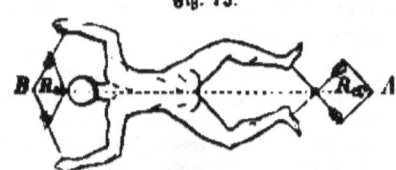

Fig. 73.

Der Mensch beim Schwimmen.

Ebenso wird auch der Papierdrache, den die Kinder fliegen lassen, durch die vereinte Wirkung der Schwere, des Luftwiderstandes, der Kraft des Windes und der gespannten Schnur, die hinabgeht, in der Luft erhalten und zum Steigen gebracht. Die späteren Auseinandersetzungen werden uns noch manche andere Beispiele über Kräftezusammensetzungen bringen.

§. 84.
Die Zusammensetzung mehrerer Seitenkräfte zu einer Resultierenden.

*Ganz auf dieselbe Weise, wie man zwei Kräfte zu einer Resultierenden zusammensetzt, werden auch mehrere Kräfte, sie mögen gerichtet sein, wie sie wollen, wenn sie vor vereint auf einen einzigen Punkt wirken, zu einer Mittelkraft verbunden. Man sucht nämlich vor allem die Resultierende zwischen den zwei ersten Kräften, die erhaltene Mittelkraft sieht man als Seitenkraft an und setzt sie mit der dritten Kraft zusammen und fährt nach diesem Verfahren so lange fort, bis sämmtliche Kräfte durch eine einzige Kraft dargestellt sind. Unter je spitzerem Winkel die einzelnen Kräfte auf einen Punkt wirken, um so größer wird die Mittelkraft derselben ausfallen.

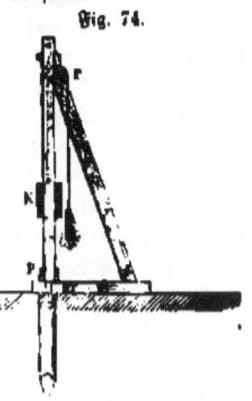

Fig. 74.

Eine solche Zusammensetzung der Kräfte kommt bei der Rammmaschine (Fig. 74) vor. Es ist dieß eine Vorrichtung, mittels welcher die Piloten in die Erde hineingetrieben werden. Sie besteht aus einem Gerüste, auf welches mittels eines Seiles, das über eine Scheibe (Rolle) geht, der Rammklotz (gewöhnlich ein mit Eisen beschlagener Holzklotz) gehoben und von oben fallen gelassen wird. (Vergl. mit §. 105.) Durch das Niederfallen des schweren Klotzes, welcher auf dem Boden mit einer bedeutenden Geschwindigkeit anlangt, wird die Pilote in's Erdreich eingerammt. Nachdem das Gewicht eines solchen Klotzes auch bis acht Zentner betragen kann, so müssen fünf oder noch mehr Männer beim Heben desselben sich betheiligen. Zu diesem Behufe werden an das Hauptseil, welches

Rammmaschine.

vertikal herabhängt, mehrere Handseile befestiget. Die Resultierende sämmtlicher an den Handseilen wirkenden Kräfte soll in die Richtung des Hauptseiles, und sie wird um so kräftiger (größer) ausfallen, unter einem je spitzeren Winkel die Kräfte wirken, welche Bedingung eintreten wird, wenn die Arbeiter nicht weit von einander stehen. Ferner ist zufolge des Früheren einleuchtend, daß die Mittelkraft hier ebenfalls stets kleiner sein wird, als die Summe der einzelnen Seitenkräfte beträgt.

§. 85.
Die Resultierende mehrerer, nach derselben Richtung wirkender Kräfte.

Wirken zwei oder mehrere Kräfte nach einer und derselben Richtung, so muß ihre Resultierende offenbar auch in diese Richtung fallen und gleich sein der Summe der einzelnen Kräfte.

Dieser Satz muß ohne Beweis zugegeben werden, denn er sagt nichts anderes aus, als dieß: Ziehen mehrere Arbeiter an einem Seile nach derselben Richtung, so wird der Körper, welcher an dem Seile befestiget ist, mit der Summe der einzelnen Kräfte bewegt werden. Er wird also in diesem Falle auf dieselbe Weise fortgeschoben, als wenn die eine Kraft vor, die andere hinter dem Körper — erstere ziehend, letztere stoßend — angebracht wäre.

Diese Art der Wirkungsweise der Kräfte ist die vortheilhafteste. Man wird demnach dort, wo es thunlich ist, die wirkenden Kräfte (Menschen, Thiere u. s. w.) in derselben Richtung ziehend anbringen.

In Fällen, wo dieß nicht angeht, bringt man die Zugkräfte neben einander an, und läßt sie an Seilen oder Seilenpaaren wirken, welche wieder an die zu fördernden Gegenstände auf mannigfache Weise befestiget werden. Unter der Voraussetzung, daß die Seile parallel laufen, wird die Resultierende sämmtlicher so angelegter Zugkräfte gleich ihrer Summe sein, und dieselbe Richtung haben, wie die Kräfte selbst. Wenn z. B. an einem Wagen zwei Pferde zögen, und ein jedes Pferd die Kraft von 100 Pfund hätte, so würde der Wagen gewiß mit der vollen Kraft von 200 Pfund in Bewegung gesetzt werden, sobald die Stränge der Pferde parallel laufen. Überdieß kann hier noch bemerkt werden, daß die Resultierende in der Mitte derjenigen Geraden angreifen wird, welche die Angriffspunkte beider Kräfte (Fig. 75 m und k) verbindet. Im vorliegenden Falle an dem Deichselarme no.

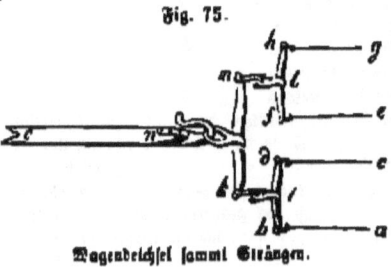

Fig. 75.
Wagendeichsel sammt Strängen.

§. 86.

Die Mittelkraft zweier parallelen und gleichen Kräfte.

Das Gleichgewicht paralleler Kräfte.

Der nachstehende Versuch wird die eben gemachten Behauptungen rechtfertigen. Man hänge nämlich auf die beiden Enden A und B (Fig. 76) eines gleich dicken Holz- oder Eisenstabes gleiche Gewichte, z. B. ein Pfund auf, nachdem man den Stab durch die Schlinge einer Schnur oder eine schmale papierne Hülse gesteckt hat, welche letztere mit ihrem oberen Ende an die Schnur befestiget ist. Führt man nun diese Schnur über eine Rolle und hält sie an ihrem freien nach abwärts gehenden Ende mit der Hand, so wird man sofort bemerken, daß die Stange sich nur damals im Gleichgewichte, also in der Ruhe erhalten wird, wenn die Schnur ihre Mitte umfaßt. In den anderen Lagen des Stabes wird derselbe sammt den Gewichten von der Schnur oder Hülse herabrutschen.

Fig. 76.

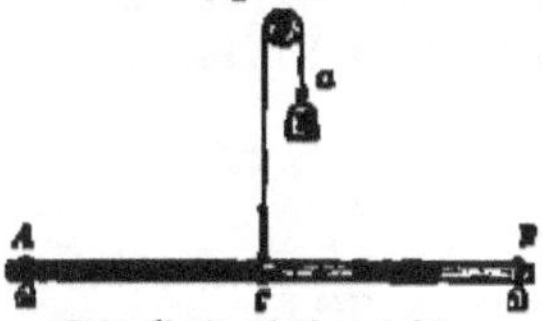

Mittelkraft gleicher Kräfte.

Man folgert aus dieser einzigen Gleichgewichtslage des so unterstützten und belasteten Stabes mit Recht, daß nur in dieser Stellung die Zugkraft der Schnur, welche ihr durch die Hand verliehen wird, der Resultierenden beider nach unten parallel wirkenden Kräfte entgegen gerichtet ist, weil bloß gleiche und entgegengesetzte Kräfte sich in ihrer Wirkung vollständig bekämpfen, also das Gleichgewicht halten können.

Die Mittelkraft zweier parallelen und gleichen Kräfte ist demnach den beiden Kräften parallel gerichtet und greift in der Mitte des Abstandes der Angriffspunkte dieser Kräfte an.

Auch lernt man aus diesem Versuche, daß die Resultierende zweier parallelen Kräfte der Summe beider Kräfte gleich ist.

Wollte man nämlich die Zugkraft der Hand durch ein Gewicht ersetzen, so müßten 2 Pfund in a auf die Schnur aufgehangen werden, um das Gleichgewicht wie vordem herzustellen.

§. 87.

Die Mittelkraft zweier parallelen und ungleichen Kräfte.

Hängt man an beiden Enden A und B der Stange (Fig. 77) ungleiche Gewichte auf z. B. in A 2 Pfund, in B 1 Pfund, so wird man sich überzeugen, daß der so belastete Stab nicht mehr wie zuvor, also in der Stellung, bei welcher seine Mitte unterstützt war, im Gleichgewichte bleibt, sondern daß jetzt die Schlinge auf die Seite der größeren Kraft u. z. unterhalb e, welcher Punkt in dem dieser Kraft näher gelegenen Drittel des Stabes AB sich befindet, geschoben werden muß, um denselben im Gleichgewichte zu erhalten. Die Resultierende der beiden parallelen, ungleichen Kräfte greift jetzt nicht mehr in der Mitte an, sondern ihr Angriffspunkt liegt auf der Seite der größeren Kraft. Ihre Richtung ist parallel zu jener der Kräfte, und ihre Größe gleich der Summe derselben; weil nur $2 + 1 = 3$ Pfunde in a aufgehängt der Zugkraft der Hand das Gleichgewicht halten werden. (Dabei darf aber nicht unbeachtet bleiben, daß auch der Holz- oder Eisenstab ein Gewicht hat.)

Als ein Ergebnis der vorstehenden Versuche läßt sich der nachfolgende Lehrsatz hinstellen:

Die Mittelkraft zweier parallelen Kräfte ist stets gleich ihrer Summe und ist mit ihnen gleich gerichtet. Der Angriffspunkt dieser Resultierenden

wird gefunden, wenn man innerhalb der Verbindungslinie der Angriffspunkte beider Kräfte einen solchen Punkt C aufsucht, für welchen die Arme der Kräfte CB und CA sich umgekehrt verhalten, wie diese Kräfte.

Theilt man also die Entfernung der Angriffspunkte zweier parallelen und gleichgerichteten Kräfte in so viele gleiche Theile, als die Summe beider Kräfte ausmacht — im vorliegenden Falle in drei — und sucht jenen Punkt dieser Linie auf, der so liegt, daß seine Entfernung von der größeren Kraft der kleineren gleich ist, oder daß sein Abstand von der kleineren Kraft gleich ist der größeren, so wird dieser Punkt der Angriffspunkt der Resultierenden dieser parallelen Kräfte sein.

In allen diesen Fällen geht das Gleichgewicht des Stabes aus dem Grunde hervor, weil die Resultierende der auf denselben wirkenden parallelen Kräfte, durch's Aufhängen in ihrem Angriffspunkte, aufgehoben wird. Es ist leicht einzusehen, daß dasselbe Resultat zum Vorschein kommen müsse, wenn man den Angriffspunkt der Resultierenden anstatt aufzuhängen, unterstützt (Fig. 78). Dieser Zustand des Gleichgewichtes paralleler Kräfte ist für die Praxis sehr wichtig, und ich werde mich hierüber in dem nachfolgenden weitläufiger ausbreiten.

Fig. 78.

Die Mittelkraft ungleicher Kräfte, unterstützt.

§. 68.

Die drehenden Wirkungen der Kräfte.

Das Gleichgewicht der auf Drehung hinwirkenden Kräfte.

Fassen wir den oben betrachteten Gleichgewichtszustand paralleler Kräfte näher in's Auge, so erblicken wir vor allem, daß die Wirkung jeder dieser Kräfte in einer Drehung der Stange um den Unterstützungspunkt (Fig. 77 und 78) besteht. Die Kraft von 2 Pfund strebt die Stange nach rechts, jene von 1 Pfund dieselbe nach links zu drehen. Der Gleichgewichtszustand beiber Kräfte wird offenbar erfolgen, sobald die drehenden Wirkungen der Kräfte, welche entgegen gerichtet sind, auch gleich werden.

In dem Falle, wo wir gleiche Kräfte voraussetzten, befand sich der Unterstützungspunkt für den Zustand des Gleichgewichtes in der Mitte, die Arme der beiden Kräfte waren also gleich groß. In jenem, wo wir ungleich große Kräfte annahmen, lag auch der Unterstützungspunkt für's Gleichgewicht außerhalb der Mitte; die Arme waren nämlich ungleich lang.

Wir sehen demnach bei dieser Betrachtung außerdem noch ein Gesetz auftreten, welches uns lehrt, daß in dem Maße, als die Kraft größer ist, der Arm an dem sie wirkt, kürzer zu sein braucht, um dieselbe drehende Wirkung hervorzubringen. Hieraus folgt der überaus wichtige Lehrsatz: **die drehende Wirkung einer Kraft hängt nicht bloß von der Größe der Kraft ab, sondern auch von dem Arm derselben, mittels dessen sie die Drehung bewirkt.**

Eine kleinere Kraft kann an einem längern Arm dieselbe drehende Wirkung hervorbringen, wie eine größere Kraft an einem kürzeren Arm. Je größer die Kraft ist, desto kleiner braucht der Arm zu sein; und je kleiner die Kraft ist, desto größer muß der Arm sein, um eine gewünschte drehende Wirkung hervorzubringen. Man faßt diese Eigenschaft gewöhnlich in dem Satze zusammen: Wenn zwei Kräfte sich rücksichtlich der Drehung um eine Achse das Gleichgewicht halten sollen, so müssen sich dieselben so verhalten, wie umgekehrt ihre Arme.

Dieses betrachtete Gesetz kann man einfach so aussprechen: **Sollen zwei Kräfte, welche entgegengesetzte Drehungen um eine und dieselbe Achse anstreben, sich das Gleichgewicht halten, so müssen die Produkte aus den Kräften in ihre Arme einander gleich sein.**

Die Arme der Kräfte sind die Längen der Senkrechten, welche vom Drehungspunkt auf die Richtung der Kräfte gefällt werden.

In dem zuletzt beschriebenen Versuche, wo sich die parallelen Kräfte das Gleichgewicht hielten (Fig. 77 und 78), hat auch wirklich diese Gleichung bestanden; denn

Die eine Kraft multiplizirt mit dem Arm, war gleich der anderen Kraft multiplizirt mit ihrem Arm

2 × 1 = 1 × 2.

Die nebenstehende Figur 79 zeigt eine Vorrichtung, an welcher die Hebelgesetze verdeutlicht werden können.

Man sieht aus derselben, daß für's Gleichgewicht $4 \times 2 = 1 \times 8$ sein muß.

Der Schwengelbrunnen.

Das nachstehende Beispiel wird lehren, bei welcher Gelegenheit die vorstehenden Betrachtungen in der Praxis benutzt werden können.

Aufgabe. Es soll an einem Schwengelbrunnen (Figur 80), dessen Schwengel BA in C drehbar ist, das Gewicht des Holzklotzes gefunden werden, welcher in B befestiget wird, wenn man damit drei Vierteln der Schwere des mit Wasser gefüllten Wassereimers a sammt der Stange b und der Kette c das Gleichgewicht halten will. Das zu hebende Wasser soll 35 Pfund, der Eimer sammt Stange u. s. w. 25 Pfund wiegen. Der Arm AC des Schwengels wäre 16', jener BC = 11' lang.

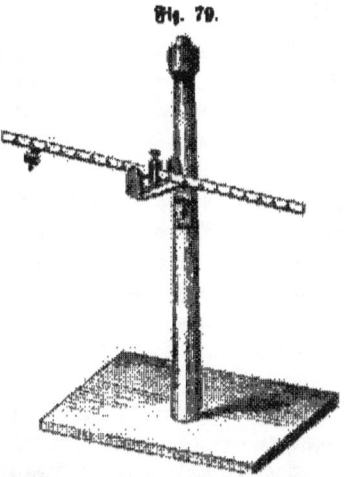

Apparat zur Darstellung der Hebelgesetze.

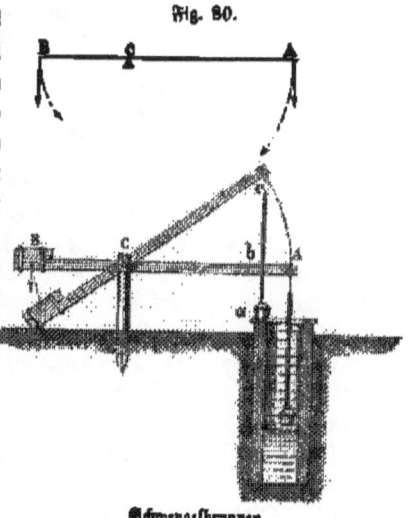

Schwengelbrunnen.

Auflösung. Nachdem das Wasser sammt dem Eimer u. s. w. 60 Pfund wiegt, so werden drei Viertel hievon 45 Pfund betragen, welche also nach obigem auszugleichen (zu äquilibrieren) sind.

Der drehenden Wirkung dieses Gewichtes, welche gleich ist $45 \times 16 = 720$ muß demnach eine entgegengesetzt drehende gegenübergestellt werden, und diese wird das Gewicht des Holzklotzes, welches an dem Arm $= 11$ Schuh wirkt, ausüben. Nachdem sich also die beiden drehenden Kräfte das Gleichgewicht halten sollen, so muß:

Das Gewicht des gefüllten Eimers u. s. w. multipliziert mit dem Arm — gleich sein — dem Gewichte des Holzklotzes multipliziert mit dem Arm

$$720 = x \times 11$$

woraus $x = 720 : 11 = 65\frac{5}{11}$ Pfund als die Schwere des Gegengewichtes oder des Holzklotzes sich ergibt.

<small>Dieser Holzklotz hält nur 45 Pfunden des aus dem Brunnen zu hebenden Gewichtes das Gleichgewicht. Beim Aufwärtsziehen des Eimers bleiben demnach noch zu heben: $60 - 45 = 15$ Pfund. Zum Niederbringen des leeren Eimers in den Brunnen würden dagegen $45 - 25 = 20$ Pfund Kraft nothwendig sein. Das Gewicht des Holzklotzes wurde Einfachheit halber für den horizontalen Stand des Schwengelbrunnens berechnet. Es erhellet aber, daß für jede andere Lage des Schwengels dasselbe Gegengewicht nöthig sein wird, wenn man bedenkt, daß in dem Maße als der Arm des Klotzes sich ändert, sich auch jener des Eimers ändern wird. Zwischen beiden Armen bleibt für alle Lagen des Schwengelbrunnens dasselbe Verhältnis. Das Gewicht des Schwengels selbst kann hier vernachlässigt werden.</small>

Dieser äußerst wichtige Lehrsatz von dem Gleichgewicht drehender Kräfte, wird euch jetzt hoffentlich geläufig worden sein, auch werdet ihr einsehen, daß dieser Satz mit folgenden Worten ausgedrückt werden kann:

Zwei drehende Kräfte halten sich das Gleichgewicht, wenn ihre Drehungsmomente rücksichtlich des Drehungspunktes einander gleich, und die Drehungen entgegengerichtet sind.

Unter dem Drehungsmomente versteht man das Produkt aus der Kraft in den Arm, d. i. in das Perpendikel, welches von dem Drehungspunkte auf die Richtung der Kraft gefällt werden kann.

3. Zerlegung der Kräfte und Bewegungen.

§. 89.

Öfters, besonders wenn man sich von einer Bewegung oder einem Drucke Rechenschaft geben will, kommt man in die Lage, eine Bewegung oder eine Kraft zu zerlegen. Eine Kraft oder eine Bewegung in ihre Komponenten zerlegen, heißt die Kraft oder Bewegung als Mittelkraft oder als Diagonalbewegung ansehen und dazu die nach den gewählten oder vorgeschriebenen Richtungen wirkenden Seitenkräfte oder einzuschlagenden Bewegungen mittels des Kräfte- oder Bewegungsparallelogramms aufsuchen.

Nachstehende Beispiele sollen diese Zerlegungen versinnlichen und deren Nutzen darthun:

1. **Aufgabe.** An einem Seile (Fig. 81) wäre ein Gewicht von 30 Pfund, z. B. eine Laterne aufgehängt. Das eine Ende des Seiles wäre in A, das andere in B befestigt. Mit welcher Kraft werden nun die Seilstücke CA und CB gespannt?

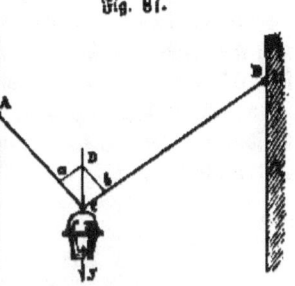

Fig. 81.

Hängelaterne.

Auflösung. Trägt man auf die über C verlängerte Vertikale Cy, nach welcher selbstverständlich das Gewicht der Laterne wirken wird, die Größe desselben in einem beliebigen Maßstabe gleich CD auf und zieht von dem Endpunkte D dieser Kraft, die man als Mittelkraft ansieht, eine Parallele nach CA und CB, so werden die sich ergebenden Linien Ca und Cb, auf dem angenommenen Maßstabe gemessen, die Größen der beiden fraglichen Spannungen angeben. Dieselben werden, wie es leicht einzusehen ist, um so geringer ausfallen, je kleiner der Winkel ACB ist, den die beiden Seilstücke mit einander einschließen.

Man kennt solche Vorrichtungen auch Seilmaschinen. Ein jedes Netz, Pferdegeschirr und ähnliches stellt eine derartige Vorrichtung vor. Die Einrichtung der Hänge- und Gitterbrücken beruhet auf demselben Prinzipe.

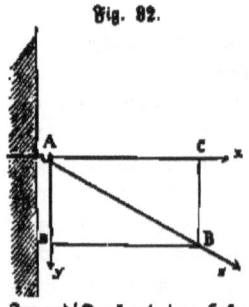

Fig. 82.

Zug und Druck auf einen Haken.

2. Aufgabe. Eine Kraft von 100 Pfund wirke nach der Richtung Ax (Fig. 82) auf einen Nagel oder Haken. Ihre Größe wäre durch die Gerade AB gegeben. Wie groß wird die Kraft sein, welche den Nagel herauszuziehen, also die Reibung des Nagels in der Mauer zu überwinden strebt; wie groß jene, welche den Nagel zu zerbrechen sucht?

Auflösung. Die erste Kraft müßte nach Ax, die letztere nach Ay wirken. Zieht man vom Punkte B die beiden Parallelen BC und BD, (zu Ay und Ax), so erhält man für die erstere Kraft die Länge AC, für die letztere die Länge AD. Beide mit dem angenommenen Maßstabe gemessen, gibt für AC = 86·6 für AD = 50 Pfund.

Fig. 83.

Druck und Schub beim Dachgesperre.

3. Aufgabe. An einem Dachgesperre (Fig. 83) pflanze sich nach der Richtung des Sparrens ein Druck von 2000 Pfund fort. Wie groß würde in Folge dieses Druckes der Horizontalschub CA, wie groß der Vertikaldruck CB werden, wenn der Sparren unter 54° gegen den Horizont gerichtet ist?

Auflösung. Zerlegt man die Resultierende CD auf eben beschriebene Weise in die beiden Seitenkräfte CA und CB, so erhält man nach dem Abmessen für CA = 1175·6 Pfund, für CD = 1618·0 Pfund.

Die Kniepreſſe.

Die Wirkung der Kniepreſſe (Fig. 84) wird erſt durch das Zerlegen der dabei wirkenden Kraft in ihre Seitenkräfte erklärlich. In A greift die Kraft, welche den Druck ausübt, an und iſt nach der Richtung Ax thätig. Ihre Größe wäre = AD, ſo iſt die Seitenkraft, welche den Druck nach abwärts leitet = Aa. Sie wird durch das Gelenk fortgeleitet bis C. Trägt man nun die An von C nach d auf und zerlegt dieſe Kra't in die beiden Komponenten (Seitenkräfte) Ch und Cr, ſo wird die Linie Cr die Größe des Druckes gegen die Preßplatte ausdrücken.

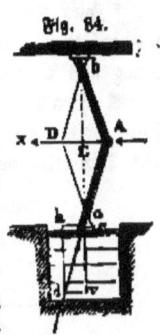

Fig. 84.

Kniepreſſe.

Cr iſt aber, wie man leicht ſieht = Ea. Aus dieſer Zerlegung und Vergleichung erhellet weiter, daß Ea in dem Maße zunehmen muß, als der Winkel des Gelenkes größer wird. Die Preſſung fällt demnach um ſo ſtärker aus, je mehr das Gelenke der geraden Linie ſich nähert, d. h. je weiter die Preſſung fortſchreitet. Man ſieht ferner aus der Zeichnung, daß die Preſſung gegen Ende ſogar vielemale größer wird, als der Druck AD der wirkenden Kraft beträgt. Aus dieſer Urſache verwendet man dieſe Art Preſſen auch zum Münzenprägen.

Denkt man ſich die Kraft an einer ſolchen Kniepreſſe anſtatt nach Ax drückend, nach auswärts ziehend, ſo ſieht man alſogleich ein, daß ſo lange der Winkel bAc ein ſehr ſtumpfer iſt, mit Hilfe derſelben nach den Richtungen bA und aA ein bedeutender Zug ausgeübt werden kann. Dieſe Thatſache benutzt man beim Schnüren der Waarenballen. (Vergl. dieſe Vorrichtung mit jener der Seilmaſchine Figur 81.)

Bei den Schiffsrudern, Segeln, bei der Schraube an den Schraubendampfern, bei den Windmühlflügeln u. ſ. w. kommen ähnliche Zerlegungen der Kräfte vor. Die eine Seitenkraft geht dabei gewöhnlich verloren, die andere, ſenkrecht gegen die Fläche dieſer Vorrichtungen wirkende, bringt die gewünſchte Bewegung hervor.

Reflexionsgesetz elastischer Kugeln.

*Zum Schluße dieser Betrachtungen will ich noch ein Beispiel anführen, welches unter einem die Zerlegung und Zusammensetzung von Bewegungen veranschaulicht.

Aufgabe. Wenn eine elastische Kugel gegen eine feste Ebene schief geworfen wird, welche Richtung wird diese Kugel beim Abprallen von dieser Ebene einschlagen?

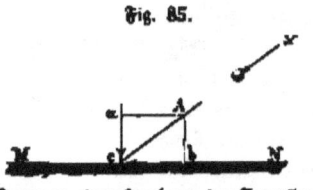

Fig. 85.

Bewegung einer Kugel vor dem Anprallen.

Auflösung. Mit der Geschwindigkeit AC (Figur 85) lange die Kugel bis zur Ebene MN an. Zerlegt man AC in die Komponenten Ca und Cb, so kann die schräge Bewegung der Kugel aus den zwei geradlinigen Anregungen bC und aC hervorgegangen gedacht werden. Die letztere Bewegung wird, nachdem die Kugel gegen die Ebene stößt, in die entgegengesetzte umgewandelt; weil wir aus dem Vorhergehenden (§. 62) wissen, daß eine Kugel, welche senkrecht gegen eine feste Wand geworfen wird, sich von dieser in derselben Richtung zurückbewegt u. z. wenn sie vollkommen elastisch ist auch mit derselben Geschwindigkeit, mit der sie aufgefallen ist.

Will ich also die Richtung der Bewegung der Kugel nach dem Anstoßen derselben gegen die Ebene erfahren, so brauche ich bloß auf die getroffene Ebene (Fig. 86) eine Senkrechte zu errichten, und auf diese die Ca nach aufwärts aufzutragen. Die zweite Komponente Cb bleibt der Kugel, vermöge der Trägheit, auch nach dem Stoße und behält ihre Richtung. In C wird demnach die Cb nach links aufgetragen. — Nach dem Anprallen

Fig. 86.

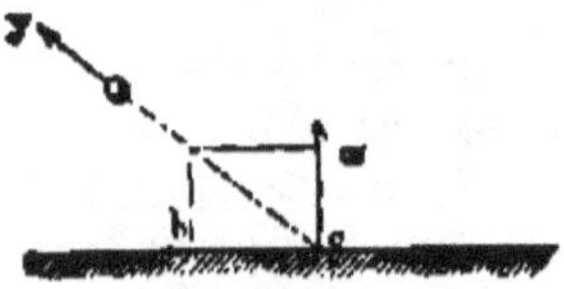

Bewegung einer Kugel nach dem Anprallen.

der Kugel gegen die Ebene wird also diese in der Richtung Ca und Cb zur Bewegung angeregt. Sie schlägt demnach die Richtung der Diagonale des Parallelogrammes ein und bewegt sich nach Cy. Jeder von euch bemerkt aber aus dieser Verzeichnung, daß gerade so wie xC gegen die Ebene schräge gerichtet war, auch die Gerade Cy von derselben abweichen wird. Der Winkel xCN (Figur 87) heißt der **Einfallswinkel**, und yCM heißt der **Abpralls- oder Reflexionswinkel**. Auf diesem Wege gelangt man zur klaren Einsicht,

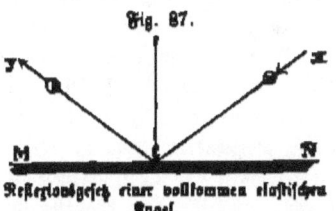

Reflexionsgesetz einer vollkommen elastischen Kugel.

warum eine elastische Kugel, wenn sie gegen eine feste Wand schief geworfen wird, sich von dieser Wand nach der entgegengesetzten Richtung so bewegen muß, **daß der Einfallswinkel gleich dem Abprallwinkel werde**.

c. Von den Maschinen.

§. 90.
Begriff der Maschinen.

Alle Arbeiten, welche mit Hilfe fisischer Kräfte ausgeführt werden, bestehen entweder im Heben oder Senken eines Gewichtes (einer Last), oder in der Entwicklung eines Druckes auf einen Körper, zufolge dessen entweder der ganze Körper in Bewegung gesetzt, oder ein Theil desselben gegen den anderen verschoben wird, wie dieß bei den verschiedenen Handarbeiten der Fall ist.

Sämmtliche Arbeiten können im allgemeinen auf zweifache Weise ausgeführt werden. Die erste Art besteht darin, daß man die Kraft auf den zu bewältigenden Widerstand unmittelbar einwirken läßt, wobei man dieselbe der Richtung der zu bewegenden Last oder des auszuübenden Druckes geradezu entgegen anbringt; die zweite Art setzt eine Vorrichtung voraus, die man zwischen der Kraft und Last, oder dem Widerstande einschaltet, und welche erlaubt die vorgesetzte Arbeitsleistung mit geringerem Kraftaufwande oder wenigstens auf eine bequemere Weise auszuführen, als dieses ohne Vorrichtung geschehen würde. Im ersteren Falle arbeitet man ohne Maschine, im letzteren dagegen mit Hilfe einer Maschine.

Jede Vorrichtung also, welche die in einem Punkte entwickelte Kraftleistung auf einen andern nicht in der Richtung der Kraft liegenden Punkt zu übertragen und selbst auch zweckmäßig umzuändern erlaubt, heißt demnach eine Maschine. In Folge dieser zweckentsprechenden Umänderung der Kraftwirkung ist man mit Hilfe einer Maschine im Stande bei einem geringen Kraftaufwande einen bedeutenden Widerstand zu überwinden, und in manchen Fällen Arbeiten auszuführen, die ohne Maschine zu verrichten gar nicht möglich gewesen wären.

Der Schwengelbrunnen (§. 88) ist eine Vorrichtung, welche das Heben leichter macht, als bloß unmittelbar geschehen könnte. Derselbe ist demnach eine Maschine. Die Schaufel, deren man sich bei Erdarbeiten bedient, ist aus demselben Grunde ebenfalls eine Maschine. Wenn ich einen Stein auf ein Gerüste schaffen will, so werde ich diese Arbeit auf verschiedene Weise vollbringen können. Ich kann den Stein entweder einfach hinaustragen, oder ihn an ein Seil befestigen, mich auf das Gerüste begeben und denselben durch Aufziehen des Seiles hinaufbefördern; ich kann aber auch eine Vorrichtung erdenken, mittels welcher das Hinaufschaffen des Steines bequemer gemacht wird, z. B. wenn ich etwa das Seil über eine Scheibe (Rolle) führe und von unten an demselben ziehe. Würde endlich der Stein so schwer sein, daß ich ihn unmittelbar mit meiner Muskelkraft nicht zu heben vermöchte, so könnte ich auch eine ausgiebigere Vorrichtung z. B. einen Flaschenzug oder eine Winde zwischen dem Angriffspunkte meiner Kraft und jener der Last einschalten, wodurch die Hebung des Steines erleichtert und sofort ermöglicht wäre. In den zwei letzteren Fällen setze ich die Kraft meines Armes nicht mehr der Last geradezu entgegen, sondern ich bediene mich einer Rolle, eines Flaschenzuges oder einer Winde um die zu verrichtende Arbeit bequemer und leichter auszuführen. Diese und andere ähnliche Vorrichtungen, die ich dabei verwende, heißen nun Maschinen. Jedes Werkzeug, womit eine Arbeit in diesem Sinne ausgeführt wird, stellt demnach eine Maschine vor.

Der erfinderische Geist des Menschen hatte bis jetzt bereits eine bedeutende Menge von Vorrichtungen erdacht, um die rohe

Handarbeit zu ersparen, und um auf eine schnellere, billigere und zweckmäßigere Weise den vielen, sich stets mehrenden Bedürfnissen der Menschen nachzukommen. Es sind dieß z. B. die Näh-, Spinn-, Holzbearbeitungs-Maschinen. Sämmtliche Maschinen ahmen die Handarbeit mehr oder weniger nach.

Bevor ich die Elemente behandle, auf welchen die Maschinen beruhen, will ich die Methode auseinandersetzen, nach welcher die fisische Arbeit gemessen wird.

§. 91.

Das Maß der Arbeit einer fisischen Kraft.

Eine Kraft wird eine um so größere Arbeit verrichten, je größer der Widerstand ist, welcher von ihr überwunden werden soll.

Wenn ich einmal einen Stein von 30, ein andermal einen von 60 Pfund auf eine bestimmte Höhe hebe, wenn ich z. B. beide aus dem Hofraume in den ersten Stock auf gleiche Weise und mit derselben Geschwindigkeit hinaufschaffe, so habe ich im zweiten Falle doppelt so große Arbeit, als im ersten verrichtet, weil der 60 Pfund wiegende Stein einen doppelt so großen Widerstand leisten wird, als der 30 Pfund schwere. Man kann demnach den Satz aussprechen:

Je größer das zu hebende Gewicht oder der zu überwindende Widerstand ist, desto größer wird auch die Arbeit sein müssen, welche die Kraft aufwenden muß, um, bei sonst gleichen Umständen, dieses Gewicht auf eine bestimmte Höhe zu heben.

Ein anderer Umstand, welcher auf die Größe der Arbeit Einfluß übt, ist ganz gewiß auch die Höhe, bis zu welcher die Last gehoben werden soll.

Wenn ich einen und denselben Sack mit Getreide einmal in den ersten, ein andermal in den zweiten, ein drittemal in den dritten Stock hinaufbeförtere, so habe ich im zweiten Falle eine doppelte, und im dritten eine dreifache Arbeit verrichtet, vorausgesetzt, daß in allen diesen Fällen die Hebung auf ganz gleiche Weise ausgeführt wurde; weil offenbar die Förderung auf eine doppelte oder dreifache Höhe eine doppelt oder dreifach so große Anstrengung nothwendig macht. Wir sind demnach auch berechtigt den Satz auszusprechen:

Je größer die Höhe ist, auf welche eine Last mittels einer bestimmten Kraft befördert wurde, um so größer wird auch, bei sonst gleichen Umständen, die von der Kraft zum Behufe dieser Hebung ausgeführte Arbeit sein.

Die Größe der Anstrengung, welche eine Kraft während der Dauer ihrer ganzen Arbeit, oder während einer anderen bestimmten Zeit entwickelt hat, wird die Arbeitsgröße der Kraft für diese Dauer genannt.

§. 92.

Die Arbeitsgröße einer Kraft.

Die Arbeitsgröße einer Kraft hängt zufolge des vorstehenden sowohl von dem gehobenen Gewichte, als auch von der Höhe ab, auf welche das Gewicht befördert wurde. Je größer das Gewicht und je größer diese Höhe ist, desto größer wird die Arbeit der Kraft sein. Die Arbeitsgröße einer Kraft wird demnach gefunden, wenn man das gehobene Gewicht mit der Höhe, auf welche es von derselben gehoben wurde, multipliziert.

Dieses Produkt gibt die Arbeitsgröße einer Kraft aus der nämlichen Ursache an, aus welcher man durch Multiplikazion des Preises von einem Pfunde einer Ware mit der Anzahl Pfunde derselben den Wert der ganzen Ware erhält.

Das nachstehende Beispiel wird das eben Besprochene näher beleuchten:

Aufgabe. Es soll die Arbeitsgröße berechnet werden, welche eine Kraft verrichten wird, um einen Balken von 400 Pfund auf eine Höhe von 60 Fuß (mit oder ohne Maschine) zu heben.

Auflösung. Das zu hebende Gewicht ist 400 Pfund, die Aufzugshöhe beträgt 60 Fuß. Das Produkt aus beiden ist 24.000. Dieses gibt die Arbeitsgröße an, welche zur Hebung der Last nöthig ist, die also von Seite der Kraft aufgewendet werden muß, und wird mit Fuß-Pfunden bezeichnet.

Die oben gestellte Frage beantwortet man demnach, wie folgt: Die Arbeitsgröße zur Hebung eines 400 Pfund schweren Balkens auf eine Höhe von 60 Fuß beträgt 24.000 Fuß-Pfund.

<small>Der Name: Fuß-Pfund wird deshalb nachgesetzt, um anzuzeigen, daß die Last oder der zu bewältigende Widerstand in Pfunden und die Höhe in Fußen in Rechnung gebracht wurde.</small>

Es ist leicht einzusehen, daß die Zahl, welche die Arbeitsgröße einer Kraft angibt, eine mehrfache Auffassung zuläßt, und daß sie auf verschiedene Weise hervorgehen kann. So wird z. B. in allen nachstehenden Fällen, wo nämlich eine Last von 24 Pfunden auf die Höhe von 1000 Fuß, oder eine Last von 240 „ „ „ „ „ 100 „
„ „ „ „ 2400 „ „ „ „ „ 10 „
oder wie oben eine
Last von . . . 400 „ „ „ „ „ 60 „
zu heben wäre, und bei andern ähnlichen Verhältnissen, stets die Arbeitsgröße von 24.000 Fuß-Pfund, als Wirkung der Kraft zum Vorschein kommen.

§. 93.

Der Effekt einer Kraft.

Ist die Arbeitsgröße einer beständig auf gleiche Weise wirkenden, also konstanten Kraft, sammt der Dauer der Arbeit gegeben, so kann die Arbeitsgröße, welche in der ersten und in jeder folgenden Sekunde entwickelt wird, selbstverständlich ohne Mühe gefunden werden. Denn würde die obige Arbeitsgröße von 24.000 Fuß-Pfunden in der Zeit von 2 Minuten verrichtet worden sein, so käme auf 1 Minute die Hälfte, also 12.000 und auf 1 Sekunde der sechzigste Theil davon, also 200 Fuß-Pfund.

Man heißt die Arbeitsgröße, welche eine konstante Kraft während jeder Sekunde ihrer Wirkung zu entfalten im Stande ist, den Effekt dieser Kraft, und sagt dann kurz: die Kraft hat die Last z. B. den Balken mit einem Effekte von 200 Fuß-Pfund gehoben.

Die Pferdekraft.

Der Effekt einer Pferdekraft beträgt 430 Fuß-Pfund. Ein mittelmäßig starkes Pferd kann nämlich während jeder Sekunde diese Arbeitsgröße verrichten; es vermag eine Last von 100 Pfund mit einer Geschwindigkeit von $4\frac{1}{3}$ Fuß zu heben und bei dieser Leistung täglich während 8 Stunden zu verharren.

Etwa 7 mittelmäßig starke Menschen leisten ebensoviel an Trag- oder Zugarbeit, wie ein mittelmäßig starkes Pferd.

Beim Senken einer Last wird offenbar die Arbeitsgröße auf dieselbe Art wie beim Heben berechnet, weil in beiden Fällen in jedem Augenblick das Gewicht der Last bekämpft werden muß.

Das Nachfolgende wird darthun, daß mittels Maschinen die vorgelegte Arbeitsgröße nicht vermindert werden kann, sondern daß mit Hilfe dieser Vorrichtungen die Kraftleistung bloß zweckmäßig reguliert wird.

§. 94.
Eintheilung der einfachen Maschinen.

Sämmtliche Maschinen lassen sich auf nachstehende sechs zurückführen, welche man einfache Maschinen nennt. Sie heißen: Der Hebel, die Rolle, das Rad an der Welle, die schiefe Ebene, der Keil, die Schraube.

1. Die einfachen Maschinen.
§. 95.
Der Hebel.

Der Hebel ist eine unbiegsame, um eine feste Achse drehbare Stange, welche dazu dient, mit geringerer Kraftanstrengung, als dieses für gewöhnlich möglich ist, das Heben oder Fortrücken einer Last zu bewerkstelligen.

Die Figur 88 stellt einen Hebel dar, der zum Heben verwendet wird. AB ist die feste Stange, C der Drehpunkt. A der

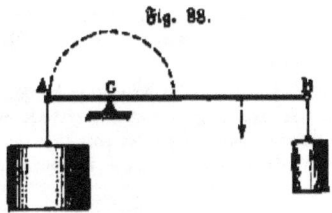

Fig. 88.

Hebel zum Heben.

A Angriffspunkt der Last, B jener der Kraft. — Beide Kräfte wirken hier vertikal abwärts.

Das Gleichgewicht am zweiarmigen Hebel.

Soll an diesem Hebel das Gleichgewicht stattfinden, so muß zufolge der in vorhergehendem Abschnitte §. 88 auseinandergesetzten Lehren, das Produkt aus der Last in den Arm (Hebelarm) gleich sein dem Produkte der Kraft in ihren Arm (Hebelarm).

Gesetzt, die Last betrüge 200 Pfund, deren Hebelarm wäre 3', jener der Kraft 10' lang, so müßte für das Gleichgewicht: $200 \times 3 = K \times 10$; $K = \frac{600}{10} = 60$ Pfund d. h. die Kraft gleich 60 Pfund sein.

Diese Kraft wäre also im Stande an dem Hebel der Last von 200 Pfund das Gleichgewicht zu halten, und eine, diese bloß nur wenig übertreffende Kraft würde die Last in die Höhe bewegen, sie also heben können.

<small>Diese Rechnung ist bloß beiläufig geführt worden, weil darin das Gewicht des Hebelarmes der Kraft nicht berücksichtiget wurde. Dieses wird ja auch mitwirken helfen. Aus dieser Ursache vermag hier bereits eine geringere Kraft das Gleichgewicht herzustellen. Nachdem 3 Schuh zu beiden Seiten des Drehpunktes der Hebelstange sich gegenseitig äquilibriren (vergl. mit §. 66), so bleibt noch eine 7 Schuh lange Stange auf der Seite der Kraft zurück, welche herabziehen wird. Der Schwerpunkt dieses Stangenstückes wird 6½ Schuh rechts vom Drehpunkte liegen. Das Gewicht desselben beträgt 25 Pfund, so wird sein Drehungsmoment $= 25 \times 6 \cdot 5 = 162 \cdot 5$ sein. Dasselbe wird die Kraftwirkung unterstützen, also das Drehungsmoment der Last vermindern.

Der Rest $437 \cdot 5 = 600 - 162 \cdot 5$ wird das überschüssige Drehungsmoment der Last ausmachen, welches jenem der Kraft gleich gesetzt, die Kraft, welche am Hebel thätig sein muß, aufzufinden möglich machen wird.</small>

Nämlich $437.5 = K \times 10$ gibt $K = 43.75$ Pfund. Es werden demnach bei diesem Hebel nicht 60, sondern bloß $43^{3}/_{4}$ Pfund zur Gleichgewichtsherstellung nöthig sein.

Auf ähnliche Weise könnte auch bei Berechnung des Schwengelbrunnens (§. 88) das Gewicht des Schwengels in Rechnung gebracht werden, obwohl dieß dort unnöthig erscheint, indem, wegen der nach oben zulaufenden Gestalt des Schwengels, sein Schwerpunkt gewöhnlich in den Drehpunkt hineinfallen wird.

Eintheilung des Hebels.

Man unterscheidet geradlinige Hebel und Winkelhebel. Die geradlinigen sind entweder ein- oder zweiarmig.

Ein zweiarmiger Hebel ist ein solcher, dessen Unterstützungspunkt zwischen dem Angriffspunkte der Kraft und der Last liegt. Der in Fig. 88 gezeichnete ist ein zweiarmiger Hebel, welcher seinen Unterstützungspunkt in C hat. Sind die beiden Arme des Hebels AC und DC unter sich gleich, so heißt derselbe ein gleicharmiger Hebel. Bei diesem muß für den Zustand des Gleichgewichts die Kraft stets gleich sein der Last. (Vergl. mit §. 86.)

Einarmig heißt der Hebel damals, wenn dessen Unterstützungspunkt in einem seiner beiden Endpunkte liegt, wie dieß die Fig. 89 zeigt, wo in C der Drehpunkt, in A der Angriffspunkt der Last und in B jener der Kraft sich befindet. Bei dem einarmigen Hebel sind die Hebelarme stets ungleich. Ist der Arm der Kraft zwei-, drei- ... zehnmal u. s. w. so lang als jener der Last, so sagt man, daß der Hebel zwei-, drei- ... zehnmal u. s. w. übersetzt ist. In der Figur ist er 10mal übersetzt.

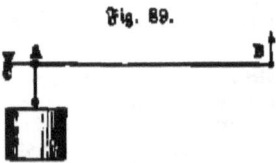

Fig. 89.

Einarmiger Hebel.

Der einarmige Hebel kann ferner ein Trag-, Druck- oder ein Wurfhebel sein.

Bei dem Trag- oder Druckhebel befindet sich der Angriffspunkt der Last zwischen dem Drehpunkte des Hebels und dem Angriffspunkte der Kraft; bei dem Wurfhebel dagegen liegt der Angriffspunkt der Kraft zwischen seinem Drehpunkte und dem Angriffspunkte der Last. Die Fig. 89 stellt vor einen Trag-, die Fig. 90 einen Druck-, und die Fig. 91 einen Wurfhebel.

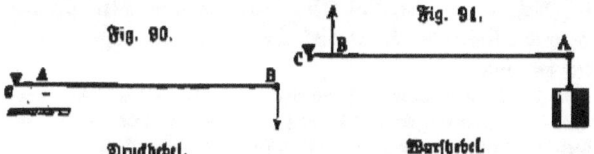

Fig. 90. Fig. 91.

Druckhebel. Wurfhebel.

Die **Winkelhebel** sind zweiarmige Hebel, deren Arme einen Winkel einschließen, der gewöhnlich ein rechter ist. Die nebenstehende Figur 92 stellt einen solchen vor.

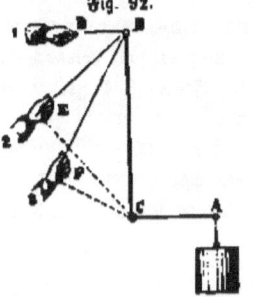

Fig. 92.

Aus derselben Figur ist es ferner ersichtlich, daß es nicht gleichgültig sein kann, wie die Kraft gegen den Winkelhebel gerichtet ist. In der Stellung mit 1 bezeichnet, wo dieselbe senkrecht gegen den Hebelarm wirkt, ist ihre Wirkung am größten, in jener mit 3 bezeichnet am kleinsten. In ersterem Falle ist nämlich der Hebelarm der Kraft gleich BC und demnach am größten, in letzterem der gezeichneten Fälle, gleich CF, also am kleinsten.

Winkelhebel.

§. 96.

Gleichgewicht an dem einarmigen Hebel.

Auch bei den **einarmigen Hebeln** ist die drehende Wirkung der Kraft entgegengesetzt gerichtet jener der Last. Diese drehenden Wirkungen müssen sich für den Zustand des Gleichgewichtes gegenseitig bekämpfen und aufheben; dieß kann nur stattfinden, wenn das drehende Moment der Kraft gleich ist jenem der Last, beide auf den Drehpunkt des Hebels bezogen.

Bezeichne ich nun die Kraft mit K, die Last mit L, so wird auch für das Gleichgewicht bei den einarmigen Hebeln (Fig. 89—91) die Gleichung stattfinden:

Die Kraft multiplizirt mit dem Arm ist gleich der Last multiplizirt mit ihrem Arm

$$K \times CB = L \times CA.$$

Nehmen wir an, daß CB zehnmal so lang wäre wie CA, so wird offenbar die Kraft bloß ein Zehntel der Last zu betragen brauchen.

<small>Die übliche Benennung: „einarmiger Hebel" ist, wie man sieht, ungerechtfertigt, indem ein solcher Hebel auch zwei Hebelarme besitzt. Beide Arme liegen bei diesem auf einer und derselben Seite des Drehpunktes.</small>

Beim Traghebel ist der Arm der Kraft größer, als jener der Last. Aus dieser Ursache hält an demselben eine geringere Kraft einer größeren Last das Gleichgewicht. Anders ist es beim Wurfhebel. Der Arm der Last ist hier größer, als jener der Kraft; es fällt demnach bei einem solchen für das Gleichgewicht die Kraft stets größer aus, als die Last. Einen Wurfhebel wird man nur in jenen Fällen anwenden, in denen man der Last eine schnelle Bewegung ertheilen will, wie dieß z. B. bei den Schleudermaschinen, Dreschflegeln, bei Stangen zum Herabschlagen der Nüsse u. s. w. der Fall ist.

§. 97.
Anwendungen des Hebels.

Auf dem Hebelgesetze beruhen die Wirkungen der Brech- und Hebeleisen (Fig. 93), der Schaufeln, der Hebeladen zum Ausroden der Bäume, der Maschinenhämmer, Zangen, Scheren, Schlüssel u. s. w. auch die Einrichtung der Wagen, welche genannten Vorrichtungen lauter zweiarmige Hebel vorstellen; ferner die Wirkungen der Blechscheren (Fig. 94), Hackmesser zum Tabak- oder Kräuterschneiden (Fig. 95), der Flachsbrechen (Fig. 96), der Rußknacker (Fig. 97), der Stirnhämmer, Schiebkarren (Fig. 98), Ruder, endlich jene der Fußtritte bei Schleifsteinen, Spinnrädern und Drehbänken (Fig. 99), der Brust- und Aufwurfhämmer,

Dreschflegel und des menschlichen Armes, welche Vorrichtungen als einarmige Hebel, nämlich Trag- oder Druckhebel, die zuletzt genannten aber als Wurfhebel angesehen werden müssen. Winkelhebel bilden Thürklinken, Klingelzüge, Wiegemesser u. m. a.

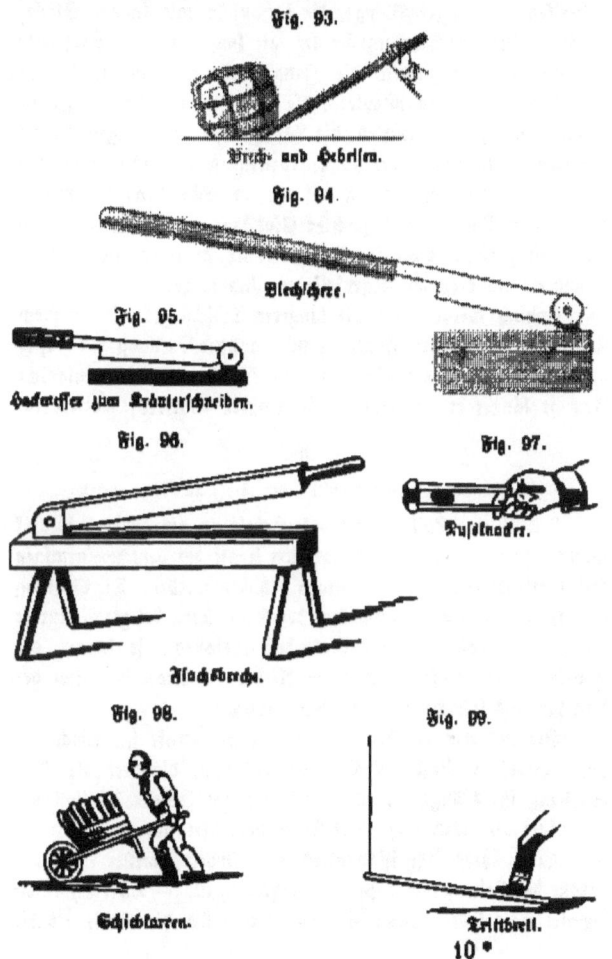

Fig. 93.
Brech- und Hebeisen.

Fig. 94.
Blechscheere.

Fig. 95.
Hackmesser zum Kräuterschneiden.

Fig. 96.
Flachsbreche.

Fig. 97.
Nußknacker.

Fig. 98.
Schichtkarren.

Fig. 99.
Trittbrett.

Weil nun zufolge des Hebelgesetzes die mechanische Wirkung der Kraft um so größer wird, je länger unter sonst gleichen Umständen ihr Hebelarm ist, so werden auch die Wagen mit längeren Armen empfindlicher sein, es werden die Brech- und Hebeeisen mit langer Stange, die Schaufeln mit langem Stiele, die Hebeladen und Schwanzhämmer mit langen auf die Kraftseite hinausgeschobenen Hebeln, die Zangen und Scheren mit langen Schenkeln und kurzen Mäulern, die Schlüssel mit breiten Handgriffen und schmalen Bärten, die Blechscheren mit langen Heften und nahem Anbringen der zu bearbeitenden Gegenstände an den Drehpunkt, die Schiebkarren mit langen Schenkeln, die Ruder mit langen Bäumen und seichter Einhängung derselben an dem Bote mit geringerer Kraftanstrengung die Arbeiten auszuführen erlauben, als dieß im Gegenfalle möglich wäre.

Endlich werden auch die längeren Dreschflegel mit niederem Kraftangriffe, längere Fußtritte mit kaupper Stellung des Fußes an den Drehpunkt derselben besser wirken, ebenso der menschliche Arm je länger er ist, eine um so größere Wurfkraft entwickeln.

§. 98.

Die Beschaffenheit der Arbeit einer Kraft an einem Hebel.

* Soll eine Last mittels des Hebels in die Höhe befördert werden, so muß der Angriffspunkt der Kraft bei dem zweiarmigen Hebel gesenkt, bei dem einarmigen gehoben werden. Die Senkung oder Hebung des Angriffspunktes der Kraft wird bei gleich starker Hebung der Last um so bedeutender ausfallen, je länger der Hebelarm der Kraft ist, d. h. je kleiner die Kraft bezüglich der Last für das Gleichgewicht zu sein braucht.

Hieraus erhellet, daß je geringer die Kraft ist, welche an einem Hebel der Last das Gleichgewicht hält, die vertikale Verschiebung ihres Angriffspunktes während des Hebens der Last um so größer ausfallen muß. Die Kraft verrichtet aber während der Bewegung ihres Angriffspunktes eine Arbeit, welche von der Größe der Hebung dieses Punktes abhängig ist. — Diese Thatsache leuchtet vornehmlich dann ein, wenn man sich die Kraft als ein

Gewicht vorstellt, welches vertikal herabwirkt. — Es ergibt sich also aus allem dem, daß die Arbeitsgröße, welche eine Kraft mittels des Hebels verrichtet, ganz genau jener gleich sein muß, welche nöthig ist, die Last geradezu, d. h. ohne Beihilfe des Hebels, auf dieselbe Höhe zu schaffen. Es wird demnach bei Verrichtung einer Arbeit mit Hilfe des Hebels an Arbeitsgröße gar nichts erspart; im Gegentheil es geht von der Arbeit der Kraft ein Theil verloren, weil auch dabei das Gewicht der Hebelstange theilweise gehoben und die Zapfenreibung im Drehpunkte der Stange überwunden werden muß.

Der Nutzen des Hebels besteht also nicht in dem, Lasten mit geringerer Arbeitsgröße zu heben, als dieß auf direkte Weise möglich wäre, sondern bloß darin, Arbeiten zu verrichten, welche sonst mit den gewöhnlich verfügbaren Kräften nicht ausführbar wären.

Der Angriffspunkt der Kraft beschreibt während der Hebung der Last bei allen Arten der Hebel, mit Ausnahme der Wurfhebel, einen größeren Weg als jener der Last u. z. ist dieser Weg, im Bogen gezählt, für die Kraft sovielmale größer, als sie selbst von der Last übertroffen wird. Aus dieser Ursache geschieht die Hebung der Last mittels des Hebels langsam, u. z. um so langsamer, je kleiner ihr Hebelarm im Vergleich zu jenem der Kraft ist.

In Verfolgung der ferneren Auseinandersetzungen werdet ihr einsehen, daß diese vom Hebel gemachten Bemerkungen bei allen Maschinen ihre Giltigkeit haben, also ein allgemeines mechanisches Gesetz aussprechen.

§. 99.

Rechnungsbeispiele über den Hebel.

Um ein gründlicheres Verständniß in den Berechnungen der über den Hebel im Leben vorkommenden Aufgaben zu erzielen, folgen die nachstehenden Beispiele sammt ihren Lösungen.

Die Hebelade.

1. Aufgabe. Bei der in Fig. 100 gezeichneten Hebelade betrage der Hebelarm ac = 16″ jener bc = 12′ = 144″. Um das Stammende direkte, also ohne jede Vorrichtung zu heben, wäre ein Kraftaufwand von 225 Pfund nöthig. Wie

Fig. 100.

Hebelade.

groß muß die in b vertikal abwärts wirkende Kraft sein, wenn sie dasselbe mit Hilfe des Hebels in die Höhe schaffen soll?

Auflösung. Diese Kraft wird aus der bekannten Vergleichung gefunden, nämlich:

Die Kraft multiplizirt mit ihrem Arm	ist gleich	der Last in ihren Arm
K × 144	=	225 × 16
nämlich K = $\frac{225 \times 16}{144}$	=	25 Pfund.

Eine Kraft von 25 Pfund wird demnach schon genügen das Stammende zu heben.

<small>Will man den Stamm höher aufrichten, als dieß die Unterlage des Hebels (der Bolzen der Hebelade nämlich) erlaubt, so stecke man unter das Kopfende des Hebels in das nächst höher gelegene Loch des Ständers einen zweiten Bolzen, hebe um etwas weniger das Schwanzende des Hebels, bringe den unteren Bolzen in die noch höhere Reihe der Löcher des Ständers und benütze diesen als Unterlage für den Hebel. Auf solche Weise kann die Last ruckweise nach aufwärts geschafft werden.</small>

Das Sicherheitsventil.

2. Aufgabe. Man hätte das Belastungsgewicht eines nach abwärts drückenden Hebels z. B. eines sogenannten

Sicherheitsventils zu berechnen. Ein solches Ventil, siehe Fig. 101, wird auf den Dampfkesseln angebracht, und hat den Zweck sich zu öffnen, sobald die Spannung des Dampfes im Kessel zu groß ausfällt, um sodann dem Dampfe den Austritt zu ermöglichen, wodurch ein Bersten des Kessels verhindert wird.

Fig. 101.

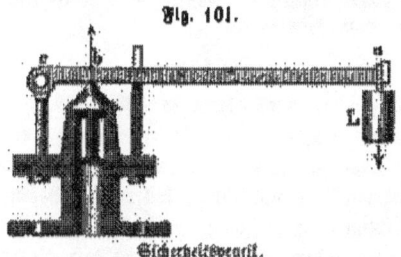

Sicherheitsventil.

Auflösung. Der Dampf drückt auf das Ventil von unten nach aufwärts, nehmen wir an mit einer Kraft von 84 Pfund. Der Angriffspunkt dieser Kraft am Hebel wird sein in b. Das Belastungsgewicht L, welches man im Endpunkte a des Hebels aufhängt ist die Last, und c ist der Drehpunkt dieses Hebels. Gesetzt, daß an diesem Wurfhebel cb = 5″ und ca = 35″ betragen, so muß dem bekannten Satze zufolge:

Die Kraft multipliziert mit dem Arm *gleich* der Last multipliziert mit ihrem Arm

84 × 5 = L × 35 sein,

und hieraus $L = \frac{84 \times 5}{35} = 12$ Pfund sich ergeben.

Das Gewicht von 12 Pfund wird also genügen, um der Dampfkraft von 84 Pfund mit Hilfe des Hebels das Gleichgewicht zu halten; was auch so zu verstehen ist, daß dieses Gewicht, welches in a aufgehängt wurde, wenn man es auf den Punkt b reduzirt, dort einen Druck von 84 Pfund nach abwärts ausübt. Außer diesem wird auch noch die Hebelstange, wegen ihres eigenen Gewichtes, auf das Ventil drücken. Der Gesammtdruck auf das Ventil fällt demnach um etwas größer aus, als der angegebene ist.

152

Der Druck von Seite der Hebelstange wird einfach durch das Auflegen der Stelle b auf eine Wage gefunden, wobei die Hebelstange in c drehbar befestiget bleibt. Das zur Herstellung des Gleichgewichts der Wage nöthige Gewicht ist diesem Drucke gleich.

Auch will ich nicht unbemerkt lassen, daß wenn die untere Fläche des Ventils, auf welche der Dampf vermöge seiner Spannkraft wirkt, 3 Quadratzoll mäße, im obigen Beispiele der Druck des Dampfes auf einen Quadratzoll 84 : 3 = 28 Pfund betragen müßte.

Das Hebeisen.

3. Aufgabe. Das Hebeisen (Fig. 102), welches der Steinhauer zum Aufheben der Steine braucht, um diesen die erforderliche Lage zu geben, ist bekanntlich eine Stange, welche an dem stärkeren Ende eine flache, keilförmige Gestalt hat. Mit dieser keilförmigen Spitze wird unter den zu hebenden Stein gefahren, und indem man hierauf an dem oberen Ende der Stange einen mäßigen Druck nach abwärts ausübt, so wird derselbe genügen, um selbst größere Steine ohne Schwierigkeit um eine ihrer Kanten zu drehen.

Fig. 102.

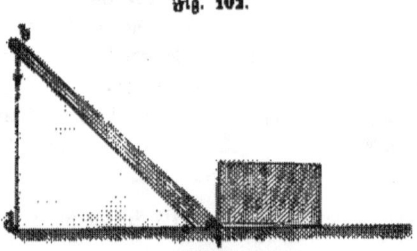

Hebeisen.

Wollte man den Stein ohne dieses Hebeisen, bloß mit den Händen, die Kante a angreifend heben, so würde dieses eine bedeutende Anstrengung kosten, wenn der Stein eine größere Ausdehnung hätte; denn wöge derselbe bloß 4 Zentner, so müßte man in a eine Kraft von 2 Zentner entwickeln, um ihn etwas zu heben (die anderen 2 Zentner würden von der Kante c getragen werden).

Wie groß muß also die in b Fig. 102 wirksame Kraft sein, wenn die Last von 200 Pfund zu heben ist, und wenn bei dem Hebeisen ac = 3″, dc = 30″ betragen?

Auflösung. Das Hebeisen stellt einen Winkelhebel vor. In c ist dessen Drehpunkt, in a ist der Angriffspunkt der Last, in b jener der Kraft, deren Hebelarm die dc, als Senkrechte vom Drehungspunkte auf die Richtung der Kraft, vorstellt. Nach dem bekannten Hebelgesetze muß auch hier:

$K \times 30 = 200 \times 3$; also $K = 20$ Pfund sein.

Man wird demnach bloß die Kraft von 20 Pfund aufzuwenden brauchen, um den 400 Pfund schweren Stein um die Kante aufwärts zu drehen.

4. Aufgabe. An einer Tragstange (Fig. 103) befördern zwei Arbeiter eine Last von 240 Pfund. Der eine Arbeiter greift an dem einen Ende A, der andere an dem anderen Ende B der Stange an. Welchen Druck hat jeder Arbeiter auszuhalten, wenn die Last außer der Mitte der Stange, z. B. in C aufgehängt ist, wobei AC = 4' und BC = 2' beträgt?

Fig. 103.

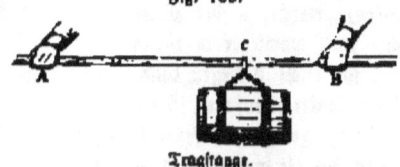

Tragstange.

Auflösung. Wäre die Last in der Mitte der Stange aufgehängt, so würde auf jeden Arbeiter die Hälfte der Last, also 120 Pfund entfallen. Weil aber dieselbe dem Punkte B halb so nahe ist als dem Punkte A, so kommt auf B ein doppelt so großer Druck als auf A zur Wirkung. Theile ich nun die ganze Last von 240 Pfund in drei Theile, so werden zwei solche Theile auf B und ein Theil auf A drücken. Der die Stange in A haltende Arbeiter wird also 80 Pfund, der sie in B unterstützende wird 160 Pfund zu tragen haben.

Wissenschaftlich hätte man die vorliegende Aufgabe auf nachstehende Weise lösen können: Um den Druck auf B zu finden, denkt man sich A als Drehpunkt eines Traghebels, C als Angriffspunkt der Last und B als jenen der Kraft. Dann muß zufolge Hebelgesetzes

$K \times 6 = 240 \times 4$; also $K = 160$ Pfund sein.

Ganz ähnlich müßte die Rechnung hinsichtlich des Druckes in A geführt werden.

Dieses Beispiel lehrt auch, warum die Auflagen der Fußböden (Tramme, Dippelbäume) unserer Zimmer um so mehr in Anspruch genommen werden, je stärker sie belastet sind und je näher die Last einer der Auflagen (der Mauerbank) sich befindet.

§. 100.
Die gemeine Wage.

Die Wage, welche im gewöhnlichen Leben eine vielfache Anwendung erfährt, beruhet ebenfalls auf der Hebelwirkung.

Die Wage ist ein Instrument, welches dazu dient die Körper zu wägen, d. h. ihr absolutes Gewicht aufzufinden. Sie ist entweder gleicharmig oder ungleicharmig.

Die gleicharmige Wage (Fig. 104) besteht aus einem Balken mn (dem Wagbalken), welcher in der Mitte eine feste Achse hat, womit er in einem Lager (Schere) sich leicht bewegen kann. Über dieser Achse, senkrecht auf mn, ist ein Stift z, die Zunge genannt, befestiget, welcher den Zweck hat die wagrechte Lage des Wagbalkens anzugeben.

Der Wagbalken ist von beliebigem, entsprechend festem Materiale angefertiget, und muß jedesmal in unbelastetem Zustande eine horizontale Lage annehmen.

Fig 104.

Gleicharmige Wage.

Dieser Anforderung wird nun am einfachsten auf die Weise entsprochen, daß man die beiden Wagarme, die gleich lang sind, genau simmetrisch konstruiert. Die beiden Hälften des Wagbalkens werden daher in derselben Weise geformt und gleich schwer gemacht.

Der Wagbalken muß ferner die Eigenschaft besitzen, sobald er aus der horizontalen Lage gebracht wird, nach einigen Schwingungen wieder in die frühere wagrechte Lage zurückzukehren.

Dieses wird dadurch erreicht, daß man dem Wagbalken eine solche Form gibt, bei welcher dessen Schwerpunkt vertikal unter der Drehungsachse, also in der Richtung der Zunge, zu liegen kommt. Er wird demnach in der Mitte breiter gemacht, und man läßt ihn von dort gegen die beiden Enden gleichmäßig schmal auslaufen.

Auf beiden Enden des Wagbalkens sind die Wagschalen aufgehängt, wovon die eine zur Aufnahme des abzuwägenden Körpers, die andere zu jener der Gewichte dient. Die Wagschalen sind gleich schwer, so daß der Wagbalken auch dann, wenn sie an demselben aufgehängt sind, seine wagrechte Lage behält.

Aus den Betrachtungen des Hebels folgt, daß an einer gleicharmigen Wage bloß gleiche Gewichte sich das Gleichgewicht halten werden.

Dieses Gleichgewicht zeigt die Wage dadurch an, daß sie sich in jene stabile Lage einstellt, für welche die Zunge derselben eine vertikale Richtung einnimmt, d. h. wobei die Zunge mit der Richtung der Schere zusammenfällt. — Auf welche Weise das Abwägen der Ware selbst geschieht, brauche ich nicht erst anzugeben.

Fig. 105.

Chemische Wage.

Die Krämerwage hält man frei in der Hand, die chemischen Wagen (Fig. 103), deren Zungen nach abwärts gerichtet sind, ruhen auf festjtehenden Lagern und die größeren Wagen werden gewöhnlich aufgehängt. Die Magazins- wagen dagegen sind an starken Tragstangen festgemacht. Diesen Befestigungs- stangen muß ein solcher Querschnitt gegeben werden, daß sie die hinreichende Festigkeit besitzen, um dem Zuge der Wage nach abwärts den nöthigen Wider- stand zu leisten. Dieser Zug besteht selbstverständlich aus dem Gewichte der Wage und aus dem doppelten größten Gewichte der Waare, welche auf der Wage abgewogen werden soll.

Die Krämerwage (gemeine Wage) wird das Gewicht einer Waare weniger scharf als eine Dukatenwage, diese wieder nicht so genau wie eine chemische Wage angeben. Man wird demnach auf der ersten Wage minder werthvolle Sachen, auf der zweiten die Gold- und Schmucksachen, auf der chemischen Wage dagegen solche Substanzen abwägen, welche vermöge ihrer kleinen Menge keine groben Wägungen vertragen.

§. 101.
Die Genauigkeit der Wage.

Jede Wage muß vor allem genau sein und nebstdem jenen Grad der Empfindlichkeit besitzen, welcher ihrer Verwendung entspricht.

Eine ungenaue Wage ist in den meisten Fällen unbrauch- bar. Die gemeine Wage ist ungenau, wenn sie ungleich lange Wagarme besitzt; weil bei derselben das aufgelegte Gewicht nur dann, wenn ihre beiden Hebelarme gleich lang sind, jenes der Waare genau angeben wird.

Wie erfährt man aber, ob eine Wage genau konstruiert ist? Leistet die horizontale Stellung des Wagbalkens in unbelastetem Zustande hinreichende Bürgschaft für ihre Richtigkeit?

Diese horizontale Einstellung des Wagbalkens ist zwar beruhigend, aber kein ausreichendes Kennzeichen der Genauigkeit einer Wage, weil auch ungleich lange Wagarme sich horizontal einstellen können. — Der längere Arm könnte ja schwächer ge- baut sein. —

In dieser Hinsicht besteht die verläßlichste Kontrole im nachstehenden: Man lege, nachdem man sich überzeugt hat, daß der Wagbalken mit den angehängten Wagschalen in unbelastetem Zustande sich das Gleichgewicht hält, in eine Wagschale die

Ware, in die andere so viele Gewichte, bis der Wagbalken sich horizontal einstellt. Alsdann verwechsle man die Ware mit den Gewichten und sehe ob das Gleichgewicht auch jetzt bestehe. Ist dieß der Fall, so ist die Wage genau und richtig konstruiert. Würde die Wage diese Probe nicht aushalten, so wären ihre Wagarme ungleich lang, sie selbst würde für gewöhnliche Wägungen unbrauchbar sein.

Wenn man auf eine solche fehlerhafte Wage angewiesen wäre, so könnte obwohl mit einiger Umständlichkeit doch auch mit derselben richtig gewogen werden. Anstatt sogleich abzuwägen, tariert man nämlich zuerst die Ware auf der Wage ab, d. h. man legt die Ware auf die eine Wagschale und gibt auf die andere so viele gleichgiltige Gewichte oder Körperchen wie z. B. Fisolen, Granatkörner, Schrote, bis die Wage in's Gleichgewicht gebracht ist. Alsdann nimmt man die Ware von der Wagschale weg und bringt an ihre Stelle so viele genaue Gewichte als es nötig ist, damit der Wagbalken sich neuerdings horizontal einstelle. Diese Gewichte vertreten jetzt offenbar die Schwere der Ware. Sie müssen demnach das Gewicht derselben genau angeben.

Außerdem, daß die Wage genau konstruiert sein muß, darf ihr auch der nötige Grad von Empfindlichkeit nicht fehlen.

Eine Wage ist empfindlich, wenn sie das geringste Übergewicht auf einer der beiden Wagschalen, mittels des Neigens der Zunge, anzeigt. Je kleiner dieses Übergewicht zu sein braucht, bei welcher die Wage bereits ausschlägt, um so empfindlicher ist dieselbe.

Eine gute Wage, welche zu den gewöhnlichen genauen Wägungen brauchbar ist, muß wenigstens die Empfindlichkeit von $\frac{1}{10000}$tel besitzen.

Diese Bezeichnungsweise bedeutet, daß, nachdem auf jeder der beiden Wagschalen das Gewicht von 1 Pfund aufgelegt wurde und sich das Gleichgewicht hält, eine Zulage von $\frac{1}{10}$ Gran auf eine der Wagschalen einen kennbaren Ausschlag der Wage bewirkt.

Ganz genaue und sehr empfindliche Wagen werden gegenwärtig in vielen Fabriksorten von geschickten Mechanikern angefertiget, weil das Bedürfnis nach solchen Wagen bei der verdienten Würdigung, welche in unserer Zeit den chemischen Untersuchungen gezollt wird, ein ziemlich bedeutendes geworden ist.

In der Konstruktion der Wagen hat man es bereits so weit gebracht, daß Wagen, welche selbst die Empfindlichkeit von einem Milliontel besitzen, zu keinen Seltenheiten gehören. Eine solche Wage gibt bei der Belastung der beiden Wagschalen mit je 1 Kilogramm (1,000.000 Milligramme) und einer Zulage von 1 Milligramm bereits einen merklichen Ausschlag.

§. 102.
Die Empfindlichkeit der Wage.

Die Empfindlichkeit einer zweiarmigen Wage hängt von ihrer Bauart ab. Die genaue Betrachtung der an den beiden Hebelarmen der Wage wirkenden Kräfte lehrt, daß eine zweiarmige Wage empfindlich ist:

1. Wenn die Wagarme möglichst lang und dabei thunlichst leicht sind. Man macht sie aus diesem Grunde so lang, als noch die bequeme Handhabung der Wage es erlaubt, und nicht massiv (voll) sondern durchbrochen.

2. Wenn der Schwerpunkt des Wagbalkens und die Verbindungslinie der Aufhängpunkte beider Wagschalen möglichst nahe unterhalb der Drehungsachse liegen, ohne aber mit dieser selbst zusammenzufallen. (Vergl. mit §. 70.)

Soll nämlich ein Ausschlag der Wage geschehen, so muß das Zulaggewicht, welches an dem Ende des Wagarmes wirkt, die Schwere des Wagbalkens, deren Angriffspunkt im Schwerpunkte des Wagbalkens liegt, ferner die Schwere der Barr sammt dem Gegengewichte und jene der Wagschalen, deren Angriffspunkt wieder in die Mitte der obbenannten Verbindungslinie fällt, heben. Man sieht aus dieser Zergliederung leicht ein, daß je näher diese zwei Punkte an der Drehungsachse zu liegen kommen, in demselben Verhältnisse die Hebelarme der dort angreifenden Schwerkräfte, welche dem den Wagausschlag veranlassenden Zulaggewichte (Uebergewichte) entgegenwirken, kleiner ausfallen werden.

3. Wenn die Reibung der Wage eine so geringe, wie nur möglich ist. Aus dieser Ursache macht man die Drehungsachse schneidig und läßt die Schneide auf einer sehr harten Pfanne (Unterlage) aufliegen.

§. 103.
Die Schnellwage.

Zu den ungleicharmigen Wagen gehört die Schnellwage. Sie heißt auch römische Wage. Bei derselben ist der

Hebelarm der Kraft länger als jener der Last. Man kann auf dieser Wage mit Hilfe eines einzigen, unbedeutenden Gewichtes nicht nur beträchtlich schwerere Gegenstände, sondern auch schneller, als dieß auf der gemeinen Wage der Fall ist, abwägen. Die Wage ist so gebaut, daß im unbelasteten Zustande die Schwere ihres längeren Armes jener des kürzeren und der Wagschale das Gleichgewicht hält. Das Gewicht, welches auf dem längeren Arm hin- und hergeschoben wird, und das Gegengewicht für die auf dem kürzeren Wagarm aufgehängte Ware bildet, heißt der Laufer oder das Laufgewicht. Die Figur 106 stellt eine

Fig. 106.

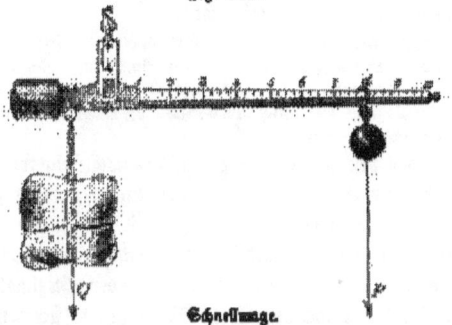

Schnellwage.

solche Wage vor. Hier ist b der Aufhängpunkt der Ware, c der Drehpunkt der Wage und d der Auflagpunkt des Laufers P, welcher gewöhnlich ein Pfund oder mehrere Pfunde wiegt. Wird um dc = cb, also = cl eingestellt, d. h. macht man die Entfernung des Auflagpunktes des Laufers und des Aufhängpunktes der Ware vom Drehpunkte für den Zustand des Gleichgewichtes gleich groß, so wird auch das Gewicht der Ware gleich sein dem Gewichte des Laufers. Bei doppelter, dreifacher ... Entfernung des Laufers vom Drehpunkte — wenn die Ware in derselben Stellung bleibt — wird aber das Gewicht der Ware doppelt, dreimal ... so groß sein, wie jenes des Laufers, weil in diesen Fällen der Arm der Kraft doppelt, dreimal ... so groß ist, wie jener der Last.

Um diese Abstände nicht erst messen zu dürfen, ist auf dem längeren Arm eine Eintheilung angebracht, und bei einiger Übung wird man mit Hülfe dieser Wage, durch das Verschieben des Laufers, recht schnell das Gewicht von Waren, bei deren Abwägung es sich nicht um große Genauigkeit handelt, bestimmen können. In der Figur ist cd = 8cb. Für diese Stellung des Laufers wird jedes Pfund desselben acht Pfunden der Waare das Gleichgewicht halten.

Bei Abwägung schwererer Gegenstände, für welche also das Laufgewicht nicht mehr ausreicht, wird ein dem Punkte c näherer Punkt zum Drehpunkte der Wage gemacht, dieselbe umgekehrt und mit der unteren Schere gehalten. Nachdem der jetzige Drehpunkt der Last näher liegt als der frühere, so wird damit eine größere Übersetzung der Kraft erreicht und demnach das Abwägen gewichtigerer Gegenstände ermöglicht.

In diesem Falle wird man die Scheere nicht mehr frei in der Hand halten, sondern man hängt sie auf einen festen Punkt auf, oder legt sie auf eine Stange, welche wieder beliebig unterstützt wird. Der Druck auf den Aufhängepunkt der Wage ist hier gleich dem Gewichte der Wage sammt dem Laufer, mehr dem Gewichte der Waar.

Außer den beschriebenen Wagen gibt es noch Zeigerwagen zum Abwägen der Briefe, welche gewöhnlich nichts anderes sind als Winkelhebel; dann Federwagen (vergl. mit §. 62), wo aus der Größe der Zusammendrückbarkeit einer Feder das Gewicht der Waare bestimmt wird; endlich Brücken- oder Dezimalwagen, welche ich bei den zusammengesetzten Maschinen beschreiben werde.

§. 104.
Die Rolle.

Die Rolle ist eine kreisrunde Scheibe, welche um eine durch ihren Mittelpunkt gehende Achse sich drehen läßt, und über deren Umfang in einer Nuth ein Seil oder Riemen geht, an welchem die Kraft und Last thätig sind.

Man unterscheidet zweierlei Rollen: die feste und die bewegliche Rolle. Fest ist eine Rolle, wenn deren Mittelpunkt während ihrer Verwendung auf demselben Orte verbleibt; wird dagegen dieser Punkt während der Arbeit gehoben oder gesenkt, so heißt die Rolle eine bewegliche. Die Achse der festen Rolle liegt in der sie umfassenden Gabel, die Scheere genannt.

§. 105.
Die feste Rolle.

An einer festen Rolle wird die Kraft stets der Last gleich sein. Eine feste Rolle (Fig. 107) stellt nämlich einen gleicharmigen Hebel vor, dessen Drehpunkt in c, der Hebelarm der Last = cb und jener der Kraft = ca oder = ca, ist, wornach also die Kraft gleich der Last sein muß.

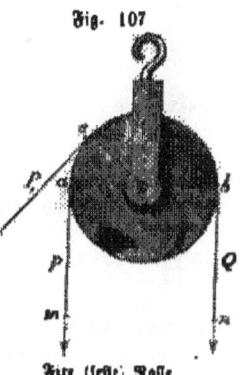

Fige (feste) Rolle.

Die Rolle ist demnach eine Maschine, bei welcher in der Kraftäußerung rücksichtlich der Last keine Verminderung eintritt, und welche bloß dort verwendet wird, wo man der Kraft eine, der auszuführenden Arbeit entsprechendere Richtung geben will. Die Figuren 108, 109 und 110 weisen auf einige der vielen Anwendungen der Rolle hin.

Fig. 108.   Fig. 109.   Fig. 110.

Anwendungen der Rolle.

Die feste Rolle dient gewöhnlich nur als Hilfsmaschine, indem sie mit anderen Maschinen in Verbindung gesetzt wird. Selbstständig kommt sie unter anderen bei der Rammmaschine vor.

Die Rammmaschine.

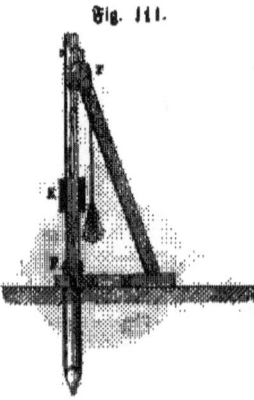

Fig. 111.

Rammmaschine.

1. Aufgabe. Ein Rammkloß (K) von 240 Pfund Gewicht wird von 8 Mann mit Hilfe einer festen Rolle (r Fig. 111) gehoben; welche Kraft muß ein jeder Mann während der Hebung entwickeln?

Auflösung. Die Kraft ist bei dieser Vorrichtung wie bekannt gleich der Last. Zum Heben von 240 Pfund wird also während des Hebens jeden Augenblick die Bekämpfung des Gewichtes von 240 Pfd. nöthig werden. Auf jeden Mann entfallen demnach $240 : 8 = 30$ Pfund an Kraftleistung.

2. Aufgabe. Welche Arbeitsgröße verrichteten diese 8 Mann während der Hebung des Rammkloßes auf die Höhe von 6 Fuß?

Auflösung. Die Arbeitsgröße ist zufolge des §. 91 ... $= 240 \times 6 = 1440$ Fuß-Pfund $= 3\cdot35$ Pferdekräften.

Fällt der Rammkloß auf die Pilote (P) nieder, so wirkt auf ihn während des Niederfallens die Schwere. Diese verrichtet eine Arbeit, welche derjenigen gleich ist, die man verwenden mußte, um den Rammkloß zu heben. Die nämliche Arbeit gibt also der Rammkloß an die Pilote beim Niederfallen ab. Dieselbe wird demnach in dem angegebenen Beispiele mit einer Kraft von $3\frac{1}{5}$ Pferden in die Erde hineingetrieben.

§. 106.
Die bewegliche Rolle.

Bei der beweglichen Rolle (Fig. 112) ist die Last in dem Mittelpunkte der Rolle aufgehängt. Das eine Ende des um die Rolle geschlungenen Seiles ist festgemacht, u. z. wie die Figur zeigt, in v; an dem freien Ende des Seils, welches gewöhnlich noch über eine feste Rolle geht, wirkt die Kraft P dieser Maschine.

Bei Verwendung der beweglichen Rolle kann, wenn die Schnüre an derselben parallel laufen, mittels einer verfügbaren Kraft die doppelte Last gehoben werden.

Die bewegliche Rolle stellt nämlich einen Traghebel vor, dessen Drehpunkt (eigentlich Stützpunkt) in o liegt und wobei nc der Arm der Last, nc jener der Kraft ist. Weil nun nach diesem der Hebelarm der Kraft doppelt so groß ist, wie jener der Last, so braucht auch die Kraft nur halb so groß zu sein, wie die Last.

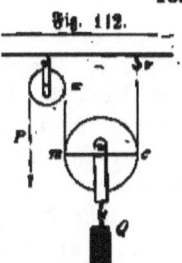

Bewegliche Rolle.

Aufgabe. Mittels einer beweglichen Rolle soll eine Last von 200 Pfund gehoben werden. Welche Kraft ist hiezu erforderlich, wenn die Schnüre parallel laufen?

Auflösung. Die Kraft muß der halben Last gleich sein, sie wird also 100 Pfund betragen. — Wären die Schnüre nicht parallel gerichtet, so müßte dieselbe größer ausfallen. —

Das obige Verhältniß gilt für das Gleichgewicht. Soll aber die Last gehoben, also in Bewegung gesetzt werden, so müssen außer dem Gewichte derselben noch andere Widerstände überwunden werden; wie die Reibung der Achse (des Zapfens) der Rolle in ihrem Lager, welche Zapfenreibung genannt wird, und außerdem die Seilsteifigkeit. Man kann diese zwei Widerstände im Durchschnitte gleich dem fünften bis zehnten Theil der Last annehmen. Wegen dieser Widerstände muß die Last bei der Berechnung des Kraft- und Lastverhältnisses um $1/5$ vermehrt werden. Die Kraft, welche Bewegung schafft, wird demnach im letzten Beispiele nicht 100, sondern 120 Pfund betragen müssen.

Man kann sich leicht überzeugen, daß auch bei der beweglichen Rolle (wenn die Reibungswiderstände und die Seilsteifigkeit nicht berücksichtiget werden) die Arbeitsgröße der Kraft gleich ist jener der Last. Um was die Kraft kleiner zu sein braucht, als es die Last ist, in demselben Verhältnisse muß dieselbe einen größeren Weg beschreiben. Wegen der vorhandenen Widerstände aber fällt die Arbeitsgröße der Kraft in jedem Falle größer aus, als jene der Last.

§. 107.
Das Wellrad.

Das Rad an der Welle besteht aus einer Welle (Walze), auf welcher sich das Seil, an dem die Last befestigt ist, aufwindet und aus einer damit verbundenen Scheibe, an deren Umfange die Kraft wirkt. Anstatt der Scheibe oder des Rades sind öfters durch die Welle hindurch Stangen (Hebebäume) gesteckt, an welchen die Kraft angreift, wie bei dem Kreuzhaspel (Fig. 113 b, c) und der Erdwinde (Fig. 113 e, f), oder es ist mit dem Rundbaume eine Kurbel in Verbindung gebracht, mittels welcher die Welle in Bewegung gesetzt wird, wie bei dem Hornhaspel (Fig. 113 a) und der Aufzugwinde.

Räder an der Welle.

Außerdem sind: der Tummelbaum (Fig. 113 d) (die stehende Winde zum Heben der Baumaterialien), der diesem ähnlich gebaute Göpel, welcher zum Heben der Erze aus den Schachten der Bergwerke dient, ferner das Tretrad, alle Zahnräder, Seilscheiben u. s. w. nichts anderes als Räder an der Welle.

Ein Wellrad (Fig. 114 und 115) ist dem Wesen nach nichts weiter als ein zweiarmiger Hebel mit ungleich langen Armen. Dabei ist c der Drehpunkt (durch diesen Punkt geht die Achse der Welle), nc der Hebelarm der Last Q, mc jener der Kraft P. In dem Maße als der Kraftarm den Lastarm übertrifft, in demselben Maße wird die Kraft für den Zustand des Gleichgewichtes geringer zu sein brauchen, als es die Last ist; obwohl bei eintretender Bewegung der Weg, den ihr Angriffspunkt beschreibt, wie dieß aus der Figur leicht zu entnehmen ist, auch

165

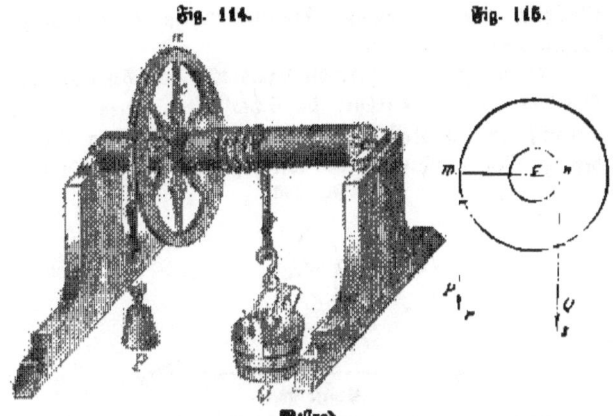

Fig. 114. Fig. 115.

Wellrad.

in dem Verhältnisse größer ausfallen muß. Die Arbeitsgröße der Kraft ist demnach auch hier gleich der Arbeitsgröße der Last.

Aufgabe. Wie groß muß die Kraft P sein, welche — wie die Fig. 115 es zeigt — am Umfange des Rades wirkt, wenn durch sie eine Last Q von 112 Pfund mit Hilfe eines Wellrades im Gleichgewicht erhalten werden soll, an dem der Halbmesser des Rades cm = 3 Schuh und jener der Welle cn = 3 Zoll beträgt?

Auflösung. Zufolge Hebelgesetzes ist $P \times 36 = 112 \times 3$, woraus sich die Kraft P mit $9\frac{1}{3}$ Pfund $= \frac{1}{12} K$ ergibt.

Der Weg der Kraft bei der Hebung der Last müßte, nach dem Vorhergehenden auch 12mal so groß werden, wie jener der Last. Wegen der Zapfenreibung und Seilsteifigkeit ist zur Bewegung eine etwas größere als die oben berechnete Kraft nöthig. Man findet sie, wenn man, wegen der bezeichneten Widerstände, die Last um den $\frac{1}{5}$ bis $\frac{1}{3}$ Theil vermehrt und dann erst die obige Rechnung ausführt. Sie wird also 11—12 Pfund betragen.

§. 108.

Die schiefe Ebene.

Die schiefe Ebene ist eine Vorrichtung, welche benutzt wird um Lasten schief gegen den Horizont, rollend oder schiebend, allmählich und mit mäßiger Kraftanstrengung in die Höhe zu schaffen oder herabzulassen.

Die Stiegen, Rampen, die Laufbrücken zum Befördern der Baumaterialien auf Gerüste, die Schrotleitern, deren man sich bedient, um die Fässer in den Keller oder von einem Wagen herabzurollen, beruhen auf der Wirkung einer schiefen Ebene.

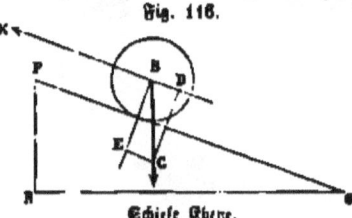

Fig. 116.

Schiefe Ebene.

Zeichnet man eine solche schräge Ebene PQR und den zu hebenden Gegenstand, z. B. ein Faß im Durchschnitte (Fig. 116) so wird man alsogleich einsehen, daß die schiefe Ebene, wie eine Unterlage, den auf ihr liegenden Gegenstand zu tragen mithilft. Zerlegt man nämlich das Gewicht des Gegenstandes (durch die Linie BG ausgedrückt) in die beiden Seitenkräfte BE und BD (nach §. 89), wovon die erste Kraft senkrecht auf die schiefe Ebene, die zweite parallel zu ihr wirkt, so muß zugegeben werden, daß der senkrecht gegen die schiefe Ebene gerichtete Druck BE durch die Festigkeit derselben aufgehoben, d. h. der dieser Linie entsprechende Theil des ganzen Gewichtes des Körpers von derselben getragen wird, so daß die äußere Kraft K bloß die andere Komponente BD zu überwinden nöthig hat, um den Gegenstand auf der schiefen Ebene im Gleichgewicht zu erhalten. Aus dieser Betrachtung folgt auch, daß je weniger die schiefe Ebene geneigt ist, sie einen um so bedeutenderen Theil der Last zu tragen helfen wird, und daß die Kraft, welche das Herabrollen der Körper verhindert, auch in dem Verhältnisse, geringer zu sein braucht.

Nach obigem Verfahren könnte man für jeden besonderen Fall, wo die Neigung der schiefen Ebene gegen den Horizont bekannt und die Last durch die Linie BG nach einem Maßstabe aufgetragen ist, mittels Zeichnung die fragliche Kraft finden.

§. 109.

Das Gleichgewicht an der schiefen Ebene.

Auch bei der schiefen Ebene können die dort auftretenden Kräfte als an einem Winkelhebel wirkend angesehen werden, wenn man sich nur denkt, daß die Kraft im Schwerpunkte des zu hebenden Gegenstandes angreife. C (Fig. 117) ist sodann

Fig. 117.

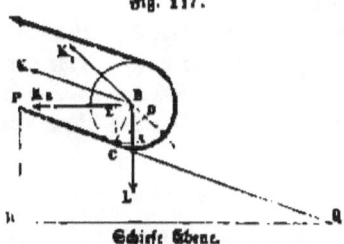

Schiefe Ebene.

der Drehpunkt (Stützpunkt), B der Angriffspunkt der Kraft, A jener der Last dieses Hebels. Nach dem Hebelgesetze wäre sofort:

$$K \times BC = L \times AC.$$

Aus der Figur selbst gewahrt man, daß bei allen möglichen Neigungen der schiefen Ebene der Hebelarm der Kraft, so lange sie parallel zur schiefen Ebene wirkt, sich nicht ändert, daß dagegen der Hebelarm der Last bei einer stärkeren Neigung der Ebene auch größer wird. — Je größer aber der Arm der Last bei gleichbleibendem Arm der Kraft ist, um so größer muß die aufzuwendende Kraft werden; hieraus ergibt sich also, daß je höher die schiefe Ebene ist, eine um so größere Kraft nothwendig ist, um das Gleichgewicht auf derselben herzustellen.

Endlich sieht man ein, daß wenn die Kraft schief, d. h. unter einem Winkel gegen die schräge Ebene wirkt, ihr Hebelarm kürzer wird als in dem Falle, wo sie parallel gerichtet war. — In der Figur sind DC und EC die Hebelarme für die zwei verschiedenen Lagen der Kräfte K_1 und K_2; sie find kleiner, als der Arm 'BC, welcher der parallel zur schiefen Ebene wirkenden Kraft entspricht. — Es wird demnach am zweckmäßigsten sein, die Kraft parallel zur Länge PQ der schiefen Ebene anzubringen.

Wird das obige Gesetz des Winkelhebels durch das entsprechende der Arbeitsgröße ausgedrückt, so muß das Produkt aus der Kraft in die Länge der schiefen Ebene gleich sein dem Produkte aus der Last in die Höhe dieser Ebene.

Beschreibt nämlich der Angriffspunkt der Kraft einen Weg, welcher einem Theil oder der ganzen Länge der schiefen Ebene gleich ist, so wird jener der Last den hiezu entsprechenden Theil der Höhe oder die ganze Höhe dieser Ebene zurücklegen.

§. 110.
Die Schrotleiter.

Aufgabe. Ein 400 Pfund schweres Faß soll über eine Schrotleiter herabgelassen werden, welche Kraft ist dabei anzuwenden, wenn die Höhe dieser schiefen Ebene = 4 Schuh und die Länge = 10 Schuh ist, die Kraft parallel zur Länge der schiefen Ebene wirkt, und die Reibung zwischen dem Fasse und der Leiter nicht berücksichtiget wird?

Auflösung. Dieselbe Kraft, welche nothwendig sein würde, um die Last hinaufzuziehen. Man wird demnach anschreiben:

Die Kraft multiplizirt mit der Länge $\;$ ist gleich $\;$ der Last multipl. mit der Höhe der schiefen Ebene

$$K \times 10 = 400 \times 4,$$

woraus sich die Kraft von 160 Pfunden ergibt.

<small>Die Reibung verändert das Gleichgewichtsverhältniß auf der schiefen Ebene bedeutend. Sie erschwert das Hinaufbewegen einer Last beträchtlich, erleichtert dagegen das Herablassen derselben, indem sie deren Herabrollen oder Gleiten verhindert. Die Reibung ist auch Ursache, warum beim Herablassen der Körper eine gegen die schiefe Ebene geneigte Richtung der Kraft vortheilhafter sein wird, als die zu derselben parallele (vergl. §. 109).</small>

§. 111.

Bewegung der Körper über der schiefen Ebene.

Befragen wir uns nun jetzt, was geschehen wird, wenn das Seil während des Herabbewegens des Fasses reißen würde? Jeder von euch wird sagen, das Faß wird herabrollen. Dieß ist richtig, wie wird aber die Bewegung dieses herabrollenden Gegenstandes beschaffen sein? Der mit den früher erläuterten Bewegungsgesetzen Vertraute wird sicherlich so antworten: die Bewegung auf der schiefen Ebene wird eine gleichförmig beschleunigte werden, denn auf das Faß oder jeden andern Gegenstand, der sich auf der schiefen Ebene hinabbewegt, wirkt die Schwerkraft während der ganzen Bewegung. Das Faß wird sich anfänglich langsam, hierauf immer schneller und schneller bewegen. Die Beschleunigung der Bewegung auf der schiefen Ebene wird zwar nicht so groß ausfallen wie beim freien Falle (§. 51), weil auf derselben den bewegten Körper bloß ein Theil seines Gewichtes über die schiefe Ebene niederzieht; man wird sie aber in der Regel doch immer bemerken, u. z. um so mehr, je geneigter die schiefe Ebene ist. Man kann diese Beschleunigung auch an sich beobachten, wenn man über einen Berg herabläuft. Unser Körper wird dabei sich jeden späteren Augenblick schneller zu bewegen suchen, und der Laufende muß eine bedeutende Gegenkraft anwenden, um nicht von der Beschleunigung der Schwere seines Körpers übermannt zu werden. — Die Figur 118 zeigt den Apparat, mittels dessen man die Beschleunigung auf der schiefen Ebene veranschaulichen kann.

<small>Das Herabrollen der Lawinen von hohen Bergen in die Thäler geschieht ebenfalls mit zunehmender Schnelligkeit. Im Thale angelangt, besitzen diese Schneemassen eine so bedeutende Geschwindigkeit, daß sie alles ihrer Bewegung sich Widersetzende wegzuräumen und die unheilvollsten Verwüstungen anzurichten im Stande sind.</small>

Die Bewegung auf der schiefen Ebene heißt auch eine erzwungene, weil der fallende Körper nicht nach der gleichen Richtung fortschreitet, nach welcher die Schwerkraft herabzieht. Derselbe

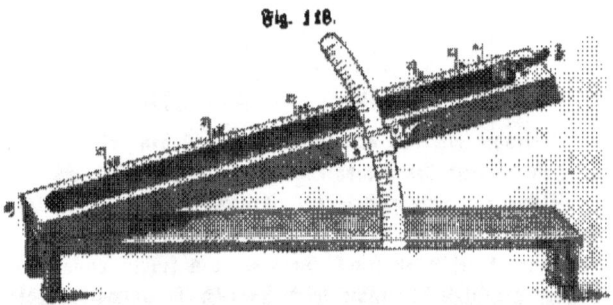

Fig. 118.

Apparat zur Veranschaulichung der Alzeleration bei der schiefen Ebene.

sollte sich nämlich vermöge der Schwere vertikal nach abwärts bewegen, auf der schiefen Ebene muß er aber schräge heruntergleiten. Aus dieser Ursache wird er auch bei seiner Herabbewegung einen Druck auf die schiefe Ebene ausüben.

Runde Körper werden offenbar ganz gerade, in der kürzesten Linie, über eine schiefe Ebene — ein schrägliegendes Brett — herablaufen. Nicht so verhält es sich bei den unrunden; diese laufen im Bogen, und fallen über den Rand des Brettes hinab. Dieser Umstand wird beim Sortieren der runden Schrote von den unregelmäßigen benutzt.

Ein anderes interessantes Beispiel von erzwungener Bewegung ist die Pendelbewegung.

§. 112.

Das Pendel.

Jeder schwere Körper — z. B. eine eiserne oder bleierne Kugel — welcher an einem Faden oder an einer Stange aufgehängt ist, wird ein **Pendel** genannt.

Der Faden oder die Stange des Pendels wird im Zustande des Gleichgewichtes die vertikale Richtung annehmen.

Bringe ich die Kugel A (Fig. 119) aus der Gleichgewichtslage — indem ich sie bei gespanntem Faden nach B versetze — und lasse dieselbe los, so wird sie nicht nach der Richtung Ba niederfallen, sondern sie muß beim Niederbewegen, wegen der Festigkeit des Fadens BO die vorgeschriebene Bahn BA beschreiben. Die Kugel fällt dabei gleichsam über eine anfangs steile, hierauf immer flachere schiefe Ebene herab. Ihre Geschwindigkeit nimmt bei dieser Herabbewegung, indem sie ein ziemlich verwickeltes Gesetz befolgt, allmählich zu, und wird in A, also in dem tiefsten Punkte der Bahn, am größten. In diesem Punkte nun sollte die Kugel plötzlich anhalten, weil sie

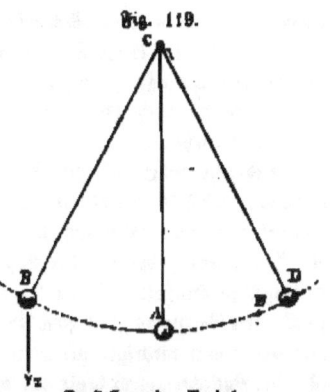

Fig. 119.

Darstellung der Pendel.

nicht mehr tiefer fallen kann, doch wegen ihrer Trägheit, d. h. wegen der auf der Bahn BA erlangten Geschwindigkeit derselben, geht dieß nicht an. Die Kugel bewegt sich also vermöge dieser Geschwindigkeit auf die andere Seite der Gleichgewichtslage, dem Kreisbogen folgend in die Höhe, und würde, wenn kein Luftwiderstand stattfände, dort einen mit B gleich hohen Punkt D erreichen, indem die auf dem Wege BA seitens der Kugel von der Schwerkraft erworbene Geschwindigkeit nur auf einem gleich großen, gleich gelegenen nach aufwärts gehenden Kreisbogen AD wieder an die Schwerkraft zurückerstattet werden kann. In D angelangt, sollte die Kugel neuerdings stille stehen, nachdem aber die Schwere noch immer auf dieselbe wirkt, so muß sie umkehren, und während dieses Rückganges sich über den Bogen DA fallend und beschleunigt, über jenen AB allmählich ansteigend und verzögert bewegen. In B angelangt würde die zuvor beschriebene Bewegung von neuem beginnen, und es müßte dieses Hin- und Herbewegen der Kugel, wenn dabei keine Widerstände aufträten, ohne Unterlaß erfolgen. Eine solche Hin- und Zurückbewegung des Pendels heißt eine Schwingung. Während einer Schwingung beschreibt also die Kugel den Weg BAD, hin und zurück. Eine Hin- oder eine Zurückbewegung allein heißt eine halbe Schwingung. — Es ist dieß der Weg BAD oder DAB für sich. — In der Praxis bezeichnet man eine halbe Schwingung kurzweg mit dem Namen Schwingung, und so werde auch ich dieses in den weiteren Auseinandersetzungen verstehen.

Bis jetzt haben wir die Schwingungen des Pendels ohne Beachtung des stets auftretenden Luftwiderstandes betrachtet. Berücksichtiget man aber dabei auch diesen Widerstand, welcher offenbar zur Verringerung der von der Kugel erworbenen Geschwindigkeit beiträgt, so erhellet, daß die Kugel schon früher als in D, z. B. in E ihrer Geschwindigkeit zum Aufsteigen beraubt sein, daß sie also von einem niedriger gelegenen Punkte, als sie herabgelangt ist, ihre Rückschwingung beginnen, und sofort immer kleinere und kleinere Bogen zu beiden Seiten der Gleichgewichtslage beschreiben wird, bis sie vollständig zur Ruhe kommt, wo sie sich dann neuerdings in die Gleichgewichtslage einstellt.

Ein Wagbalken, aus der Gleichgewichtslage gebracht, schwingt ebenfalls aus derselben Ursache hin und her. Sein Gewicht, das in dessen Schwerpunkte vereinigt gedacht werden kann, ist gleichsam in dem Drehungspunkte der Wage aufgehängt und stellt das schwingende Pendel vor. Wiegen, Schaukeln, Schwengelpumpen und ähnliche Vorrichtungen beruhen auf dem Pendelgesetze.

§. 113.
Anwendung des Pendels zur Regulirung der Uhren.

Die ausgedehnteste Anwendung erfährt das Pendel als Regulator von Uhren. Die Schwingungsbogen eines und desselben Pendels sind nämlich, wenn auch allmählich abnehmend, doch stets von gleicher Dauer. Längere Pendel schwingen langsamer als kürzere, d. h. sie brauchen zu einer Schwingung mehr Zeit als die kürzeren. Die Astronomen fanden durch genaue Beobachtungen, daß ein Pendel, welches etwas über 3 Fuß (genau 3' 1'' 8·8''' Wiener-Maß) lang ist, in unserer Gegend (eigentlich in Wien) zu einer Schwingung eine Sekunde braucht. Ein solches Pendel heißt auch ein Sekundenpendel.

173

Ein Pendel, welches halbe Sekunden angeben soll, hat zu seiner Länge nicht die Hälfte, sondern den vierten Theil eines Sekundenpendels. Ein solches Pendel wird also beiläufig ¾ Fuß oder genau 9" 5·2''' lang sein. Nachdem man die Länge des Sekundenpendels durch 16, 25 oder 36 dividirt, erhält man jene des Viertel-, Fünftel-, Sechstel-Sekundenpendels. Wegen größerer Bequemlichkeit wendet man in der Praxis nur selten die Sekundenpendel an, sondern am häufigsten solche, welche in einer Sekunde 4 bis 6 Schwingungen machen.

Die erste Entdeckung der Pendelschwingungen machte Galilei, indem er noch sehr jung im Dome zu Pisa zufällig die Schwingungen einer am Gewölbe aufgehängten Lampe wahrnahm, wobei ihm die periodische Wiederkehr dieser Bewegung und die Gleichheit ihrer Dauer auffiel.

Wegen der gleichen Dauer der Pendelschwingungen wird mit Hilfe des Pendels dem Räderwerk einer Pendeluhr (Fig. 120) der erforderliche, der Anordnung der Räder entsprechende Takt mitgetheilt. Zu diesem Behufe gibt man dem Pendel die Form einer Metalllinse, welche an einem hölzernen oder metallenen Stabe auf- und abwärts verschiebbar befestiget ist. Mittels einer Schraube läßt sich die Pendellinse so einstellen, als dieses für den richtigen Gang der Uhr nothwendig wird.

Fig. 120.

Räderwerk einer Pendeluhr.

Die geringste Änderung der Pendellänge hat schon einen merklichen Einfluß auf den Gang der Uhr. Eine Verkürzung des Sekundenpendels um 1/10000tel Zoll bewirkt in 24 Stunden bereits eine Beschleunigung von 1 Sekunde.

Die Treibkraft der Penduhren ist entweder eine Feder oder ein Gewicht. Bei den Federuhren, wozu die Stock-, Tisch- oder Stutzuhren zu rechnen sind, vertritt das Pendel die regulirende Wirkung der Unruhe (S. 62). Bei den Gewichtuhren, wozu die Turm-, die Wand- oder Pendeluhren gehören, ist das Pendel die regulirende, die Schwere eines Gewichtes, welches an einer um eine horizontale Walze gewundene Schnur aufgehängt ist, die bewegende Kraft. In dem Maße nämlich, als das Gewicht dieser Uhren an der Schnur sinkt, dreht sich die Walze um ihre Achse und treibt auch das mit derselben verbundene Zahnrad, welches in ein zweites eingreift, womit das ganze Räderwerk wie bei den Federuhren in Bewegung gesetzt wird. Das Gewicht solcher Uhren müßte sich nun unter dem Einflusse der Schwerkraft mit Beschleunigung nach abwärts bewegen und das Räderwerk mit zunehmender Geschwindigkeit in Bewegung setzen. Das Pendel aber, welches mittels des Ankers 1b2 in das Steigrad (Hemmrad) absatzweise einfällt, verhindert dieß und verwandelt die beschleunigte Bewegung in die ruckweise gleichförmige. Andererseits bewirkt das Gewicht, daß die Schwingungsbogen des Pendels, ungeachtet der nicht zu vermeidenden Reibungs- und Luftwiderstände des ganzen Mechanismus, nicht abnehmen, indem die unterdrückte Beschleunigung des Räderwerkes gegen den Anker (die Paletten 1, 2) nach jeder Schwingung sanfte Stöße ausübt. Das treibende Gewicht sowohl, wie die Schwere der Pendellinse müssen selbstverständlich mit der Größe des Räderwerkes im Verhältniß stehen; auch dürfen die Schwingungsbogen des Pendels nicht groß gemacht werden, weil das Gesetz der gleichen Schwingungsdauer verschieden großer Bogen bloß für sehr kleine Bogen gilt.

Von der Einrichtung des Hemmrades und der Hemmung hängt der Gang der Uhr ab. Bei den Turmuhren sind die Hemmungen von verschiedener Art. Die neuesten Turmuhren, welche sehr genau gehen, sind mit Hemmungen versehen, welche dem Pendel gestatten, eine geraume Zeit frei zu schwingen. Nach Verlauf jeder Minute bewirkt das Pendel mit Hilfe eines Mechanismus, der auf den Gang des Pendels keineswegs störend einwirkt, eine Ausrückung des Räderwerks der Uhr, womit der Zeiger um einen Theilstrich weiter geschoben wird. Der Ersatz an bewegender Kraft, welche dem Pendel durch die Reibung und den Luftwiderstand entzogen wurde, geschieht durch das allmähliche Niederlassen eines Gewichtes auf eine schiefe Ebene, welche auf der Pendelstange angebracht ist.

Der holländische Physiker Huyghens (1657) hatte zuerst das Pendel und die Spirale zur Regulirung der Uhren angewendet. Räderwerke kommen im Alterthume nicht vor. Man kannte damals bloß Sand- und Wasseruhren. Die Erfindung der Taschenuhren wird gewöhnlich dem Peter Hele (1500), einem Nürnberger, zugeschrieben. Man nannte die ersten Uhren nach ihrer Gestalt Nürnberger Eier.

§. 114.

Der Keil.

Eine andere einfache Maschine ist der Keil. Derselbe bildet, wie die Figur 121 zeigt, ein dreiseitiges Prisma, nämlich einen in zwei Flächen schneidig zulaufenden Körper von Holz oder Eisen, welcher mit der schneidigen Kante c (mit der Schärfe des Keils) zwischen zwei Gegenstände oder zwischen die Theile eines und desselben Gegenstandes mit Hilfe einer auf den Rücken ab des Keiles einwirkenden Kraft getrieben wird. Der Keil

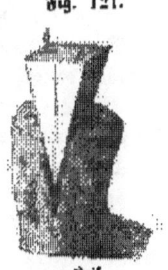

Fig. 121.

Keil.

stellt demnach eine einfache oder zwei schiefe Ebenen vor, welche letzteren mit ihren Grundflächen aufeinander liegen.

Die Widerstände der Fasern des Körpers, in welchen der Keil hineinzutreiben ist, bilden die Last desselben. Die Kraft wirkt parallel zur Basis der schiefen Ebene des Keiles.

Unter je kleinerem Winkel die Flächen der Schneide des Keiles zusammenlaufen, d. h. je schärfer die Kante desselben ist, desto leichter wird der Keil in Gegenstände eindringen, um so wirksamer wird derselbe die Kraft zu übertragen helfen. Das Eindringen des Keils in die Körper geschieht mit verzögerter Geschwindigkeit.

Der Meißel, das Messer, die Schere, die Zwickzange, das Hobeleisen, die Pflugschar, der Grabstichel, die Nadel, die Fimmel, Nägel u. s. w., auch unsere Zähne wirken als Keile.

Man verwendet die Keile auch zum Festmachen, wie dieses bei Preßformen, vielen Holzverbindungen der Fall ist, dann auch als Schlußstein von Gewölben u. s. w.

§. 115.

Die Schraube.

Die Schraube, die letzte von den einfachen Maschinen, besteht aus einer um einen Zilinder geschlungenen, gleich-

176

mäßig ansteigenden Fläche, der Schraubenfläche (Figur 122 und 123).

Soll die Schraube in einen Gegenstand hineindringen, so geschieht dieß mittels Drehung um ihre Achse.

Das Material desjenigen Gegenstandes, in welchen die Schraube versenkt werden soll, stellt hier die Last vor. Sie muß auf die schiefe Fläche der Schraube hinaufgeschoben werden. Die Kraft wirkt parallel zur Bodenfläche der Schraube.

Aus der Betrachtung der schiefen Ebene folgt, daß je größer das Ansteigen der Schraube ist, das Verschrauben mit derselben um so schwieriger geschehen wird, und demnach auch, daß je kleiner die Höhe eines Schraubenganges ist, die Schraube sich um so wirksamer bewähren muß.

Unter der Schraubengangshöhe versteht man die Höhe (ab Fig. 122 und 123), um welche die Schraube bei einer einmaligen Umdrehung um ihre Achse in den zu verschraubenden Gegenstand einsinkt. Es ist dieß der Abstand zweier Gänge einer Schraube. Bei mehrgängigen Schrauben, also bei solchen, wo wegen der Festigkeit zwischen den Hauptgängen noch andere Schraubengänge eingeschaltet sind, würde aber der Abstand zweier Hauptgänge die Ganghöhe der Schraube vorstellen. Manche Siegel- und Münzpressen sind mit mehrgängigen Schrauben ausgestattet.

Nach der Gestalt der Schraubenkanten unterscheidet man flachgängige, scharf- und rundgängige Schrauben. Die Figur 122 stellt eine scharfgängige und die Figur 123 eine flachgängige Schraube vor.

Fig. 122.   Fig. 123.

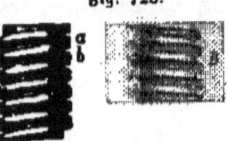

Scharfgängige Schraube.   Flachgängige Schraube.

Bei den meisten Schrauben gehen die Gänge von der linken gegen die rechte Hand. Wird die Schraube auf eine, der gewöhnlichen, entgegengesetzte Drehung in Anspruch genommen, so muß sie eine linksgewundene Schraube sein. Ihre Gänge müssen nämlich von rechts nach links gehen.

Außer den zilindrischen Schrauben gibt es noch **spitze Schrauben**, deren Gänge auf einem Kegel aufgewunden sind und welche dazu dienen um in Holz (statt der Nägel) eingedreht zu werden. Sie halten besser als Nägel und Niete, weil sie sich mit größerer Oberfläche reiben, dann bieten sie den Vortheil, sich wenn nöthig leichter herausziehen zu lassen. Die Korkzieher sind auch solche spitzige, metallene Schrauben, welche stark ansteigen um in den Korkstöpsel schnell einzudringen.

Schrauben, welche Metallgegenstände mit einander verbinden, welche zum Pressen oder zur Herstellung von feinen und gleichmäßigen Bewegungen dienen sollen, werden in Vorrichtungen hineingedreht, welche **Schraubenmutter** (B Figur 124) heißen und welche die in der **Schraubenspindel** (A) erhaben aufgeschnittenen Gänge, gleich groß aber vertieft eingeschnitten haben. Die Schraubenspindel wird dann entweder mittels in den Schraubenkopf eingesteckter **Stangen** (Krücken) oder mittels **Schraubenschlüssel** in die Schraubenmutter hineingedreht, auch kann die Schraubenmutter auf die feste Spindel aufgedreht werden. Das erstere findet bei der gewöhnlichen Verschraubung, bei den Schraubenzwingen, Schraubstöcken u. s. w., das letztere bei den Schraubenpressen, wie bei manchen Most- und Papierpressen u. s. w. statt.

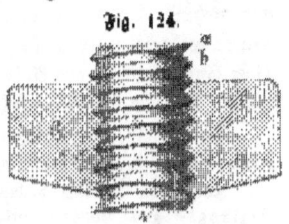

Fig. 124.

Schraubenspindel sammt Mutter.

In den Figuren 122 und 123 ist die Schraubenmutter nebst der Spindel gezeichnet.

Es kann aber auch der Fall eintreten, daß man bei fest liegender Spindel bloß der Schraubenmutter eine fortschreitende

Bewegung ertheilen will, wie dieß bei den englischen Parallelschraubstöcken, bei den Supports der Drehbänke, bei Schraubendampfern u. s. w. anzutreffen ist. Man erreicht dieses, wenn man die Spindel um ihre Achse dreht, dabei aber verhindert, daß sich die Mutter auch mitdrehe.

Aehnliches gilt, wenn man der Spindel bei festgehaltener Schraubenmutter eine fortschreitende Bewegung zu ertheilen beabsichtiget. In diesem Falle dreht man wieder die letztere und verhindert, daß sich die erstere mitdrehe. Diese Einrichtung bemerkt man bei den Spannsägen, bei manchen Bremsvorrichtungen für Wagen u. s. w.

Endlich muß auch zugestanden werden, daß bei bloß fortschreitender Bewegung der Schraubenmutter die Spindel in eine drehende Bewegung gerathen wird. Bei dem Druckbohrer, welcher mehrere stark ansteigende Schraubengänge besitzt, wird seiner Spindel durch das Auf- und Niederbewegen der Schraubenmutter, die zum Bohren nöthige, schnelle Umdrehung ertheilt.

Bei der Auseinandersetzung der zusammengesetzten Maschinen werden noch andere Verwendungen der Schraube behandelt werden.

Zuletzt muß ich noch hindeuten, daß die Schrauben bei feinen Messungen große Vortheile darbieten — sie heißen dann Mikrometerschrauben — endlich, daß sie ein vortreffliches Mittel abgeben, die Wirkungsfähigkeit einer Kraft zu verstärken. Die Feuergewehre mit gezogenen Läufen sind selbekannt. Aus solchen Geschoßen wird die Kugel mit bedeutenderer Geschwindigkeit als bei den ungezogenen herausfirten, weil dieselbe während ihrer Bewegung in der Schraubenlinie längere Zeit, als es sonst der Fall ist, dem Einflusse der Spannkraft des Pulverdampfes ausgesetzt bleibt. Gewehre, überhaupt Geschosse mit gezogenen Läufen, tragen demnach weiter.

Schlußbetrachtung.

Werfen wir einen Rückblick auf die Lehren, welche bei Gelegenheit der Auseinandersetzung einfacher Maschinen entwickelt wurden, so gewaren wir, daß sämmtliche Maschinen sich auf den Hebel zurückführen lassen. Nachdem die zusammengesetzten Maschinen bloß Verbindungen einfacher Maschinen vorstellen, so muß zugegeben werden, daß der Hebel die Grundlage aller Maschinen bildet.

2. Die zusammengesetzten Maschinen.

§. 116.

Verbindungen der Hebel unter einander.

Die Stockschere.

Das **Hebelwerk** ist eine organische Zusammenstellung mehrerer Hebel. Um euch eine Einsicht in die Berechnung solcher Maschinen zu verschaffen, folgt das nachstehende Beispiel:

Aufgabe. Die **Stockschere** (Fig. 125) dient bekanntlich zum Zerschneiden der Metallbleche. Wenn nun an dem 40" langen Hebel CA eine Kraft von 25 Pfund niederdrückt, CB = 4", DE = 10" und DG = 2" ist, wie groß wird der Druck im Punkte G auf das zwischen die Schneiden geschobene Blech ausfallen?

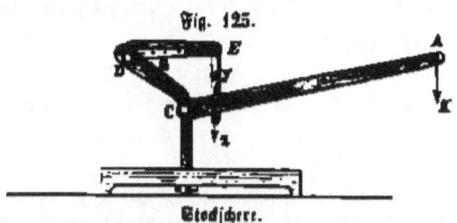

Stockschere.

Auflösung. Bei der Lösung dieser Aufgabe muß schrittweise vorgegangen werden. Der in A entwickelte Druck wird nämlich vor allem auf die Schiene BE einen Zug ausüben, mittels dieses Zuges und des Hebels DE wird erst der wirksame Druck in G, der berechnet werden soll, hervorgebracht. Die vorliegende Aufgabe zerfällt demnach in zwei Theile, in die Berechnung des Zuges und in jene des Druckes.

Um die Größe des abwärts wirkenden Zuges, den wir mit z bezeichnen wollen, zu finden, ist es nothwendig, daß wir uns in B eine Kraft y nach aufwärts und der Kraft z entgegenwirkend denken, und berechnen, wie groß sie sein müßte, um an diesem Hebel ganz allein mit dem nach abwärts wirkenden Drucke K = 25 Pfund das Gleichgewicht zu halten. Wir erfahren auf diese Weise die Kraft, welche im Stande ist die Wirkung des Druckes K, u. z. in der Weise, wie er sich bezüglich des Punktes B ergeben wird, zu bekämpfen. Mit dieser Kraft müßte die Stange CA im Punkte B gehoben oder unterstützt werden, damit kein Zug auf die Schiene erfolge. Nachdem aber in der Wirklichkeit keine solche Kraft besteht, so wird die Größe y, auch jene des Zuges z auf die Schiene BE angeben.

Die Kraft y ergibt sich nach dem Hebelgesetze (§. 88):
$25 \times 40 = y \times 4$ $\qquad y = 250$ Pfund.

Der Zug auf die Schiene BE beträgt demnach 250 Pfund.

Der Hebel DGE ist, so wie der erstere, auch ein Druckhebel. Die Berechnung des Druckes in G, den wir mit x bezeichnen wollen, wird demnach auf dieselbe Art geschehen, wie zuvor.

Es wird nämlich auch hier:
$250 \times 10 = x \cdot 2$ und $x = 1250$ Pfund
betragen. Der Druck in G wird also, obwohl die drückende Kraft, welche auf den unteren Hebel in A wirkt, eine mäßige ist, bedeutend ausfallen.

Wir haben hier aus demselben Grunde wie beim Schwengelbrunnen (§. 88) anstatt der Senkrechten vom Drehungspunkte auf die Kräfte, die Hebelarme selbst genommen. Das Ergebniß bleibt stets dasselbe.

Ein ähnliches Hebelwerk bildet die Klaviatur an Fortepianos, der Hebebock, dessen sich die Wagner bedienen, um Wagenachsen zum Behufe des Schmierens zu heben.

Die Brückenwage.

Die Brückenwage ist ebenfalls eine sinnreiche und sehr praktische Zusammenstellung mehrerer Hebel.

Auf die Brücke MN (Fig. 126 a) kommt die Ware zu liegen, sie drückt einerseits auf die unteren zwei Hebel, ander-

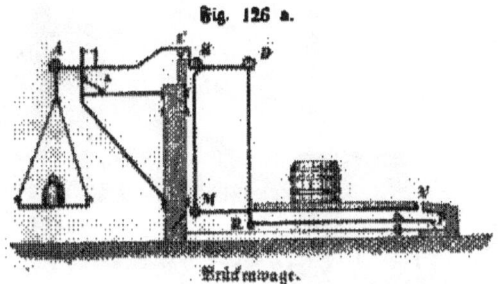

Fig. 126 a.

Brückenwage.

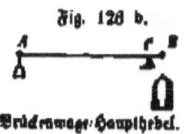

Fig. 126 b.

Brückenwage-Haupthebel.

seits auf den Haupthebel der Wage ACB, dessen Drehpunkt in C, der Angriffspunkt der Kraft (des Gewichtes) in A und jener der Last (der Druck von Seite der Ware) in B ist. Die Wage muß vor allem so konstruiert sein, daß zwischen den Abständen PQ und PR dasselbe Verhältnis stattfindet, wie zwischen BC und DC — der sovielte Theil PQ von PR ist, eben derselbe Theil muß nämlich BC von DC (horizontal gemessen) sein. — Die Wagschale muß ferner so schwer gemacht werden, daß im unbelasteten Zustande der Wagbalken AB sich horizontal einstelle.

Ist endlich noch die Einrichtung getroffen worden, daß der Arm AC (Fig. 126 b) zehnmal so lang ist wie BC, so wird das einfache Gewicht auf der Wagschale mit der zehnmal schwereren Ware das Gleichgewicht halten. Eine solche Wage heißt Dezimalwage. Auf derselben wird man z. B. mit 10 Pfund Gewicht eine 100 Pfund schwere Ware abwägen können.

In der Fig. 127 ist eine solche Brückenwage perspektivisch gezeichnet. Um in das Hebelwerk eine deutliche Einsicht zu gewinnen, ist die Brücke bloß punktiert. Der Stab K ist die Sperrvorrichtung der Wage.

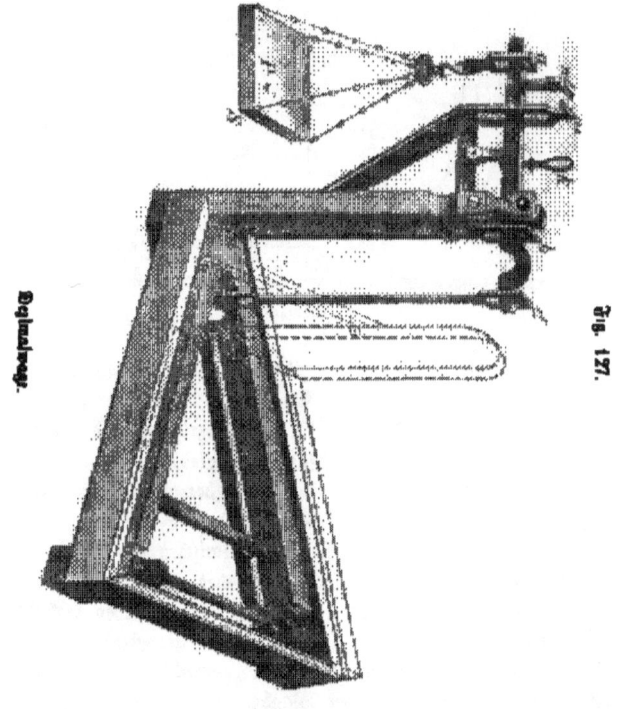

Fig. 127. Decimalwage.

§. 117.
Verbindungen der Rollen untereinander.
Der Rollenzug.

Der Rollenzug ist eine Verbindung mehrerer beweglichen Rollen mit einer festen Rolle.

Wünscht man die einer bestimmten Last entsprechende Kraft an dieser Maschine (Fig. 128) zu berechnen, so bedenke man, daß an dem rechten Seil der untersten Rolle eine halb so große Kraft nöthig sein würde, um der Last mit Hilfe dieser ersten beweglichen

Rolle das Gleichgewicht zu halten (§. 166). Wäre die Last gleich 320 Pfund, so müßte dort eine Kraft von 160 Pfund wirken. Weil aber in diesem Punkte des Seiles die Kraft selbst nicht angreift, das Seil nur an den Kloben p_2 der zweiten beweglichen Rolle befestiget ist, so wird der angegebene, für das Gleichgewicht nöthige Zug von 160 Pfund zur Last der zweiten beweglichen Rolle werden. Um derselben wieder mittels der zweiten Rolle das Gleichgewicht zu halten, würde an dem Ende des um diese Rolle geschlungenen Seiles Ip_2 neuerdings eine halb so große Kraft, also 80 Pfund nothwendig sein. Auch hier ist die Kraft der Maschine noch nicht thätig, sondern das Seil geht zu

der dritten, vierten und fünften beweglichen Rolle, welche auf gleiche Weise, wie die vorhergehenden wirken, die Kraft also auf 10 Pfund herabmindern. Das von der Rolle V abgehende Seil schlingt sich zuletzt über eine feste Rolle. Die berechneten 10 Pfund werden demnach die Last dieser Rolle vorstellen. Nachdem vermöge §. 105 bei der festen Rolle die Kraft gleich der Last ist, so wird an dem Ende des Seiles (Auffahrtlaues) in P ebenfalls die Kraft von 10 Pfund wirken müssen. Der Last von 320 Pfund wird also mit Hülfe dieser Maschine die Kraft von 10 Pfund das Gleichgewicht halten.

Man ersieht aus dieser Darlegung, daß zur Herstellung des Gleichgewichtes an einem solchen Rollenzuge die Kraft bei zwei beweglichen Rollen den vierten Theil, bei drei beweglichen

Rollen den achten, bei vier solchen Rollen den sechzehnten Theil der Last u. s. w. zu betragen braucht.

Zur Herstellung von Bewegung ist aber stets eine größere Kraft nothwendig, weil die Zapfenreibung an jeder Rolle und der Widerstand wegen der Seilsteifigkeit überwunden werden muß, was nicht unbedeutend ist.

Die Verwendung der Rollenzüge ist bei allem dem, daß sie die Kraft so bedeutend umsehen, doch wegen der unbequemen Handhabung derselben eine geringere.

§. 118.

Der Flaschenzug.

Der Flaschenzug findet häufigere Anwendung und besteht (Fig. 129 oder 130) aus mehreren festen Rollen, welche in einem Gehäuse (Flasche genannt) mit einander verbunden sind. Zwei solche Flaschen über einander angeordnet bilden den Flaschenzug. Beide Flaschen sind mittels einer Schnur, welche die einzelnen Rollen umschlingt, beweglich verbunden. Durch das Anziehen der Schnur läßt sich die untere Flasche der oberen nähern. Auf der unteren Flasche hängt die Last und wird demnach mit jener gehoben und gesenkt. Die obere Flasche ist entweder an dem Tram einer Zimmerdecke, an dem Schnabel eines Kranes oder an einem Gerüste befestiget.

Es bestehen mehrere Arten Flaschenzüge. Sie lassen sich eintheilen in solche, deren Flaschen ungleiche und untereinander angebrachte Rollen, wie dieß Figur 129 zeigt, besitzen, und in solche, deren Flaschen aus gleich großen und nebeneinander angebrachten Rollen (Fig. 130) bestehen. Die letzteren werden in der Praxis öfter benützt, weil sie einen geringeren Raum einnehmen, obwohl sie wieder mit dem Nachtheil behaftet sind, daß ihre Schnüre schief gespannt werden und sich bald abnützen.

An jedem Flaschenzuge ist die zum Gleichgewichte nöthige Kraft gleich dem sovielten Theil der Last, als Seilstrecken innerhalb der Flaschen vorhanden sind, welche Zahl in den gewöhn-

185

lichen Fällen stets mit der Anzahl der Rollen übereinstimmt. Die Last wird nämlich von jeder einzelnen Seilstrecke getragen, und die Erfahrung lehrt, daß dabei jede Strecke gleich stark gespannt wird, daß sich also die Last auf alle Seilstücke gleich vertheilt. Das Ende der letzten Seilstrecke geht über die letzte Rolle und übermittelt somit den besprochenen Lastantheil der an diesem Ende wirkenden Kraft unverkürzt.

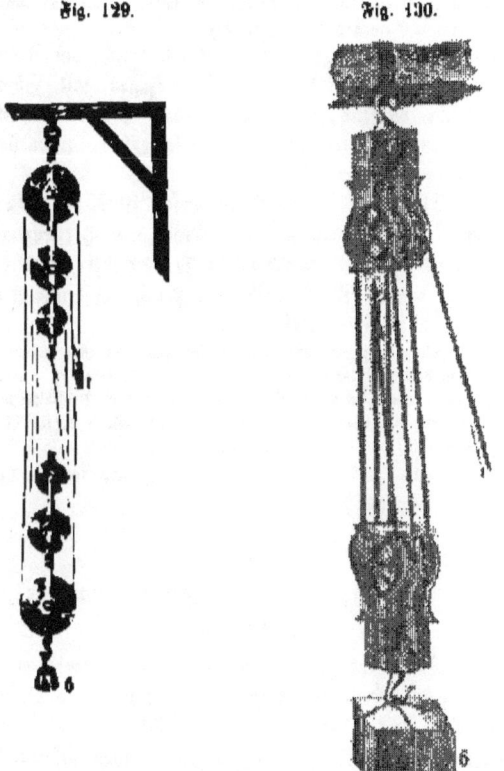

Fig. 129.   Fig. 130.

Flaschenzug mit ungleichen Rollen.   Flaschenzug mit gleich großen Rollen.

Man sieht ferner leicht ein, daß wenn z. B. 6 Rollen in beiden Flaschen angebracht wären, auch 6 Schnurstrecken um diese Rollen gehen werden. Nachdem an der 7. Schnur die Kraft thätig ist, so muß, wenn Bewegung eintritt, offenbar die Kraft einen sechsmal längeren Seilzug ausführen, als die Hebung der Last beträgt. Der Weg, den der Angriffspunkt der Kraft beschreibt, ist sechsmal so groß wie jener der Last, es muß demnach, zufolge des Früheren, die Kraft den sechsten Theil der Last betragen, welches Ergebniß die obige Angabe bestätiget. Bei der letztern Rollenverbindung verursachen die Zapfenreibung und Seilsteifigkeit, besonders wenn viele Rollen nebeneinander vorkommen, bedeutende Widerstände, so daß bei 2, 3, 4 Rollen, welche in einer Flasche angebracht sind, die Last um den dritten, halben und zweidritten Theil vermehrt in Rechnung gebracht werden muß.

Aufgabe. Wie groß ist die Kraft, welche am Ende des Auffahrtlaufs (Kraftseiles) eines Flaschenzuges, mit zusammen sechs Rollen, wirkend, der Last von 450 Pfund das Gleichgewicht halten wird, wie groß muß dieselbe sein, wenn sie die Bewegung herbeiführen soll?

Auflösung. Für das Gleichgewicht ist $K = 450 : 6 = 75$ Pfund. Zur Berechnung der Kraft für Herstellung der Bewegung ist die Last um die Hälfte zu vermehren, wodurch sie $450 + 225 = 675$ Pfund wird. Die zur Hebung nöthige Kraft ist demnach $675 : 6 = 112\frac{1}{2}$ Pfund.

Die in der neuesten Zeit erfundenen Differenzialflaschenzüge, welche, weil sie die Last in beliebigen Höhen von selbst in der Höhe erhalten, werden in der Folge gewiß auch eine ausgedehnte Anwendung finden. Vergleicht man an dieser Vorrichtung den Weg der Kraft mit jener der Last, so ergibt sich deren Kräfteverhältniß für das Gleichgewicht leicht.

Die Figur 131 bringt noch eine Zusammenstellung der besprochenen Rollensysteme.

§. 119.

Verbindung der Räder untereinander.

Das Räderwerk.

Das Räderwerk ist eine Verbindung mehrerer Wellräder. Von der Welle des einen Wellrades wird die Bewegung auf das Rad des nächsten übertragen und nach dieser Weise durch alle einzelnen Wellräder der Maschine fortgepflanzt. Diese Überführung der Bewegung geschieht mittels Riemen, wie bei

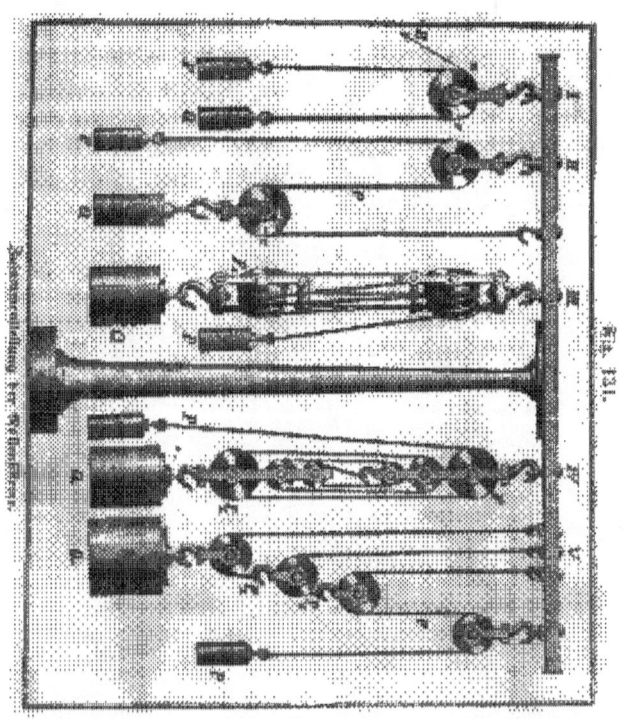

Fig. 131.

den Riemenscheiben oder mit Hilfe der Ketten, wie bei den Kettenrädern oder endlich mittels Zähne, wie dieß bei den Zahnrädern der Fall ist. Die Zahnräder zerfallen in Stirnräder, Kammräder und in konische oder Winkelräder. Mittels Stirnräder (Fig. 132) wird die Bewegung zwischen parallel liegenden, mittels Kammräder (Fig. 133) zwischen senkrecht aufeinander stehenden Wellrädern (in diesem Falle greift das Rad in einen Trilling ein) und mittels Winkel- oder konischer Räder (Fig. 134) wird sie zwischen solchen Rädern übertragen, deren Achsen einen beliebigen Winkel einschließen.

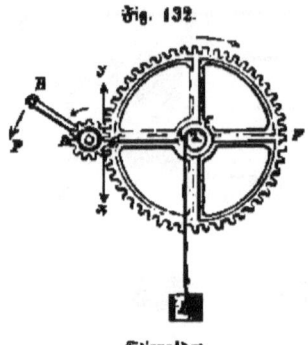

Fig. 132.

Stirnräder.

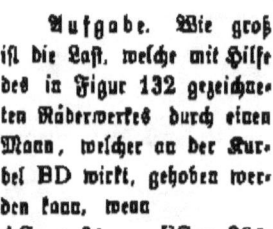

Aufgabe. Wie groß ist die Last, welche mit Hilfe des in Figur 132 gezeichneten Räderwerkes durch einen Mann, welcher an der Kurbel BD wirkt, gehoben werden kann, wenn
AC = 3″, EC = 20″,
DE = 4″ und BD = 15″
beträgt, und die Kraft des Mannes mit 20 Pfund veranschlagt wird?

Fig. 133.

Kammräder.

Fig. 134.

Winkel- oder konische Räder.

Auflösung. Der Druck, den die Kraft an der Kurbel nach der Richtung BP ausübt, wird auf den Berührungspunkt E zwischen Welle (Getriebe) und Rad nach dem Hebelgesetze überführt. Bezeichnen wir diesen in E auftretenden Druck mit y, so muß
20 . BD = y . DE, d. h.
20 . 15 = y . 4, also y = 75 Pfund betragen. Dieser Druck ist aber die bewegende Kraft für das zweite Wellrad. Es wird demnach bezüglich dieses
75 . EC = L . AC
75 . 20 = L . 3 und daraus L = 500 Pfund hervorgehen.

Die Kraft von 20 Pfund wird mit Hilfe des betrachteten Räderwerkes einer Last von 500 Pfund das Gleichgewicht halten können.

X ist der Druck, welcher von Seite der Last auf das Getriebe in E ausgeübt wird. Derselbe muß offenbar dem Drucke y gleich sein.

§. 120.

Das Gesetz der Arbeitsgrößen bei Rädermaschinen.

Untersuchen wir ferner das Verhältnis, welches zwischen den Wegen der Angriffspunkte von Kraft und Last bei solchen Maschinen besteht, so werden wir auch hier das Gesetz bestätiget finden, daß die Arbeitsgröße der Kraft gleich jener der Last ist.

Zu diesem Behufe berechnen wir zuerst die Anzahl der Umdrehungen der Welle C, wenn die Kurbel eine Umdrehung vollführt. — Wir schließen nun das obige Beispiel beibehaltend, folgendermaßen: Macht die Kurbel einen Umschwung, so dreht sich auch das Rad D einmal um seine Achse, dabei wird aber das Rad C bloß $^{11}/_{55} = ^1/_5$ Umdrehung machen können, weil dasselbe fünfmal so viel Zähne hat als D. (Die Anzahl der Zähne steht nämlich im Verhältnisse der Halbmesser der in einander greifenden Räder.)

Aus dieser Betrachtung folgt, daß während der Zeit als die Kurbel fünf Umdrehungen macht, die Welle C bloß eine Umdrehung machen wird.

Wenn sich aber die Kurbel fünfmal umdreht, so beschreibt die Kraft offenbar einen Weg, der dem fünfmaligen Umfang des Kurbelkreises entspricht. Er wird demnach gefunden, wenn man den einfachen Umfang $30 \times {}^{22}/_7$ (Produkt aus dem Durchmesser in die Zahl $^{22}/_7$) mit 5 multiplizirt, dieß gibt $^{3300}/_7$". In derselben Zeit wird das Seil von der Last auf der Welle C sich einmal anwickeln, also um die Länge des Umfanges der Welle gehoben werden. Die Last wird demnach während dessen eine Hebung von $6 \times {}^{22}/_7 = {}^{132}/_7$" erfahren.

Die gleichzeitigen Wege der Kraft und Last stehen also in dem Verhältnis, wie die Zahlen $^{3300}/_7$" und $^{132}/_7$". Man entnimmt hieraus leicht, daß die Kraft einen 25mal so großen Weg beschreibt wie die Last. Nachdem nun zufolge des Früheren dieselbe 25mal kleiner als die Last ist, so läßt sich auch bei den Rädermaschinen der bekannte Satz aussprechen:

So vielmal der Weg der Kraft größer ist als jener der Last, eben so vielmal wird die Kraft für den Zustand des Gleichgewichtes kleiner sein, als die Last.

Bei den schwierigeren Maschinenverbindungen gelangt man deshalb auch am bequemsten zu dem Verhältnis zwischen Kraft und Last für den Zustand des Gleichgewichtes, wenn man das Verhältniß zwischen den von ihren Angriffspunkten gleichzeitig beschriebenen Wegen aufsuchet.

§. 121.
Anwendung der Räderwerke.

Andere Maschinen, welche zu den Räderwerken gehören, sind: die Fuhrmannswinde, die Aufzugswinde, welche beim Aufziehen der Baumaterialien gebraucht wird, der Kran, welcher beim Auf- und Abladen der Lastwägen, beim Ausladen der Schiffe, in Gießereien zum Heben der Formentheile seine Verwendung findet.

Mit Hilfe des Kranes ist man im Stande bedeutende Lasten mit verhältnißmäßig geringem Kraftaufwande zu bewegen. Zwei Arbeiter, welche bei demselben an zwei Kurbeln thätig sind, können mit gewöhnlicher Anstrengung eine Last von 225 Zentner heben. Die Last wird dabei, dem Vorhergehenden zufolge, nur langsam in die Höhe gehen.

§. 122.
Räderwerke zur Steigerung der verfügbaren Geschwindigkeit.

Aus dem Erwähnten geht hervor, daß sobald die Räderwerke als Hebevorrichtungen verwendet werden, eine Verlangsamung der Lastwelle nach dem Gesetze der Arbeitsgröße eintreten muß.

In einigen Fällen ist es aber wünschenswert mittels eines Räderwerkes gerade das Gegentheil zu erzielen, auf die Lastwelle nämlich eine erhöhte Geschwindigkeit der Trieb- oder Kraftwelle zu übertragen. Man kommt dieser Anforderung nur mittels solcher Räder- und Riemenscheiben-Übersetzungen nach, bei denen die vorhergehenden Räder einer jeden Bewegungsübertragung größer sind, als die nachfolgenden.

Solche Geschwindigkeitserhöhungen kommen z. B. beim Betriebe von Ventilatoren vor, welche viele hundert Umdrehungen in der Minute vollführen müssen. Die Gebläse-Ventilatoren, die den gepreßten Wind für die Schmiedefeuer liefern, machen über 800 Umdrehungen in der Minute.

Die Kraftwelle ist dabei mit der Lastwelle, auf welcher die Flügel des Ventilators befestigt sind, nicht unmittelbar verbunden, sondern es sind zwischen beiden mehrere Räder- und Riemenscheiben-Übertragungen eingeschaltet. Ähnlich findet bei den Kreissägen, welche zum Schneiden der Fourniere verwendet werden, statt, und die in der Minute 100 bis 200 Umläufe machen. Außerdem sind sehr gesteigerte Geschwindigkeiten beim Spinnen, Schleifen, Drechseln, Poliren u. s. w. nothwendig.

Greift ein Rad von 36 Zoll Halbmesser in ein anderes ein, dessen Halbmesser 6 Zoll beträgt, so wird das letztere in derselben Zeit sechs Umdrehungen machen, in welcher das erste eine Umdrehung macht. Das gleiche gilt bei Riemenscheiben.

Fig. 135.

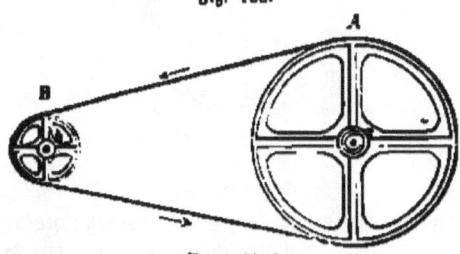

Riemenscheibe.

Würde nämlich die Riemenscheibe A (Fig. 135) den Halbmesser von 10 Zoll, die Riemenscheibe B jenen von 2 Zoll besitzen, so müßte die Achse b in der nämlichen Zeit fünfmal so viele Umdrehungen machen wie die Achse a.

Dabei wird natürlich vorausgesetzt, daß die Riemen die Scheiben vollständig mitnehmen, also nicht gleiten. Wollte man der kleineren Scheibe überdieß noch eine der größeren entgegengesetzte Bewegungsrichtung ertheilen, so müßten sich die Riemen kreuzen.

§. 123.

Verbindungen der Schraube mit anderen Maschinen.

Die Schraubenpresse.

Die Schraubenpresse ist eine Verbindung aus der Schraube und dem Hebel. Die Schraubenspindel wird dabei mit Hilfe des Hebels ao gegen die Preßplatte bewegt, wodurch eine bedeutende Kraft auf die Gegenstände, welche sich über der

192

Bodenplatte befinden, ausgeübt werden kann. Die Figur 136 stellt eine solche Presse dar.

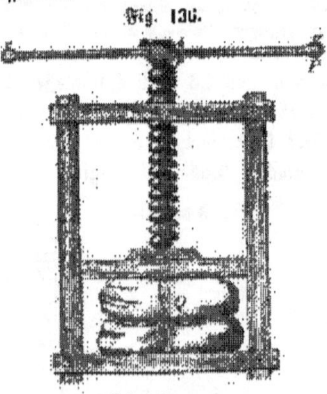

Fig. 136.

Schraubenpresse.

Aufgabe. Welchen Druck kann man mittels einer Schraube, deren Ganghöhe = 1 Zoll ist, entwickeln, wenn die Kraft P, welche an derselben wirkt, 40 Pfund beträgt und an einem Halbmesser ac = 24 Zoll wirkt?

Auflösung. Sobald die Kraft einen Umgang macht, senkt sich die Schraube um eine Ganghöhe. Es muß demnach zufolge des Gesetzes der Arbeitsgröße (Vergl. mit §. 110):
die Kraft multipliziert mit dem Wege gleich der Last multipliziert mit dem Wege

$$40 \times 48 \times \frac{22}{7} = Q \times 1 \text{ Zoll sein.}$$

Hieraus ergibt sich $Q = 6034\frac{2}{7}$ Pfund.

Wegen der großen Reibung, welche bei der Schraube stattfindet, wird der Druck, welcher auf die zu pressenden Gegenstände wirklich übergeht, kaum den dritten Theil des theoretischen Druckes betragen, also im obigen Beispiele etwa 2000 Pfund ausmachen.

Nach der Art der Gegenstände, welche damit gepreßt werden, erhalten diese Pressen verschiedene Namen. Sie heißen: Wein-, Öl-, Most-, Heupressen u. s. w. Außerdem gibt es

Buchdrucker-, Buchbinder-, Tischlerpressen u. dgl. — Siegel-, Papierpressen u. a., welche nach Aufhören der wirkenden Kraft von selbst wieder zurückspringen sollen, werden mit stark ansteigendem und mehrfachem Gewinde versehen, indem die Reibung zwischen den Schraubenflächen in dem Maße kleiner wird, als die Größe der Ansteigung des Gewindes zunimmt und die herabgeminderte Reibung die Ursache der Rückbewegung dieser Pressen ist.

§. 124.

Die Schraube ohne Ende.

* Die Schraube ohne Ende ist eine zum Heben von Baumaterialien und zur Erzeugung von feinen Bewegungen sehr brauchbare Vorrichtung. Sie besteht aus einer Schraubenspindel, welche sich um ihre Achse bewegen läßt, und aus einem Rade an der Welle. Das Rad ist an seinem Umfange mit Zähnen versehen, mittels deren es in die Schraube eingreift. Die Stellung der Zähne dieses Rades ist eine derartige, daß dabei ein allmählicher und vollkommener Eingriff möglich wird. Die Figur 137 zeigt eine solche Hebmaschine.

Fig. 137.

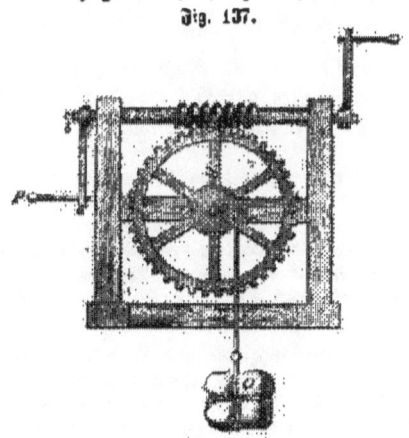

Hebmaschine mittels Schraube ohne Ende.

Aufgabe. Welche Last kann mit Hilfe dieser Vorrichtung gehoben werden, wenn die Kraft von 20 Pfund an einer Kurbel (ac) von 15 Zoll Halbmesser angreift, die Ganghöhe der Schraubenspindel 2 Zoll, der Halbmesser des Rades R = 14 Zoll und jener der Welle r = 3 Zoll beträgt?

Auflösung. Mit dem, daß die Kraft an der Kurbel dieser Maschine thätig ist, wird die Schraubenfläche der Spindel ein Vorschieben der in die Schraube eingreifenden Zähne veranlassen, welche Bewegung ein verlangsamtes Drehen des Rades, ein Wälzen der Lastwelle um ihre Achse und das allmähliche Heben der Last zur Folge hat.

Die Kraft, welche auf die Kurbel ausgeübt wird, ruft einen Druck der Schraubenfläche auf die Flanken (p) der Radzähne hervor. Bezeichnen wir diesen mit x, so muß, weil

$$20 \times 30 \times \frac{1}{r} = x \cdot 2 \qquad x = \frac{8300}{r} \text{ sein.}$$

Die Größe x ist aber zugleich die bewegende Kraft des Wellrades, an welchem die Last Q niederzieht.

Es wird also:

$$\frac{8300}{r} \times 14 = Q \times 3 \quad \text{und} \quad Q = 4400 \text{ Pfund},$$

d. h. die Last, welche durch die Kraft mit Hilfe dieser Maschine im Gleichgewichte erhalten werden kann, ist 4400 Pfund, wenn von der Reibung Umgang genommen wird.

> Aus diesem Beispiele folgt, daß die Leistung solcher Maschinen eine sehr beträchtliche ist. Dieses theoretische Ergebniß wird aber in der Praxis, wegen der großen Reibung, welche die Schraube verursacht, ziemlich bedeutend herabgemindert. Der wirkliche Widerstand kann dem drei- bis vierfachen theoretischen gleichgesetzt werden. Um die oben berechnete Last von 44 Zentner in die Höhe zu bringen, wäre nach diesem eine Kraft von 60 bis 80 Pfund nöthig.
>
> Als Stell- und Mikrometerschraube wird die Schraube ohne Ende bei Bussolen, Fernrohren und anderen ähnlichen Instrumenten mit Vortheil angewendet. In der neuesten Zeit benutzt man dieselbe bei Taschenuhren, die ohne Schlüssel, bloß mit dem Griffe aufgezogen werden — die Cavonettes — zum Spannen der Saiten bei Baßgeigen u. s. w.

d. Die Grundsätze des Maschinenbaues.

§. 125.

Haupterfordernisse der Maschinenelemente.

Nachdem die einfachen und die wichtigsten zusammengesetzten Maschinen erklärt wurden, will ich euch noch auf diejenigen Erfordernisse aufmerksam machen, welche bei dem Baue von Maschinen eingehalten werden müssen, um diesen so zweckmäßig als es nur thunlich ist ausführen zu können.

Sämmtliche Maschinen bestehen aus Theilen, welche der Anforderung zu entsprechen haben, einen Zug oder Druck von einem Punkte nach einem anderen zu übertragen.

Diese Bestandtheile oder Elemente der Maschinen müßen demnach:

1. Die hinreichende Festigkeit besitzen. Das Material, aus dem sie angefertiget sind, die Querschnitte derselben u. s. w. müßen so gewählt werden, daß diese Kraftüberführung für eine beliebige Dauer ermöglicht wird, ohne daß deren Theile in Gefahr kämen zu zerreißen, zu zerbrechen, zusammengedrückt oder verdreht zu werden;

2. dort wo sie miteinander zusammenhängen oder ineinander greifen, genau zusammenpaßen, weil jede schlotternde Bewegung Stöße verursacht, welche die Wirkung der Maschinen herabsetzen. Aus ähnlicher Ursache muß die Maschine während der Arbeit

3. einen möglichst gleichförmigen Gang einhalten, endlich

4. soll an den Verbindungsstellen der einzelnen Maschinenelemente, in ihren Lagern u. s. w. so wenig wie möglich Reibung stattfinden.

Ich will euch nun angeben, auf welche Weise diesen Anforderungen genügt werden kann.

§. 126.
Festigkeiten der Baumaterialien und Maschinenbestandtheile im allgemeinen.

Die Festigkeit der Maschinenbestandtheile, überhaupt der Baumaterialien hängt ab von deren natürlicher Beschaffenheit, von der Art, wie man sie in Anspruch nimmt, von ihrer Länge, und sowohl von der Größe, als auch von der Form ihrer Querschnitte.

Die Materialien werden entweder nach der Richtung ihrer Fasern, u. z. ziehend oder drückend, oder senkrecht auf dieselben, endlich auch auf eine solche Weise in Anspruch genommen, wobei die äußere Kraft eine Verschiebung ihrer Fasern übereinander, durch deren Verdrehung nämlich, anstrebt.

Der Widerstand, welchen die Baumaterialien dem Zerreißen und Zerdrücken ihrer Fasern oder Theile entgegensetzen, heißt die **Zug- und Druckfestigkeit**. Jener, mit welchem sie dem Zerbrechen ihrer Theile sich entgegenstellen, heißt die **Bruchfestigkeit**, endlich derjenige Widerstand, welchen sie gegen die Verdrehung ihrer Fasern äußern, heißt die **Festigkeit gegen Verdrehung** oder die **Torsionsfestigkeit**.

Die genannten Widerstände werden von den Körpern den äußeren Kräften bloß vermöge ihrer Kohäsionskraft entgegengesetzt.

Schon im Anfange des vorigen Jahrhundertes hatte man die ersten Versuche über die Festigkeit der Baumaterialien angestellt und bis zur Stunde werden diese Experimente mit allerlei Bau- und Maschinenbestandtheilen ausgeführt, um hierüber verläßliche Daten zu gewinnen.

§. 127.
Die Elasticitätsgränze. — Der Festigkeits-Koefficient eines Baumateriales.

Hängt man an einem Faden, welcher in einem Punkte befestiget ist, ein kleines Gewicht, so werden wir die Erfahrung machen, daß durch dasselbe der Faden gespannt und eine Verlängerung erleiden wird. Wir werden uns aber auch überzeugen, daß derselbe nach Wegnahme des Gewichtes seine ursprüngliche Länge wieder genau annimmt. Diese Ausdehnung und Zusammenziehung des Fadens geschah vermöge der Elastizität desselben. Wird das den Faden belastende Gewicht allmählich vergrößert, so wird derselbe eine in dem Maße der Gewichtsvergrößerung zunehmende Verlängerung erfahren. Erfolgt aber eine zu große Belastung, so geschieht nach Wegnahme des Gewichtes keine vollständige Zusammenziehung des Fadens mehr. Die Ausdehnung seiner Theilchen mußte dabei über die ihm eigenthümliche Elastizitätsgränze erfolgt sein. Man sagt deshalb auch: der Faden ist in diesem Falle über die Elastizitätsgränze in Anspruch genommen worden. Die weitere Vermehrung des angehängten Gewichtes könnte offenbar zuletzt auch ein Reißen des Fadens herbeiführen.

Ganz das gleiche, was wir hier an dem Faden beobachteten, hat man bei den Zerreißungsversuchen, welche man mit den Baumaterialien und Maschinenbestandtheilen ausführte, in Erfahrung gebracht. Man hatte bei diesen Versuchen sich vor allem dasjenige größte Gewicht angemerkt, bei welchem die Elastizitätsgränze der Materialien noch nicht überschritten wurde, und hat es **Sicherheitsmodul oder Festigkeitskoeffizient für die Dauer** benannt.

Diese Koeffizienten sind von großer Wichtigkeit, weil ein Baumaterial nur so lange äußeren Kräften den betrachteten Festigkeitswiderstand, für die Dauer, entgegensetzen wird, so lange seine elastische Kraft nicht über die Elastizitätsgränze in Anspruch genommen wurde.

Jedes Material hat seinen eigenen Festigkeitskoeffizienten oder Sicherheitsmodul. So z. B. ist für Eichenholz derselbe 3300 Pfund auf den Quadratzoll. Man hat nämlich durch Versuche gefunden, daß einem Eichenstabe von beliebiger, nicht ungewöhnlich großer Länge, und einem Querschnitte von 1 Quadratzoll ein Gewicht von 3300 Pfund, welches nach der Richtung seiner Fasern (seiner Länge) wirkt, mit Beruhigung anvertraut werden kann. — Ein dreimal so großes Gewicht würde dagegen das Zerreißen des Stabes bewirken. —

Der Sicherheitsmodul des Schmiedeisens ist 20000 Pfund. Sein Zerreißungsgewicht ist 50000 Pfund. Der Stahl besitzt einen doppelt so großen Modul wie das Schmiedeisen. Für Gußeisen ist dieser Modul kleiner, nämlich 8000 Pfund, das Zerreißungsgewicht 18000 Pfund. Der Sicherheitsmodul eines 1 Zoll dicken Hanfseiles beträgt 977 Pfund, es reißt beiläufig bei 5000 Pfund.

§. 128.
Die absolute Festigkeit der Körper.

Fig. 138.

Zugfestigkeit der Körper.

Die Zugfestigkeit der Körper, d. i. der Widerstand, welchen dieselben dem Zerreißen entgegensetzen, heißt auch die absolute Festigkeit der Körper. Die nebenstehende Figur 138 stellt einen Balken (ae) vor, welcher hinsichtlich seiner absoluten Festigkeit in Anspruch genommen wird.

Die Koeffizienten für die absolute Festigkeit, die Sicherheitsmoduli verschiedener Körper nämlich, wovon einige im vorigen Paragrafe genannt wurden, können in den entsprechenden Tabellen aufgefunden werden.

Genaue Versuche haben gelehrt, daß die absolute Festigkeit bei Materialien derselben Art bloß von dem Querschnitte abhängig ist, und in dem Maße größer wird, als der Querschnitt zunimmt. Das nachstehende Beispiel wird genügen, um den Nutzen, welchen die Festigkeitskoeffizienten gewähren, darzuthun.

Aufgabe. Welche Last darf einer runden schmiedeisernen Zugstange von 4 Quadratzoll Querschnitt für die Dauer anvertraut werden, wenn der Sicherheitsmodul des Schmiedeisens mit 20000 Pfund angenommen wird?

Auflösung. 1 Quadratzoll trägt 20000 Pfund mit Sicherheit. 4 Quadratzoll werden vermöge des oben Angegebenen das Vierfache tragen können, also 80000 Pfund. Mit diesem Gewicht wird man die Stange noch mit Beruhigung belasten können.

§. 129.

Die rückwirkende Festigkeit der Körper.

Die rückwirkende Festigkeit ist der Widerstand, den die Körper gegen das Zerdrücken ihrer Theile entwickeln. Die Figur 139 verdeutlicht diese Benennung.

Rückwirkende Festigkeit der Körper.

Das Gusteisen hat eine sehr große rückwirkende Festigkeit. Sie beträgt 24000 Pfund. Sie ist dreimal so groß wie seine Zugfestigkeit und übertrifft selbst die rückwirkende Festigkeit des Schmiedeisens, indem sie um ein Fünftel größer ist, als jene. Aus dieser Ursache muß beim I Querschnitt gusseiserner Bestandtheile derjenigen Rippe, welche auf Zugfestigkeit in Anspruch genommen wird (bei Balanciers und Hebeln die obere) mehr Materiale gegeben werden, als jener, welche auf Druckfestigkeit beansprucht wird. Granit erträgt über einem Quadratzoll eine Last von 8 bis 10 Zentnern, ein Ziegel jene von 5 bis 20 Zentnern. Buchenholz einen Druck von 8 bis 10 Zentnern.

§. 130.

Die relative Festigkeit der Körper.

Die Bruchfestigkeit oder relative Festigkeit ist der Widerstand, welchen die Körper dem Zerbrechen ihrer Theile entgegensetzen.

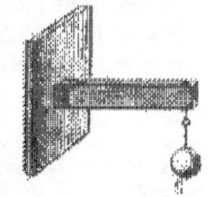

Bruchfestigkeit der Körper.

Die Figur 140 zeigt einen eingemauerten Balken, wie er auf Bruchfestigkeit in Anspruch genommen wird. Das Gewicht G hat das Bestreben denselben zu brechen. Der Balken wird hier vermöge der Kohäsion seiner Theile, d. h. vermöge der Festigkeit gegen das Zerbrechen, dieser äußeren Kraft widerstehen.

Die relative Festigkeit des Körpers wird vor allem sowohl von dem Materiale desselben als auch von der Größe seines Querschnittes abhängen; übrigens hat auf diese Art Festigkeit auch die Form, die Länge und Lage des Körpers, die Art der Belastung und Unterstützung desselben einen entschiedenen Einfluss.

Ein Balken von rechteckigem Querschnitte trägt mehr, wenn er auf der schmalen Seite aufliegt, als wenn er auf die breite Fläche aufgelegt wird. Körper mit hohlem Querschnitte und solche, welche mit Rippen versehen sind, widerstehen dem Bruche bei gleichem Materialaufwande in einem größeren Verhältnisse als jene mit massiver und rechteckiger Querschnittsfläche. Aus dieser Ursache bewähren sich auch die hohlen Balken für Stutzböden, hohle Säulen u. s. w., aus demselben Grunde hat der allweise Schöpfer die Knochen der Thiere, die Halme der Getraidearten hohl geformt; auch gibt man aus ähnlicher Veranlassung den Eisenbahnschienen, Kurbelstangen, Balanciers, überhaupt allen Maschinenbestandtheilen, welche gegen den Bruch standfähig gemacht werden sollen, einen doppelt T förmigen Querschnitt mit oberen und unteren Rippen.

Mit der Länge des Balkens nimmt seine relative Festigkeit ab. Was die Art der Belastung anbelangt, so ist es nicht gleichgiltig, ob das Gewicht an dem Ende des Balkens (Fig. 140), oder in der Mitte desselben (Fig. 141) wirkt, oder endlich ob es auf seiner ganzen Länge (Fig. 142) vertheilt ist. Im letzten

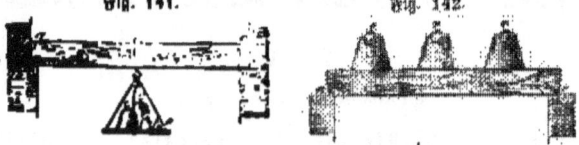

Fig. 141.   Fig. 142.

Bruchfestigkeit unterstützter Körper.

Falle wird es bei sonst gleichen Nebenumständen am größten sein können. Was endlich die Unterstützung des Balkens antrifft, so läßt es sich im allgemeinen sagen, daß ein Balken um so fester wird, in je mehr Punkten er aufliegt oder unterstützt wird.

So z. B. kann ein 8 Schuh langer, 5 Zoll breiter und 7 Zoll hoher Eichenstamm, wenn er an einem Ende eingemauert ist, und das Gewicht an seinem andern Ende aufgehängt wird, mit 1400 Pfund für die Dauer belastet werden. Wird die Last ganz gleichförmig auf den Balken vertheilt, so kann man demselben, wie die Rechnung lehrt, die doppelte Last, also jene von 2800 Pfund mit Beruhigung anvertrauen. Ist ferner der Balken an seinen beiden Enden unterstützt und in der Mitte belastet, so kann er das Vierfache, also 5600 Pfund, bei gleichmäßiger Vertheilung der Last sogar das Achtfache, also 11200 Pfund für die Dauer tragen. Endlich wird dem Balken, wenn er an seinen beiden Enden eingemauert und in der Mitte belastet ist, 11200 Pfund aufgebürdet werden können, und bei gleichmäßiger Vertheilung der Last über seine Länge wird er dem Sechzehnfachen von jenem Gewichte widerstehen,

welches dem Balken bei der Belastung seines einen Endes anvertraut werden
kann, nämlich dem Gewichte von 22400 Pfund. — Diese Vergrößerung der
Tragfähigkeit des Balkens rührt her von der Abnahme der Entfernung des
Angriffspunktes der brechenden Kraft rücksichtlich der Brechungsebene.

§. 131.

Die Torsionsfestigkeit.

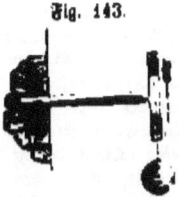

Fig. 143.

Torsionsfestigkeit.

Die Festigkeit gegen Drehung oder die Torsionsfestigkeit (Fig. 143) ist der Widerstand, den ein Körper dem Abdrehen seiner Theilchen entgegenstellt. Die Wellbäume müssen während ihrer Verwendung die nöthige Torsionsfestigkeit besitzen. An der Welle bewirken Kraft und Last entgegengerichtete Drehungen. Die Welle muß demnach einen solchen Querschnitt bekommen, daß die Verdrehung der Fasern unmöglich wird. Das Auswringen der Wäsche wirkt schädlich auf ihre Fäden, weil dieselben dabei auf Torsionsfestigkeit in Anspruch genommen werden. Wasch- und Auswindmaschinen schonen die Wäsche mehr.

§. 132.

Der Stoß und der Kraftverlust dabei.

Es wurde ferner erwähnt, daß bei dem Baue der Maschinen auf ein genaues Ineinandergreifen der Bestandtheile gesehen werden muß, damit während ihrer Bewegung keine Stöße erfolgen.

Jeder Stoß vernichtet einen Theil der Kraft, welche auf die bleibende Formänderung der sich stoßenden Körper verwendet wird; nur bei vollkommen elastischen Körpern findet beim Stoße kein Kraftverlust statt. Je unelastischer die Körper sind, welche gegeneinander stoßen, je größer ihre Masse ist, und mit einer je größeren Geschwindigkeit die stoßende Masse gegen die gestoßene anfährt, um so größer wird der Verlust beim Stoße ausfallen. Ist die Geschwindigkeit der zusammenstoßenden Massen sehr groß, oder wenigstens größer als dieß ihre Festigkeit verträgt, so geschieht nach dem Stoße ein Zertrümmern der schwächeren Masse, ja selbst auch beider Massen.

Bei dem Amboß gewahrt man, daß große Massen den Stoß thatsächlich in sich aufzunehmen fähig sind. Die Schläge, welche gegen einen Amboß von größerer Ausdehnung mit dem Hammer ausgeführt werden, nimmt derselbe in sich auf, ohne sie weiter zu leiten. Das Kunststück der Athleten, welche sich auf die Brust einen Amboß setzen und mit dem Hammer auf denselben schlagen lassen, wird zufolge diesem minder erstaunlich. Die Schuhmacher benutzen auch die Massen zur Verhinderung der Fortleitung des Stoßes. Wenn sie das Leder dicht klopfen wollen, so legen sie zuerst einen schweren Stein auf das Knie und dann das Leder darauf. Ein Maurer, der mit dem Hammer auf den in der Hand haltenden Ziegel schlägt, fühlt nur eine geringe Erschütterung in derselben. Die Schabote (der Amboß) eines großen Hammers muß auch eine große Masse haben. Der Krupp'sche Dampfhammer, welcher 1000 Zentner schwer ist, hat eine Schabote im Gewichte von 30,000 Zentner. — Krupp ist der Besitzer des berühmten Eisenwerkes zu Essen in Rheinpreußen. —

Bei Maschinenanlagen zählt man demnach auch zu den Schutzmitteln gegen die Wirkungen des Stoßes: das Anbringen großer Massen an Theilen, welche Stößen ausgesetzt sind und die Anwendung elastischer Körper. Die Vortheile der elastischen Federn bei dem Baue von Straßen- und Eisenbahnwagen u. s. w. sind bekannt. (Vergl. mit §. 61.)

Das Zertrümmern der Körper durch Stöße erfolgt jedesmal dann, wenn dieselben mit einer solchen Schnelligkeit gegeneinander fahren, daß der getroffenen Masse die Zeit nicht bleibt, die durch den Stoß erlangte Geschwindigkeit in sich gleichmäßig aufzunehmen. In diesem Falle wird bloß der unmittelbar dabei betheiligten Masse die Geschwindigkeit des stoßenden Körpers mitgetheilt, wodurch sie gezwungen wird, sich von den übrigen Theilen des Körpers loszutrennen, welcher Umstand ein Zerbrechen, Zertrümmern oder auch ein Zersprengen des Körpers veranlassen muß.

Daß bei dem Stoße zur Fortpflanzung der Geschwindigkeit desselben eine Zeit nothwendig ist, wird zur Überzeugung, wenn man die Mündung einer Flasche mit einem Kartenblatte zudeckt und darauf eine kleine Münze gerade senkrecht über die Öffnung legt. Wird das Kartenblatt mit dem Finger rasch hinweggeschnellt, so fällt die Münze in die Flasche hinein. Der Stoß, welcher auf das Kartenblatt ausgeführt wurde, hat sich also der Münze, weil er schnell erfolgte, nicht mitgetheilt. Hätte man den Stoß nicht genug rasch angebracht, so würde die Münze von der Karte auch mitgerissen werden — die Geschwindigkeit des Stoßes hätte sich derselben ebenfalls bemächtiget. Ein schwacher Stoß kann eine Fensterscheibe nach allen Richtungen zertrümmern, während eine gegen dieselbe abgeschossene Büchsenkugel bloß ein kleines Loch in der Scheibe macht.

Beungleich Stöße bei Maschinen stets vermieden werden sollen, so macht man im gewerblichen Leben doch auch von den Stößen häufige Anwendung. Das Schmieden, Meißeln, Feilen, Schleifen u. s. w. geschieht durch wiederholte Stöße, welche gegen das Metall oder andere Materialien geführt werden, das Einschlagen der Nägel und das Einrammen der Piloten beruht auch auf derselben Thatsache. Wollte man den Nagel oder die Pilote an dem entsprechenden Orte mittels Druckes hineintreiben, welche Gewalt wäre dazu nöthig! Dadurch aber, daß wir die Schläge gegen diese schnell ausführen, wird bloß den unter ihren Spitzen liegenden Theilchen des widerstehenden Gegenstandes diese Geschwindigkeit mitgetheilt und sie zum Ausweichen gezwungen. Die Eisenkeile werden beim Zersprengen der Steinblöcke in deren Furchen oder Spalten auch mit Hülfe mäßig starker Schläge eingetrieben. Die Sägen, besonders die Zirkularsägen wirken durch die Schnelligkeit des Stoßes, welchen die Zähne gegen das Holz oder gegen die Metallstäbe, Schienen u. s. w. ausüben. Die Hammer- und Pochwerke arbeiten ebenfalls mit Hülfe der Stöße. Das Bohren auf dem Gestein wird stoßend ausgeführt. Das Sprengen der Gesteine beruht auf der Wirkung der Stoßkraft des Pulverdampfes.

§. 133.
Die ungleichförmige Bewegung bei Maschinen und deren Ausgleichung.

Die todten Punkte an der Kurbel.

Zur Vermeidung nachtheiliger Stöße bei Maschinen wurde ferner die Herstellung eines möglichst gleichförmigen Ganges derselben anempfohlen.

Der ungleichförmige Gang einer Maschine kann aus mehreren Ursachen sich einstellen. Entweder ist die bewegende Kraft eine wechselnde, oder es sind die Widerstände an der Maschine veränderlich. Endlich kommt noch der Fall vor, in welchem eine, obwohl sich gleich bleibende Kraft in den verschiedenen Lagen ihres Angriffspunktes mit einem sich stets ändernden Antheile die eigentliche Bewegung der Maschine unterhält, welchen Umstand ich vor allem an diesem Orte besprechen will.

Wenn jemand z. B. an der Kurbel eines Schleifsteines (Fig. 144), Haspels u. s. w. thätig ist, so wird er die Erfahrung machen, daß über manchen Stellen der Kreisbahn, welche von der Kurbelwarze beschrieben wird und gegen welche letztere man bei der Bewegung mit der Hand andrücken muß, ein schwierigeres Hinwegkommen ist, als dieß über anderen Stellen stattfindet. Der menschliche Arm, welcher bei dieser Bewegung der Kurbel bloß wagrecht hin- und hergeführt wird, steht nämlich nicht immer gleich günstig zu der Kurbelrichtung.

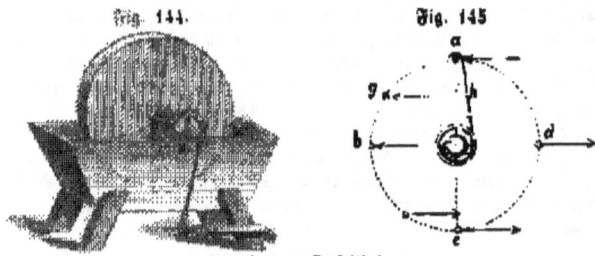

Kurbel eines Schleifsteines.

Ist die Kurbel in dem obersten oder untersten Punkte (Fig. 145 a oder c) ihrer Bahn angelangt, so greift die Hand bei ihrer horizontalen Hin- und Herbewegung dieselbe am vortheilhaftesten, dagegen in den mit der Achse der Kurbel gleich hoch gelegenen Punkten b und d am ungünstigsten an; weil im ersten Falle die Kraft mit dem ganzen Hebelarm Ca, Cc, im letzteren Falle aber in einer Art wirkt, wobei von ihrer Wirkung nicht der mindeste Antheil zur Drehung der Kurbel um ihre Achse entfällt. Diese zwei Punkte b und d heißen demnach auch die todten Punkte der Kurbel bezüglich einer Kraft, welche während ihrer ganzen Wirkung die horizontale Richtung bewart.

Nachdem in den dazwischen liegenden Punkten die Kraft bald an zunehmenden, bald an abnehmenden Hebelarmen — für den Punkt g z. B. wäre der drehende Arm = hc — wirkt, so muß die Bewegung, welche mittels der Kurbel durch eine stets die gleiche Richtung einhaltende Kraft bewerkstelliget wird, eine ungleichförmige, bald zu-, bald abnehmende werden. Anstatt des menschlichen Armes wirkt bei den Maschinen eine Lenkstange, welche auch **Bleuelstange** genannt wird. Diese Stange kann selbstverständlich an den Maschinen jede beliebige Richtung erhalten. Für eine vertikale Lenkstange würden die todten Punkte der Kurbel in a und c liegen.

Die nebig gezeichnete Figur 144 stellt einen Schleifstein sammt der Kurbel dar, welche mittels des Trittes und einer vertikalen Lenkstange in Bewegung gesetzt wird. Sie bezieht sich also auf den zuletzt berührten Fall.

§. 134.

Das Kurbelpaar.

Bringt man auf die zu bewegende Maschinenwelle, anstatt einer, zwei Kurbeln an, deren Richtungen auf einander senkrecht stehen, so wird damit schon eine nicht unbedeutende Gleichförmigkeit in der Bewegung der Maschine erzielt, indem die nachlassende Wirkung der einen Kraft durch die zunehmende der anderen Kraft ziemlich vollständig ersetzt wird. Wirken an diesen beiden Kurbeln Menschenkräfte, wie dieß bei den Haspeln, Winden u. dgl. der Fall ist, so bringt man die Kurbeln in einander entgegengesetzten Richtungen an, weil es sich hier vorzüglich darum handelt, die ungleiche Wirkung, welche die Menschenkraft bei solchen Maschinen nach vor- und rückwärts entwickelt, auszugleichen.

§. 135.

Das Schwungrad.

Sind hingegen die Widerstände, welche beim Betriebe der Arbeitsmaschinen auftreten, veränderlich, so stellen sich die Schwungräder (Fig. 146) als die zweckmäßigsten Vorrichtungen dar, eine möglichst gleichförmige Bewegung zu bewerkstelligen; indem sie den Überschuß an Geschwindigkeit aufnehmen und so lange in sich aufbewaren, bis der vermehrte Widerstand eintritt, den sie durch Abgabe der angesammelten Kraft zu überwinden helfen. (Vergl. mit §. 43.)

Je größer der Durchmesser des Schwungrades ist, d. h. je weiter die einzelnen Theilchen des Radkranzes von der Drehungsachse gelegen sind, und je dichter das Material des Schwungringes ist, um so größer wird dessen Aufsammlungs- und Ausgleichungsfähigkeit sein.

Man macht den Ring der Schwungräder von Gußeisen und gibt ihm einen großen Durchmesser. Ähnlichen Dienst wie das Schwungrad leisten die Schwungkugeln bei den Pressen. Die größern Wasserräder sind zugleich auch Schwungräder. Einem schweren Schleifstein wird man aus demselben Grunde schon mittelst einer Kurbel eine ziemlich gleichförmige Bewegung verschaffen können. Der Wirtel einer Handspindel, welcher den Zweck hat, derselben eine gleichmäßige, drehende Bewegung zu ertheilen, ist aus derselben Ursache von Blei oder Glas.

Schwungrad.

§. 136.

Der Bewegungsdruck auf die Achsen der Maschinen.

Die Fliehkraft.

Damit kein einseitiger Bewegungsdruck auf die Welle der Schwungräder hervorgehe, muß bei deren Konstruktion besonders darauf gesehen werden, daß ihr Schwerpunkt genau in die Achse der Welle falle. Bei der drehenden Bewegung (Rotazion) eines jeden Körpers entwickelt sich nämlich in den Molekülen desselben eine eigene Kraft, welche dieselben von der Drehungsachse zu entfernen strebt, und Fliehkraft genannt wird.

Die Theilchen der sich drehenden Körper suchen vermöge dieser Kraft sich nach dem Halbmesser der Bewegung, vom Mittelpunkte der Kreisbahn, welche sie beschreiben, zu entfernen und sie zeigen dieses Streben um so gewaltiger, je schneller sie rotieren und je weiter sie von der Drehungsachse abstehen. Ist nun das Rad rücksichtlich der Drehungsachse ganz gleichmäßig gebaut und auch vollkommen simmetrisch aufgeteilt, so werden die Fliehkräfte der auf beiden Seiten dieser Drehungsachse übereinstimmend liegenden Theilchen sich wechselseitig aufheben, so daß von Seite der Fliehkraft kein Druck auf die Achse des Schwungrades erfolgen kann. In jedem anderen Falle würde sich während der Bewegung des Rades ein Druck entwickeln, welcher mit der Zunahme der Drehungsgeschwindigkeit sich bedeutend steigern könnte. Selbstverständlich wird sich dieser Bewegungsdruck mit dem durch die Schwere des Rades hervorgerufenen zusammensetzen, welcher vereinte Druck die Lagerung der Achse des Schwungrades minder stabil machen würde.

Die vermöge der Fliehkraft hervorgehende Spannung der Theilchen eines um eine Achse sich drehenden Körpers kann bei bedeutender Geschwindigkeit so groß werden, daß deren Zusammenhangskraft überwunden und ein Zerreißen des Körpers herbeigeführt wird. Nachdem die Schwungräder eine beträchtliche Größe haben und gewöhnlich von Eisen sind, nachdem ihnen auch eine bedeutende Geschwindigkeit ertheilt wird, so muß die Fliehkraft derselben eine recht beträchtliche werden. Es sind schon viele Fälle vorgekommen, wo Schwungräder während der Bewegung in Trümmer gegangen sind. Aus diesem Grunde müssen sowohl die Radarme der Schwungräder, als auch die Verbindungen zwischen ihnen und dem Schwungringe, dem möglicher Weise auftretenden höchsten Werte der Fliehkraft entsprechend stark gemacht werden.

Die Fliehkraft können wir auch an unserem Körper wahrnehmen, wenn wir schnell um eine Ecke im Bogen fahrend biegen. Wir werden nämlich dabei einen Zug von der umfahrenen Ecke nach auswärts bemerken. Wenn ein Schlittschuhläufer auf dem Eise einen Kreis beschreibt, so nimmt er eine schiefe, gegen den Mittelpunkt des Kreises geneigte Stellung an, welche er in der Ruhe, ohne zu fallen, nicht behaupten könnte, und die nur dadurch möglich wird, weil sein Bestreben nach innen zu fallen, durch die Fliehkraft, welche ihn nach außen treibt, aufgehoben wird. — Durch die angenommene schiefe Stellung widersteht er der Wirkung der Fliehkraft. — Ähnliches sehen wir bei der Stellung der Kunstreiter und Pferde, wenn sie im Kreise sich bewegen. Der Kreisel (Roll) behauptet vermöge der Fliehkraft so lange die drehende Bewegung. Unsere Erde erhielt auch nur durch die Fliehkraft ihrer, anfangs leicht beweglichen Theilchen (die Erde bildete einst eine flüssige Kugel), die abgeplattete Gestalt; gerade so wie eine Thonkugel, welche um ihre Achse schnell gedreht wird, eine derartige unrunde Form annehmen muß. Die Thonförmerei beruht vornehmlich auf der Fliehkraft. Der obere Theil der Drehscheibe, welche mit dem Fuß in Bewegung gesetzt wird, nimmt den Teig auf, der während der Drehung zu allerhand Geschirren aus freier Hand, wobei die Fliehkraft mithilft, umgeformt wird. Bei den Schleudern wirkt die Fliehkraft nur so lange, als die erzwungene, d. h. die drehende Bewegung des Steines anhält. Durch diese Kraft wird die Schnur der Schleuder gespannt, was sich durch den Zug auf unsere Hand kundgibt. In dem Augenblicke aber, als die Nöthigung zu der Bewegung im Kreise aufhört, verschwindet auch die Fliehkraft und der aus der Schleuder entlassene Stein bewegt sich nach der Tangente (AB Fig. 147), welche in dem Punkte des Kreises gezogen werden kann, in welchem er sich befand, als man ihn frei machte. Diese jetzt eingeschlagene Richtung der Bewegung ist die Fortsetzung der in jedem Punkte des Kreises eingehaltenen Bewegung, nur wird sie im Augenblicke des Loslassens durch die Zugkraft der Schnur (Zentripetalkraft) nicht mehr in die kreisförmige abgelenkt.

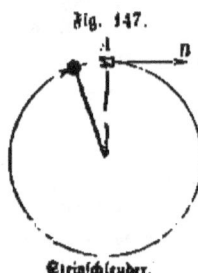

Fig. 147.

Steinschleuder.

Aus derselben Ursache schleudern benetzte und gedrehte Schleifsteine das Wasser, die Wagenräder den Straßenkoth nach der Tangente hinaus. — Aus ähnlichem Grunde wirft man beim Abscheiden der Spreu vom Getraide dasselbe mittelst einer Schaufel in einem Bogen in die Höhe.

§. 137.
Benutzung der Fliehkraft.

Die Flieh- oder Zentrifugalkraft ist demnach der Druck, den ein im Kreise herumschwingender (rotierender) Körper senkrecht gegen seine Bahn ausübt und der so lange dauert, als dessen erzwungene Bewegung anhält. — Die Wirkung der Fliehkraft beutet man zu verschiedenen Zwecken aus.

Unter den vielen Anwendungen, welche man von ihr macht, erwähne ich der Zentrifugal-Trockenmaschine (Fig. 148), der Zentrifugal-Pumpen und Gebläse, endlich der Zentrifugal-Pendel. Die Zentrifugal-Trockenmaschine dient zum Trocknen der Wäsche

Fig. 148.

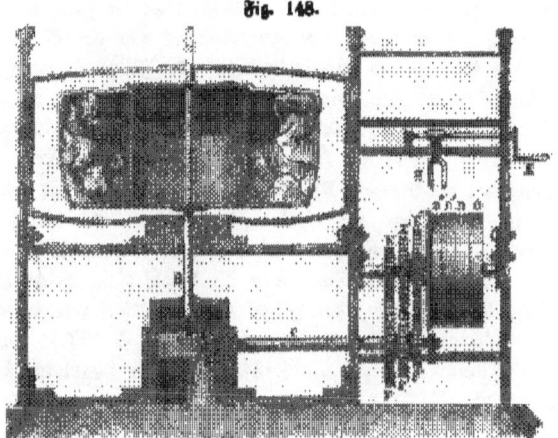

Zentrifugal-Trockenmaschine.

und anderer Zeuge. Man giebt dieselben zu diesem Behufe in einen senkrecht stehenden, mit vielen Löchern versehenen, kupfernen Behälter A (in eine Trommel), welchen man mit großer Geschwindigkeit umdrehen läßt. Derselbe macht dabei bis 1500 Umdrehungen in der Minute. Während der Drehung werden die Zeuge mit bedeutender Gewalt gegen die Wände der Gefäße gedrückt, und dabei deren Wasser durch die feinen Löcher der Trommel hinausgeschleudert. In 10—15 Minuten sind die Zeuge kaum mehr feucht und können durch Aufhängen recht bald vollends ausgetrocknet werden.

Um der Trommel die gewünschte rasche Geschwindigkeit zu ertheilen — welche selbstverständlich plötzlich zu erzielen nicht möglich ist — sind auf der Treibachse der Vorrichtung mehrere Riemenscheiben DD'D" angebracht. G ist eine Leerrolle. Auf diese wird der Treibriemen eingestellt, wenn die Trommel stehen bleiben soll. Das Verschieben des Riemens auf D, D', D", welches mittels der Gabel H, deren Gewinde auf einer mit Hilfe der Kurbel K drehbaren Schraubenspindel ruht, bewirkt wird, veranlaßt eine allmählich raschere Drehung der Trommelachse B. In den Zuckerraffinerien benutzt man die Zentrifugalmaschinen zur Reinigung der Zuckerkristalle von der Melasse. Auch das Getraidekorn schreitet mit Hilfe der Fliehkraft zwischen den Mühlsteinen gegen die Periferie derselben und wird auf diese Art vollständig zermalmt. Mittels der Zentrifugalpumpe ist man im Stande in kurzer Zeit große Mengen Wassers, obgleich mit bedeutendem Kraftaufwande, zu heben. Sie wird auch in Brauereien zum Heben der Würze mit Vortheil verwendet. (Vergl. mit §. 197.) Das Zentrifugalgebläse (der Ventilator) ertheilt der Luft durch die Fliehkraft, welche bei der schnellen Umdrehung der Flügel erzeugt wird, eine bedeutende Geschwindigkeit und Pressung. (Siehe §. 197.) Das Zentrifugalpendel (vergl. mit §. 313) wird als Regulator bei den Dampfmaschinen angewendet.

§. 138.

Die Reibung.

Während ich euch die Gleichgewichtsverhältnisse der Maschinen auseinandersetzte, hattet ihr bereits Gelegenheit gehabt zu bemerken, daß die Reibung einen ziemlich bedeutenden Kraftantheil zu verschlingen im Stande ist. Ich will nun jetzt in das Wesen der Reibung näher eingehen.

Die Reibung ist der Widerstand, den die Körper bei ihrer Bewegung, der Unebenheiten an ihrer Oberfläche wegen, erfahren, wenn sie übereinander geschoben oder gewälzt werden. Es gibt keinen einzigen Körper, der eine vollkommen ebene Oberfläche hätte. Die glattesten Körper z. B. polirter Stahl u. s. w. erscheinen uns unter dem Vergrößerungsglase mit einer Unzahl Erhöhungen und Vertiefungen, ähnlich der Oberfläche einer Feile, bedeckt.

Aus dieser Ursache folgt, daß wenn zwei Körper übereinander geschoben werden, die Erhöhungen des einen in die Vertiefungen des anderen eindringen, aus denen sie bei der Weiterbewegung wieder hervorgezogen werden müssen; bei welchem

Vorgange einzelne Theilchen umgeknickt und aus dem Wege geräumt werden. Obgleich nun die Körpertheilchen, welche auf diese Weise sich gegenseitig behindern, nur sehr klein sind, so entsteht doch wegen der großen Anzahl derselben ein merklicher Widerstand, welcher die Reibung der Körper verursacht.

Je kleiner diese Erhöhungen sind, je glatter also die Oberfläche der Körper und je geringer der Druck ist, mit dem sie übereinander gleiten, um so kleiner wird die Reibung ausfallen. Die mit Vortheil verwendeten Schmiermittel, wie Öl, Fett, Seife, fein geriebenes Reißblei (Grafit) vermindern die Reibung deßhalb, weil sie die Vertiefungen der Körper ausfüllen und deren Oberfläche glatter machen.

Ähnlich wie man die sämmtlichen Materialien des Bau- und Maschinenwesens auf ihre Festigkeit untersucht und die entsprechenden Zahlen in Tabellen eingetragen hat, wurden dieselben auch hinsichtlich ihrer Reibung genauen Versuchen unterworfen, und die auf diese Weise gefundenen Zahlen, welche man Reibungs-Koeffizienten nennt, sind gleich jenen in Tabellen verzeichnet worden.

Diese Koeffizienten hängen bloß von dem Materiale der sich reibenden Oberflächen ab. Kennt man dieselben, so ist auch der Reibungswiderstand, wie die nachfolgende Betrachtung es lehren wird, leicht zu berechnen.

§. 139.

Die gleitende Reibung.

Die Reibung kann entweder eine gleitende oder eine rollende sein.

Die gleitende Reibung tritt auf, wenn die reibenden Körper sich bloß übereinander verschieben, ohne dabei zu rollen.

Diese Reibung ist dem Drucke direkt proportioniert. In dem Verhältnisse nämlich als die Kraft größer ist, mit welcher die Berührungsflächen gegeneinander gepreßt

werden, in demselben Maße wird die Reibung bedeutender
ausfallen.

Übrigens kann bemerkt werden, daß die Reibung von der Ruhe aus größer ist als während der Bewegung der sich reibenden Körper.

Kennt man diesen Druck, so wird die Reibung gefunden, wenn man denselben mit dem entsprechenden Reibungs-Koeffizienten multipliziert.

Zur Erläuterung dieser Regel diene das nachstehende Beispiel:

Aufgabe. Man wünscht einen eichenen Kasten oder einen Tisch, welcher 100 Pfund wiegt, über einen eichenen Boden wegzuschieben; wie groß muß die hierzu erforderliche Kraft sein, wenn der Reibungs-Koeffizient des Eichenholzes auf Eichenholz 0·48 beträgt?

Auflösung. Der Reibungs-Koeffizient gibt an, den wievielten Theil des Druckes, der übereinander gleitenden Körper, die Reibung ausmacht. Der Druck ist in diesem Beispiele dem Gewichte des zu verschiebenden Körpers gleich. Aus diesem folgt, daß der Reibungswiderstand = 100 × 0·48 = 48 Pfund betragen wird, und dieß ist auch die Kraft, welche zum Wegschieben des Kastens nöthig ist.

Dabei ist es, wie Versuche lehrten, ganz gleichgiltig, ob der Kasten mit der ganzen Grundfläche auf dem Boden ruht oder bloß auf Füßen steht. Eben so gleichgiltig ist es, ob der Körper auf seiner breiten oder auf seiner schmalen Fläche aufliegt. Die Reibung bleibt in beiden Fällen deshalb dieselbe; weil in dem Maße, als der Körper auf einer schmaleren Fläche aufliegt, das gegenseitige Eindringen der Körpertheilchen um so tiefer geschehen wird.

Der Reibungs-Koeffizient für Gußeisen auf Gußeisen ist 0·15, für Leder auf Eichenholz 0·35, für die Liderung eines Kolbens mit Wasser benetzt 0·62, für dieselbe mit Öl, Talg oder Schweinefett 0·12, für Schmiedeisen auf Schmiedeisen 0·4, für Schmiedeisen auf Gußeisen 0·18, für Bronze auf Bronze 0·2, für Bronze auf Schmiedeisen 0·16, für Kalkstein auf Kalkstein 0·7, für Ziegel auf Kalk 0·67 u. s. w.

Die Reibungs-Koeffizienten sind, gleich den Festigkeits-Koeffizienten, von allerlei Baumaterialien in den Handbüchern für Ingenieure zu finden.

Im allgemeinen werden sich gleichartige Stoffe, z. B. Eisen auf Eisen stärker reiben als ungleichartige, z. B. Eisen

213

auf Messing oder Bronze, weil bei den ersteren die Oberflächen ähnlicher gebildet sind, wodurch ein vollständigeres, gegenseitiges Ineinanderfallen der hervorstehenden Theilchen möglich wird. Aus dieser Ursache macht man in den meisten Fällen die Lager aus einem andern Metall als die Zapfen. — Mittels Schmiermittel kann die Reibung bedeutend herabgemindert werden.

Fig. 149.

Messen der Reibung.

Die obige Vorrichtung (Fig. 149) dient zur Bestimmung des Reibungs-Koeffizienten. Man legt zu diesem Behufe in die Wagschale so lange Gewichte hinein bis der Körper A über B, nachdem man ihm einen schwachen Stoß ertheilt hat, gleichförmig hingleitet. Die in dem Schälchen befindlichen Gewichte geben offenbar die Größe der gleitenden Reibung während der Bewegung an.

Die Zapfenreibung stellt noch keine rollende Reibung vor, weil der Zapfen während seiner Bewegung im Lager an derselben Stelle verbleibt.

Die rollende Reibung.

Die rollende Reibung, welche eintritt, wenn der bewegte Körper auf der Unterlage fortrollt, ist dem Drucke direkt, dem Durchmesser des rollenden Körpers umgekehrt proportioniert.

Je größer der Durchmesser des Wagenrades ist, desto geringer wird dessen Reibung ausfallen. Für Fuhrwerke hat man durch Versuche gefunden, daß auf welchem Boden die nöthige Zugkraft um so kleiner ist, je breiter die Radfelgen sind. Der mittlere Reibungs-Koeffizient auf gut erhaltener, beschotterter Straße ist $1/25$. Zur Förderung einer Last von 25 Zentner wird man auf einer solchen Straße eine Kraft von einem Zentner brauchen, was ein gewöhnliches Pferd ohne übermäßige Anstrengung liefert. Einem Pferde darf man demnach auf guter, horizontaler Straße ohne Besorgniß eine Last von 25 Zentnern anhängern. Auf ansteigendem Boden müßte man mit der Größe der Last herabgehen.

Auf Eisenbahnen beträgt der mittlere Reibungs-Coeffizient $1/_{200}$. Ein Pferd wird demnach auf dem Schienenwege 200 Zentner, also gerade einen vollen Lastwagen für die Dauer fortziehen können. — Pferdeisenbahnen gibt es in Österreich nur noch zwei, die übrigen sind lauter Lokomotivbahnen. — In Wien bestehen seit kurzem Pferdebahnen, welche das Innere der Stadt mit den Vorstädten verbinden.

Die rollende Reibung ist geringer als die gleitende. Bei der rollenden oder wälzenden Bewegung lösen sich nämlich die Erhöhungen eines Körpers aus den Vertiefungen des anderen wie die Zähne zweier Räder aus, und es brauchen dieselben nicht erst umgebogen oder abgestoßen zu werden. Aus dieser Ursache wird in vielen Fällen die erstere anstatt der letzteren herbeigeführt. Beim Weiterbefördern eines Steines vom Lagerplatze unterlegt man demselben Walzen, um ihn leichter fortschieben zu können. Je größer der Durchmesser dieser Walze ist, desto leichter wird die Fortschaffung des Körpers sein. In der neuesten Zeit werden die viele Tausende von Zentnern wiegenden Eisenbahnbrücken (Gitterbrücken) auf Walzen, welche mittels langer Hebel um ihre feststehenden Achsen gedreht werden, auf ihre Pfeiler geschoben.

§. 140.
Vortheile, welche man von der Reibung zieht.

Obwohl die Reibung bei Veranlassung von Bewegungen hemmend auftritt, so ist sie dessenungeachtet eine sehr wichtige Erscheinung an den Körpern, weil ohne Reibung vielen Bestandtheilen nicht die gehörige Verbindung gegeben werden, aber auch selbst so manche Bewegungen nicht bestehen könnten.

Ohne Reibung würde das Gehen auf wagrechten Flächen nur sehr mühsam, auf schiefen dagegen ganz unmöglich sein. Nägel, Keile, Schrauben u. s. w. würden ohne Reibung nicht halten, Nähte würden aufgehen, Bausteine, Balken würden beim geringsten Stoß übereinandergleiten. Wie könnten wir Häuser, Maschinen u. s. w. ohne Reibung aufführen? Das Bremsen eines

Wagens beim Herabfahren über einen Berg beruht auf Reibung. Der Violinbogen wird mit Harz bestrichen, damit er die Saite besser anspanne; man sieht auch leicht ein, daß ohne Reibung weder die Violine, noch die Guitarre und Harfe gespielt werden könnte, weil der Bogen und die Finger von den Saiten gleiten würden. Ohne Reibung wäre ferner kein festes Anhalten der Werkzeuge möglich, ohne dieselbe würde man die Instrumente weder schärfen noch poliren können. Auch die Wirkung der Maschinenräder, Riemenscheiben beruht auf Reibung, indem sie nur mit Hilfe derselben die Kraft von einem Theile der Maschine auf einen andern übertragen. Die Reibung des Seiles auf Holz benutzt man, um das Herablassen der Fässer in den Keller zu erleichtern. Nur durch Reibung ist es möglich, Gegenstände in Körner- und Pulverform, wie Sand, Mehl u. s. w. kuppenförmig aufzuhäufen, die Erde aufgedämmt zu erhalten. Das Beschlagen der Pferde geschieht um die Reibung zwischen Huf und Boden zu vergrößern; ähnlich wirkt das Anstreuen des Sandes, der Sägespäne auf eisigem Boden.

Mittels der gleitenden Reibung, welche zwischen den Triebrädern der Lokomotive und den Eisenbahnschienen stattfindet, wird der ganze Wagenzug, der bloß die rollende Reibung zu bestehen hat, fortbewegt. Je größer das Gewicht der Lokomotive ist, desto stärker wird die gleitende Reibung sein; auf je mehr Räder die Triebkraft vertheilt wird, mit desto mehr Armen stützt sich die Kraft der Lokomotive gegen die Schienen, um so größer wird die Wirkung der Kraft werden. Die Berglokomotiven müssen demnach schwergebaut sein und neben der großen Triebkraft auch gekuppelte Räder haben.

Dritter Abschnitt.

Die Gleichgewichts- und Bewegungserscheinungen tropfbar-flüssiger und luftförmiger Körper.

§. 141.
Unterschied zwischen den tropfbar-flüssigen und luftförmigen Körpern.

Die flüssigen Körper werden eingetheilt in tropfbar-flüssige und ausdehnsam-flüssige oder luftförmige Körper.

Die tropfbar-flüssigen Körper sind jene, welche sich leicht verschieben lassen und in kleinen Mengen Tropfen bilden. Die ausdehnsam-flüssigen Körper sind dagegen alle jene Stoffe, welche außer der leichten Verschiebbarkeit auch das Bestreben besitzen, sich ohne Begränzung in's Endlose auszudehnen.

Bei den tropfbar-flüssigen Körpern sind die Moleküle in einem solchen Gleichgewichtszustande angeordnet, bei welchem ein gegenseitiges Ausweichen und ungehindertes Verschieben möglich ist. Die Zusammenhangskraft muß aber bei ihnen doch noch thätig sein, weil die Tropfenbildung nur in Folge einer nach innen gerichteten Kraft erfolgen kann.

Auf der Tropfenbildung des geschmolzenen Bleies in der Luft beruht das Schrotgießen. Man läßt nämlich zu diesem Behufe flüssiges Blei durch ein regelmäßig durchlöchertes Blech von einer beträchtlichen Höhe in's Wasser fallen.

Warum behalten aber die Flüssigkeiten ihre Tropfenform nicht, wenn sie größere Körper zusammensetzen? — Die Ursache davon sieht man leicht ein, wenn man einen Wassertropfen, der z. B. schwebend in der Luft eine vollkommene Kugel bildet, auf eine Glasplatte bringt und ihn da beobachtet. Nicht nur die Schwere wird ihn plattdrücken, aber auch die Anziehung, welche zwischen dem Glase und dem Wasser besteht, wird seine Kugelform vollständig bekämpfen und bewirken, daß der Tropfen ganz auseinanderrinnt. Die Schwere und die **Anhangskraft (Adhäsion)** der Flüssigkeiten an feste Körper nöthigen demnach dieselben ihre Tropfenform, welche sie ursprünglich besitzen, aufzugeben. Der Quecksilbertropfen dagegen erhält sich auf einer Glas-, Holz- oder Eisenfläche rund und wird bloß in größerer Menge durch die Schwere plattgedrückt. Auf einer Zinnplatte zerrinnt er aber so, wie der Wassertropfen auf der Glasplatte. Man sagt daher, das Quecksilber habe zu Glas, Holz, Eisen keine, zum Zinn dagegen habe es Adhäsion.

Dabei wird aber nicht gemeint, daß Quecksilber im vollsten Sinne des Wortes keine Adhäsion zum Glase u. s. w. habe — indem ein ganz kleiner Quecksilbertropfen an einer Glasplatte u. s. w. hängen bleibt — man will damit bloß sagen, daß die Adhäsion zwischen Glas und Quecksilber viel kleiner ist, als die Anziehung (Kohäsion) der Quecksilbertheilchen untereinander.

§. 142.
Die Gestalt der ruhigen Oberfläche von Flüssigkeiten.

Tropfbar flüssige Körper füllen die Gefäße, in welche sie gethan werden, wegen der Schwere ihrer einzelnen Theilchen vollständig aus und bilden eine wagrechte Oberfläche; sie verrathen durch die Gestalt des Flüssigkeitsspiegels das Bestreben, die Tropfenform zu bilden nur dann, wenn zwischen der Flüssigkeit und den Gefäßwänden keine oder eine sehr geringe Adhäsion stattfindet, wie dieses z. B. beim Quecksilber in Glasgefäßen der Fall ist.

Findet dagegen zwischen der Flüssigkeit und den Gefäßwänden Adhäsion statt, so wird durch diese die Tropfenform

216

Fig. 150.

Probirgläschen.

nicht nur gänzlich aufgehoben, sondern es wird in den meisten Fällen eine schwache Erhebung der Flüssigkeit an den Wänden des Gefäßes eintreten. — Besonders gut bemerkt man diese Erhebung der Flüssigkeiten in schmalen Gläschen (Probiergläschen), wovon einige in der Figur 150 abgebildet sind.

§. 143.
Die Spannkraft luftförmiger Stoffe.

Die luftförmigen Körper, wozu auch die Gase gehören, sind ebenfalls leicht verschiebbar. Die Hauptrichtung der Bewegung ihrer Theilchen geht aber nicht nach innen, sondern nach außen. Aus dieser Ursache dürfen sie in offenen Gefäßen nicht aufbewahrt werden. Zufolge dieses ihres Bestrebens üben dieselben gegen die Wände der Gefäße, in denen sie sich befinden, einen Druck aus, welcher vor allem von ihrer eigenthümlichen Beschaffenheit abhängig, und bei jedem einzelnen Gase ein anderer ist. Man heißt diesen Druck die Spannkraft (Expansion) oder Ausdehnsamkeit des Gases. Derselbe kann bei einem Gase in gewissen Fällen auch so groß werden, daß die Gefäßwände in Trümmer gehen. Aus diesem Grunde werden die Gasentbindungs-Apparate, welcher sich die Chemiker bedienen um Gase zu erzeugen, mit Sicherheitsröhren versehen. (Vergl. mit §. 99.)

§. 144.
Beschreibung der wichtigsten luftförmigen Stoffe.

Ich will euch jetzt mit den wichtigsten luftförmigen Stoffen und Gasen in Bekanntschaft setzen. Der Wasserdampf ist ein luftförmiger Körper. Bei der Zerklüftung der Wassermoleküle (§. 19) haben wir den Wasserstoff und Sauerstoff kennen gelernt. Der Wasserstoff ist ein sehr leichtes, aber bedeutend expansives Gas. Der Druck nämlich, den Wasserstoff auf die Gefäßwände ausübt, ist beträchtlich groß.

219

Die atmosfärische Luft ist auch ein ausdehnsamer Stoff und besteht aus einem Gemische zweier Gase, nämlich aus Stickstoff und Sauerstoff (es sind in derselben ⅘ Volumen Stickstoff, ⅕ Volumen Sauerstoff enthalten), wovon bloß der Sauerstoff zum Athmen und zum Brennen tauglich ist.

Fig. 151.

Glasglocke.

Zündet man ein Kerzchen an, und stürzt dieses unter eine, von der äußeren Luft abgesperrte Glasglocke oder verbrennt ein Stückchen Phosfor unter derselben, wie dieß Figur 151 zeigt, so werden die bezeichneten Körper nur so lange brennen als Sauerstoff unter der Glocke vorhanden ist. Geht dieser aus und bleibt bloß Stickstoff in derselben zurück, so löschen sie aus. Das Wasser steigt in Folge des von der Flamme verbrauchten Sauerstoffgases um ⅕ des ganzen Volumens in dem Glase höher — ein Beweis, daß die atmosfärische Luft bloß den fünften Theil ihres ganzen Rauminhaltes an Sauerstoff enthält.

Wenn man ein Stück Schwefel anzündet, so erhält man ein Gas von stechendem Geruche, welches zum Bleichen der Wollstoffe verwendet wird. Es heißt schwefeliges Gas und ist eine chemische Verbindung von Schwefel mit Sauerstoff.

Aus dem Kochsalze gewinnt man das Chlor, ein grünlichgelbes, unzerlegbares Gas von erstickendem, äußerst stechendem Geruche, welches zum Bleichen von Leinen- und Baumwollengeweben verwendet wird.

Wenn glühende Kohlen sich in einem Zugofen befinden, so nimmt bekanntlich ihre Menge immer mehr und mehr ab, zuletzt bleibt bloß Asche zurück. Die Kohle verglimmt oder verdampft, und bildet dabei Kohlensäure.

Dieses Verdampfen oder Verdunsten ist nicht so wie jenes des Wassers aufzufassen. Das Wasser löst sich nämlich durch die Wärme in sehr feine Theilchen auf, welche eine bedeutende Spannkraft annehmen. Jedes einzelne Theilchen des Wasserdampfes bleibt aber bei allem dem noch immer Wasser. Bei der Kohle ist dieß anders. Diese verbindet sich, bei ihrem Auflösen in die feinsten Theilchen, alsogleich mit einem anderen Körper, dem Sauerstoffe, und bildet einen unsichtbaren luftförmigen Körper, ein Gas nämlich, welches kohlensaures Gas oder Kohlensäure genannt wird. Dieses Gas ist schwerer als die atmosfärische Luft und untersinkt in derselben. Das Perlen und Schäumen des Biers und anderer Getränke rührt von der in ihnen enthaltenen Kohlensäure her, nachdem sie dabei aus ihren Poren heraustritt.

220

Die Kohlensäure besteht aus Kohlenstoff und Sauerstoff, entwickelt sich beim Verbrennungsprozeß und bei der Gärung, sie ist ein durchsichtiges, das Athmen und Brennen unterdrückendes, also ein erstickendes Gas von geringer eigenthümlicher Spannkraft.

Läßt man die Kohle bei mangelhaftem Luftzutritt verbrennen, so entsteht außer Kohlensäure noch ein anderes Gas, welches giftig und ebenfalls erstickend ist, mit blauer Flamme brennt und Kohlenoxidgas heißt. Diese Verbindung der Kohle mit Sauerstoff enthält den letzteren nur in halb so großer Menge als die Kohlensäure.

Die blauen Flämmchen, welche man über brennenden Kohlen aufsteigen sieht, brechen aus dem giftigen Kohlenoxidgase. Jedermann weiß, daß die Ofenklappe nicht eher geschlossen werden darf, als bis die blauen Flämmchen der Kohlenglut im Ofen sich gänzlich verloren haben. Die Nichtbeachtung dieser Vorsichtsmaßregel hat schon oft Erstickungsfälle zur Folge gehabt. Die blaue Einfassung jeder Flamme rührt von brennendem Kohlenoxidgase her. Die Flamme selbst besteht aus brennendem Leuchtgase. Das Leuchtgas ist eine chemische Verbindung von Kohlenstoff (Kohle) und Wasserstoff. Es ist leichter als die atmosphärische Luft.

§. 145.

Rückblick.

Sauerstoff, Wasserstoff, Stickstoff, Chlor, schwefeliges Gas, Kohlenoxidgas, Kohlensäure und das Leuchtgas sind die wichtigsten Gase; die atmosphärische Luft ist ein Gasgemenge und der Wasserdampf ist Wasser im ausdehnsamen Zustande. Jeder dieser luftförmigen Stoffe hat eine andere eigenthümliche Spannkraft; Wasserstoff die größte, Chlor die geringste. Nicht nur die Luft, alle Gase sind zusammendrückbar und dabei elastisch. Die Spannkraft der Gase besteht in nichts anderem als in der Wirkung ihrer Federkraft, und sie wird, so wie jene der Luft, durch Verminderung ihres Volumens und durch die Wärme gesteigert.

Die luftförmigen Körper und Gase sind demnach leicht verschiebbare, der Schwere unterliegende, elastische Körper, haben mit den tropfbar-flüssigen die Schwere und die leichte Verschiebbarkeit ihrer Theilchen gemein, und unterscheiden sich von diesen bloß durch ihre Elastizität, indem die tropfbar-flüssigen Körper beinahe ganz unelastisch sind.

Die besonderen Gesetze, welche sich aus der Schwere und der leichten Verschiebbarkeit der kleinsten Theilchen tropfbar-flüssiger Körper ableiten lassen, werden auch für die luftförmigen Giltigkeit haben, weshalb wir sie für beide zugleich entwickeln wollen. Zum Schlusse werden wir die aus der Spannkraft aus-dehnsam-flüssiger Körper folgenden, besonderen Eigenschaften luft-förmiger Stoffe behandeln.

Die Schwere der Flüssigkeiten überhaupt.

§. 146.
Die Schwere der tropfbaren Flüssigkeiten.

Das spezifische Gewicht des Wassers.

Jeder von euch weiß, daß das Wasser und jede andere Flüssigkeit, z. B. Öl, Weingeist u. s. w. schwer ist. Kehrt man z. B. ein Glas mit Wasser um, so fließt dasselbe aus dem Glase zu Boden.

Vermöge der Schwere hat sich das Wasser auf der Ober-fläche unseres Erdkörpers vertheilt und die tiefsten Stellen des-selben eingenommen, um die weit ausgedehnten Meere, die Seen zu bilden, welche uns wieder nur durch die Wirkung der Schwere an ihrer Oberfläche abgerundet erscheinen. Zufolge der Schwere fällt auch der Regentropfen aus den Wolken gegen die Erde, deren Spalten und Klüfte durchsetzend, Bäche und Ströme bildend, welche nachdem sie dem Menschen als Fahrstraßen gedient, oder seine Maschinenwerke betrieben haben, dem Meere zueilen, um von dort als Dunst wieder verjüngt gegen den Himmel emporzusteigen und die den Erdboden befruchtenden und den Sonnenschein mildernden Wolken zu bilden.

Um das spezifische Gewicht des Wassers, welches man zu mancherlei Zwecken kennen muß, zu erfahren, hatte man die Volumeneinheit destillierten Wassers genau abgewogen. Man fand auf diese Weise, daß **ein Kubikfuß destilliertes Wasser bei der Temperatur von 4 Grad Celsius 56·4 Wiener Pfund wiege.** Dieses Gewicht bezieht sich außerdem auf die größte Dichte des Wassers, indem, wie ich euch später auseinandersetzen werde, das Wasser bei dieser Temperatur am dichtesten ist.

Bei der Bestimmung des spezifischen Gewichtes des Wassers wurde im allgemeinen, wie folgt, vorgegangen: Man formte einen hohlen Würfel von Blech, der genau einen Kubikfuß einschloß, tarirte den leeren Würfel ein, füllte ihn hierauf ganz genau mit destillirtem Wasser (welches also weder Salze noch andere fremdartige Bestandtheile aufgelöst hatte), bei der Temperatur von 4 Grad Celsius an und wog zuletzt das Wasser ab. Bei jeder andern Temperatur wiegt der Kubikfuß destillirten Wassers weniger. Ein Kubikzoll Wasser wiegt etwas über 1 Loth.

§. 147.

Die Schwere der ausdehnsamen Flüssigkeiten.

Das spezifische Gewicht der atmosfärischen Luft.

Auch die Luft ist ein schwerer Körper. Sie besteht aus einzelnen Theilchen, welche von der Schwere nach abwärts gezogen werden. Vermöge ihrer geringen Schwere wird sie sich über der Erdoberfläche schwebend erhalten und den ganzen Erdkörper mit einer leicht durchdringbaren Hülle umgeben. Diese Luftmasse, Atmosfäre genannt, wird durch die Schwere nach allen Richtungen ganz gleichmäßig angezogen und bildet um den Erdkörper eine konzentrische Kugelschale von bedeutender Höhe.

Man hatte das Gewicht von einem Kubikfuß Luft ebenfalls durch genaue Versuche gefunden.

1 Kubikfuß atmosfärische Luft wiegt nämlich bei 0 Grad Temperatur und bei sonst von den gewöhnlichen, wenig abweichenden Verhältnissen 584 Grane. — Die Luft ist demnach in runder Zahl 770mal leichter als das Wasser.

Ich bemerke hier noch einmal (vergl. mit §. 54), daß 1 Gran der 240ste Theil eines Lothes ist.

Um übrigens das Gewicht von einem bestimmten Volumen Luft zu erfahren, wurde ein Ballon, dessen Rauminhalt man genau kannte, mit trockener Luft gefüllt und abgewogen. Nachdem man hierauf die Luft aus dem Ballon pumpte und von neuem abwog, gab der Unterschied des früheren und jetzigen Gewichtes das Gewicht der Luft an, welche in dem Ballon enthalten war. Auf gleiche Weise wurde das spezifische Gewicht der übrigen Gase bestimmt.

Mittels ähnlicher Abwägungen hatte man gefunden, daß die Kohlensäure um die Hälfte schwerer ist, als die atmosfärische Luft, daß Sauerstoff unbedeutend schwerer, Stickstoff und Kohlenoxidgas etwas leichter sind als atmosfärische Luft, daß Wasserstoff $14\frac{1}{2}$mal leichter, Wasserdampf nahe halb — genau 0·625 — so schwer ist, wie ein gleiches Volumen Luft; endlich daß die Dichte des schwefeligen Gases = 2·25, des Chlors = 2·5 ist, d. h. daß ein bestimmtes Volumen vom ersteren Gase $2\frac{1}{4}$mal, vom letzteren $2\frac{1}{2}$mal so viel wiegt, wie ein gleich großes Volumen atmosfärischer Luft.

§. 148.

Benutzung der Schwere des Wassers.

Die Wasserräder.

Von der Schwere des Wassers macht man einen mannigfachen Gebrauch. Einer der wichtigsten findet beim Betriebe von Wasserrädern statt.

So mancher von euch wird schon bemerkt haben, daß man das Wasser aus einem See, Fluß oder einem andern Wasserbehälter mittels eines sanft fallenden Gerinnes dorthin leitet, wo dessen Schwere ausgebeutet werden soll. Man läßt es zu diesem Behufe über Räder herabstürzen, welche an ihrem Umfange mit Zellen versehen sind. Das Wasser füllt die oberen Zellen an, bewegt sich, indem es durch seine Schwere das Rad dreht, in diesen herab, und verläßt die Zellen unten wieder, welche, nachdem sie bei ihrem Umschwunge um die Radachse oben unter das Aufschußgerinne gelangen, von neuem mit Wasser gefüllt werden.

Man unterscheidet ober-, mittel- und unterschlächtige Wasserräder. Je nachdem das Wasser in dem oberen Theil oder in der halben Höhe desselben eingelassen wird, heißt das Wasserrad oberschlächtig oder mittelschlächtig. Bei den unterschlächtigen Wasserrädern wirkt das Wasser nicht durch die Schwere, sondern durch den Stoß, welcher gegen die unteren Schaufeln dieses Rades gerichtet ist. Die Kropfräder, bei welchen das Wasser zwischen den Schaufeln und dem Gerinne so lange eingeschlossen bleibt, bis es das Rad verläßt, sind unterschlächtige Wasserräder mit einem das Rad zum Theil einschließenden Gerinne (Kropfgerinne), und nähern sich den mittelschlächtigen. Das Wasser wirkt bei diesen Rädern nicht allein durch den Stoß, sondern auch durch die Schwere.

Die oberschlächtigen Wasserräder sind von allen die vortheilhaftesten, die unterschlächtigen aber am wenigsten zweckmäßig, indem bei den ersteren der Nutzeffekt 80—85%, bei den letzteren wegen des Kraftverlustes beim Stoße, bloß 25—30% der disponiblen Wasserkraft beträgt. Die Figur 152 stellt ein ober-, Figur 153 ein unterschlächtiges Wasserrad vor.

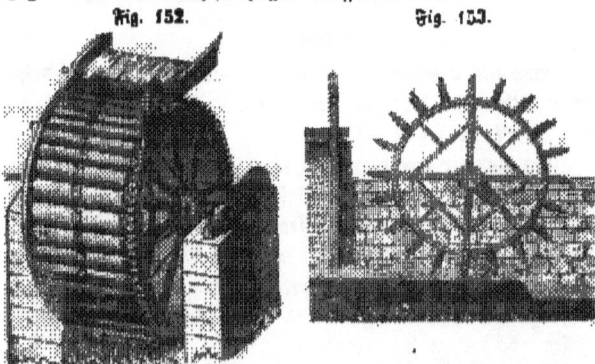

Fig. 152.   Fig. 153.

Oberschlächtiges Wasserrad.   Unterschlächtiges Wasserrad.

Der Nutzeffekt einer Kraftmaschine — im vorliegenden Falle des Wasserrades — ist jener Theil der von der Naturkraft — hier das Wasser — auf dieselbe ausgeübten Kraftleistung, welche von dieser Maschine an die Vorrichtung, welche sie betreibt, z. B. eine Drehbank, Walze, Mühle, ein Pochwerk u. s. w. abgegeben wird. Das nachstehende Beispiel wird diesen Begriff näher erläutern.

§. 149.

Angenäherte Berechnung des Effektes eines Wasserrades.

Wenn das verfügbare Gefälle (die Höhe zwischen dem oberen und unteren Wasserspiegel) und der beiläufige Nutzeffekt eines in dieses Gefälle einzubauenden Wasserrades bekannt ist, so läßt sich daraus mit ziemlicher Genauigkeit die Zahl der Pferdekräfte berechnen, welche das Wasserrad auf die Kraftwelle der Maschine zu übertragen im Stande ist.

Aufgabe. In ein Gefälle von 16 Fuß würde ein Wasserrad nach den Regeln der Mechanik eingebaut und in jeder Sekunde mit $3\frac{1}{2}$ Kubikfuß Wasser beaufschlagt sein. Wie viele Pferdekräfte liefert dieses Rad für die Maschinenwelle, wenn der Nutzeffekt dieses Rades auf 80 Prozent veranschlagt werden kann?

Auflösung. Das Wasser fällt über die Höhe von 16 Fuß theils unmittelbar, zum größten Theil aber durch Vermittlung der Zellen des Wasserrades herab. Während dieser Bewegung nach abwärts verrichtet das Gewicht des Wassers eine Arbeit, welche mit Hilfe des Rades nach Verhältnis des Nutzeffektes auf die Radachse, welche zugleich die Maschinenwelle sein soll, übertragen wird.

Berechnen wir diese Arbeitsgröße (§. 92), so finden wir hiefür, weil $3\frac{1}{2}$ Kubikfuß Wasser, also das Gewicht von $3·5 \times 56·4 = 197·4$ Pfunden über die Höhe von 16 Fuß sich jede Sekunde herabbeweget, die Größe; $197·4 \times 16 = 3158·4$ Fuß-Pfund. Nachdem aber zufolge des oben angegebenen Nutzeffektes von dieser Arbeit bloß $\frac{4}{5}$ (80 Prozent) auf die Radwelle übergeht ($\frac{1}{5}$ also durch Reibung, Stöße aufgebraucht wird), so bleiben $3158·4 - \frac{1}{5}. 3158·4 = 2526·7$ Fuß-Pfund übrig, welche der Maschinenwelle mitgetheilt werden. Diese Arbeitsgröße in Pferdekräften ausgedrückt, gibt die Zahl $2526·7 : 430 = 5·88$, d. h. der Maschinenwelle stehen durch dieses Wasserrad nahezu 6 Pferdekräfte zu Gebote.

§. 150.

Beschreibung der Turbinen.

Außer den erwähnten Wasserrädern, welche mit dem Gattungsnamen „vertikale Wasserräder" bezeichnet werden, gibt es noch horizontale Räder, deren Radkranz horizontal, deren Achse also vertikal gestellt ist. Diese Wasserräder (Fig. 154) werden auch **Kreiselräder** oder **Turbinen** genannt. Sie sind sehr zweckmäßig und geben einen bedeutenden Nutzeffekt, der in gewissen Fällen selbst jenen der oberschlächtigen Wasserräder übertrifft.

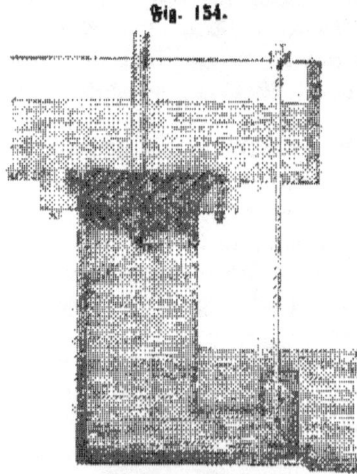

Fig. 154.

Jonval'sche Turbine.

Die Schaufeln eines Turbinenrades (B) sind eigenthümlich krumm geformt, und das Wasser wird in dieselben mittels anderer den ersten entsprechend gekrümmten Schaufeln (A), Leitschaufeln genannt, eingeleitet. Im Turbinenrade wirkt das Wasser durch die Schwere und den Bewegungsdruck (vergl. §. 136) auf der durch die Krümmung der Schaufeln vorgeschriebenen Bahn und treibt das Rad nach einer Richtung, welche jener entgegengesetzt ist, die es selbst, auf den Schaufelflächen niederfließend, verfolgt. Aus dieser Ursache heißt man die Turbinen auch **Rückwirkungs-** oder **Reaktionsräder**.

In der obigen Figur 154 ist die **Jonval'sche Turbine**, welche unter den anderen die größte Verbreitung gefunden hat, dargestellt.

227

Das in der nebenstehenden Figur 155 gezeichnete Segner'sche Rad würde ein solches Reaktionsrad in der einfachsten Gestalt vorstellen. Das Wasser drückt dabei nicht in der Richtung nach welcher es ausfließt, sondern nach der entgegengesetzten.

Das Drehkreuz, welches zum Aussüßen der Treber von der Bierwürze dient, beruht auf demselben Prinzipe.

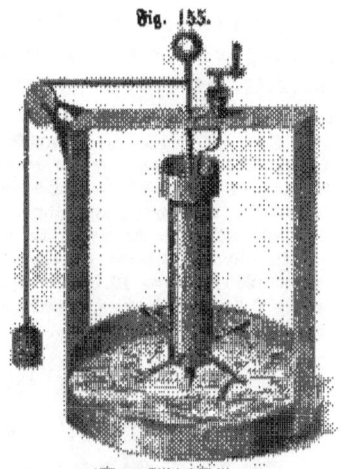

Fig. 155.

Segner'sches Rad.

§. 151.

Bewegung des Wassers in einer Röhrenleitung.

* Vermöge der Schwere fließt bekanntlich das Wasser in einer Röhrenleitung von einem höheren Orte nach einem tieferen, indem es sich dort wie auf einer schiefen Ebene nach abwärts bewegt. Das Wasser würde sich auch in der Röhrenleitung, zufolge der Fallgesetze der schiefen Ebene, mit bedeutender Beschleunigung herabbewegen, wenn nicht die Reibung und Adhäsion, welche zwischen dem Wasser und der Röhrenwand der Leitung bestehen, einen großen Theil der durch den Fall erworbenen Beschleunigung verschlingen würden. Die Geschwindigkeit, mit welcher das Wasser am unteren Ende der Röhrenleitung austritt, bleibt bei langer Röhrenleitung beträchtlich hinter derjenigen zurück, die es haben müßte, bewegte es sich ohne Widerstände schräge herab, und kann mittels mathematischer Formeln aus dem Gefälle, Querschnitte und der Länge der Röhren dieser Leitung gefunden werden. Die Ausfluß-

geschwindigkeit des Wassers aus einer Röhrenleitung wird um so größer, je bedeutender das Gefälle, je größer der Durchmesser der Röhren und je kleiner die Länge der Röhrenleitung ist.

Unter dem Gefälle einer Röhrenleitung versteht man die Erhebung des obersten Punktes derselben über dem untersten, in vertikaler Richtung gemessen. Die einzelnen Röhren der Leitung müssen dem ganzen Gefälle und der Länge der Röhrenleitung entsprechend geneigt gelegt werden. Bei einem Gefälle von $^1/_{100}$tel fließt das Wasser ohne Anstand in der Röhrenleitung abwärts. Das besagte Gefälle bedeutet, daß auf jede Klafter = 1000 Dezimallinien Länge die Röhren 1000 : 100 = 10 Dezimallinien Fall bekommen. Würde die Röhrenlänge 8 Dezimalschuh betragen, so müßte man ihr 8 Dezimallinien Fall geben; man würde das obere Ende derselben um 8 Linien höher legen als das untere.

§. 152.

Der ruhende Wasserspiegel ist wagrecht.

Das Bestreben jedes Wassertheilchens den tiefsten Punkt einzunehmen, und die äußerst leichte Verschiebbarkeit dieser Theilchen, sind Ursachen, warum das Wasser in einem gewöhnlichen Gefäße stets eine horizontale Oberfläche bildet, sobald es sich in Ruhe befindet.

Druck der Flüssigkeiten auf ihre Begränzungsflächen.

§. 153.

Der Bodendruck tropfbarer Flüssigkeiten in Gefäßen mit vertikalen Wänden.

In vielen Fällen ist es wünschenswert, den Druck zu berechnen, welchen das Wasser auf den Boden eines Gefäßes ausübt. Dieser Druck heißt der Bodendruck.

Nachstehendes Beispiel zeigt, wie er berechnet wird.

Aufgabe. Ein prismatischer oder zilindrischer Bottich (Fig. 156), welcher eine Grundfläche von 20 Quadratschuh besitzt (sie wäre z. B. 4 Schuh breit, 5 Schuh lang), ist 6 Schuh hoch mit Wasser gefüllt. Wie groß ist der Druck, den das Wasser auf seinen Boden ausübt?

Auflösung. Es ist leicht einzusehen, daß dieser Druck dem Gewichte des Wassers gleich sein wird, welches über diesem Boden lastet, also dem Gewichte des im Gefäße enthaltenen Wassers. Dieses Gewicht wird aber aus dem Rauminhalte des Wassers gefunden, wenn man den letzteren, nachdem er in Kubikfußen ausgedrückt wurde, mit dem spezifischen Gewichte des Wassers, d. h. mit 56·4 multiplizirt. Man erhält auf diese Weise den Bodendruck in Wiener Pfunden. — In dem vorliegenden Beispiele ist das Volumen des Wassers $20 \times 6 = 120$ Kubikschuh; ein Kubikschuh wiegt 56·4 Pfund, also ist das Gewicht des im Behälter enthaltenen Wassers $120 \times 56·4 = 6768$ Pfund und gibt den Bodendruck an.

Betrachtet man in der nebenstehenden Figur 156 das Wassermolekül a, so wird dieses selbstverständlich den Druck der über demselben senkrecht aufgerichteten Moleküle aufnehmen und denselben sammt seinem Gewichte nach unten fortpflanzen. Wegen der äußerst leichten Verschiebbarkeit der Flüssigkeitsmoleküle befördert das betrachtete Molekül diesen vertikalen Druck nicht nur nach abwärts, sondern nach allen Richtungen, also auch nach der horizontalen, welcher Druck durch die Nachbarmoleküle b und c, weil sie vermöge der leichten Verschiebbarkeit ein gleiches Bestreben besitzen, aufgehoben wird. Nur die an der Gefäßwand liegenden Moleküle d und f werden in dieser Schichte den von oben erfahrenen Druck gegen diese Wand abgeben. Dieser gegen die Seitenwand gerichtete, wagrechte Druck heißt der Seitendruck. Je tiefer ein Wassermolekül unter dem Wasserspiegel liegt, mit einer desto stärkeren Kraft wird dasselbe horizontal gegen die Wand auszuweichen streben, um so größer wird der Seitendruck ausfallen. Der Seitendruck wird demnach gefunden, wenn man die gedrückte Fläche mit der Höhe des Wasserspiegels über dem Schwerpunkte dieser Fläche und mit 56·4 multiplizirt.

Fig. 156.

Boden- und Seitendruck.

Es folgt ferner aus dem nach unten zunehmenden Seitendrucke, daß, wenn in der Seitenwand eines Gefäßes eine Öffnung (Fig. 157 o) angebracht wird, das Wasser

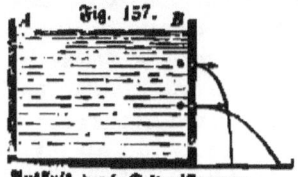

Fig. 157.

Ausfluß durch Seitenöffnungen.

daselbst mit einer um so größeren Geschwindigkeit heraustritt, je tiefer diese Öffnung unter dem Wasserspiegel AB liegt. Dabei setzt sich die horizontale Bewegung des Wassers mit der vertikal wirkenden Schwerkraft zusammen, und veranlaßt, daß der herausfahrende Wasserstral eine **Parabel** beschreibt. (Vergl. mit §. 77.)

§. 154.

Der Bodendruck tropfbarer Flüssigkeiten in Gefäßen mit schiefen Wänden.

Ehe ich zu der Anwendung des Bodendruckes einer Flüssigkeit übergehe, will ich euch noch bemerken, daß derselbe nicht immer dem Gewichte des in dem Gefäße (Fig. 158) enthaltenen Wassers gleich ist. Bei Gefäßen, welche sich nach oben ausbreiten (divergieren) (Fig. 159), ist dieser Druck geringer, bei solchen (Fig. 160) dagegen, welche nach oben enger zulaufen (konvergieren), ist derselbe größer, als der im §. 153 berechnete.

Fig. 158.   Fig. 159.   Fig. 160.

Der Bodendruck in verschieden geformten Gefäßen.

Bei dem runden Bottich Figur 159 gelangt nämlich bloß der vertikal über der Bodenfläche aufgerichtete Wasserzilinder ABCD zum Drucke auf dieselbe, weil die außerhalb desselben liegenden Wasserfäden von den schiefen Seitenwänden getragen werden; bei jenem Figur 160 erleidet dagegen der Boden einen Druck, welcher der zilindrischen Wassersäule ABCD entsprechen würde, indem die schiefen Wände des Gefäßes die überkommenen Seitendrücke nach unten vollständig fortpflanzen.

* Ein Molekül a wird z. B. den Druck, welchen es vom Nachbarmolekül b erfährt, auf die unter ihm befindlichen Moleküle abgeben. Dieser

Druck entspricht aber dem Gewichte des Wasserfadens bd. Auf den Punkt x des Bodens drückt demnach ein Gewicht, welches gleich ist jenem des Wasserfadens ax + bd = yx. Nachdem dieses von jedem Punkte der Bodenfläche gilt, so sieht man leicht ein, daß der obige Lehrsatz richtig ist.

Der nebenstehende Apparat (Fig. 161) dient zur Versinnlichung dieser Thatsache. Die Bodenplatte CD des Gefäßes ist auf einer Schnur aufgehängt, welche über eine leicht drehbare Rolle r geht und auf dem anderen Ende eine Wagschale w trägt. Die Platte und Schale werden zuerst für sich in's Gleichgewicht gebracht. Legt man hierauf auf die Wagschale so viele Gewichte, als die vertikal über der Bodenfläche aufgerichtet gedachte Wassermasse ABCD wiegen würde, so wird sich die Bodenplatte des Gefäßes

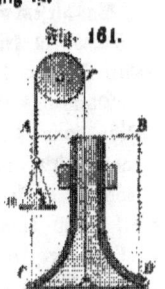

Apparat zur Versinnlichung des Bodendruckes.

unterhalb der Flüssigkeit im Gleichgewichte erhalten; nimmt man von dem angegebenen Gewichte auch nur das geringste weg, so erhält der Druck auf den Boden das Übergewicht, und das Wasser fließt aus dem Behälter heraus.

Aus dem Vorhergehenden ergibt sich also, daß bei Gefäßen mit schiefen Wänden zwischen dem Gewichte der in denselben enthaltenen Flüssigkeit und dem Bodendrucke ein Unterschied gemacht werden muß.

Für solche Gefäße ist der Bodendruck stets gleich dem Gewichte einer vertikal über dem Boden des Gefäßes aufgerichtet gedachten Flüssigkeitssäule, welche vom Boden bis zum Flüssigkeitsspiegel reicht.

Der Bodendruck wird also jedesmal gefunden, wenn man die gedrückte Bodenfläche mit der Höhe der über dem Boden lastenden Flüssigkeitssäule und mit dem spezifischen Gewichte der Flüssigkeit multiplijiert.

§. 155.

Anwendung des Wasserdruckes auf Extraktionspressen und andere Vorrichtungen.

Von diesem merkwürdigen Ergebniß des Wasserdruckes, nämlich im Stande zu sein mit einer geringen Wassermenge einen bedeutenden Druck auszuüben, wird mannigfache Anwendung gemacht.

Durch das Aufsetzen von engen Röhren über geschlossene Gefäße kann dieser Druck, welcher auch hidrostatischer Druck genannt wird, am einfachsten auf die in denselben befindlichen, gewöhnlich zerkleinerten oder pulverisirten Körper beliebig verstärkt, und binnen kurzer Zeit kann auf diese Weise mittels Wassers oder eines anderen Auflösungsmittels ein Extrakt aus diesen Körpern gewonnen werden. Solche Vorrichtungen heißen **Realsfilter oder Extraktionspressen**.

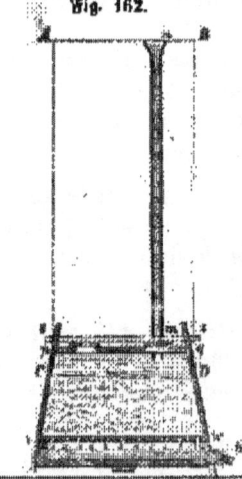

Fig. 162.

Real'sche Presse.

Eine solche Real'sche Presse welche zur Extraktion von Lohbrühe verwendet wird, ist in der nebigen Figur 162 dargestellt.

Sie besteht aus einem zilindrischen oder konischen Bottich mit doppeltem Boden, wovon der obere (vw) durchlöchert ist, dann aus einem nicht nur wasserdicht, sondern auch sehr fest schließenden Deckel (pq). Der durchlöcherte Boden wird mit Packtuch überdeckt, und auf denselben angefeuchtete Lohe bis nahe zum Deckel eingefüllt. Auf die Lohe kommt zuletzt noch eine Lage Packtuch. Nachdem der erwähnte Deckel gehörig dicht verschlossen und mittels Strebleisten (at) festgemacht wurde, wird mit Hilfe der Druckröhre (mo), in welche man von oben Wasser einschüttet, ein bedeutender Wasserdruck ausgeübt, wodurch die löslichen Bestandtheile der Lohe viel schneller und ausgiebiger, als dieß auf gewöhnliche Weise möglich ist, gewonnen werden. Die auf diese Art ausgezogene (extrahierte) Lohbrühe sammelt sich in dem Raume des Doppelbodens, und kann mittels eines Hahnes oder Spundes (h) abgelassen werden. — Der auf die Lohe ausgeübte Druck ist gleich dem Gewichte des über derselben aufgerichtet gedachten Wasservolumens ABCD. (Vergl. mit §. 154.) Wenn nun der obere Querschnitt des Bottichs 12 Quadratschuh beträgt, die Druckröhre bloß 20 Schuh hoch ist, so wird dieser Druck $12 \times 20 \times 56\cdot 4 = 135\frac{1}{2}$ Zentner ausmachen.

<small>Die über dem Deckel des Bottichs aufgepflanzte kaum 4 Pfund wiegende Wassersäule übt demnach auf die Oberfläche der Lohe einen Druck, aus welcher einer Last von 135 Zentnern gleichkommt.

In dem Verhältnis als die Druckröhre höher gemacht wird, in demselben Maße wird der Druck gesteigert. Man macht diese Druckröhre auch bis 60 Fuß hoch. Ein mit Wasser gefülltes, mit hölzernen Reifen versehenes Faß (Fig. 163) kann durch eine etwa 30 Fuß hohe Wassersäule zersprengt werden.</small>

Fig. 163.

Zersprengtes Wasserfaß.

Mittels dieses hidrostatischen Druckes wird auch der Kupfervitriol in die Poren der als Bauholz vorgerichteten Baumstämme gepreßt, wodurch der sonst bald in Fäulnis übergehende Extraktivstoff die Zellengewebe der Stämme verlassen, und das erwähnte Salz, welches der Fäulnis in hohem Grade widersteht, dessen Stelle einnehmen wird. — So imprägnierte Baumstämme können hierauf lange Zeit abwechselnd der Feuchtigkeit und Trockenheit ausgesetzt sein, ohne zu faulen.

Aus demselben Grunde muß bei der Anlage von Röhrenleitungen, den einzelnen Röhren, je tiefer sie liegen eine um so größere Stärke gegeben werden. Sie wird dem herrschenden hidrostatischen Drucke entsprechend gemacht. Dieser Druck ist von der Tiefe der Röhre unter dem Wasserspiegel des Behälters, aus welchem die Leitung gespeist wird, abhängig.

<small>So lange das Wasser in der Röhre sich bewegt, so lange ist auch der Druck gegen die Röhrenwand ein geringerer, weil das in Bewegung befindliche Wasser</small>

gegen die Seiten zu, einen um so schwächeren Druck ausübt, je schneller es sich in der Röhre bewegt. Wird aber der Abzug des Wassers in der Röhrenleitung etwa durch Verstopfung derselben verhindert, so beginnt das Wasser gegen die Seitenwände den vollen hidrostatischen Druck zu entwickeln. Die Röhrenstärken müssen demnach dem jedesmaligen hidrostatischen Drucke entsprechen.

§. 156.
Der Luftdruck.

Nachdem die atmossärische Luft und die Gase schwer sind (§§. 146 und 147), so müssen sie auch auf den Boden und die Seitenwände der Gefäße, in denen sie sich befinden, einen Druck ausüben. Dieser Druck ist aber im Verhältnis zu jenem, welcher von Seite ihrer Spannkraft herrührt und im §. 143 betrachtet wurde, sehr gering und würde bloß für sehr hohe Gefäße in Betracht zu ziehen sein. Obwohl in der Anwendung derartig hohe Behälter nicht vorkommen, so läßt sich doch mindestens der Druck, den die Atmossäre auf die Erdoberfläche ausübt, als ein Bodendruck ansehen.

Die Atmossäre, wie bekannt eine Lufthülle der Erde, umgibt die letztere ziemlich gleichmäßig und reicht, wie die astronomischen Beobachtungen lehrten, in eine Höhe von wenigstens 10 Meilen hinauf.

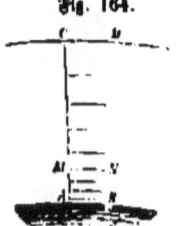

Fig. 164.

Darstellung des Luftdruckes.

Denken wir uns nun aus dieser Lufthülle eine prismatische oder zilindrische Säule ABCD (Fig. 164) herausgenommen und betrachten wir diese für sich, so muß jeder von euch zugeben, daß die Grundfläche AB des Raumes ABCD von der darüber befindlichen Luft gedrückt wird. Das Gewicht der ganzen Luftsäule heißt der Luftdruck auf die Fläche AB.

Von dieser Luftsäule läßt sich ferner sagen, daß die Luft in den unteren Schichten derselben dichter als in den oberen sein wird, und daß ihre Dichte abnehmen muß, je höher man in der Luftsäule aufsteigt. Warum? Die Ursache ist leicht einzusehen.

235

Auf die Schichte MN z. B. drücken nur die darüber befindlichen Lufttheilchen — also bloß die in der Luftsäule CDMN enthaltenen Theilchen — die darunter liegenden offenbar nicht. Es werden demnach die von Natur aus zur Ausdehnung sich stark hinneigenden Luftmoleküle in dem oberen Raume sich auch stärker auseinanderschieben, als in dem darunter liegenden; weil ferner auch die Schwere mit der Entfernung der Körper — also auch der Luft — von der Erdoberfläche abnimmt, endlich weil auch die Fliehkraft der Luftmoleküle nach oben zunimmt, so werden alle diese Ursachen dahin wirken, die Lufttheilchen, je höher sie liegen, um so weiter auseinander zu bringen, d. h. sie werden eine **mit der Höhe der Luftschichten schnell zunehmende Verdünnung der Luft** veranlassen, was auch die hierüber angestellten Beobachtungen bestätigen.

§. 157.

Beweise für das Vorhandensein des Luftdruckes.

Nachdem man das Ende der Atmosfäre nicht genau kennt, auch die Abnahme der Luftverdünnung nach oben einem sehr verwickelten Gesetze unterliegt, so konnte bei Bestimmung des Atmosfärendruckes nicht derselbe Weg eingeschlagen werden, wie dieß bei der Auffindung des Bodendruckes tropfbarer Flüssigkeiten geschehen ist. Bevor ich aber diesen Weg verfolge, will ich euch zuerst mit den Erscheinungen des Luftdruckes selbst in Bekanntschaft setzen.

Nehmet ein Glas, und füllet es entweder ganz oder zum Theil mit Wasser, thut über die Öffnung des Glases ein Stück Papier, bedecket dieses mit der Fläche der einen Hand und kehret das Glas mit Hilfe der anderen Hand so um, daß es auf dem Papier und der Fläche der Hand aufrecht steht, ziehet zuletzt die untere Hand von dem Glase weg, welches man mit der oberen Hand festhält, so werdet ihr eine Erscheinung gewaren, welche ihr gewiß nicht vermuthet habet. Das Wasser wird sich nämlich in dieser Lage erhalten, ohne aus dem Glase herauszufließen, was offenbar

236

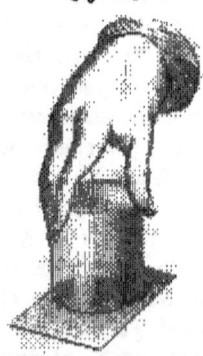

Fig. 165.

Versuch, darstellend das Vorhandensein des Luftdruckes

zufolge der Schwere geschehen sollte. Die nebenstehende Figur 165 stellt den Versuch bildlich dar.

Nachdem das Papier vermöge der Anhangskraft an dem Glasrande nur unbedeutend haftet, so kann dieses Festhalten des Papieres an dem Glase bloß durch den Umstand erklärt werden, daß die Luft einen Druck von unten nach oben auf das Papier ausübt, wodurch die Schwere des Wassers bekämpft wird. — Man sagt, das Wasser wird in dem umgestürzten Glase durch den Luftdruck gehalten.

Das Einschalten des Papieres zwischen Luft und Wasser geschieht um zu verhüten, daß die Luft, wenn sie gegen das Wasser drückt, in die Poren desselben eindringe und die Wassertheilchen aus ihrer ruhigen Lage bringe. Dieser Umstand würde nämlich das Aufsteigen der Luft in den oberen Raum des Glases und ein gänzliches Ausleeren desselben von dem im Glase enthaltenen Wasser zur Folge haben.

Ist das Glas bloß theilweise mit Wasser gefüllt, so wird das Wasser in demselben ebenfalls durch den Luftdruck getragen. Die im Gefäße befindliche Luft verhindert mittels ihrer Federkraft, daß das Wasser in dem Glase höher steige. Macht man in dem Papier eine Öffnung, so wird durch diese die äußere Luft in das Glas eindringen, welche die Spannkraft der inneren Luft vergrößern und das bestehende Gleichgewicht aufheben wird. In Folge des gestörten Gleichgewichtes fließt das Wasser aus dem Glase.

Mittels einer Glasröhre (Fig. 166) kann dieser Versuch besonders anschaulich und überzeugend ausgeführt werden. Man nehme nämlich eine Glasröhre, verschließe sie oben mit einem Stöpsel, und fülle dieselbe durch das offene Ende ganz mit Wasser an; hierauf kehre man, die Öffnung mit dem Finger zuhaltend, die Röhre um, und thue sofort den Finger weg, so wird man sich überzeugen, daß das Wasser durch den Luftdruck in der Glasröhre schwebend erhalten wird. Es fließt kein Tropfen Wasser aus der gefüllten und unten offenen Röhre heraus. Lüftet man aber den erwähnten Korkpfropfen nur etwas, womit bewirkt wird, daß die Luft von oben denselben Druck auf die Wassersäule wie von unten ausübe, so wird die Glasröhre sich alsogleich entleeren, es fließt das in derselben enthaltene Wasser mit einemmal heraus.

Fig. 166.

Glasröhre. darstellend das Vorhandensein des Luftdruckes.

* Zur vollständigen Auffassung dieses Versuches, und mithin auch des Luftdruckes, erübrigt noch die Auseinandersetzung, auf welche Weise die Luft, welche vermöge der Schwere bloß nach abwärts drückt, hier auf das Papier oder die Wasserfläche nach aufwärts drücken könne.

Die leichte Verschiebbarkeit der Lufttheilchen macht es allein möglich, daß die Richtung des ursprünglich vertikal abwärts gehenden Druckes abgeändert wird. Das Luftmolekül a Figur 166 wird von den darüber befindlichen Molekülen gedrückt. Diesen Druck überträgt es, vermöge der äußerst leichten Verschiebbarkeit, ungeschmälert nach allen Seiten, also auch auf das Molekül b. In Folge dieses Druckes wird nun dieses Theilchen genöthigt, nach allen Seiten auszuweichen. Durch die benachbarten Luftmoleküle wird aber dieses Bestreben nach allen Richtungen mit Ausnahme jener, nach vertikal aufwärts aufgehoben. Es drückt demnach das Luftmolekül b nach dieser letzteren Richtung mit der Stärke des vom Moleküle a erfahrenen Druckes, welcher gleich ist dem Luftdrucke. Von jedem anderen unterhalb der Öffnung des Gefäßes liegenden Moleküle gilt dasselbe.

Die Luft äußert demnach wegen ihrer leichten Verschiebbarkeit den Druck, der bloß von ihrer Schwere herrührt, nicht nur vertikal abwärts oder nach seitwärts, sondern auch vertikal aufwärts. u. z. ist dieser Druck gegen eine Fläche, unter welcher die Luft unmittelbar sich befindet, gerade so groß, als wenn dieselbe von oben nach abwärts auf diese Fläche drücken würde.

§. 158.

Eine Reihe einfacher Erscheinungen, welche auf dem Luftdrucke beruhen.

Die vorhergehenden Versuche haben dargethan, daß der Luftdruck wirklich bestehe. Ihr werdet in den späteren Auseinandersetzungen eine Reihe von Erscheinungen kennen lernen, welche auf dem Luftdrucke beruhen. Ich will einstweilen an dieser Stelle bloß die einfachsten herausheben, um euch die Vorstellung vom Luftdrucke geläufiger zu machen.

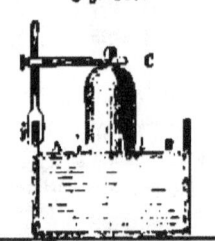

Fig. 167.

Glasglocke, darstellend das Vorhandensein des Luftdruckes.

Der Luftdruck ist Ursache, daß aus einem Glasgefäße (Glasballon) C, welches mit Wasser gefüllt und in ein anderes ebenfalls Wasser haltendes Gefäß, mit dem offenen Ende nach abwärts, wie die nebenstehende Figur 167 zeigt, hineingehalten wird, das darin enthaltene Wasser nicht herausläuft. Die Luft drückt hier nämlich auf die Wasserfläche AB und die Wassertheilchen unter der Glasöffnung pflanzen diesen Druck vermöge ihrer leichten Verschiebbarkeit ungeschmälert nach aufwärts. — Auch der Umstand, warum eine Flüssigkeit aus einem Fasse durch das Zapfenloch erst dann herausfließt, wenn man den Spund geöffnet hat, erfährt in dem Luftdrucke seine Erklärung. Ist nämlich das Spundloch zu, so findet bloß ein einseitiger Luftdruck, u. z. gegen das Zapfenloch statt. Öffnet man den Spund, so wird der Luftdruck auf die Flächen der beiden Öffnungen des Fasses gleich stark ausfallen, und sich somit ausgleichen. Die Flüssigkeit kann sofort durch ihre Schwere unbehindert aus dem Fasse herausströmen.

Aus derselben Ursache müssen bei Gefäßen mit streng schließenden Deckeln, z. B. bei Kaffee-, Thee-, Ölkannen u. s. w., diese Deckel mit einem Löchelchen versehen sein.

239

Der Stechheber.

Die meisten von euch werden einen Stechheber gesehen haben. Figur 168 stellt ihn zum Überflusse dar. Saugt man aus seinem Innern die Luft mit dem Munde mittels der oberen Öffnung aus, während dem das untere Ende in einer Flüssigkeit eingetaucht ist, so steigt bekanntlich die Flüssigkeit in die Höhe und füllt den Heber aus. Dieses Aufwärtsbewegen der Flüssigkeit geschieht durch den äußeren Luftdruck. Das Saugen bewirkt nämlich eine Verdünnung der Luft im Heber, wodurch die Gegenkraft, welche anfangs dem äußeren Luftdrucke entgegenstand, vermindert wird. Dieser Luftdruck muß demnach die Flüssigkeit im Heber in die Höhe treiben.

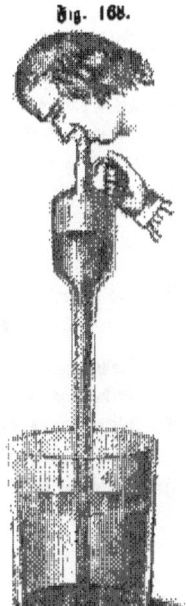

Fig. 168.

Stechheber.

Die Handspritze.

Das Anfüllen einer Handspritze mit einer Flüssigkeit beruhet ebenfalls auf der Wirkung des Luftdruckes. Zieht man bei einer solchen Spritze (Fig. 169) den Kolben aus der Stellung a in jene b zurück, so entsteht unterhalb des

Fig. 169.

Handspritze.

Kolbens ein luftverdünnter Raum; der äußere Luftdruck gewinnt demnach in c das Übergewicht und preßt die Flüssigkeit in die Spritze.

Bei der Aufwärtsbewegung des Kolbens sollte eigentlich ein luftleerer Raum unter demselben entstehen, nachdem aber der Kolben, selbst im besten

Falle, ganz luftdicht nicht paſſen wird, ſo kann auch hinter demſelben keine
vollſtändige Luftleere hervorgehen. Würde der Kolben ſchlecht ſchließen, ſo wäre
das Anfüllen der Sprige auf dieſe Weiſe nicht möglich, denn es würde die
durch die undichten Stellen des Kolbens von oben eindringende Luft einen Gegendruck auf c ausüben, wodurch das Aufſteigen der Flüſſigkeit verhindert wäre.

Beim Tabakrauchen wird durch den Luftdruck der Rauch in
den Mund gedrückt, beim Athmen die Luft in den erweiterten
Bruſtkorb und in die Lunge getrieben.

§. 159.
Berechnung des Luftdruckes auf die Oberfläche eines Gegenſtandes.

Jeder von euch wird durch das Vorangeſchickte die Wirkung
des Luftdruckes, als eine das Empordrücken von Flüſſigkeiten auf
eine beſtimmte Höhe anſtrebende Kraft, aufgefaßt haben.

Wir wollen uns jetzt mit der Frage beſchäftigen, ob die
Höhe, auf welche die Flüſſigkeiten mittels dieſes Druckes gehoben
werden, groß oder klein iſt. Die Er-
fahrung hat gelehrt, daß durch
den Luftdruck eine 32 Fuß hohe
Waſſerſäule im Gleichgewichte
erhalten wird.

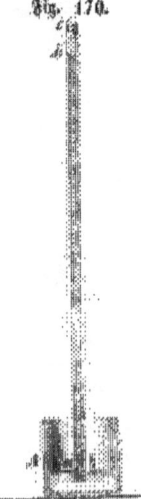

Darſtellung der Größe
des Luftdruckes.

Fülle ich nämlich eine 32 Fuß hohe Glasröhre, welche an einem Ende verſchloſſen iſt, mit
Waſſer an und thue dieſelbe mit ihrem offenen
Ende in ein mit Waſſer gefülltes Gefäß, ſo wird
kein Waſſer aus der Röhre herausfließen, auch
ſelbſt dann nicht, wenn ich die Röhre (ohne zu
ſchwanken) aus dem Gefäße herausziehe; mache ich
denſelben Verſuch mit einer noch längeren Röhre, ſo
werde ich bemerken, daß ein Theil des Waſſers
aus der Röhre herausfließen wird. Die Röhre wird
jetzt nicht mehr voll mit Waſſer gefüllt bleiben.
Das letztere wird in derſelben ſo weit niederſinken,
und ſich ſo einſtellen, daß es in der Röhre ac
noch um 32 Fuß höher, nämlich bis b, ſteht als
in dem äußeren Gefäße A Figur 170. Der Quer-
ſchnitt der Röhre kann dabei beliebig groß genommen
werden. Mit Waſſer iſt die wirkliche Anſtellung

des Versuches wegen der bedeutenden Länge der Röhre umständlich. Man führt demnach denselben mit Quecksilber aus. (Vergl. mit §. 165.)

Der Luftdruck gegen die Querschnittsfläche ab ist demnach gleich dem Drucke einer 32 Fuß hohen Wassersäule auf dieselbe Fläche. Nehmen wir endlich an, daß der Querschnitt der erwähnten Röhre 1 Quadratfuß ist, so wird der Atmosfärendruck auf 1 Quadratfuß dem Gewichte einer Wassersäule von 1 Quadratfuß Grundfläche und 32 Fuß Höhe gleich sein, also $1 \cdot 32 \cdot 56{\cdot}4 = 1804{\cdot}8$ Pfund betragen. Der Luftdruck wird gewöhnlich auf eine Fläche von 1 Quadratzoll bezogen. Er wird für diese Fläche $1804{\cdot}8 : 144 = 12{\cdot}5$ Pfund ausmachen. Dieser Druck heißt auch eine Atmosfäre, welcher Ausdruck häufig in der Mechanik des Dampfes gebraucht wird. Eine Atmosfäre bezeichnet demnach den Druck von $12\tfrac{1}{2}$ Pfund auf eine Fläche von 1 Quadratzoll.

Jeder Gegenstand erfährt auf seiner Oberfläche einen Druck von Seite der Luft, auch der menschliche Körper ist hiervon nicht ausgenommen. Indem die Oberfläche eines erwachsenen Menschen 16 Quadratfuß beträgt, so würde der Luftdruck auf den menschlichen Körper gegen 300 Zentner betragen. Wir empfinden diesen Druck deshalb nicht, weil die im Innern unseres Körpers befindliche Luft der äußeren durch ihre Spannkraft das Gleichgewicht hält.

§. 160.
Der Luftdruck ist veränderlich.

Auf den Bergen ist der Luftdruck geringer als im Thale, was aus den Lehren des §. 156 erhellet. Selbst an einem und demselben Orte wechselt der Luftdruck; an manchen Tagen, wenn die Luft bewegt ist, beinahe jede Weile. Der Luftdruck wird am bequemsten mittels eigener Instrumente, welche man Barometer heißt, beobachtet. Die Schwankungen in demselben zeigen sich an jenen der Barometersäule.

§. 161.
Das Barometer im allgemeinen.

Das Barometer ist ein Instrument, mittels dessen der herrschende Luftdruck gemessen werden kann. Die Höhe der gehobenen Quecksilbersäule des Instrumentes ist das Maß des Luftdruckes, denn diese wird durch den Druck der Luft getragen.

Das Birnbarometer.

Obgleich das Barometer einige Ähnlichkeit mit dem Thermometer hat, so unterscheidet es sich doch von diesem in der Bauart wesentlich. Die Glasröhre des Barometers ist länger und besitzt einen größeren Durchmesser, als jene des Thermometers. — Der Barometerröhre gibt man einen inneren Durchmesser von mindestens 2 Linien. (Vergleiche mit §. 173.) — Die unten und seitwärts angebrachte Kugel derselben ist nur zum Theil mit Quecksilber gefüllt und nicht zu, sondern offen. Das Quecksilber reicht in der Röhre ziemlich hoch hinauf und schwankt daselbst beim leisesten Anstoßen auf und ab. Die Barometerröhre ist so wie die Thermometerröhre am oberen Ende zu, auch ist oberhalb der Quecksilbersäule, wie dort, ein möglichst luftleerer Raum hergestellt. In der Figur 171, welche ein Birnbarometer vorstellt, ist es der Raum über der Marke a.

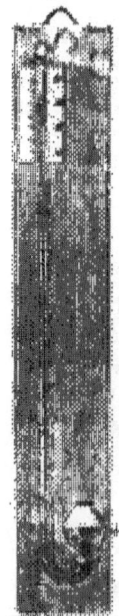
Fig. 171.

Birnbarometer.

Nachdem der luftleere Raum auf die Quecksilbersäule keinen Druck ausübt, so bleibt der Druck der Atmosfäre auf die Oberfläche b des Quecksilbers in dem unteren kürzeren Schenkel der Röhre allein wirksam, und hebt in dem längeren Schenkel das Quecksilber so hoch, als man es bei der Beobachtung des Quecksilberstandes findet. — Die Luftleere des Barometers ist demnach ein wesentliches Erforderniß desselben. —

Die Erhebung des Endpunktes der Quecksilbersäule über das Niveau (die Oberfläche) des in der Birne befindlichen Quecksilbers, hier ac, läßt sich an der neben der Röhre angebrachten Skale ablesen. Diese Höhe der Quecksilbersäule gibt den Barometerstand an.

Weil das Quecksilber 13·6mal schwerer ist als Wasser, so wird der Atmosfärendruck, welcher bekanntlich einer 32 Fuß hohen Wassersäule das Gleichgewicht halten kann, eine eben so vielmal kürzere Quecksilbersäule, d. i. eine von 28 Wiener Zoll tragen können, weil 32' = 384" und 384" : 13·6 = 28·2" gibt.

Je höher ein Ort über dem Meeresspiegel liegt, desto niedriger wird im allgemeinen der Barometerstand sein. Der mittlere Luftdruck am Meeresspiegel beträgt 28". 10''' oder 760 Millimeter und heißt der normale Barometerstand.

<small>Das Barometer wird auch Wetterglas genannt, weil gewöhnlich bei uns mit einem höhern Barometerstande schönes, mit einem tiefen regenhaftes Wetter sich einstellt.</small>

Nicht unbedeutende Vortheile verschafft uns das Barometer beim Höhenmessen. Je höher man nämlich mit dem Barometer steigt, desto tiefer sinkt die Barometersäule, was wegen des nach oben abnehmenden Luftdruckes erfolgen muß. Aus diesem Sinken, mit Berücksichtigung der Temperatur der Luft (weil die Spannkraft der Luft auf den Barometerstand auch einen großen Einfluß übt), ist man im Stande schnell und ohne viel Vorbereitungen die Höhe eines Berges ziemlich genau zu finden.

Barometer, welche zum Höhenmessen dienen sollen, müssen sehr genau hergestellt werden. Das zu ihrer Anfertigung verwendete Quecksilber muß ganz frei von fremdartigen Beimengungen sein. Der luftleere Raum des Barometers, welcher gewöhnlich durch das Auskochen des Quecksilbers in der Barometerröhre über einem Kohlenfeuer bewerkstelliget wird, muß mit der größten Sorgfalt angestrebt werden.

Die Gefäßbarometer sind beim Höhenmessen bequem zu handhaben, obwohl die heberförmigen Barometer genauere Ablesungen erlauben.

§. 162.

Das Gefäßbarometer.

Das Gefäßbarometer besteht aus einem Gefäße A, welches mit Quecksilber gefüllt ist, und aus einer beiläufig

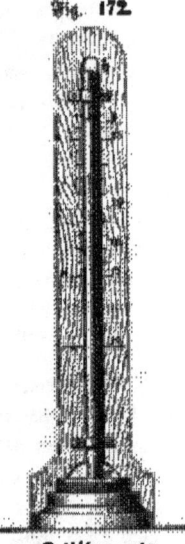

Fig. 172.

Gefäßbarometer.

30 Zoll hohen Barometerröhre ab. welche, nachdem sie mit Quecksilber gefüllt, und dieses hierauf ausgekocht wurde, in das Gefäß mit der offenen Seite nach abwärts, wie es Figur 172 zeigt, behutsam hineingesenkt wird. Den Barometerstand a l mißt man von dem Quecksilberspiegel a des Gefäßes bis zu dem Ende der gehobenen Quecksilbersäule I an einer Skale m.

Beim Auskochen des Quecksilbers muß sowohl die an den Röhrenwänden anhaftende, als auch die in den Poren des Quecksilbers festgehaltene Luft sorgfältig entfernt werden. Zu diesem Zwecke wird das Quecksilber zuerst abgesondert gekocht, dann in kleinen Mengen noch heiß in die Röhre gegossen, und dabei jedesmal wieder in derselben zum Sieden gebracht. Sobald gar keine Luft in der Barometerröhre enthalten ist, wird stets ein heller Klang vernommen, wenn man die Röhre langsam neigt. Das Quecksilber schlägt dann an das geschlossene Ende der Röhre metallklingend an. Ist in dem Raume Luft enthalten, so dämpft die Federkraft der Luft diesen Schlag. Um den Barometerstand genau ablesen zu können, sind eigene Vorrichtungen zum Heben und Senken des Quecksilberspiegels an dem Gefäße angebracht.

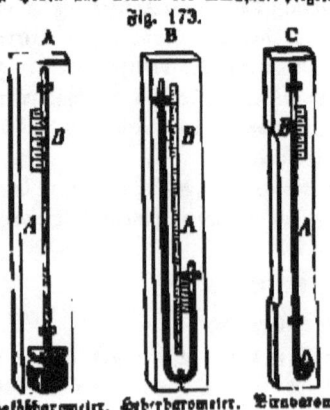

Fig. 173.

Gefäßbarometer. Heberbarometer. Birnbarometer.

In der nebenstehenden Figur 173 bemerkt man drei Arten Barometer. A ist ein Gefäß-, B ein Heber- und C ein Birnbarometer.

Andere Vorrichtungen, welche auf dem Luftdrucke beruhen.

§. 163.

Von den übrigen Vorrichtungen, welche auf dem Luftdrucke beruhen, wollen wir die Pumpe und den Heber beschreiben.

Jeder von euch kennt gewiß eine Pumpe dem Äußeren nach, er weiß daß dabei an einem Hebel auf- und niedergezogen wird, wodurch das Wasser, welches sich tief im Brunnen befindet, heraufgehoben und durch die Ausgußröhre zum Ausfließen gebracht wird. Das Heben des Wassers mittels einer Pumpe ist sehr bequem und erfordert so wenig Anstrengung, daß es selbst von einem Kinde verrichtet werden kann.

Man theilt die Pumpen ein in Saug- und Druckpumpen.

§. 164.
Die Saugpumpe.

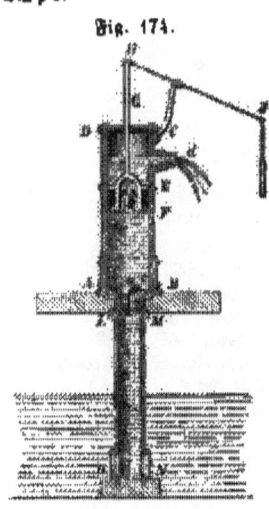

Fig. 174.

Saugpumpe.

Eine Saugpumpe (Fig. 174) besteht aus der Saugröhre LMNO und der damit verbundenen, etwas weiteren Röhre ABCD, welche die Pumpenröhre oder der Stiefel genannt wird. In dem Stiefel läßt sich ein Kolben EF, möglichst luftdicht, mit Hilfe der Kolbenstange G und dem Hebel HI auf- und niederbewegen. Dieser Kolben ist durchlöchert und dessen Öffnung mittels Klappe oder Ventiles – dieses kann entweder ein Kegel- oder ein Kugelventil sein – geschlossen. Am oberen Ende der Saugröhre ist ebenfalls eine Klappe oder ein Ventil a angebracht.

Zieht man nun den Kolben mittels des erwähnten Hebels in die Höhe, so entsteht hinter demselben ein luftverdünnter Raum (wie bei der Handspritze), weil dabei das Kolbenventil den Lufteintritt verhindert. Wegen des äußeren Luftdruckes wird das Wasser in der Saugröhre etwa bis LM in die Höhe steigen. Stößt man den Kolben hinunter, so tritt ein Theil der unter dem Kolben befindlichen Luft durch die Öffnung des Kolbens nach außen. Das Ventil a unterstützt dabei diese Wirkung des Kolbens, indem es verhindert, daß die Luft sich nach abwärts (in die Saugröhre) ausbreitet. Bei dem wiederholten Anheben des Kolbens erfolgt neuerdings eine Verdünnung unter demselben, ein weiteres Aufsteigen des Wassers, etwa bis bc, und während des darauf folgenden Niederstoßens des Kolbens ein abermaliges Austreten der Luft. Durch fortgesetztes Pumpen wird also das Wasser in dem Stiefel höher steigen, bis es sich knapp an den Kolben anschließt. Ist dieses eingetreten, so wird bei dem ferneren Niedergehen des Kolbens ein Theil des Wassers über denselben gebracht, zu welcher Wassersäule bei jedem weiteren Hube des Kolbens eine neue hinzutreten wird. Bei der nun erfolgenden Aufwärtsbewegung des Kolbens wird die ganze über demselben befindliche Säule noch höher geschoben, bis sie zur Ausflußröhre d gelangt und dort herauszufließen beginnt. — Das fortgesetzte Pumpen ersetzt das bereits herausgeförderte und liefert einen zusammenhängenden Wasserstral.

Wenn die Pumpe einmal angesaugt ist, so bleibt sie längere Zeit mit Wasser gefüllt. Sie liefert demnach, wenn man sie in diesem Zustande wieder in Thätigkeit setzt, schon mit den ersten Kolbenhüben von neuem Wasser. Befindet sie sich aber längere Zeit außer Thätigkeit, z. B. während der Nacht, so verliert sich das Wasser in derselben nach und nach, indem der Kolben an seinen Seitenwänden sowohl als auch die Klappen und Ventile von oben die Luft einlassen, welche letztere durch ihren, dem atmosfärischen das Gleichgewicht haltenden Druck das Wasser in der Saugröhre zum Sinken bringt.

Eine entleerte Pumpe mit langer Saugröhre braucht demnach ziemlich viele Kolbenhübe bis das Wasser wieder zum Herausfließen gebracht wird.

Die Saugröhre ist an ihrem unteren Ende ON siebartig durchlöchert, um die Verunreinigungen des Wassers oder der zu hebenden Flüssigkeit zurückzuhalten. Die nachstehende Figur 175

247

Fig. 175.

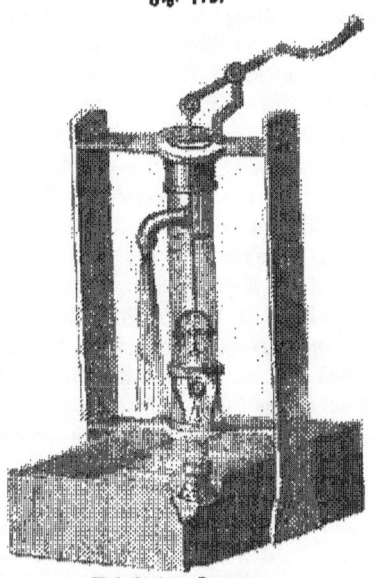

Modell einer Saugpumpe.

zeigt das Modell einer Saugpumpe in der Perspektive. Beide Ventile o und r sind, wie dieß gewöhnlich der Fall, Kegelventile.

§. 165.
Die zuläßliche Ansaughöhe einer Saugpumpe.

Die Hebung des Wassers mittels der Saugpumpe geschieht also vorzüglich mit Hilfe des Luftdruckes. Würden der Kolben, die Ventile oder Kluppen mangelhaft schließen, so möchte die Pumpe ihre Dienste schlecht verrichten, im schlimmsten Falle auch gar kein Wasser heben. Derselbe Übelstand könnte aber auch eintreten, wenn die Saugröhre der Pumpe eine zu große Länge hätte.

Wir wissen nämlich, daß das Wasser durch den Luftdruck bloß auf die Höhe von 32 Fuß gehoben wird. Würde nun der obere Theil des Kolbens, in seiner tiefsten Stellung schon, höher über dem unteren Wasserspiegel stehen, als diese Erhebung beträgt, so müßte die Pumpe ihren Dienst versagen, weil das Wasser bei seiner Aufwärtsbewegung während des Pumpens in einer bestimmten Höhe der Röhre anhalten und dem Kolben nicht mehr folgen würde. Die Erfahrung hat weiter gelehrt, daß die Gränze der Brauchbarkeit einer Saugpumpe nicht einmal so hoch liege, sondern daß dieselbe bei einer 24 Fuß hohen Saugröhre bereits eintrete. Die Unvollkommenheit in der Kolbenliderung (Anschluß des Kolbens an die Pumpenröhre) und in der Konstruktion der Klappen oder Ventile, insbesondere aber der unvermeidliche Raum zwischen dem Kolben und dem Ventile a der Saugröhre (der schädliche Raum genannt), aus dem sich die Luft (während der ersten Kolbenhübe) nicht auspumpen läßt, sind die Ursachen der bedeutenden Herabdrückung dieser Gränze.

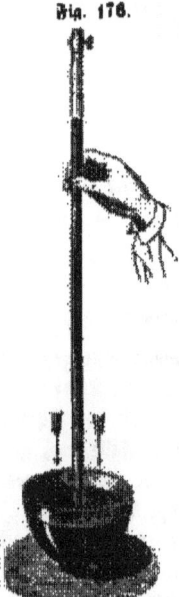

Fig. 176.

Toricellische Röhre.

Die ersten, welche hierüber Erfahrungen machten, waren die Pumpenanfertiger zu Florenz im Jahre 1640. Bei der Anwendung einer ungewöhnlich langen Saugröhre nämlich hatten sie zu ihrem Erstaunen bemerkt, daß trotz der sorgfältigen Ausführung der Pumpen das Wasser auf die gewünschte Höhe nicht gebracht werden konnte. Professor Galilei zu Bologna wurde dabei zu Rathe gezogen, und nachdem er diesen Gegenstand einem Studium unterwarf, hatte derselbe die Thatsache erklärt; er war demnach der erste, welcher den Satz aufstellte, daß die Luft ein Gewicht habe und deshalb auf alle Körper einen Druck ausübe. Sein Schüler Toricelli versinnlichte diesen Luftdruck durch ein Experiment mit Quecksilber und gab dadurch Veranlassung zur Anfertigung von Barometern. Er füllte nämlich eine auf einer Seite verschlossene Glasröhre mit Quecksilber und stürzte dieselbe in ein Gefäß mit Quecksilber um. (Fig. 176.) Der obere Abschluß der Röhre ist mittels eines Hahnes bewerkstelliget. Sperrt man ihn auf, so dringt durch denselben die Luft von außen in den luftleeren Raum der Röhre. In demselben Augenblicke muß das durch den Luftdruck in der Röhre gehobene Quecksilber vermöge der Schwere fallen. Die Barometerröhre heißt demnach die Toricellische Röhre und der luftleere Raum im Barometer die Toricellische Leere.

Daß mittels der Pumpen auch andere Flüssigkeiten, wie Bier, Öl u. s. w. gehoben werden können, brauche ich nicht erst besonders hervorzuheben.

Wollte man mit Hilfe der Saugpumpe das Wasser recht hoch heben, so müßte bei einer 24 Fuß nicht übersteigenden Saugröhre, über dem Stiefel eine Steigröhre angebracht werden. Diese Art des Wasserhebens wäre aber unbequem und beschwerlich, weil man das Gewicht der bedeutenden gehobenen Wassersäule, sowohl beim Heben als Senken des Kolbens, zu tragen hätte.

In solchen Fällen leisten die Druckpumpen gute Dienste.

§. 166.

Die Druckpumpe.

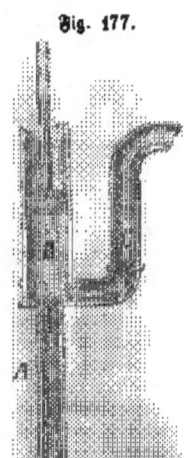

Fig. 177.

Druckpumpe.

Die Druckpumpe (Fig. 177) besteht ebenfalls aus einer Saugröhre A sammt Ventil, einer kurzen Kolbenröhre B, und aus einer beliebig langen, seitwärts angebrachten, mit einem Ventil versehenen Steigröhre C. Der Kolben des Druckwerks ist nicht durchlöchert, sondern voll; demselben wird ein größerer Hub, gewöhnlich auch eine andere Konstruktionsform gegeben. — Man macht ihn nämlich lang und läßt ihn in einer Stopfbüchse auf- und abgehen, wie dieß bei den Plungern (siehe Fig. 184) der Fall ist. — Der Kolben wird endlich bei Druckwerken, wo große Mengen Wassers gehoben werden, mittels Maschinenkräfte in Bewegung gesetzt. Schafft man nun den Druckkolben in die Höhe, so öffnet sich das Saugventil — das Ventil über der Saugröhre nämlich, in der obigen Figur ist es nicht bezeichnet — das Ventil C bleibt aber dabei zu;

beim Niedergange des Kolbens findet dagegen ein umgekehrtes Spiel der Ventile statt.

Anfangs arbeitet diese Pumpe ebenfalls in der Art einer Luftpumpe, wodurch eine Luftverdünnung in dem Raume der Kolben- und Saugröhre bewirkt, und sonach das Aufsteigen des Wassers in diesem Raume, bis unter den Kolben veranlaßt wird. Ist dieses eingetreten, so muß, nachdem der Kolben abwärts gedrückt wurde und sich das Saugventil geschlossen hat, das Wasser durch das Ventil C in die Steigröhre gelangen, ohne aber später, beim Aufwärtsgehen des Kolbens nämlich, sich zurückbewegen zu können, weil das Zufallen dieses Ventils jedesmal das bereits hinaufgedrückte Wasser in der Steigröhre C zurückhalten wird. Auf diese Weise wird es möglich, beliebige Mengen Wassers in die Steigröhre zu drücken und dasselbe auf Höhen selbst von Hunderten von Klaftern zu befördern.

Fig. 178.

Druckpumpe in der Perspektive.

Solche Druckpumpen werden in Bergwerken, in Brauereien, überhaupt in größeren Fabriksanlagen zum Heben des Wassers oder anderer Flüssigkeiten verwendet, auch bedient man sich ihrer dort, wo das Wasser mit bedeutender Pressung in einen Behälter gepumpt werden soll, z. B. bei Dampfkesseln. Die Eingußröhre eines solchen Behälters erhält ein nach innen sich öffnendes Ventil.

Die Pumplampen beruhen ebenfalls auf der Wirkung der Druckpumpen.

Die nebige Figur 178 stellt das Modell einer Druckpumpe perspektivisch dar.

§. 167.

Der gekrümmte Heber.

Der Heber ist eine in einem Winkel gebogene Röhre mit ungleich langen Schenkeln, welche man anwendet, um eine Flüssigkeit aus einem Gefäße in ein anderes zu überfüllen. Der kürzere Schenkel wird in die Flüssigkeit getaucht, der längere gegen das tiefer gestellte Gefäß gehalten. Saugt man nun an dem längeren Schenkel, so wird durch den einseitigen atmosfärischen Druck die Flüssigkeit vom Schenkel ac in jenen cb überführt (Fig. 179).

Fig. 179.

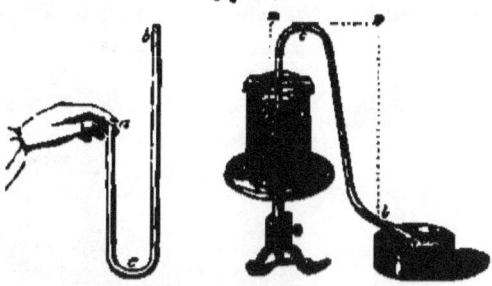

Gekrümmter Heber.

Ist einmal die Bewegung auf diese Weise eingeleitet, so hält sie so lange an, bis die Flüssigkeit des einen Behälters sich in den anderen vollständig entleert hat.

Der Vorgang dieser eigenthümlichen Erscheinung läßt sich wie folgt erklären: Auf der einen Seite hat die Flüssigkeitssäule ma, auf der anderen die längere Säule nb das Bestreben, vermöge ihrer Schwere herabzufließen; diesem Gewichte der beiden Säulen wirkt auf beiden Seiten der Luftdruck entgegen, der auf einer Seite mittels der Flüssigkeitsmoleküle gegen die Öffnung o auf der anderen Seite direkt gegen b wirkt und verhindert, daß sich der Wasserfaden ac in zwei Theile ablöse und einer davon durch die Röhre ac, der andere durch cb herauslaufe. Indem der Luftdruck sowohl in a als in b gleich groß ist, so müßte vollkommenes Gleichgewicht stattfinden, wenn die Flüssigkeitssäulen in beiden Schenkeln gleich hoch wären. Sobald aber die Ausflußöffnung b des Hebers tiefer liegt, erhält die Flüssigkeitssäule cb das Übergewicht und leitet die Bewegung der Flüssigkeitstheilchen in der Röhre c nach rechts ein, die wegen des in a bestehenden Luftdruckes so lange durch

ersetzt werden, bis die Öffnung o, welche anfangs ganz unter dem Spiegel der Flüssigkeit untertauchte, durch das Sinken desselben an dessen Oberfläche getreten ist. — Dieselben Dienste, wie das Saugen leistet das Anfüllen des Hebers mit der Flüssigkeit.

Um das bei einigen Flüssigkeiten gefährliche Aufsaugen mit dem Munde zu vermeiden, ist an dem längeren Schenkel des Hebers eine besondere Saugröhre (Fig. 180 ae) angebracht. Während des Aufsaugens muß aber selbstverständlich die untere Öffnung des Hebers mit Hilfe eines Hahnes a oder eines Pfropfens zugehalten werden. In neuerer Zeit verwendet man auch Heber von Kautschuk oder Guttapercha. Eine solche Verwendung wäre in Figur 181 dargestellt. Auch bei Wasserleitungen, um das Wasser über einen Hügel hinweg zu leiten, finden die Heber Anwendung.

Fig. 180. Gistheber.   Fig. 181. Saugheber.

Die absolute Verschiebbarkeit der Flüssigkeitstheilchen.

§. 168.

Das Gesetz der absoluten Verschiebbarkeit der Flüssigkeitstheilchen.

Auf der ungemein leichten (man nennt dieß gewöhnlich absoluten) Verschiebbarkeit der Theilchen flüssiger Körper beruht auch die nach allen Seiten unverkürzte Fortpflanzung des auf ihre Oberfläche ausgeübten Druckes.

Bei den festen Körpern wird der Druck bloß nach der Richtung der drückenden Kraft fortgeleitet. Setze ich z. B. ein Stemmeisen gegen eine Holzfläche und führe darauf einen Schlag, so werden die unmittelbar unter der Schneide des Eisens befindlichen Theilchen der Holzmasse allein ausweichen, die übrigen Theilchen derselben werden durch diese Kraftanstrengung nicht im mindesten berührt werden.

Anders verhält es sich aber bei den flüssigen Körpern; bei diesen werden nicht bloß die unmittelbar getroffenen, sondern die sämmtlichen Theilchen der Flüssigkeit, auf deren einen Theil ein Druck ausgeübt wird, zur Bewegung angeregt. Füllt man, um ein einfaches und anschauliches Experiment vorzuführen, eine Schweinsblase mit Wasser oder Luft an und übt auf dieselbe, nachdem sie fest verbunden wurde, an irgend einer Stelle einen Druck nach einer bestimmten Richtung, etwa mit der Hand, aus, so werden nicht bloß die in der Richtung des Druckes liegenden Wasser- oder Lufttheilchen gedrückt, sondern die sämmtlichen Flüssigkeitstheilchen in dem Gefäße gelangen dadurch in eine Art Spannung. Sie erhalten nämlich das Bestreben, mit einer dem Drucke entsprechenden Geschwindigkeit nach allen Richtungen auszuweichen. Bei den Flüssigkeitstheilchen nun, welche im Innern des Gefäßes sich befinden, wird dieses Anschicken zur Bewegung durch ein gleich großes eines nachbarlichen Theilchens aufgehoben; die gleiche Bestrebung der an der Gefäßwand liegenden Flüssigkeitsmoleküle dagegen kann aber nur die Gefäßwand selbst durch ihre Festigkeit bekämpfen. Das ganze Gefäß (im vorliegendem Falle die Schweinsblase) erfährt demnach an seinen Wänden von den erwähnten Theilchen einen Druck. Weil ferner jedes Molekül, welches unter der von außen gedrückten Gefäßfläche liegt, gleichviel von diesem Drucke übernimmt und denselben ganz gleichmäßig durch die Wassermasse fortleitet, so muß auch auf jeder anderen Fläche des Gefäßes, welche eben so groß ist wie die gedrückte Fläche desselben, der nämliche Druck, welcher dort ausgeübt wurde, sich wieder vorfinden.

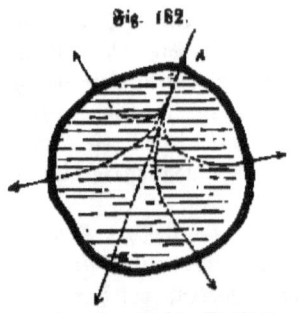

Fig. 182.

Darstellung der absoluten Verschiebbarkeit der Flüssigkeiten und der Fortpflanzung des Druckes.

Denn fährt man auf die mit Waſſer gefüllte Blaſe mit der Hand in A (Fig. 182) einen Druck aus und macht an mehreren Orten in dieſelbe feine Löcher, ſo wird das Waſſer bei allen dieſen Öffnungen mit der nämlichen Geſchwindigkeit herausſpritzen. Wenn der Druck ſich bloß nach der geraden Richtung fortpflanzen würde, ſo möchte das Waſſer nur durch das in a angebrachte Löcherlein mit der von dem Drucke abhängigen Geſchwindigkeit herausſchießen, bei den anderen Öffnungen würde es bloß mit einer der Schwere entſprechenden, durch die Reibung und Anhangskraft des Waſſers zur Gefäßwand geminderten Geſchwindigkeit herausströmen. Dieſes Experiment iſt demnach nicht nur ein Beleg für die nach allen Seiten stattfindende Fortpflanzung des Druckes, ſondern es rechtfertiget, daß der Druck mit unveränderlicher (ungeſchwächter) Stärke durch die Moleküle der Flüssigkeit fortgeleitet wird.

§. 169.

Das Geſetz der allſeitigen und unveränderten Fortpflanzung des Druckes durch Flüſſigkeiten.

Auf dem Geſetze der allſeitigen und unveränderten Fortpflanzung des Druckes durch Flüſſigkeiten beruht die hidrauliſche Preſſe, welche in den Gewerben mit vielem Vortheil angewendet wird. Bevor ich euch die Einrichtung dieſer Preſſe beſchreibe, will ich zuerſt deren Grundbegriff behandeln. a und N (Fig. 183) sind

Fig. 183.

Fortpflanzung des Druckes durch Flüſſigkeiten.

zwei hohle Zilinder, welche durch eine Röhre miteinander zuſammenhängen und in welchen ſich zwei dicht anſchließende Kolben a und A bewegen laſſen. Der Raum unter beiden Kolben wäre mit Waſſer angefüllt und auf den Kolben a von 2 Quadratzoll Querſchnittsfläche würde ein Druck von 100 Pfund ausgeübt werden. Mit welcher Kraft wird nun der Kolben A gehoben, wenn die Fläche mit der er auf der Flüssigkeit aufruht, d. h. seine Querschnittsfläche, 20 Quadratzoll beträgt?

Dem Drucke von 100 Pfund, welcher auf die Fläche von 2 Quadratzoll entwickelt wird, entspricht der Druck von 50 Pfund auf jene von 1 Quadratzoll. Dieser pflanzt sich vermöge des an der Spitze des Paragrafes angezogenen Gesetzes unverändert auf die Kolbenfläche A fort, so daß auf jedem Quadratzolle dieser Fläche sich ein Druck von 50 Pfund vorfinden und demnach der ganze Kolben, welcher 20 Quadratzoll mißt, einen Druck von $50 \times 20 = 1000$ Pfund erfahren wird. Dieß ist aber auch die Kraft, welche den Kolben in die Höhe hebt. Wenn nun am oberen Ende des Kolbens eine Preßplatte angebracht ist, welche sich gegen einen Preßbalken bewegen würde, so könnte auf die dazwischen gebrachten Gegenstände dieser bedeutende Druck ausgeübt werden.

Faßt man das Vorhergehende zusammen, so kommt man zu der Erkenntniß, daß der ursprüngliche Druck auf a nur durch die eigenthümliche Wirkung der Flüssigkeit und die vergrößerte Kolbenfläche vervielfältigt wurde; zugleich erhellet aus dieser Betrachtung, daß der fortgepflanzte Druck in dem Maße zunehmen wird, als die Fläche des Kolbens A jene des Kolbens a übertrifft. Mittels dieser Vorrichtung kann demnach mit einer gegebenen Kraft ein beliebig großer Druck ausgeübt werden.

In demselben Verhältniß aber, als der Kolben A eine größere Fläche hat, in demselben Maße wird er sich langsamer bewegen als der Kolben a, so daß auch hier der Satz gilt: was an Kraft gewonnen wird, geht an der Geschwindigkeit verloren. (Vergl. mit §. 120.)

Wenn man unbrauchbare Walzen auseinandersprengen will, so benutzt man ebenfalls das Gesetz der allseitigen Fortpflanzung des Druckes durch die Flüssigkeitstheilchen mit großem Vortheil. Man bohrt nämlich ein Loch in den Walzenkörper, füllt dasselbe mit Wasser an und verschließt es mit einem Eisenkeil, auf den ein schwerer Körper von einer ziemlichen Höhe fallen gelassen wird. Durch diesen Stoß und dessen Vervielfältigung auf die Umfangsfläche des Bohrloches wird die Walze in mehrere Stücke zerrissen.

§. 170.

Die hidraulische Presse.

Die hidraulische Presse besteht aus dem Druckkolben a (Fig. 184), der zugleich ein Vollkolben einer Druckpumpe ist, und aus dem Preßkolben A, dessen Preßplatte in einer Führung gleitet und (hier nach aufwärts) sich gegen eine andere feste Preßplatte bewegen läßt. Zwischen beide Platten kommen die auszupressenden Gegenstände. Mittels der Saug- und Druckpumpe abr wird das Wasser unter den Preßkolben gedrückt und mit Hilfe eines Ventiles V oder einer Klappe in dem Raume unterhalb dieses Kolbens festgehalten. Durch fortgesetztes Pumpen wird der Preßkolben allmählich gehoben und der zwischen beide Platten eingeschobene Gegenstand gepreßt.

Fig. 184.

Hidraulische Presse.

Bei dieser Presse soll die Fläche des Druckkolbens = 1 Quadratzoll, jene des Preßkolbens = 300 Quadratzoll sein. Der Druckhebel cmn wäre 10fach übersetzt, d. h. der Arm cn = 10cm und die in v, am Ende des Hebels, arbeitende Kraft = 50 Pfund.

Die Gewalt, mit welcher der Preßkolben in die Höhe getrieben wird, läßt sich nun mit Hilfe der vorhergehenden Sätze leicht berechnen.

Die in n thätige Kraft von 50 Pfund erzeugt in m, also auch in b, einen Druck von 50 × 10 = 500 Pfund, weil der Arm der Kraft 10mal so groß ist, wie jener der Last.

Nach dem Hebelgesetze ist nämlich die Kraft multiplizirt mit dem Arm gleich der Last in ihrem Arm, also
$$50 \times 10 = L \times 1;$$
woraus $L = 500$ Pfund folgt. Die Last ist hier der in Rede stehende Druck auf den Druckkolben, weil der letztere in demselben Maße gegen den Punkt m einen Widerstand leistet, in welchem er von dem Hebel in diesem Punkte nach abwärts gedrückt wird.

Die im Punkte m nach abwärts wirkende, und auf die Oberfläche der Flüssigkeit drückende Kraft ist nach obigem = 500 Pfund. Nachdem aber die Fläche des Preßkolbens 300mal so groß ist, als jene des Druckkolbens, so ist auch der Druck auf den Preßkolben eben so vielmal größer, d. h. 500 × 300 = 150.000 Pfund.

Weil endlich der Nutzeffekt, wegen der hier auftretenden Reibung um $\frac{1}{3}$ vermindert wird, so kann bei den obigen Dimensionen der Presse ein Effekt von 100.000 Pfund = 1000 Zentner erwartet werden. Es wird demnach die Kraft eines Mannes hinreichen, um mit Hilfe dieser Maschine diesen so bedeutenden Druck zu erzielen.

Man wendet diese Pressen an zur Pressung des Tuches, Heues, Papieres, Oles, Bleies, welchem letzteren damit die Röhren- und Kugelform gegeben wird; ferner bei der Fabrikazion der Stearinkerzen, Nadeln u. s. w. Überhaupt wird man die hidraulischen Pressen überall dort anwenden, wo man einen sehr starken Druck auszuüben hat. Auch bei hidraulischen Lochmaschinen und ähnlichen Vorrichtungen benutzt man gegenwärtig die angegebene Wirkung des Wasserdruckes.

In den früheren Paragrafen 157 und 158 haben wir die unveränderte und allseitige Fortpflanzung des Druckes durch Flüssigkeiten stillschweigend anerkannt.

Die kommunizierenden Gefäße.

§. 171.
Das Gesetz der gleich hohen Flüssigkeitsspiegel.

Gefäße, welche auf die Weise miteinander verbunden sind, daß die darin enthaltene Flüssigkeit aus einem Gefäße in das andere frei eintreten kann, heißen kommunizierende Gefäße. Es sind entweder bloß zwei oder mehrere solche Gefäße miteinander verbunden.

Das Hauptgesetz der kommunizierenden Gefäße lautet:

In kommunizierenden Gefäßen stellt sich eine und dieselbe Flüssigkeit in der Ruhe so ein, daß die Flüssigkeitsspiegel in sämmtlichen Gefäßen gleich hoch werden, d. h. in einer einzigen Horizontalebene liegen. Die nebenstehende Figur 185 stellt dieses Gesetz bildlich dar, wobei dm...yo die Richtung der Horizontalen angibt.

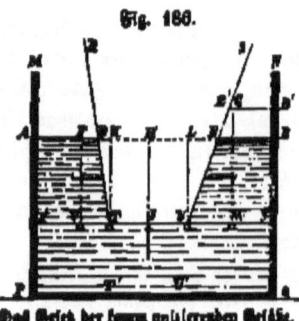

Fig. 185. 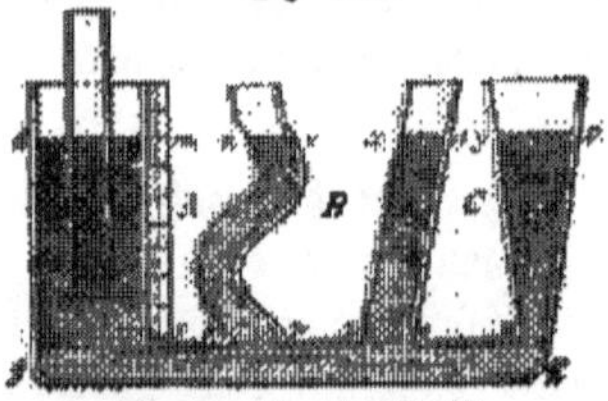
Kommunizierende Gefäße.

Fig. 186.
Das Gesetz der kommunizierenden Gefäße.

In einem Gefäße MNPQ (Fig. 186) befände sich eine Flüssigkeit, so würde dieselbe im Gleichgewichtszustande, wie bekannt, eine horizontale Oberfläche annehmen (§. 152). Denken wir uns nun in diese Flüssigkeit ein zweites Gefäß RTUS auf die Art hineingethan, daß zwei kommunizierende Gefäße zum Vorschein kommen, so werden auch die beiden getrennten Flüssigkeitsspiegel AD und EB in einer und derselben Horizontalebene (d. i. in gleicher Höhe) liegen; denn legen wir zum Behufe des Nachweises dieser Thatsache durch TU (welche wir der Einfachheit halben wagrecht annehmen) eine Horizontale XY, so erhellet, daß eine ungleiche Höhe der Flüssigkeiten in beiden Schenkeln über dieser Linie die Folge nach sich zöge, daß die in T und U liegenden Moleküle mit ungleichen Kräften nach seitwärts auszuweichen würden. — Die innerhalb der Strecke XT und UY liegenden Moleküle sind bei dieser Betrachtung ohne Einfluß, weil ihre Seitendrücke vermöge der absoluten Verschiebbarkeit der Flüssigkeitströpfchen sich gegenseitig tilgen werden (§. 153). — Nehmen wir an, daß in dem Schenkel SUYN der Flüssigkeitsspiegel bis E'B' stände, so müßte das Molekül U auf den horizontalen Faden TU mit einer Kraft drücken, welche der Druckhöhe GW (§. 154) entspricht; das Molekül T würde dagegen auf demselben Faden bloß mit der Druckhöhe FV entgegenwirken. Unter solchen Verhältnissen könnte der Wasserfaden TU offenbar nicht in der Ruhe bleiben, er wäre gezwungen nach links auszuweichen und weil dasselbe in allen darunter befindlichen wagrechten Schichten auch erfolgen würde, so müßten sämmtliche in dem Raume TUU'T' befindlichen Flüssigkeitstheilchen sich von rechts nach links bewegen. Bei der Annahme ungleich hoher Flüssigkeitsspiegel kann demnach in communizirenden Gefäßen, welche eine und dieselbe Flüssigkeit enthalten, kein Gleichgewicht stattfinden. Kommt also eine Flüssigkeit in solchen Gefäßen zur Ruhe, so muß sie sich so einstellen, daß die Spiegel in beiden Schenkeln in derselben Wagrechten liegen.

Bei dieser Auseinandersetzung gelangt man auch zur Einsicht, daß die Seitendrücke der an den Wänden der Gefäße liegenden Moleküle durch die Festigkeit der Wände aufgehoben werden, ferner daß dabei die unterhalb TU liegenden Moleküle vertikal, gegen diese Gefäßwand mit einer der Druckhöhe HI = FV entsprechenden Kraft hinaufdrücken. Der Gesammtdruck der Flüssigkeit gegen die Wand TU wird demnach eben so groß ausfallen, als wenn die Flüssigkeit von oben nach unten auf diese Fläche drücken würde; er wird nämlich gleich sein dem Gewichte einer Flüssigkeitssäule KTUL, welche über TU bis zur Ebene des Flüssigkeitsspiegels AB errichtet gedacht wird. (Man vergleiche mit §. 157.)

§. 172.

Anwendung der kommunizierenden Gefäße.

Die Lampen.

Auf dem Gesetze der kommunizierenden Gefäße beruhen viele nützliche Vorrichtungen. Bei den tragbaren Küchenlampen, den Studier- und Hängelampen stellt sich das Öl im Brenner eben so hoch, wie in den Ölständen, nur zufolge des Gesetzes der kommunizierenden Gefäße. Das gleiche gilt bei jedem mit einem Ausgußrohre versehenen Gefäße, z. B. bei Theekannen (Fig. 187), Gießkannen und ähnlich gestalteten Gefäßen, wo die Flüssigkeit in dem Ausgußkanale sich eben so hoch einstellen wird, wie in dem Hauptgefäße, bei mit Schnäbeln versehenen Tintenfässern u. s. w.

Fig. 187. Theekanne.

Den Nachtheil, welcher bei Öllampen aus der allmählichen Senkung des Ölspiegels während des Brennens erfolgen muß, hat man bei den Sturzlampen durch eine sinnreiche und dabei einfache Vorrichtung ziemlich behoben. In dem größeren Behälter (Fig. 188), welcher mittels einer kommunizierenden Röhre mit dem Brennergefäße verbunden ist, befindet sich ein zweites mit Öl gefülltes Gefäß in umgekehrter Stellung, so daß die Öffnung desselben gerade in der Höhe des Ölspiegels im unteren Gefäße ausmündet, welche gleich hoch erhalten werden soll. Das Öl wird in dem umgestülpten Gefäße durch den Luftdruck über der erwähnten Oberfläche gehalten. (Vergl. mit §. 158.) Sinkt nun der Spiegel in dem größeren Behälter durch den Verbrauch des Öles im Brenner, so wird die kleine Öffnung unter dem Ventile frei, das Öl fließt durch dieselbe in das äußere Gefäß, damit in den Brenner, und fällt dabei diese nicht höher als zuvor an (vermöge der Trägheit fließt etwas mehr hinein); weil von dem Augenblicke an, als die kleine Öffnung wieder unter den

Ölspiegel gelangt, die Luft in den inneren, umgestülpten Behälter nicht mehr eintreten wird und demzufolge auch kein Öl aus denselben herausfließen kann. — Das oben erwähnte Ventil ist bloß zum Behufe des bequemeren Anfüllens des Behälters mit Öl und wegen der Verlangsamung des Ölausflusses angebracht.

Ähnlich verhält es sich bei dem nebenstehenden gläsernen Tintenfasse (Fig. 189). Dieses stellt beiläufig einen Würfel vor, von dessen oberer Wand sich ein gläserner Trichter herabsenkt. Eine seitwärts an dieser Wand angebrachte Öffnung gestattet den Lufzutritt in das mit Tinte gefüllte Gefäß. Die Tinte

Fig. 189.

Tintenfaß.

muß im Trichter eben so hoch sich einstellen, wie in dem Gefäße selbst. Wird aber die angegebene Öffnung mit einem Stöpsel — Glasstöpsel — luftdicht verschlossen, wie dieß die Figur zeigt, so sinkt der Stand der Flüssigkeit im Trichter durch deren Verbrauch allmählich so lange, bis entweder durch das vollständige Herabsinken der Tinte oder durch das Herausziehen des Stöpsels die Luft in das Gefäß eintritt. Diese Tintengefäße bieten den Vortheil, daß sie, umgeworfen, nur die im Trichter befindliche Tinte herausfließen lassen.

Die Moderateurlampen beruhen nicht auf der Wirkung communizierender Gefäße, sondern auf jener der Druckpumpen (§. 166). Der Kolben, eigentlich die Lederkappe, welche über dem Ölspiegel im Behälter sich befindet, wird durch die Elastizität der Feder niedergedrückt. Das Niedergehen des Kolbens veranlaßt das Aufsteigen des Öles in den Brennerraum mittels der vertikalen Steigröhre. Das überschüssige Öl tropft wieder in den Ölbehälter zurück. In der Steigröhre ist ein spitzig zulaufender Stift versenkt, welcher die unmittelbar nach dem Anspannen der Feder erfolgte größere Geschwindigkeit des Öl aufsteigens mäßiget — moderiert.

Die Wasserstandmesser.

Um den Stand des Wassers oder anderer Flüssigkeiten, welche sich in gesperrten Gefäßen befinden, beobachten zu können, ohne diese zu öffnen, werden an das Gefäß von außen sogenannte Standmesser angemacht. Vermöge des Gesetzes der kommunizierenden Gefäße wird sich das Wasser in der Glas-

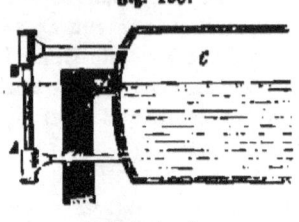

Fig. 190.

Wasserstandmesser.

röhre AB (Fig. 190) eben so hoch einstellen, wie in dem Kessel C. Bei den Dampfkesseln muß auch das obere Ende B des Wasserstandglases mit dem Inneren des Kessels in Verbindung stehen. Weshalb? — Das Unterwassersetzen der Felder oder auch der Keller durch die benachbarten Flüsse (ohne daß dieselben austreten), dann die Quellen, Springbrunnen und artesischen Brunnen beruhen ebenfalls auf der Wirkung der kommunizierenden Gefäße.

Das Innere der Erde (eigentlich der Erdrinde, indem unter dieser die Erde noch feuerflüssig, also im geschmolzenen Zustande sich befindet) besteht aus einer festen Unterlage (Urgebirge genannt) und aus vielen, im allgemeinen nach einer bestimmten Ordnung übereinander gelagerten Gesteinschichten. Gewisse Lagerungen von diesen, z. B. Kalk und Sand, sind für Wasser durchdringlich, andere, z. B. die Thonschichten, undurchdringlich. In den ersteren häuft sich das vom Regen und Nebel herrührende Wasser an und bildet dort einen wasserführenden Kanal, welcher nach verschiedenen Seiten in die Höhe steigen wird. Ist nun dieser Kanal sowohl unten als oben von für Wasser undurchdringlichen Schichten T und t (Fig. 191) begrenzt, so wird das Wasser in

Fig. 191.

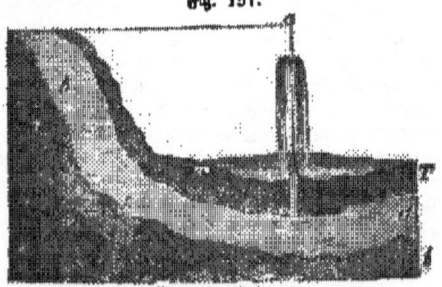

Artesischer Brunnen.

den tieferen Punkten derselben durch den Druck des höher stehenden Wassers gepreßt, und in eine Art Spannung gerathen. Senkt man nun ein Bohrloch von der Erdoberfläche bis in eine solche Schicht hinab, so muß das Wasser dort augenblicklich mit Gewalt in die Höhe steigen, wenn nur die Brust des Bohrloches o (das obere Ende desselben) bedeutend tiefer liegt, als die wasserführende Schicht doch sich erstreckt. Das Wasser sollte hier, nach dem Gesetze der kommunizierenden Gefäße, eben so hoch in die Höhe steigen, als das Ende der wasserführenden Schichte reicht, also bis a. Wegen der Reibung des Wassers an den Bohrlochswänden und wegen des Widerstandes, den die Luft sowohl, als auch die herabfallenden Wassertropfen dem hervorsprudelnden Wasserstrale entgegensetzen, erhebt sich dieser im günstigsten Falle bloß bis zu $^1/_2$ der ganzen Druckhöhe. Auf diese Weise gehen die natürlichen Springbrunnen, auch artesische Brunnen genannt, hervor. Wird der Druck auf den untern Wasserspiegel künstlich hergestellt, so entstehen die künstlichen Springbrunnen. Solche Springbrunnen im kleinen Maßstabe (Fig. 192 a) sind als bloße Spielereien anzusehen. Die Figur 192 b stellt einen Apparat dar, welcher den Springbrunnen erklärt. Geht die wasserführende Schichte zu Tage aus, so wird das

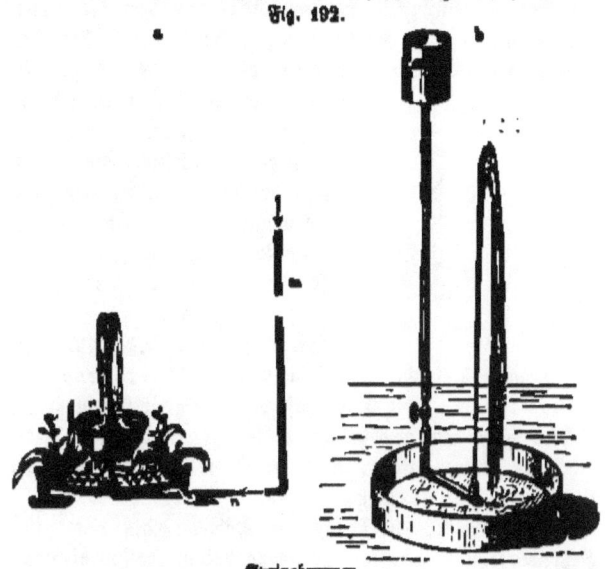

Fig. 192.

Springbrunnen.

Wasser auch ohne Bohrloch ausfließen, und eine Quelle (Fig. 193) bilden. Liegt das Ende der wasserführenden Schichte nur unbedeutend höher als das untere Ende (der Sumpf) des Bohrloches, so wird das Wasser sich über dasselbe nicht viel erheben, wie dieß bei den gewöhnlichen Schachtbrunnen der Fall ist.

Fig. 193.

Quelle.

§. 173.

Die Haarröhrchenwirkung.

Das Gesetz der kommunizierenden Gefäße erfährt eine Einschränkung, sobald der eine Schenkel des kommunizierenden Gefäßes durch eine enge Röhre gebildet wird. In solchen Gefäßen stellen sich nämlich die Flüssigkeiten in den beiden Schenkeln nicht gleich hoch ein.

Hat die Flüssigkeit zu dem Stoffe aus dem die enge Röhre besteht eine Anziehung (Adhäsion), so stellt sich dieselbe in dieser Röhre höher ein, als in der weiten, oder in dem weiteren Gefäße, in welches die enge Röhre hineingethan wurde; etwa so wie Figur 194 darstellt. Findet aber zwischen der besagten Röhrenwand und der Flüssigkeit keine Anziehung oder nur eine sehr geringe statt, so wird die Flüssigkeit in der engen Röhre sich tiefer einstellen, als in dem äußeren Gefäße, welchen Fall die Fig. 195 zeigt.

Fig. 194. Fig. 195.

Darstellung der Haarröhrchenwirkung.

Man heißt solche enge Röhren Kapillarröhren oder Haarröhrchen. Die Eigenschaft der Flüssigkeit sich in solchen Röhren über den gewöhnlichen Stand zu erheben oder unter demselben zurückzubleiben, wird die Kapillarität oder die Haarröhrchenwirkung genannt.

Flüssigkeiten, welche zu den Röhrenwänden eine, ihre Kohäsionskraft übertreffende Anziehung haben, benetzen dieselben. Das Wasser, der Weingeist, die Fettstoffe zum Beispiel benetzen das Glas. Quecksilber thut dieß nicht. Man kann demnach das obige Haarröhrchengesetz auch so ausdrücken:

Flüssigkeiten, welche die Wände der Haarröhrchen benetzen, steigen in denselben auf; Flüssigkeiten dagegen, welche dieselben nicht benetzen, stellen sich in den Haarröhrchen tiefer ein, als der Flüssigkeitsspiegel in dem weiteren Gefäße reicht.

Wasser, Weingeist, Fettstoffe u. s. w. erfahren in Kapillarröhren eine Hebung; Quecksilber, Wasser in fettigen, Öl in mit Wasser benetzten Haarröhrchen eine Herabdrückung.

Bei dem Wasser beträgt diese Hebung 6 Linien, wenn die Glasröhre einen inneren Durchmesser von einer Linie hat. Versuche haben ferner gelehrt, daß diese Hebung in dem Maße zunimmt, als der Durchmesser der Röhre kleiner wird. Ähnliches gilt für die Herabdrückung.

Flüssigkeiten, welche eine Hebung erfahren, bilden eine konkave (ausgehöhlte); diejenigen, welche eine Herabdrückung erleiden, eine konvexe (erhabene) Oberfläche. Die Figur 194 zeigt eine konkave, die Figur 195 eine konvexe Flüssigkeitsoberfläche.

<small>Die Ursache der Hebung und Herabdrückung der Flüssigkeiten in den Kapillarröhren ist in der Wirkung der gekrümmten Oberfläche der Flüssigkeiten auf sie selbst zu suchen. Die konkave Oberfläche wirkt auf die darunter befindlichen Flüssigkeitstheilchen hebend, die konvexe dagegen niederdrückend. — Die wagrechte Oberfläche verursacht einen schwachen nach abwärts zielenden Druck.</small>

Wegen des Umstandes, daß das Quecksilber in den Haarröhrchen eine Herabdrückung seines wahren Standes erfährt, dürfen die Barometerröhren nicht zu enge gemacht werden, weil dabei der Barometerstand zu niedrig ausfiele. Nur bei Barometern mit 6 Linien weiten Röhren findet keine Haarröhrchenwirkung statt. Man heißt sie deshalb Normalbarometer.

Auf der Kapillarität beruht eine Reihe von Erscheinungen. Bekanntlich saugt Löschpapier in seine Poren die meisten Flüssigkeiten, denen es genähert wird, auf. Die feinen Röhrchen des Papiers stellen solche Kapillargefäße vor, durch deren Anziehung auf die Flüssigkeit die Hebung derselben erfolgt. Dasselbe bewirkt der Schwamm, trockenes Holz und andere poröse Körper. Beim Beleuchtungswesen wird die Kapillarität mit vielem Vortheil ausgenutzt. Mit Hilfe der Kapillaranziehung des Dochtes steigt nämlich der Beleuchtungsstoff, wie Unschlitt, Öl u. s. w. auf eine entsprechende Höhe im Brenner, um dort mit der nöthigen Leuchtkraft verbrennen zu können. Aus demselben Grunde zieht sich das Wasser in Sand- oder Aschenhaufen höher, das Öl dringt in nassen Thon ein. Die Möglichkeit, den Schweiß mittels eines Tuches sich abzutrocknen, findet ebenfalls in der Kapillarität seinen Grund. Deßhalb geschieht auch das Abtrocknen mit einem rauhen Tuche besser, als mit einem glatten, gestärkten. Das Feuchtwerden der Mauern, welche auf nassem Grunde stehen, das Aufsteigen der Säfte in Pflanzen bewirkt auch die Kapillaranziehung, obwohl das letztere bloß theilweise.

Versuche lehrten, daß außer der Anziehung, die zwischen den porösen Scheidewänden (Membranen) der Pflanzen oder Thiergefäße und den Flüssigkeiten, welche sich in diesen bewegen, besteht, auch noch die Verdunstung des Saftes und der Luftdruck dazu beitragen sollen, daß die im hohen Grade staunenswerthe und überaus künstliche Saftbewegung im Pflanzen- und Thierorganismus erfolge.

§. 174.
Mechanische Vortheile der Kapillaranziehung.

Die Kapillaranziehung tritt, sobald sie unterdrückt wird, mit einer bedeutenden Kraftäußerung auf. Ein gespanntes, gewundenes Seil wird, nachdem man es befeuchtet hat, kürzer und kann bei dieser Verkürzung einen sehr kräftigen Zug ausüben. Mittels eines hölzernen Keiles, den man in die Spalten eines Felsens hineintreibt und befeuchtet, kann der Felsen bloß mit Hilfe der Kapillarität gesprengt werden. Das Wasser dringt dabei mittels der feinen Röhrchen im Holze in dasselbe ein, und schwellt dieses mit einem ungewöhnlichen Kraftaufwande.

Aus derselben Ursache thut man geschwundene, also ausgetrocknete Fässer oder Gefäße, welche Fugen erhielten, in heißes Wasser oder umgibt sie mit nassen Lappen. Stiele, welche aus Äxten und Beilen zu fallen drohen, Papier, das man aufspannen will, macht man auch naß. Beim Walken und Krumpen wollener Zeuge filzen sich dieselben und werden dichter nur mit Hilfe der Haarröhrchenwirkung.

§. 175.
Die Adhäsion oder Anhangskraft.
Die Absorption.

Die Kapillaranziehung beruht, wie bekannt, auf der Adhäsion der Flüssigkeiten zu den Wänden der Haarröhrchen.

Quecksilber wird im Fließpapier nicht aufsteigen, weil zwischen beiden keine Adhäsion oder Anziehung stattfindet.

Ein fester Körper hat zu einem flüssigen Adhäsion, wenn er von diesem benetzt wird. Fließpapier wird vom Quecksilber nicht benetzt. Ein Glasstab wird beim Eintauchen in das Wasser oder Öl vermöge der Adhäsion naß. Taucht man einen Glas- oder Eisenstab in das Quecksilber, so werden dieselben von diesem nicht benetzt; dagegen werden Gold, Silber, Kupfer, Blei u. a. vom Quecksilber benetzt. Man sagt demnach, Glas hat zum Wasser, Öl u. s. w. Adhäsion, zu dem Quecksilber aber keine. (Vergl. mit §. 141.) Dieses letztere hat wieder zum Gold, Silber, Kupfer, Blei u. s. w. Adhäsion; zu dem Fließpapier, Glas, Eisen u. s. w. hingegen keine. Fettige Körper haben zu dem Wasser keine Adhäsion; es bleiben daher die Federn der Schwimmvögel, welche von Natur aus mit einem Fettstoff überzogen sind, stets trocken. Mit Wachs, einem Firnis oder mit Ölfarbe überstrichenes Holz nimmt das Wasser nicht an; ebenso die wasserdichten Zeuge, welche mit Harz und Gummilösungen behandelt wurden. Aus derselben Ursache bestreicht man auch den Rand eines Glasgefäßes mit Unschlitt, wenn man Wasser oder eine ähnliche Flüssigkeit von diesem Gefäße in ein anderes übergießen und dabei das Herablaufen der Flüssigkeit über die Wand des Gefäßes verhindern will. Gießlöffel werden zur Behebung der Adhäsion mit Schnäbeln (Dillen, Rinnen) versehen. Ungeleimtes Papier wird zwar vom Wasser, nicht aber von der Druckerschwärze (eine ölige Flüssigkeit) benetzt. Ein solches Papier kann man demnach zwar nicht zum Schreiben, wohl aber zum Bedrucken verwenden. Jetzt werdet ihr auch begreifen, weshalb Stricke und Segeltücher getheert, thönerne, also poröse, Gefäße mit einer Glasur überzogen werden.

Die Adhäsion wird durch die Wärme gemindert. Zwischen Wasser und einer Metallplatte findet noch einige Anziehung statt; wird aber die Metallplatte heiß gemacht, so bemerkt man zwischen beiden keine Adhäsion. Ein Wassertropfen, auf eine heiße oder glühend gemachte Metallplatte (z. B. ein Bügeleisen) fallen gelassen, zerfließt auf derselben nicht, sondern bleibt kugelrund und hüpft in Folge der Dampfbildung, welche wegen der geringen Berührungsfläche nur langsam vor sich geht, auf der Metallplatte herum.

Zwischen den gasförmigen und festen sowohl als flüssigen Körpern findet ebenfalls Adhäsion statt. Wenn man aus der kalten Luft in ein warmes Zimmer tritt, so trägt man eine kalte Luftschichte, welche an den Kleidern hängen blieb, in das Zimmer. Auf ähnliche Weise haften die Gerüche den Kleidern an. Einige poröse Körper, z. B. Kohle, Platinschwamm, verdichten in ihren Poren eine bedeutende Menge luftförmiger Stoffe. Die Kohle saugt atmosfärische Luft, der Platinschwamm den Sauerstoff ein. Man bezeichnet diese Eigenschaft mit dem Namen Absorpsion und drückt sie aus, indem man sagt: die Kohle absorbiert die Luft, der Platinschwamm Sauerstoffgas. Das Wasser absorbiert (verschluckt) eine große Menge Kohlensäure und wird dadurch frisch und trinkbar; außerdem auch Sauerstoff, obwohl in geringer Menge, welcher für die Wasserthiere zum Athmen dient. Wenn man das Wasser kocht, so vertreibt man daraus diese Gase; beim Abkühlen nimmt das Wasser neuerdings dieselben in sich auf. Auch zwischen festen Körpern findet Adhäsion statt.

§. 178.

Unterschied zwischen Adhäsion und Kohäsion. — Benutzung der ersteren.

Die Adhäsion ist eine anziehende Kraft, welche, zwischen den Molekülen zweier ungleichartiger Körper thätig ist. Sie unterscheidet sich demnach von der Kohäsion (§. 65), weil diese bloß zwischen den Molekülen gleichartiger Körper wirkend auftritt.

Das Leimen beruht auf der Adhäsion des Leimes zum Holze und auf der Kohäsion des ersteren. Das Anhaften der Farbstoffe auf dazu geeignet gemachte Flächen, der Schreibmaterialien auf Papier oder Tafeln, der lithografischen Tinte am Steine, der Buchdruckerschwärze auf den Lettern und dem Papiere, des Amalgams am Glase u. s. w., ferner das Vergolden, Versilbern, Verkupfern, Verzinken und Verzinnen, das Plattieren oder Überziehen der unedlen Metalle mit dem Bleche der edeln, das Versiegeln der Briefe und unzählige andere ähnliche Erscheinungen beruhen auf der Adhäsion. Beim Kerzengießen ist die Adhäsion zwischen dem Unschlitt und Docht größer, als jene zwischen dem Unschlitt und Kerzenmodel. Das Kerzenziehen beruht dagegen vor allem auf der Kohäsion der Unschlittheilchen unter sich.

Das Verhalten eingetauchter Körper in Flüssigkeiten, und dieser letzteren gegeneinander.

§. 177.
Das Archimedische Prinzip.

Bevor ich die Reihe der Auseinandersetzungen, welche auf dem Gleichgewichte der Flüssigkeiten beruhen, schließe, muß ich noch zwei verwandte und sehr wichtige Erscheinungen behandeln, nämlich: das Verhalten der in Flüssigkeiten eingetauchten Körper, und jenes verschiedener Flüssigkeiten gegeneinander.

Daß ein jeder Körper etwas von seinem Gewichte verliere, wenn er unter Wasser gebracht wird, bemerken wir alsogleich, wenn wir einen Eimer in's Wasser thun und ihn emporzuheben suchen. So lange der Eimer ganz unter Wasser sich befindet, wird er auch leicht zu heben sein. Sobald aber derselbe auch nur mit einem Theile aus dem Wasser hervorgeholt wurde, gewahrt man sogleich dessen Gewichtszunahme, also das Schwererwerden desselben beim Heben. Jeder von euch wird ferner gewiß auch die Erfahrung gemacht haben, daß im Bade einzelne Theile des menschlichen Körpers z. B die Hände leichter werden, wenn sie sich unter dem Wasser befinden. Aus diesen und anderen naheliegenden Erscheinungen folgt, daß die Menschen schon frühzeitig zur Einsicht gelangten, daß das Wasser die eingetauchten Körper trage.

Es handelt sich nun hier auseinander zu setzen, auf welche Weise dieses geschehe, und wie viel der eingetauchte Körper dabei von seinem absoluten Gewichte verliere.

Denkt euch zu diesem Behufe den Körper ABCD (Fig. 196 a), welchen wir der Einfachheit halben ganz regelmäßig begränzt annehmen, unter dem Wasser und betrachtet die Drückungen, welche von Seite des Wassers auf ihn ausgeübt werden, so kommt ihr bald zur Einsicht, daß die Seitenflächen AC und DB gleich große und entgegengesetzte Drucke erfahren, welche sich demnach gegenseitig tilgen werden, weil z. B. dem Drucke auf a ein gleich großer Gegendruck auf b entspricht. Aus diesem folgt, daß der Körper bloß durch den Druck, welchen das Wasser gegen seine untere Fläche CD ausübt und der bekanntlich vertikal nach aufwärts gerichtet ist, im Wasser gehoben wird. Dieser Druck ist aber zufolge des §. 171 gleich dem Gewichte des Wasserprisma CDEF, und wird nur durch das Gewicht des über der Fläche CD lastenden vertikalen Wasserprisma's ABEF gemindert. Die Kraft also, mit welcher der in's Wasser eingetauchte Körper ABCD, durch den Druck des Wassers auf denselben nach aufwärts getrieben wird, ist demnach dem Gewichte des von ihm aus seinem Raume verdrängten Wasserkörpers gleich.

Der Körper wird also um das leichter, was das Gewicht des von ihm verdrängten Wassers beträgt.

Fig. 196.

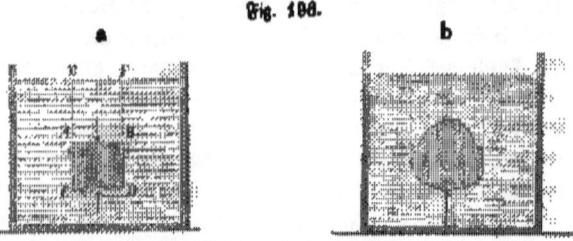

Darstellung des Verhaltens von in das Wasser getauchten Körpern.

271

Weil jeder noch so unregelmäßige Körper aus lauter schmalen Vertikalprismen bestehend gedacht werden kann, wie etwa Figur 196 b darstellt, so wird das angegebene Gesetz auch für ganz beliebig gestaltete Körper gelten, und selbstverständlich auch für andere Flüssigkeiten seine Gültigkeit behalten.

Dieses überaus wichtige Gesetz, welches bereits der Grieche Archimedes zu Syrakus im Jahre 250 vor Chr. aufgestellt hatte, läßt sich demnach in folgende Worte einkleiden: **Jeder Körper, welcher in einer Flüssigkeit eingetaucht ist, verliert von seinem Gewichte eben so viel, als die Flüssigkeit wiegt, welche er aus seinem Raume verdrängt.**

Die aufwärts wirkende Kraft, welche die Flüssigkeit auf den in derselben eingetauchten Körper ausübt, heißt der **Auftrieb** von Seite der Flüssigkeit.

In der nachstehenden Figur 197 ist der Apparat dargestellt, mittels dessen dieses Archimedische Prinzip nachgewiesen wird.

Fig. 197.

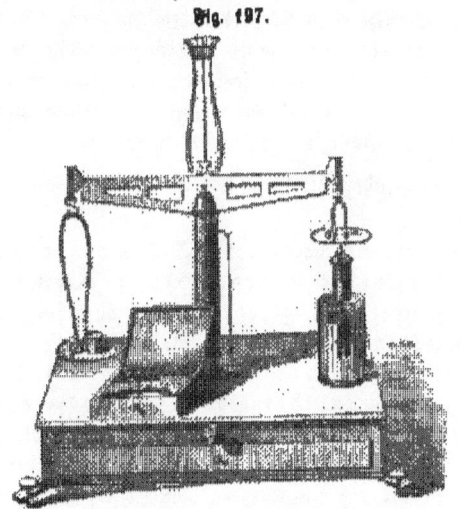

Apparat zur Nachweisung des Archimedischen Prinzipes.

§. 178.

Das Schweben, Schwimmen und Untersinken der Körper.

Auf einem eingetauchten Körper sind demnach stets zwei Kräfte thätig, nämlich sein absolutes Gewicht und der Auftrieb. Das erste sucht ihn vertikal nach abwärts zu ziehen, der letztere dagegen nach entgegengesetzter Richtung emporzuheben. Die Resultirende beider entgegengerichteter Kräfte wird demgemäß angeben, wie der eingetauchte Körper sich in der Flüssigkeit verhalten wird.

Ist nämlich das absolute Gewicht eines Körpers dessen Auftriebe gleich, so bekämpfen sich beide Kräfte vollständig und der Körper wird in der Flüssigkeit weder in die Höhe steigen noch sinken. Er wird also in der Flüssigkeit schweben. Soll aber das Gewicht eines Körpers seinem Auftriebe, d. h. dem Gewichte der von dem Körper verdrängten Flüssigkeit gleich sein, so muß der Körper (vorausgesetzt, daß er aus ganz gleichartigen Theilchen zusammengesetzt ist) dieselbe Dichte besitzen, wie die Flüssigkeit, in welcher er schwebt.

Dieses Ergebnis berechtiget uns also vorläufig zu folgendem Ausspruche:

Körper, welche dieselbe Dichte haben, wie das Wasser, schweben in demselben, z. B. der Bernstein. Körper, welche dichter sind als Wasser, sinken in demselben zu Boden, z. B. die Metalle; endlich Körper, welche minder dicht sind als Wasser, erhalten sich auf der Oberfläche desselben, sie schwimmen, z. B. die meisten Hölzer, Kork, Öl u. s. w. Aus derselben Ursache schwimmt auch das Eisen auf dem Quecksilber, das Eis auf dem Wasser, das Ei auf der Lauge oder auf der Salzsole.

§. 179.
Das Schwimmen ausgehöhlter Körper.

Durch das Aushöhlen können auch solche Körper, welche dichter sind als Wasser, auf demselben zum Schwimmen oder Schweben gebracht werden, wie dieß bei den eisernen Schiffen, Metallkugeln, leeren Flaschen u. s. w. der Fall ist. Ihre Aushöhlung muß offenbar von der Art sein, daß dabei das Gewicht des Wassers, welches sie verdrängen, größer wird, als das absolute Gewicht dieser Körper beträgt. Die ausgehöhlten Formen der Schiffe, Kähne bedingen deren Tragfähigkeit. Große Schiffe können eine bedeutende Last tragen. Es gibt solche, welche eine Tragfähigkeit von einer halben Million Zentner besitzen.

Wenn ein Körper in einer Flüssigkeit schwimmt, so wird stets ein Theil seines Volumens über der Oberfläche der Flüssigkeit hervorragen. Das eingetauchte Volumen muß, wie leicht begreiflich, so groß sein, daß der daraus verdrängte Wasserkörper dem Gewichte des ganzen schwimmenden Körpers gleich wird.

Je stärker ein Schiff belastet ist, desto mehr sinkt es im Wasser ein. Es senkt sich ferner im Meerwasser nicht so tief ein, wie im Flußwasser, weil der Auftrieb des ersteren vermöge seiner größeren Dichte auch bedeutender ist. Das Ei ragt demnach auch aus der Salzenlaberlauge um so höher hervor, je stärker dieselbe ist.

Soll ein Körper mit Stabilität schwimmen, so muß sein Schwerpunkt recht tief liegen. Aus diesem Grunde bringt man Ballast oder sehr schwere Waren in die unteren Schiffsräume. Der Fisch schwimmt mit Stabilität, weil sich seine schwereren Körpertheile in dessen unterer Hälfte befinden.

Soll eine leere Flasche mit Stabilität aufrecht schwimmen, so muß dieselbe mit schweren Körpern, z. B. Schrot, Quecksilber, theilweise angefüllt werden.

Körper, welche dichter sind als Wasser (die spezifisch schwereren), können auch noch auf die Weise zum Schwimmen gebracht werden, daß man sie mit spezifisch leichteren, wie Korkholz, oder mit ausgehöhlten Körpern, wie Luftkissen, Ballons, Fässern u. s. w. umgibt.

Fig. 198.

Versunkene Schiffe werden mittels hohler Fässer (Figur 198), welche man demselben unter dem Wasser anhängt, oder mit Hilfe großer Kautschukballons, die man an dieselben mittels Taucherglocken befestiget und die sofort von oben mittels einer Luftpumpe mit Luft gespeist werden, gehoben. Eine hinreichende Zahl solcher mit Luft gefüllter Ballons ist im Stande selbst das schwerste Schiff an die Oberfläche des Wassers zu schaffen.

Zum Schlusse dieser Betrachtungen will ich euch noch über das Schwimmen des menschlichen Körpers einige Mittheilungen machen.

Der menschliche Körper wiegt beinahe eben so viel, wie das von demselben verdrängte Wasser. Die stark beleibten Personen sind sogar spezifisch leichter, und können ohne Mühe sich auf der Oberfläche des Wassers behaupten. Mittels zweckmäßiger Bewegungen der Hände und Füße ist jedermann im Stande sich im Wasser schwimmend zu erhalten und seinen Körper darin fortzubewegen. Am leichtesten ist das Schwimmen am Rücken, weil dabei der ganze Körper mit Ausnahme des Gesichtes im Wasser eingetaucht ist.

Beim Ertrinken füllt sich der Körper des im Ertrinken Begriffenen mit Wasser, wird spezifisch schwerer und sinkt zu Boden. Sobald die Fäulniß des Leichnams eintritt, entwickeln sich in Innern desselben Gase, welche den Leichnam aufschwellen und dadurch spezifisch leichter machen. Aus dieser Ursache gerathen die Leichen ertrunkener Personen nach einigen Tagen wieder auf die Oberfläche des Wassers; und von da rührt auch der Volksglaube her, daß das Wasser keine Leichen dulde.

§. 180.
Die Lagerung der Flüssigkeiten von verschiedenem spezifischen Gewichte.

Flüssigkeiten von verschiedenen Dichtegraden lagern sich so übereinander, daß die dichtesten davon die untersten, die am wenigsten dichten die obersten Schichten des Flüssigkeitsgemenges einnehmen.

Öl wird sich dabei über dem Wasser, dieses über dem Quecksilber einstellen. Warmes Wasser wird sich stets über dem kalten zu erhalten streben.

Die Wasserwage oder Libelle.

Die Gase sind spezifisch leichter als Wasser, sie werden sich demnach stets über dem Wasser ansammeln. Die Luft z. B. schwimmt auf dem Wasser. Auf dieser Thatsache beruht die Einrichtung der Wasserwage oder Libelle, welche man zum Horizontalstellen der Ebenen verwendet.

Die Wasserwage (Fig. 199) besteht aus einer nach aufwärts gleichmäßig gekrümmten Glasröhre, welche auf beiden Enden verschlossen und mit Wasser, Weingeist oder einer anderen leicht beweglichen Flüssigkeit bis auf einen geringen Raum m, n, der die Luft behält, vollgefüllt ist. Wird diese Röhre in eine Hülse gethan und auf gleich lange Füße gestellt, so wird die Luftblase n stets den höchsten Punkt in dieser Röhre einnehmen.

Fig. 199.

Wasserwage.

Um mit Hilfe dieser Vorrichtung zu erfahren, ob eine Ebene wagrecht ist, braucht man diese Wage bloß auf dieselbe zu setzen und zu beobachten, wie sich deren Luftblase einstellen wird. Wenn die Luftblase dabei ihren Stand genau in der Mitte der Röhre einnimmt, so ist dieß ein Zeichen, daß die Ebene horizontal ist, weil dann die Schwerlinie, welche von der Mitte der Blase nach abwärts geht, wegen der gleichmäßigen Röhrenkrümmung auf der erwähnten Ebene senkrecht stehen wird.

§. 181.

Die Aufeinanderlagerung der Gase. — Ihre Durchdringung (Diffusion).

* Gleich wie Öl auf dem Wasser schwimmt, ebenso wird auch ein minder dichtes Gas über einem dichteren sich in der Ruhe lagern.

Die spezifisch leichteren Gasarten, wie: Wasserstoff, Kohlenoxid, Leuchtgas u. a., werden in der atmosfärischen Luft sich emporheben, dagegen die spezifisch schwereren Luftarten, wie: Kohlensäure, Chlor, schwefeliges Gas in derselben die tiefsten Stellen einnehmen. Dort, wo die Kohlensäure sich in bedeutender Menge entwickelt, wird sich dieselbe auch am Boden anhäufen. In versperrten Lokalitäten kann sie eine beträchtliche Höhe erreichen, und den Eintretenden gefährlich werden.

Wenn man nun bedenkt, daß die Kohlensäure bei dem Athmungsprozeß der Menschen und Thiere reichlich entwickelt und ausgestoßen wird — ein erwachsener Mann liefert jährlich auf diese Weise 400 Pfund Kohlensäure — so müßen wir uns mit Verwunderung befragen, warum die niederen Schichten der Erde nicht alle schon unter der, dem Leben verderblichen Atmosfäre von Kohlensäure gesetzt sind. Die Ursache liegt in dem, daß unser allgütige und allweise Schöpfer die Theilchen der verschiedenen Gase noch insbesondere mit einer wechselseitigen Anziehungskraft (Adhäsion) ausgestattet hat. Mit Hilfe dieser Kraft sowohl, als zufolge der ihnen eigenthümlichen Molekularkraft, welche vermöge ihrer abstoßenden Wirkung (vergl. mit §. 17) die Entfernung der gleichartigen Gastheilchen von einander bezielt, sind dieselben im Stande, den Gesetzen der Schwere zu widerstreben. Diese Eigenschaft macht es ihnen möglich, daß sich die spezifisch schwereren Gase nach aufwärts, die spezifisch leichteren dagegen nach abwärts zu bewegen vermögen; sie können sich auf diese Weise gegenseitig durchdringen und gleichförmig mischen. Man nennt diese Erscheinung, welche vornehmlich bei den Gasen auftritt, die **Diffusion**.

Die Kohlensäure verliert auf diese Weise die alles Leben bedrohende Wirkung, die atmosfärische Luft, welche aus zwei ungleich dichten Gasen, dem Sauerstoff und Stickstoff, wovon der erstere spezifisch schwerer als der letztere ist, besteht, bildet vermöge der erwähnten Eigenschaft in allen ihren Höhen ein gleichmäßiges Gemenge dieser beiden Gase; das Abwärtssteigen der Wasserdünste, welche ebenfalls zufolge der Diffusion möglich ist, verhütet die vollständige Trockenheit der Luft, die eintreten müßte, wenn die Dünste, welche spezifisch leichter sind als die Luft, nach dem Gesetze der Schwere sich bloß in den höheren Theilen der Atmosfäre aufhalten dürften.

Die Mischung des Weingeistes mit Wasser, wobei stets eine Volumsverringerung eintritt, und andere ähnliche chemische Erscheinungen beruhen ebenfalls auf dieser Eigenschaft der Theilchen.

§. 182.

Das Aufsteigen erwärmter Flüssigkeiten in kälteren.

Erwärmte Luft ist leichter als kalte, sie lagert sich demnach in der Ruhe über der letzteren; gerade so wie das warme Wasser über dem kälteren. Die Ursache liegt in der bedeutenden Ausdehnung dieser Körper durch die Wärme, also in deren Raumvergrößerung bei gleichbleibendem absoluten Gewichte, wodurch sie spezifisch leichter werden als die kälteren.

Die warme Luftströmung, welche von den am Äquator stark erwärmten Luftschichten herrührt, bewegt sich über der kalten, von dem Pole kommenden. Der Wind entsteht durch die örtliche Erwärmung der Luft, wodurch das Gleichgewicht in derselben gestört wird, und deren Bewegung erfolgt. Der Wind ist demnach nichts anderes als Luft, welche sich bewegt. Beträgt die Geschwindigkeit des Windes 50 Fuß in der Sekunde, so heißt er Sturm. Die Kraft des Windes wird zur Vorwärtsbewegung der Segelschiffe und zum Betriebe der Windmühlen, welche sowohl vertikale als horizontale Flügel haben können, benutzt. Die Wolken und der Rauch heben oder senken sich in der Luft, je nachdem ihr spezifisches Gewicht kleiner oder größer ist als jenes der Luft. Die Seifenblasen, welche die Kinder zu ihrem Ergötzen emporsteigen lassen, erheben sich deshalb in der Atmosphäre, weil sie mit warmer Luft aufgeblasen werden. Das Aufsteigen der Luftballons beruht auf demselben Grunde. Sie werden entweder mit erwärmter Luft (Fig. 200 a) (die Montgolfieren) oder mit Wasserstoffgas (Fig. 200 b) (die Charlieren) oder endlich mit Leuchtgas (die Greenieren) gefüllt.

Fig. 200 a.   Fig. 200 b.

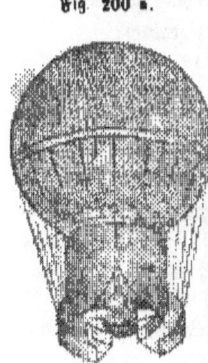

Luftballon mit erwärmter Luft gefüllt.   Luftballon mit Gasfüllung.

§. 183.

Das Aufsuchen der Dichten fester Körper.

Schon bei Gelegenheit der allgemeinen Eigenschaften der Körper (§. 56) wurde der Begriff der Dichte erläutert. Dort ist es auch angegeben worden, daß die Dichte des Wassers den diesbezüglichen Betrachtungen zum Grunde gelegt und als Einheit angesehen wird. Die Dichten der übrigen Körper werden nämlich mit jener des Wassers verglichen.

Ich will euch nun im nachfolgenden beschreiben, auf welche Weise die Dichte der Körper durch Versuche bestimmt wird.

Ich hätte die Dichte einer Metall-Legierung, sei es z. B. von einem Stück Messing, Bronze, Kanonenmetall u. s. w. zu bestimmen. — Was suche ich dabei eigentlich? Nichts anderes, als eine Zahl, welche mir angibt, wie oftmal diese Legierung schwerer ist, als ein gleich großes Volumen Wasser, nämlich als der Wasserkörper, welcher durch das Volumen der Legierung verdrängt wird.

Die einfachste und dabei ziemlich genaue Methode, die Dichte der Körper aufzufinden, besteht in folgendem:

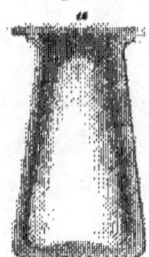

Fig. 201.

Geschlossenes Becherglas zur Dichtenbestimmung (Tausendgrammfläschchen).

Ich suche zuerst das absolute Gewicht des betreffenden Körpers. Es wäre gleich 452 Gran. Hierauf nehme ich ein kleines Becherglas (Fig. 201) mit einem wohl abgeschliffenen Rande und versehe dieses mit einer genau passenden Glasplatte, welche in der Mitte ein Löchelchen a hat. Endlich schütte ich in das Becherglas ganz reines Wasser (destilliertes, von 3° R. Wärme) voll bis an den Rand, so daß das Wasser eine Kuppe bildet (was bei der Überfüllung eintritt) und streife mit der Glasplatte die Wasserkuppe genau ab. —

Durch das Löchelchen wird die Luft aus dem Gefäße entweichen, auch wird man damit die Füllung jedesmal ganz gleich einhalten können. — Dieses alles geschah, um das Gewicht des im Gefäße befindlichen Wassers möglichst genau aufzufinden. Das Gefäß sammt dem genau eingefüllten Wasser wiege nun 2500, das Gefäß selbst 1000 Gran, so wird das im Behälter befindliche Wasser das Gewicht von 2500 — 1000 = 1500 Gran haben. Nachdem dieses bestimmt wurde, thue ich den Körper, dessen Dichte zu finden ist, also im vorliegenden Falle die Legierung, in das volle Gefäß, worauf das von dem Körper verdrängte Wasser über den Rand desselben herausfließen wird. Nun werden die äußeren Gefäßwände von dem anhaftenden Wasser rein abgeputzt, die Glasplatte wird auf das etwas nachgefüllte Gefäß mit Beobachtung der angegebenen Vorsicht geschoben und dasselbe sammt Inhalt wie früher abgewogen. Diese Abwägung ergebe 2880 Gran. Aus den drei Bestimmungsstücken läßt sich jetzt die Dichte des betreffenden Körpers leicht berechnen.

Vor allem handelt es sich nämlich das Gewicht des von dieser Legierung verdrängten Wassers aufzufinden.

Zu diesem Behufe ziehe ich von dem Gewichte von 2880 Gran
jenes des Gefäßes sammt der Deckplatte . . . 1000 „
ferner jenes des hineingesenkten Körpers . . . 452 „
ab, so bleiben . . . . 1428 „
welche das Gewicht des bei der zweiten Abwägung im Becherglase befindlichen Wassers angeben.
Die erste Wägung ergab für das Gewicht des
den Behälter ausfüllenden Wassers . . . . . 1500 „
Der Unterschied von . . . . 72 Gran
gibt demnach das Gewicht des von dem Körper verdrängten Wassers an.

So oftmal nun dieses Gewicht in dem absoluten Gewichte des Körpers enthalten ist, eben so groß wird leicht begreiflich die Dichte des Körpers sein.

Hieraus ergibt sich, daß die Legierung die Dichte 452 : 72 = 6·28 haben wird.

§. 184.
Das Aufsuchen der Dichten tropfbar-flüssiger Körper.

Diese Methode eignet sich besonders zur Bestimmung der Dichten tropfbar-flüssiger Körper.

Wenn ich z. B. mit Hilfe derselben die Dichte eines mir zur Verfügung gestellten Weingeistes auffinden soll, so fülle ich zuerst das Gefäß, wie angegeben, mit destilliertem Wasser an und suche dessen Gewicht. Es wäre wie zuvor 1500 Gran. Nachdem ich sofort das Gefäß ausgeleert und wohl abgetrocknet habe, gieße ich unter Beobachtung der bekannten Vorsichten den zu prüfenden Weingeist hinein und suche durch Abwägung dessen absolutes Gewicht. Es betrage 1185 Gran. Diese zwei Zahlen geben mir die absoluten Gewichte beider Flüssigkeiten an, welche sich auf dasselbe Volumen beziehen. Es muß demnach der Quozient $1185 : 1500 = 0.79$ die fragliche Dichte des Weingeistes ausdrücken.

§. 185.
Die Dichtenbestimmung mittels hidrostatischer Wage.

Fig. 202.

Hidrostatische Wage.

Etwas weniger umständlich, obwohl Vorrichtungen voraussetzend, ist die Dichtenbestimmung der Körper mittels der hidrostatischen Wage (Fig. 202), welche letztere von einer gewöhnlichen Wage sich dadurch unterscheidet, daß die eine ihrer Wagschalen kürzer aufgehängt und unterhalb mit einem Häkchen versehen ist. — Beide Wagschalen halten sich im unbelasteten Zustande das Gleichgewicht. — Das Verfahren selbst ist folgendes:

Man bestimmt auch nach dieser Methode zuerst **das absolute Gewicht des Körpers**, u. z. auf die Weise, dass man auf die kürzere Wagschale den Körper, auf die längere das Gewicht legt. Das Ergebnis dieser Abwägung wäre 258 Gran.

Um **das Gewicht des von ihm verdrängten Wasservolumens** aufzufinden, wird der Körper mittels eines entsprechend langen Haares oder feinen Platindrates an dem Häkchen a aufgehängt und in destilliertes Wasser versenkt.

Nachdem nun auf der längeren Wagschale das Gewicht des Körpers liegen geblieben ist, so wird man während des Versenkens bemerken, dass dieses jetzt mit dem untergetauchten Körper sich nicht mehr im Gleichgewichte befinden wird, und dass auf die kürzere Wagschale Gewichtchen zugelegt werden müssen, um das Gleichgewicht neuerdings herzustellen. — Es wären hierzu 30 Gran nöthig.

Was geben aber diese Gewichtchen an? Nichts anderes als das Gewicht, um welches der Körper beim Eintauchen leichter wurde, also das Gewicht der von dem Körper verdrängten Wassermenge. Dividiert man dieses in das absolute Gewicht des Körpers, so erhält man offenbar dessen Dichte. Das Gewicht des verdrängten Wasserkörpers beträgt, wie angegeben wurde, 30 Gran; es wird demnach für die Dichte des Körpers die Zahl $258 : 30 = 8{\cdot}6$ hervorgehen.

Um mit der hydrostatischen Wage die Dichte flüssiger Körper zu finden, nehme man einen im Wasser und in der Flüssigkeit unlöslichen Körper, z. B. einen Glastropfen, und suche dessen Gewichtsverlust sowohl im Wasser als auch in der Flüssigkeit (der im Wasser wäre 60 Gran, jener in der Flüssigkeit 108 Gran). Beide Gewichte beziehen sich auf gleiche Rauminhalte dieser zwei Flüssigkeiten. Dividiere ich nun den Gewichtsverlust in der Flüssigkeit durch jenen im Wasser, also $108 : 60 = 1{\cdot}8$, so gelange ich zur Dichte der Flüssigkeit. Sie beträgt im obigen Falle 1·8.

Ist der Körper, dessen Dichte zu bestimmen ist, leichter als Wasser, so verbindet man denselben mit einem spezifisch schwereren Körper von bekannter Dichte und wägt beide unter Wasser ab, woraus man den Gewichtsverlust des ersteren und daraus dessen Dichte leicht berechnen kann.

Ist endlich der zu untersuchende Körper in Wasser löslich, so wird sein Gewichtsverlust in einer anderen Flüssigkeit, deren Dichte bekannt ist, bestimmt, und hieraus die Dichte des Körpers berechnet.

§. 186.

Die Dichtenbestimmung mittels Senkwagen oder Aräometer.

Im Handel und bei vielen chemischen Gewerben kommt man häufig in die Lage, eine Flüssigkeit auf ihren Gehalt, welcher von deren Dichte abhängig ist, zu prüfen. Solche Untersuchungen müssen bei noch zureichender Genauigkeit mit der möglichsten Schnelligkeit ausführbar sein.

Vorrichtungen, welche diesen Zwecken entsprechen, heißen Aräometer. Sie werden vornehmlich von Bräuern, Seifensiedern u. s. w. verwendet.

Das Aräometer besteht der Hauptsache nach aus einer dünnen zilindrischen Glasröhre, deren unteres Ende mit Quecksilber oder Bleischroten beschwert ist, so daß es im Wasser stehend und mit Standfähigkeit (stabil) schwimmt. Diese Röhre nun ist mit einer Skale versehen, deren Eintheilung durch Versuche ausgemittelt wurde.

Soll die Dichte einer Flüssigkeit bestimmt werden, so wird das Aräometer in dieselbe bloß einfach eingetaucht und der Skalenpunkt abgelesen, bis zu welchem dasselbe in der Flüssigkeit eingesunken ist.

Jeder von euch wird gewiß leicht einsehen, warum das Aräometer in den dichteren Flüssigkeiten weniger, in den minder dichten aber stärker einsinken wird. — Die dichteren Flüssigkeiten veranlassen nämlich einen größeren Auftrieb, haben demnach eine größere Tragfähigkeit.

Dieser Umstand macht es auch erklärlich, warum die Numerierung der Skalentheile eines Aräometers, welches die Dichte unmittelbar angibt, stets von oben nach unten geht.

283

§. 187.

Dichtigkeitsmesser im allgemeinen. — Das Volumeter.

Es gibt zwei Gattungen Aräometer. Zu der ersten gehören solche, welche die unmittelbare Ablesung der Dichte einer Flüssigkeit erlauben (Fig. 203 zeigt zwei solche Dichtigkeitsmesser).

Fig. 203.

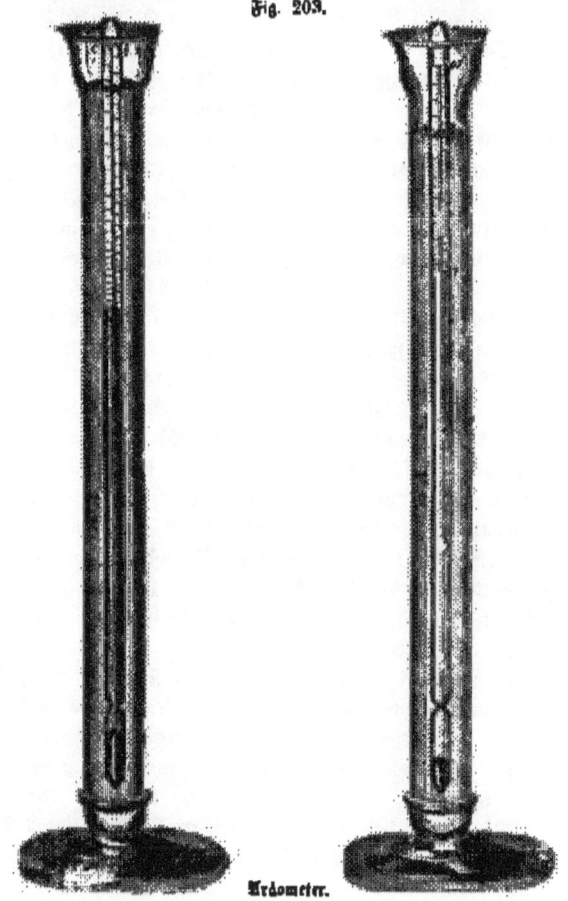

Aräometer.

zu der zweiten gehören jene, bei welchen der abgelesene Skalenpunkt die Dichte der Flüssigkeit noch nicht angibt, sondern wobei diese erst durch die Division der Zahl des Skalenpunktes in die Zahl 100 erhalten wird.

Die letzteren sind troß der Rechnung, die man durchführen muß, doch den ersteren vorzuziehen; denn man ist nicht nur im Stande, diese Art Aräometer, welche auch Volumeter heißen, selbst anzufertigen, sondern auch das Ablesen kann bei diesen mit einer größeren Genauigkeit geschehen, als dieß bei den ersteren thunlich ist. Die einzelnen Skalenpunkte sind nämlich bei jenen der ersteren Art nicht gleich weit von einander entfernt, sondern in dem Maße enger zusammengedrängt, als sie sich auf dichtere Flüssigkeiten beziehen. Dieser Umstand ist nun beim Ablesen derselben sehr störend, weil durch die ungleiche Eintheilung das Abschätzen der Unterabtheilungen ungemein erschwert wird. Bei den Aräometern der zweiten Gattung findet dieser Übelstand nicht statt, indem bei diesen sämmtliche Skalentheile unter sich gleich sind, und daher selbst Zehntel eines solchen Theiles ohne Mühe abgeschätzt werden können. Aus diesem Grunde beschreibe ich euch hier bloß das Volumeter, also ein Aräometer der zweiten Sorte, näher.

Das Volumeter (Fig. 204 und 205) besteht aus einer Glasröhre, welche oben in einen langen, dünnen Stiel von gleichem Durchmesser (die Spindel genannt) ausläuft. Unter der Anschwellung der Glasröhre befindet sich eine kleine Kugel oder ein birnförmiger Ansatz, in welche Quecksilber oder Schrote gethan werden. In der Spindel selbst ist ein zusammengerollter, mit Siegellack befestigter Papierstreifen befestiget, auf welchem die Skale verzeichnet ist.

Man unterscheidet zweierlei Volumeter: solche für spezifisch leichtere und für spezifisch schwerere Flüssigkeiten, als es das Wasser ist. Bei den Volumetern der ersten Sorte liegt der Punkt 100 der Skale, welcher der Dichte = 1, also jener des Wassers entspricht, am unteren Ende der Spindel, wie die Figur 204 zeigt, bei jenen der zweiten Sorte (Fig. 205) dagegen in dem oberen Theile derselben.

285

Fig. 204.   Fig. 205.

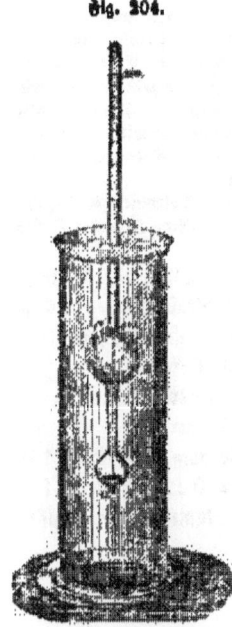 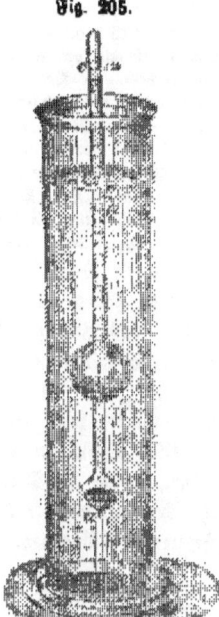

Volumeter.

Die Anfertigung der Scale für spezifisch leichtere Flüssigkeiten geschieht wie folgt: Den Punkt 100 erhält man durch seine Eintauchung des Instrumentes in destillirtes Wasser und Anmerkung, bis wohin dasselbe eintaucht. — Mittelst des Quecksilbers oder der Schrote kann man diesem Punkte die entsprechend tiefe Lage geben. — Zur Eintheilung der Scale ist die Bestimmung noch eines Punktes derselben nothwendig. Zu diesem Behufe bereitet man sich eine Flüssigkeit, welche spezifisch leichter ist als Wasser, etwa durch das Zusammenschütten von Weingeist mit Wasser und bestimmt deren Dichte mit Hilfe der hydrostatischen Wage. Sie wäre = 0·8. In diese zubereitete Flüssigkeit taucht man das Volumeter wieder ein, und bezeichnet abermals den Punkt, bis wohin es frei einfällt. Den Abstand dieser so erhaltenen zwei Punkte überträgt man genau mittelst Striche auf einen Papierstreifen, schreibt neben dem unteren Strich die Zahl 100, neben den oberen diejenige Zahl, welche in dem Verhältniß größer ist, als die Dichte des Wassers jene der vorgerichteten Flüssigkeit übertrifft. Nachdem die Dichte des Wassers jene der Flüssigkeit um 0·2, also um den vierten Theil deren Dichte überschreitet, so muß auch die Zahl, welche neben den oberen Strich gesetzt wird, um ein Viertel größer als 100, also gleich 125 sein. — Im allgemeinen erhalten wir dieselbe, wenn 100 durch die Dichte der zubereiteten Flüssigkeit, in unserem Falle durch 0·8, dividiert wird. — Der Abstand zwischen beiden Punkten wird in 25 gleiche Theile getheilt und diese Eintheilung nach oben fortgesetzt. Die Skale wird nun zusammengerollt, in die Spindel des Instrumentes versenkt, entsprechend befestiget, und nachdem nach zuletzt das obere Ende der Röhre zugeschmolzen wurde, ist das Volumeter für den Gebrauch fertig.

Ganz auf dieselbe Weise wird verfahren, wenn Volumeter für spezifisch schwerere Flüssigkeiten als Wasser angefertigt werden sollen. In beiden Fällen erfolgt die Numerierung von unten nach oben.

Um die Dichte einer Flüssigkeit mit Hilfe dieses Volumeters zu finden, braucht man bloß den Skalenpunkt, bis zu welchem das Instrument in der Flüssigkeit einsinkt, abzulesen und die so gefundene Zahl in 100 zu dividieren.

Eine Flüssigkeit, in welcher das Volumeter bis zum Punkte 125 einsänke, hätte die Dichte 100 : 125 = 0·8.

Eine andere, in welcher dasselbe bis zum Skalenpunkt 140 einsinkt, würde die Dichte 100 : 140 = 0·71 besitzen u. s. f. Ähnliches gilt bei der Anwendung von Volumetern für spezifisch schwerere Flüssigkeiten.

§. 188.

Andere Arten von Senkwagen. — Vorsichten beim Gebrauche der Aräometer im allgemeinen.

In der Ausübung finden auch solche Aräometer Verwendung, welche den Prozentgehalt eines Stoffes in einer Flüssigkeit angeben.

Hieher gehört das Balling'sche Sacharometer, zur Bestimmung des Prozentengehaltes der Maische an Zuckerstoff, ferner die Branntweinwagen, welche den Gehalt des Branntweins an Alkohol angeben. Die letzteren Wagen sind gewöhnlich so eingerichtet, daß sie die Anzahl Quart Alkohol, welche in 100 Quart Branntwein enthalten sind, zu entnehmen erlauben. Das Tralles'sche Alkoholometer stellt eine solche Wage vor.

Beim Alkohol hat auf seine Dichte die Temperatur einen ausnehmenden Einfluß. Bei 15·5° C. = 12·4° R. beträgt die Dichte desselben 0·7939, bei höheren Temperaturen wird sie geringer, bei niederen größer. Der Grund liegt in der Ausdehnung des Alkohols durch die Wärme, wodurch er leichter wird.

Aus dieser Ursache sind an jedem Alkoholometer auch Thermometer angebracht und es bestehen Tabellen, mit deren Hilfe man die nöthigen Redukzionen der abgelesenen Dichte oder des Prozentgehaltes dieser geistigen Flüssigkeiten auf die Normaltemperatur, bei welcher das Instrument angefertigt wurde, leicht ausführen kann.

Mischungen von Alkohol und Wasser ziehen sich wie bekannt zusammen. Ein Gemisch aus gleichen Raumtheilen Wasser und absoluten Alkohols hat nicht das mittlere spezifische Gewicht beider, nämlich $\frac{1+792}{2}$ = 0·896, sondern wegen der Raumverringerung ein größeres, u. z. jenes von 0·9335.

Man wird demnach bei Anfertigung von Prozent-Alkoholometern, also bei solchen, welche die Alkoholprozente durch das Eintauchen in Branntwein angeben sollen, die Entfernung zwischen den Hauptpunkten, die beim Einsenken in destilliertes Wasser und in absoluten Alkohol gefunden wurde, nicht in gleiche Theile theilen. Es bestehen Tabellen, mit deren Hilfe diese Alkoholometer konstruiert werden können.

Beim Gebrauche der Aräometer hat man im allgemeinen nachstehende Vorsichten zu beobachten:

1. Die Flüssigkeit, deren Dichte bestimmt werden soll, wird in einen schmalen Glaszilinder (Hülse) gethan.

2. Läßt man das Aräometer ganz langsam in die Flüssigkeit einsinken, ohne das Instrument in dieselbe hineinzustoßen; denn eine zu weit gehende Benetzung der Spindelröhre würde das Instrument schwerer machen und die Angaben desselben möchten aus dieser Ursache unrichtig ausfallen. Beim Ablesen der Skalenpunkte wird man auch die Hebung der Flüssigkeiten wegen Adhäsion bemerken; man lese nun bis zum höchsten Punkte dieser Erhebung ab.

3. Hat die zu prüfende Flüssigkeit die Temperatur nicht, bei welcher das Instrument graduiert wurde (es ist dieß gewöhnlich jene von 15·5° C.), so muß entweder durch Eintauchen des Glaszilinders in kälteres oder wärmeres Wasser diese hergestellt, oder es muß die Angabe des Aräometers wegen der Temperatur einer Redukzion mittels entsprechender Tabellen unterworfen werden.

Fig. 206.

Aräometer mit
willkürlicher
Skale.

Beinahe jede Flüssigkeit, deren Güte von dem Gehalte eines Stoffes abhängig ist, hat ihre Aräometer, welche manchmal auch ganz willkürlich konkretiert sind. Ein solches Aräometer ist das Baume'sche, welches in der nebigen Figur 206 a für Flüssigkeiten bestimmt ist, die dichter sind als das Wasser, in der Figur 206 b für solche, welche minder dicht sind. Außer den angegebenen erwähne ich noch der Milch- und Laugenwagen, der Salzspindeln u. s. w. Mit Hilfe der ersteren erkennt man, ob die Milch mit Wasser gefälscht ist, der Seifensieder erfährt mittels der Laugenwage, ob seine Lauge zum Verstehen stark genug ist, und der Salzsieder mittels der Salzspindel ob die Salzsole die nöthige Konzentrazion (Dichte) besitzt, um versotten zu werden.

§. 189.
Die Dichtenvergleichung flüssiger Körper.

Bei der Untersuchung der flüssigen Körper auf ihre Dichten hat man gefunden, daß Terpentinöl beinahe dieselbe Dichte hat, wie der absolute Alkohol (Weingeist ohne Wasser), nämlich 0·792; daß das Leinöl etwas dichter ist (dessen Dichte = 0·9413) als Brennöl (dessen Dichte = 0·9195); daß der Wein (dessen Dichte = 0·9268) leichter ist als das Wasser (dessen Dichte = 1) und daß Bier und Milch um etwas weniges schwerer sind als Wasser.

§. 190.
Die Dichtenvergleichung gasförmiger Körper.

Auch die Dichte der Gase wurde durch Versuche ausgemittelt, nachdem man das Gewicht von gleich großen Mengen der atmosfärischen Luft mit jenem der Gase verglichen hat. Bei den Gasen wurde die Dichte der atmosfärischen Luft (nicht jene des Wassers) als Einheit angenommen.

Wasserstoff hat die Dichte = 0·0698, Wasserdampf jene von 0·6235, Kohlenoxidgas hat die Dichte von 0·9674, Stickstoff jene von 0·9723, Leuchtgas jene von 0·8672, Sauerstoff jene von 1·1065, Kohlensäure jene von 1·5290.

Die Spannkraft oder Ausdehnsamkeit luftförmiger Stoffe.

§. 191.

Die Abhängigkeit ihrer Spannkraft von deren Dichte und Temperatur.

In dem Vorhergehenden wurde bereits erwähnt, daß die Gase außer der Schwere und absoluten Verschiebbarkeit, welche sie mit den tropfbar-flüssigen Körpern theilen, eine besondere Eigenschaft besitzen, welche sie von diesen wesentlich unterscheidet. Es ist dieß ihre Spannkraft. Bloß die luftförmigen, also ausdehnsamen Stoffe, wozu natürlich auch der Wasserdampf gehört, besitzen dieses Bestreben, sich in's Endlose auszudehnen, welches man die Spannkraft, Ausdehnsamkeit oder Expansivkraft nennt.

Von welchen Umständen hängt die Spannkraft luftförmiger Stoffe ab?

Von ihrer Dichte und Temperatur.

Die Abhängigkeit der Spannkraft von der Dichte.

Gerade so, wie eine schraubenförmig gewundene Metallfeder, vermöge ihrer Federkraft, einen Widerstand gegen einen nach der Richtung ihrer Achse ausgeübten Druck leistet, eben so wird die Luft, wegen ihrer Spannkraft, einen Gegendruck entwickeln, wenn man sie in einem verschlossenen Gefäße zusammenzudrücken sucht.

Bei der Luft und überhaupt bei den Gasen findet nämlich das Gesetz statt, daß ihre Spannkräfte in demselben Verhältnisse zunehmen, als man deren Rauminhalt zu verringern, also ihre Dichten zu vergrößern strebt.

Bringt man einen luftförmigen Stoff, welcher ursprünglich das Volumen ABCD (Fig. 207) einnimmt, auf die Hälfte desselben, so wird die Spannkraft dieses Stoffes auf das Doppelte der anfänglichen erhöht.

Fig. 107.

Behälter zur Darstellung der Spannkraft der Gase.

Um diese Behauptung zu verdeutlichen, nehme ich an, daß das Gas anfangs, zufolge seiner Expansivkraft, dem Luftdrucke und dem Gewichte des Kolbens, welche zusammen 30 Pfund betragen, das Gleichgewicht hielte, und daß ich den Kolben, der luftdicht schließt, nach EF, wobei der Raum CDEF = ½ABCD ist, zu schaffen wünschte.

Zur Durchführung dieses Vorhabens müßte ich nun, dem obigen Gesetze entsprechend, auf den Kolben einen Druck von 30 Pfund ausüben. Die Luft- oder Gassäule CDEF würde also jetzt unter dem Drucke von $2 \times 30 = 60$ Pfund stehen. Wollte ich denselben Kolben bis GH (wobei CDGH = ¼ABCD ist) herabdrücken, so müßte auf die Luftsäule ein Druck von $3 \times 30 = 90$ Pfunden entwickelt werden, u. s. w. fort.

Durch die Verdichtung luftförmiger Stoffe wird deren Expansivkraft nach diesem einfachen Gesetze gesteigert, durch die Verdünnung wird aber, wie genaue Versuche lehren, die Expansivkraft in gleichem Maße vermindert.

§. 192.

Die Abhängigkeit der Spannkraft von der Temperatur.

Außer der Verdichtung und Verdünnung hat auch die Temperatur-Zunahme und Abnahme einen Einfluß auf die Spannkraft der Gase. Die Temperaturzunahme zeigt hierbei ähnliche Wirkungen wie die Verdichtung, die Temperaturabnahme verhält sich dabei so, wie deren Verdünnung.

Um dieses klar zu machen, wähle ich das nachfolgende, mit dem früheren übereinstimmende Beispiel:

Der Luftdruck sammt dem Gewichte des Kolbens, zusammen im Betrage von 30 Pfund, halte der Spannkraft eines Gases, welches im Behälter ABCD (Fig. 208) sich befindet und die Temperatur von 0° besitzt, das Gleichgewicht. Erwärmt man dieses Gas bis zu 100° C., so wird man finden, daß es sich ausdehnen und ein um den $\frac{100}{273}$ten Theil größeres Volumen als das ursprüngliche war, einnehmen wird. Der Kolben wird nämlich zufolge der durch die Wärme erhöhten Spannkraft der Luft bis EF (wobei CDEF = $\frac{100}{273}$ ABCD ausmacht) in die Höhe geschoben.

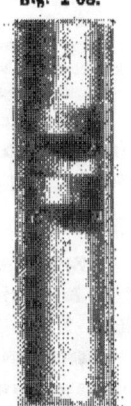

Fig. 208.

Behälter zur Darstellung der Spannkraft der Gase.

Wollte man nun diese Volumensvergrößerung unterdrücken, so müßte der gesteigerten Spannkraft des Gases entgegengewirkt, d. h. ein Druck auf den Kolben ausgeübt werden. Dabei würde man sich überzeugen, daß dieser Druck ganz genau den $\frac{100}{273}$ten Theil des ursprünglichen auf dem Gase lastenden Gewichtes gleich sein, also $30 \times \frac{100}{273} = 10\cdot 98$ Pfd. betragen wird.

Die Zunahme der Spannkraft eines Gases durch die Wärme, bei gleichbleibendem Volumen, erfolgt um denselben Theil der ursprünglichen Spannkraft, um welchen das Volumen des Gases sich vergrößert hätte, wenn diese Vergrößerung ungehindert vor sich gegangen wäre.

Erhitzt man die Luft oder ein Gas auf 200° C. und läßt dessen Volumensvergrößerung nicht zu, so erfolgt eine Vergrößerung der Spannkraft, welche gleich ist dem $\frac{200}{273}$ten Theil der ursprünglichen.

Die Spannkraft der auf 273° C. erhitzten Luft ist bei gleichbleibendem Volumen doppelt so groß, wie die ursprüngliche bei 0° Temperatur.

Wie schon diese Beispiele darauf hinweisen, haben genaue Versuche es bestätiget, daß die Spannkraft der gasförmigen Körper für jeden Grad Temperaturzunahme genau um den $\frac{1}{273}$tern Theil der ursprünglichen zunimmt.

Gestattet man dem Gase die vollständige Raumvergrößerung während seiner Erwärmung, so wird dessen Spannkraft nicht die geringste Änderung erfahren; unterdrückt man diese Raumerweiterung zum Theile, so wird auch die Spannkraft des Gases nur um einen dieser Volumenabnahme entsprechenden Betrag zunehmen.

Durch Temperaturverminderung erfolgt wieder andererseits eine Verkleinerung des Volumens oder bei gleichbleibendem Volumen eine Verringerung der Spannkraft der Gase.

Rückblick.

Wir entnehmen aus dem Vorangehenden, daß die Spannkraft der luftförmigen Stoffe (Gase) sowohl durch Vergrößerung ihrer Dichte bei gleichbleibender Temperatur, als auch durch Erhöhung ihrer Temperatur bei gleichbleibender Dichte eine Zunahme erfahren kann. Das erste Gesetz wurde von Mariotte, das letztere von Gay-Lussac (lies: Gä-Lüssak) aufgestellt und bewiesen.

Das Mariotte'sche Gesetz erleidet bei sehr hohen Drückungen eine Beschränkung. In diesem Falle nehmen nämlich die Gase in einem höhern Maße an Spannkraft zu, als sie an Dichte zunehmen. Auch werden einige Gase durch den großen Druck tropfbar-flüssig, besonders dann, wenn sie dabei auch stark abgekühlt werden. Leuchtgas wird flüssig. Kohlensaures Gas kann durch Druck und plötzliche, große Abkühlung selbst fest werden. Der Wasserdampf wird sowohl durch Verdichtung, als auch durch Abkühlung tropfbar-flüssig. Er verhält sich in dieser Beziehung anders als die Gase. Hiervon in der Wärmelehre §. 283 ausführlich.

Die Berechnung der Spannkraft.

* Das nachstehende Beispiel wird lehren, auf welche Weise die Zunahme der Spannkraft der Gase berechnet werden kann, wenn sowohl ihre Dichte als auch ihre Temperatur eine Änderung erfahren haben.

Aufgabe. Bei der Temperatur von 10 Grad und dem Volumen von 200 Kubikfuß hätte die Luft in einem mittels Kolbens geschlossenen Raume die Spannkraft von 15 Pfund pr. Quadratzoll, d. h. die Luft drückt auf jeden Quadratzoll der Gefäßwand mit der Kraft von 15 Pfund. Wie groß würde dieser Druck werden, wenn ihr Volumen auf 50 Kubikfuß vermindert und die Temperatur auf 200 Grad erhöht worden wäre?

Auflösung. Durch die Volumensverminderung auf den vierten Theil des ursprünglichen Raumes wird die Spannkraft auf das 4fache, also auf 15 × 4 = 60 Pfund gebracht. Wegen der Temperaturerhöhung wird diese gesteigerte Spannkraft noch um den $\frac{140}{173}$ten Theil, d. h. um 60 . $\frac{140}{173}$ = 41·76 Pfund vergrößert. Sie wird demnach im ganzen auf 60 + 41·76 = 101·76 Pfund anwachsen, was etwas über 6 Atmosfären ausmacht.

Auf diesem Prinzipe beruhen die Heißluft- oder kalorischen Maschinen, welche in der Folge für den Kleingewerbsmann nicht ohne Anwendung bleiben dürften.

§. 193.
Das Messen der Spannkraft.

Das Manometer.

Um die Spannkraft eines Gases zu messen, bedient man sich der Manometer. Diese sind gebogene oder gerade an ihrem oberen Ende entweder offene oder geschlossene Röhren, welche mit Wasser oder Quecksilber gefüllt sind; das untere Ende derselben ist stets offen. Man theilt sie demnach in offene und in geschlossene ein.

Das offene Manometer wird in Fällen, wo eine geringere Spannkraft zu messen ist, gebraucht. Es besteht aus einer heberförmig gekrümmten Röhre abc (Fig. 209), welche an beiden Enden offen ist, und die entweder mit Wasser oder mit Quecksilber, zum Theile, gefüllt wird. Das im Gefäße M einge-

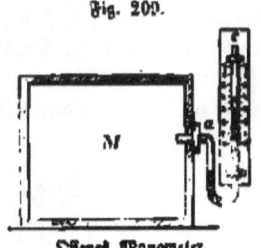

Fig. 209.

Offenes Manometer.

schlossene Gas drückt nun auf die Flüssigkeit der Röhre und hebt diese in dem längeren Schenkel derselben in die Höhe. An der Seite der Röhre ist eine Skale angebracht, mittels welcher man die Höhe der gehobenen Flüssigkeitssäule ablesen kann. Das Gas im Behälter M wird eine Spannkraft besitzen, welche sowohl dem

294

Drucke der atmosfärischen Luft als auch dem Gewichte der im Manometer gehobenen Flüssigkeitssäule das Gleichgewicht hält.

Aufgabe. In einem Behälter (Regulator) befände sich die Luft mit einer am offenen Manometer abgelesenen Spannung von 4 Wasserzollen, wie groß ist dabei der Druck per 1 Quadratzoll?

Auflösung. Die gespannte Luft muß zuerst den Druck der Atmosfäre von 12 Pfd. 16 Lth.. ⎫
ferner jenen, welcher 4 Wasserzollen entspricht, von . . . . — , 4 , ⎬ per 1 Quadratzoll
(weil 1 Quadratzoll × 4 Zoll = 4 Kubikzoll ist, und 1 Kubikzoll Wasser beiläufig 1 Loth wiegt) überwinden, ⎭
sie wird also im ganzen auf den Quadratzoll der Gefäßwand den Druck von . . 12 Pfd. 20 Lth. ausüben.

Diese Pressung ist bei Schmiedefeuern die übliche. Bei Hochöfen strömt der Wind mit einer Pressung bis gegen 30 Quecksilberlinien zu den Düsen. Hier wird also das Quecksilber in dem offenen Schenkel des Manometers um 30 Linien höher stehen, als in dem anderen.

Bei den geschlossenen Manometern ist der längere Schenkel der Röhre geschlossen; sie sind den Gefäßbarometern ähnlich, nur mit dem Unterschiede, daß in der Röhre oberhalb des Quecksilbers sich kein luftleerer Raum befindet. Die Spannkraft des Gases im Behälter bewirkt demnach nicht nur die Hebung des Quecksilbers im Manometer, sondern drückt auch die in demselben enthaltene Luft zusammen.

Vorrichtungen, welche auf der Spannkraft der Gase beruhen.

§. 194.

Die Luftpumpe.

Hahn- und Ventil-Luftpumpen.

Die Luftpumpe ist eine Vorrichtung, welche dazu dient, die Luft in einem verschlossenen Behälter beliebig stark zu ver-

dünnern. Ein gänzliches Auspumpen der Luft aus einem Raume
gehört zu den fisischen Unmöglichkeiten.

Die **Hahnluftpumpe** (Fig. 210), welche die am einfachsten eingerichtete ist, besteht im allgemeinen aus einem **Pumpenstiefel**, in dem sich ein **Kolben** luftdicht bewegt. Wird derselbe in die Höhe geschoben, so entsteht unter ihm ein luftverdünnter Raum. Vermöge der Spannkraft der Luft wird also dieselbe bei der gezeichneten Stellung des Hahnes 1 aus dem Raume A, welcher ausgepumpt werden soll und **Rezipient** heißt, in den Stiefelraum eindringen und sich dort ganz gleichmäßig ausbreiten. Offenbar wird durch diese Ausbreitung die Spannung der Luft im Rezipienten, welche anfänglich jener der atmosfärischen Luft gleich war, herabgesetzt. Würde man nun ohne den Hahn 1 anders zu stellen den Kolben zurückschieben, so möchte die Luft neuerdings in den Rezipienten eintreten und es wäre dieselbe dort auf die ursprüngliche Spannkraft wieder zurückgeführt. Dreht man aber vor dem Rückhube des Kolbens den Hahn um einen rechten Winkel, d. h. bringt man denselben in die Lage 2 (Fig. 211), so wird, wie man bemerkt, die unterhalb des Kolbens befindliche Luft nicht mehr in den Rezipienten, sondern nach außen gedrückt.

Fig. 210. Fig. 211.

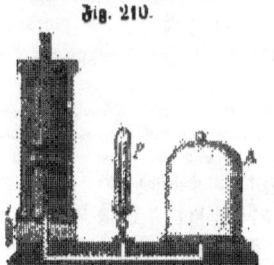 

Hahnluftpumpe.

Bevor man den Kolben zum zweitenmale hinaufschiebt, wird selbstverständlich der Hahn in die frühere Stellung 1 zurückgebracht. Durch den Hin- und Hergang des Kolbens und die entsprechende Drehung des Hahnes werden fortwährend neue

Mengen Luft aus dem Rezipienten hinausgeschafft, wodurch offenbar unter demselben ein luftverdünnter Raum hergestellt wird.

Ein vollständiges Auspumpen der Luft ist wegen des schädlichen Raumes zwischen dem Kolben und Hahn unmöglich. Die Luft wird nämlich von diesem Raume aus nach jedem Kolbenrückzuge über den ganzen Raum des Stiefels sich ausbreiten, und dadurch der aus dem Rezipienten herübertretenden Luft einen Widerstand entgegensetzen. Ist nun die Luft im Rezipienten so weit verdünnt, daß der erwähnte Widerstand gleich wird der Spannkraft der Luft im Rezipienten, so findet kein Herüberströmen der Luft von dort her statt, und die Verdünnung hat ihre Gränze erreicht. Das weitere Pumpen würde von nun an nichts mehr nützen. Je größer der schädliche Raum ist, um so eher wird sich dieser Gränzzustand einstellen, und um so unwirksamer wird die Luftpumpe sein.

Man kann auf wissenschaftlichem Wege nachweisen, daß mittels Luftpumpen auch dann, wenn kein schädlicher Raum bestände, die Luft aus dem Rezipienten nie vollständig ausgepumpt werden könnte.

Wünscht man den luftverdünnten Raum unterhalb des Rezipienten von neuem mit Luft zu füllen, so wird der Hahn in der Stellung 2, um weitere 90 Grad gedreht.

Die beschriebene Luftpumpe kann auch zum Verdichten der Luft benutzt werden. Das Gefäß, in welchem die Luft verdichtet werden soll, muß am offenen Ende einen Hahn besitzen und mittels einer Schraube auf den Teller des Rezipienten luftdicht aufgeschraubt werden. Um die Luft in dasselbe hineinzupumpen, wird, sobald dem Hahne die Stellung 2 gegeben wurde, der Kolben der Luftpumpe angezogen; er wird dagegen hineingestoßen, wenn der Hahn die Stellung 1 hat.

Außer der einfachen Luftpumpe gibt es noch Hahnluftpumpen mit Selbststeuerung, bei welchen der Hahn durch die Kolbenbewegung in die entsprechende Lage gebracht wird; dann unterscheidet man ein- und zweistiefelige Luftpumpen, je nachdem sie einfach oder doppeltwirkend sind.

Es gibt ferner Ventilluftpumpen (Fig. 212 und 213), welche eine den Wasserhebepumpen ähnliche Einrichtung haben. Sie sind gewöhnlich wegen der schnelleren und vollständigeren Wirkung zweistiefelig. In jedem Stiefel bewegt sich ein Kolben vertikal auf und nieder. Zu diesem Behufe sind die Kolbenstangen mit Zähnen versehen, in welche ein gezahntes Rad, das mittels Doppelhebels um seine Achse hin- und herbewegt wird, eingreift.

Fig. 212.

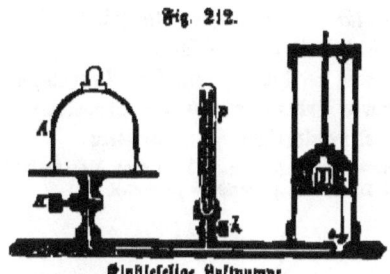

Einstiefelige Luftpumpe.

Fig. 213.

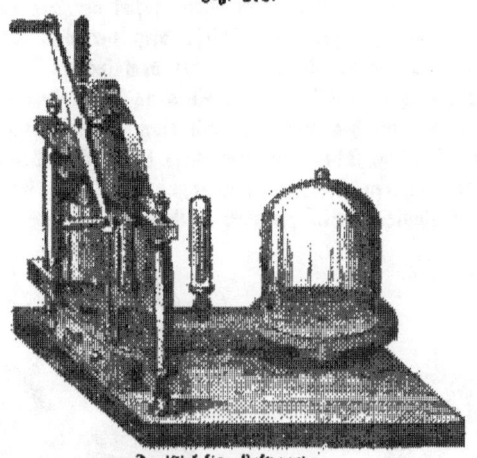

Zweistiefelige Luftpumpe.

In dem Innern eines jeden Kolbens ist ein Ventil angebracht (Fig. 212), welches sich nach aufwärts öffnet, wenn der Kolben nach abwärts bewegt wird, wobei derselbe die Luft vor sich im Stiefel zusammendrückt. Ein anderes an einer langen, den Kolben durchsetzenden Stange angebrachtes Kegelventil o schließt zu gleicher Zeit die zum Rezipienten A führende Röhre ab und öffnet dieselbe bei der Aufwärtsbewegung des Kolbens, während welcher sein Ventil verschlossen bleibt. Der Hahn H ist zu dem Zwecke, um die äußere atmosfärische Luft vom neuen in den Rezipienten eintreten zu lassen.

Gegenwärtig werden sehr wirksame Luftpumpen konstruiert. Die besten davon sind im Stande die Spannkraft der Luft bis auf $\frac{1}{2}$ bis $\frac{1}{4}$ Quecksilberlinie herabzumindern.

Die Barometerprobe p (Fig. 212) erlaubt diese Luftverdünnung durch das Fallen des Quecksilbers in derselben zu messen.

§. 195.
Versuche mit der Luftpumpe.

Nach wenigen Kolbenzügen schon haftet der Rezipient auf dem Teller der Pumpe. Es geschieht dieß vermöge des Übergewichtes des äußeren Luftdruckes über dem inneren.

Wendet man als Rezipienten einen an beiden Seiten offenen Zilinder an, welchen man oben mit einer Schweinsblase überbunden hat (Fig. 214), so wird diese bei rascher Verdünnung durch den äußeren Luftdruck gesprengt. Auch eine Glasplatte kann auf ähnliche Weise zerdrückt werden.

Fig. 214.
Fig. 215.

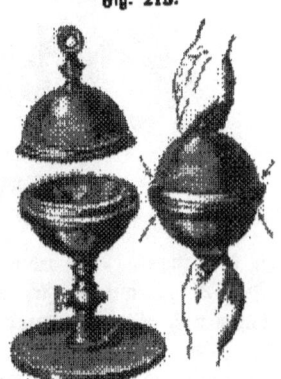

Experimente über den Luftdruck.

Wenn man die Luft zwischen zwei Hohlkugeln (Fig. 215), welche gut aufgeschliffene Ränder besitzen, auspumpt, so wird wegen des äußeren Luftdruckes eine bedeutende Kraft nöthig werden, um sie von einander zu reißen.

Otto von Guericke, Bürgermeister zu Magdeburg, der Erfinder der Luftpumpe, hatte mit einer solchen 2 Fuß im Durchmesser haltenden metallenen Hohlkugel auf dem Reichstage zu Regensburg im Jahre 1654 die bedeutende Größe des Luftdruckes nachgewiesen. An jede der beiden Halbkugeln sind 12 Pferde gespannt worden, ohne sie von einander reißen zu können. Sie fielen aber von selbst auseinander, sobald mittels eines Hahnes Luft in dieselben eingelassen wurde. Man heißt diese Halbkugeln aus obigem Grunde auch Magdeburgische Halbkugeln.

Eine schlaffe, fest zugebundene Blase schwillt im luftverdünnten Raume auf. Aus dem Wasser oder Bier steigen im luftverdünnten Raume die darin enthaltenen Luft- und Gasblasen, wegen des verminderten Luftdruckes auf. Das Bier wird auf diese Weise schal. Ein Licht erlischt sogleich, Thiere, besonders Vögel, sterben bald unter dem Rezipienten, wenn die Luft ausgepumpt wird.

§. 196.
Anwendung der Luftpumpe.

Die Luftpumpe hat auch bei den Gewerben eine wichtige Anwendung gefunden. In den Zuckersiedereien, bei der künstlichen Eisbereitung befördert man mit derselben das Verdampfen; in den Buchdruckereien das Naßmachen, bei der Papierfabrikazion das Trocknen des Papiers — die neuen Papiermaschinen sind so eingerichtet, daß die Papiermasse gegen das darunter liegende Dratgewebe mittels schwachen Luftdruckes angedrückt, und sonach das Wasser aus derselben gepreßt wird. — In den Färbereien und Gärbereien wird mit Hilfe der Luftpumpe das Eindringen der Farbstoffe und Lohbrühe in die zu färbenden und gärbenden Stoffe beschleunigt. Die Bereitung von künstlichen Säuerlingen (Kohlensäurehaltigem Wasser) geschieht auf die Weise, daß man die Kohlensäure in entsprechend zubereitetes Wasser, welches sich in luftdicht verschlossenen Gefäßen befindet, hineinpumpt. Der einseitige Luftdruck wird endlich bei den Filtrierapparaten und als bewegende Kraft verwendet. In letzterer Hinsicht geschah freilich bisher nur wenig, denn außer den bestandenen atmosfärischen Eisenbahnen, die wegen ihrer Kostspieligkeit aufgegeben wurden, hat man hievon bloß bei der Londoner Röhrenpost, welche Postfelleisen und Frachtgüter auf ziemlich bedeutende Strecken mittels Luftdruckes befördert, Anwendung gemacht.

Die Luft wird zu diesem Zwecke mittels eines Ventilators in den Röhren, in welchen die gut passenden Wagen sich bewegen, je nach Bedarf entweder verdichtet oder verdünnt.

§. 197.

Eine Reihe anderer ähnlicher, nützlichen Vorrichtungen.

Außer der Luftpumpe gibt es noch andere Vorrichtungen, welche auf der Spannkraft der Luft beruhen. Unter diesen erwähne ich folgender:

Die Spritzflasche.

Fig. 216.

Spritzflasche.

Die Spritzflasche, welche die Chemiker zum Auswaschen des Filtrums brauchen, besteht, wie die nebenstehende Figur 216 zeigt, aus einem Kochfläschchen und aus zwei Glasröhren. Man bläst mittels der Röhre a in das Fläschchen hinein, wodurch die Luft im Raume a w zusammengedrückt wird. Diese übt nun während des Blasens, indem sie sich wieder ausdehnt, einen Druck auf die Wasseroberfläche w aus und zwingt das Wasser durch die Röhre o, welche oben zugespitzt ist, in einem feinen Strale herauszuströmen.

Ganz ähnlich ist die Wirkung des Heronsballes (Fig. 217). Bei diesem ist aber bloß eine Röhre angebracht, welche in das Wasser eines

Kolbens taucht. Wird nun durch diese Röhre in denselben hineingeblasen, so wird daselbst die Luft verdichtet. Wie man zu blasen aufhört, spritzt aus dem Behälter mittelst der Röhre das Wasser vermöge der erhöhten Spannkraft der inneren Luft heraus.

Auf einer ähnlichen Thatsache beruht auch die Erscheinung, daß die künstlichen Säuerlinge beim Aufthun der mit Sperrhähnen versehenen Flaschen aus diesen mit ziemlicher Gewalt in das vorgesetzte Glas herausströmen.

Die Feuerspritze.

Die **Feuerspritze** verdankt ihre Wirkung, nämlich: das Wasser entweder in einem zusammenhängenden, gleichmäßigen Strale in die Höhe zu schleudern oder mittels Schlauches hinaufzudrücken, nur der Spannkraft der Luft, welche in dem mittleren Gefäße der Spritze sich befindet und auf das darin enthaltene Wasser einen bedeutenden Druck ausübt.

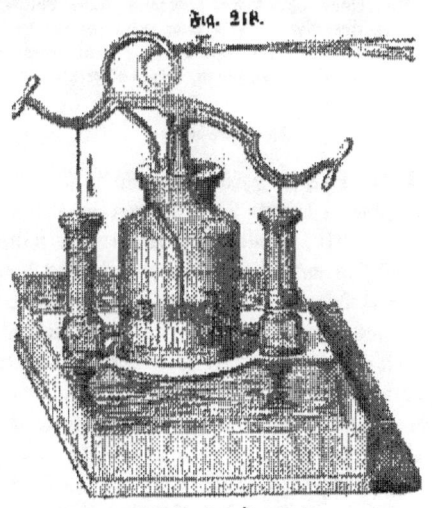

Fig. 217.

Heronsball.

Fig. 218.

Modell einer Feuerspritze.

Die Feuerspritze besteht nämlich, wie das in Figur 218 gezeichnete Modell zeigt, aus zwei Druckpumpen, welche das Wasser aus dem Spritzenkasten in den in ihrer Mitte befindlichen Windkessel von unten mittels Öffnungen, die durch Ventile beweglich geschlossen sind, abwechselnd hineindrücken; wodurch die Luft, welche sich in demselben befindet, und nicht heraustreten kann, zusammengepreßt wird. In den Windkessel taucht eine Röhre, die Steigröhre, bis auf den Boden desselben ein, und mit Hilfe dieser Röhre steigt das Wasser unter dem Drucke der durch die Volumsverringerung gespannten Luft nicht nur bis an das konisch zulaufende Ende derselben, sondern es springt bei einem entsprechend schnellen Betriebe der Druckpumpen, was mittels eines Doppelhebels erzielt wird, in einem kräftigen, gleichmäßigen Strome häuserhoch. Auf die Steigröhre kann auch ein Schlauch geschraubt werden, wodurch es möglich wird, gegen das Brandfeld mit ausgiebigem, vollem Wasserstrale zu arbeiten.

Die tragbaren Feuerspritzen besitzen gewöhnlich keinen Windkessel, das Wasser wird aus solchen bloß stoßweise heraustreten und nur die Elastizität des Schlauches kann den Stral etwas reguliren. Die doppelhübigen dieser Art, die sogenannten amerikanischen Feuerspritzen, besitzen einen hohen Wurf.

Die Windbüchse.

* Die Windbüchse gehört ebenfalls in diese Reihe von Vorrichtungen. Die verdichtete Luft, die hier im Kolben, in der Windkammer (Fig. 219) nämlich, sich befindet und mittels einer Vorrichtung entladen werden kann, wirkt auf einen Bolzen oder eine Kugel. Das Laden des Kolbens mit Luft geschieht mit Hilfe einer einfachen eisernen Röhre und eines luftdicht hineinpassenden Vollkolbens (Fig. 220), zu welchem Behufe die Röhre auf den Kolben der Windbüchse angeschraubt wird, wie dieß die nebenstehende Figur 219 zeigt. Die Luft dieser Röhre wird durch das Hineinstoßen des Kolbens in die Windkammer gedrückt, und dort durch ein Ventil o, welches sich von außen nach innen öffnet, zurückgehalten. Beim Aufziehen des Vollkolbens dringt die äußere Luft durch ein oben in der Röhre angebrachtes Löchelchen r in dieselbe wieder hinein.

Beim Losschießen der Windbüchse bewirkt der Schlag des Hahnes das augenblickliche Zurücktreten des Ventiles der Windkammer, wodurch eine entsprechende Menge hochgespannter Luft in die Flintenröhre eintreten und das Projektil des Geschoßes hinausschleudern wird. Bei 50—100 Ladungsstößen lassen sich damit 8—10 Schüße machen.

Welcher Gefahr würde man sich aussetzen, wenn man eine stark geladene Windbüchse in ein warmes Zimmer bringen würde, und warum? — Jener des Sprengens der Büchse, in Folge der durch die Wärme gehobenen Spannkraft der eingeladenen Luft.

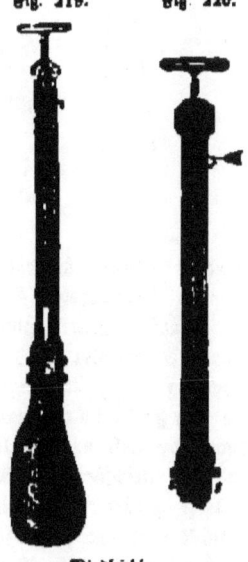

Fig. 219.   Fig. 220.

Windbüchse.

Bei den Feuergewehren bewirkt die Spannkraft der aus dem Pulver hervorgehenden Gase, wie: Kohlensäure, Stickstoff, schwefeliges Gas, das Herausschleudern der Projektile. Die Spannkraft derselben wirkt aber nach allen Richtungen, und verursacht bei den Feuerwaffen den Rückstoß (Rücklauf). Auch die Rakete steigt wegen des Rückstoßes in die Höhe. Der letztere ist da so lange thätig, als der brennende Satz Gase entwickelt.

Nachdem ich des Heronsbrunnens und kartesianischen Täucherleins nur im Vorübergehen erwähne, will ich zum Schluße dieses Abschnittes noch über die Prinzipien der Gebläse einige Mittheilungen machen.

Der Blasebalg und das Gebläse.

Der Blasebalg dient bekanntlich entweder zum Anfachen des Feuers oder zum Ausstäuben schwer zu reinigender Gegenstände. Die nachstehende Zeichnung (Figur 221) ist die eines einfachen Schmiede-Blasbalges. Wird die untere

304

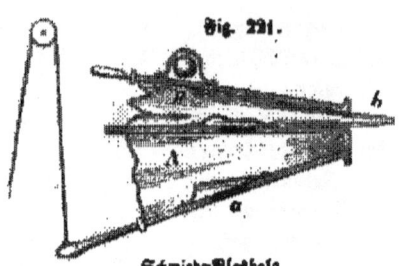

Schmiede-Blasbalg.

Lade desselben herabbewegt, so dringt in den Raum A vermöge des äußeren Luftdruckes die Luft ein, welche bei der darauf folgenden Hinaufbewegung der Lade in den obern Raum B gepreßt wird. Die **Klappe a** verhindert den Rückgang der zusammengepreßten Luft. Der Raum B dient als **Regulator**, und ist mit Gewichten beschwert. Er nimmt die Luft auf und läßt sie mit entsprechender Spannung und im gleichförmigen Strome bei der Düse b austreten. Mit je größerer Geschwindigkeit die Luft in den Regulator gedrückt wird und je größer die Räume A und B sind, um so gleichmäßiger wird der Luftstrom bei der Düse austreten.

Den **Handblasebalg** stellt die Figur 222 vor und es ist derselbe ohne Beschreibung verständlich.

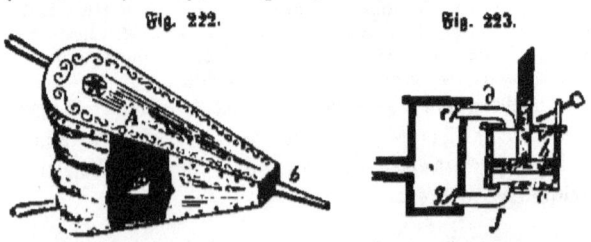

Handblasebalg.   Kastengebläse.

Außer den einfachen, ledernen Blasbälgen von verschiedener Konstruktionsform verwendet man noch zur Brischaffung gepreßter Luft die **Kastengebläse** (Fig. 223), welche aus hölzernen, mit Klappen b, c versehenen prismatischen Kästen bestehen, in denen ein Kolben a möglichst luftdicht sich auf- und abbewegt. Die Klappen öffnen sich nach innen, und die in den Kasten eintretende .

Luft wird mittels des Kolbens und mit Hilfe der Leitung d und f in den Regulator gebracht.

Denkt man sich anstatt des prismatischen Kastens einen auf einer Seite offenen, eisernen Zilinder, in welchem sich ein Kolben von Gusteisen, der Klappen oder Ventile besitzt, luftdicht auf- und abbewegen läßt, so hat man die Vorstellung von einem einfachen **Zilindergebläse**. Doppeltwirkend ist das Gebläse, wenn sowohl beim Auf- als Niedergange des Kolbens Luft in den Regulator gepreßt wird. In diesem Falle ist der Zilinder auf beiden Seiten geschlossen und mit Klappenventilen (r, o, R, O) versehen. Der Kolben ist dabei ein Hohlkolben. Fig. 224 stellt ein solches dar.

Fig. 224.

Zilindergebläse.

Der Ventilator.

Der **Ventilator** oder das **Windflügelgebläse** (Fig. 225) dient dazu, um ein Schmiedefeuer mit Luft von

Fig. 225.

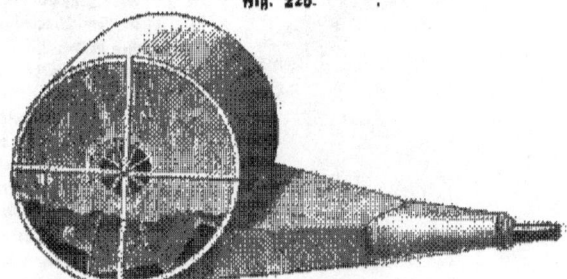

Ventilator oder Windflügelgebläse.

ziemlicher Pressung zu versehen. Die Flügel R solcher Ventilatoren drehen sich sehr schnell, machen 800, auch mehr Umdrehungen in der Minute. Die Luft tritt dabei durch die Öffnung o in den Kasten des Ventilators ein, und wird vermöge der Fliehkraft, die sich bei der schnellen Bewegung der Flügel den Lufttheilchen mittheilt, nach dem Umfange der Flügel getrieben, auf welche Weise dieselbe in die Windleitung mit Pressung fortgestoßen wird. Nachdem sofort in der Achse des Ventilators eine bedeutende Luftverdünnung entstehen wird, so ist es auch klar, warum neue Luft von außen in den Ventilator dringen muß. Ventilatoren mit geringer Umdrehungsgeschwindigkeit der Flügel werden bei Getraidepuzmühlen u. s. w., und beim Bergwesen zur Herstellung des nöthigen Luftwechsels verwendet.

Ganz ähnlich wie die Ventilatoren sind auch die Zentrifugalpumpen, deren im §. 137 Erwähnung geschah, eingerichtet. Anstatt der Luft wird hier das Wasser in der Mitte eingesaugt, und durch die Bewegung der Flügel von da in die Steigröhre vorgedrängt.

Die Kolben der Gebläse oder die Flügel der Ventilatoren werden entweder mittels Wasser- oder Dampfkraft getrieben.

Die Regulatoren.

Fig. 226.

Gasbehälter.

* Die Regulatoren sind entweder große Behälter oder nach Art der Gasometer (für Gasbeleuchtungen) gebaute, kleinere Gefäße, aus denen die Luft, welche sich dort im gepreßten Zustande befindet, mittels der Windleitung zu den Düsen strömt. Die kleineren Regulatoren bestehen aus zwei Tonnen oder Glocken, wovon die eine in die andere (äußere) umgestülpt, und die letztere mit Wasser gefüllt ist. Das Gewicht der oberen Tonne hält die Luft oder das Gas, welche hineingeleitet wurden, unter einem Drucke Die nebenstehende Fig. 226 stellt einen Gasometer vor. Das Gas wird durch die Röhre m, m, m zu-, durch jene o, o, o ausgeleitet. P ist ein Gegengewicht.

Je größer die Pressung der Luft im Regulator und je geringer die Widerstände in der Windleitung sind, mit einer um so größeren Geschwindigkeit wird die Luft bei den Düsen ausströmen. Für ein Schmiedefeuer sind in der Minute gegen 40 Kubikfuß Luft nöthig.

Vierter Abschnitt.

Die Akustik oder die Lehre vom Schall.

§. 198.
Die Entstehung und Fortpflanzung der Schallwellen im allgemeinen.

In diesem Abschnitt will ich euch mit einer Reihe von Erscheinungen bekannt machen, welche auf der Elastizität fester und luftförmiger Körper beruhen. Zu diesem Behufe lenke ich vor allem eure Aufmerksamkeit auf nachstehenden Versuch.

Befestiget man eine elastische Metallfeder an einem Ende, etwa so, daß man sie zwischen die Backen eines Schraubstockes einspannt und bringt man dieselbe durch Seitwärtsbiegen aus der Gleichgewichts- oder Ruhelage ab (Fig. 227), so wird nach deren Loslassen ein dem Pendel (§. 112) ähnliches Hin- und Herbewegen der Feder erfolgen. Die elastische Feder wird nämlich, wegen eingetretener Störung des Gleichgewichtes ihrer Theilchen, schwingen.

Schwingungen einer Metallfeder.

Die bewegende Kraft ist bei dieser Art Schwingung nicht die Schwere, sondern die Elastizität, welche die Feder in ihre ursprüngliche Ruhelage zu bringen sucht. Vermöge der Trägheit wird dieselbe beim Anlangen in die Ruhelage über diese hinweg, u. z. auf die andere Seite eben so weit ausschnellen, als sie anfangs von der Ruhrlage entfernt wurde.

Die schwingende Bewegung der Feder ist demselben Gesetze unterworfen, wie die Pendelbewegung.

Die Feder wird sich, während ihres Hin- und Herschwingens, durch die Ruhelage ab mit der größten Geschwindigkeit hindurchbewegen. Bei dem Hineilen zu der Ruhelage bewegt sie sich beschleunigt, von der Ruhelage nach auswärts aber verzögert.

Betrachten wir die Luft, welche die Feder umgibt, während dieser Bewegung, so wird dieselbe durch die vibrierende (schwingende) Bewegung der Feder auch in eine eigenthümliche Bewegung versetzt. Die Feder übt nämlich, bei der angegebenen Ausweichung, zu beiden Seiten ihrer Ruhelage Schläge auf die Luft aus, welche aus einer Reihe zunehmender, eine größte Stärke erreichender, darauf abnehmender kleiner Schläge, und eben so nach entgegengesetzter Richtung (bei Umkehrung der Bewegung) ganz auf gleiche Weise, wie vorher, erfolgender Impulse (kleiner Schläge) zusammengesetzt betrachtet werden können, wodurch die einzelnen Lufttheilchen nach und nach, u. z. zuerst die näheren, dann die entfernteren in Schwingungen gerathen.

Die Lufttheilchen werden nun, während ihrer Schwingungen, durch die stärkeren Impulse von der Ruhelage weiter gedrängt, als durch die schwächeren. In der Luft wird demnach sowohl dadurch, als auch aus der Ursache, daß diese Stöße nicht auf alle Lufttheilchen, welche in der Richtung der vibrierenden Feder liegen, zu gleicher Zeit übergehen, ein theilweises Annähern der Luftschichten, also während der Vorwärtsbewegung der Feder ein Verdichten derselben bewirkt. Das Rückschreiten der Feder wird aber aus demselben Grunde von einem theilweisen Auseinanderrücken der Luftschichten, also von einer örtlichen Verdünnung der Luft begleitet sein. Zwischen der Verdichtung und Verdünnung der Luftschichten findet kein plötzlicher, sondern ein allmählicher Übergang statt. Eine solche aus derartigen Verdichtungen und Verdünnungen bestehende Strecke der Luft heißt man eine **Welle**.

Nachdem die erwähnten Stöße gegen die Luft, vermöge ihrer Elastizität von Theilchen zu Theilchen, nach und nach und ohne Verlust fortgepflanzt werden, so bleibt die in der Luft auf angegebenem Wege hervorgerufene Welle nicht an der Stelle, auf welcher sie entstanden ist, sondern sie überträgt die überkommenen Impulse weiter, als wenn sie die schwingende Feder selbst wäre.

Auf diese Weise schreitet die Welle vorwärts. Sie wird aber nicht bloß nach den beiden Hauptrichtungen, nach welchen die Ausschläge der schwingenden Feder gehen, sich fortpflanzen, sondern vermöge der Spannkraft und absoluten Verschiebbarkeit der Luft, werden deren örtliche Störungen des Gleichgewichtes sich in derselben nach allen Richtungen gleichförmig verbreiten, es wird eine radiale (stralenförmige) Ausbreitung der Luftwelle, d. h. eine nach allen Seiten sich erstreckende, erfolgen. Kein Plätzchen des Raumes, über welchen eine solche Wellenfortpflanzung stattfindet, bleibt davon verschont.

Es hat mit dieser Wellenbewegung dieselbe Bewandtniß wie mit jener, welche eintritt, wenn man einen schweren Körper in das Wasser wirft. Auch hier schreitet die Wasserwelle bei ebenem Wasserspiegel aus der Mitte ganz gleichförmig nach allen Richtungen fort.

Die Erhöhungen (Berge) der Wasserwelle sind den Verdichtungen, die Vertiefungen derselben den Verdünnungen der Luftwelle gleich zu halten.

Die Wasserwelle ist eine Folge der Erschütterung des Wassers an einer Stelle desselben, welche sich allmählich allen Theilchen der Flüssigkeit mittheilt. Nachdem in dem Mittelpunkte der Welle nicht bloß eine einzige Erschütterung, sondern vermöge der Trägheit des Wassers ein andauerndes Auf- und Absteigen desselben, also eine Reihe solcher Anregungen zur Bewegung stattfinden wird, so schieben sich der ersten, weitere Wellen aus dem Mittelpunkte nach. Dieses Spiel der Bewegungen gewährt uns den Anblick einer ringförmigen Ausbreitung von kleinen Erhöhungen (Wellenbergen) und Vertiefungen (Wellenthälern), welche auf der Oberfläche des Wassers vor sich geht. Man muß sich aber wohl hüten zu meinen, daß die Wellenbewegung im ruhenden Wasser eine fortschreitende sei, indem die Wassertheilchen, welche die Welle bewirken, in der Wirklichkeit nicht weiter fließen. Hiervon kann man sich leicht über-

jenigen, wenn man ein Stück Holz, das sich auf der Wasserfläche während der Wellenbewegung befindet, der Beobachtung unterwirft. Dieses bleibt, obwohl sich die Welle unter demselben hinwegbewegt, an derselben Stelle liegen. Es führt bloß in Folge der Welle einzelne Schwankungen (Hebungen und Senkungen) aus. Im fließenden Wasser bewegt sich aber die Welle auch mit.

§. 199.

Die Ton- und andere Schallempfindungen.

Die Welle, welche sich in der Luft auf die beschriebene Weise ausbreitet, heißt **Schallwelle**. Trifft dieselbe unser Ohr und ist sie kräftig genug, so wird das Trommelfell desselben erschüttert. Die Stöße auf das Trommelfell werden dem Gehirn und damit unserer Seele mitgetheilt. Von dieser werden sie aber nicht in ihrer ursprünglichen Form aufgenommen, sondern sie gelangen, wenn die Bebungen regelmäßig erfolgten und längere Zeit anhielten, als Tonempfindungen in unser Bewußtsein. Wären diese Bebungen unregelmäßig, so würden wir sie als Geräusch, endlich wenn sie sehr heftig und von kurzer Dauer ausfallen, als Knall wahrnehmen. Die Glocken tönen, die Blätter rauschen, die Thür knarrt, die Peitsche, das Gewehr, das Bier u. s. w. knallt.

Das Knallen ist eine Folge vom raschen Verdrängen der Luft aus einem Raume, in welchen die benachbarte Luftmasse plötzlich eindringt und damit Stöße auf sich selbst ausübt.

Man bezeichnet alle diese Wahrnehmungen unseres Gehörorganes mit dem Begriffe **Schall**. Aus dem Vorhergehenden sahet ihr, daß ohne Schwingungen und ohne Luft kein Schall, ohne Gehörorgan keine Schallempfindung denkbar ist.

§. 200.

Ohne Luft kein Schall.

Daß wirklich Luft zur Fortleitung des Schalles nöthig ist, lehrt, wie die nachstehende Figur 228 zeigt, das Experiment mit dem Ballon (der ziemlich groß sein muß), in welchem ein Glöckchen aufgehangen ist. Nachdem die Luft aus demselben gepumpt wurde, wird man die Schläge des Klöppels dieses Glöckchens nicht mehr warnehmen.

Fig. 328.

Wegen der Luftverdünnung auf hohen Bergen hört man dort die menschliche Stimme oder den Knall einer Pistole nur schwach.

§. 201.
Das Schwingen der Körper, eine Bedingung des Schalles.

Jeder elastische Körper kann in schwingende Bewegung versetzt werden, ein jeder solche Körper ist demnach schallfähig. Wir bemerken bei einiger Aufmerksamkeit bald, daß die schallenden Körper wirklich in schwingender Bewegung begriffen sind. Die Stricknadel, welche zum Tönen gebracht wird, die Saite eines Musikinstrumentes, die Stimmgabel, Glocken u. s. w. schwingen sämmtlich während des Tönens; denn nähert man den schallenden Körpern den Finger, so nimmt man ihre Stöße nach außen war.

Je elastischer ein Körper ist, um so wohltönender wird derselbe sein. So klingen Kupfer und Eisen rein, Blei dagegen dumpf; das Glockenmetall (aus Kupfer und Zinn bestehend) ist sehr elastisch und wohlklingend.

§. 202.
Die Schwingungsknoten, die Knotenlinien.

Nicht alle Theilchen des schallenden Körpers sind in dieser vibrierenden Bewegung begriffen. Gewisse Theilchen bleiben während des Tönens der Körper in Ruhe. Sie sind simmetrisch auf der Oberfläche der Körper vertheilt und bilden Punkte oder

312

zusammenhängende Linien auf derselben, welche **Schwingungs-knoten** und **Knotenlinien** genannt werden.

Nimmt man eine regelmäßig geformte Glas-, Metall- oder Holzscheibe, befestiget oder hält sie an einem ihrer Punkte, am besten in der Mitte, und bringt dieselbe etwa durch Streichen mit dem Violinbogen zum Schwingen, so wird man die **Knotenlinien** gewahren, wenn man mit feinem blauen Sande oder mit Bärlappsamen die schwingende Fläche bestreut.

Bekommt die Glocke an einer Stelle einen Sprung, so verliert sie ihren Klang, befindet sich aber der Sprung in einer ihrer Knotenlinien, so wird derselbe ihrem Tönen keinen Eintrag thun.

An einer **schwingenden Saite** kann man einzelne Punkte derselben gewahren, welche sich in Ruhe befinden. Sie heißen **Schwingungsknoten**.

Berührt man nämlich eine gespannte Saite ST (Fig. 229) in einem Theile ihrer Länge, z. B. in dem dritten, also in a, mit dem Finger und streicht dieselbe mit dem Violinbogen, so wird man sich durch das Auffpringen von papiernen oder drähtenen Reiterchen überzeugen, daß sämmtliche Punkte der Saite, mit Ausnahme der beiden Befestigungspunkte S und T und der Punkte a und b, in schwingender Bewegung sich befinden. Der Punkt a bildet den einen, der Punkt b den anderen Schwingungsknoten der schwingenden Saite.

Fig. 229.

Darstellung der **Schwingungsknoten**.

313

Die andern zwei Figuren zeigen, auf welche Weise die Theilchen zwischen den Schwingungsknoten schwingen. In der zweiten Figur hat das Theilchen so sich am weitesten nach oben, in der dritten am weitesten nach unten begeben. Ähnlich schwingen auch die übrigen Theilchen der Saite und führen Schläge gegen die Luft aus.

Auch die Luft bildet in den Blasinstrumenten, sobald sie durch die Stöße beim Anblasen in Schwingungen versetzt wird, regelmäßig vertheilte Schwingungsknoten. Sie geräth nämlich in dem Instrumente in stehende Schwingung und umsetzt die auf sie ausgeübten Impulse, während des Anblasens, in kräftigere und gleichförmig vom Instrumente aus auf das Schallmittel, (d. i. die Luft, welche den Schall bis zu unserem Gehöre fortpflanzt) ausgehende Schläge.

§. 203.

Die Musikinstrumente.

Diejenigen Schallerreger, welche regelmäßige und anhaltende Vibrazionen (Erzitterungen) der Luft und damit die Empfindung des Tones in unserem Gehörorgane erzeugen, heißen Schall- oder Musikinstrumente.

Wir unterscheiden Schallinstrumente, bei welchen feste Körper, dann solche, bei denen gasförmige in Schwingung versetzt werden. Zu den ersteren gehören die Saiteninstrumente, wie Geigen, Harfen, Guitarren, Klaviere, Mundharmoniken, Spieluhren, Maultrommeln u. s. w., und die Flächeninstrumente, wie Trommeln, Pauken, Glocken u. s. w. Zu den letzteren gehören die Blasinstrumente, wie Waldhörner, Posaunen, Trompeten, Flöten, das Fagot, die Klarinette, die Pfeifen u. s. w.

Die Blasinstrumente können bekanntlich angefaßt werden, ohne dadurch das Tönen derselben im geringsten zu stören; weil die in denselben enthaltene Luft allein den Ton hervorbringt. Darum hängt auch der Klang (der Ton) dieser Instrumente von dem Materiale derselben nicht ab. Die Orgelpfeifen geben denselben Ton, ob sie von Zinn, Holz oder einer Metallcomposition angefertiget sind.

Welches Reich von Tönen läßt sich nicht allen diesen Instrumenten entlocken, welche Mannigfaltigkeit und dabei doch geordnete Gleichartigkeit besteht nicht zwischen den Klängen der einzelnen Instrumente, welche Einfachheit unter den Tönen eines und desselben Instrumentes! Wie die Stimme des einen Menschen sich von jener eines anderen durch ihren Klang, ihre Tiefe oder Höhe unterscheidet, eben so stehen die einzelnen Musikinstrumente gesondert nebeneinander; nur im Orchester oder Konzerte ergänzen sie sich gegenseitig und geben ein harmonisches Ganzes.

§. 204.
Die diatonische Tonleiter.

In der Musik unterscheidet man acht Tonverhältnisse, deren Aufeinanderfolge dem Ohre eine gewisse Befriedigung gewährt. Sie heißen der Grundton, die Sekund, Terz, Quart, Quint, Sext, Septime, Oktav und werden mit den Buchstaben c, d, e, f, g, a, h, c̄ bezeichnet. Diese acht Töne machen die diatonische Tonleiter aus. c ist der Grundton, c̄ — das einmal gestrichene c — ist die Oktav dieses Grundtons.

Zwischen den meisten dieser Töne lassen sich aber noch halbe Töne einschalten, welche braucht werden, wenn man von einem von c verschiedenen Tone, den man als Grundton wählt, in demselben Tonverhältnisse wie in der diatonischen Tonleiter zur Oktave ansteigen will. Man erhält dann die Stufenfolge: c, cis, d, dis, e, f, fis, g, gis, a, ais, h, c̄, welche nach halben Tönen ansteigt.

Die Töne unterscheiden sich durch die größere oder geringere Schnelligkeit, mit welcher die ihnen entsprechenden Luftschwingungen erfolgen, oder was das gleiche ausdrückt, durch die Anzahl Schwingungen, welche der tönende Körper in der Sekunde macht. — Eine Schwingung umfaßt einen Hin- und Hergang der Theilchen des schwingenden Körpers. —

Je mehr Schwingungen der tönende Körper (und mit diesem auch die Luft) in der Sekunde vollbringt, desto höher wird der entsprechende Ton ausfallen; und umgekehrt hat eine geringere Schwingungsanzahl einen tieferen Ton zur Folge. Der tiefste für uns noch wahrnehmbare Ton muß wenigstens 16 Schwingungen in der Sekunde machen. Der höchste Ton wird dagegen durch 15 bis 20.000 Luftschwingungen in der Sekunde hervorgebracht. Die Note einer jeden höheren Oktav wird durch doppelt so viele Schwingungen hervorgerufen, als die entsprechende Note der tieferen Oktav.

Dem kleinen c entsprechen 128 Schwingungen, dem c̄ dagegen $2 \times 128 = 254$, dem c̿ $2 \times 256 = 512$ Schwingungen u. s. w. Das große C bildet die tiefere Oktave von c und ertönt bei $128 : 2 = 64$, das Kontra-C (͞C) bei $64 : 2 = 32$, endlich das tiefe C oder Sub-Kontra C (͞͞C) bei $32 : 2 = 16$ Schwingungen in der Sekunde. Es ist dieß der tiefste Ton der Musik und wird einer 16 Schuh langen gedeckten Orgelpfeife entlockt.

Der Ton ā einer Stimmgabel, der höchste Brustton eines Mannes, macht 426 ganze oder 852 halbe Schwingungen in der Sekunde. Es wurden eigene Instrumente konstruiert, mit welchen man im Stande ist, die jedem Tone entsprechende Anzahl der Luftschwingungen zu bestimmen. Man heißt sie Sirenen.

§. 205.

Bedingungen, von welchen die Schnelligkeit der Schwingungen tönender Körper abhängt.

Die Anzahl der Schwingungen, welche ein schallender Körper in der Sekunde macht, ist an ein Gesetz gebunden. Sie hängt im allgemeinen ab von den Dimensionen und dem Materiale des Körpers, nicht minder aber auch von der Spannung, in welcher sich die Theilchen des schwingenden Körpers befinden.

Je gespannter, dünner und kürzer eine Saite ist, um so mehr Schwingungen vollbringt sie in der Sekunde und desto höher ist ihr Ton, was man bei einem jeden Saiteninstrumente beobachten kann. Beim Piano, bei der Harfe u. a. werden deren sämmtliche Töne durch das Anschlagen der zusammengestellten, verschieden stark gespannten, längeren und kürzeren, dickeren und dünneren Saiten erzeugt (es sind dieß Instrumente mit fertigen Tönen); bei anderen Instrumenten, wie bei der Guitarre, Violine, Zither u. a. müssen die verschiedenen Töne erst durch Verkürzung und Verlängerung der wenigen vorhandenen Saiten, durch das Niederdrücken derselben auf das Griffbrett hervorgerufen werden. Bei den Blasinstrumenten geschieht das Verkürzen oder Verlängern der Luftsäule und das damit verbundene Veranlassen höherer und tieferer Töne durch das Schließen und Öffnen der Grifflöcher.

Bei den Orgeln geben die längeren Pfeifen bei gleichem Anblasen tiefere Töne als die kürzeren, eben so die gedeckten tiefere als die offenen. Stärkeres Anblasen liefert höhere Töne.

§. 206.
Die Lippen- und Zungenpfeifen.

Fig. 230.

Orgelpfeife.

Man unterscheidet Lippen- und Zungenpfeifen. Bei den ersteren schwingt bloß die Luft allein, welche durch einen mit Hilfe des Windrohrs a (Fig. 230) in die Pfeife eingeblasenen Luftstrom, der sich an der scharfen Kante bei o bricht, in schwingende Bewegung versetzt wird. Zu dieser Gattung Pfeifen gehören die Lippen- oder Labialpfeifen der Orgeln, die Flöte, Hirtenpfeife und die Pfeifen der Knaben, welche sie sich gewöhnlich selbst verfertigen.

Bei den Zungenpfeifen wird zunächst durch den eingeblasenen Luftstrom ein elastisches Blättchen in Schwingungen versetzt, welches seine schwingende Bewegung der in der Pfeife enthaltenen Luft mittheilt. Hieher gehören die Rohr- oder Schnarrwerke der Orgeln, die Klarinette, Oboe, das Fagot u. s. w. Bei den Orgeln wird die Luft mittels Blasebälge in die einzelnen Pfeifen hineingestoßen.

§. 207.
Das Stimmorgan des Menschen.

Mit den Zungenpfeifen hat auch das Stimmorgan des Menschen viele Ähnlichkeit. Es besteht der Hauptsache nach aus der Luftröhre, deren oberes Ende durch den Kehlkopf geschlossen ist. Dieser besteht aus Knorpeln, welchen die Muskeln eine Beweglichkeit verleihen, zufolge welcher der Kehlkopf eine verschiedene Länge und Breite annehmen kann.

Der Kehlkopf ist ferner an seinem oberen Ende mit einer von vorne nach rückwärts gerichteten Spalte, die **Stimmritze** genannt, versehen. Sie wird durch zwei neben einander liegende Häute, welche **Stimmbänder** heißen, gebildet. Diese Bänder bestehen aus einem sehr elastischen Gewebe und können sowohl angespannt als auch nachgelassen werden, wodurch es ermöglicht ist, die Stimmritze zu verengen oder zu erweitern. Die Luft wird aus der Lunge durch die Luftröhre und Stimmritze in die Mundhöhle hinausgestoßen. Es hängt nun von der größeren oder geringeren Spannung der Stimmbänder (also von der Breite der Stimmritze), von der Schwingungsweise der Stimmbänder selbst und von der geringeren oder größeren Länge des Kehlkopfes ab, ob die hervorgebrachten Töne höher oder tiefer ausfallen. Das Artikulierte unseres Tones aber, nämlich die Fähigkeit bestimmte Laute hervorzubringen, wird durch die Stellung der Lippen, der Zunge, Zähne u. s. w. bedingt.

Wenn wir bedenken, auf welche künstliche Weise unser Sprachorgan zusammengesetzt ist, mit welcher Leichtigkeit wir diesen Sprachapparat beherrschen, daß bloß durch die Kraft unseres Willens wir die leisesten Regungen unseres Gemüthes und die scharfsinnigsten Aussprüche unseres Verstandes an den Tag zu legen im Stande sind, so werden wir unwillkürlich hingerissen die Werke unseres allweisen Schöpfers zu bewundern und zu endlosem Danke aufgefordert für eines der edelsten Geschenke des Allgütigen, für die Gabe der Sprache nämlich.

§. 208.

Die Art der Fortpflanzung von Schallwellen durch Luft und andere Stoffe.

Obwohl beinahe alle Körper den Schall fortzupflanzen vermögen, so sind die elastischen Körper vor allem dazu berufen. Die atmosfärische Luft ist das gewöhnlichste **Schall-Fortpflanzungsmittel**. Diese Fortpflanzung geschieht mittels Schallwellen, welche sich in jedem Mittel auf gleiche Weise bilden. Wir vernehmen die Stimme eines anderen, das Abendglöcklein, das Sausen eines Stromes, den Knall einer Kanone, die erhebenden Töne eines Choralgesanges u. a. nur dadurch, daß die Bebungen der Schallerreger auf die Luft sich übertragen und sofort mittels deren Wellenbewegung sich nach allen Richtungen des Raumes ganz gleichmäßig verbreiten, so daß sich die gleichgearteten Erzitterungen der Luft fortwährend auf der Oberfläche einer Kugel, von gleichförmig wachsendem Halbmesser befinden, in deren Mittelpunkte der schallende Körper selbst liegt.

Diese Art der Verbreitung des Schalles macht es erklärlich, warum der Schall eines wegen seiner Lage unsichtbaren Körpers dessenungeachtet gehört werden kann, wie z. B. der Knall einer Kanone, die hinter einem Berge abgefeuert wird.

Eine andere Eigenthümlichkeit der Luftwellen ist die, daß sie im Raume sich mannigfach durchkreuzen können, ohne sich in ihrer Fortpflanzung gegenseitig zu hindern.

Aus diesem Grunde hören wir im Konzerte jeden einzelnen Ton der verschiedenen Musikinstrumente unverändert.

Nicht nur die atmosfärische Luft, sondern auch viele feste Körper, wie z. B. manche Holzarten, der Erdboden, Metalle u. a. sind gute Schalleiter.

Hält man z. B. an das Ende eines Balkens das Ohr, so vernimmt man selbst bei einer bedeutenden Länge desselben das Kratzen mit der Spitze einer Nadel, welches an dessen anderem Ende ausgeführt wird.

Auch durch das Wasser und die anderen Flüssigkeiten pflanzt sich der Schall fort.

§. 209.

Die Fortpflanzungsgeschwindigkeit des Schalles.

Die Geschwindigkeit, mit welcher sich der Schall in der Luft fortpflanzt, ist eine ziemlich bedeutende, obwohl sie millionmal geringer ist, als jene des Lichtes. Genaue Versuche haben gelehrt, daß der Schall und damit jeder Ton, er möge hoch oder tief sein, sich mit der Geschwindigkeit von 1050 Wiener Fuß in der Sekunde ganz gleichförmig fortpflanzt. In den festen Körpern geschieht diese Fortpflanzung schneller als in der Luft.

Beim Abfeuern des Gewehres oder Geschoſſes sieht man das Aufblitzen des Pulvers viel früher als man den Knall vernimmt, wenn man davon weit entfernt ist; weil das Licht sich viel schneller als der Schall fortpflanzt. Der Donner folgt dem Blitze um so später, als das Gewitter vom Beobachtungsorte weiter entfernt ist. Auf Grund dieser Thatsache läßt sich auch die Weite eines Gewitters berechnen. Würde man z. B. zwischen Blitz und Donner 5 Sekunden zählen, so wird das Gewitter von dem Beobachtungsorte 5 × 1050 = 5250 Fuß, also nicht ganz ¼ deutsche Meile, entfernt sein.

§. 210.
Die Stärke des Schalles.

Von welchen Bedingungen hängt die Stärke des Schalles ab?

Jeder von euch wird mir zugeben, daß der Schall um so stärker ausfallen muß, je elastischer der Schallerreger, je regelmäßiger und ausgedehnter seine Form, je heftiger die Erschütterung desselben ist, je mehr Theilchen des Körpers selbst oder eines benachbarten, schallfähigen, mittönen und je näher der tönende Körper dem Gehörorgane ist. Aus diesem Grunde tönt z. B. ein Stahlstab stärker, als ein gleicher von Blei, eine Metallglocke klingt bedeutend heller als ein gleich schwerer Metallklumpen, eine Orgelpfeife tönt heftiger, als eine Flöte und ein starkes Aufdrücken des Bogens bei einem Streichinstrumente gibt einen stärkeren Ton als ein schwaches.

Daß durch das Mittönen benachbarter Körper der Schall verstärkt wird, lehrt die nachstehende Thatsache. Es tönt eine Saite auf einem hohlen Kästchen von elastischem Holze entschieden besser, als auf einem unelastischen Brette, weil im ersteren Falle nicht nur die Fasern des elastischen Brettchens, sondern auch die Luft in dem Kästchen mittönen werden. Solche Verstärkungsmittel des Schalles heißen **Resonanzböden**.

Saiteninstrumente, wie z. B. die Violine, Guitarre u. a. besitzen Resonanzböden. Eine Glocke kann durch das Tönen einer anderen in ihrer Nähe, oder durch ein beliebiges, stark tönendes Instrument zum Mittönen gebracht werden.

Ein jeder von euch wird gewiß auch die Erfahrung gemacht haben, daß die Stärke des Schalles mit der Entfernung der Schallwelle vom Schallerreger abnimmt. So wird der Schall einer abgefeuerten Kanone, welcher in der Nähe sehr heftig ist, in größerer Entfernung nur schwach vernommen. Die menschliche Stimme wird mit der Entfernung des Sprechenden immer schwächer und schwächer, bis sie nicht mehr gehört wird. Man überzeugt sich bei einiger Beobachtung, daß die Stärke des Schalles mit der Entfernung sehr rasch abnimmt.

Diese Abnahme in der Stärke des Schalles muß aus dem Grunde erfolgen, weil je weiter die Schallwelle fortschreitet, je mehr sie sich also vom Schallerreger entfernt, auch um so mehr Lufttheilchen von ihr in die entsprechende schwingende Bewegung versetzt werden. Die ursprüngliche bewegende Kraft, welche vom tönenden Körper ausgeht, zersplittert sich sonach unter eine um so namhaftere Anzahl von Lufttheilchen, je mehr sich die Welle ausbreitet, was zur Folge hat, daß jedes einzelne Lufttheilchen mit einer um so geringern Kraft zum Schwingen gebracht wird, je entfernter dasselbe vom Schallerreger liegt. Die Kraft, mit welcher es schwingt, bedingt aber die Stärke der Stöße auf das Trommelfell, d. h. die Stärke des Schalles. Der Schall muß demnach mit der Entfernung an Stärke abnehmen.

Aus dieser Erklärung wird man auch leicht einsehen, warum der Schall, wenn in eine zilindrische Röhre hineingesprochen wird, sich ziemlich weit mit gleichbleibender Stärke fortpflanzen kann. Die Röhre verhindert nämlich die radiale Ausbreitung des Schalles. Solche Röhren heißen Kommunikazionsröhren (Fig. 231) und werden häufig in Fabriken zur leichteren Verständigung der Werkmeister mit dem Dienstpersonale gebraucht.

Fig. 231.

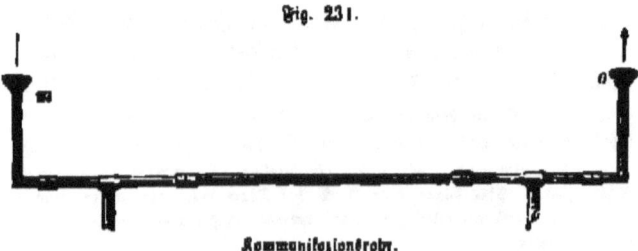

Kommunikazionsrohr.

§. 211.

Die Warnehmbarkeit des Schalles in der Ferne.

Die Entfernung, in welcher der Schall noch warnehmbar ist, hängt hauptsächlich von dessen Stärke und von der Beschaffenheit des Schallmittels ab. — Den Kanonendonner hört man meilenweit. — Feste Körper pflanzen den Schall weiter fort, als die Luft. So vernimmt man entferntes Geläute, das Pferdegetrabe u. s. w. viel deutlicher, wenn man das Ohr gegen den Erdboden hält; in vielen Fällen auch dann, wenn man bei aufrechter Stellung nichts davon warnimmt. Das Ticken der Taschenuhr wird bei zugehaltenen Ohren deutlich gehört, wenn man nur dieselbe mit den Schädelknochen des Hörenden in Berührung bringt.

Obwohl die höheren und niederen Töne sich mit derselben Geschwindigkeit fortpflanzen, so sind die höheren Töne weiter hörbar, als die tieferen.

Auch hört man den Schall bei Tag nicht so weit, wie bei der Nacht. Die Ursache liegt darin, dass bei Tag die Luft ungleichförmig erwärmt ist, demnach der Schall gezwungen wird, bald dichtere, bald dünnere Luftschichten zu durchschreiten, wodurch ein, gegen sonst, verhältnismäßig größerer Theil von der den Schall weiter treibenden Kraft zersplittert wird. Nebel, Regen, Schnee, entgegenwehender Wind, geringere Elastizität der Luft, vorzüglich jene der übrigen Fortleitungsmittel schwächen den Schall beträchtlich. So bilden z. B. Wände von Hobel- und Sägespänen bedeutende Hemmnisse bei der Schallfortpflanzung. Der Schall wird durch diese gedämpft.

Auf dem Umstande, dass der Schall bei der Fortpflanzung durch ein ungleichartiges Mittel sich bedeutend abschwächt, beruht auch das einfache Mittel zu untersuchen, ob das Innere eines Holzstammes schadhaft sei oder nicht. Hört man nämlich das Ticken einer Uhr durch den Baumstamm an allen Stellen seines Endes, wo man das Ohr hält, gleich stark, so ist der Stamm gesund; sollte man aber bei dem Herumführen der Uhr an dem einen Stammende den Schall derselben an einer oder der anderen Stelle des anderen Endes nicht hören, so würde dies ein Zeichen sein, dass im Innern des Baumes sich in der Richtung der Schallabschwächung ungange Stellen befänden.

§. 212.
Die Zurückwerfung oder Reflexion des Schalles.
Der Nachhall, der Wiederhall (das Echo).

Wenn die Schallwellen eine ebene Wand senkrecht treffen, so werden sie nach der nämlichen Richtung, von welcher sie kamen, zurückgeworfen (reflektiert). Stoßt man z. B. gegen die Wand eines Zimmers einen Laut aus, so gelangt derselbe auf doppeltem Wege zu unserer Wahrnehmung. Zuerst hört man ihn unmittelbar beim Aussprechen, man vernimmt ihn aber außerdem noch einmal, wenn der von der Wand zurückgeworfene Schallstral unser Gehörorgan trifft. Es hängt daher von der Entfernung der Wand ab, ob wir den reflektierten Laut gesondert von dem direkten hören, oder ob beide in einen Laut verschmelzen werden. Zum deutlichen Aussprechen und Verklingen eines Lautes ist nämlich die Zeit von $\frac{1}{9}$ Sekunde nöthig. Ist nun die reflektierende Wand so nahe beim Schallerreger, daß der zurückgeworfene Laut bereits vor Ablauf der Neuntel-Sekunde in das Ohr des Sprechenden gelangt, so wird der direkte Laut durch den reflektierten bloß etwas verlängert und verstärkt. Wenn aber die Wand von dem Sprechenden so weit liegt, daß der reflektierte Laut erst nach dem Verhallen des ursprünglichen Lautes, also nach Verlauf von $\frac{1}{9}$ Sekunde das Ohr desselben trifft, so wird der reflektierte Laut, obgleich etwas schwächer, doch deutlich genug und in der Weise, wie der direkte Laut, vernommen werden. Ist also die reflektierende Fläche, z. B. eine Mauer, ein Wald gerade 58 Fuß weit vom Sprechenden entfernt, so muß dem Auseinandergesetzten gemäß, gleich nach dem Verklingen des direkten Lautes der reflektierte Laut gehört werden, indem für diese Entfernung der Wand vom Sprechenden der Schall den Weg von $2 \times 58 = 116$ Fuß zurücklegen wird, um wieder zu demselben zurückzukehren und weil zur gleichförmigen Durchschreitung dieses Weges $\frac{1}{9}$ Sekunde nothwendig ist. Wäre die Wand mehr als 58 Fuß vom Schallerreger entfernt, so würde zwischen dem direkten und reflektierten Schall eine Weile verstreichen. Die bloße Verlängerung des ursprünglichen Lautes durch die Reflexion des Schalles heißt der **Nachhall**, die deutliche Wiederholung desselben dagegen das **Echo**.

Obgleich die Verstärkung des Schalles durch den Nachhall in Kirchen und Konzertsälen erwünscht kommt, so würde das Echo daselbst sehr störend wirken; demnach werden die Wände solcher Räume, wenn die letztern bedeutend groß sind, mit allerlei abgestusten Verzierungen und Gesimsen versehen und mit Tüchern behangen, welche dieselben uneben und unelastisch machen, wodurch der reflektirte Schall theils nach allen Richtungen zerstreut, theils gedämpft wird.

Das Echo kann **ein-, zwei-, drei- und mehrsilbig** sein, je nachdem die zurückwerfende Fläche vom Sprechenden 58 oder 2mal 58, 3mal 58 u. s. w. Wr.-Fuß entfernt ist.

Man kennt einzelne Stellen in Deutschland, England, Frankreich, wo das Echo zwanzig und mehr Silben, also ganze Sätze deutlich wiederholl.

Das Echo kann aber auch **mehrfach** sein, d. h. ein und derselbe Laut kann durch dasselbe eine mehrfache Wiederholung erfahren. Diese Art Echo wird hervorgerufen, wenn von dem Schall mehrere, in verschiedenen und entsprechenden Entfernungen sich befindlichen Flächen — es sind dieß gewöhnlich Felsenwände — der Reihe nach getroffen werden, die ihn zurückwerfen. Bei Aderdbach in Böhmen ist ein sieben-, bei Mailand im Schlosse Simoneta ein fünfzigfaches Echo anzutreffen.

§. 213.
Das Reflexionsgesetz des Schalles.

Fällt der Schall gegen eine ebene Wand schief auf, so wird er unter demselben Winkel, unter welchem er aufgefallen ist, auf die der einfallenden Richtung entgegengelegene Seite reflektiert; gerade so wie eine elastische Kugel, welche gegen eine Wand schräge geworfen wird. (§. 89.)
Auch hier ist der Einfallwinkel gleich dem Zurückwerfungswinkel (Figur 232). nämlich: $NCx = MCy$.

Fig. 232

Darstellung der Reflexion des Schalles.

daß der Ort des Schallerregers nach der Richtung der Wahrnehmung des Schalles versetzt wird. So ist es erklärlich, warum in manchen Fällen, besonders in Städten, wo der Schall von den Mauern der Häuser mannigfach reflektiert wird, das Glockengeläute aus ganz anderen Orten zu kommen scheint, als dieß wirklich der Fall ist. — Auf einer solchen Reflexion der Schallwellen beruht auch die Wirkung der Flüstergewölbe, welche vermöge ihrer gekrümmten Formen die Schallstralen gegen einen einzigen Punkt zu reflektiren.

Das Sprachrohr.

Auf der Reflexion der Schallstralen beruhet ferner das Sprachrohr. Die größte Entfernung, in welche die menschliche Stimme noch reicht, ist etwas über 100 Klafter. Wollen wir sie noch auf eine weitere Entfernung vernehmbar machen, so bedienen wir uns des Sprachrohrs (Fig. 233).

Fig. 233.

Sprachrohr.

Fig. 234.

Hörrohr.

Das Sprachrohr ist eine kegelförmige Röhre, in welche hineingesprochen wird, indem man deren kleinere Öffnung an den Mund hält. Durch die Wände des Rohres werden die Schallwellen zusammengehalten, auch werden die aus dem Munde schief austretenden Schallstralen (Schallrichtungen) durch mehrfache Reflexion an den Rohrwänden ziemlich gleichlaufend gemacht und sonach der Schall verstärkt. Auf diese Weise kann die Männerstimme selbst bis auf 3000 Klafter weit reichen.

Das Hörrohr.

Das Hörrohr (Fig. 234) ist dagegen eine kurze, trichterförmig gekrümmte Röhre, welche nach Art der Ohrmuscheln der Menschen und Thiere eingerichtet ist und wie diese den Zweck hat, viele Schallstralen aufzufangen, zu sammeln und in das innere Ohr zu leiten.

§. 214.

Das Gehörorgan.

Zum Schlusse dieses Abschnittes will ich euch noch die Einrichtung des ungemein zart gebauten und wundervoll zusammengesetzten Gehörorganes in allgemeinen Umrissen beschreiben.

Das Gehörorgan besteht aus drei Haupttheilen, nämlich aus dem äußeren Ohr, der Trommelhöhle und dem Labirinthe (Fig. 235).

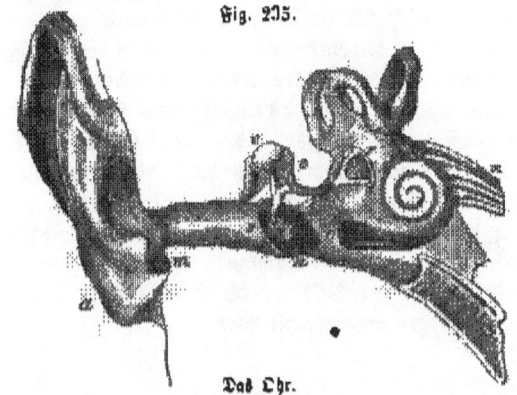

Fig. 235.

Das Ohr.

Zum äußeren Ohr gehören: die Ohrmuschel a und der Gehörgang mn; die Scheidewand gegen die Trommelhöhle bildet das Trommelfell s.

In der Trommelhöhle befinden sich die vier Gehörknöchelchen v, e, r, welche hebelartig mit einander verbunden sind und nach ihrer Gestalt die Namen tragen: der Hammer, der Amboß, das linsenförmige Knöchelchen und der Steigbügel. — Hier dreimal so groß gezeichnet, als sie es in der Wirklichkeit sind. —

Die Trommelhöhle steht mit dem innersten Theile des Ohres, dem Labirinthe, durch zwei mit einem Häutchen bekleidete Öffnungen in Verbindung, welche das ovale (r) und das runde Fenster (o) heißen. Der Steigbügel ist mit dem Häutchen des ovalen Fensters verwachsen.

Zum **Labirinthe** gehören der **Vorhof**, die drei **halbkreisförmigen Kanäle** und die **Schnecke**.

Es ist nun leicht einzusehen, auf welche Weise die Fortleitung der mit der Ohrmuschel aufgefangenen Schallstralen in das Innere des Ohres geschieht. Durch den Gehörgang gelangen dieselben nämlich zum Trommelfell. Dieses geräth dadurch in Vibrazion (Schwingung), theilt diese Bebungen den Gehörknöchelchen mit, welche wieder ihrerseits dieselben durch das ovale Fenster der Flüssigkeit im Labirinthe übermitteln.

Mittels des Gehörnerves x endlich, der in dieser Flüssigkeit sich befindet, werden die Erzitterungen derselben dem Gehirne zugeführt, wodurch in uns das eigenthümliche Gefühl des Schalles hervorgerufen wird, welches mit den dasselbe anregenden Stößen und Bebungen nichts mehr gemein hat; indem durch die Vollkommenheit des uns vom Allgütigen verliehenen und uns vom Thiere so bedeutend unterscheidenden Geistes, diese mechanischen Einwirkungen auf unser Gehörorgan in die, in hohem Grade geläuterten, unseren Gefühlen die höhere Weihe verleihenden Tonempfindungen umgewandelt werden.

Fünfter Abschnitt.

Die Optik oder die Lehre von dem Lichte.

a. Allgemeine Begriffe vom Lichte.

§. 215.

Erklärungen über das Wesen des Lichtes.

Alles das, was uns die Wahrnehmung der Gegenstände mittels des Sehorganes ermöglicht, wird Licht genannt.

Das Licht entsteht auf ähnliche Weise wie der Schall, nämlich durch die Schwingungen des Lichtäthers, eines äußerst feinen vollkommen elastischen Stoffes, der in dem ganzen Weltall verbreitet ist und die Poren sämmtlicher Körper erfüllt.

Der leuchtende Körper sendet demnach nicht etwa, wie man dies vorhin glaubte, den Lichtstoff geradezu nach allen Seiten aus, sondern derselbe befindet sich ähnlich wie eine tönende Glocke in Schwingungen; gleich dieser übt er ungemein feine und überaus schnell auf einander folgende Schläge gegen den Lichtäther aus, wodurch der letztere in Schwingungen geräth, welche sich um den leuchtenden Körper herum im Raume, so wie beim Schall, gleichmäßig nach allen Richtungen also kugelförmig und mittels Wellenbewegung (§. 198) verbreiten.

Der einzige Unterschied in der Fortpflanzung des Lichtes und Schalles besteht darin, daß die Schwingungen der Äthertheilchen nicht nach der Richtung der Lichtfortpflanzung (also longitudinal, wie die Lufttheilchen beim Schall), sondern darauf senkrecht (transversal) erfolgen. Eine Lichtwelle pflanzt sich demnach so fort, wie eine Seilwelle, welche in einem auf seinen beiden Enden befestigten Stifte durch das Daraufschlagen auf einer derselben hervorgerufen wird.

Unser Auge wird durch diese Äther-Schwingungen ganz in ähnlicher Weise wie das Gehör durch die Luftschwingungen angeregt und damit in uns der Eindruck von Licht erzeugt.

§. 216.
Verhalten der Körper gegen das Licht.

Es gibt **selbstleuchtende** und **dunkle Körper**. Die ersteren besitzen die Fähigkeit den Lichtäther in Schwingungen zu versetzen, die letzteren sind bloß im Stande die bis zu ihrer Oberfläche angelangten Ätherschwingungen entweder regelmäßig, also nach einer Richtung zurückzuwerfen (zu reflektieren), oder nach allen Richtungen zu zerstreuen; wodurch sie uns sichtbar werden.

Die Sonne, alle Fixsterne, die im Verbrennen begriffenen Körper sind selbstleuchtend. Sie besitzen ihr eigenes Licht.

Die **dunklen Körper** sind entweder **undurchsichtig**, d. h. sie lassen das Licht durch ihre Masse nicht hindurch, wie Metalle, Holz u. s. w. oder **durchscheinend**, wenn sie nämlich das Licht nur geschwächt durchdringen lassen, so daß man die hinter ihnen befindlichen Gegenstände bloß in Umrissen wahrnimmt, wie dieß z. B. beim mattgeschliffenen Glas, feinen Porzellan, dünnen geölten Papier u. s. w. der Fall ist, endlich **durchsichtig**, wenn sie dem Lichte den Durchgang vollständig gestatten, wie die Luft, das Wasser, Glas u. s. w.

Gänzliche Abwesenheit des Lichtes heißt **Finsternis**.

Hierbei muß bemerkt werden, daß man weder vollkommen durchsichtige, noch völlig undurchsichtige Körper kennt. Die Luft, das Wasser, das Glas wird in dickern Schichten minder durchsichtig, auch undurchsichtig. Gold wird, sehr dünn ausgewalzt, beinahe durchscheinend.

§. 217.
Die geradlinige Fortpflanzung des Lichtes.

Der **Lichtstral** d. h. die Richtung, nach welcher sich das Licht verbreitet, ist so lange geradlinig als das Licht in

329

demselben Mittel fortschreitet. Auf der geradlinigen Fortpflanzung des Lichtes beruhet vor allem die Entstehung von Schatten.

Der Schatten.

Jeder undurchsichtige Körper wirft hinter sich einen Schatten. Man erhält die Gestalt des Schattenkörpers, wenn man von der Lichtquelle gerade Linien an die Konturen (Gränzen oder Umrisse) des beleuchteten Körpers zieht. Der Durchschnitt dieses Schattenkörpers mit einer Fläche gibt den Schlagschatten des Körpers auf diese Fläche. Die Figur 236 versinnlicht dieß an

Fig. 236.

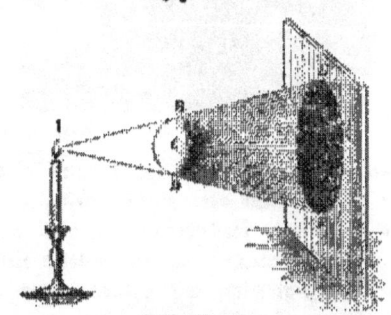

Schlagschatten.

der Beleuchtung der Kugel C durch die Kerzenflamme A. Der abgestutzte Kegel BDEF stellt hier den Schattenkörper, der beschattete Raum EF den Schlagschatten vor.

Wird dagegen ein kleinerer Körper von einem größeren beleuchtet, z. B. die Erde von der Sonne, wie dieß die Figur 237 zeigt, wo R die Sonne

Fig. 237.

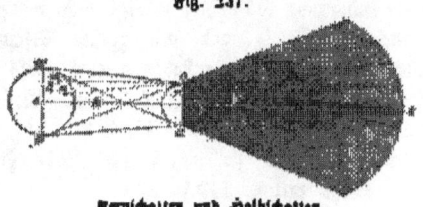

Kernschatten und Halbschatten.

und r die Erde bedeutet, so werden zweierlei Schatten zum Vorschein kommen, nämlich: der vollständige eine, welchen man auch **Kernschatten** nennt und der **Halbschatten**, in welchen ein Theil der Lichtstralen des leuchtenden Körpers eindringen wird. Mittels des Halbschattens findet vom Kernschatten zur Vollbeleuchtung ein allmählicher Übergang statt, welcher Umstand bei Mondesfinsternissen, welche dann eintreten, wenn der Mond in den Schattenraum der Erde gelangt, recht deutlich wahrzunehmen ist. Die Figur 238 stellt den Schlagschatten für diesen Fall der Beleuchtung auf der Wand T dar.

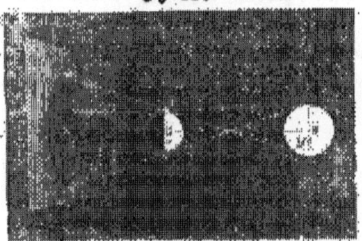

Kern- und Halbschatten auf der Wand.

Bei den Sonnenuhren fällt der Schatten eines parallel zur Erdachse an eine Wand oder Fläche befestigten Stiftes auf ein nach gewissen Regeln konstruiertes Zifferblatt und gibt die wahre Sonnenzeit an, welche von der mittleren Zeit (die von unseren Uhren angezeigt wird) mit Ausnahme von vier Tagen im Jahre stets um einige Minuten abweicht.

§. 218.

Die Fortpflanzungsgeschwindigkeit des Lichtes.

Die Fortpflanzung des Lichtes erfolgt nicht nur geradlinig, sondern auch gleichförmig und mit großer Geschwindigkeit. Genaue und vielfältige Versuche haben gelehrt, daß das Licht in der Sekunde einen Weg von 42,000 deutschen Meilen zurücklegt; woraus sich ergibt, daß die **Geschwindigkeit des Lichtes millionmal so groß ist, wie jene des Schalles.** (Vergl. mit §. 209.)

§. 219.

Die Stärke der Beleuchtung.

Das Messen derselben.

Die Särke der Beleuchung nimmt mit der Entfernung des leuchtenden Körpers von dem beleuchteten in einem raschen Verhältnisse ab. Ein Körper, welcher von der Lichtquelle doppelt so weit als ein anderer entfernt ist, wird viermal schwächer, ein Körper, welcher von ihr dreimal so weit als der erste entfernt ist, neunmal schwächer u. s. w. beleuchtet; weil sich dieselbe Lichtmenge in der doppelten Entfernung auf eine viermal so große, in der dreifachen Entfernung auf eine neunmal so große Oberfläche ausbreitet.

Aus dieser Ursache werden die Gegenstände in der Ferne betrachtet undeutlich und verschwinden bei noch größerer gänzlich.

Das Bunsen'sche Fotometer.

Dieses Instrument (Fig. 239) dient dazu, die Leuchtkraft zweier Lichtquellen mit einander zu vergleichen. Es besteht aus einer langen in Zolle und Linien getheilten Rinne, worin sich ein Schieber auf- und abbewegen läßt. Dieser trägt einen Papierschirm x, welcher in der Mitte einen kleinen mit geschmolzenem Stearin oder Wachs bereiteten runden Fleck besitzt. Dieser Fleck muß hell auf dunklerem Grunde erscheinen, wenn er auf der vom Beobachter abgewendeten Seite stärker beleuchtet ist, dagegen muß er dunkel auf hellerem Grunde sich ausnehmen, wenn er vorne stärker erleuchtet wird. — Stellt man den Schirm zwischen zwei Lichtquellen so ein, daß derselbe sowohl vorne als rückwärts eine gleich starke Beleuchtung erfährt,

Fig. 239.

Bunsen'sches Fotometer (Lichtstärkemesser).

so hört der Fleck auf sichtbar zu sein, d. h. man wird den Stearinfleck von seinem Grunde nicht mehr unterscheiden können. Befindet sich der Schirm bei dieser einzig und allein entscheidenden Aufstellung genau in der Mitte zwischen beiden Flammen, so besitzen auch beide dieselbe Leuchtkraft. Wäre der Schirm dabei nicht in der Mitte, so müßte sich derselbe der schwächeren Flamme näher befinden. In der Figur wäre dieß die Weingeistflamme. Mißt man die Entfernung des Schirmes, nachdem er, wie beschrieben, genau eingestellt wurde, von beiden Flammen ab, so wird das Verhältnis ihrer Leuchtkräfte aus diesen Entfernungen in der Art, wie das nachstehende Beispiel zeigt, berechnet.

Der Ölfleck des Bunsen'schen Fotometers verschwände, wenn auf der einen Seite des Schirmes eine Stearinkerze in der Entfernung von 1·8 Fuß, auf der anderen Seite desselben eine Argand'sche Lampe in jener von 7' sich befänden. — In welchem Verhältnis stünde die Leuchtkraft der Stearinkerze zu jener der Argand'schen Lampe?

Die Lampe bringt nach obigem in einer (7 : 1·8 = 3$\tfrac{8}{9}$) beinahe viermal so großen Entfernung als die Kerze dieselbe Beleuchtung am Schirme hervor. Ihre Leuchtkraft muß demnach beinahe $4 \times 4 = 16$mal größer sein, als jene der Kerze.

<small>Nachdem man also die kleinere Entfernung in die größere dividiert und den Quotienten mit sich selbst multiplizirt, erhält man die Zahl, welche angibt, wie oftmal die Leuchtkraft des einen Stoffes den andern übertrifft.</small>

Einfacher, obwohl nicht so genau ist das in Figur 240 gezeichnete Fotometer. Man stellt nämlich einen Stab vor eine weiße Wand und die zu vergleichenden Lichtquellen hinter denselben, u. z. jede in einer solchen Entfernung auf, daß die beiden Schatten, welche sie werfen, auf der Wand gleich stark erscheinen. Nachdem nun in dieser Stellung beide Lichtquellen die Wand

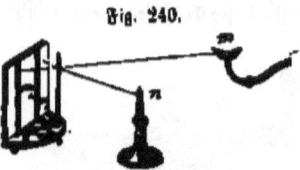

Fig. 240.

Rumford'scher Lichtstärkemesser.

gleich stark beleuchten, so wird das Verhältnis ihrer Leuchtkräfte ganz auf dieselbe Weise wie früher gefunden. Man
dividiert nämlich auch hier die größere Entfernung der Lichtquelle
von der Wand durch die kleinere und multipliziert den Quozienten
mit sich selbst.

b. Die Reflexion der Lichtstralen.

§. 220.
Das Reflexionsgesetz.

Treffen die Lichtstralen einen mit glatter Oberfläche versehenen Körper, wie z. B. poliertes Glas, Metall, Holz, so
werden sie von diesem nach demselben Gesetze zurückgeworfen,
wie die Schallwellen.

Es wird nämlich der Winkel, den der einfallende Stral
mit der Spiegelfläche bildet, gleich sein dem Winkel, den der
zurückgeworfene Stral mit derselben einschließt.

Wenn in der Figur 241 AC die Richtung des einfallen-
den, CB jene des reflektierten Strales darstellt, so muß der
Winkel BCN dem Winkel ACM genau gleich gezeichnet werden.
— Dieser Anforderung wird am einfachsten mittels nachstehender
Konstruktion entsprochen:

Fig. 241.

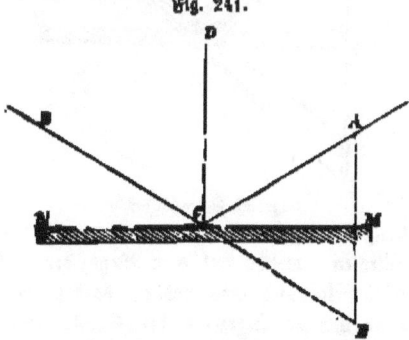

Darstellung der Reflexion der Lichtstralen.

Man fälle von einem beliebigen Punkte des einfallenden Lichtstrales AC, z. B. von A eine Senkrechte auf die Spiegelfläche MN, mache AM = ME und verbinde E mit C, so stellt die Verlängerung der Linie EC eine solche Gerade vor, welche mit dem Spiegel denselben Winkel einschließt wie die Gerade AC, sie gibt demnach die Richtung des reflektierten Strales an.

Die Senkrechte CD, welche im Treffungspunkte des einfallenden Strales auf den Spiegel errichtet wird, heißt das **Einfallsloth**. Der Winkel ACD wird in der Lehre des Lichtes der **Einfallwinkel** und der Winkel DCB der **Reflexionswinkel** genannt.

§. 221.
Die Lage des Spiegelbildes.

Befindet sich ein Gegenstand z. B. eine brennende Kerze A oberhalb der polierten Tischfläche MN (Fig. 242), so werden bekanntlich von jedem Punkte der Kerzenflamme Lichtstralen nach

Fig. 242.

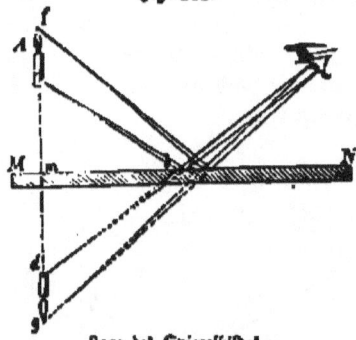

Lage des Spiegelbildes.

allen Richtungen ausgesendet. Betrachtet man von diesen bloß diejenigen Stralen, welche auf dem Wege der Reflexion in's Auge gerathen, so wird man finden, daß z. B. von a die Lichtstralen ab und ac (eigentlich der Stralenkegel bac) auf die Tischfläche auffallen und nach ihrer Reflexion das Auge in

der Weise treffen werden, daß der Punkt a unterhalb der
Tischfläche, u. z. in d gesehen wird; indem das Auge den
Lichtreiz nach der nämlichen Richtung zurückversetzt, in welcher
derselbe zum Auge gelangt. Aus der gleichen Ursache wird der
oberste Punkt der Flamme f unterhalb d. u. z. in g gesehen
werden. Dabei wird zufolge des vorhergehenden Paragrafes
ma = md, mf = mg und deßhalb auch af = dg ausfallen.

Hieraus erhellet, daß das Spiegelbild dem Gegenstande vollkommen gleich sein, aber gegen diesen
eine verkehrte Lage einnehmen wird; ferner, daß
das Bild unter der spiegelnden Fläche sich eben
so weit befindet, als der Gegenstand über derselben liegt.

Im Wasser sieht man aus demselben Grunde die Gegenstände verkehrt
abgespiegelt.

Man unterscheidet ebene und gekrümmte Spiegel.

Die ebenen Spiegel.

§. 222.

Die ebenen Spiegel zeigen das Bild eines ihnen zugekehrten Gegenstandes in einer ihm gleichen Größe und Gestalt
und eben so weit hinter der Spiegelfläche, als sich der Gegenstand vor derselben befindet.

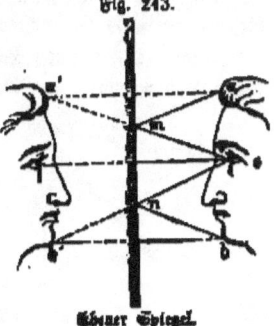

Fig. 243.

Ebener Spiegel.

Der Stral am (Fig. 243)
gelangt durch Reflexion nach o
in's Auge, welches den Punkt a
nach a', also eben so weit hinter
den Spiegel als a vor dem
Spiegel liegt, versetzt. (Vergl.
§. 220 und 221.) Dasselbe geschieht mit dem Strale bn, in
Folge dessen der Punkt b in b'
gesehen wird.

Weil ebendasselbe von einem jeden Punkte des vor dem Spiegel befindlichen Gegenstandes gilt, so folgt, daß das Spiegelbild a' b' dem Gegenstande ganz genau gleich sein und hinter dem Spiegel eben so weit liegen wird, als der Gegenstand vor demselben sich befindet.

Wir sehen also unser Bild im Spiegel nur deshalb, weil die von unserem Körper ausgehenden Lichtstralen auf die Oberfläche des Spiegels fallen und von dieser, vorzüglich aber von der darunter befindlichen Belegung (dem Amalgam) zurückgeworfen werden.

Bei einiger Aufmerksamkeit wird ferner jedermann bemerken, daß das Spiegelbild sich aus seitlich vertikal verkehrt darstellt. Wenn wir z. B. auf der rechten Seite des Gesichtes ein Mal hätten, so würde dieses im Spiegelbilde auf dessen linken Seite erscheinen.

Endlich gewahrt man noch aus der Figur 136, daß man diejenige Spiegelfläche vorstellen wird, welche genügen würde, um sein Gesicht im Spiegel ganz zu sehen. Weil nun mn = ½ ab ist, so folgt, daß man in einem Spiegel einen Gegenstand, der doppelt so groß als der Spiegel selbst ist, übersehen kann.

§. 223.
Verschiedene Lagen der Spiegel und deren Spiegelbilder.

Horizontal gestellte Spiegel zeigen bekanntlich vertikal aufwärts gerichtete Gegenstände auch vertikal, aber nach abwärts. (Siehe §. 221.)

Unter 45 Grad geneigte Spiegel müßen aus demselben Grunde vertikale Gegenstände in horizontaler Lage, und die horizontalen in vertikaler Lage erscheinen lassen, wie dieß die Figur 244 a und b zur Darstellung bringt. In beiden Fällen

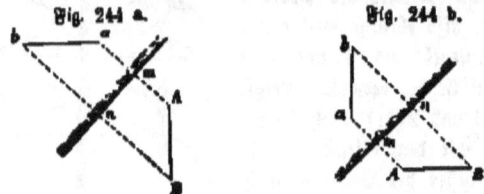

Fig. 244 a.   Fig. 244 b.

Verschiedene Lagen ebener Spiegel.

erhält man nämlich das Spiegelbild ab, wenn von A und B auf die Spiegelfläche Senkrechten gefällt, diese verlängert und Am = am, so wie Bn = bn gemacht werden.

Auf dieser Thatsache beruhen so manche optische Vorrichtungen und Spielereien, z. B. das Diorama, wo die horizontal vor den Spiegel gelegten Bilder, in demselben in vertikaler Lage gesehen werden.

§. 224.
Die Bilder der unter einem Winkel geneigten Spiegel.

Das in einem Planspiegel erzeugte Bild kann zum Gegenstand eines anderen Spiegels werden und dort neuerdings ein Spiegelbild hervorrufen. Auf diese Weise vermag das Bild eines Gegenstandes sehr mannigfach vervielfältigt zu werden. Diese Erscheinung gewahrt man am einfachsten, wenn man zwei Spiegel unter einem beliebigen Winkel zusammenstellt, so daß beide senkrecht auf einem Tische (etwa wie ein aufgeschlagenes und vertikal gestelltes Buch) zu stehen kommen und wenn man in beide Spiegel zugleich hineinsieht. Man erblickt dabei sein Gesicht mehreremal, u. z. um so öfter, je kleiner der Winkel ist, den die Spiegel einschließen. Sämmtliche Bilder werden simmetrisch, in einem Kreise angeordnet erscheinen, dessen Mittelpunkt der Durchschnittspunkt beider Spiegel ist.

Die nebige Figur 245 macht klar, auf welche Weise in den zwei Spiegeln I und II von dem Gegenstande a sieben Bilder entstehen können; sie zeigt auch ihre simmetrische Lage und die verschiedenen Stellungen derselben.

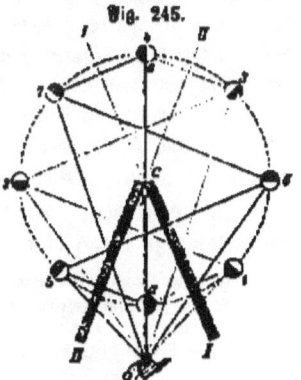

Fig. 245.

Bilder bei unter einem Winkel geneigten Spiegeln.

Die Bilder werden, je später sie entstehen, um so schwächer, weil bei jeder Reflexion wenigstens ein Drittel der auffallenden Lichtstralen theils zerstreut, theils verschluckt wird.

Auf dieser interessanten Erscheinung beruhen die Spiegelzimmer, Spiegelkästen, vor allem aber

Das Kaleidoskop.

Fig. 246.

Kaleidoskop.

Das Kaleidoskop (Fig. 246) besteht aus zwei schmalen, ebenen, rechteckigen Spiegeln SS_1, welche unter einem Winkel von 60, 45 oder 36° gegeneinander geneigt sind, und in dieser Stellung befestigt in eine innerhalb geschwärzte Röhre gebracht werden. Diese Röhre besitzt an einem Ende eine Oeffnung, zum Hineinschauen mit einem Auge bestimmt, auf dem andern Ende einen gläsernen Doppelboden S, dessen unteres Glas matt geschliffen ist, damit das Auge, beim Hineinsehen, durch die äußeren Gegenstände nicht beirrt wird. Zwischen beide Glasflächen werden verschieden geformte, bunte, durchsichtige und durchscheinende Körper hineingebracht. Der Winkelspiegel zeigt nun die bunten Körperchen vervielfältigt und simmetrisch geordnet, wodurch sternartige und regelmäßige, vieleckige Figuren zum Vorschein kommen, welche bei der geringsten Aenderung in der Lage der kleinen Körperchen (was schon durch die schwächste Erschütterung bewerkstelligt wird) sich auch ändern und eine große Mannigfaltigkeit, besonders in der Farbenvertheilung dem Auge darbieten.

Im Gewerbsleben benutzt man das Kaleidoskop, um verschiedenartige, dabei aber auch gefällige Muster zu erhalten.

Um diesen Zweck vollkommener zu erreichen, hat man in neuerer Zeit Verbesserungen an diesen Kaleidoskopen vorgenommen. So wird z. B. anstatt der bunten Körperchen eine Walze mit verschieden gefärbten Tuchschnitzeln unterhalb der Spiegel drehbar befestigt.

Die gekrümmten Spiegel.

§. 225.

Der Hohlspiegel oder Konkavspiegel.

Die gekrümmten Spiegel sind entweder hohl oder erhaben. Die ersteren heißen auch konkave, die letzteren konvexe Spiegel. Beide sind gewöhnlich Abschnitte von einer Kugel.

Die wichtigsten Eigenschaften der Hohlspiegel lassen sich in folgende Sätze zusammenfassen:

1. Sonnenstralen d. h. gleichlaufende Lichtstralen werden mit Hilfe eines Hohlspiegels in einem Punkte gesammelt, welcher in der Entfernung des halben Halbmessers, von dem Spiegel gerechnet, liegt. Dieser Punkt heißt der Brennpunkt, weil brennbare Körper — besonders die dunklen — in diesen Punkt eines von der Sonne beschienenen Spiegels gebracht, sich leicht entzünden lassen.

<small>Die Entzündung derselben erfolgt nicht in Folge der Verdichtung der Lichtstralen, sondern in Folge jener der Wärmestralen, welche die Lichtstralen stets begleiten. (Vergl. mit §. 262.)</small>

Diese Vereinigung der Licht- und Wärmestralen geschieht zufolge des bei den ebenen Spiegeln erklärten Reflexionsgesetzes derselben. Stellt z. B. die Gerade SM (Fig. 247) einen parallel zur Achse des Hohlspiegels auf denselben einfallenden Lichtstral und C den Spiegelmittelpunkt vor, so wird MC das Einfallsloth und MF den reflektierten Stral vorstellen. Gleich diesem werden die anderen parallel ge-

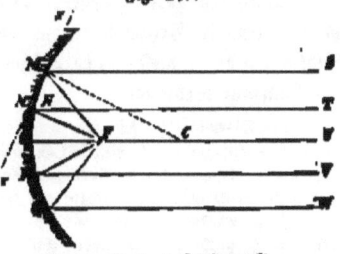

Fig. 247.

Brennpunkt eines Hohlspiegels.

richteten Stralen TN, UO, VP, WQ u. s. w. von dem Spiegel mit ganz geringer Abweichung nach dem Punkte F zurückgeworfen. Es werden demnach sämmtliche parallel zur Achse des Hohlspiegels einfallenden Lichtstralen in F vereinigt.

Zum besseren Verständnis des eben Angegebenen diene, daß um bei krummen Spiegeln das oben angegebene Reflexionsgesetz der Lichtstralen anwenden zu können, im Auffallspunkte der letzteren, d. h. in M und jedem anderen ähnlichen Punkte des Spiegels eine ebene Fläche, welche den Spiegel berührt — eine berührende Ebene — also z. B. für M bc gedacht werden muß. Dieses vorausgesetzt, erhellet auch, daß weil daselbst die MC das Einfallsloth ist, der Winkel SMC der Einfall- und der Winkel CMF der Reflexionswinkel sein wird; ferner daß sich auch bezüglich der anderen Stralen dieselben Konstruktionen werden ausführen lassen.

Diese Vereinigung der Stralen geschieht streng genommen nicht genau in dem Brennpunkte F, sondern der bemerkte Durchschnitt der Stralen breitet sich über einer Fläche aus. Bloß bei den parabolischen und elliptischen Hohlspiegeln geschieht ein genaues Vereinigen sämmtlicher parallel zur Achse des Spiegels auffallender Stralen in einem Punkte.

Der Brennpunkt eines Hohlspiegels kann auf praktischem Wege leicht gefunden werden, wenn man dessen spiegelnde Fläche der Sonne zukehrt und mittels eines kleinen Schirmes die Stelle sucht, für welche das reflektierte Bild der Sonne am kleinsten und glänzendsten erscheint.

Der Hohlspiegel als Brennspiegel.

Thatsachen haben gelehrt, daß bei größeren Hohlspiegeln der Hitzegrad im Brennpunkte ein sehr bedeutender werden kann. Platin wurde in dieser Hitze geschmolzen und verflüchtigt, auch der Diamant verbrannt.

Der Diamant läßt sich eben so schwer wie das Platin verdampfen, nur die größten Hitzegrade, wie dies mit Hilfe der Hohlspiegel zu erzeugen ermöglicht wurde, konnten ihre Verflüchtigung bewirken. Bei der Verbrennung des Diamants erfuhr man, daß derselbe aus reinem Kohlenstoff bestehe.

Höchst wunderbar ist es, wie unser allweiser Schöpfer einen und denselben Stoff, z. B. im vorliegenden Falle die Kohle, einmal in sehr unscheinbarer Gestalt, als welche abfärbende Materie, ein andermal dagegen als einen harten, wasserhellen, im üppigsten Farbenglanze schwelgenden Körper aufzustalten im Stande war.

Wegen der erwähnten Eigenschaften der Hohlspiegel heißt man sie auch **Sammel- und Brennspiegel**.

Der Hohlspiegel als Beleuchtungsspiegel.

2. **Die Lichtstralen eines leuchtenden Körpers, welcher in dem Brennpunkte eines Hohlspiegels sich befindet, werden von diesem in zueinander parallelen Richtungen in den Raum hinausgesendet.**

Dieser Satz ist die Umkehrung des vorhergehenden und daher auch selbstverständlich. Häufige Anwendung findet diese Eigenschaft hohler Spiegel bei Lampen, Laternen u. s. w. Man heißt sie in dieser ihrer Verwendung **Reverberen**. Der Zweck derselben besteht darin, die Stralen einer Flamme, welche für gewöhnlich nach allen Richtungen sich zerstreuen und demnach minder wirksam wären, parallel zu richten und demgemäß ihre Wirkung nach einer Seite zu verstärken. Solche Spiegel entsprechen ihrer Bestimmung am besten, wenn man denselben eine paraboloidische Form gibt. Die Figur 248 zeigt die Wirksamkeit eines so geformten Hohlspiegels.

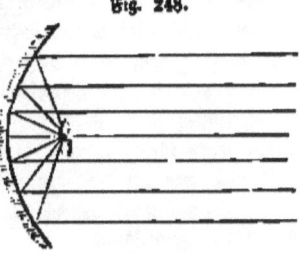

Fig. 248.

Beleuchtungsspiegel.

3. **Von einem Gegenstande, der ziemlich weit vom Hohlspiegel entfernt ist, kommt ein in der Luft schwebendes Bild (Luftbild genannt) zum Vorschein, welches in der Nähe des Brennpunktes, auf der Seite des Spiegelmittelpunktes sich befindet, und verkleinert, ferner in umgekehrter Lage sich darstellen wird.**

Um dieses nachzuweisen, betrachte man zwei von den äußersten Punkten des Gegenstandes ausgehende Stralen, deren

Richtung nach der Reflexion, zufolge der früheren Regeln, sich leicht angeben läßt; also den **Hauptstral**, der von dem Gegenstande aus durch den Mittelpunkt des Spiegels geht und den zur Achse des Spiegels **parallelen Stral**. In der

Fig. 249.

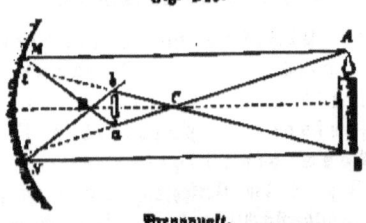

Brennpunkt.

Figur 249 wäre AB der Gegenstand vor dem Spiegel MN, dessen Mittelpunkt C ist. ACs und BCt sind die Hauptstralen, sie werden, indem sie auf den Spiegel senkrecht auffallen, nach derselben Richtung, d. h. nach sCA und tCB zurückgeworfen. Die Parallelstralen AM und BN werden aber, wie bekannt, nach dem Brennpunkte reflektiert. Der erstere Stral wird deshalb nach seiner Reflexion mit dem Hauptstrale in a, der letztere in b zum Durchschnitt gelangen. Weil nun von den dazwischenliegenden Punkten des Gegenstandes AB sich das gleiche sagen läßt, so geht hervor, daß ab ein Bild von AB sein muß, wodurch der oben zitierte Satz gerechtfertiget ist.

Dieses Bild ist ein Luftbild, und läßt sich auf einem Schirme oder auf einer Rauchwolke auffangen.

Versetzt man ferner den Gegenstand vor dem Spiegel in Bewegung, bringt also diesen etwa demselben näher, so wird man bemerken, daß dessen verkleinertes Bild in dem Maße der Näherrückung des Gegenstandes sich vom Spiegel langsam entfernt und an Größe allmählich zunimmt. Das Bild wird sich daher auch dem Gegenstande in dem Verhältnisse nähern, als dieser dem Spiegel näher kommt. Ist der Gegenstand in dem Mittelpunkte des Hohlspiegels angelangt, so ist sein Bild gleichfalls in demselben Punkte und eben so groß, wie der Gegenstand. Rückt man den Gegenstand dem Spiegel noch näher und bewegt ihn langsam gegen den Brennpunkt, so wird sein Bild zwar noch immer umgekehrt aber bereits vergrößert erscheinen, sich rasch vom Spiegel entfernen und an Größe zunehmen. Man erhält in allen diesen Fällen Luft- oder reelle Bilder — Geistererscheinungen. — **Gelangt der Gegen**-

stand in den Brennpunkt, so erblickt man nur einen hellen Schein, aber kein Bild desselben, indem dabei der Fall 2 eintritt. Diese Eigenschaft verhilft uns demnach auch dazu, den Brennpunkt eines Hohlspiegels zu bestimmen.

Der Hohlspiegel als Vergrößerungsspiegel (Rasirspiegel).

4. Ein Gegenstand, der sich zwischen dem Brennpunkte und dem Hohlspiegel befindet, gibt ein aufrechtstehendes, vergrößertes Bild, welches hinter dem Spiegel gelegen zu sein scheint. Es ist dieß kein wirkliches Bild, sondern gerade so ein Scheinbild, wie jenes, welches bei den ebenen Spiegeln hervorgeht.

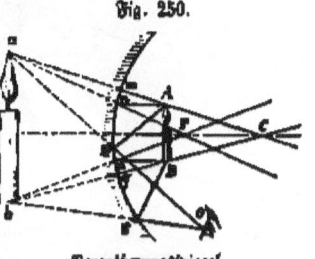

Fig. 250.

Vergrößerungsspiegel.

Um die Lage des Bildes festzustellen, betrachten wir, wie zuvor, die Rückkehr des Hauptstrales Am und des Parallelstrales An (Fig. 250) des leuchtenden Punktes A. Der erstere wird vom Spiegel nach der Richtung mAC, der letztere nach nF zurückgeworfen. Beide Stralen werden demnach in das Auge auseinanderfahrend (divergent) gerathen; weil aber dieses das Bild nach jenem Punkte versetzt, von dem sie auseinander zu gehen scheinen, so sieht es in a das Bild von A. und auf gleiche Weise in b jenes von B. Es wird demnach ab das Spiegelbild von AB vorstellen. Ein seitwärts befindliches Auge würde das Bild ab mit Hilfe der Stralen ADO und BEO u. a. ähnlich auffallenden wahrnehmen.

Diese Eigenschaft der Hohlspiegel, nämlich die Gegenstände vergrößert und dabei aufrecht darzustellen, macht sie zu Rasirspiegeln tauglich. Aus dieser Ursache nennt man die hohlen Spiegel auch Vergrößerungsspiegel.

§. 226.

* Der erhabene Spiegel oder Konvexspiegel.

Die erhabenen oder konvexen Spiegel zeigen die Gegenstände stets verkleinert und aufrecht. Man nennt sie demnach Verkleinerungsspiegel. Sie sind

344

gewöhnlich auf der Rückseite der Rasierspiegel angebracht, und jeder von euch kann sich von dieser Eigenschaft der Spiegel leicht überzeugen.

Weil sie die Lichtstralen, welche auf dieselben auffallen, unter allen Fällen zerstreuen, so heißt man sie auch Zerstreuungsspiegel.

Fig. 251.

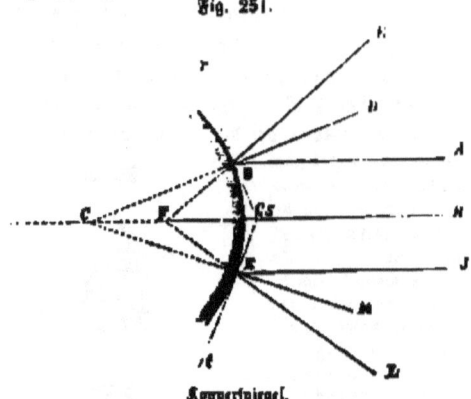

Konverspiegel.

Die obige Figur 251 zeigt, wie es komme, daß die bis zu dem Konverspiegel gelangenden Stralen nach auswärts zerstreut werden. — Ist nämlich AB ein Lichtstral, den wir der Einfachheit halber parallel zur Achse annehmen, so wird derselbe nach BE reflektirt, indem die Berührende rs die getroffene Spiegelfläche, BD das Einfallsloth derselben, ferner ABD den Einfall- und DBE den Reflexionswinkel vorstellen. BE, GH, KL sind demnach die Richtungen der von dem Spiegel zurückgeworfenen, ursprünglich auf denselben parallel aufgefallenen, Stralen. Dieselben werden also nicht mehr, wie bei hohlen Spiegeln zusammenlaufen, sondern sie werden auseinandergehen, d. h. zerstreut werden.

Die hier eintretende Zerstreuung der Stralen geschieht aber, wie die Zeichnung lehrt, nicht etwa gesetzlos, sondern sämmtliche von den konvexen Spiegeln zurückgeworfenen Stralen werden den Spiegel so verlassen, als wenn sie alle von einem hinter dem Spiegel liegenden Punkte, dem scheinbaren Brennpunkte F, welcher auch hier in der Hälfte des Spiegelhalbmessers liegt, ausgehen würden.

Die in der nachstehenden Figur 252 ausgeführte Verzeichnung des Bildes, welches dem Gegenstande AB entspricht, bei welcher die gewöhnlichen, schon bei den Hohlspiegeln (§. 221) angegebenen Regeln befolgt wurden, weiset nach, daß das Bild

Fig. 252.

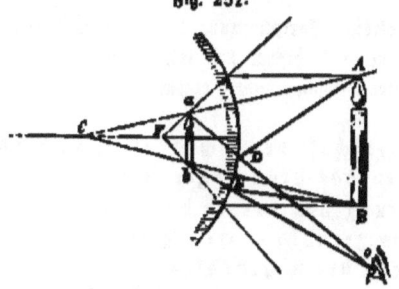

Verkleinerungsspiegel.

stets kleiner als der Gegenstand und dabei aufrechtstehend ausfallen muß, ferner daß dieses ein Scheinbild ist, also ein solches, welches hinter dem Spiegel zu entstehen scheint, und sich auf einem Schirme nicht auffangen läßt. Das seitwärts befindliche Auge erblickt das Bild mit Hilfe der Stralen ADO und BEO u. a. ähnlichen.

§. 227.

Rückblick.

Wir mögen demnach in einen ebenen, hohlen oder erhabenen Spiegel hineinsehen, so wird, so lange wir uns in demselben aufrecht erblicken, das Bild unserer Person stets als Scheinbild erscheinen.

Die von einem Gegenstande unmittelbar auffallenden Stralen werden dabei von den behandelten drei Sorten Spiegel so reflektiert, daß sie bei den ebenen den Eindruck eines gleich großen, bei hohlen den des vergrößerten und bei erhabenen Spiegeln jenen des verkleinerten Bildes auf unseren Gesichtssinn ausüben.

346

c. **Die Brechung der Lichtstralen im allgemeinen.**

§. 228.

Die geradlinige Fortpflanzung der Lichtstralen erleidet eine Ausnahme, wenn der Lichtstral sich nicht in einem und demselben Mittel verbreitet, sondern aus einem Mittel in ein anderes übertritt.

Die Eigenschaft der Lichtstralen, an der Gränze zweier gegen das Licht ungleich gearteter Mittel eine Ablenkung von der in dem einen Mittel eingeschlagenen geraden Richtung anzunehmen, heißt man Brechung der Lichtstralen.

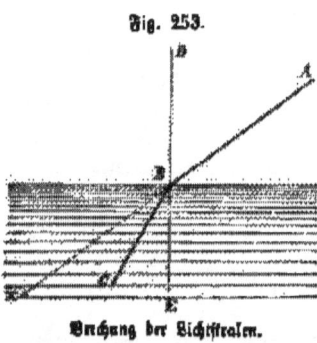

Fig. 253.

Brechung der Lichtstralen.

AB (Fig. 253) würde den einfallenden Lichtstral vorstellen. Derselbe sollte nun, seine eingeschlagene Bewegung fortsetzend, in dem neuen Mittel, welches hier durch die Schraffierung angezeigt ist, nach der Richtung Bx fortschreiten. Versuche lehren aber, daß der Lichtstral beim Übertritte aus einem Mittel in das andere seine Fortpflanzungsrichtung ändert, und in dem neuen Mittel z. B. den Weg BC einschlägt, welche neue Richtung mit der alten einen stumpfen Winkel einschließt. Aus diesem Grunde sagt man: der Lichtstral wird gebrochen und BC heißt der gebrochene Lichtstral.

Rücksichtlich des Lichtes ungleichgeartete Mittel nennt man solche Stoffe, welche eine verschiedene Dichte besitzen. So ist z. B. Wasser oder Glas ein dichteres Mittel als Luft, demnach ungleichartig mit dieser. — Die Luft selbst besitzt in den verschieden hohen Schichten der Atmosfäre, u. z. in jeder derselben eine andere Dichte. Ein und derselbe Stoff kann sich demnach auch in Zuständen befinden, welche sein verschiedenes Verhalten gegen das Licht herbeiführen. — Es wird also der Lichtstral, welcher aus dem Wasser oder Glase in die Luft oder umgekehrt aus der Luft in das Wasser oder Glas übertritt, gebrochen.

§. 229.

Die Grundgesetze der Brechung.

Die Grundgesetze der Brechung lauten:

1. **Der einfallende und gebrochene Lichtstral** befinden sich in einer und derselben Ebene und bilden mit dem **Einfallslothe**, d. h. mit der Senkrechten DE, welche im Einfallspunkte B des Strales auf die Oberfläche des neuen Mittels errichtet wird, ungleiche Winkel. Dabei heißt der Winkel ABD der **Einfall-** und jener EBC der **Brechungswinkel**.

2. **Der Lichtstral, welcher aus einem dünneren in ein dichteres Mittel**, z. B. von der Luft in das Wasser oder Glas übertritt, **wird in diesem zum Einfallslothe gebrochen**. Der Brechungswinkel EBC ist in dem Falle kleiner als der Einfallwinkel ABD. Die Figur 145 zeigt eine solche Brechung.

3. **Der Lichtstral dagegen, welcher aus dem dichteren in das dünnere Mittel**, z. B. vom Wasser oder Glas in die Luft übergeht, **wird in diesem — also z. B. in der Luft — vom Einfallslothe hinweggebrochen**. In dem vorliegenden Falle ist offenbar auch der Brechungswinkel größer, als der Einfallwinkel. Spätere Beispiele werden diese Art Brechung klar machen.

4. **Die Größe der Ablenkung des Strales durch die Brechung hängt von der materiellen Beschaffenheit der die Brechung veranlassenden Mittel**, nämlich von ihrem Brechungsverhältnis ab. — Die genaue Konstrukzion derselben setzt eine gründliche Einsicht in die Lehren

der Geometrie voraus. Sie ist in den folgenden Beispielen bloß beiläufig und ohne Begründung ausgeführt.

5. **Trifft der Lichtstral die Oberfläche eines neuen Mittels senkrecht, so tritt er ungebrochen in das Mittel ein.**

§. 230.

Beispiele zur Einübung der Brechungsgesetze.

Ich will euch diese Grundgesetze an einigen Beispielen näher beleuchten.

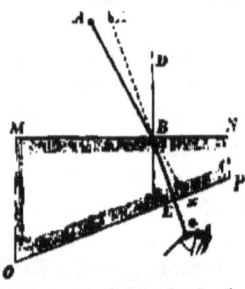

Fig. 254.

Brechung des Lichtstrales durch einen prismatischen Glaskörper.

1. MNOP (Fig. 254) würde einen **prismatischen Glaskörper** vorstellen. Der einfallende Lichtstral AB wird nun, nachdem er aus einem dünneren in ein dichteres Mittel — von der Luft in das Glas — übergeht, nach BE, also zum Einfallslothe BD gebrochen. Ist an diesem Glase die untere Fläche OP so zugeschliffen, daß der abgelenkte Stral BE auf derselben senkrecht zu stehen kommt, so tritt er nach dem 5. Gesetze ohne weitere Brechung in die Luft heraus. Der Winkel xBE, den der einfallende Stral mit dem austretenden bildet, wird **der Ablenkungswinkel** genannt.

Das Auge o, welches sich unterhalb des Glasprisma's befindet, wird den Gegenstand von A nach A' versetzen.

2. Geben wir nun dem Glaskörper eine solche Gestalt, daß an demselben die **Eintritts- und die Austrittsfläche des in denselben eindringenden Lichtstrales unter sich parallel wären,** nehmen wir also an, daß AB (Fig. 255) der einfallende Lichtstral, die Fläche MN parallel zur Fläche OP sei, so ergibt sich die folgende Betrachtung:

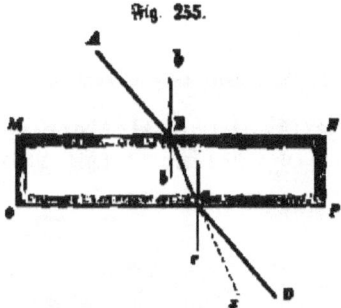

Fig. 255.

Brechung der Lichtstralen durch parallelwandige Glaskörper.

Der Lichtstral AB wird zufolge des 2. Grundgesetzes zum Einfallslothe Bb, also nach BC gebrochen. In C angelangt wird derselbe, weil das Mittel sich ändert, die Richtung Cx, welche eine Verlängerung von BC ist, nicht weiter verfolgen, sondern der Lichtstral wird vermöge des 3. Grundgesetzes vom Einfallslothe Cc weggebrochen, also nach CD abgelenkt, so daß die Richtung CD parallel zur Richtung AB sein wird. Diese Thatsache berechtiget zum Ausspruche des Lehrsatzes:

Wenn ein Lichtstral ein parallelwandiges Mittel von beliebigem Material durchsetzt, so hat der aus diesem tretende Stral dieselbe Richtung, wie der in das Mittel eindringende.

Dieser Lehrsatz leuchtet aber auch ohne Versuche ein, wenn man bedenkt, daß die Brechung vom Einfallslothe rückgängig genommen, nichts anderes ist, als eine zum Einfallslothe. Aus diesem Grunde wird der Stral Cx bei dem Übergange von dem Glase in die Luft um denselben Winkel vom Einfallslothe abgelenkt, als er bei dem Eintritte von der Luft in das Glas zum Einfallslothe gebrochen wurde. Der austretende Lichtstral muß demnach bei parallelwandigen Mitteln stets dieselbe Richtung wie der einfallende verfolgen, trotzdem wird er aber eine von der Dicke des Mittels abhängige Verschiebung erfahren.

Fällt aber der Lichtstral senkrecht auf ein parallelwandiges Mittel, so geht er in derselben Richtung durch das Mittel hindurch.

Die Brechung durch Glasprismen.

3. Der prismatische Glaskörper hätte endlich einen dreieckigen Querschnitt (Fig. 256). In einem

Fig. 256.

Brechung der Lichtstralen durch Glasprismen.

solchen Körper, den man gewöhnlich ein Glasprisma nennt, wird der einfallende Lichtstral AB zuerst zum Einfallslothe, also nach BC, hierauf von demselben, also nach CD gebrochen. Der Gegenstand A wird demnach in Folge dieser zweimaligen Brechung von einem in der Richtung DC hineinsehenden Auge in F erblickt. Mittels eines solchen Prisma's läßt sich demnach eine bedeutende Ablenkung des Lichtstrales erzielen.

<small>Das Auge gewart auch hier ein Scheinbild des Gegenstandes, u. z. ganz auf dieselbe Weise wie bei den Spiegeln. Der Stralenkegel BAE nämlich wird hier durch die Brechung in jenen, dessen Spitze in F liegt, umgewandelt, welchen man erhält, wenn die beiden, nach der Brechung in das Auge tretenden Stralen nach rückwärts verlängert werden; dieses letztere aus der Ursache, weil das Auge in derselben Richtung, in welcher es getroffen wird, die Veranlassung des Lichteindruckes zurückversetzt.</small>

An dieser Stelle muß aber auch noch aufmerksam gemacht werden, daß ein Stral DC, welcher parallel zum Rücken des Prisma's einfiele, auf der anderen Seite gegen denselben gebrochen würde. Diese Thatsache werde ich bei der Erklärung der optischen Linsen (§. 239) benutzen.

§. 231.
Die Ablenkung des Lichtstrales durch Glasprismen.

Die Größe der Ablenkung des Lichtstrales mittelst Glasprismen hängt ab von dem Brechungsvermögen des Glaskörpers, von der Größe des brechenden Winkels MNP des Prisma und von jener des Einfallswinkels b'BA des Lichtstrales.

Gewöhnliches Glas erzeugt bei einem entsprechend großen brechenden Winkel eine ziemlich nahmhafte Ablenkung, Krownglas*) eine noch beträchtlichere, Flintglas**) endlich die bedeutendste Ablenkung des Lichtstrales, welche Glassorten überhaupt zu erzeugen vermögen. Bei sonst gleichen Verhältnissen wird demnach ein Prisma von Flintglas das Bild von seinem Gegenstande weiter hinausrücken, als jenes von Krownglas oder von gewöhnlichem Glase. Ein Prisma von Diamant hingegen wird das Bild am weitesten von seinem Gegenstande entfernen.

Aus diesem Grunde sagt man: der Diamant bricht die Lichtstralen am stärksten; minder stark u. s. in abnehmenden Grade ist die Stralenbrechung durch Flintglas, Krownglas, gewöhnliches Glas, Weingeist, Wasser, Luft.

Weingeist bricht die Lichtstralen stärker als Wasser, und bildet demnach eine Ausnahme von der Regel; denn als ein weniger dichter Körper sollte er die Stralen minder stark, als das Wasser brechen.

Andere Versuche haben gelehrt, daß bei einem Prisma die Ablenkung des Lichtstrales um so stärker ausfällt, je größer der brechende Winkel MNP, also derjenige Winkel ist, welchen die zwei vom einfallenden und ausfahrenden Strale getroffenen Flächen des Prisma mit einander einschließen. Endlich setzten die Versuche außer Zweifel, daß die Ablenkung des Lichtstrales bei sonst gleichbleibenden übrigen Verhältnissen um so größer wird, je größer der Einfallswinkel b'BA veranlaßt wird.

---

*) Krownglas ist gewöhnliches Glas mit einer Beimengung von Kreide und Arsenik oder von Salpeter, Borax, Arsenik.

**) Flintglas ist gewöhnliches Glas mit einer Beimengung von Mennige (Bleiüberoxibul).

§. 252.

Die totale Reflexion bei der Brechung.

Fällt der Lichtstral in einem Prisma oder einem ähnlichen Körper auf die Austrittsfläche desselben unter einem zu großen Winkel ein, so erfährt dieser an jener Fläche keine Brechung, sondern eine Zurückwerfung, welche die totale Reflexion (vollständige Zurückwerfung) genannt wird.

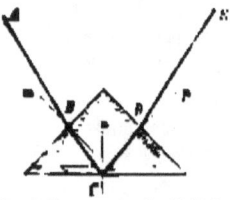

Fig. 257.

Darstellung der totalen Reflexion.

Die nebige Figur 257 stellt eine solche Reflexion dar. Daselbst wird der einfallende Stral AB, zufolge bekannter Brechungsgesetze, nach BC abgelenkt. In C sollte er in die Luft neuerdings austreten und dabei vom Einfallslothe gebrochen werden. Im allgemeinen wird dieß auch geschehen. Beträgt aber der Einfallswinkel BCn mehr als 41° und 48', also wie im vorliegenden Falle 42°, so wird der Stral BC an dieser Fläche nicht austreten können, sondern derselbe wird zufolge des Reflexions-Gesetzes nach CD reflektiert, gelangt auf diese Weise nach D und tritt dort in der Richtung DE aus, nachdem er in D vom Einfallslothe p gebrochen wurde.

Diese Art Zurückwerfung heißt deßhalb eine vollständige Reflexion, weil in dem bezeichneten Falle der ganze auffallende Stralenbündel zurückgeworfen wird, während bei der gewöhnlichen Reflexion der dritte Theil von den auffallenden Stralen, theils durch Zerstreuung, theils durch Brechung verloren geht. Der Winkel, für welchen die totale Reflexion stattfindet, richtet sich nach dem Brechungsverhältnis beider Mittel, an deren Gränze dieselbe eintreten soll. Für Glas und Luft ist der oben angegebene Gränzwinkel von 41° und 48' giltig. Gewöhnlich bemerkt man diese totale Reflexion an den Luftblasen, welche in der Glasmasse der Spiegel eingeschlossen sind, und die beleuchtet an ihrer Oberfläche stark glänzen.

Die einfache Vorrichtung, welche zum Nachzeichnen von Landschaften dient und Camera lucida heißt, beruhet auf der totalen Reflexion des Lichtes.

§. 233.

Erscheinungen der Stralenbrechung.

Ich will den Gegenstand der Lichtbrechung nicht eher verlassen, bis ich euch nicht einige im alltäglichen Leben vorkommende Erscheinungen, welche ebenfalls auf der Stralenbrechung beruhen, erklärt habe.

So erscheint z. B. ein in das Wasser zur Hälfte schief versenkter Stab ABC (Fig. 258) von oben betrachtet nicht gerade, sondern als wenn er gebrochen wäre. Diese Täuschung beruhet auf der Stralenbrechung.

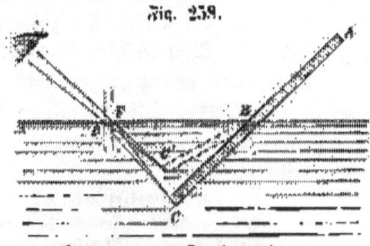

Fig. 258.

Erscheinung der Stralenbrechung.

Von dem Ende C (Fig. 258) des Stabes nämlich werden nach allen Richtungen Lichtstralen ausgehen. Ich betrachte der Einfachheit halber bloß die zwei Stralen CD und CF (das nämliche gilt auch von den übrigen des Stralenkegels DCF). Beide werden bei ihrem Austritte in die Luft vom Einfallslothe (nach §. 229—3) gebrochen. Der Stral CD wird aber stärker als CF abgelenkt, weil er unter einem größeren Einfallwinkel auf die Trennungsfläche beider Medien auffällt (§. 231). Es werden demnach diese zwei Stralen nach der Brechung stärker auseinanderfahren, als dieß vor derselben der Fall war. Das Auge wird also den Lichtpunkt, von dem sie ausgegangen sind, höher z. B. nach C' versetzen. Weil sich nun ähnliches von jedem andern Punkte des eingetauchten Stabes sagen läßt, so ist es erklärlich, warum der untergetauchte

354

Theil BC des Stabes verkürzt und gegen die Wasserfläche gehoben, also in der Lage BC' gesehen wird.

Aus derselben Ursache erblickt man eine Münze oder einen beliebigen Gegenstand im Wasser höher, als dieß wirklich der Fall ist; auch der Boden eines Behälters scheint der Wasseroberfläche näher zu liegen. Einen Teich nämlich, der klares Wasser enthält, wird man stets für seichter halten, als er es in der Wirklichkeit ist.

Ferner erscheint jeder Gegenstand in einer Flüssigkeit vermöge der Stralenbrechung größer. Die Fische z. B. kommen einem im Wasser größer vor, als sie es thatsächlich sind.

Auch ist die Stralenbrechung die einzige Veranlassung, warum die Sonne, der Mond und die Sterne schon früher gesehen werden, ehe sie sich über unserem Horizonte erheben, und weshalb man sie noch einige Minuten über dem Horizonte sieht, obschon sie in der Wirklichkeit untergegangen sind. Sie bewirkt ferner das Funkeln der Sterne, das scheinbare Erzittern der entfernten Gegenstände während heißer Sommertage und die verschiedenartigen Luftspiegelungen.

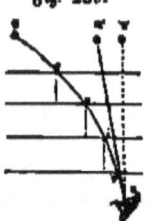

Fig. 259.

Erscheinung der Stralenbrechung.

Der von einem außerhalb der Erde befindlichen, leuchtenden Körper, z. B. einem Stern a (Fig. 259) in die Atmosfäre eindringende Lichtstral wird nämlich wegen allmähliger Zunahme der Dichte in der Atmosfäre nach unten, von Schichte zu Schichte zum Einfallslothe gebrochen, und wird demgemäß auf dieser Bahn eine krumme Linie aacivo beschreiben, deren konkave Seite dem Horizonte zugekehrt ist. Aus diesem Grunde versetzt das Auge die Gestirne höher, als sie es wirklich sind, nämlich nach oa'. Bloß ein im Scheitel des Beobachters befindlicher Stern a wird zufolge §. 229, 5. an seinem wahren Orte gesehen.

Die verschiedenen Luftspiegelungen, welche theils über dem erhitzten Erdboden, theils über dem kühlen Meeresspiegel zum Vorschein kommen, entstehen, sobald der Lichtstral von einem irdischen Gegenstande, z. B. von a (Fig. 260) ausgeht, wegen der Stralenbrechung sich krümmt, nach cic, in der Luft bei e eine totale Reflexion erfährt und nach dieser erst das Auge des Beobachters in o trifft. In der afsikanischen Sandebene scheinen zufolge derselben entfernte Dörfer im Wasser zu stehen, in welchem sie sich verkehrt zeigen, und der vor Hitze schmachtende Wanderer gewart erst bei Annäherung, zu seinem Leidwesen, daß diese Spiegelung auf einer Täuschung beruht. — Das scheinbare Zittern der Gegen-

355

Fig. 260.

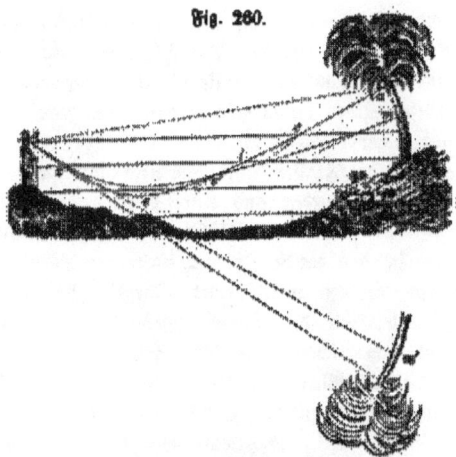

Erscheinung der Stralenbrechung.

stände läßt sich auf ähnliche Weise erklären, wenn man hiezu noch berücksichtiget, daß der Lichtzustand einer bewegten Atmosphäre veränderlich ist, wodurch die Ableitung des Lichtstrales jeden Augenblick eine andere wird.

Die Farbenzerstreuung.

§. 234.
Das Farbenspektrum.

Ihr habet schon bei Gelegenheit der Lehren über Glasprismen die Überzeugung gewonnen, daß dieselben die Fähigkeit nicht besitzen die Lichtstralen zu sammeln, sondern daß sie stets die Stralen auseinander zu bringen streben. Diese Eigenschaft der Prismen führte uns nun zur Erkenntnis einer weiteren Eigenthümlichkeit des Lichtes, nämlich zu jener der Farbenzerstreuung.

Sieht man nämlich durch ein Glasprisma einen Gegenstand an, so erblickt man alsogleich, daß derselbe an seinen Rändern mit Regenbogenfarben eingefaßt ist; läßt man durch ein Glasprisma einen Lichtstral dringen und fängt denselben nach seinem Durchgange auf, so wird man finden, daß derselbe nicht nur

23 *

350

eine Ablenkung erfahren hatte, sondern daß er auch in die Regenbogenfarben aufgelöst wurde. Der Diamant, auch der Thautropfen schimmert aus derselben Ursache in der bekannten Farbenpracht. Diese Farben treten rein hervor, wenn man das Experiment auf folgende Weise anstellt:

Nachdem die Fenster eines Zimmers mit gut passenden Laden verschlossen wurden, und einer davon mit einer feinen Öffnung versehen worden ist, läßt man durch diese Öffnung den Sonnenstral in das dunkle Zimmer eintreten. Fängt man nun diesen Stral, welchem mittels eines Spiegels (Heliostates), — der außerhalb, vor dem Laden angebracht ist und mit Hilfe einer Schraubenvorrichtung von innen gehörig eingestellt werden kann, — diejenige Richtung gegeben wird, wobei er stets durch das Löchelchen in das Zimmer gelangt, mit einem weißen Schirme möglichst senkrecht auf, so gewart man auf dem Schirme, so lange der Sonnenstral direkt auf denselben fällt, nichts anderes als ein rundes Sonnenbild. Bringt man aber vor diese Öffnung von innen ein Glasprisma, so wird an die Stelle des runden Sonnenbildes ein länglicher, beleuchteter Streifen von der Breite des früheren Sonnenbildes zu sehen sein, welcher mit den prachtvollen Regenbogenfarben geschmückt ist und an den beiden Enden abgerundet sich darstellt.«

Diese wunderbare Farbenanordnung heißt das Farbenspektrum. Hält man bei diesem Versuche die brechende Kante

Fig. 261.

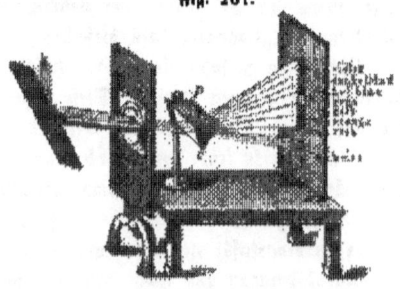

Analyse des Lichtes.

c des Prisma's P nach abwärts, also in der Art wie die Figur 261 dieß zeigt, so erscheint das Spektrum oberhalb, gibt man dem Prisma die umgekehrte Lage, so erblickt man das Spektrum unterhalb am Schirme und wie zuvor in vertikaler Stellung. Wird endlich das Prisma vor die Öffnung so gehalten, daß die brechende Kante desselben aufrecht gerichtet ist, so kommt das Spektrum, in der Höhe der Öffnung abgelenkt, und seiner Erstreckung nach horizontal zum Vorschein.

Aus diesem Versuche erhellet, daß die zerstreuende Kraft des Prisma's allein die angedeutete Zerlegung des Sonnenlichtes in die einzelnen farbigen Stralen — welche gleichsam einen Farbenfächer bilden — bewirkt hat.

Beobachtet man dieses Farbenspektrum genauer, so gewahrt man alsogleich, daß die einzelnen Farben nicht ganz scharf gegeneinander abgegränzt sind, sondern daß sie durch Zwischenfarben ineinander übergehen und aus einer zahllosen Mannigfaltigkeit von Farben-Nuancen bestehen.

Newton (sprich Niut'n), der Entdecker der Farbenzerstreuung, hat von diesem Farbenspektrum sieben der vorzüglichsten Farben hervorgehoben; sie sind: Roth, Orange, Gelb, Grün, Blau, Indigo, Violett und dieselben stehen untereinander in ähnlicher Beziehung wie die sieben Töne der Musik.

Die violette Farbe erscheint am stärksten, die rothe am schwächsten abgelenkt.

Die violetten Stralen besitzen demnach die größte, die rothen die geringste Brechbarkeit. Die Brechbarkeit der übrigen Stralen liegt zwischen jenen der eben genannten. Der violette Stral kommt, wie genaue Versuche lehrten, zum Vorschein, wenn der Lichtäther in der Sekunde 660 Billionen, der rothe Stral, wenn derselbe 450 Billionen Schwingungen macht. Wie fein und elastisch muß nicht der Lichtäther sein, wenn er diese ungeheuere Zahl von Schwingungen in der kurzen Dauer von einer Sekunde vollbringen soll! — Die violetten Stralen sind zufolge des Anebenandergesetzten den höchsten Tönen, die rothen Stralen den tiefsten Tönen der Musik gleich zu halten.

Aus allen diesen Thatsachen folgt, daß das weiße Sonnenlicht nicht einfach ist, sondern aus zahlreichen farbigen Stralen besteht, und daß das Glasprisma die im weißen Sonnenlichte noch gleichlaufenden, verschieden gefärbten Stralen nach ihrer Brechbarkeit abscheidet, den Farbenfächer also gleichsam ausbreitet.

Diese Aussage wird noch durch die Erscheinung bekräftiget, daß das in die einzelnen farbigen Stralen aufgelöste Sonnenbild sich wieder herstellen läßt, wenn man die Stralen des Farbenspektrums, etwa mittels eines Hohlspiegels, in einem einzigen Lichtpunkte vereiniget.

§. 235.

Unzerlegbarkeit der einzelnen Farben des Spektrums.

Weitere Versuche haben gelehrt, daß die einzelnen Farben des Spektrums sich nicht mehr weiter zerlegen lassen. Das Orange, Grün, Violett des Spektrums sind nicht als Gemische von Roth und Gelb, Blau und Gelb, von Blau und Roth anzusehen, sondern sämmtliche Farben desselben sind einfach und mit jenen nicht gleichbedeutend, welche wir durch Mischfarben erzeugen.

§. 236.

Begriff der komplementären Farben.

Fängt man eine Sorte der Stralen des weißen Sonnenlichtes auf, und vereiniget die übrigen mittels Hohlspiegels zu einem kleinen runden Bilde, so erscheint dieses in der **komplementären** d. h. in der **Ergänzungsfarbe** zu jener, welche die aufgefangenen Stralen zeigen. So werden z. B. nach Abscheidung der **rothen** Stralen die zurückgebliebenen ein **grünes**, nach jener der **orangefarbigen** Sonnenstralen die zurückgebliebenen ein **blaues** Bild u. s. w. geben.

Man sagt demnach, **Roth und Grün, Orange und Blau, Gelb und Violett sind Ergänzungs- oder komplementäre Farben.**

Einer jeden Farbe, welche nicht weiß ist, fehlen gewisse einfache Bestandtheile des weißen Lichtes. Diese geben in ihrer Mischung die Ergänzungsfarbe zu jener.

§. 237.

Die Farben der Gegenstände.

Erscheinungen der Farbenzerstreuung in der Atmosfäre.

Die Farben der uns umgebenden Gegenstände sind selten rein prismatische Farben, sondern sie sind stets mehr oder weniger aus den verschiedenen einfachen Farben zusammengesetzt, und können mittels des Prisma's in diese zerlegt werden.

Die durchsichtigen Körper zeigen diejenigen Farben des weißen Sonnenlichtes, welche sie durchlassen, die übrigen Stralen werden von ihrer Materie zurückgehalten, oder wie man sich auszudrücken pflegt, verschluckt.

Blaues Glas wird vornehmlich die blauen Stralen durchlassen, die orangefarbigen verschlucken, gelbes Glas wird die gelben durchlassen, dagegen die violetten absorbieren oder verschlucken.

Die undurchsichtigen Körper werden uns nur dadurch in ihrer eigenthümlichen Farbe sichtbar, weil sie entweder sämmtliche Stralengattungen des auffallenden Sonnenlichtes nach allen Richtungen zurückwerfen (zerstreuen), oder weil sie nur eine gewisse Gattung zerstreut reflektieren, indem sie die komplementäre absorbieren (verschlucken). Im ersteren Falle erscheinen sie weiß, im letzteren aber in derjenigen Farbe, welche sie vorzugsweise zurückwerfen.

Körper, welche z. B. grün gefärbt erscheinen, reflektieren vornehmlich die grünen Stralen des Sonnenlichtes und absorbieren die rothen.

Absorbiert ein Körper fast alle Lichtstralen und wirft demnach fast gar keine zurück, so erscheint er schwarz. Reflektiert ein Körper mehrere Stralengattungen unregelmäßig, so erscheint derselbe schillernd.

Die Fähigkeit, eine Stralengattung nach allen Seiten zu reflektieren, die andere zu absorbieren, ist eine besondere Eigenschaft der Oberfläche und der inneren Struktur der Materie.

Die Lichtmeteore.

Die Bläue des Himmels, der Regenbogen, die Dämmerung, die Morgen- und Abendröthe sind lauter Erscheinungen, welche auf der Zurückwerfung, Brechung und dabei erfolgten Farbenzerstreuung der Sonnenstralen beruhen.

* Die **Bläue des Himmels** wird durch die Zurückwerfung vorzugsweise der blauen Stralen von Seite der oberen Luftschichten der Atmosfäre hervorgerufen. Doch nur in größeren Mengen erscheint uns die Luft blau. Die Berge, Wälder erscheinen uns deshalb bloß in der Ferne blau. Das über uns an heiteren Tagen ausgespannte blaue Himmelsgewölbe stellt also demgemäß nichts Festes vor, es ist nichts anderes als das Bild der in der Atmosfäre befindlichen Luftschichten. Wäre über uns keine Luft, so würden wir den Himmel nicht blau, sondern schwarz erblicken.

Der **Regenbogen**, welcher unser Auge dann ergötzt, sobald die herabfallenden Regentropfen von der Sonne beschienen werden und wir uns dabei zwischen dem Orte des Regens und der Sonne befinden, wird dadurch hervorgerufen, daß der in den Tropfen eintretende Lichtstral vor allem zum Einfallslothe gebrochen wird und dann im Innern des Tropfens eine totale Reflexion (§. 232)

Erklärung des Regenbogens.

erfährt. Dadurch erleidet derselbe in seiner Richtung eine Umkehr und beim Heraustreten in die Luft eine wiederholte Brechung, welche aber jetzt vom Einfallslothe erfolgt, und die von einer Zerstreuung des weißen Sonnenstrales in seine einzelnen farbigen Stralen begleitet sein wird. Den Weg, welchen der Lichtstral im Regentropfen einschlägt, gibt dir nebige Figur 262 an. Die Parallelen as, as', as'', as''' stellen die Sonnenstralen, 1, 2, 3, 4 die Regentropfen vor, u. z. bilden 1 und 2 die Tropfen, welche die Einsäumung des Hauptregenbogens bilden,

3 und 4 gehören dagegen zum Nebenregenbogen, der auch öfters zu sehen ist. Man erblickt sofort auch aus der Figur, daß der Hauptregenbogen unterhalb mit violett, oberhalb mit roth begränzt wird und daß beim Nebenregenbogen — in dessen Tropfen eine zweimalige totale Reflexion erfolgt — die Farbenaufeinanderfolge des Spektrums eine umgekehrte ist.

Unterwirft man die prächtige Erscheinung des Regenbogens einer eingehenderen Betrachtung, so kommt man zur Einsicht, daß von einem und demselben Tropfen nicht der ganze in die einzelnen farbigen Stralen aufgelöste Stralenbündel in das Auge des Beobachters gelange, sondern daß von gewissen Tropfen vorzugsweise die rothen, von andern überwiegend die gelben Stralen u. s. w. in dessen Auge gerathen; ferner tase auch nur jene Regentropfen, welche rücksichtlich des Beobachters in irgend einem Augenblicke der Erscheinung gleich gelegen sind, diesem Stralen der nämlichen Farbe zusenden werden.

Der Regenbogen erscheint demnach stets kreisförmig und der Mittelpunkt dieses Kreises liegt auch jedesmal in der Verlängerung der durch das Auge des Beobachters nach rückwärts zur Sonne gezogenen Geraden.

Die Morgen- und Abenddämmerung, diese höchst wohlthätige Erscheinung, welche die Dauer der Tage verlängert, welche verhütet, daß nach der Dunkelheit der Nacht plötzlich die Tageshelle erfolgt; ferner die Morgen- und Abendröthe, welche die Dämmerung begleitet, gehören ebenfalls, wie die vorhergehenden, zu den Lichtmeteoren.

Die Dämmerung beruht auf der Reflexion der Lichtstralen von Seite der höheren Luftschichten, welche von der unterhalb des Horizontes befindlichen, also im Aufgehen begriffenen oder bereits untergegangenen Sonne erleuchtet werden. Die Morgen- und Abendröthe wird dadurch bewirkt, daß die mit Nebelbläschen (verdichteten Dunstbläschen) erfüllte Atmosfäre, vorzugsweise die orangefarbigen Stralen durchläßt und die übrigen absorbiert, wodurch der Himmel geröthet erscheint. Starkes Morgenroth verräth einen bedeutenden Dunstgehalt der Atmosfäre und gilt demnach als Vorbote eines baldigen Regens.

Die Brechung des Lichtes in Linsengläsern.

§. 238.

Erklärung und Eintheilung der Linsen.

Ihr habet bei Gelegenheit der Lehren von den Glasprismen vernommen, daß dieselben zwar Scheinbilder herzustellen, weißes Sonnenlicht in die einzelnen farbigen Stralen zu zerlegen, keineswegs aber Luftbilder, die man auf einem Schirme auffangen könnte, hervorzubringen vermögen. Dieser Umstand macht sie in der Praxis minder brauchbar und räumt den Linsengläsern, welche diese Unvollkommenheit nicht besitzen, in der Optik den ersten Platz ein.

Die Linsengläser sind sfärische (kugelförmig) zugeschliffene Glaskörper. Die beiden Oberflächen derselben sind gewöhnlich gleich gekrümmte Kugelflächen, deren Erhabenheiten entweder nach entgegengesetzter Seite gewendet, wie dieß die Figur 263 a und d zeigt, oder nach derselben Seite gekehrt

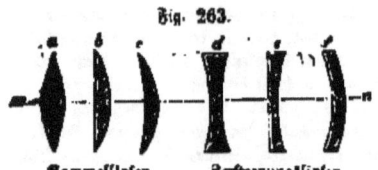

Fig. 263.

Sammellinsen.   Zerstreuungslinsen.

sind, wie dieß die unter c und f abgebildeten Linsen darstellen. Endlich gibt es auch solche Linsen b und e, bei welchen anstatt einer der beiden sfärischen Oberflächen eine ebene Fläche angeschliffen ist.

Die Linsen können entweder die Lichtstralen sammeln oder zerstreuen. Sie sind demnach entweder **Sammellinsen** oder **Zerstreuungslinsen**.

Zu den **Sammellinsen** gehören: die bikonvexe (a), die plankonvexe (b) Linse und der sammelnde Meniskus (c).

Zu den **Zerstreuungslinsen** gehören: die bikonkave (d), die plankonkave (e) Linse und der zerstreuende Meniskus (f).

Diejenige Gerade, welche die Mittelpunkte der die Linsen begränzenden Kugelflächen oder sfärischen Oberflächen verbindet, heißt die **optische Achse**.

Die Mitte des innerhalb der Linse liegenden Theiles der optischen Achse heißt der **optische Mittelpunkt** derselben.

Die Sammellinse.

§. 239.

Ihre Anwendung bei optischen Instrumenten.

Die Sammellinse besitzt die schätzbare Eigenschaft, unter sich **parallele Lichtstralen**, wie dieß bekanntlich bei den Sonnenstralen der Fall ist, in einen **Punkt** zu sammeln.

Wie läßt sich diese wichtige Eigenschaft der Sammellinsen erklären?

Eine Sammellinse kann man ansehen als ein Glasgebilde, welches aus zwei prismatischen Körpern besteht, welche mit ihren Rückseiten aneinanderstoßen und die ihren brechenden Winkel nach auswärts gekehrt haben. (Vergleiche mit §. 230.) Man sehe auf die Figur 264. Der Stral AC, welcher in der

Fig. 264.

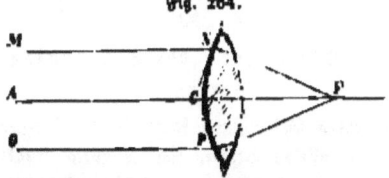

Stralenbrechung in Sammellinsen.

Richtung der optischen Achse der Linse hindurchgeht, erfährt keine Ablenkung, indem er ein parallelwandiges Mittel durchschreitet. Er heißt der **Hauptstral**. Die übrigen, zu beiden Seiten der optischen Achse auf die Linse fallenden, zu jener parallel gerichteten Stralen MN, OP, welche wir **Parallel-Stralen** nennen wollen, werden von dem Rande nach der Mitte der Linse, also nach der optischen Achse zu, gebrochen und vereinigen sich dort in einem Punkte F, welcher **der Brennpunkt der Linse** heißt. Dieser Punkt befindet sich bei den simmetrisch geformten Linsengläsern in dem Mittelpunkte einer ihrer Kugelflächen.

Weiter erblickt man bei Betrachtung der nachstehenden Figur 265 alsogleich, daß nicht alle parallelen Stralen sich genau in einem Punkte durchschneiden werden. Die von der optischen Achse der Linse entfernter liegenden

Fig. 265.

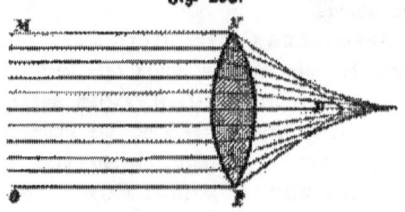

Sfärische Abweichung bei Sammellinsen.

Stralen MN und OP werden nämlich gegen den Hauptstral stärker gebrochen und sich demnach auch früher untereinander und mit ihm durchschneiden, etwa in F, als die dem Hauptstrale näher gelegenen Stralen, weil die ersteren ein Prisma von ziemlich bedeutend brechendem Winkel, die letzteren ein solches mit kleinerem Winkel durchzuschreiten haben, und weil in dem Maße als der brechende Winkel des Prisma's größer ist, eine bedeutendere Ablenkung des Lichtstrales erfolgen wird.

§. 240.
Die sfärische Abweichung der Lichtstralen bei den Linsen.

Aus der letzten Betrachtung folgt, daß bei einer Sammellinse nicht alle parallelen Stralen sich in einem Punkte vereinigen werden, sondern daß die gegenseitigen Durchschittspunkte dieser Stralen in einer eigenen Brennfläche liegen, welche mit einem Schirme aufgefangen, eine beleuchtete runde Scheibe hervorgehen läßt.

Diesen Übelstand der Sammellinsen bezeichnet man mit dem Namen der sfärischen Abweichung der Lichtstralen oder mit der Abweichung derselben wegen der Kugelgestalt der Linsen.

Auch die Hohlspiegel sind mit diesem Mangel behaftet (§. 225), aber bei ihnen ist die sfärische Abweichung bedeutend geringer als bei Linsen, weshalb sie zu manchen Zwecken brauchbarer sind.

Je schwächer die Oberflächen der Linsen gekrümmt sind, und je näher zur optischen Achse die Stralen auffallen, desto geringer wird die sfärische Abweichung derselben sein. Eine Linse, bei welcher der Halbmesser der Vorderfläche sich zu jenem der Hinterfläche verhält wie 100 zu 733, heißt eine Linse der besten Form, weil bei dieser die sfärische Abweichung am kleinsten ausfällt.

Zur Vermeidung der sfärischen Abweichung werden ferner die plankonvexen Linsen dem leuchtenden Gegenstande mit der flachen Seite zugekehrt, endlich werden zur möglichsten Verhinderung dieser Abweichung die Linsen mit Blenden (Diafragmen) versehen, welche bloß den in der Nähe der optischen Achse auffallenden Stralen den Durchgang gestatten.

§. 241.

Die Brennweite der Sammellinsen.

Das Brennglas.

Die Brennweite einer Linse ist die Entfernung des Brennpunktes derselben von dem optischen Mittelpunkte der Linse. Sie hängt ab von der Krümmung ihrer Flächen und von dem Brechungsvermögen ihres Materiales. Je größer die Krümmung und das Brechungsvermögen der Linse ist, desto kürzer wird die Brennweite derselben ausfallen.

Lupen sind Sammellinsen, deren Brennweite zwischen 1 Zoll bis 8 Zoll liegt.

Die Brennweite einer Linse ist durch Versuche leicht zu finden, indem man die gegen eine Fläche der Linse senkrecht auffallenden Sonnenstralen auf der anderen Seite der Linse mittels eines Schirmes auffängt. Man wird dabei auf demselben eine hell erleuchtete Kreisfläche wahrnehmen, die sich vergrößern und verkleinern wird, je nach der Entfernung, in welche man die Linse zu dem Schirme bringt. Hat man diejenige Stellung der Linse gefunden, für welche dieser helle Lichtkreis auf dem Schirme am kleinsten wird, so gibt die Entfernung desselben von der Linse die Brennweite der Linse an.

In dem Brennpunkte der Sammellinse geschieht auch die Vereinigung der Wärmestralen, deren Verdichtung in diesem Punkte, so wie bei den Hohlspiegeln, hinreicht, um brennbare Körper zu entzünden. Man nennt aus diesem Grunde die Sammellinsen auch Brenngläser.

§. 242.

Die Sammellinse als Beleuchtungslinse.

Nachdem ich euch im vorhergehenden erklärt habe, auf welche Weise die Sammellinsen die Stralen in einem Punkte (eigentlich in einer Kreisfläche) zu sammeln im Stande sind, wird jeder

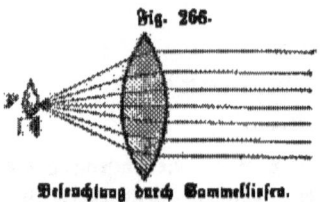

Beleuchtung durch Sammellinsen.

von euch leicht einsehen, daß auch umgekehrt, wenn ein lichtspendender Körper in den Brennpunkt F einer Linse gebracht wird, die divergierenden (auseinanderfahrenden) Lichtstralen desselben mittels der Linse parallel gerichtet in den Raum hinausgesendet werden, wie dieß die Figur 266 zur Darstellung bringt.

Von dieser wichtigen Eigenschaft der Sammellinsen, welche sie mit den Hohlspiegeln theilen, macht man unter anderem auf dem Meer bei Errichtung von Leuchttürmen, welche mittels Linsenvorrichtungen erleuchtet werden, Gebrauch, um die Schiffenden vor gefährlichen Stellen im Fahrwasser zu warnen. — Eine andere, einfache Auffindungsart der Brennweite der Sammellinsen beruhet ebenfalls auf dieser Thatsache. Hält man nämlich die Linse gegen eine Schrift, in der Entfernung, welche ihrer beiläufigen Brennweite entspricht, und nähert oder entfernt langsam dieselbe von der Schrift, u. z. so lange, bis die Schrift verschwindet, d. h. bis dieselbe dem ziemlich hoch über der Linse gehaltenen Auge verschwommen erscheint, so versetzt man damit die Schrift in den Brennpunkt der Linse und die Entfernung der Schrift von der Linse gibt die Brennweite derselben an.

§. 243.
Darstellung der Bilder entfernter Gegenstände.

Die Sammellinsen zeigen, ähnlich wie die Hohlspiegel, das Bild eines entfernteren Gegenstandes umgekehrt und verkleinert.

Auch der Beweis dieses Lehrsatzes wird so wie bei den Hohlspiegeln §. 225, 3. geführt. Man verfolgt nämlich auch hier die zwei vorzüglichsten Stralen der Begränzungspunkte eines Gegenstandes, den Haupt- und Parallelstral in ihrer Richtung nach der Brechung und schließt aus den Durchschnitten derselben auf den Ort, die Lage und Größe des Gegenstandbildes.

In Figur 267 ist AB der Gegenstand, AC und BC sind die beiden Hauptstralen, welche ungebrochen (nur um etwas weniges verschoben) die Linse durchsetzen, weil sie ein parallelwandiges Mittel durchschreiten. Die Parallelstralen AD

Fig. 267.

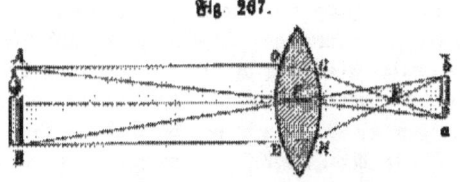

Darstellung der Bilder mittels Sammellinsen.

und BE werden nach der ersten Brechung in G und H anlangen; von dort werden dieselben, nachdem sie vom Einfallslothe weggebrochen wurden, zum Brennpunkte F einlenken. Die Stralen AC und AD, welche von A ausgehen, durchschneiden sich demnach hinter der Linse in a; nach demselben Punkte, eigentlich nach einer kleinen Fläche, werden auch die übrigen von A ausgehenden und auf die Linse fallenden Stralen gelangen. Der Punkt a wird das Bild des Punktes A darstellen. Aus derselben Ursache erscheint b als das Bild des Gegenstandpunktes B. Es wird demnach auch ab das Bild von AB vorstellen.

Je entfernter der Gegenstand von der Linse gelegen ist, desto näher dem Brennpunkte wird das verkleinerte und verkehrte Bild des Gegenstandes zum Vorschein kommen, und um so kleiner wird es ausfallen.

Die optische Kammer.

Auf dieser Thatsache beruht die Einrichtung der Camera obscura (dunklen Kammer), welche vorzugsweise die Fotografen benutzen, um ein verkleinertes Bild von dem zu fotografierenden Gegenstande zu entwerfen.

Die Camera obscura (Fig. 268 a) besteht aus einem inwendig geschwärzten Kasten, auf dessen einer Seite sich ein mit einer Sammellinse s versehenes Rohr befindet, welches sich beliebig aus- und einschieben läßt. Das Bild a'b' wird auf einer matt geschliffenen, durchscheinenden Glastafel, welche an der Rückwand des Kastens angebracht ist, aufgefangen. Dasselbe

Fig. 268 a.

Camera obscura.

wird nur dann möglichst klar und deutlich erscheinen, wenn das dem Gegenstande entsprechende Luftbild genau auf die Tafel fällt. Die richtige Einstellung desselben geschieht mit Hilfe der Verschiebung der Röhre, wodurch die Entfernung des Gegenstandes a b und des Bildes a'b' von der Linse geändert wird. Für die Zwecke der Fotografie ist es geeigneter die Röhre unbeweglich, dagegen die Rückwand mit der Glastafel verschiebbar einzurichten, wie dieß in der Figur 268 b dargestellt ist, wo außerdem auch die Röhre um m' eine Verrückung erlaubt, um größeren Anpassungen zu genügen.

Dieser Apparat kann auch solche Abänderungen erfahren, welche ihn zur Aufnahme und zum Nachzeichnen von Landschaften brauchbar machen

Fig. 268 b.

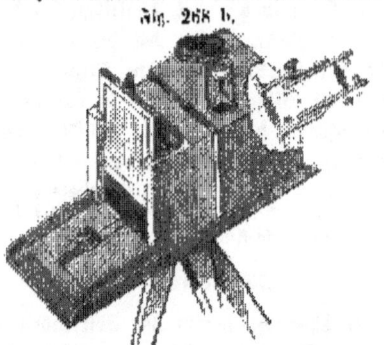

Camera obscura für Fotografen.

Je näher man mit dem Gegenstande zur Linse rückt, desto mehr entfernt sich sein Bild, — welches bekanntlich auf der andern Seite der Linse entsteht — obwohl in einem geringeren Verhältnisse von dieser, und es nimmt auch dasselbe in dem Verhältnisse seiner Entfernung von der Linse an Größe zu.

Ist nun der Gegenstand dieser Linse so weit genähert worden, daß sein Luftbild ihm selbst an Größe gleichkommt, was bei Linsen von geringer Brennweite erst spät eintreten wird, so zieht ein weiteres Annähern des Gegenstandes zur Linse, ähnlich wie bei den Hohlspiegeln, die Folge nach sich, daß jetzt das hervorgehende Luftbild, zwar noch immer verkehrt, aber größer und von der Linse entfernter als es der Gegenstand selbst ist, erscheinen wird, welche Größe und Entfernung bei dem allmählichen, weiteren Vorrücken des Gegenstandes gegen den Brennpunkt in einem stark wachsenden Verhältnisse zunimmt.

§. 244.

Darstellung der Bilder von in die Nähe des Brennpunktes, außerhalb der Brennweite gebrachter Gegenstände.

Das obige, durch Versuche erprobte Ergebnis berechtiget uns zu dem folgenden Lehrsatze:

Die Sammellinsen zeigen das Bild eines in der Nähe des Brennpunktes und vor demselben befindlichen Gegenstandes umgekehrt und vergrößert, und rücken es ziemlich weit hinter den anderen Brennpunkt hinaus. Die Figur 269 weiset das Gesagte nach.

Fig. 269.

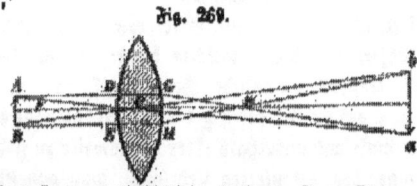

Darstellung von Luftbildern mittels der Sammellinse.

Der Hauptstral AC geht nämlich, wie bekannt, ungebrochen (bloß ein wenig verschoben) durch die Linse. Der Parallelstral AD wird in derselben nach G zum Einfallslothe, in G aber nach F vom Einfallslothe gebrochen, so daß er sich in a mit dem Hauptstrale vereinigen und dort das Bild von A entwerfen wird. Auf gleiche Weise werden sich die von B ausgehenden Stralen BC und BE in b durchschneiden. Aus allem dem geht hervor, daß ab das Bild vom Gegenstande AB darstellen wird.

Viele von euch werden gewiß entweder die gemalten und beleuchteten Bilder, welche die Knaben auf der Wand vorzeigen, oder die Nebelbilder, welche auf durchscheinenden Vorhängen in Theatern erzeugt werden, gesehen haben. Diese Bilder beruhen auf der Herstellung solcher Luftbilder mit Hilfe der sogenannten Zauberlaterne.

Die Zauberlaterne.

Die Zauberlaterne (Laterna magica) besteht aus einem verschließbaren Blechkasten mit einer Lampe F (Fig. 270),

Fig. 270.

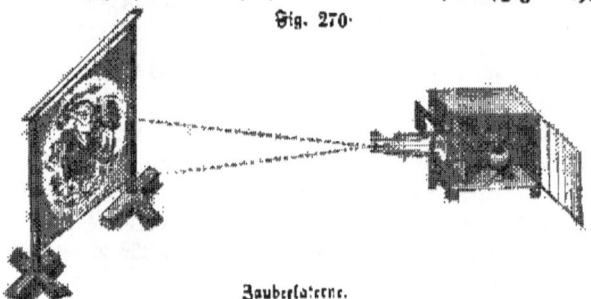

Zauberlaterne.

die zur Beleuchtung des auf Glas mit durchsichtigen Farben gemalten Objektes m dient, welches hinter die auf der vorderen Seite des Kastens befindliche Sammellinse m, in verkehrter Stellung. u. z. auf die Art befestiget wird, daß es nahe dem Brennpunkte der Linse und außerhalb ihrer Brennweite zu stehen kommt.

Zufolge des erläuterten Lehrsatzes muß von dem Objekte ein vergrößertes und aufrechtstehendes Luftbild hervorgehen, welches auf der Wand oder auf einem Vorhange aufgefangen wird. Weil nun mit der Vergrößerung die Lichtstärke des Luftbildes abnehmen muß, so wird das Objekt möglichst stark beleuchtet, wozu ein Hohlspiegel, in dessen Brennpunkte die Lampe F der Laterne sich befindet, dient. Bei den Nebelbildern wird zur Beleuchtung der Objekte entweder das elektrische oder das sogenannte Drumond'sche Licht, welche beide sehr intensive Lichtquellen sind, verwendet. Das letztere erhält man, wenn in die Knallgasflamme ein Kalkzilinder gebracht wird. Das Glühen des Kalkes erhöht die Helligkeit dieser

Flamme, welche durch das behutsame Anzünden eines Gemisches von Wasserstoff und Sauerstoff, in dem Verhältnisse, wie sie Wasser geben (siehe §. 19), erhalten wird. — Die Hervorrufung des elektrischen Lichtes wird im §. 346 beschrieben werden.

An die Stelle einer stark gekrümmten Linse nimmt man gewöhnlich bei solchen Laternen zwei Linsen (m und m₁), welche hinter einander angebracht werden und die weniger gekrümmt sind, indem wegen der damit erzielten geringeren sphärischen Abweichung die Deutlichkeit des Bildes bedeutend zunimmt.

Das Sonnenmikroskop.

Das Sonnenmikroskop beruht auf demselben Lichtbrechungsfalle wie die Zauberlaterne und dient dazu, um sehr kleine Gegenstände, die mit freiem Auge wegen ihrer Kleinheit nicht hinreichend genau vorgenommen werden können, in einem bedeutend vergrößerten Maßstabe auf einem Schirme zur Darstellung zu bringen.

Einige von euch werden gewiß schon den Experimenten mit dem Sonnenmikroskope beigewohnt haben. Wie lehrreich sind nicht derartige Versuche! Man erfährt dabei z. B. daß abgestandenes Wasser von unzählig vielen, sehr einfach geformten Thierchen, Aufgußthierchen oder Infusorien genannt, bevölkert ist, man wird durch dieselben unterrichtet von dem äußerst künstlichen Baue der Freßwerkzeuge, mit welchen die Gliederthiere ausgestattet sind. Die Menschenhaare erscheinen bei diesen Versuchen als durchsichtige Kanäle, welche mit einer Flüssigkeit erfüllt sind, die dem Haare die eigenthümliche Farbe gibt; die Schmetterlingsflügel stellen sich dar als ein Netz von einzelnen Adern, welches mit verschieden gefärbten Schüppchen, — etwa wie in der nebenstehenden Figur 271, wo man dieselben in mehrfachen Formen sieht, —

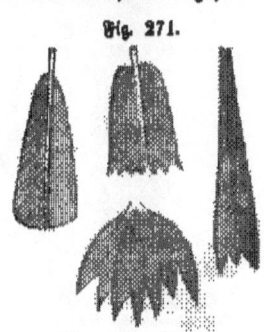

Fig. 271.

Schmetterlingsflügel.

dachziegelartig eingedeckt ist; an dem Fuße der Biene oder Spinne sieht man überaus staunenswerte Einrichtungen, welche die Ausführung ihrer Kunsttriebe ermöglichen. Außer den genannten Erscheinungen gibt es viele andere, die wir mit Hilfe des Mikroskopes in ihrem wahren Lichte aufzufassen vermögen und welche uns nicht minder lehren, auf welch wunderbare Weise sich die Allmacht und Weisheit des Herrn selbst in dem kleinsten Gebilde der Schöpfung ausprägt.

Weil dieser Apparat uns so viel Lehrreiches und Bewunderungswürdiges darzubieten im Stande ist, so will ich euch hier auch dessen innere Einrichtung beschreiben.

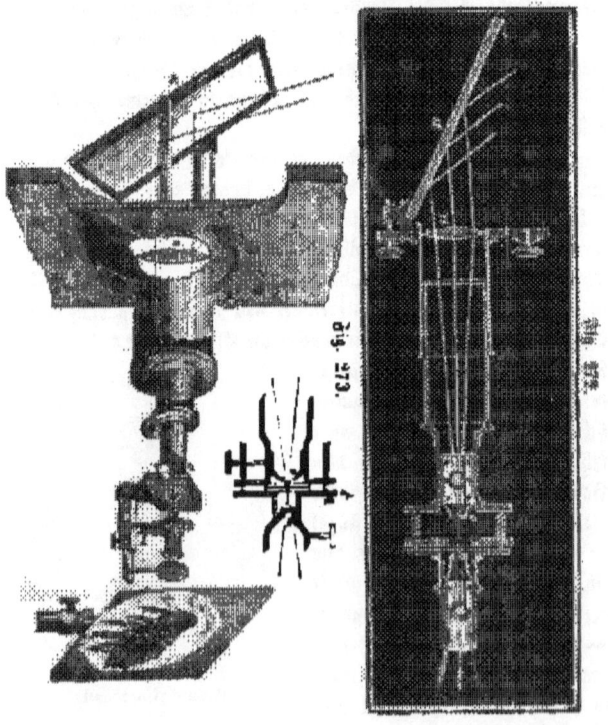

Fig. 273.

Mittels eines beliebig einstellbaren Spiegels (Heliostates) a (Figur 272 im Durchschnitte und Figur 273 in der Perspektive) wird dabei der Sonnenstral durch den im Fensterladen eines sorgfältig verfinsterten Zimmers angebrachten Ausschnitt wagrecht in eine ebenfalls horizontal an diesem Laden befestigte, messingene Röhre eingeleitet. Hier fallen die Stralen zuerst auf eine größere Linse n auf, und werden in dem Brennpunkte o derselben gesammelt, wodurch sie eine intensive Beleuchtung des in diesem Punkte zwischen zwei Glasplatten verkehrt eingesetzten Objektes bewirken. Eine kleinere, in der engeren Röhre befindliche Linse m erzeugt nun von dem eben angegebenen, stark beleuchteten Objekte, welches in der Nähe ihres Brennpunktes steht, nach dem an der Spitze dieses Paragrafes aufgestellten Satze, auf einem ihr gegenüber aufgestellten ein Schirme aufrechtstehendes und vergrößertes Bild.

Bei den Knallgas-Mikroskopen wird das Objekt mittels des Drumond'schen Lichtes erleuchtet, was besonders für Abendversuche sehr zweckmäßig ist.

Bei der Betrachtung der Gegenstände mittels Linsen ist noch ein in der Praxis sehr wichtiger Fall abzuhandeln; nämlich jener, wenn der Gegenstand innerhalb der Brennweite vor die Linse gebracht und mit Hilfe der Linse angesehen wird.

In diesem Falle bringt die Linse von dem Gegenstande, ähnlich wie bei den Hohlspiegeln, ein Scheinbild hervor, welches sich dem Auge vergrößert und aufrechtstehend darstellen wird.

§. 243.
Darstellung der Bilder von innerhalb der Brennweite gebrachter Gegenstände.

Das obige, der Erfahrung entlehnte Ergebnis in Worte gefaßt, führt zu dem Lehrsatze:

Die Sammellinse zeigt dem genäherten Auge einen Gegenstand, welcher sich zwischen derselben und ihrem Brennpunkte befindet, aufrecht, vergrößert und weiter hinausgerückt.

Die nachstehende Durchführung wird diesen Satz klar machen.

Die **Hauptstralen** des **Gegenstandes** AB (Figur 274) gehen durch die Linse unabgelenkt nach Ax und By. Die **Parallel-**

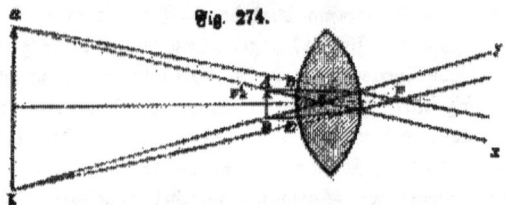

Fig. 274.

Darstellung von Scheinbildern mittels Sammellinsen.

stralen AD und BE werden, auf gleiche Weise wie dieß bei den früheren Betrachtungen angegeben wurde, zum Brennpunkte F gebrochen. Aus diesem Sachverhalte ergibt es sich nun, daß die erwähnten zwei von einem Punkte des Gegenstandes ausgehenden Stralen sich nach der Brechung nicht vereinigen, sondern daß sie die Linse auseinandergehend (divergent) verlassen werden. Das Auge vor der Linse wird demnach das Bild von A nach a, nämlich dorthin versetzen, wo die auseinanderfahrenden Stralen, rückwärts verlängert, sich zu begegnen scheinen. Aus derselben Ursache wird das Auge den Punkt B in b gewaren. Es stellt also ab das Bild von AB vor.

Fig. 275.

Diese wichtige Eigenschaft der Linsen, die Gegenstände zu vergrößern und aufrecht zu zeigen, macht sie den Uhrmachern, Gravierern u. s. w., außerdem auch den Naturforschern unentbehrlich. Linsen, welche den genannten Zweck fördern, heißen **Vergrößerungsgläser** oder **Mikroskope**. Die nebenstehende Figur 275 stellt eine solche Vorrichtung dar.

Man unterscheidet **einfache** und **zu-**
Einfaches Mikroskop. **sammengesetzte Mikroskope**.

Das einfache Mikroskop (die Lupe).

Das **einfache Mikroskop**, auch **Lupe** genannt, besteht aus einer solchen Sammellinse von kurzer Brennweite, welche man wegen der größeren Dauer und bequemen Handhabung mit einer Einfassung von Horn oder Messing versieht. Je kleiner die Brennweite der Lupe ist, um so bedeutender wird die mit ihr erzielte Vergrößerung ausfallen. Es gibt auch solche Lupen, deren Brennweite kleiner ist als eine halbe Linie.

Selbstverständlich darf auch hier mit der Krümmung der Linse nicht zu weit gegangen werden, weil sonst die Bilder wegen der bedeutenden sfärischen Abweichung undeutlich würden. Für besonders genaue Zwecke gibt man den Linsen die beste Form und schleift sie aus Edelsteinen, z. B. dem Diamant, Rubin u. s. w., welche ein kleines Farbenzerstreuungsvermögen besitzen. (Vergl. mit §. 251.)

Wenn man sehr kleine Gegenstände einer näheren Betrachtung unterziehen will, so bedient man sich hiezu der zusammengesetzten Mikroskope.

§. 240.

Betrachtung der Luftbilder durch Sammellinsen.

Das zusammengesetzte Mikroskop.

Das zusammengesetzte Mikroskop besteht zum mindesten aus zwei von einander getrennten Sammellinsen, wovon eine jede in einer inwendig geschwärzten, messingenen oder papierenen Röhre eingepaßt ist. Diese Röhren sind zum Auf- und Niederschieben eingerichtet, wodurch die beiden Linsen in eine entsprechende Lage zu einander und zum betrachteten Gegenstande gebracht werden können. Das Objekt (den Gegenstand) ab legt man auf das unter dem Mikroskope befindliche Tischchen (den Objektenträger) (Fig. 270), indem man es zwischen zwei dünne Glasplatten gethan hat. Der Objektenträger ist bei niederschiebbarer Röhre fest. Es gibt aber auch Mikroskope, wo die Röhre festgemacht und der Objektenträger beweglich ist. In diesem Falle läßt sich dieser an dem Ständer des Mikroskopes mittels einer Hülse auf- und niederbewegen und in der geeigneten Höhe mit Hilfe einer Schraube festhalten. Das Objektivtischchen ist bei den Mikroskopen neuerer Art, zur Erreichung einer größeren Bequemlichkeit beim Beobachten, sammt der Röhre um ein Charnier drehbar eingerichtet, wie dieß die Figur 276 zeigt; es ist ferner in der Mitte mit einer runden Öffnung versehen, durch welche die Stralen von dem unterhalb des Tischchens befindlichen Hohlspiegel s zur besseren Beleuchtung des Objektes emporbringen können. — Undurchsichtige Gegenstände werden von oben mit Hilfe einer Sammellinse L, in deren Brennpunkte das Objekt sich befindet, beleuchtet.

Ist nun für die entsprechende Beleuchtung des Gegenstandes gesorgt, so sieht man mit einem Auge — das andere wird gewöhnlich zugemacht — in die Röhre des Mikroskopes hinein und nähert dasselbe mittels einer seitwärts angebrachten Schraube langsam dem Tischchen, oder umgekehrt dieses dem Mikroskope, bis das vergrößerte Bild des zu betrachtenden Objektes möglichst deutlich gesehen wird.

Fig. 276. Fig. 277.

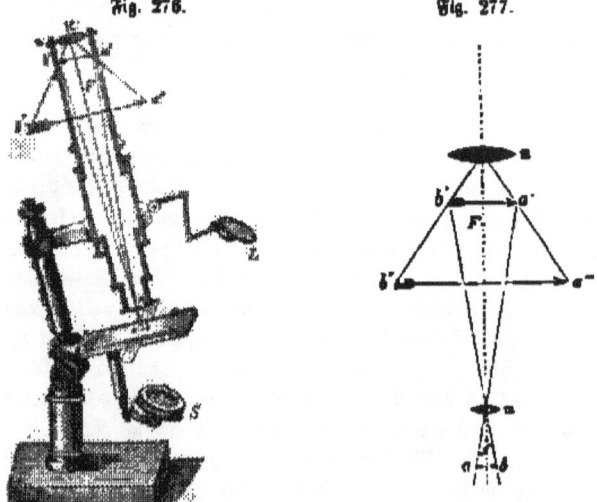

Zusammengesetztes Mikroskop.

Die erfolgte Vergrößerung des Objektes läßt sich nun mit Hilfe der Figur 277, welche die in der Röhre des Mikroskopes befindlichen Linsen besonders darstellt, leicht einsehen. Die

im unteren Ende der Röhre eingepaßte Linse, welche stark
gekrümmt und klein ist, heißt die Objektiv-Linse m; die
obere Linse, an welche das Auge knapp angelegt wird, heißt
die Okular-Linse n.

Nachdem das Objekt ab vor dem Brennpunkte f der Linse
m und nahe demselben sich befindet, so wird die Objektivlinse
von ihm, zufolge des vor kurzem behandelten §. 244 das Luftbild a'b' entwerfen, welches in das Innere der Röhre fällt.

Dieses bereits vergrößerte Bild a'b' wird nun mittels
der Okularlinse, welche eine Lupe ist, angesehen und demzufolge
noch eine weitere Vergrößerung erfahren, so daß a''b'' das Bild
von ab vorstellen wird. Man sieht also durch ein zusammengesetztes Mikroskop das Objekt zwar verkehrt, aber bedeutend
vergrößert.

Wegen thunlichster Verringerung der sfärischen Abweichung sind in den
Röhren des Mikroskopes Blendungen zur Abhaltung von Randstrahlen angebracht.
Auch wird man bei der Zerlegung der besseren Mikroskope bemerken, daß
sowohl das Okular als auch das Objektiv aus mehreren Linsen besteht. Die
Bedeutung solcher Linsen-Kombinationen findet im §. 252 ihre Erklärung. —
Hier möge bloß bemerkt werden, daß durch dieselben die Bilder bedeutend an
Deutlichkeit gewinnen.

Die zusammengesetzten Mikroskope erlauben eine 300- bis 1200malige
lineare Vergrößerung.

Die Naturforschung gewann in dem Mikroskope einen sehr
mächtigen Verbündeten. Die großen Fortschritte, welche die
Neuzeit macht, verdankt sie größtentheils demselben. Man
erfährt damit — wir begnügen uns bloß das Auffälligste anzuführen — daß die Kreide aus lauter feinen kieseligen, und
kalkigen Panzern untergegangener kleiner Thierchen besteht, daß
der Schimmel am Brot und anderen Speisen ein äußerst feines
Pflanzengebilde vorstellt, daß die Hefe, welche sich bekanntlich
bei der Gärung bildet, auch eines ähnlichen Ursprunges ist,
daß durch den Genuß des rohen Schweinsfleisches sich dem menschlichen Körper die äußerst schädlichen wurmartigen Thierchen,
Trichinen genannt, beigesellen können. Das Mikroskop unterscheidet genau menschliches Blut von dem thierischen und entlarvt

auf diese Weise mit großer Sicherheit das gräßlichste Verbrechen. Es lehrte, daß der sogenannte Blutregen aus lauter winzig kleinen Thierchen (Infusorien), der Schwefelregen aus dem Blütenstaube von Nadelhölzern bestehe. Beim Leuchten des verfaulten Holzes scheint eine mikroskopische Flechtenart den Schein auszustralen und das zauberische Leuchten des Meeres ist eine Folge von Miriaden kleiner Thierchen, die zu hunderttausenden in jedem Tropfen funkeln.

Dem Gewerbsmanne verleiht das Mikroskop aber auch unmittelbar große Dienste, denn beim Einkaufe seiner Materialien kann er sich damit vor Betrug schützen. Mit Hilfe desselben läßt sich z. B. der Seidenfaden ganz gut von dem Linnen-, Woll- oder Baumwollfaden eines Gewebes unterscheiden. Man kann damit Verfälschungen etwa der Farbewaren, Lebensmittel, der Weizenstärke durch Kartoffelstärke u. s. w. auf die Spur kommen.

* Das Fernrohr.

Die Fernröhre (Teleskope) haben den Zweck, die Gegenstände, welche an und für sich zwar groß, aber wegen ihrer bedeutenden Entfernung klein und undeutlich erscheinen, unserem Auge größer und deutlicher zu zeigen.

Sie sind ähnlich, wie die zusammengesetzten Mikroskope konstruiert. Man unterscheidet die astronomischen und die Erd-Fernröhre.

Das astronomische Fernrohr zeigt die entfernten Gegenstände zwar sehr deutlich aber verkehrt, was zwar bei astronomischen Beobachtungen und den geometrischen Aufnahmen, zu welchen letzteren sie auch verwendet werden, keine Störung verursacht. Die Erdfernröhre müssen dagegen die Gegenstände aufrecht zeigen, weil man sie ausschließlich zum Ansehen von Gegenden und von irdischen Gegenständen braucht. Sie bekommen aus dieser Ursache auch einige Linsen mehr wie die ersteren, wodurch die Helligkeit ihrer Bilder etwas beeinträchtiget ist.

Das astronomische Fernrohr.

Das astronomische Fernrohr, nach seinem Erfinder das Keppler'sche genannt, besteht gleich dem zusammengesetzten Mikroskope der Hauptsache nach aus einer sammelnden Objektiv- und Okularlinse. Jede davon ist auch hier in einer besonderen, innen geschwärzten Röhre angebracht, welche Röhren mit einiger Reibung ineinander verschiebbar eingerichtet sind, um das Okular dem Objektive nähern zu können.

Den Vorgang nun, auf welche Art sich mit Hilfe desselben von dem betrachteten Gegenstande ein dem Auge genähertes und deutliches Bild entwickeln kann, erklärt die Figur 278, wo ab das Luftbild

Fig. 278.

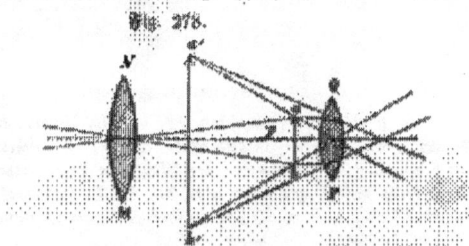

Darstellung des Bildes in dem astronomischen Fernrohre.

des entfernten Gegenstandes BA vorstellt. Dieses erscheint zufolge des §. 243 außerhalb der Brennweite in der Nähe des Brennpunktes F der Objektivlinse NM, u. z. demselben um so näher, je entfernter der Gegenstand sich von der Linse befindet. Wird nun das Okular QP — durch's Hineinrücken der Okularröhre nämlich — so weit dem Bilde genähert, daß dieses innerhalb der Brennweite des Okulars zu stehen kommt, so wird das hinter der Okularlinse befindliche Auge vermöge des an die Spitze des vorhergehenden Paragrafes gestellten Satzes davon ein vergrößertes Scheinbild a'b', welches, bezüglich des Gegenstandes selbst, verkehrt gestellt ist, wahrnehmen. Durch ein entsprechendes Einstellen der Okularröhre, wird auch dieses Bild möglichst deutlich gesehen werden können.

Werden mit einem solchen Fernrohre irdische Gegenstände betrachtet, wie es bei geometrischen Aufnahmen der Fall ist, so wird bei Beobachtung näherer Gegenstände die Okularröhre herausgeschoben, bei jener weiterer Gegenstände dagegen hineingerückt, weil im ersteren Falle das Luftbild ab näher zu der Okularlinse fällt, als im letzteren. Die Figur 279 stellt ein solches Fernrohr sammt dem oberen Theil seines Statives dar.

Fig. 279.

Astronomisches Fernrohr.

Es ist nicht schwer einzusehen, daß die Vergrößerung, welche mit einem Fernrohre erreicht wird, in dem Maße wächst, in welchem die Brennweite der Objektivlinse größer und jene der Okularlinse kleiner wird. Eine eingehende Betrachtung dieses Gegenstandes lehrt, daß die Vergrößerungszahl eines Fernrohres gefunden wird, wenn man die Brennweite des Objektives durch jene des Okulars dividiert.

Bei dem astronomischen Fernrohre müssen wenigstens zwei Linsen vorhanden sein. Man findet aber bei ihnen, wegen der Erhöhung der Deutlichkeit des Bildes, gewöhnlich mehr als zwei.

Bei dem Erdfernrohr muß außerdem wenigstens eine Linse, gewöhnlich zwei, die Umkehrung des Bildes bewirken, um den betrachteten Gegenstand aufrecht zu erblicken.

* Auffindung der Vergrößerung eines Fernrohres auf praktischem Wege.

Bei Fernröhren mit nur mäßiger Vergrößerung wird die letztere gefunden, wenn man ein solches Fernrohr auf eine in Felder getheilte Fläche z. B. auf ein Ziegeldach richtet, und mit dem einen Auge durch das Fernrohr, mit dem anderen aber auf das Dach sieht. Man erblickt auf diese Weise das vergrößerte Bild eines der Steine schwebend, vor den mit dem freien Auge gesehenen Ziegeln. Zählt man nun ab, wie viele einzelne unmittelbar gesehene Ziegelsteine durch den einen schwebenden, vergrößerten Ziegel bedeckt werden, so hat man damit die Vergrößerungszahl des Fernrohres auf praktischem Wege genau genug gefunden.

Je stärker die Vergrößerung eines Fernrohres ist, um so kleiner erscheint das Gesichtsfeld d. h. der Raum, den man durch dasselbe auf einmal übersieht, und um so geringer wird die Helligkeit, d. h. die Stärke der Beleuchtung des Bildes ausfallen.

Die Zerstreuungslinse.

§. 247.

Ich habe euch in den vorhergehenden Paragrafen die Einrichtung beinahe aller optischen Instrumente erklärt, und dabei bloß von Sammellinsen gesprochen. Wenn nun auch zugegeben wird, daß die letzteren bei allen optischen Vorrichtungen in den Vordergrund treten, so darf doch der Nutzen, welchen die Zerstreuungslinsen darbieten, nicht unterschätzt werden. Das nachfolgende soll ihre Verwendbarkeit beleuchten.

Die Zerstreuungslinse hat die Eigenschaft sämmtliche Stralen, welche parallel zu ihrer Achse auffallen, mit Hilfe der Brechung derart zu zerstreuen, daß ein Auge, welches sich hinter der Linse befindet, die aus derselben tretenden Stralen ebenso warnimmt, als kämen dieselben von einem einzigen Punkte vor der Linse, dem scheinbaren Brennpunkte nämlich, welcher bei gleichmäßig gekrümmten Linsenflächen in dem Mittelpunkte einer solchen Krümmung liegt.

Der Stral AB (Fig. 280) wird hier nämlich zuerst zum Einfallslothe Bx gebrochen, und beschreibt im Glase die Gerade BC. Im Punkte C angelangt, wird derselbe vom Einfallslothe Cy abgesenkt und tritt nach der Richtung CD aus der Linse.

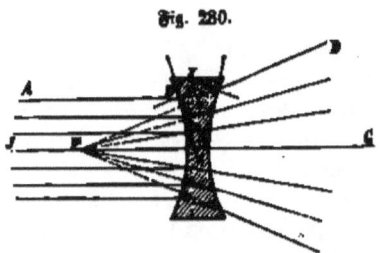

Fig. 280.

Der scheinbare Brennpunkt einer Zerstreuungslinse.

Nachdem jeder andere Parallelstral einen ähnlichen Weg beschreiben wird, so müssen dem Auge, welches auf der Seite des Linsenmittelpunktes G sich befindet, die Stralen wie von dem Punkte F herauszutreten scheinen.

§. 248.
Darstellung der durch Zerstreuungslinsen sichtbaren Bilder von Gegenständen.

Die Verkleinerungsgläser.

Die Zerstreuungslinsen liefern keine wirklichen Bilder, sondern bloße Scheinbilder. Ihre Wirkungen sind demnach jenen der Konvexspiegel ähnlich.

Auch von ihnen läßt es sich sagen:

Die Zerstreuungslinse zeigt von dem Gegenstande, der sich vor ihr befindet, ein aufrechtstehendes, verkleinertes und näher gerücktes Bild.

Der Hauptstral AC (Fig. 281) geht nämlich ungebrochen (ein wenig verschoben) durch die Linse. Der Parallelstral AD legt in der Linse den Weg DE zurück und tritt zufolge des früheren nach der Richtung Ex aus. Diese zwei und die dazwischen liegenden von A ausgehenden Stralen versetzt das Auge nach der Richtung ihres Austritts zurück und erblickt in a das Bild von A. Auf gleiche Weise erscheint b als Bild von B.

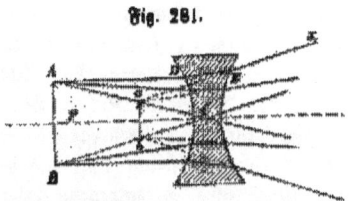

Fig. 281.

Darstellung von Scheinbildern mittelst Zerstreuungslinsen.

Es wird demnach das nach dem Gegenstande durch diese Linse sehende Auge nicht den Gegenstand selbst, sondern anstatt dessen sein Scheinbild ab erblicken. Der Gegenstand wird demnach **verkleinert und dem Auge näher gerückt.**

Aus dieser Ursache könnte man die **Zerstreuungslinsen** auch **Verkleinerungsgläser** nennen. Weil sie dem Auge die Gegenstände genähert zeigen, so bedienen sich ihrer die Kurzsichtigen, um besser zu sehen. (Vergl. mit §. 257.)

<small>Man findet den scheinbaren Brennpunkt einer Zerstreuungslinse, wenn man mit derselben eine Schrift betrachtet und die Linse so weit von derselben entfernt, bis man dieselbe in der halben wirklichen Größe sieht. Die Schrift befindet sich dann im scheinbaren Brennpunkte der Linse und die Entfernung der Linse von der Schrift wird die scheinbare Brennweite derselben angeben.</small>

§. 249.

Betrachtung der Luftbilder entfernter Gegenstände durch Zerstreuungslinsen.

Der Operngucker. — Der Feldstecher.

Die Zerstreuungslinsen finden, außer der später anzugebenden Benutzung bei den achromatischen Doppellinsen, auch noch häufige Anwendung bei der Konstrukzion einer einfachen Art Fernröhre, welche im gewöhnlichen Leben sehr oft vorkommen. Sie heißen:

Operngucker und Feldstecher. Beide sind ähnlich gebaut, nur sind die ersteren zur Bewaffnung beider Augen, die letzteren, ganz wie die Fernröhre, bloß für ein Auge bestimmt und angefertiget.

Sie bestehen aus einer bikonvexen (sammelnden) Objektivlinse C und einer bikonkaven (zerstreuenden) Okularlinse E. Die erstere wirft, wie bei allen Refraktoren, das Bild des äußeren Gegenstandes AB in das Innere der Röhre. Bevor aber dieses Luftbild a'b' entsteht, fängt die Zerstreuungslinse die schwach zusammenlaufenden Stralen desselben auf und bewirkt zufolge ihrer Eigenschaft, die Stralen in entgegengesetzter Weise abzulenken, als dieß mittels der ersten Linse geschah, daß dieses Bild dem hinter der Linse befindlichen Auge in der Stellung ab, mithin vergrößert und aufrecht erscheint.

Fig. 282.

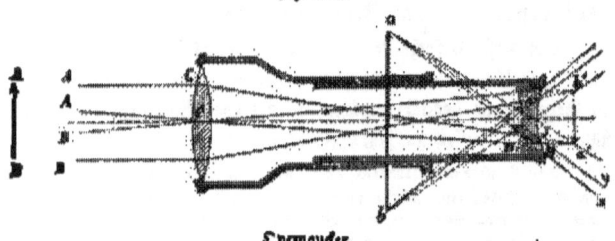

Sprengucker.

Die obige Zeichnung (Fig. 282) verdeutlicht den Gang der Stralen und das Entstehen des vergrößerten Bildes. Der Hauptstral AC des Punktes A wird, weil er tiefer auf die Zerstreuungslinse, also in D, auffällt, stärker von der Achse weggebrochen als der Parallelstral AG, welcher in E die bikonkave Linse trifft. Aus dieser Ursache geht eine Divergenz (ein Auseinanderlaufen) der Stralen nach der Richtung Hx und Iy hervor, und das hinter der Linse befindliche Auge wird den Gegenstandspunkt A nach a versetzen. Auf dieselbe Weise wird b das Bild des Punktes B und die ab jenes von AB vorstellen.

Dieses einfache Fernrohr, welches eine 4- bis 20malige LinearVergrößerung gestattet und wegen der geringen Zahl der dabei verwendeten Linsen sehr deutlich zeigt, wurde zuerst in Holland (im J. 1600) und beinahe zu gleicher Zeit von Galilei in Italien erfunden, weshalb es auch Galilei'sches Fernrohr genannt wird.

Mit demselben entdeckte Galilei, ein großer Naturforscher der damaligen Zeit, die vier Monde des Jupiters, den Ring des Saturnus und die Flecken der Sonne.

* **Doppellinsen, welche aus einer Sammel- und einer Zerstreuungslinse bestehen.**

§. 250.

Wird eine Sammellinse mit einer Zerstreuungslinse bis zur Berührung verbunden, so werden sich die Wirkungen beider Linsen entweder ganz oder zum Theil aufheben, je nachdem die Zerstreuungslinse die Stralen um denselben oder um einen ähnlichen Winkel von der Achse ablenkt, um welchen die Sammellinse solche derselben zubeugt; was von dem Verhältnisse der Krümmungen ihrer Oberflächen abhängt.

Die Figur 283 stellt eine Verbindung zweier Linsen vor, deren Wirkungen sich gegenseitig vollständig vernichten.

Fig. 293.

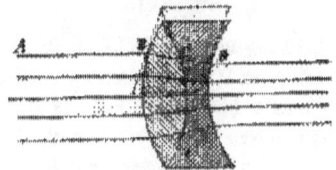

Doppellinse.

Der Stral AB wird nämlich in der Sammellinse nach BC gebrochen. Von hier sollte derselbe, in die Luft austretend, noch stärker der Achse zugebeugt werden. Er fällt aber, bevor dieses geschieht, auf die zweite Linse, die ihn wieder in derselben Weise in welcher früher die Brechung zur Achse geschah, hinaufwärts ablenkt und demnach im Austretungspunkte D von neuem parallel zur Achse beider Linsen einrichtet.

Selbstverständlich wird diese vollständige Herstellung der ursprünglichen Stralenrichtung nur dann geschehen, wenn beide, einander berührenden Linsen gleich gekrümmt sind, und aus demselben Materiale bestehen. — Die Dicke der Linsen denken wir uns dabei hinreichend klein und sehen daher von deren Einflusse ab. —

Ist aber eine von den beiden Linsen, nehmen wir an die Zerstreuungslinse, aus einem stärker brechenden Materiale angefertigt, so wird bei gleicher Krümmung derselben die Gesammtwirkung beider Linsen sich als eine zerstreuende herausstellen.

Wollte man dagegen, wie dieß gewöhnlich der Fall ist, durch Zusammenstellung zweier solcher in ihren Erfolgen entgegenstrebenden Linsen die Wirkung einer Sammellinse hervorbringen, so müßte offenbar der Sammellinse eine stärkere Krümmung als der damit verbundenen Zerstreuungslinse gegeben werden.

Wozu soll aber eine derartige Verbindung zweier Linsen, welche sich in ihren Wirkungen gegenseitig hemmen, dienen?

Die folgende Erörterung wird euch dieses klar machen.

* Die chromatische Abweichung bei den Linsen.

§. 251.

Bei der Brechung der Lichtstralen durch Prismen (§. 231) habe ich euch auf deren Farbenzerstreuung aufmerksam gemacht. Weil nun die Linsen nichts anderes sind als Prismen mit gegen die Spitze zunehmendem, brechendem Winkel, so erhellet, daß auch die Sammellinsen das Sonnenlicht zerstreuen, d. h. in seine einzelnen Farben zerlegen werden. Die durch Linsen erzeugten Bilder müssen demnach ebenso mit farbigen Rändern eingefaßt erscheinen, wie es diejenigen sind, welche mit Prismen angesehen werden. Man hat sich überzeugt, daß die wirklichen Bilder (Luftbilder) mit einem rothen (orangefarbigen) Rande, die Scheinbilder dagegen mit einem violeten Rande sich dem Auge darstellen. Die Figur 283 zeigt den Vorgang bei Herstellung des Luftbildes mit Hilfe der Linse, wenn auf die Farbenzerstreuung Rücksicht genommen wird.

Das Luftbild eines ungefärbten also weißen Gegenstandes AB wird nicht einfach erscheinen, sondern wegen der verschiedenen Brechbarkeit der im weißen Sonnenlichte enthaltenen, einzelnen farbigen Stralen werden von dem Gegenstande so viele hinter-

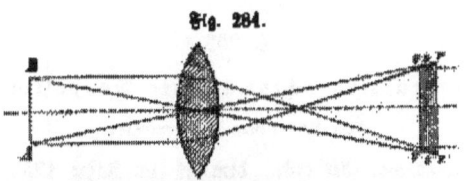

Fig. 284.

Erklärung der orangefarbigen Einsäumung.

einander gestellte Bilder hervorgehen, als verschieden brechbare Stralengattungen in dem Sonnenlichte vorkommen.

Die am meisten brechbaren Stralen geben ein violettes Luftbild, diesem zunächst und weiter von der Linse entfernt erscheint das blaue, hinter dem das grüne, gelbe, orangefarbe und rothe; dazwischen liegen die Luftbilder der verschiedenen Nüancen des Farbenspektrums. Das violette Luftbild vv' erscheint, wie man aus der Zeichnung sieht, am kleinsten, das gelbe, orange oo' größer und das rothe Bild rr' dagegen am größten.

Das vor diesen Luftbildern befindliche Auge wird demnach die innere Fläche des resultierenden Luftbildes, d. h. jene, welche in dem Bereiche liegt, wo sich sämmtliche Luftbilder decken, ungefärbt erblicken; dort aber wo die rothen, orangen, gelben Bilder die anderen überragen, also am Rande des resultierenden Luftbildes muß sich eine roth- und orangegefärbte Einsäumung desselben bemerkbar machen.

Bei gefärbten Gegenständen stellt sich der entsprechende farbige Rand ebenfalls ein, weil sämmtliche Naturfarben zusammengesetzte Farben sind.

Die Figur 285 liefert die Erklärung der blau-violetten Einsäumung eines Scheinbildes. — Die eben beschriebene farbige Umrandung der mittels Linsen betrachteten Gegenstände wirkt störend und macht ihre Bilder undeutlich. Dieser Übelstand wird mit dem Namen der chromatischen Abweichung (die Abweichung der Stralen wegen der Farbenzerstreuung) belegt. Er muß bei Linsen, welche man zur Ausrüstung der optischen Instrumente verwendet, aus gleichem Grunde behoben werden, aus welchem dieß bezüglich der sfärischen Abweichung nothwendig wurde.

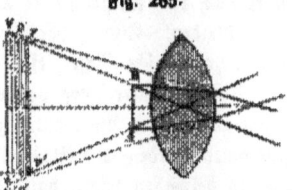

Fig. 285.

Erklärung der blau-violetten Einsäumung.

§. 252.

Konstrukzion achromatischer Doppellinsen.

Ihre Anwendung bei Fernröhren.

Dolland war der erste, dem es im Jahre 1755 gelang eine achromatische Linse, also eine Linse herzustellen, welche das Licht zu brechen im Stande ist ohne es dabei in die einzelnen Farben aufzulösen. Wie benahm er sich nun bei dieser wichtigen Erfindung?

Derselbe setzte aus einer Sammel- und Zerstreuungslinse, deren jede aus einer anderen Glasart bestand, eine sammelnde Doppellinse zusammen u. z. nahm er dazu die **Sammellinse von Kronglas, die Zerstreuungslinse von Flintglas**.

Um die Wirkung solcher Doppellinsen, welcher bereits im §. 250 Erwähnung geschah, klar einzusehen, diene die nachstehende Betrachtung:

Bestünden beide Theile dieser Doppellinse aus demselben Materiale, so würde, weil in diesem Falle nur durch die größere brechende Kraft der Sammellinse, welche von ihrer Krümmung abhängt, eine Ablenkung des Lichtstrales zu erreichen wäre, mit dieser auch ein entsprechender Theil der Farbenzerstreuung noch übrig bleiben. Eine solche Zusammenstellung könnte demnach keine achromatische Linse liefern.

Bei der Anfertigung der achromatischen Linsen müssen dem zufolge die beiden Linsengattungen aus verschiedenem Materiale genommen werden. Die Glassorten beider Linsen müssen überdieß noch so beschaffen sein, daß sie bei gleicher, brechender Kraft ein verschiedenes Farbenzerstreuungsvermögen besitzen, indem nur damals mit aufgehobener Farbenzerstreuung eine resultierende Ablenkung des Strales erzielt werden kann.

Die Auffindung des entsprechenden Materiales ließ lange auf sich warten, weil man zu Dollands Zeit von dem Vorurtheil befangen war, daß das Farbenzerstreuungsvermögen der ver-

schiedenen Glassorten in dem Maße zu- oder abnehme, in welchem
ihre brechende Kraft größer oder kleiner wird. Erst nachdem
Dolland das Irrige dieser Lehre, bei Gelegenheit eines Versuches mit dem Flintglase (bleihaltigem Glase) einsah, schritt
derselbe zur Anfertigung einer achromatischen Linse, und die
für den Bau der optischen Instrumente äußerst wichtige Erfindung war der Lohn seiner Bemühungen.

Es gelang ihm nämlich aus einer bikonvexen Kronnglas-
linse und einer bikonkaven Flintglaslinse, wovon die erstere
stärker gekrümmt war als die letztere, eine das Licht brechende,
aber die Farben nicht mehr zerstreuende Linse herzustellen.

Fig. 286.

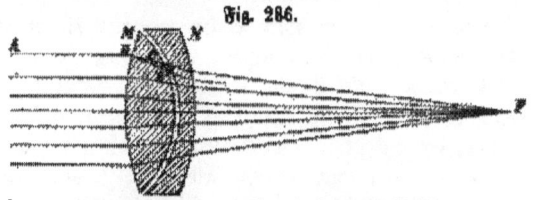

Achromatische Doppellinse (aplanatische Linse).

Die Figur 285 weiset die Möglichkeit des Achromatismus
der Linsen nach. Sie zeigt eine Zusammenstellung von Linsen,
welche jetzt häufig gebraucht wird. M ist eine bikonvexe, N eine
konvex-konkave Linse. Die letztere wirkt wie eine Zerstreuungslinse und heißt auch zerstreuender Meniskus. (Vergl. mit §. 238.)
Der Parallelstral AB erfährt in der Linse M bei der Brechung
zur Achse auch eine Farbenzerstreuung. Die entgegengesetzt
gekrümmte Linse N wirkt nun dieser Lichtbrechung und sonach
auch der Farbenzerstreuung entgegen. Sie strebt nämlich das
durch Spaltung des Strales AB hervorgehende Stralenbündel
BC, BC' nach entgegengesetzter Richtung abzulenken, bei demselben aber auch eine, der früheren entgegengesetzte Farbenzerstreuung zu bewirken.

Wenn nun die Zerstreuungslinse bei gleicher brechender
Kraft ein größeres Farbenzerstreuungsvermögen besitzt, so wird
sie bei gleichem Farbenzerstreuungsvermögen mit einer geringeren

brechenden Kraft behaftet sein, d. h. sie wird den durch die erste Linse abgelenkten Stral nicht ganz zurücklenken, so daß ein Theil der durch die Sammellinse bewirkten Brechung des auffallenden Strales AB übrig bleiben, die Farbenzerstreuung aber, welche durch die erste Linse herbeigeführt wurde, durch die gleiche und entgegengerichtete der zweiten Linse aufgehoben sein wird.

Auch zu beiden Seiten der bikonkaven Flintglaslinse können bikonvexe Kronglaslinsen angebracht sein. Überhaupt sind bei der Anfertigung achromatischer Linsen mancherlei Abänderungen möglich. Es gibt von dieser Sorte auch solche Doppellinsen, welche aus einer Glasart, u. z. aus zwei Sammellinsen, bestehen.

Aplanatische Linsen.

Die Deutlichkeit der durch Linsen erzeugten Bilder wird mit der Behebung der chromatischen Abweichung der Stralen bedeutend erhöhet. Durch ein entsprechendes Anschleifen der achromatischen Doppellinsen kann auch unter einem die sfärische Abweichung der Lichtstralen, welche störender als die chromatische ist, unwirksam gemacht werden. Linsen, bei welchen sowohl die sfärische, als auch die chromatische Abweichung mit thunlichster Vollständigkeit aufgehoben erscheint, heißen **aplanatische Linsen**. Die obige Figur 286 stellt eine aplanatische Linse vor, indem sich dort alle Stralen in einem Punkte F vereinigen.

Sowohl die sfärische als auch die chromatische Abweichung läßt sich selbst mittels der künstlichsten Verhältnisse in den Krümmungen der kombinierten Linsen vollständig nicht beheben.

Die Objektive der Fernröhre und Mikroskope werden gewöhnlich aplanatisch gemacht. Mit Benutzung dieser im Bereiche des Achromatismus gemachten Erfindungen sind besonders durch Fraunhofer die Fernröhre ihrer gegenwärtigen Vollkommenheit zugeführt worden. Fernröhre mit 2000maliger Vergrößerung, welche dabei deutlich zeigen, gehören jetzt nicht mehr zu den großen Seltenheiten.

Der Ausführung von Fernröhren mit noch stärkeren Vergrößerungen ist, wegen der Schwierigkeit der Herstellung vollkommen gleichförmiger, von allen Blasen und Streifen freier Glasmassen von hinreichender Größe, eine Gränze gesetzt. Je größer nämlich die geschmolzene Glasmasse ist, eine desto längere Zeit hat sie zur Abkühlung nöthig. Geschmolzenes Glas nimmt aber beim

391

langsamen Erkalten ein kristallinisches Gefüge an, wodurch seine Fähigkeit dem Lichte nach allen Richtungen einen gleichförmigen Durchgang zu gestatten, beeinträchtiget wird.

Fernröhre, welche bloß aus Linsen zusammengesetzt sind, heißen **Refraktoren**. Außerdem gibt es noch solche, bei welchen nebst Linsen auch Hohlspiegel zur Verwendung kommen. Diese Art Fernröhre heißen **Reflektoren** oder **Teleskope**. Sie werden besonders in jenen Fällen angewendet, wo eine starke Vergrößerung und dabei eine bedeutende Helligkeit verlangt wird.

d. Das Sehorgan.
Das Sehen mit demselben.
§. 253.
Die Einrichtung des Auges.

Wir dürfen die Lehre über das Licht nicht eher beschließen, bevor wir nicht der wunderbaren Einrichtung unseres Sehorganes auch einige Aufmerksamkeit geschenkt haben.

Schon von außen ist dieses dem Menschen so überaus theure Organ vor allerlei schädlichen Einflüssen von Natur aus gesichert. Es liegt in der knöchernen Augenhöhle, nach allen Richtungen beweglich, eingebettet. Durch die Augenlider und Augenwimpern ist es gegen Staub und zu starke Einwirkung des Lichtes, mittels der Augenbrauen gegen das Eindringen von Schweiß geschützt.

Den **Augapfel**, welcher kugelförmig ist, wie Figur 287 zeigt, umzieht eine feste harte Haut, welche auf der Vorderseite durchsichtig, auf der Rückseite weiß und undurchsichtig ist.

Fig. 287.

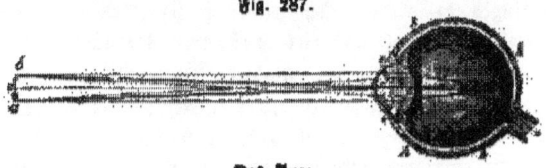

Das Auge.

Der durchsichtige, gewölbte Theil heißt die **Hornhaut** cc. der undurchsichtige die **harte Haut** h. h.

Hinter der Hornhaut liegt die farbige **Regenbogenhaut** oder **Iris** ii, welche dem Auge die Farbe gibt. Sie ist aus einem feinen Nervengewebe gebildet und besitzt in der Mitte eine Oeffnung, welche die **Pupille** w heißt, und die sich bei größerem Lichtreize verengt, bei minderem erweitert. Sie vertritt demnach die Stelle einer Blendung und regelt die Menge der in das Auge eintretenden Lichtstralen. Hinter der Pupille liegt die **Kristalllinse** v, welche in einer durchsichtigen Kapsel eingeschlossen und mit Hilfe derer Ausläufe an der äußeren Augenhülle befestiget ist. Unter der harten Haut befindet sich die mit einer schwarzen Pigmentschichte überzogene **Aderhaut** x, auf deren inneren Seite die blaßröthliche **Netzhaut** n ausgebreitet ist. Die letztere stellt ein feines Gewebe von zarten Gefäßen dar; sie ist es, welche die Lichteindrücke aufnimmt und diese mittels des **Sehnerven** z dem Gehirne zuleitet. Zwischen der Linse, die sich beim lebenden Auge dicht an die Iris anschließt, und der Hornhaut, befindet sich eine klare, etwas salzige Flüssigkeit, die **wässerige Feuchtigkeit** w genannt. Der Raum zwischen der Linse und der harten Haut ist mit einer durchsichtigen, gallertartigen Substanz, der **Glasfeuchtigkeit** g angefüllt.

Das Sehen.

§. 254.

Im Vorhergehenden habe ich euch den kunstvollen Apparat des Auges beschrieben. Ich will euch jetzt auseinandersetzen, auf welche Weise wir uns **das Sehen** selbst erklären können.

Wie bei der Camera obscura, durch die Brechung der Lichtstralen in der Sammellinse, ein getreues Bild des außerhalb befindlichen Gegenstandes auf der Rückwand der dunklen Kammer hervorgeht, ebenso werden auch die von einem Gegen-

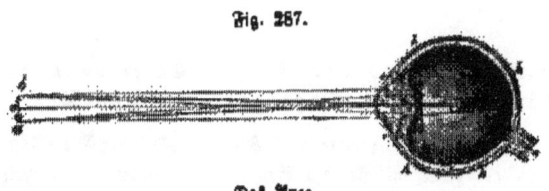

Fig. 287.

Das Auge.

stande ba (Figur 287) ausgehenden Lichtstralen mittels der wässerigen Feuchtigkeit, Kristallinse und Glasfeuchtigkeit im Auge in der Weise gebrochen, daß von diesem Gegenstande auf der Netzhaut das Bild a, b, u. s. in umgekehrter Stellung und verkleinert zum Vorschein kommen wird. Diese Einwirkung des Lichtes auf die Netzhaut wird sofort mit Hilfe des Sehnervs zum Gehirn fortgepflanzt. Auf welche Weise aber die Umwandlung des mechanischen Lichteindruckes in die geistige Anschauung des Gegenstandes erfolgt, bleibt uns Menschen, wie dieß bei allen ähnlichen Empfindungen der Seele der Fall ist, ein Geheimnis. Wir müssen bei solchen Anlässen mit Demuth unsere Schwäche bekennen und mit Salomo's Worten ausrufen: Ein hörend Ohr und sehend Auge, die macht beide der Herr! —

Über die äußeren Vorgänge des Auges ist man dagegen schon im Stande sich Rechenschaft zu geben. Jemand könnte z. B. fragen, wie es komme, daß wir die Gegenstände gerade sehen, während ihre Bilder auf der Netzhaut verkehrt erscheinen? Auf diese Frage antworten wir folgendermaßen: Die Ursache liegt zuerst in der Angewöhnung, vorzüglich aber darin, daß wir nicht das Bild auf unserer Netzhaut, sondern den Gegenstand außer uns ansehen, und daß wir die Ursache des Lichteindruckes, also den Gegenstand dort suchen, woher die Wirkung kommt.

Eine andere Frage, die sich auch beantworten läßt, wäre: Warum sehen wir mit beiden Augen nicht doppelt, sondern einfach? — Im gesunden Zustande und beim ordentlichen Gebrauche unserer Augen nämlich werden durch die von einem Gegenstande ausgehenden Lichtstralen zwei übereinstimmende Punkte der Netzhaut in beiden Augen auf die nämliche Art und in demselben Momente getroffen, woraus das Verschmelzen der Lichteindrücke von beiden Bildern zu einer Gesammtempfindung erfolgt. Zustände des Auges, bei welchen diesen Bedingungen nicht genüge geschieht, verursachen das Doppeltsehen. Dieses trifft bekanntlich ein, wenn man das eine Auge gegen das andere etwas verdreht, wie dieß z. B. beim Schielen der Fall ist.

§. 255.

Die Warnehmung der Größe, Entfernung und Körperlichkeit der Gegenstände durch das Auge.

Die Größe, Entfernung und Körperlichkeit der Gegenstände nehmen wir zwar mittels des Auges war, aber erst in Folge verschiedener aus der Erfahrung über diese Begriffe entnommener Urtheile.

Die Größe eines Gegenstandes hängt von dem Winkel ab, welchen die von dem Auge nach den äußersten Gränzen des betrachteten Gegenstandes gezogenen Linien einschließen. In vorhergehender Figur 287 ist es der Winkel aob. Dieser Winkel, welcher Sehwinkel genannt wird, ist allein dabei nicht aber entscheidend, weil bei gleichen Sehwinkeln die Größe eines Gegenstandes auch von dessen Entfernung abhängt. Aus diesem Grunde können bei gleichem Sehwinkel die Gegenstände dennoch verschieden groß sein. So z. B. würden a'b' und ab, also zwei ungleich große Gegenstände (Fig. 288), unter demselben Sehwinkel aob erscheinen.

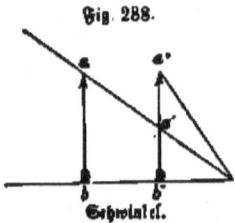

Fig. 288.

Sehwinkel.

Wenn wir bloß aus dem Sehwinkel auf die Größe eines Gegenstandes einen Schluß führen, so gelangen wir oft zu Fehlschlüssen. Man heißt sie optische Täuschungen. So z. B. scheint uns eine lange Baumallee, wenn wir vor ihr stehen, nach einem rückwärtigen Punkte zusammenzulaufen. Jeder von euch wird gewiß schon die Beobachtung gemacht haben, daß der aufgehende Mond bedeutend größer erscheint, als wenn er hoch am Himmel steht. Auch dies beruhet bloß auf einer optischen Täuschung, denn der Mond verändert weder seine Größe noch seine Entfernung von der Erde während des Aufsteigens über den Horizont. Man könnte viele andere Beispiele über optische Täuschungen aufzählen.

Die Entfernung eines Gegenstandes wird nach der größeren oder geringeren Anstrengung, mit welcher die beiden Augenachsen auf einen Gegenstand gerichtet werden, abgeschätzt. Übrigens erscheinen uns undeutlich sich darstellende und dunkle Gegenstände weiter entfernt, als deutliche und helle. Die körperliche Ausdehnung des Gegenstandes wird endlich mit Hilfe der größeren und geringeren Beleuchtung seiner Flächen, mittels des Schattens und vorzüglich dadurch aufgefaßt, daß man den Gegenstand mit beiden Augen ansieht.

Jedes Auge zeigt nämlich ein anderes Bild von dem in der Nähe befindlichen Gegenstande. Beide Bilder verschmelzen erst in der Gesammtempfindung zu dem eigentlichen Körperbilde des Gegenstandes. Mit Hilfe des Stereoskopes werden auf künstlichem Wege durch Benutzung dieser Thätigkeit des Auges Körperbilder erzeugt.

Gewohnheit, öfteres Anschauen der Gegenstände, das Vergleichen des Gesehenen mit dem, was uns die anderen Sinne, wie z. B. das Gefühl (der Tastsinn) erkennen lassen, stellen unser Urtheil über Größe, Entfernung und Körperlichkeit der Gegenstände fest. Das Kind befühlt jeden Gegenstand mit den Händen und gewinnt nach und nach die richtige Vorstellung über die eben angeregten Begriffe.

Auch in den späteren Jahren ist Übung nothwendig, um schnell und mit Leichtigkeit über die Größe, Entfernung, Gestalt und Lage des Gesehenen ein richtiges Urtheil fällen zu können. Diese nach und nach erworbene Fähigkeit des Menschen in dieser Richtung tadelfreie Schätzungen abzugeben, heißt **das Augenmaß**.

Der Gewerbsmann, welcher öfter in die Lage kommt, die Längen- oder Flächenausdehnungen der Gegenstände abzunehmen, bringt es in einer kurzen Zeit bei einigem Fleiße dahin, daß er durch bloße Anschauung die Größe einer Ausdehnung ziemlich genau angeben wird.

Bedingungen des deutlichen Sehens.

§. 256.

Damit ein deutliches Sehen stattfinde, müßen folgende Bedingungen erfüllt werden:

1. Das Bild des Gegenstandes muß auf die Netzhaut fallen, 2. der Lichteindruck auf derselben darf keine zu kurze Dauer haben, 3. das Bild auf der Netzhaut muß deutlich entwickelt sein, 4. darf es nicht zu klein, und 5. muß es gehörig beleuchtet sein.

§. 257.
Die Akkommodazionsfähigkeit des Auges.

Was den ersten Punkt anbelangt, so können wir den Bau unseres Auges nicht genug bewundern. — Es ist nämlich aus der Lehre der optischen Instrumente bekannt, daß das Luftbild entfernter Gegenstände, bei der nämlichen Stellung der Objektivlinse, näher an dieselbe rückt, als jenes der näheren Gegenstände, und daß in diesem Falle ein Verschieben der Okularlinse nothwendig wird, um mit dem Fernrohre die entfernten Gegenstände ebenso deutlich zu sehen, wie die nahen.

Etwas ähnliches muß nun auch bei unserem Auge eintreten; denn würden die das Licht brechenden Bestandtheile des Auges sowohl gegen einander als auch rücksichtlich der Netzhaut unverrückbar sein, so könnten, wie bei dem Fernrohre, unmöglich entfernte Gegenstände mit derselben Deutlichkeit, wie die nahen, gesehen werden. Nun ist es euch bekannt, daß Menschen mit gesunden Augen in jeder Entfernung, mit Ausnahme der zu großen und zu kleinen, gleich gut sehen; es folgt demnach daraus, daß die Theile des Auges, welche zur Erzeugung des Netzhautbildes beitragen, gegen einander beweglich eingerichtet sein müssen.

In der That nimmt zu diesem Behufe, wie genaue Versuche lehren, die Hornhaut eine größere oder geringere Wölbung an, die Kristalllinse wird mit Hilfe der Muskeln im Auge vor- und zurückgeschoben, und selbst die Netzhaut paßt sich der Lage des Luftbildes an.

Man heißt diese ungemein wohlthätige Eigenschaft des Auges die Akkommodazion (Anpassungsfähigkeit) desselben. Die Anpassungsfähigkeit des Auges geschieht nicht augenblicklich, sondern braucht eine gewisse Dauer, welche aber im ganzen sehr gering ist. Nach anhaltendem Sehen in die Ferne, vermag man aus diesem Grunde nicht sogleich wieder nahe Gegenstände deutlich zu erkennen und umgekehrt. Je gesunder und stärker das Auge ist, desto schneller erfolgt die Akkommodazion.

Die normale Sehweite.
Die Kurz- und Weitsichtigkeit.

Die Anpassungsfähigkeit des Auges hat aber ihre Gränzen. Kleinere Gegenstände z. B. die gewöhnliche Schrift ist man nicht im Stande in jeder Entfernung ohne Anstrengung zu lesen. Das gesunde Auge vermag dieß in einer Entfernung von 8"—10". Man heißt diese Weite auch die deutliche oder die normale Sehweite. Der Kurzsichtige muß die Schrift näher zum Auge bringen, der Weitsichtige aber weiter vom Auge entfernen. — Was ist die Ursache von der Kurz- und Weitsichtigkeit? Man kann sagen, der äußere Bau des Auges schon; entscheidender sind aber dabei dessen innere Verhältnisse.

Das kurzsichtige Auge ist gewöhnlich nach vorne zu stark gewölbt, nicht selten besitzen auch seine Bestandtheile z. B. die Kristalllinse, die beiden Feuchtigkeiten eine größere lichtbrechende Kraft, als dieß bei dem gesunden Auge der Fall ist, wodurch eine ungewöhnlich schnelle Vereinigung der Stralen zu dem Netzhautbilde erfolgt. Das Bild fällt bei kurzsichtigem Auge vor die Netzhaut, anstatt auf dieselbe.

Bei dem Weitsichtigen ist hingegen das Auge mit den entgegengesetzten Unzukömmlichkeiten behaftet, was zur Folge hat, daß das Bild erst hinter der Netzhaut zu entstehen strebt. Weder in dem einen noch in dem anderen Falle kann ein deutliches Sehen eintreten, weil die Netzhaut nicht von einzelnen, den Gegenständen entsprechenden Lichtpunkten, sondern von Lichtkreisen getroffen wird, welche sich theilweise decken, was ein Ineinanderschwimmen und Verwirren der Farben und Konturen der betrachteten Gegenstände veranlassen und demnach eine geringere Deutlichkeit beim Sehen erzeugen wird.

Der Kurzsichtige muß sich daher, um nahe Gegenstände deutlich zu sehen, d. i. um den Vereinigungspunkt der von ihnen ausgehenden Lichtstralen auf die Netzhaut zu bringen, der zerstreuenden Linsen (Brillen) bedienen, mittels welcher der übermäßig sammelnden Kraft des Auges entgegengewirkt, dadurch das Bild weiter hinausgerückt und sofort auf die Netzhaut gebracht wird.

Der **Weitsichtige** wird dagegen gut thun das Auge mit einer Sammellinse als Brille, zu bewaffnen, um die zu geringe sammelnde Kraft des Auges zu unterstützen, und auf diese Weise das Bild auf die Netzhaut zu bringen.

Den **Brillen** gibt man die Form der sogenannten **Menisken** (Fig. 289). (Vergl. mit §. 238). Die Brillen für

Fig. 289.

Sphärische Linsen.

Kurzsichtige erhalten die Form der zerstreuenden Menisken f, bei welchen nämlich die hohle Seite stärker gekrümmt ist, als die erhabene; jene für Weitsichtige die Gestalt der sammelnden Menisken o, wo die erhabene Seite eine stärkere Krümmung hat. Diese Formen sind für die Brillen die tauglichsten. Das Auge sieht nämlich damit auch die seitwärtsliegenden Gegenstände deutlich und der Übelstand, welcher wegen der dem Auge lästig werdenden Spiegelung der Brille sich einstellen könnte, wird behoben, wenn der äußeren Fläche der Linse eine thunlichst schwache Krümmung gegeben wird.

Kleine Brillen mit starkem Rande sind wegen des Schattens, den die Einfassung wirft, dem Auge nicht zuträglich. Die besten sind ziemlich große mit feiner Einfassung. Bloß ein Auge mit einem Glase zu bewaffnen oder seitwärts über die Brillen hinaus zu sehen, ist für die Augen sehr schädlich.

Von den gefärbten Gläsern sind bloß die grauen (London Smoke) anzuempfehlen, indem diese allein sämmtliche Lichtstralen gleichmäßig absorbieren und demnach das Tageslicht dämpfen, was den erkrankten Augen sehr wohlthuend ist. Grüne Gläser erzeugen in den Augen einen Complementärton, nämlich rothen Lichtkreis, blaue Gläser einen gelben, was für das kranke Auge sehr schädlich ist. — Die Brillen soll ein Mönch, namens Alexander de Spina, im Jahre 1330 erfunden haben.

Die Weitsichtigkeit nimmt mit dem Alter zu, weil das Auge mit den Jahren flacher wird, auch die Feuchtigkeiten des Auges minder brechbar werden. Aus dieser Ursache wird das Auge des Kurzsichtigen mit dem Alter weitsehender werden, insbesondere wenn der Kurzsichtige sein Auge öfters übt in die Ferne zu sehen. Die Weit- und Kurzsichtigkeit ist auch eine Folge der Angewöhnung. In solchen Fällen ist das Tragen der Brillen nicht anzurathen. Der Kurzsichtige, welcher sich sein Übel durch das anhaltende Betrachten naher Gegenstände zugezogen hat, soll außer der Arbeitszeit sein Auge an fernen Gegenständen zum Weitsehen einüben, der Weitsichtige soll dagegen die Betrachtung naher Gegenstände nicht vernachlässigen.

Die Schwachsichtigkeit ist eine Folge der öfteren Überspannung der Sehkraft des Auges. Der Schwachsichtige darf seine Augen nicht anstrengen, sondern denselben zweckmäße Erholungen im Freien gönnen. Besonders schädlich für das Auge ist das Lesen und Arbeiten bei schwacher Beleuchtung oder in der Dämmerung, weil die dem Lesen und der schwachen Beleuchtung entsprechenden Thätigkeiten des Auges sich entgegenwirken; es sollte nämlich die Pupille des Auges wegen der Nähe des betrachteten Gegenstandes sich verengen, zugleich aber in Folge der schwachen Beleuchtung sich erweitern.

§. 258.

Die Dauer des Lichteindruckes.

Was die Zeit anbelangt, während welcher die Lichteindrücke andauern müssen, damit sie zu unserem Bewußtsein gelangen, so läßt sich im allgemeinen sagen, daß diese von der Stärke des Lichtes abhängt. Wir gewaren z. B. den Blitz trotz seiner äußerst kurzen Dauer sehr deutlich, während wir eine abgeschossene Flintenkugel, welche sich millionmal langsamer bewegt als der Blitz, gar nicht zu sehen vermögen. — Ferner erscheint uns der Blitz in seiner ganzen Erstreckung von der Wolke bis herab nur deshalb, weil jeder Lichteindruck stets einige Augenblicke, nachdem er selbst verschwunden ist, in unserem Auge anhält. Auf diese Weise erklärt sich auch der Lichtbogen, den wir warnehmen, wenn mit einer Kohle im Kreise geschwungen wird.

§. 259.

Die Stärke des Lichteindruckes.

Was endlich die zum deutlichen Sehen nöthige Helligkeit der Beleuchtung anbelangt, so find die Gränzen für welche das Auge sich akkommodieren kann, sehr weit auseinander gelegen. Beim Sonnenlichte vermögen wir z. B. ebensogut wie beim Kerzenlicht zu lesen. Die größere oder geringere Verengung des Augensternes (der Pupille) regelt die Menge der in das Auge eintretenden Lichtstralen. Bei zu starkem oder zu schwachem Lichte ist der Mensch nicht fähig zu sehen.

Hat das Auge einige Zeit den Reiz eines stärkeren Lichtes erfahren, so ist es dadurch für schwächeres Licht unempfindlich geworden. Aus dieser Ursache werden wir, aus der Tageshelle plötzlich in ein dunkles Gemach tretend, die Gegenstände in demselben nicht sogleich, sondern erst nach einigem Verweilen unterscheiden können. Der Lichtwechsel ist, nebenbei bemerkt, für das Auge sehr schädlich.

e. Anhang.
Die chemischen Wirkungen des Lichtes.

§. 260.

Die Fotografie.

Das Licht übt auch einen chemischen Einfluß auf viele Körper aus. Es trennt Stoffe von einander oder vereinigt sie. Es zersetzt z. B. die von den Pflanzen aus der Luft aufgenommene Kohlensäure. Der Kohlenstoff wird dabei von diesen zur Herstellung ihrer Bestandtheile verwendet, der Sauerstoff dagegen der Atmosfäre zurückerstattet. Unter dem Einflusse des Lichtes werden die Pflanzen grün, Schellackauflösungen und andere Firnisse werden gebleicht. Die Farben mancher Kleidungsstoffe schießen ab. Auch Eichen- und Mahagoni-Möbel erfahren vermuthlich durch das Licht eine Farbenänderung.

Auf der Thatsache, daß Licht auf Chlor- und Jod-Silber einwirkt und es schwärzt, beruht die Fotografie. Daguerre (Dagehr) war der erste, welcher im J. 1839 die Bilder auf silberplattierten Kupferplatten darstellte. Diese Bilder heißen auch nach ihm Daguerrotypien. Gegenwärtig sind sie außer Gebrauch, indem man jetzt ausschließlich Bilder auf Papier erzeugt. Talbot und Niepce haben sich auf diesem Gebiete die größten Verdienste gesammelt.

Der Fotograf muß zuerst, will er ein Lichtbild erzeugen, eine geschliffene Glastafel nehmen und sie mit einer Flüssigkeit (einer Mischung von Kollodium und Jodkaliumlösung) übergießen, welche das Anhaften des Jodsilbers an dem Glase ermöglicht, was bei dem nachherigen Eintauchen der Glastafel in eine Silberlösung erfolgt. Diese so vorbereitete Platte wird in nassem Zustande noch, in eine Kassette (schmales Kästchen), aus dieser schnell in die optische Kammer an die Stelle des mattgeschliffenen Glases (vergl. mit §. 243) gethan und so der Einwirkung der Lichtstralen des zu fotografierenden Gegenstandes, nach der Stärke der Beleuchtung kürzer oder länger, nämlich 10 Sekunden bis 1 Minute lang, ausgesetzt. Während dieser Zeit hat das Jodsilber durch die Lichteinwirkung eine Veränderung erlitten. An Stellen, wo das Licht am stärksten wirkte, wird es am schwärzesten, an andern Orten, wo die Einwirkung in einem geringeren Verhältnisse stattfand, wird es lichter erscheinen, an den Schattenpartien des Gegenstandsbildes wird es gar nicht verändert werden. Die Schwärzung des Silbersalzes erfolgt durch die Ausscheidung des metallischen Silbers aus dem Salze. Um das Geschäft des Fotografierens selbst abzukürzen, was gewiß den zu porträtierenden Personen sehr erwünscht ist, wird die Glasplatte nicht ganz bis zur Vollendung der nöthigen Schwärzung, sondern bloß einige Sekunden in der Kamera gelassen, während welcher Zeit das Licht den Umänderungsprozeß des Silbersalzes bloß beginnen kann. Durch das Begießen der, dem Lichte des zu fotografierenden Gegenstandes, ausgesetzten Platte mit einer weiteren Flüssigkeit (mit Pirogallussäure) erfolgt die Fortsetzung des Umwandlungsprozesses in einem verfinsterten Zimmer, am besten in einem Lokale, in welchem das Tageslicht durch gelbe Scheiben eingelassen wird, indem das gelbe Licht auf Jodsilber nicht einwirkt. Auf diese Weise erhält man auf der Glastafel, nachdem sie noch mit einer Art Lauge (mit einer Auflösung von unterschwefligsaurem Natron) übergossen wurde, ein Bild, welches die Schattenpartien des Gegenstandes licht und die lichten Partien dunkel darstellt. Dieses Bild heißt aus dieser Ursache auch das negative.

Gleichsam als Schattenbild des darzustellenden Gegenstandes dient es dazu, um mit Hilfe desselben auf einem darunter gelegten und mit einer Chlorsilberlösung präparierten Papierblatte mittels des Tageslichts das eigentliche der Beleuchtung des Gegenstandes entsprechende Bild, das positive Bild, hervorzurufen. Dieses fertige Bild wird noch, um es zu befestigen, in eine Auflösung von unterschwefligsaurem Natron und Kochsalz gethan; zuletzt wird das so erhaltene Bild fleißig gewaschen, damit es nicht nachbleicht und an Kraft verliert.

Sechster Abschnitt.
Die Lehre von der Wärme.

a. Allgemeine Begriffe über Wärme.

§. 261.
Erklärungen über das Wesen der Wärme.

Wärme nennen wir das auf der Erde allgemein verbreitete Agens, welches die Wärmeempfindung erzeugt. Das Wesen der Wärme kennen wir nicht, so viel dürfen wir bloß annehmen, daß Licht und Wärme Äußerungen sehr verwandter mechanischer Thätigkeiten seien, weil sich beide überall zusammenfinden und auch ganz ähnlichen Gesetzen unterworfen sind. Das Licht beruht auf Schwingungen des Lichtäthers, und es hat auch große Wahrscheinlichkeit anzunehmen, daß die Wärme auf den Schwingungen der Moleküle oder Atome der Körper beruhe. Ebenso wie beim Licht und Schall müssen wir die Wärme selbst von der Empfindung derselben, die wir auch Wärme heißen und welche mittels unseres Gefühles (Tastsinnes) in unser Bewusstsein aufgenommen wird, unterscheiden.

Die Wärme ist die unerläßlichste Bedingung alles Lebens in der organischen Natur (Menschen, Thiere, Pflanzen), aber auch die unorganischen Stoffe werden durch die Wärme mannigfach verändert. Spröde Erze werden in geschmeidige Metalle umgewandelt, ja selbst das anscheinend bloß dem Luftmeere angehörige Wasser, in Dunstgestalt, wußte der Mensch sich dadurch zinsbar zu machen, daß er die Wirkung des Dampfes studirte und diesen als eine willige Kraft zur Ausführung vieler Arbeiten brauchte.

§. 262.

Quellen der Wärme.

Obgleich wir das Wesen der Wärme nicht kennen, so sind uns doch ihre Quellen genau bekannt.

Die Sonne ist die Hauptquelle der Wärme auf unserer Erde. Je dichter und ungeschwächter ihre Stralen auffallen, je senkrechter dieselben gegen die irdischen Objekte gerichtet sind und je länger sie einwirken, desto stärker wird ihre Erwärmungsfähigkeit sein.

In dem Brennpunkte einer Sammellinse werden nicht nur die Lichtstralen, sondern auch die Wärmestralen gesammelt und erzeugen daselbst eine sehr hohe Temperatur. Ohne Vermittlung des Brennglases sind jedoch die Sonnenstralen, selbst in der heißen Zone nicht im Stande, gewöhnlich vorkommende Substanzen zu entzünden. Die Jahreszeiten gehen aus der sich im Verlaufe des Jahres ändernden Lage der Erde gegen die Richtung der Sonnenstralen hervor. Im Sommer fallen die Stralen senkrechter auf die nördliche Halbkugel, als im Winter. Je schräger die Sonnenstralen auffassen, um so länger werden bekanntlich die Schatten und um so geringer ist dabei ihre erwärmende Kraft.

Die chemischen Vorgänge bilden eine andere Wärmequelle. Wenn zwei Stoffe zu einander eine große chemische Verwandtschaft (Anziehung) haben und sich in Folge dieser mit einander verbinden, so wird eine solche Vereinigung gewöhnlich mit Wärme begleitet sein. Die Wärme tritt dabei jedesmal auf, sobald der neugebildete Körper einen geringeren Raum einnimmt als jener es war, den seine Bestandtheile vor der Verbindung behauptet haben.

Weingeist, Schwefelsäure (Vitriol), frischgebrannter Kalk u. s. w. mit Wasser vermengt, erzeugen hohe Temperaturen. Das Wasser vereinigt sich mit diesen Stoffen sehr begierig zu einem Hydrat. Beim Kalklöschen wird, wie man sagt, so viel Wärme frei, daß das Kalkwasser zum Kochen kommt.

Eine sehr wichtige Wärmequelle liegt in dem Verbrennungsprozesse. Die Verbrennung, so wie wir sie im gewöhnlichen Leben wahrnehmen, besteht darin, daß sich der Kohlenstoff und Wasserstoff des Brennstoffes (Holz, Steinkohle u. s. w. so wie aller Beleuchtungsmaterialien, z. B. Unschlitt, Öl u. s. w.)

mit dem Sauerstoffe der Atmosfäre unter Entwicklung von Licht und Wärme verbindet.

Die Brennstoffe müssen aber bekanntlich, wenn sie brennen sollen, vorher mittels eines bereits brennenden, als Wärme in großer Menge ausspendenden Körpers theilweise auf eine bedeutende Temperatur (Verbrennungstemperatur) gebracht werden. Die schwerer entzündlichen Materialien müssen nämlich durch die leichter brennbaren angezündet werden, auch muß zur Unterhaltung dieser Verbrennung die nöthige Menge atmosfärischer Luft zum Brennstoffe gelangen, weil sonst entweder gar keine oder eine unvollständige Verbrennung mit Entwicklung von Rauch eintreten würde. Bei der vollständigen Verbrennung verbindet sich der Kohlenstoff mit dem Sauerstoffe der atmosfärischen Luft zu Kohlensäure, bei der unvollkommenen bildet sich außer Kohlensäure auch viel Kohlenoxidgas. Der Wasserstoff bildet im letzteren Falle mit dem Kohlenstoffe mannigfaltige Destillationsprodukte, wie Theer, Holzessig u. s. w., welche, ohne Wärme hervorzubringen, entweichen. — Mit Flamme brennen nur jene Brennstoffe, bei welchen während der Verbrennung brennbare, gasförmige Produkte sich entwickeln. Das Erglühen fester Bestandtheile in derselben bewirkt das Leuchten der Flamme. Die Kerzenflamme leuchtet wegen des sich in derselben ausscheidenden und in's Glühen gerathenen Kohlenstoffes. Die Weingeist- oder Wasserstoffflamme leuchtet hell, wenn in dieselbe eine Platinspirale oder ein anderer fester Körper, welcher in's Glühen gelangen kann, hineingebracht wird. In der Knallgasflamme bringt das Erglühen des Kalkes das bekannte intensive Licht (Drumond'sche Licht genannt) hervor.

Die weiteren Ausführungen über das Verbrennen und Leuchten findet man später in den §§. 299 bis 305.

Bei den leicht entzündlichen Brennstoffen können bereits mechanische Vorgänge wie Reibung, Zusammendrückung, Stöße das Verbrennen einleiten.

Durch Reibung wird das Zündhölzchen entzündet (Fosfor brennt bei 60° R.). Durch Stöße lassen sich dem Stahle mit Hülfe des Feuersteines Funken entlocken. Der Stahl ist nämlich weicher als der Feuerstein. Durch den heftigen Schlag des Stahles gegen den Feuerstein springt von ersterem ein äußerst feiner Splitter ab, welcher bei der hohen Wärme, die durch das Draufschlagen in dem getroffenen Punkte des Stahles erzeugt wurde, sich entzündet. Der abspringende Funke wird bekanntlich mit Hülfe des Zündschwammes oder Zunders aufgefangen, von wo aus mittels eines Schwefelfadens (Schwefel brennt bei 100° R.) Feuer gemacht werden könnte, wie dieß in früherer Zeit gebräuchlich war.

Reibung erzeugt stets Wärme. Durch das Aneinanderreiben der Hände erwärmt man, wie bekannt, dieselben. Ausgetrocknete hölzerne Wagenachsen entzünden sich beim Fahren, wenn sie nicht geschmiert werden, die eisernen erhitzen sich ebenfalls und müßen demnach auch eingefettet werden. Bohrer, Sägen, Feilen werden beim Gebrauch warm.

Selbstentzündungen kommen nicht selten vor. Wenn man nämlich Hobelspäne, Leder, Baumwolle, Schafwolle (besonders gefettete Abfälle von beiden) Heu, Flachs, Hanf, Mehl, Getraide, Mist, Kohlen u. s. w. in großer Menge und im feuchten Zustande angehäuft hält, so tritt Fäulniß ein, wobei sich die Wärme in einem so bedeutenden Grade zu entwickeln vermag, daß mit der Zeit die ganze, gärende Masse in Flamme gerathen kann. Solche Stoffe müßen demnach bei ihrer Aufbewarung öfters gelüftet werden.

Auch die thierische Wärme rührt vom Verbrennungsprozesse her, welcher in den sehr feinen Gefäßen der Lunge vor sich geht. Der überschüßige Kohlen- und Wasserstoff des dunkeln Blutes kommt nämlich mit dem Sauerstoffe der eingeathmeten Luft in Berührung. Es bildet sich durch Verbrennung beider, Kohlensäure und Wasserdampf, welche beim Ausathmen sammt dem zurückbleibenden Stickstoffe der Luft aus der Lunge gerathen. Jedes Thier braucht eine bestimmte, beständige Wärmemenge. Im Winter wird dem Körper viel Wärme entzogen. Aus dieser Ursache genießt man auch in dieser Jahreszeit mehr Fleisch und fette Speisen, wie in den übrigen, weil diese viel Kohlen- und Wasserstoff enthalten und demnach bei dem in der Lunge eingeleiteten Verbrennungsprozeße die nothwendige Wärme abgeben können. Je schneller das Athmen erfolgt, um so rascher geschieht die Verbrennung im Körper, d. h. um so stärker wird sich derselbe erwärmen. Aus dieser Ursache werden wir beim schnellen Gehen oder beim angestrengten Arbeiten uns bald erhitzen. Auch werden Kinder ein wärmeres Blut haben, als ältere Leute. Man sieht endlich ebenfalls ein, warum schwere Arbeit, Singen, lautes Lesen oder Sprechen, Bewegung im Freien, Kälte u. s. w. Hunger erzeugen, und warum Sitzarbeit und Wärme mit Fettleibigkeit und Mangel an Appetit begleitet sind.

Die Fortpflanzungsarten der Wärme.

§. 263.

Die Wärme pflanzt sich so wie das Licht von der Wärmequelle aus, nach allen Richtungen fort. Sie durchbricht dabei die Luft ohne Schwierigkeit und ohne dieselbe merklich zu erwärmen, indem sie beinahe ihre ganze Wirkung auf die übrigen Gegenstände überträgt. Diese Fortpflanzungsart der Wärme heißt die Wärmestralung. Durchdringt aber die Wärme einen Körper, welcher ihrer Weiterbewegung einen bedeutenderen Widerstand entgegensetzt, so durchzieht sie denselben langsamer von Querschnitt zu Querschnitt, jeden einzelnen gleichmäßig erwärmend. Diese Art der Wärmefortpflanzung heißt die durch Mittheilung oder die Wärmeleitung.

§. 264.

Die Stralung der Wärme.

Das Bestehen der Wärmestralung ist leicht zu beobachten. Wir bezeichnen ja selbst im gewöhnlichen Leben die Wärme, welche ein Ofen dem Zimmer beim Beginn, insbesondere durch das Ofenthürchen, geradlinig zusendet mit stralender Wärme. Wir schützen uns vor der unangenehmen Empfindung dieser Wärme, die besonders bei eisernen Öfen auftritt, mittels Ofenschirme. Auch die Sonne strahlt die Wärme gegen die Erde aus und wir halten ihre unmittelbare Einwirkung mittels Sonnenschirme ab. Die Wärmestralen werden von den Körpern entweder zurückgeworfen, zerstreut, oder auch verschluckt und gebrochen. Ohne Brechung wäre ja ihre Verdichtung im Brennpunkte einer Sammellinse unmöglich.

§. 265.

Das Verhalten der Körper gegen die Wärmestralen.

Dunkle, rauhe und minder dichte Körper saugen im allgemeinen die Wärmestralen begierig ein. Sie sind aber auch fähig, die aufgenommene Wärme in bedeutendem Maße nach allen Seiten auszusenden, also dieselbe auszustralen. Gute Wärmestraler sind z. B. Kienruß, Bleiweiß, Wasser, Glas, Papier, schwarze Gegenstände u. s. w.

Hellfarbige, polierte und dichte Körper werfen dagegen im allgemeinen die Wärmestralen leicht zurück, sammeln die Wärme sehr langsam in sich auf und sind, nachdem sie warm geworden sind, auch nur im geringen Maße fähig, die angenommene Wärme auszustralen. Sie sind schlechte Wärmestraler, z. B. Silber, Kupfer, Messing. Zinn, Stahl, Eisen. Blei u. s. w.

Mit Zugrundelegung dieser zwei Gesetze lassen sich viele Erscheinungen des gewöhnlichen Lebens erklären.

Warum werden z. B. die eisernen Zimmeröfen nicht nur rauh belassen, sondern überdieß zur Beförderung ihrer Rauheit, mit Grafit überzogen? — Weil die rauhe Oberfläche ihr Ausstralungsvermögen erhöht. Die Zimmer werden demnach durch solche Öfen auch sehr schnell erwärmt. — Warum kocht das Wasser in den neuen, blanken Töpfen nicht so schnell wie in den bereits berußten? — Weil das Wärmeaufsaugungsvermögen von berußten Flächen größer ist. Aus derselben Ursache saugen auch die eisernen Öfen die Wärme der Zimmerluft wieder schnell ein. Das Zimmer kühlt also bei solchen Öfen ebenso schnell aus, als es warm wurde. Geringer ist dieser Übelstand bei den glasierten Kachelöfen. — Warum werden die Thee- und Kaffeemaschinen ganz blank poliert hergestellt? — Weil polierte Körper durch Stralung ihre Wärme sehr langsam verlieren und demnach die Flüssigkeiten in ihnen sehr lange warm bleiben. Auch die Speisedeckel werden aus derselben Ursache blank gehalten. — Warum trägt man im Sommer lichte, im Winter dunkle Kleider? — Weil hellfarbige Stoffe die Wärmestralen der Sonne in einem größeren Maße reflektieren und zerstreuen, demnach in einem geringeren Verhältnisse einsaugen als die dunklen.

Auch der schwarze Ackerboden wird aus der nämlichen Ursache stärker erwärmt, als der braune. Spalierbäume und Weinstöcke pflanzt man am liebsten an einer dunklen oder grauen Wand. Das bedeutende Ausstralungsvermögen solcher Wände schützt sie nämlich vor dem Erfrieren in kalten Nächten.

Endlich will ich euch noch die Frage beantworten: warum das Wasser bei hoher Lufttemperatur (im Sommer) sich in den blanken blechernen Gefäßen kühler erhält, als in den irdenen? Die blanken Gefäße werfen nämlich die Wärmestralen stärker zurück, als die irdenen, welche einen großen Theil der auffallenden Stralen absorbieren.

Auch die Erde ſtralt Wärme, insbesondere in der Nacht aus. Die Dünſte in der Luft, die Wolken, ſenden dieſe Wärmeſtralen wieder zur Erde zurück. In Gegenden wo wenig Dünſte entſtehen, z. B. in den Sandwüſten, folgen aus dieſer Urſache den heißen Tagen kühle, ſelbſt froſtige Nächte. Trockene Luft bringt auch bei uns Fröſte.

§. 266.

* **Das bewegliche Gleichgewicht der Wärme.**

Sämmtliche Körper ſtralen ohne Unterlaß Wärme aus und abſorbieren die von anderen erhaltene. Jeder Körper thut dieß in einem ſeiner Temperatur und Oberfläche entſprechenden Grade. Dieſe fortwährende Bewegung der Wärme wird zuletzt die Gleichſtellung der Temperatur ſämmtlicher in einem begränzten Raume befindlichen Gegenſtände zur Folge haben. Man ſagt demnach auch mit Recht, die Gegenſtände eines geſchloſſenen Raumes befinden ſich im **beweglichen Gleichgewichte der Wärme.**

§. 267.

Die Wärmeleitung.

Die Wärme kann, wie erwähnt auch noch anders, nämlich von Molekül zu Molekül fortgeleitet werden. Ich will euch dieſe Erſcheinung auf folgende Weiſe deutlich machen. Nehmet einen nicht zu langen Drat oder Eiſenſtab mit dem einen Ende in die Hand, und nähert ſein anderes Ende einer Flamme, ſo werdet ihr bald in der Hand eine bedeutende Wärme empfinden. Ihr werdet mir dabei gewiß zugeſtehen, daß der Stab die Wärme der Flamme durchgeleitet hat. Nehmet jetzt anſtatt des Metallſtabes einen gleich langen Holzſtab und nähert dieſen der Flamme, ſo werden vielleicht auch alle von euch die Erfahrung gemacht haben, daß, obgleich der Stab an dem einen Ende zu brennen beginnt, die Wärme der Flamme durch den Stab nicht im geringſten durchgeleitet wird; es kann der Stab ſelbſt bis an das andere Ende, knapp bis zu dem Punkte, wo man ihn hält verbrennen, ohne daß durch den Stab hindurch eine merkliche Durchleitung der Wärme warnehmbar wäre. Was ist nun die Ursache dieser zwei von einander verschiedenen Erscheinungen? — Nichts anderes als die ungleiche Wärmeleitung der zwei Stäbe. Der Metalldrat leitet die Wärme gut, der Holzstab dagegen schlecht. Man hat bezüglich der Wärmeleitung mit den verschiedensten Körpern Versuche angestellt und dabei auch mittels genauer Vergleiche den Grad ihrer Leitungsfähigkeit bestimmt. Diese Studien lehren uns, daß man gute, mittelmäßige und schlechte Wärmeleiter unterscheiden muß.

Zu den guten Wärmeleitern gehören die Metalle in folgender Ordnung: Silber, Kupfer, Gold, Messing, Zinn, Eisen, Stahl, Blei, Neusilber.

Zu den mittelmäßigen gehören die Steine, Glas und die Erdarten.

Zu den schlechten Wärmeleitern dagegen die organischen Stoffe, z. B. Holz, Kohle, Papier, Wolle, Sand, Baumwolle, Haare u. s. w., dann Schnee, Asche, Wasser, Luft, und die Gase.

§. 268.

Benutzung der guten und schlechten Wärmeleitung.

Über gute und schlechte Wärmeleitung lassen sich ebenfalls mannigfache Beispiele aus dem Leben anführen. Eiserne Öfen, Bügeleisen u. s. w. geben wegen der guten Wärmeleitung die Wärme schnell her. In eisernen Gefäßen kocht aus dem Grunde auch das Wasser viel schneller, als in den irdenen; und in blechernen eher als in gußeisernen. Bügeleisen, Leimpfannen, Gußlöffel, Feuerzangen und andere ähnliche Werkzeuge werden mit hölzernen Griffen versehen, oder man umwickelt deren metallene Hefte mit Tuch und Leinenschnüren, um sie mit den Händen anfassen zu können, wenn sie erhitzt sind. — Holz, Tuch, Leinen sind nämlich schlechte Wärmeleiter und schützen zufolge dieser Eigenschaft unsere Hände vor dem Verbrennen. Heiße

Kochgeschirre werden aus derselben Ursache mit wollenen Lappen angefaßt. — Durch das Anthun von wollenen, dichten Kleidungsstücken, von Pelzwerk u. s. w. wird man seinen Körper vor Kälte bewaren, d. h. man hält damit die Wärme des Körpers zusammen. Fußteppiche schützen unsere Füße vor Kälte. Auch sieht man leicht ein den Nutzen, welchen die Federn und Haare den Thieren darbieten, welchen der Schnee den Saaten gewährt.

Stroh- und Ziegeldächer sind im Winter viel wärmer, im Sommer kühler als Metalldächer. Die feuerfesten Kästen, d. i. eiserne Kästen, in denen Papiergeld und Dokumente während des heftigsten Brandes in unversehrtem Zustande verbleiben, bestehen aus mehrfach getheilten Wänden, in welche Asche, Luft und andere schlechte Wärmeleiter hineingethan werden. Die Eishütten und Eisgruben werden mit schlechten Wärmeleitern, wie mit Holzwänden, Luft- und Aschenräumen, Strohdecken und mit Erde umgeben, um sowohl die Sonnen- als auch die Erdwärme von denselben ferne zu halten. Die Lagerkeller werden tief unter der Erdoberfläche angelegt, damit die Sonnenwärme in dieselben nicht eindringe, was bei geringer Tiefe geschehen kann, indem die Erde kein schlechter, bloß ein mittelmäßiger Leiter ist. In kleinen Mengen wird Eis auf die Weise am längsten aufbewart, daß man es in einem Topfe zwischen Federbetten hineinthut, welche sehr schlechte Wärmeleiter sind. Die Thüren und Zuglöcher der Weinkeller, Brunnen und Röhrenleitungen, ferner Bäume und Stauden werden mit Stroh und Moos bekleidet, um sie über den Winter vor dem Froste zu bewaren. Auch die Dampfleitungen umgibt man mit schlechten Wärmeleitern (Stroh, Thon, Filz), um die Wärme des Dampfes zusammenzuhalten. Die Luft ist so lange ein schlechter Wärmeleiter, als sie unbeweglich in einem Raume eingeschlossen ist. Aus der Ursache müssen die Doppelfenster gut schließen. Einfache gutschließende Fenster mit Doppelscheiben, zwischen welchen eine unbewegliche Luftschichte sich befindet, sind demnach für den strengen Winter besonders anzurathen.

b. Die Wirkungen der Wärme.

Das Messen derselben.

§. 260.

Die Wärme bringt, obwohl sie in allen Fällen bloß auf die Entfernung der damit behafteten kleinsten Körpertheilchen hinzielt, an den Körpern Veränderungen hervor, welche sich uns in mannigfacher Weise darstellen. Unserem Körper z. B. gibt sie

411

fich zu erkennen durch den geringeren oder höheren Grad der Empfindung, die wir von ihr erfahren. Einen je höheren Grad von Empfindung dieselbe in uns, bei Annäherung des mit Wärme ausgestatteten Körpers entwickelt, eine desto höhere Temperatur legen wir dem Körper bei.

Durch die Wärme verändern die Körper ihr Volumen, ihren Aggregatzustand, die gasförmigen erfahren eine Änderung der Expansion, durch die Wärme werden viele chemischen Verbindungen befördert und herbeigeführt, die Wärme hat den bedeutendsten Einfluß auf das Leben und Gedeihen der organischen Körper. Jedes Thier, jede Pflanze bedarf einer bestimmten, nur kleine Schwankungen zulassenden Wärmemenge (Temperatur), um sich entwickeln zu können; wenn diese Wärmemenge abnimmt oder wenn sie überschritten wird, so erfolgt deren Krankheit, auch der Tod.

Von der Temperatur der Körper und dem Instrumente solche bequem zu messen, wurde bereits anfangs §. 28 gesprochen.

§. 270.

Die Größe der Längenausdehnung der Körper durch die Wärme.

Der Ausdehnungskoeffizient.

Schon bei Gelegenheit der Auseinandersetzungen über die allgemeinen Eigenschaften der Körper (§. 31) wurden die wichtigsten Bemerkungen über die Ausdehnung der Körper durch die Wärme gemacht. An dieser Stelle will ich euch bloß noch einiges Nothwendige von der Größe dieser Ausdehnung mittheilen. Genaue Versuche haben gelehrt, daß Eisen und Stahl für jeden Wärmegrad sich um den hunderttausendsten Theil der ursprünglichen Länge — eigentlich von jener bei 0 Grad — ausdehnen. Gold, Kupfer dehnt sich etwas stärker aus, Messing, Silber, Zinn ziemlich genau doppelt so stark, Blei und Zink endlich dreimal so stark wie Eisen. Glas und Platin dehnen sich hingegen beide ziemlich gleich, aber minder stark aus als Eisen.

Jeder Stoff, welcher bei den Künsten und Gewerben Verwendung findet, wurde hinsichtlich der Größe seiner Ausdehnung genau untersucht. Man hat nun die so gefundenen Zahlen, welche angeben, um den wievielten Theil der ursprünglichen Länge ein Stoff für 1 Grad Temperaturzunahme sich verlängert, in eigene Tabellen verzeichnet, und hat sie mit Ausdehnungskoeffizienten benannt.

Unter der ursprünglichen Länge eines Körpers versteht man die Länge, welche derselbe bei 0 Grad Temperatur besitzt. Man kann aber ohne viel zu fehlen auch diejenige Länge, welche er bei der gewöhnlichen Lufttemperatur hat, als die ursprüngliche in Rechnung bringen. Nachstehendes Beispiel soll dieß klar machen.

Aufgabe. Wenn eine eiserne Stange bei der Temperatur von 15 Grad die Länge von 10 Fuß hat, welche Länge wird dieselbe bei der Temperatur von 525 Grad, wo sie rothglühend wird, annehmen?

Auflösung. Für jeden Grad Wärmezunahme nimmt die Eisenstange um $\frac{1}{100000}$ der ursprünglichen Länge zu. Von 15 bis 525 Grad beträgt die Temperaturzunahme 510 Grad. Die Verlängerung einer 1 Fuß langen Eisenstange würde demnach für diese Erwärmung betragen: $510 \times \frac{1}{100000} = \frac{51}{10000}$ Fuß; nachdem aber die Stange 10 Fuß lang ist, so wird ihre Ausdehnung in der Länge 10mal größer, d. h. $\frac{51}{1000}$ Fuß oder $7\frac{1}{3}$ Linien ausmachen.

§. 271.
Das Kompensazionspendel.

Die Uhrmacher wissen ganz genau, daß die durch die Wärme bewirkte Verlängerung der Pendelstange auf den Gang der Uhr einen Einfluß übt. Wenn sich nämlich die Pendelstange verlängert, so geht die Uhr langsamer, das Umgekehrte trifft ein, wenn sie sich durch die Abnahme der Temperatur verkürzt.

Dieser störende Einfluß der Temperatur auf die Pendelstange wird auf verschiedene Weise behoben. Bei den gewöhnlichen Pendeluhren ist an der Stange eine Schraube zum Heben und Senken der Pendellinse angebracht. Bei den genaueren Uhren

werdet man entweder anstatt metallener Pendelstangen, hölzerne
an, welche in Öl gesotten und mit Firnis überzogen sind,
oder man versieht die metallenen Stangen mit Vorrichtungen,
welche die Wirkung der Wärme aufzuheben (zu kompensieren)
im Stande sind. Man nennt die mit solchen Ausgleichungen
versehenen Pendel, Kompensazionspendel.

Das Rostpendel.

Zu den am häufigsten angewendeten Kompensazionen für
Pendeluhren gehören die Rostpendel (Fig. 200). Ein solches
besteht aus einem System paralleler Stäbe, wovon ein Theil sich
nach abwärts, ein anderer nach aufwärts ausdehnen kann. Die
stählerne Gabel cr, c_1r_1, mit der Aufhängfeder cn, an welcher
letzteren die Schneide o des Pendels angebracht ist, wird sich
durch die Wärme nach abwärts verlängern. Mit dieser Verlängerung werden die Querstücke es und e_1s_1, auf welchen zwei
Zinkstangen sw und $s_1 w_1$ befestiget sind, gesenkt. Nachdem
aber diese Zinkstangen sich durch die Wärme nach aufwärts ausdehnen, so wird auch deren Querstück x, und somit auch die
stählerne Pendelstange xu, sammt ihrem Schwingungsmittelpunkte
L, der etwas über dem Mittelpunkte der Pendellinse sich befindet
und von dessen Lage die Schwingungsdauer eines Pendels abhängt, in die Höhe gerückt.

Rostpendel.

Ist endlich den Zinkstangen eine solche Länge gegeben, daß die Ausdehnung der Gabel und der Pendelstange nach abwärts durch jene der Zinkstangen nach aufwärts behoben wird, so ist die gewünschte Kompensazion erzielt.
Wegen der Eigenschaft des Zinkes sich 3mal so stark auszudehnen wie der
Stahl, wird eine solche Ausgleichung möglich.

§. 272.

Die Erwärmung der tropfbaren Flüssigkeiten.

Die Flüssigkeiten sind nur so lange schlechte Wärmeleiter,
als sie von oben mit der Wärmequelle in Berührung gebracht
werden. Anders verhält es sich, wenn die Flüssigkeit von unten
erwärmt wird. In diesem Falle tritt nämlich eine Bewegung,
eine Strömung in der Flüssigkeit ein, welche die erwärmten
Theile derselben mit den kälteren mengt, und sofort die ganze
Flüssigkeit auf einen höheren Wärmegrad in kurzer Zeit

verfehlt. Die besagte Strömung stellt sich aus der Ursache ein, weil die unteren, wärmeren Theile der Flüssigkeit sich ausdehnen und leichter werden als die übrigen kälteren Theile derselben; wodurch sie in die Höhe steigen und den kälteren Theilchen Platz machen, welche wieder, nachdem sie sich erwärmt haben, den anderen kälteren weichen. Man bemerkt aus dieser Beschreibung auch zugleich, warum bei Sparherden die Erwärmung vortheilhafter geschieht, als bei offenen Herden; indem dort die Erwärmung von unten, nicht aber wie bei den letzteren von der Seite erfolgt.

Fig. 291.

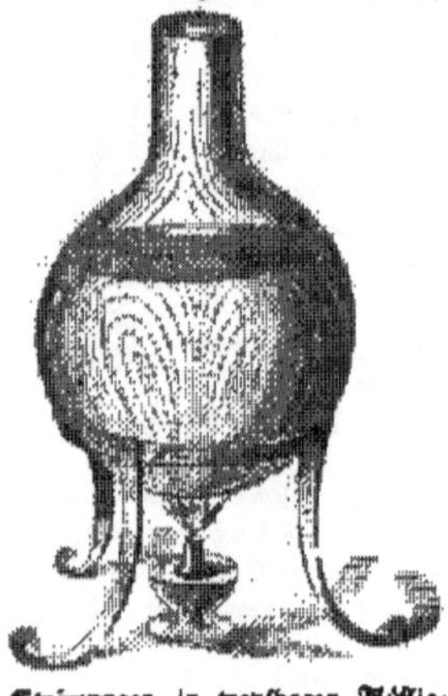

Das wirkliche Vorhandensein solcher Strömungen in Flüssigkeiten gewahrt man, wenn in einen Glaskolben Wasser hineingeschüttet wird, in welchem pulverisirter Bernstein sich befindet. Die im Wasser schwebenden Bernsteintheilchen zeigen den Weg an, welchen die Strömung in dem von unten erwärmten Wasser annimmt. Sie erheben sich, wie die nebenstehende Figur 291 zeigt, vom Boden senkrecht in die Höhe und fallen an den Seitenwänden des Gefäßes wieder zu Boden. Diese Strömung dauert so lange, bis sich die gleiche Temperatur in der ganzen Flüssigkeit eingestellt hat.

Strömungen in tropfbaren Flüssigkeiten.

Wird das Wasser als Kühlungsmittel von Flüssigkeiten verwendet und demnach mit der Zeit selbst warm, so wird aus demselben Grunde das warme Wasser in den oberen Schichten des Kühlgefäßes, das kältere dagegen in den unteren sich befinden. Das frische Kühlwasser wird demnach stets von unten eingeleitet, das erwärmte von oben weggeführt. (Vergl. mit §. 294.) Man wird demnach auch begreifen, warum, wenn eine Flasche Wein, behufs Abkühlens, in kaltes Wasser gestellt wird, das Kühlwasser über der Flasche hinreichend hoch zusammenschlagen soll.

§. 273.
Die Erwärmung luftförmiger Stoffe.

Auch bei den ausdehnsamen Flüssigkeiten wie bei Luft und den Gasen stellt sich, nachdem sie erwärmt werden, eine Strömung ein. Die erwärmte, und somit, wegen der dabei erfolgten Ausdehnung, leichter gewordene Luft steigt in die Höhe, die kältere sinkt zu Boden und nimmt die Stelle der wärmeren ein.

Erwärmt man eine Luftsäule, die zwischen Wände eingeschlossen ist, z. B. die Luft in einem Kamin, so wird dieselbe aufsteigen und wenn die Heizung am unteren Ende des Kamins anhält, wird die kältere Luft nicht etwa von oben in denselben stürzen, sondern sie wird von unten, bei Sparherden durch die Heizung selbst, also in bedeutend erwärmtem Zustande in den Kamin treten und vermöge der durch die Erhitzung erlangten Steigkraft durch den Kamin in die Höhe ziehen.

Je höher der Schornstein (die Esse) ist, desto kräftiger wird der Zug einer Heizung sein. Bei Hüttenanlagen gibt es Essen, welche 100 Fuß, ja selbst bis 500 Fuß hoch sind. Je größer der Temperaturunterschied zwischen der in der Heizung erwärmten und der äußeren Luft ist, ein um so stärkerer Zug wird sich einstellen. Ein zu geringer Zug verursacht das Rauchen der Schornsteine. Die gewöhnlichste Ursache vom Rauchen ist ein zu großer Querschnitt des Schornsteines. In einem solchen breitet sich nämlich der Rauch zu stark aus und kühlt sich ab, was seine Steigkraft verringert. Bei den übermäßig breiten Kaminen gesellt sich zu diesem noch der Übelstand bei, daß die äußere Luft in dieselbe niederrinnen und sich sofort mit der warmen Luft des Kamines mischen kann, was bei den schräg gerichteten Windstößen in solchen Kaminen stets erfolgt. Bei einem Schornstein für eine gewöhnliche Herdfeuerung genügt ein Durchmesser von 5 Zoll. In einem von 10 Zoll Durchmesser kann man ganz unbesorgt 5—6 Feuerungen hineinleiten.

Will man einen Kamin vor dem üblen Einfluß schiefer Windstöße bewahren, so ist über dem Kamine das Anbringen einer etwa 2 Fuß hohen Blechröhre, und darüber — in einer Höhe von zwei Drittheilen ihres Durchmessers — einer wagrechten Blechscheibe von doppeltem Röhrendurchmesser sehr vortheilhaft.

Eine solche Scheibe hält die schräg gerichteten Windstöße vom Kamine ab und befördert den Luftzug in demselben dadurch, daß sie — durch Zerlegung der Stoßkraft des Windes — bloß deren wagrechten Komponenten zur Wirkung gelangen läßt. Ein wagrechter Windstrom bereitet aber in der Kaminröhre eine Luftverdünnung und demgemäß eine Aufsaugung der Kaminluft. Auf demselben Prinzipe beruhen die jetzt gebräuchlichen Parfümsprühflaschen.

Die Luftströmung.

Die erwähnte Strömung der Luft bemerkt man in der Nähe eines jeden Ofens. — Die tanzende Papierschlange, welche auf den Ofen gesetzt, sich um ihre Achse dreht, weiset diese nach. — Bei einer jeden Heizung, nicht minder in dem Glaszilinder der Lampen findet eine solche Strömung statt, und nur durch sie wird die vollkommene Verbrennung des Brennstoffes ermöglicht.

Von dieser Luftströmung macht man auch Gebrauch, um größere Zimmer schneller zu erwärmen, indem man um die Zimmeröfen, in einer Entfernung von etwa 1 Fuß einen metallenen, doppelwandigen oder besser einen schmal aufgemauerten Mantel aufführt, welcher am Fußboden mit Öffnungen versehen ist. Die am Boden befindliche kalte Luft muß dabei durch die Öffnungen in den Raum zwischen Ofen und Mantel eintreten, sich dort erwärmen und oben austreten. Diese Luftzirkulazion veranlasset eine schnelle Mittheilung der Ofenwärme an die Zimmerluft und behebt noch dazu bei eisernen Öfen das unangenehme Gefühl der stralenden Wärme.

Daß die unteren Luftschichten eines geheizten Zimmers kälter sind als die oberen, gewahrt man besonders auffällig, wenn man die Thür eines solchen Zimmers ein wenig öffnet und die Flamme einer in die Spalte der geöffneten Thür gehaltenen Kerze beobachtet. Bringt man nämlich die Kerze in den oberen Theil der Spalte, so wird die Richtung der Flamme nach auswärts gehen. Hält man sie unten am Boden, so wird die Flamme nach einwärts gerichtet sein. Die warme Luft zieht also durch den oberen Theil der geöffneten Thür aus dem Zimmer hinaus, durch den unteren Theil derselben dringt aber die kalte Luft in das Zimmer ein.

§. 274.

* Grundzüge der Wasser- und Luftheizung.

Auf den in beiden vorhergehenden Paragrafen entwickelten Prinzipien beruhen auch die für größere öffentliche Gebäude passenden Wasser- und Luftheizungen. Bei den ersteren steigt das im Erdgeschosse in einem geschlossenen Kessel erhitzte Wasser mittels einer Röhrenleitung, dabei die Zimmer der sämmtlichen Stockwerke bestreichend, in die Höhe. Das abgekühlte Wasser strömt dagegen mit Hilfe anderer Röhrenstränge zur Heizstelle zurück. Dieser Röhrenleitung entlang sind in den Zimmern größere Behälter in Form von Öfen oder Spiralen eingeschaltet, welche mittels dieser Leitung gespeist werden. Das erhitzte Wasser gibt nun auf diesem Wege seine Wärme langsam an die Zimmerluft ab und diese behält den ganzen Tag hindurch eine gleichförmige Temperatur. Die Warmwasserheizung soll neben ihrer Zweckmäßigkeit auch billiger zu stehen kommen als jede andere.

Bei der Luftheizung, auch Meißner'sche Heizung genannt, befindet sich der Lufterhitzungs-Apparat (es kann dieß auch ein gewöhnlicher, eiserner Ofen sein) im Erdgeschosse in einer gemauerten Kammer, welche unten mit Öffnungen versehen ist, um die kalte Luft in dieselbe eintreten zu lassen. Von dem obern Theil der Heizkammer geht die Röhrenleitung aus, welche die heiße Luft in die zu erwärmenden Räume des Hauses führt. Sie wird in die Zimmer oberhalb eingeleitet.

Die abgekühlte Zimmerluft wird nun unterhalb entweder neuerdings in die Heizkammer zurückgeführt, wodurch an Wärme erspart wird, oder es wird die Luft in's Freie hinausgeleitet, was wieder für die Gesundheit der Bewohner des geheizten Raumes zuträglicher ist.

Im ersteren Falle müßte auf andere Weise für den Luftwechsel oder die Ventilazion im Zimmerraum gesorgt werden; denn bekanntlich wird durch den Athmungsprozeß die Luft in einem geschlossenen Raume verdorben, auch trocknet dieselbe mit der Zeit stark aus.

Wie die Erfahrung lehrt, sind bei Luftheizungen für 1 Kubikklafter Raum ⅔ Quadratschuh Heizfläche nothwendig.

In Folge der ungleichen Erwärmung der Luftschichten in der Atmosfäre entstehen auch dort Luftströmungen, welche die örtlichen Land- und Seewinde erzeugen.

Die fast senkrechte Bescheinung der Erdoberfläche am Äquator gegen die schiefe auf den Polen, im Zusammenhang mit der Wälzung der Erde um ihre Achse verursacht die beständigen und regelmäßigen Winde, die Passatwinde nämlich. Der obere Passatwind hat die Richtung von S. W. (Süd-West), ist der wärmere, bewegt sich vom Äquator zum Pole, und der untere Passatwind hat die Richtung von N. O. (Nord-Ost) und ist der kältere. Er geht von dem Pole nach dem Äquator.

*Das Messen der Wärme mittels Wärmeeinheiten oder Kalorien.

§. 275.

Ich habe bei einer anderen Gelegenheit bereits erwähnt, daß uns die Temperatur der Körper einen Anhaltspunkt darbietet, um ein Urtheil über die Wärmemenge, welche sie enthalten, abzugeben. Je höher nämlich die Temperatur eines Körpers ist, desto mehr Wärme wird derselbe enthalten, je geringer sie ist, um so weniger wird er davon besitzen. Denken wir uns nun unter Wärme selbst, was wir wollen, so müssen wir, zufolge der gemachten Erfahrungen, zuletzt doch eingestehen, daß die Temperatur allein noch kein richtiges Maß für die Wärmemenge der Körper abgeben kann. Man wird zwar bei einem und demselben, oder bei Körpern gleicher Art sagen können, daß ein Körper, welcher z. B. eine Temperatur von 20 Grad besitzt, eine doppelt so große Wärmemenge enthält, als ein solcher, der bloß eine Temperatur von 10 Grad hat, aber bei verschiedenartigen Körpern darf hierüber, wie die Erfahrung lehrt, nicht so einfach abgeurtheilt werden. Einschlägige Versuche zeigten nämlich, daß z. B. das Wasser eine ziemlich bedeutende Wärmemenge zu der Temperaturerhöhung von 1 Grad nöthig hat, daß andere Flüssigkeiten, die Metalle, Luft u. s. w. aber hiezu weniger Wärme brauchen.

Wenn man nun die Wärmemenge verschiedener Körper, welche dabei eine beliebige Temperatur besitzen, mit einander vergleichen will, so muß man sich vor allem für ein bestimmtes Maß der Wärme entschließen. Man ist demnach übereingekommen zur Wärmeeinheit diejenige Wärmemenge anzunehmen, welche nothwendig ist, um in einem Pfunde Wasser eine Temperaturerhöhung von 1 Grad Celsius hervorzubringen. Diese Wärmeeinheit heißt auch eine Kalorie.

Zwei Kalorien enthalten doppelt so viel Wärme als eine Kalorie. Sie werden also jene Wärmemenge ausdrücken, welche nöthig ist, um in zwei Pfunden Wasser die Temperatur um einen Grad zu erhöhen u. s. w.

Weitere Versuche haben gelehrt, daß in dem Falle, wo man einem Pfunde Wasser eine Temperaturerhöhung von 2 Graden verschaffen will, ebensoviel Wärme nöthig ist, wie in jenem, wo man 2 Pfunden Wasser eine Temperaturerhöhung von 1 Grad zu geben beabsichtiget. In beiden Fällen wird man eine gleiche Wärmemenge, nämlich jene von 2 Kalorien verbrauchen.

Diesem zufolge müßen 100 Kalorien eine Wärmemenge vorstellen, die nothwendig sein wird, um 100 Pfunden Wasser eine Temperaturerhöhung von 1 Grad oder um 1 Pfund Wasser eine Temperaturerhöhung von 100 Graden mitzutheilen.

Aufgabe. Wie viele Kalorien werden verbraucht, um 1000 Pfund Wasser von 0 Grad bis zur Kochhitze, also bis zu 100 Grad Celsius zu erwärmen? — Bei Bestimmung der Kalorien rechnet man stets in Celsius'schen Graden. —

Berechnung. Es sind dazu $1000 \times 100 = 100.000$ Wärmeeinheiten oder Kalorien nöthig.

Um 1000 Pfund Wasser von 0 Grad auf 1 Grad zu erwärmen, sind nämlich 1000 Kalorien nothwendig, um diese Menge von 0 Grad auf 100 Grad zu bringen, müßen demnach 100.000 Kalorien nöthig sein.

Es wird natürlich auch das Umgekehrte, daß 1000 Pfund siedenden Wassers nämlich, 100.000 Kalorien enthalten, gelten.

Aufgabe. Wie viele Kalorien besitzen 700 Pfund Wasser von 10 Grad Wärme?

Berechnung. Sie besitzen $700 \times 10 = 7.000$ Kalorien.

Obwohl man den eigentlichen Wert einer Kalorie nicht kennt, so weiset doch die folgende Rechnung nach, daß trotz dessen mit Hilfe dieser Einheit so manche nützliche Berechnung ausgeführt werden kann.

Aufgabe. Welche Temperatur wird das Gemisch von 10 Zentner siedenden Wassers mit 7 Zentner Wasser von 10 Grad Temperatur besitzen?

Berechnung.

1000 ℔ Wasser von 100° Wärme haben 100000 W.-Einh.
700 „ „ „ 10° „ „ 7000 „

das Gemisch von 1700 Pfund Wasser enthält demnach 107000 W.-Einh.

Auf ein Pfund der Mischung entfallen also:

107000 : 1700 = $62\tfrac{17}{17}$ Wärmeeinheiten, d. h. das Gemisch wird die Temperatur von $62\tfrac{14}{17}$ Grad zeigen.

§. 270.

* **Die spezifische Wärme der Stoffe.**

Es wurde bereits im vorhergehenden Paragrafe bemerkt, daß nicht alle Körper, welche dieselbe Temperatur besitzen, welche sich uns also gleich warm darstellen, auch gleich viel Wärme enthalten.

Versuche haben gelehrt, daß man ganz verschiedene Wärmemengen braucht, um gleiche Mengen verschiedener Körper um ein gleiches zu erwärmen. Nach dem Behandelten folgt, daß 1 Pfund Wasser von 100 Grad und 1 Pfund Wasser von 0 Grad zusammen 2 Pfund Wasser von 50 Grad Celsius geben.

Mischen wir aber 1 Pfund Wasser von 100 Grad mit 1 Pfund Leinöl von 0 Grad, so erhalten wir ein anderes Resultat. Die Mischung dieser zwei Stoffe wird nicht wie früher die Temperatur von 50 Grad, sondern sie wird jene von 66 Grad annehmen. Hieraus ergibt sich die Lehre, daß Leinöl zu derselben Erwärmung weniger Wärme braucht als Wasser. Leinöl bedarf bloß der Hälfte von derjenigen Wärme, welche das Wasser nöthig hat, um bei gleicher Menge dieselbe Temperaturerhöhung zu erfahren.

Aus obigem Beispiele folgt nämlich, daß das Wasser, weil es in der Mischung die Temperatur von 66 Grad Celsius zeigt, 34 Kalorien an das Leinöl abgetreten hat. Mit dieser Wärmemenge hat das Pfund Leinöl die Temperatur von 68 Grad, also beinahe von 2×34 angenommen; es leuchtet demnach ein, daß das Leinöl zu derselben Temperaturerhöhung bloß der Hälfte jener Wärmemenge bedürftigt, welche das Wasser dazu braucht.

Diese jedem einzelnen Stoffe zukommende Zahl, welche angibt wie viele Wärmeeinheiten nöthig sind, um einem Pfunde desselben eine Temperaturerhöhung von 1 Grad Celsius zu verschaffen, heißt die spezifische Wärme des Stoffes. Die spezifische Wärme des Wassers ist gleich Eins. Jene des Leinöls muß nach obigem $= 0\cdot 51$ gesetzt werden.

Mischt man 1 Pfund Wasser von 100 Grad mit 1 Pfund Quecksilber von 0 Grad Temperatur, so erhält man eine Mischungstemperatur von 97 Grad. Bei dem Pfund Quecksilber hat man demnach zu der Temperaturerhöhung von 97 Grad bloß 3 Wärmeeinheiten nöthig gehabt. Man braucht also $^3/_{97} = ^1/_{33} = 0\cdot 033$ Wärmeeinheiten, um einem Pfunde Quecksilber die Temperaturzunahme von 1 Grad zuzuwenden. Die spezifische Wärme des Quecksilbers ist demnach $= 0\cdot 033$. Die Kleinheit dieser Wärmemenge räumt auch dem Quecksilber bei Benutzung desselben zur Füllung von Thermometern einen Vorzug gegenüber anderen Flüssigkeiten ein.

Man hat die spezifische Wärme von den meisten Körpern bestimmt und solche in Tabellen eingetragen. Die spezifische Wärme des Wassers $= 1$, jene von der Luft $= 0\cdot 267$, vom Wasserdampf $= 0\cdot 301$, vom Alkohol $= 0\cdot 622$, vom Schmiedeisen $= 0\cdot 114$, vom Gußeisen $= 0\cdot 130$, vom Kupfer $= 0\cdot 095$ u. s. w., vom Glas $= 0\cdot 177$, vom gebrannten Thon $= 0\cdot 2$, von der Holzkohle $= 0\cdot 241$, vom Malz $= 0\cdot 421$ u. s. w.

Folgendes Beispiel wird lehren, bei welcher Art von Berechnungen die spezifische Wärme Anwendung finden kann.

Aufgabe. Wenn ein Bräuer 1000 Pfund Malzschrot von 8 Grad und 4000 Pfund Wasser von 75 Grad C. einmaischt, welche Temperatur wird das Gemisch haben?

Berechnung. Wenn wir den Aufwand an Wärme, welche zur Erwärmung des Bottichs nöthig sein wird, vernachlässigen und die spezifische Wärme des Malzes $= 0\cdot 421$ annehmen, so ergibt sich die entsprechende Rechnung wie folgt:

1000 ℔ Malz von 8° enthalt. 1000×8×0·421 =   3368 Kalor.
4000 „ Waſſer, 75°C. „ 4000 × 75 × 1 = 300000 „
die Maiſche enthält alſo im ganzen . . . . $\overline{303368}$ „

Weil nun die 1000 Pfund Malz gerade ſoviel Wärme bedürfen, wie 421 Pfund Waſſer (wegen der ſpezifiſchen Wärme des Malzes = 0·421), um eine gleiche Temperaturerhöhung zu erfahren, ſo ſind gleichſam unter 421 + 4000 = 4421 Pfund Waſſer die oben angegebenen Wärmeeinheiten der Maiſche zu vertheilen. Es muß dieſem zufolge 1 Pfund der Maiſche 303.368 : 4421 = 68·6 Wärmeeinheiten enthalten, d. h. die Maiſche wird beiläufig die Temperatur von 68 Grad Celſius beſitzen.

Die Wärmekapazität.

Aus der ſpezifiſchen Wärme der Körper läßt ſich auch leicht diejenige Wärmemenge berechnen, welche nothwendig iſt, um einem Kubikfuße irgend eines Körpers eine Temperaturerhöhung von 1 Grad zu verſchaffen. Man heißt dieſe Wärmemenge die relative Wärme oder die Wärmekapazität.

Die Wärmekapazität des Waſſers iſt groß und gleich 56·4, jene der Luft gering und gleich 0·01737. Um der Luft in einem Zimmer von 2000 Kubikfuß Inhalt eine Temperaturerhöhung von 15 Grad zu ertheilen, würde man darnach 2000 × 0·01737 × 15 = 521 Wärmeeinheiten benöthigen. Die Luft iſt demnach leicht, das Waſſer ſchwer zu erwärmen und abzukühlen. (Vergleiche mit §. 274.) Vermöge der großen Wärmekapazität des Waſſers eignet ſich daſſelbe auch ſo gut zum Füllen von Wärmeflaſchen und ähnlichen Wärmebehältern.

Die Änderung des Aggregatzuſtandes der Körper.

§. 277.

Die Änderung des Aggregatzuſtandes der Körper iſt mit dem Hinzutreten und Heraustreten der Wärme begleitet. Feſte Körper werden durch Aufnahme der Wärme flüſſig, die flüſſigen werden dampfförmig. Die Wärmemenge, welche ein Körper braucht, um mit deren Hilfe den Aggregatzuſtand zu verändern, heißt ſeine gebundene Wärme.

§. 278.

Das Gefrieren und Aufthauen des Wassers.

Die gebundene Wärme.

Unterziehen wir zuerst das Gefrieren und Aufthauen des Wassers einer Betrachtung. Wir füllen zu diesem Behufe einen Glaskolben A, der mit einem Thermometer und einer kalibrierten Glasröhre ab, etwa wie die nebenstehende Figur 292 zeigt, versehen ist, voll mit Wasser, so dass auch die Glasröhre etwas davon enthält, und stellen den Kolben in ein Gefäß, welches mit Schnee oder Eis gefüllt ist. An dieser Vorrichtung wird man nun leicht beobachten können, dass die allmähliche Abkühlung des Wassers von einer ebenso allmählichen Volumens-Abnahme desselben begleitet

Fig. 292.

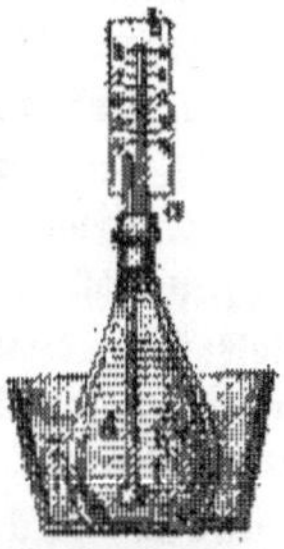

Ausdehnung des Wassers bei niedriger Temperatur.

sein wird. Die Zusammenziehung, welche die Wassersäule in der Glasröhre ab erfährt, gibt dieß augenfällig zu erkennen. — Bei dieser Volumsverminderung des Wassers wird man außerdem noch eine sehr merkwürdige und eigenthümliche Eigenschaft desselben kennen lernen. Nachdem nämlich das Wasser die Temperatur von 4 Grad Celsius = 3·2 Grad Réaumur angenommen hat, stellt es sich heraus, dass bei fernerer Abkühlung desselben dieses sich nicht mehr weiter zusammenziehen, sondern dass es sich, als würde es erwärmt werden, ausdehnen wird. Diese sonderbare Volumensausdehnung während der Abkühlung bewirkt, dass es bei 0 Grad, also bei einer Temperatur, wo es den festen mit dem flüssigen Aggregatzustand vertauscht, leichter erscheint als das eiskalte Wasser, aus dem es hervorgegangen ist. — Jeder von euch weiß, dass Eis auf dem Wasser schwimme und wird jetzt auch den Grund dieser Erscheinung angeben können.

Aus dem zuletzt beschriebenen Versuche folgt vor allem die Lehre, dass das Wasser bei der Temperatur von 4 Grad Celsius die größte Dichte besitzt, ferner dass es bei der Temperatur von 0 Grad diejenige Dichte hat, welche es bei 8 Grad Celsius besessen hatte. — Siehe auf die Skale der letzten Figur. —

Ein ähnlicher Versuch stellte fest, daß in dem Augenblicke, in welchem das Wasser gefriert, die Temperatur desselben zunimmt, daß sonach die Wärme, welche das Wasser bei der Temperatur von 0 Grad gleichsam verborgen festgehalten hat, nachdem es zu Eis wurde, aus dem Wasser getreten, also frei geworden ist.

Weil nun diese Wärme, so lange das Wasser den flüssigen Aggregatzustand behauptet, auf das Thermometer keinen Einfluß übt, demnach wie gebunden zwischen den Molekülen desselben sich befindet und bloß dazu dient, diese in ihrer leichten Verschiebbarkeit zu erhalten, so nennt man sie auch die **gebundene Wärme.**

Bei dem Übergange des Wassers in Eis wird also Wärme frei. Nicht minder muß aber auch zugegeben werden, daß umgekehrt das Eis beim Aufthauen Wärme bindet. — Die Eigenschaft des Bindens und Freiwerdens der Wärme bei Änderung des Aggregatzustandes kommt allen Körpern ohne Ausnahme zu.

Die Eigenschaft des Wassers aber unterhalb 4 Grad Celsius sich wieder auszudehnen und bei 0 Grad fest zu werden, ist eine besondere Eigenschaft desselben. Diese scheinbare Laune des Wassers zieht eine sehr wichtige Folge nach sich und ist überaus wohlthätig. Denn, was würde erfolgen, wenn das Wasser eines Teiches oder Sees bei seiner zunehmenden Abkühlung sich immer mehr und mehr zusammenziehen, also dichter werden könnte? — Gewiß ein vollständiges Gefrieren des in diesen Behältern befindlichen Wassers, ein gänzliches Vernichten der im Wasser lebenden Thiere.

Die folgende Betrachtung soll dieß näher beleuchten.

So lange nämlich das Wasser wärmer ist als die atmosfärische Luft, ebenso lange wird es gegen die letztere Wärme ausstralen und demzufolge an seiner Oberfläche auskühlen. Die erkalteten Wasserschichten sinken aber, weil sie dichter werden, zu Boden und machen den wärmeren Platz, welche an die Oberfläche tretend ihre Wärme ebenfalls an die Atmosfäre abgeben. Gesetzt, die Atmosfäre hätte die Temperatur unter 0 Grad, so würde offenbar durch diese Strömung sämmtliches Wasser im Teiche bis zu diesem Erstarrungspunkte auskühlen können. — Es würde alles Wasser im Teiche vollständig gefrieren. — Diesem Übelstande trat auch hier die vorsorgliche Weisheit unseres höchst gütigen Schöpfers entgegen; denn in dem Augenblicke als das Wasser des Teiches die Temperatur von 4 Grad Celsius annimmt, hört die beschriebene Strömung in demselben auf, weil das noch weiter abgekühlte Wasser leichter ist, als jenes auf 4 Grad Celsius gebrachte, und demnach als solches an der Oberfläche verbleiben wird. Es werden deshalb von nun an bloß die obersten Schichten des Wassers ihre Wärme an die kältere Luft abgeben, ohne den darunter befindlichen, wärmeren Wasserschichten zu gestatten, an die Oberfläche zu treten. Sie werden also, ohne von der Oberfläche zu weichen, sich immer mehr und mehr, endlich bis zum Erstarrungspunkte abkühlen, woraus erhellet, dass die Eisbildung von oben nach unten durch allmähliche Ansetzung neuer fester Schichten vor sich gehen wird.

Das gebildete Eis ist nun, wie bekannt, ein schlechter Wärmeleiter und schützt zufolge dieser Eigenschaft sowohl das darunter befindliche Wasser, als auch die Fische vor dem Erstarren.

In fliessendem Wasser bildet sich, wegen der fortwährenden Bewegung seiner Oberfläche, das Grundeis, welches im Frühjahre hervorgetrieben wird und den Eisstoss herbeiführt. Im Meere geschieht das Gefrieren des Wassers wegen dessen Salzgehaltes und der warmen Strömungen in demselben später und tritt bloss in den nördlichsten Regionen ein.

Das Ausdehnen des Wassers beim Gefrieren kann in manchen Fällen schädlich werden. So darf man z. B. das Wasser nicht in einem Bottich gefrieren lassen, weil derselbe durch das Eis gesprengt wird. Dachsteine, welche Wasser einsaugen, sprengen im Winter auseinander. Selbst Felsen werden durch das in ihren Spalten gefrierende Wasser auseinandergerissen. Bäume bersten in der Kälte durch das Gefrieren ihres Saftes. Pflastersteine, Thürschwellen werden durch den Frost gehoben, fester Boden wird durch den Frost aufgelockert. Auch die Speisepumpen der Maschinen leiden im Winter beträchtlich, wenn man das Wasser darin gefrieren läßt. An jeder solchen Pumpe und bei anderen ähnlichen Theilen der Maschinen, welche mit Dampf oder mit Wasser gespeist werden, sollen aus dieser Ursache Hähne zum Ablassen des Wassers angebracht sein.

§. 279.
Das Schmelzen.
Die latente Wärme dabei.

Der Übergang eines Körpers von dem festen in den tropfbar-flüssigen Aggregatzustand, welcher mit Hilfe der Wärme bewerkstelliget wird, heißt sein **Schmelzen**. Jeder Körper, welcher schmelzungsfähig ist, hat seine besondere Schmelztemperatur, seinen **Schmelzpunkt**.

* Wasser schmilzt bei 0 Grad, Seife bei 33 Grad, Fosfor bei 43 Grad, Stearin bei 43—49 Grad, Wachs bei 68 Grad, Schwefel bei 109 Grad. Der Schmelzpunkt des Zinns ist 230 Grad, des Bleies 332 Grad, des Zinkes 369 Grad, des Messings 900 Grad, des Tombaks 1000 Grad, des Silbers und Kupfers 1100 Grad, des Gußeisens und der Bronze 1050 bis 1200 Grad, des Argentans, Goldes und Glases 1250 Grad, des Stahles bei 1300—1400 Grad, des Stabeisens bei 1600 Grad, des Platins bei 2500 Grad Celsius. Alkohol schmilzt dagegen schon bei 78.7 Grad, Quecksilber bei 39 Grad, Terpentinöl bei 10 Grad Celsius unter Null.

Unter den Metallen schmilzt demnach Zinn am ehesten, Platin bedarf der höchsten Temperatur. Es gibt aber auch Legierungen von Zinn, Blei und Bismut, welche bereits im kochenden Wasser schmelzen. Der Schmelzpunkt des Schlagloths ist bei 125 Grad.

Während des ganzen Schmelzprozesses bleibt die Temperatur des schmelzenden Körpers dieselbe. Sie nimmt nicht zu, obwohl dem Körper durch das Heizen fortwährend Wärme zugeführt wird. Diese Wärme wird demnach bloß zur Einleitung des neuen, also des flüssigen Aggregatzustandes verwendet und heißt, wie schon früher erwähnt wurde, die **gebundene Wärme**.

Am leichtesten kann man sich von der Richtigkeit dieser Thatsache überzeugen, wenn man in ein entsprechendes Gefäß Eis thut und dasselbe langsam erwärmt. Das Eis wird zu schmelzen beginnen und das Thermometer in demselben 0 Grad anzeigen. Diese Temperatur bleibt so lange dieselbe, als noch ein Stückchen Eis im Gefäße sich vorfindet. Erst nachdem dieses letzte Stückchen geschmolzen ist, wird die Temperatur des aufthauenden Eises zunehmen.

Mischt man 1 Pfund Eis von 0 Grad Temperatur mit 1 Pfund Wasser von 79·25 Grad, so erhält man 2 Pfund Wasser von 0 Grad Temperatur. Die 79·25 Wärmeeinheiten des Wassers waren also dazu nöthig, um 1 Pfund Eis zu schmelzen. 1 Pfund Eis bindet demnach beim Aufthauen 79$\frac{1}{4}$ Kalorien. — Beim Gefrieren gibt es nun wieder diese Wärme zurück.

Jeder Körper braucht eine andere Wärmemenge zum Schmelzen. Die gebundene Wärme, welche auch latente Wärme heißt, ist für jeden Körper eine andere. Die latente Wärme des Wassers = 79$\frac{1}{4}$, des Schwefels 80, des Bleies 90, des Wachses 97, des Zinkes 274, des Zinnes 278, des Wismuts 305 u. s. w. Kalorien.

Daß beim Schmelzen Wärme gebunden wird, bemerkt man im Frühjahr, wenn Schnee und Eis schmelzen. So lange nicht aller Schnee verschwunden ist, so lange ist eine anhaltende milde Witterung nicht zu hoffen. Während eines Schneefalles steigt die Temperatur der Luft, weil beim Gefrieren des Wassers die latente Wärme desselben wieder frei wird. Um das Eindringen des Frostes in Kellerräume zu verhindern, pflegt man in dieselben Gefäße mit Wasser angefüllt zu stellen. Während das Wasser gefriert, gibt es seine latente Wärme an die Kellerluft ab.

Die Kältemischungen.

Die Wärme wird auch gebunden, wenn ein fester und ein flüssiger oder zwei feste Körper sich chemisch verbinden und die Verbindung einen flüssigen Aggregatzustand annimmt. Aus dem Vorhergehenden ist leicht einzusehen, warum dieß geschehen muß, auch wird es klar, daß diese Verbindungen bei einer entsprechenden Auswahl ihrer Bestandtheile einen niederen Wärmegrad besitzen werden. Man nennt sie daher Kältemischungen.

1 Pfund Kochsalz und 3 Pfund Schnee von 0 Grad vereinigen sich wegen der großen Verwandtschaft des Wassers zum Kochsalz zu einer Salzlache.

Die Temperatur dieser Mischung sinkt auf 18 Grad unter Null. Salmiak, Salpeter und Wasser zusammengemengt geben auch eine niedere Temperatur. Kältemischungen lassen sich auf mannigfache Weise herstellen. Rezepte hiezu sind in den einschlägigen Büchern zu finden.

Fig. 293.

Eiserzeugungs-Apparat.

In der nebenstehenden Figur 293 ist ein Apparat gezeichnet, der zur Erzeugung von Eis mittels Kältemischungen dient. Er besteht aus einem zilindrischen Metallgefäße mit 4 konzentrischen Abtheilungen. In das so gebildete innerste Gefäß kommt das zum Gefrieren bestimmte Wasser, in das zweite die Kältemischung (6 Gewichtstheile schwefelsaures Natron und 5 Gewichtstheile Salzsäure). Die dritte Abtheilung enthält wieder Wasser und die vierte schlechte Wärmeleiter (Baumwolle, Flaumfedern).

Kühlung von Flüssigkeiten mittels des Eises.

Die Bierwürze wird mittels Eis gekühlt. Die nachstehende Berechnung lehrt, wie viel Eis hierzu erforderlich ist.

Aufgabe. 1000 Pfund Bierwürze mit 15 Prozent Extraktgehalt, deren Temperatur durch Wasserkühlung bis auf 12 Grad herabgemindert wurde, soll durch Hineinthun von Eis bis auf 5 Grad gekühlt werden. Wie viel Eis ist hiezu nöthig?

Auflösung. 1000 Pfund Würze mit 15 Prozent Extrakt bestehen aus 150 Pfund Extrakt und 850 Pfund Wasser. Will man nun diese Mischung um 7 Grad abkühlen, so müssen dem Wasser $850 \times 7 = 5950$ Wärmeeinheiten, dem Extrakt $150 \times 0.42 \times 7 = 441$ also der Bierwürze zusammen . . . 6391 Wärmeeinheiten entzogen werden.

Soll dieses mit Hilfe des Eises geschehen, so werden, nachdem jedes Pfund Eis beim Aufthauen 79·25 Wärmeeinheiten verbraucht, $6391 : 79.25 = 80.6$ Pfund Eis zu dieser Würzekühlung nothwendig sein. Der Prozentgehalt der Bierwürze sinkt aber dadurch auf 13·8 Prozent.

§. 280.

Das Erstarren flüssiger Körper.

Tropfbar-flüssige Körper erstarren durch Abkühlung bei der nämlichen Temperatur, bei welcher sie schmelzen.

Viele Metalle ziehen sich beim Erstarren zusammen, man sagt sie schwinden. Die Größe dieser Schwindung muß beim Metallgusse wohl berücksichtiget werden. Die Gußmodelle macht man aus diesem Grunde in ihren linearen Ausdehnungen stets um dieses Schwindmaß größer als die fertige Gußware betragen soll.

Das lineare Schwindmaß ist für Messing am größten und gleich $\frac{1}{64}$, für Zinn am kleinsten, es beträgt $\frac{1}{144}$, für das Eisen liegt es beinahe in der Mitte beider und ist gleich $\frac{1}{97}$.

Gußeisen und Zink haben die merkwürdige, und für die Schärfe des Gusses höchst ersprießliche Eigenschaft, unmittelbar vor dem Erstarren sich auszudehnen. Gußeisen besitzt noch die Eigenthümlichkeit des Quellens. Es bleibt nämlich etwas größer, als es ursprünglich war, wenn es mehrmals erhitzt wurde, welcher Umstand beim Einsetzen gußeiserner Roste beachtet werden muß.

Welche Vortheile das Schmelzen und Erstarren der Metalle dem Menschen darbieten, sieht jeder von euch ein, wenn er bedenkt, wie viele Maschinenbestandtheile, Verzierungen, Einfassungen, Geräthschaften und Vorrichtungen nur mit großer Mühe aus freier Hand hergestellt werden könnten, wenn keine Gießereien bestünden.

§. 281.

Das Verdampfen oder Verdunsten.

Die gebundene Wärme dabei.

Die Erscheinung, wornach Körper bei der gewöhnlichen Temperatur in den gasförmigen Zustand übergehen, bezeichnet man mit Verdampfen oder Verdunsten. Wenn wir ein Gefäß mit Wasser in eine Stube stellen, so vermindert sich das Wasser in demselben nach und nach, und verschwindet zuletzt gänzlich. Man sagt, es ist verdunstet. Das Wasser ist nämlich in eine Art Dampf übergangen und hat sich in diesem Zustande der Luft beigemengt. Feste Körper verdunsten ebenfalls, auch findet das Verdunsten bei jeder, noch so niedrigen Temperatur statt. Das Eis verdunstet augenfällig. Die gefrorene Wäsche z. B. trocknet ziemlich schnell.

Durch die Verdunstung ist dem Menschen eine große Wohlthat geworden. Das Trocknen der Wäsche und anderer Zeuge; des feuchten Holzes, der Bau- und Brennmaterialien, der Wege und überhaupt der Erde nach einem Regen geschieht durch die Verdunstung.

Beim Verdunsten wird ebenfalls, u. z. eine bedeutende Menge Wärme gebunden. Dieß empfindet man beim Heraussteigen aus dem Bade. Das Frösteln dabei erfolgt deshalb, weil das Wasser an der nassen Oberfläche unseres Körpers verdunstet und die dazu nöthige Wärme demselben entzieht. Nasse Füße und nasse Kleider sind sehr schädlich. Auf der Verdunstungskälte beruhet aber auch die wohlthuende Abkühlung des Körpers durch den Schweiß, die Zimmer werden im Sommer durch Besprengen mit Wasser, die Luft durch den Regen abgekühlt. Durch rasches Verdunsten des Äthers (derselbe wird aus Weingeist und Schwefelsäure bereitet, und verdampft sehr schnell), welches Verdunsten mit Hilfe der Luftpumpe noch beschleunigt wird, bereitet man aus Wasser in etlichen Minuten Eis. Es bestehen bereits eigene Eisbereitungsmaschinen, welche auf diesem Prinzipe beruhen.

In heißen Gegenden bewahrt man das Wasser in porösen Thongefäßen auf. In Spanien heißen sie Alcarazzas. Die kühlende Wirkung dieser Gefäße besteht darin, daß das durch die Poren der Gefäße an deren Oberfläche tretende Wasser reichlich verdunstet und dem in denselben befindlichen die Wärme entzieht. Werden diese Gefäße noch überdieß in der Luft öfter hin- und hergeschwungen, so wird das Wasser oder die Flüssigkeit in denselben recht frisch erhalten.

§. 282.

Die Dunstentwicklung.

Je höher die Temperatur einer Flüssigkeit ist, eine je größere Oberfläche sie hat und ein je geringerer Druck auf ihr lastet, eine um so größere Menge Dunst wird sich in derselben Zeit aus derselben entwickeln.

Aus dieser Ursache erhalten die Abdampfpfannen der Siedereien und die Kühlschiffe der Bräuereien stets eine große Oberfläche, auch wird beiden dabei bloß eine geringe Höhe gegeben.

Der Druck auf die Oberfläche der Flüssigkeit wird gewöhnlich dadurch vermindert, daß man die über derselben sich ansammelnden Dünste stets wieder fortschafft. Dieß geschieht mittels Handfächer und Windflügel, ferner durch Bewirkung eines beständigen natürlichen Luftzuges. — Der Wind trocknet bekanntlich die nassen Wege schnell.

Es gibt Trockenmaschinen, welche aus einem Rade bestehen, auf welches die nasse Wäsche gehängt wird. Durch die Drehung dieses Rades wird der Luftzug bewerkstelligt, welcher die Dünste mit sich nimmt. Aus demselben Grunde muß bei der Anlage von Trockenkammern, Abdampfvorrichtungen stets für einen ordentlichen Luftzug gesorgt sein.

Offenbar hängt die Verdunstung auch von der Natur der Flüssigkeiten ab, so verdunstet der Weingeist selbst bei gewöhnlicher Temperatur stärker als Wasser, dieses bedeutender als Quecksilber. Baumöl verdunstet bei gewöhnlicher Temperatur beinahe gar nicht. Andere Flüssigkeiten verdunsten selbst in der strengsten Winterkälte, z. B. der Schwefeläther. Man nennt diese letzteren flüchtige Stoffe.

§. 283.

Der Sättigungsgrad der Luft mit Dunst.

Enthält die Luft so viel Dunst, als sie bei einer bestimmten Temperatur aufzunehmen im Stande ist, so sagt man, daß sie mit Wasserdunst gesättiget ist.

Die Dunstmenge, welche die Luft von gegebenem Rauminhalte bis zu ihrer Sättigung aufnehmen kann, ist bloß von ihrer Temperatur abhängig. Je höher diese Temperatur ist, desto mehr Wasserdunst wird dieselbe im gesättigten Zustande aufgelöst enthalten.

Die Luft wird in geschlossenen Räumen, welche mit der zu verdampfenden Flüssigkeit in Berührung stehen, sich stets im gesättigten Zustande befinden. Die Atmosfäre selbst ist aber selten mit Wasserdunst gesättigt.

Ist die Luft dieser Sättigung nahe, so nennt man sie feucht, sonst trocken. Wie erkennt man dieß, ob die Luft von ihrem Sättigungspunkte weit entfernt oder ob sie demselben nahe ist?

Befindet sich die Luft in Zustande der Sättigung, so reicht erstens, die geringste Abkühlung der Luft hin, daß ein Theil des Dunstes in Wasser übergehe, daß sich der Dunst verdichte oder, wie man sagt, kondensire, und

zweitens reicht auch das geringste Hinzuthun von Dunst, oder was dasselbe ist, die geringste Verminderung des mit Dunst gesättigten Raumes hin, daß ein Theil des Wasserdunstes in den flüssigen Zustand übergehe, sich also kondensire.

Bringt man im Winter ein kaltes Glas oder eine Flasche frischen Wassers in ein geheiztes Zimmer, so wird das Glas oder die Flasche augenblicklich von außen mit Thau beschlagen, sie wird, wie man sagt, anlaufen. Die Ursache erhellet aus dem oben Auseinandergesetzten. Durch Abkühlung des im Zimmer befindlichen Wasserdunstes wird nämlich ein Theil desselben auf dem Glase oder auf der Flasche kondensiert (verdichtet). Auf dieselbe Weise bildet sich der Thau im Freien. Der Erdboden verliert bekanntlich seine Wärme in der Nacht durch das Ausstrahlen und der Thau entsteht auch hier durch Kondensation des Wasserdunstes der Atmosfäre.

Auf dieser Kondensation des Dunstes durch Abkühlung oder Verdichtung beruht die Bildung der Regenwolken und der Regen selbst.

§. 284.

Menge des Wasserdunstes, der in gesättigtem Zustande einen Raum erfüllt.

Die Fisiker haben durch Versuche die Dichten des Wasserdunstes, wobei derselbe jedesmal im gesättigten Zustande sich befand, für die in der Praxis vorkommenden Wärmegrade gefunden und sie in Tabellen eingetragen.

Mittels dieser Tabellen ist man im Stande die Menge des Wasserdunstes zu berechnen, welche die Luft von einem gegebenen Rauminhalte bei einer bestimmten Temperatur, aufzunehmen fähig ist.

Aufgabe. Wie viel Wasserdunst enthalten 1000 Kubikfuß Luft bei der Temperatur von 25 Grad Celsius in gesättigtem Zustande?

Auflösung. Zufolge der Dichtentabelle besitzt der Wasserdunst bei 25 Grad Celsius die Dichte von 0·00002252, d. h. 1 Kubikfuß Wasserdunst wird bei dieser Temperatur 0·00002252mal leichter sein, als eine gleich große Menge Wasser. 1 Kubikfuß Wasser wiegt aber 56·4 Pfund, es wird demnach 1 Kubikfuß Dunst bei 25 Grad Celsius $56·4 \times 0·00002252 = 0·00127\ldots$ Pfund und 1000 Kubikfuß Wasserdunst werden, wenn sie diesen Raum vollständig sättigen, $0·00127 \times 1000 = 1·27$ Pfund, also etwas über $1\frac{1}{4}$ Pfund wiegen.

Weil nun der Wasserdunst den lufterfüllten Raum gerade so ausfüllt wie den luftleeren, so stellen diese $1\frac{1}{4}$ Pfund zugleich auch die Dunstmenge vor, welche in 1000 Kubikfuß Luft enthalten ist.

An dieser Stelle will ich noch eine Rechnung durchführen, welche bei der Einrichtung der Abdampf- und Trockenapparate Anwendung findet.

Aufgabe. Welche Luftmenge wird im Stande sein 100 Pfund Wasserdunst bei der Temperatur von 40 Grad Wärme in sich aufzunehmen?

Auflösung. Dieser Temperatur entspricht die Dichte des Wasserdunstes $= 0·00004961$. Ein Kubikfuß Luft enthält demnach aufgelöst $56·4 \times 0·00004961 = 0·002798$ Pfund Wasser. 1000 Kubikfuß Luft brauchen sonach zu ihrer Sättigung 2·798 Pfund Wasserdunst. Nachdem aber von der Luft 100 Pfund Wasserdunst aufgenommen werden sollen, so sind hierzu 35.750 Kubikfuß Luft nothwendig, weil die Zahl 2·798 in der Zahl 100 35.75mal enthalten ist. — Wollte man diese 100 Pfund Wasser stündlich abdampfen, so müsste gesorgt werden, dass jede Stunde 35.750 Kubikfuß Luft, also jede Secunde 10 Kubikfuß Luft aus der Trockenkammer mittels gehöriger Ventilazion fortgeführt würden.

§. 285.

Das Maximum der Spannkraft des Dunstes.

Der Dunst übt vermöge seiner Spannkraft bei jeder noch so niederen Temperatur einen Druck auf die Gefäßwände aus. In der Atmossäre vergrößert der Wasserdunst den Druck der Luft. Je mehr der Dunst den Raum sättiget, desto größer ist diese

Spannkraft. Im gesättigten Zustande besitzt der Dunst für jede Temperatur eine andere, obwohl bestimmte sich nicht ändernde Spannkraft, welche zugleich die größte ist, die derselbe bei dieser Temperatur besitzen kann. Es heißt diese Spannkraft auch das **Maximum der Spannkraft des Dunstes**. Mittels genauer Versuche haben die Physiker diese Expansivkräfte für die gewöhnlich vorkommenden Temperaturen ausgemittelt und in Tabellen eingetragen. Für 25 Grad Celsius z. B. beträgt dieses Maximum beim Wasserdunst 10·52 Wiener-Linien.

§. 286.
Der Feuchtigkeitsgrad der Luft.
Das Higrometer.

Nicht immer ist die Luft mit Wasserdünsten gesättigt. In der Atmosfäre findet dieß nur an Regentagen statt. Es gibt eigene Instrumente, welche den Grad der Sättigung der Luft mit Wasserdünsten angeben. Man nennt sie **Higrometer** (Feuchtigkeitsmesser). Ohne in die Einrichtung dieser Instrumente näher einzugehen, will ich von ihnen nur so viel mittheilen, daß man mittels derselben die Spannkraft des Wasserdunstes in der Luft bestimmen kann.

Das Verhältnis nun zwischen der bestehenden Spannkraft und jener, welche bei der herrschenden Lufttemperatur sich einstellen sollte, wenn die Luft mit Dünsten gesättigt wäre — also das Verhältnis der bestehenden Spannkraft zu dem Maximum derselben, welches der herrschenden Temperatur entspricht — gibt den **Feuchtigkeitsgrad der Luft** an, weil in demselben Verhältnisse auch die bestehende Dunstmenge zu derjenigen, welche die Luft aufzunehmen im Stande ist, stehen wird.

Ich hätte z. B. mit Hilfe eines Higrometers erfahren, daß der Wasserdunst in einem Raume bei der Lufttemperatur von 25 Grad die Spannkraft von 6·31 Wiener Linien besitze, so folgt aus obigem, daß der Feuchtigkeitsgrad der Luft dieses Raumes $= \frac{6\cdot 31}{10\cdot 52} = 0\cdot 599$, also beinahe 60 Prozent sein wird. — 10·52 Wiener Linien ist das Maximum der Spannkraft, welches der Temperatur von 25 Grad entspricht. —

Im gesättigten Zustande enthielten 1000 Kubikfuß Luft bei dieser Temperatur 1·25 Pfund Wasser in Form von Dunst. Bei dem Feuchtigkeitsgrade von 60 Prozent würden sie bloß $\frac{1\cdot 25 \times 60}{100} = 0\cdot 75 = \frac{3}{4}$ Pfund Wasserdunst enthalten.

Ein gutes Higrometer ist für Fortepiano- und Tischlerwerkstätten nicht unwichtig, indem es anzeigt, ob die Luft in denselben trocken genug ist, um darin Resonanzböden für Fortepiano's anfertigen zu können, welche sich nicht werfen. Der Streicher'sche Feuchtigkeitsmesser, welcher aus Lang- und Querholzstücken besteht, die mittels Pergament miteinander verbunden sind, wird für den Gebrauch sehr anempfohlen. — Ist der Raum zu feucht, so kann derselbe durch Heizen trocken gemacht werden.

Über higroskopische Körper.

Körper, welche den Wasserdunst der Luft an sich ziehen, wobei dieselben nachdem sie ihn aufnehmen ihr Volumen vergrößern, heißen higroskopische Körper.

Chlorcalcium und Pottasche, auch Kochsalz, Äßkalk u. s. w. ziehen die Feuchtigkeit in bedeutendem Grade an sich. Die ersten zwei Stoffe zerfließen in derselben ganz, das Kochsalz wird in nasser Luft feucht, der Kalk zerfällt in derselben zu Pulver. Die feinen Kohlentheilchen des Rauches sind ebenfalls higroskopisch, denn nur aus dieser Ursache schlägt sich an feuchten Tagen der Rauch zu Boden nieder.

Bei nassem Wetter oder aus feuchten Lokalitäten soll man kein Salz, Zucker und ähnliche Stoffe einkaufen, weil man in dem Gewichte dieser higroskopischen Körper benachtheiliget wird. Menschenhaare, Fischbein, Darmsaiten und einige Gräser verlängern sich in feuchter Luft oder sie wickeln sich auf. Diese Eigenschaft benützt man, um sie bei der Anfertigung von allerhand, obwohl unverläßlichen Wetteranzeigern (auch Higroskope genannt) zu verwenden.

Die Figur 294 stellt ein Haarhigroskop vor, wo HIH das Haar ist, welches um die Achse des Zeigers einmal geschlungen und durch das Gewicht P gespannt wird. Die Figur 295 zeigt

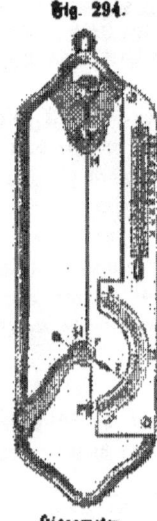

Fig. 294.

Higrometer.

Fig. 295.

Wetterhäuschen.

ein Saitenhigroskop. An der Seitenfläche der Wand dieses Wetterhäuschen ist ein Grannen-Higroskop zu sehen.

Das Kochen oder Sieden.

§. 287.

Unter Sieden, gewöhnlich Kochen genannt, versteht man die wallende Bewegung einer Flüssigkeit, welche durch den in ihr aufsteigenden, und aus ihr sich allmählich entwickelnden Dampf hervorgerufen wird.

Um das Kochen einer Flüssigkeit herbeizuführen, muß dieselbe erhitzt werden. Das Sieden ist mit eigenthümlichen Erscheinungen begleitet, welche sich an einer Flüssigkeit, die in einem Glasgefäße kocht, leicht beobachten lassen.

Man wird nämlich anfangs, so wie die Temperatur der Flüssigkeit zunimmt, kleine Perlen, die am Boden und an den Wänden des Gefäßes sich bilden, emporsteigen sehen. Es sind dies Luftblasen, welche durch die Wärme — u. z. bei der Temperatur von 60 Grad in größter Menge — sich aus den

Poren des Waſſers ausſcheiden und in die Höhe gehen. Hat das Waſſer eine bedeutende Temperatur angenommen, ſo werden ſich am Boden des Gefäßes ſilberhelle Blaſen bilden, welche zwar aufſteigen, aber anfänglich in den höheren Schichten der Flüſſigkeit wieder verſchwinden. Sie werden erſt bei noch weiterer Erhitzung des Waſſers größer und nachdem dasſelbe die Temperatur von 100 Grad Celſius erreicht hat, beſonders ſtark und häufig auftreten, wobei ſie an der Oberfläche der Flüſſigkeit zerplatzen. Dieſe Blaſen ſind nichts anderes als Waſſerdampf, welcher durch ſein tumultuariſches (ſtürmiſches) Aufſteigen und Zerplatzen die Flüſſigkeit in jene wallende Bewegung verſetzt, welche uns das Kochen oder Sieden der Flüſſigkeit andeutet.

Das ſogenannte Singen des Waſſers ſtellt ſich kurz vor dem Sieden ein, und rührt von dem Aufplatzen der feineren Dampfblaſen her.

§. 288.
Die Dampfbildung.

Während des Siedens behält das Waſſer ſtets eine gleich hohe Temperatur, obwohl demſelben fortwährend Wärme zugeführt wird. In offenen Metallgefäßen ſiedet das Waſſer bei 100 Grad, in ähnlich geſtalteten Glasgefäßen bei 101 bis 101·5 Grad Celſius. Das Waſſer kann alſo durch das Sieden in unverſchloſſenen Metallgefäßen keine höhere Temperatur als jene von 100 Grad annehmen. Der fortdauernde Wärmezufluß wird demnach hier nicht zur größeren Erhitzung des Waſſers, ſondern bloß zur Dampfbildung verwendet.

Es iſt leicht einzuſehen, daß der beim normalen Luftdrucke und bei 100 Grad Celſius gebildete Waſſerdampf dieſen Luftdruck auch überwinden, alſo ſelbſt gleichfalls die Spannkraft von 760 Millimeter oder von 346·2 Wiener Linien (vergl. mit §. 161) beſitzen muß. Verſuche lehrten ferner, daß bei dieſer Temperatur die Dichte des Waſſerdampfes, vorausgeſetzt daß er den Raum ſättiget, in welchem Zuſtande man ihn auch „geſättigten Waſſerdampf" nennt, 0·00059192 Grad betrage. Hieraus ergibt sich, daß ein solcher Wasserdampf 1700mal leichter ist als Wasser. — Ein Kubikfuß Wasser liefert also bei der Temperatur von 100 Grad 1700 Kubikfuß gesättigten Dampf von derselben Temperatur.

§. 289.
Die gebundene Wärme des Wasserdampfes (die Verdampfungswärme).

Die Kondensation des Dampfes.

Das Wasser braucht, um in Form von Dampf, d. h. in den gasförmigen Zustand zu übertreten und in diesem sich zu erhalten, dem früheren gemäß eine gewisse latente Wärme.

Die gebundene Wärme des Wasserdampfes von 100 Grad Celsius ist $5\frac{1}{2}$mal so groß wie die freie. Die Wärme also, welche der Wasserdampf von 100 Grad Celsius zur Aufrechthaltung seines gasförmigen Zustandes benöthiget, ist $5\frac{1}{2}$mal so groß wie jene, welche er nach außen kundgibt, und die wir mit Hilfe des Thermometers an ihm beobachten können.

Ist ein abgeschlossener Raum mit Dunst oder Dampf gesättiget, so wird die geringste Verdichtung desselben, welche entweder durch Vergrößerung des Druckes auf denselben, — was etwa durch Verringerung des anfänglichen Raumes geschehen kann — oder durch Zuführung einer weiteren Menge Dampf in diesen Raum bewerkstelliget werden könnte, die Kondensation eines Theiles des Dampfes in dem Raume bewirken, d. h. sie wird veranlassen, daß ein Theil dieses Dampfes oder Dunstes neuerdings tropfbar-flüssig wird. Ein ähnliches Ergebnis kommt aber auch bei der geringsten Abkühlung dieses Raumes zum Vorschein. Es läßt sich demnach der Satz aussprechen:

Sowohl durch Abkühlung als auch durch Verdichtung wird der Dampf oder Dunst kondensiert, d. h. in den tropfbar-flüssigen Zustand zurückgeführt. Ist der Raum mit Dampf gesättiget, der letztere also im Maximum der Spannkraft, so geschieht diese Kondensazion bei der geringsten Abkühlung und Verdichtung. Ist dagegen die Luft von dem Sättigungspunkte weit entfernt, so läßt sich der Dampf sowohl verdichten, als auch abkühlen ohne dabei gleich tropfbar-flüssig zu werden. Die Spannkraft des Dunstes wird in diesem Falle das Mariotte'sche und Gay-Lussac'sche Gesetz (§. 192) befolgend, sich verhältnismäßig ändern, und zuletzt erst bei hinreichender Verdichtung oder Abkühlung in den tropfbaren Zustand übergehen.

Bei der Kondensazion gibt der Dampf die gebundene Wärme wieder von sich; man sagt, dessen gebundene Wärme wird von neuem frei. Genaue Versuche lehrten, daß ein Pfund Wasserdampf von 100 Grad Celsius in runder Zahl 540 Wärmeeinheiten im gebundenen, 100 Wärmeeinheiten in freiem Zustande enthält. Um 1 Pfund Wasser von 0 Grad in Dampf von 100 Grad Celsius zu verwandeln sind, also nach diesem $540 + 100 = 640$ Wärmeeinheiten nöthig.

Auf dem Umstande, daß der Dampf so viel Wärme bindet, beruht auch die Erscheinung, daß das Wasser in einem offenen Gefäße bei noch so langem Kochen doch keine höhere Temperatur als jene von 100 Grad annimmt; daß man in zinnernen oder überhaupt gelötheten Gefäßen, ja selbst in hölzernen, das Wasser zum Kochen bringen kann, ohne daß dieselben dabei schadhaft werden, endlich warum bei Heizungen die Brennmaterialien möglichst trocken genommen werden sollen. (Vergl. mit §. 299.)

§. 290.
Die Spannkraft des gesättigten Wasserdampfes.
Das Kochen und die Dampfbildung in geschlossenen Behältern.

Wenn Wasserdampf in einem geschlossenen Gefäße entwickelt wird, so wird der Raum desselben so lange mit Dampf gesättiget sein, so lange noch Flüssigkeit in dem Gefäße enthalten ist. Dieß ist z. B. bei den Dampfkesseln der Fall. In solchen versperrten Behältern kann aber dem Dampfe und somit auch dem Wasser eine höhere Temperatur als die von 100 Grad ertheilt werden.

Bei dieser Temperaturzunahme des Wassers und Dampfes nimmt aber außer der Spannkraft des Dampfes, d. h. außer seinem Drucke gegen die Gefäßwände auch seine Dichte zu.

Die Spannkraft wächst in einem sehr schnellen Verhältnisse bei allmähliger Zunahme der Temperatur.

Um hievon ein Bild zu geben, führe ich einige von diesen Verhältnissen, welche den entsprechenden Tabellen entnommen werden können, hier auf.

Der Dampf von

100° C.	übt auf 1 □′ Fläche einen Druck von	1 Atm. = 12½ ℔	aus und besitzt die Dichte = 0·000592
112° C.	„ „	1½ Atm. = 18¾ ℔	„ = 0·000860
120° C.	„ „	2 Atm. = 25 ℔	„ = 0·001120
134° C.	„ „	3 Atm. = 37½ ℔	„ = 0·001623
144° C.	„ „	4 Atm. = 50 ℔	„ = 0·002112
152° C.	„ „	5 Atm. = 62½ ℔	„ = 0·002592

u. s. w.

Bei 160 Grad besitzt der Wasserdampf eine Spannung von 6 Atmosfären, bei 163 Grad jene von 7, bei 171 jene von 8, bei 176 Grad jene von 9, bei 180 Grad jene von 10 Atmosfären.

Dämpfe, welche bei höherer Temperatur als jener von 100 Grad Celsius erzeugt werden, heißen **höher gespannte Dämpfe**. Sie können bloß in verschlossenen Gefäßen entwickelt werden. Solche Dampfentwicklungs-Gefäße heißen **Dampfkessel**.

Leitet man den Dampf aus dem Dampfkessel in einen anderen für sich abgeschlossenen Raum, welchem gewöhnlich die Röhrenform gegeben wird, und bringt man in diesem den Dampf auf eine Temperatur, welche höher ist, als jene bei welcher derselbe entwickelt wurde, so nimmt der Dampf in Folge der Erhitzung an Spannkraft zu und seine Wirkung wird gesteigert. Man heißt einen so beschaffenen Dampf, **einen überhitzten**. Der überhitzte Dampf befindet sich demnach nicht im gesättigten Zustande. Aus dieser Ursache nimmt auch seine

Spannkraft bloß nach dem Gay-Lussac'schen Gesetze, also nach demselben, wie die Gase, zu.

Leitet man endlich den Dampf bloß kleinweise aus dem Kessel in einen anderen abgeschlossenen Raum, wo er sich ausdehnen kann, so wird derselbe vermöge seiner Spannkraft eine Arbeit verrichten können; etwa auf die Weise, daß er einen Kolben in diesem Raume vor sich schiebt. Seine Spannkraft wird während seiner Volumensvergrößerung nach dem Mariotte'schen Gesetze abnehmen und er selbst wird sich offenbar im ungesättigten Zustande befinden. Die Arbeit, welche er auf diese Art leistet ist billiger, als jene, die er im gesättigten Zustande verrichten würde. Man sagt in diesem Falle, der Dampf arbeite mit Expansion.

Bei späterer Erklärung der Dampfmaschinen wird die Verwendung des Dampfes in seinen verschiedenen Zuständen näher besprochen werden.

Der Dampfkochtopf.

Ich will euch bei dieser Gelegenheit aufmerksam machen auf eine Vorrichtung, welche ihre Wirkung den höher gespannten Dämpfen verdankt und im gewöhnlichen Leben häufig Anwendung findet. Es ist dieß

der Papin'sche Topf, auch Dampfkochtopf genannt, in welchem die Speisen in bedeutend kürzerer Zeit, als dieß gewöhnlich der Fall ist, gargekocht werden, wodurch ein namhaftes Ersparnis an Brennmaterial ermöglicht wird. Diese Dampfkochtöpfe sind entweder aus Kupfer, Gußeisen oder Eisenblech angefertiget und mit einem gut aufgeschliffenen — hermetisch schließenden — Metalldeckel zu versehen. Das feste Verschließen desselben geschieht, wie die Figur 296 zeigt, mittels Bügels b b und einer Druckschraube a. (Bei den sogenannten Autoklaven wird der elliptische Deckel von

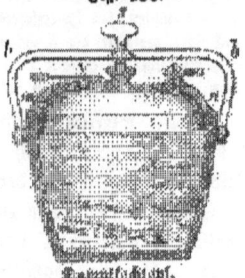

Fig. 296.

Dampfkochtopf.

unten nach oben mit Hilfe einer Zugschraube befestiget). Im Papin'schen Topfe wird das Wasser nach dem früher Zergliederten erst bei einer höheren als der Kochtemperatur sieden; dasselbe kann in solchen Digestoren so stark erhitzt werden, daß darin Knochen sogar zu Brei zerkochen können. Auf dem Deckel des Topfes befindet sich ein Sicherheitsventil r, welches sich in dem Augenblicke öffnet, wo die Dampfspannung den Gefäßwänden schädlich werden könnte (vergl. mit §. 99). Bei a ist noch ein Hahn angebracht, um den Dampf aus dem Gefäße entweichen zu lassen.

§. 291.
* Das Kochen in luftverdünntem Raume.

Vermindert man den Druck, welcher auf einer Flüssigkeit lastet, so fängt dieselbe bei einer niederern Temperatur als bei der Siedhitze zu kochen (aufzuwallen) an. Die gebildeten Dünste (Dämpfe) werden nämlich schon bei einer geringeren Spannung den ausdehnsamen Zustand annehmen können. Das Wasser siedet aus diesem Grunde auf hohen Bergen bei einer niederern Temperatur, als in der Ebene. Auf dem Montblanc z. B. bei 84 Grad Celsius. In einem künstlich luftverdünnten Raume kann das Wasser noch schneller zum Kochen gebracht werden, z. B. unter der Luftpumpe siedet es bei 35 Grad Celsius. — Der Pulshammer.

<small>Von der Abdampf-Methode im Vacuum (im luftverdünnten Raume) macht man in der Chemie öfters Anwendung. Unter anderen Vorrichtungen ist das Abdampfen des Zuckersaftes im Vacuum-Apparat hervorzuhebenswert. Der Zuckersaft verlangt die Eindampfung bei niederer Temperatur deßhalb, weil beim Einkochen in höherer Temperatur sich zu viel Schleimzucker bilden würde. Man pflegt ihn daher selbst bei 45 Grad einzudampfen.</small>

Daß wirklich Wasser bei vermindertem Luftdrucke eher siedet, überzeugt man sich am einfachsten, wenn man einen Glaskolben B (Fig. 297), der einen langen Hals hat, mit Wasser füllt und dieses darin zum Kochen bringt. Sobald nach einer Weile die Luft durch das Kochen aus dem Gefäße getrieben wurde, nehme man dasselbe vom Feuer, verschließe es mit einem

Korfstopfen, oder einem Hahne b, kehre das-
selbe um und halte es über einem anderen
Gefäße in dieser Lage. Man wird nun bemerken, daß das Sieden des Wassers, welches
aufgehört hat, bald wieder beginnen wird,
wenn man den nach aufwärts gekehrten Boden
des Gefäßes, etwa durch Daraufschütten von
einer kleinen Menge kalten Wassers abkühlt.
Dieses durch Abkühlung erzeugte Aufwallen des
Wassers dauert ziemlich lange. — Das mit
einem Hahn versehene Gefäß braucht zum Behufe
des beschriebenen Experimentes nicht erst umgekehrt zu werden. (Vergl. mit Fig. 297.)

Glasballon.

Obwohl diese Erscheinung anfangs befremdet, so ist sie leicht zu erklären.
Sobald das Gefäß vom Feuer weggethan wird, hört das Sieden deshalb augenblicklich auf, weil der Dampf, der bei der Öffnung des Gefäßes nicht
mehr entweichen kann, einen Druck auf die Wasserfläche ausübt. Schüttet man
aber auf das Gefäß kaltes Wasser, so wird der Dampf im Gefäße kondensirt,
wodurch ein luftverdünnter Raum und damit ein verminderter Druck auf die
Flüssigkeitsoberfläche veranlaßt wird, welcher Umstand eine erneute Entwicklung
von Dampf erlaubt. — Nach jeder weiteren Abkühlung des Bodens stellt sich
von neuem die Dampfbildung ein.

Durch dieses Experiment kommt uns auch die nicht unwich-
tige Thatsache zur Anschauung, daß durch Kondensazion des
Dampfes in einem Raume, der bloß mit Dampf erfüllt ist, ein
luftverdünnter Raum erzeugt werden kann.

Solche Kondensazionen werden im gewerblichen Leben bei den Dampfmaschinen und Abdampf-Apparaten mit Vortheil angewendet.

§. 292.

Die Spannkraft der Dämpfe verschiedenartiger Flüssigkeiten.

Die Dämpfe verschiedenartiger Flüssigkeiten besitzen auch
unterschiedliche Eigenschaften. Sie entwickeln nämlich bei derselben Temperatur ungleich große Spannkräfte. Aus dieser Ursache kochen auch die verschiedenen Flüssigkeiten bei verschieden
hohen Temperaturen.

So kocht Salzsäure bei 20 Grad, Äther bei 37 Grad, Weingeist bei 78 Grad, Salpetersäure (Scheidwasser) bei 86 Grad, Meerwasser bei 104 Grad, Terpentinöl bei 156 Grad, Leinöl bei 315 Grad, konzentrierte Schwefelsäure bei 327 Grad, Quecksilber bei 360 Grad Celsius. Die latenten Wärmemengen der Dämpfe sind auch bei jedem einzelnen andere.

§. 293.
*Die Größe der Dampfmenge aus einem Pfund Wasser.

Bevor ich zu der Anwendung des Dampfes übergehe, will ich hier noch eine Berechnung aus der Dampflehre durchführen.

Aufgabe. Wie viel gesättigter Dampf wird aus einem Pfund Wasser, welchem die Temperatur von 152 Grad mitgetheilt wurde, erzeugt?

Berechnung. Der Dampf besitzt bei dieser Temperatur eine Spannung von 5 Atmosfären (vergl. §. 290) und hat die Dichte $= 0·0025918$.

1 Kubikfuß Dampf würde unter diesen Verhältnissen $56·4 \times 0·0025918 = 0·1461$ Pfund wiegen. Wenn er $0·1$ Pfund wiegen würde, so müßten aus 1 Pfund Wasser 10 Kubikfuß Dampf hervorgehen, weil er aber $0·1461$ Pfund wiegt, so werden aus 1 Pfund Wasser $1 : 0·1461 = 6·84 = 6\frac{5}{6}$ Kubikfuß Dampf sich entwickeln.

Bei einer Temperatur von 100 Grad Celsius können aus einem Pfund Wasser 30 Kubikfuß Dampf gewonnen werden.

§. 294.
Die Destillazion.

Auf dem Umstande, daß Wasser oder andere Flüssigkeiten durch Erhitzung in Dämpfe verwandelt, und in dieser Form in ein anderes Gefäß überführt werden können, in welchem sie durch Abkühlung neuerdings kondensiert werden, beruhet das Destillieren derselben.

Durch's Destillieren wird das Wasser von seinen mineralischen Beimengungen, welche in demselben gelöst sind, befreit. Das destillierte Wasser nimmt wegen seiner Reinheit den Schmutz leicht auf und eignet sich aus diesem Grunde zum Waschen. Man heißt es auch weiches Wasser, im Gegensatze zu jenem, welches die mineralischen Substanzen aufgelöst enthält und hartes Wasser genannt wird. — Regen- oder Schneewasser ist demnach auch destilliertes Wasser.

Auf ähnliche Weise wird der Weingeist aus der Maische überdestilliert. Derselbe verdampft nämlich eher als das in der Maische enthaltene Wasser, wodurch er obgleich allmählich — indem stets ein Theil des Wassers mit in die Vorlage übergeht — von seinem Wassergehalte befreit wird.

Durch die Destillazion werden die neueren Beleuchtungsöle wie Fotogen vom Solaröl, Petroleum von seinen flüchtigen und leicht entzündlichen Beimengungen (von Naftha u. f. w.) getrennt.

Die nachstehende Figur 298 stellt einen einfachen Destillierapparat dar.

Fig. 298

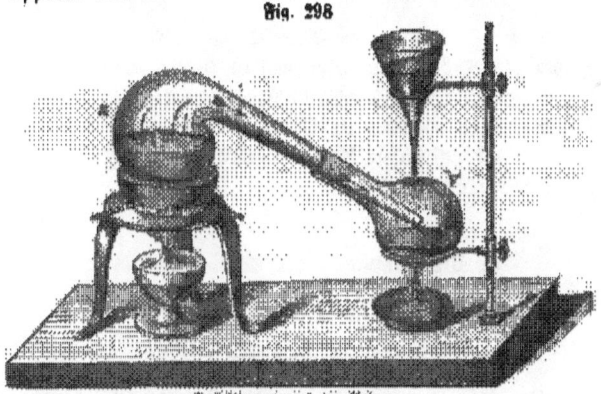

Destillierapparat im Kleinen.

Bei der Destillazion im großen gibt man die zu destillierende Flüssigkeit in einen kupfernen, aufrechtstehenden Kessel R (die Blase) (Fig. 299), welcher mittels eines gewölbten Deckels (dem Helm) verschlossen wird. Zum Abkühlen der entwickelten Dämpfe dient das Kühlgefäß (der Refrigerator), welches mit kaltem Wasser voll gefüllt ist und eine schlangenförmig gewundene Röhre enthält, durch welche der Dampf aus der Blase strömt. Nachdem er sich durch die Abkühlung in dieser Röhre verdichtet, kann das aus derselben herausfließende Destillat in einem Behälter aufgefangen werden.

Fig. 299.

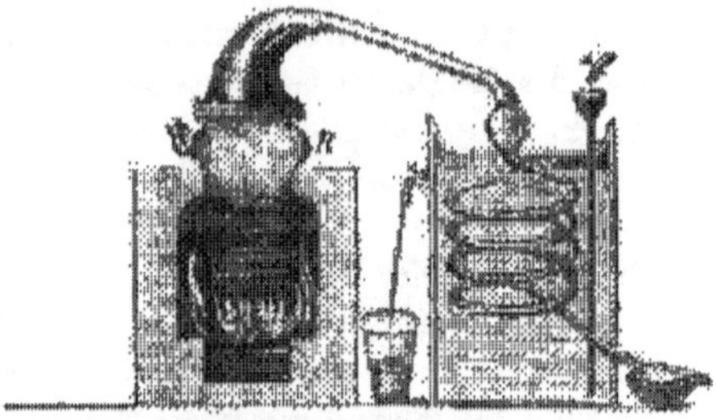

Destillierapparat im großen.

Die Destillierapparate der Brennereien haben, nach Bedarf, verschieden eingerichtete Vorlagen und Kühlvorrichtungen.

Wie bereits im §. 272 erwähnt wurde, muß beim Destillieren für stete Erneuerung des Kühlwassers gesorgt werden. Das frische Wasser wird unten eingeleitet (siehe die Figur), das erwärmte fließt oben ab.

Das Sublimieren.

Auch feste Körper, wie Schwefel, Salmiak, Kampfer u. a. werden zum Behufe ihrer Läuterung in Dampf verwandelt und in geeigneten Vorlagen durch's Abkühlen verdichtet. Der zu ihrer Reindarstellung angewendete Vorgang wird das Sublimieren und das auf diesem Wege hergestellte, gereinigte Produkt das Sublimat genannt.

c. Die Benutzung des Wasserdampfes.

Allgemeine Zergliederung seiner Verwendung.

§. 295.

Der Wasserdampf findet in den Gewerben eine mannigfache Anwendung.

Erstens. Zum Kochen und Abdampfen. Man benutzt dabei außer seiner freien Wärme die bedeutende latente Wärme desselben, indem man ihn in die zu kochende Flüssigkeit entweder unmittelbar hineinleitet, wie dieß z. B. bei der Färberei, Dampfbräuerei und Dampfwäsche der Fall ist, oder daß man den Dampf durch eine flache Dampfspirale (eine vielmal gewundene Röhre) strömen läßt, welche in den unteren Theil des mit der zu erhitzenden Flüssigkeit angefüllten Gefäßes gebracht wird. Das in der Spirale kondensierte Wasser kommt mit der Flüssigkeit nicht in Berührung, wodurch die Verdünnung derselben verhindert wird, was in vielen Fällen unerläßlich ist, wie bei den Destillationen und Abdampfapparaten, welche mit Dampf geheizt werden. Die Figur 300 stellt einen ähnlichen Apparat vor. Die erhöhte Spirale ss ist hier absteigend. Das kondensierte Wasser fließt in A ab.

Fig. 300. Fig. 301.

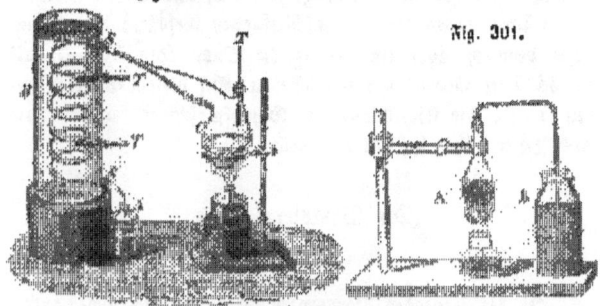

Kochen mittels Wasserdampfes.

Daß mittels Dampf das Wasser wirklich zum Kochen gebracht werden kann, davon überzeugt man sich am einfachsten mit Hülfe der in Figur 301 gezeichneten Vorrichtung. Wenn man nämlich den Dampf in einem Kolben A erzeugt und ihn mittels einer Glasröhre in ein Gefäß B mit kaltem Wasser ausströmen läßt. Der in das Wasser eingeleitete und kondensierte Dampf gibt seine Wärme an dasselbe ab, welches dadurch bald zum Sieden kommt.

Zweitens. Zum Heizen und Trocknen. Die Dampfheizungen werden ähnlich wie die Warmwasserheizungen (§. 274) angelegt. Anstatt heißes Wasser wird nämlich der Dampf durch die zu heizenden Räume in Röhren geleitet. Das kondensierte Wasser gelangt dabei wieder in den Dampfkessel zurück. Solche Heizungen finden bei Trockenstuben häufige Anwendung. Papier wird auch, u. s. über mit Dampf geheizten Walzen getrocknet. Das Tuch erhält mittels der Dampfkrumpe (beim Dekatiren) einen milden, dauerhaften Glanz, indem man es mit Wasserdampf tränkt und preßt. Das in Dampf ausgelaugte Holz ist als Bau- und Arbeitsholz dem bloß getrockneten in jeder Beziehung vorzuziehen, endlich ist das Heizen und Trocknen mit Dampf auch in jenen Fällen sehr vortheilhaft, in welchen die zu trocknenden und zu schmelzenden Stoffe keine höhere Temperatur vertragen. z. B. beim Trocknen des Pulvers und Tabaks, beim Schmelzen des Unschlitts u. s. w.

Drittens wird der Dampf als **bewegende Kraft** verwendet. Diese Anwendung ist gewiß die ausgedehnteste. Der Dampf übt bekanntlich, vermöge seiner Spannkraft einen bedeutenden Druck gegen die ihn einschließenden Gefäßwände aus und kann demnach auch eine bewegliche Wand (den Kolben) mit beträchtlicher Gewalt vor sich schieben. Auf diesem Grundgedanken beruht die Einrichtung der Dampfmaschinen, womit wir uns später näher beschäftigen wollen.

Die Dampferzeugung.

§. 296.

In den folgenden Paragrafen werde ich euch auseinandersetzen, auf welche Art der Dampf im großen gewonnen wird und welche Vorsichten dabei zu befolgen sind, um denselben so sparsam wie möglich und ohne alle Gefahr entwickeln zu können.

Die Dampfkessel.

§. 297.

Der Dampf wird in den **Dampfkesseln** erzeugt. Diese sind geschlossene Behälter von Schmiedeisen (Fig 302 m»), denen eine zilindrische und gewöhnlich an beiden Enden abgerundete Gestalt gegeben wird. Die Wände dieser, aus zusammengenieteten Eisenblechtafeln bestehenden Kessel müßen so stark

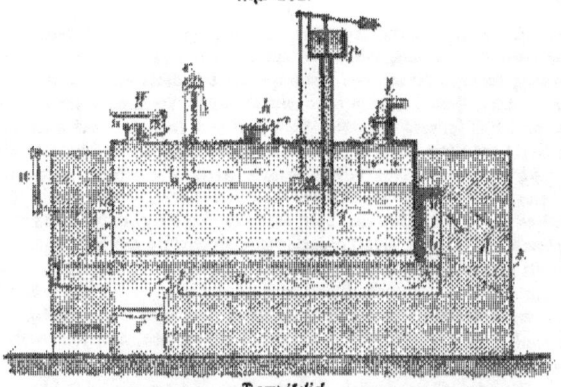

Fig. 302.

Dampfkessel.

gemacht werden, daß sie der stärksten Spannung, welche der Dampf im Kessel annehmen könnte, und die man jederzeit weiß, zu widerstehen im Stande sind. In den häufigsten Fällen erhalten sie eine Dicke von 2''' bis 3'''.

Jeder Kessel wird vor dem Gebrauche einer Festigkeitsprobe unterworfen. Man füllt ihn zu diesem Behufe mit Wasser und bringt dasselbe mittels einer Pumpe unter einen Druck, welcher doppelt so groß ist wie jener, welcher bei der größten Spannung des Dampfes, die im Kessel während des Gebrauches eintreten kann, sich entwickeln wird. Die Dampfkessel werden meistens horizontal gelegt und eingemauert, so daß bloß der obere Theil derselben heraussteht.

In der Umfassungsmauer des Kessels werden Kanäle oder Züge für die heißen Gase der Feuerung angelegt, mit deren Hilfe die Gase den Kessel mehreremal umströmen können, wodurch ihnen die Gelegenheit geboten wird an das Wasser desselben die Wärme vollständig abzugeben. Je zweckmäßiger diese Kanäle angelegt sind, um so billiger wird die Dampferzeugung ausfallen.

Die Feuerungen für Pfannen, vertikale Kessel u. s. w. sind mit ähnlichen Vorrichtungen versehen, um die Wärme des Brennmaterials so vollständig wie möglich auszunützen. Die Zimmeröfen sind meistens ebenfalls mit Feuerzügen versehen. Die heißen Verbrennungsgase werden auch hier gezwungen, bevor sie in den Kamin entweichen, mehrfach geschlungene Kanäle, selbst abwärtsgehende, zu durchlaufen. Bei gut ziehenden Kaminen und guter Verbrennung im Ofen können diese Feuerzüge eine bedeutende Länge erhalten und nur in diesem Falle kann von einer wirthschaftlichen Benützung der Wärme des Brennmateriales gesprochen werden. Man sieht auch leicht ein, daß je massiver die Wände des Ofens sind und je größer die Wärmekapazität des Ofenmateriales ist, sich auch in denselben verhältnißmäßig eine größere Menge Wärme aufspeichern läßt, welche dem Zimmer nach und nach zu gute kommt. Die Massenöfen — gewöhnlich von Thon oder von Ziegeln u. a. aufgemauert — erwärmen das Zimmer zwar langsam, aber gleichmäßig und anhaltend. Sie sind die zweckmäßigsten und wirthschaftlichsten. Öfen mit dünnen Wänden, z. B. die eisernen, sind in dieser Beziehung nicht vortheilhaft. — Die gebräuchlichen blechernen Ofenröhren (Rauchröhren) bilden Fortsetzungen der Feuerzüge der Öfen und können sehr zweckmäßig — auf- und niedergehend, auch doppelwandig und zweischenkelig — eingerichtet sein.

Manche Dampfkessel haben Rauchkanäle, welche sie durchsetzen. Diese Kanäle werden Kanonen genannt und bilden einen Theil der Feuerzüge. Die Figur 302 zeigt einen Kessel, der zu Dampfheizungen eingerichtet ist. Hier bestreicht die heiße Luft zuerst den unteren Theil a des Kessels, u. z. von vorne nach rückwärts, wendet sich nach oben in die Kammer b, von da bespült sie zuerst die vordere, nachher die rückwärtige Seitenwand desselben und entweicht mittels der Fuchsöffnung d in den Kamin.

Die Lokomotivkessel (Tubularkessel genannt) besitzen sehr viele Rauchröhren. Solche Röhrenkessel werden als gewöhnliche Dampferzeuger nicht anempfohlen, weil sie unökonomisch sind; nur dort wo eine schnelle Dampfentwicklung nöthig ist, wie bei Lokomotiven, finden sie ihre Anwendung.

Außer den angegebenen Kesseln werden zu Dampferzeugern auch solche mit Siederöhren (bouilliers) verwendet.

Die Siederöhren sind gewöhnlich zwei schmale und zugleich lange Kessel, welche unterhalb des eigentlichen Kessels liegen und zur Vorwärmung des Wassers dienen. Sie sind mittels Röhren mit dem Hauptkessel verbunden. Auf den ersten Anblick scheinen diese Vorwärmer von Vortheil zu sein. Erwägt man aber dabei alle Umstände, so stellt sich ihr Nutzen als unbedeutend heraus. Überdieß haben sie den Nachtheil, daß zwischen ihnen und dem Hauptkessel kein dichter Verschluß für die Dauer zu erreichen ist, daß Dampfausströmungen in denselben ein trockenes Erhitzen der Kesselbleche herbeiführen können, was ihrer Festigkeit und Dauer Abbruch thut.

Den Kesseln wird stets eine der gewünschten Dampferzeugung entsprechende Größe gegeben. Die Rauchkanäle derselben müßen öfters gereinigt werden, weil berußte Flächen die Wärme nicht so gut mittheilen, wie die reinen; auch müssen die Keffel eingemauert sein, weil das Mauerwerk, als schlechter Wärmeleiter die Wärme zusammenhalten wird. Hüllen mit eingeschlossenen Luftschichten, glatte und ebene Oberflächen der Keffel sind Mittel gegen den Wärmeverlust nach außen.

Man rechnet im allgemeinen, daß jeder Quadratfuß der Heizfläche des Keffels stündlich 4—5 Pfund Dampf entwickelt, daß also für jede Pferdekraft, welche die Dampfmaschine ausüben soll, 15 Quadratfuß Heizfläche genügen werden.

§. 298.
Die Kamine der Heizanlagen.

Schon aus dem, was über die Erwärmung luftförmiger Stoffe §. 273 mitgetheilt wurde, erhellet, daß Heizanlagen, bei denen die heißen Gase einen langen Weg zu durchlaufen haben, hoher Kamine bedürfen. Es gehören demnach 30 bis 60 Fuß hohe Essen bei Kesselfeuerungen nicht zu den Seltenheiten.

§. 299.
Der Rost.

Der Rost des Kessels (Fig. 302 r), wird unter demselben horizontal oder etwas nach rückwärts geneigt angelegt. Bei Brennmaterialien, welche eine Flamme entwickeln, wie bei Holz, Torf wird er tiefer, bei den anderen z. B. bei Steinkohlen aber höher angebracht. Die geringste Entfernung des Rostes vom Kessel ist mit 25" bis 13" festgesetzt. Der Rost besteht entweder aus einzelnen Eisenstäben, welche mit Belassung von Zwischenräumen nebeneinander gelegt werden, oder wie bei den kleineren Heizungen aus einem festen Gitterwerk von derartigen Stäben.

In neuerer Zeit baut man auch solche Kessel, bei welchen die Feuerung in dem Rauchrohre des Kessels selbst angebracht ist. So eingerichtete Heizungen sind nur bei großen Kesseln, wo die Rauchröhre einen bedeutenden Durchschnitt erhalten kann, anzurathen; denn in kleinen Röhren dieser Art würde das Brennmaterial zu stark abgekühlt werden.

Der Rost ist jener Theil der Feuerung, auf welchem die Verbrennung des Brennmateriales geschieht. Er muß bei Dampfkesseln eine solche Größe bekommen, daß die Wärme, welche durch den Verbrennungsprozeß erzeugt wird, hinreiche, die gewünschte Menge Dampf in einer bestimmten Zeit zu entwickeln.

Bei den einschlägigen Berechnungen dienen die der Praxis entnommenen Anhaltspunkte, nämlich daß

mit 1 ℔ Steinkohle . . . . . 7—8 ℔ eiskaltes Wasser,
„ 1 „ lufttrockenem Holz oder Torf 3—4 „   „   „
verdampft werden kann.

Der Heizeffekt der Holzkohle ist unbedeutend geringer, als jener der Steinkohlen. Sie wird bei der Kesselfeuerung nicht verwendet.

Alle Brennmaterialien müssen bei den Heizungen in möglichst trockenem Zustande verwendet werden. Die Wärme, welche zum Verdampfen des higroskopischen Wassers eines Brennmateriales nöthig ist, verschlingt sonst gegen 5 Prozent von dem Heizeffekte des Brennstoffes.

Durch die Verkohlung wird sowohl das higroskopische als auch das chemische Wasser aus dem Holze hinausgetrieben. Das Anfeuchten der Steinkohlen beim Verbrennen ist, wie man sieht, unzweckmäßig.

Kennt man die Menge Brennmaterial, welche stündlich auf dem Roste verbrennen soll, so ist es nicht schwer den entsprechenden Querschnitt des Rostes zu berechnen. Die Menge der zum Verbrennen nothwendigen Luft, so wie die Geschwindigkeit ihrer Bewegung durch den Rost sind die wesentlichsten Punkte, auf welche dabei zu achten ist. Die Praxis hat gelehrt, daß zur vollkommenen Verbrennung eines Brennstoffes die doppelte Luftmenge von jener nöthig ist, welche sonst zur Verbrennung des Kohlenstoffes dieses Brennmateriales nach den chemischen Gesetzen erforderlich wäre. Die Ursache liegt in der zu schnellen Bewegung der Luft durch die Rostspalten.

1 Pfund trockenes Holz braucht zum Verbrennen 168 Kubikfuß Luft,
1 „ Steinkohle . . . 300 „ „

Aus dieser Ursache muß bei Heizungen mit Steinkohlen eine größere, wirksame Rostfläche (die Summe der Rostspalten) als beim Holz aufrecht erhalten werden. Je dichter ein Brennmaterial ist, desto größer muß die wirksame Rostfläche gemacht und eine um so geringere Schichthöhe darf demselben gegeben werden, wenn man eine vollständige Verbrennung desselben erreichen will.

Um ein Beispiel vorzuführen, möge dienen, daß man bei einer zweckmäßigen Ofenfeuerung, bei welcher 10 Pfund Holz stündlich verbrannt werden, eine wirksame Rostfläche von 42 Quadratzoll bei 6zölliger Schichthöhe annimmt. Der Herdfläche selbst gibt man den Querschnitt von 1 Quadratschuh, indem die Flamme des Holzes sich ausbreitet. Bei einer ähnlichen Heizung mit Steinkohlen würde man der Rostfläche den Querschnitt von 78 Quadratzoll bei einer Schichthöhe von 3 Zoll geben.

§. 300.
* Die extensive und intensive Verbrennung.

Nimmt man die Schichthöhe eines Brennmateriales zu groß, so wird ein Theil des Kohlenstoffes desselben anstatt zu Kohlensäure, bloß zu Kohlenoxidgas verbrennen. Weil der Brennstoff nur bei seiner Verbrennung zu Kohlensäure vollkommen ausgenützt wird (§. 262), so geht bei zu großer Schichthöhe, während der Verbrennung, Wärme verloren.

Es ist aber bemerkenswert, daß bei höherer Aufschichtung des Brennmateriales eine höhere Temperatur als für gewöhnlich erreicht wird, indem die spezifische Wärme der Verbrennungsprodukte selbst, bei dieser Art Verbrennung eine geringere ist.

Man unterscheidet demnach auch eine extensive und eine intensive Verbrennung.

Bei der extensiven wird der Brennstoff vollkommen ausgenützt, und sie erfolgt, wenn die Verbrennung langsam, ohne Rauchentwicklung geschieht. Man bringt bei dieser Art Verbrennung zwar keine übermäßig hohe Temperatur (beiläufig jene von 1100 Grad Celsius) hervor, aber sie ist die sparsamste Heizmethode.

Bei der **intensiven** Verbrennung wird dagegen auf Kosten des Brennstoffverbrauches eine möglichst hohe Temperatur (beiläufig jene von 1600 Grad) erreicht, welche noch durch Einleitung von heißer und gepreßter Luft unter den Rost gesteigert werden kann.

Wegen der besonderen Art der Anheizung der Backöfen kann die Schürtlänge des Holzes als dessen Schichthöhe angesehen werden. Die hierbei befolgte Feuerung veranlaßt dennoch eine intensive Verbrennung des Brennstoffes. Bei Schmiede- und Frischfeuern, bei Hochöfen u. s. w. wird die Luft, welche die intensive Verbrennung bewirken soll, mittels Gebläse, u. z. meistens im erhitzten Zustande dem Brennstoffe zugeführt.

Bei den gewöhnlichen Herd- und den Kesselfeuerungen wird ausschließlich die extensive Verbrennung eingeleitet, weil dabei die Brennstoffersparung das Hauptaugenmerk bildet.

Man ist schon längst davon abgegangen auf offenen Küchen, ohne Rost, zu heizen. Jede Heizung, sei es ein Sparherd oder ein Zimmerofen, wird mit einem Roste versehen. Es bestehen bereits sehr verschiedene Ofenkonstruktionen. Alle bezwecken die möglichst beste Ausnützung der Wärme des Brennstoffes. Auch rauchverzehrende Öfen sind bereits gebaut worden, um selbst den Rauch, der beim Schüren entsteht, zu verbrennen.

§. 301.
Allgemeine Regeln über das Heizen der Kessel.

Zur Aufrechthaltung einer sparsamen Heizung gehört außer dem zweckmäßig eingerichteten Heizapparat auch ein gut unterrichteter und aufmerksamer Heizer.

Ein wirtschaftlicher Heizer wird den Brennstoff nie zu hoch auf den Rost auflegen, er wird lieber denselben öfter aufwerfen (schüren), weil er gut weiß, daß bei zu hohen Schichten keine vollständige Verbrennung desselben stattfindet; er wird die Roststäbe öfter putzen, weil es ihm auch bekannt ist, daß durch Verlegung der Rostspalten der bemessene Luftzutritt geschmälert wird, in Folge dessen sich Rauch und andere Destillationsprodukte aus dem Brennstoffe entwickeln werden, welcher Umstand bedeutende Wärmeverluste herbeiführen kann.

Der aufmerksame Feuermann wird auch sehen, während des Schürens, beim Aufgeben des Brennmateriales nämlich, den

455

Zug nach dem Schornstein zu verringern. Dieß geschieht durch das Zuziehen eines Schiebers, der an dem Ausgange des Feuerkanales in den Kamin angebracht ist.

Bliebe nämlich der Zug während des Essens der Heizthüre unverändert derselbe, so würde die kalte Luft jedesmal unter den Kessel strömen, denselben und die Gase in den Feuerkanälen abkühlen, was sowohl dem Kessel als auch der ökonomischen Heizung Schaden bringen möchte. Die Heizthür muß demnach klein, und luftdicht verschließbar sein. Nicht minder ist das Vorwärmen des Brennstoffes anzuempfehlen. Das Schüren muß stets so eingerichtet werden, daß Rauch und Gase, welche sich von dem frisch aufgegebenen Brennmaterial entwickeln, durch die Flamme des im vollen Brande befindlichen streichen.

§. 302.
Vorrichtungen bei Heizanlagen zur Brennstoffersparnis.

Sowohl der Umstand, daß die Luft in dem Aschenfalle vorgewärmt wird, als auch die Verengung des Raumes zwischen dem Roste und den Feuerkanälen, an der Feuerbrücke (Fig. 302 f) nämlich, führt ein Ersparnis im Brennstoffaufwande herbei.

Diese Verengung bewirkt offenbar ein vollkommeneres Vermengen der Luft mit den mitgerissenen Kohlentheilchen und in Folge dessen ein vollständigeres Verbrennen derselben.

Bei manchen Heizungen, wie bei Flammöfen, Spartherden u. s. w. ist außer der Verengung an der Feuerbrücke noch eine zweite, längere an jener Stelle angebracht, wo die heißen Gase in die Esse ausmünden. Sie wird der Fuchs genannt, und hat den Zweck die Feuerluft etwas zu stauchen, um damit die Temperatur im Herde zu erhöhen.

Um Kohlengries und anderes staubige Brennmaterial verwerten zu können, dienen die Treppen und Etagenroste. Besonders große Vortheile bieten in dieser Richtung die Gasfeuerungen dar, welche bei Schmelzprozessen die häufigste Verwendung finden. Sie werten nicht nur die Wärme eines beliebigen Brennmateriales vollständig aus, sondern erzeugen auch die höchsten Temperaturen, selbst bis 2600 Grad Celsius nämlich.

Bei der Gasfeuerung wird in einem besonderen Ofen (Generator genannt) der Brennstoff hoch aufgeschichtet, angezündet und in Kohlenoxidgas verwandelt. Dieses in eigens vorgerichtetem Apparate erhitzte Gas wird nun mit atmosphärischer Luft gemengt und erst im Schmelzofen zu Kohlensäure vollständig verbrannt. — Die Wärmeregeneratoren gehören ebenfalls hierher.

§. 303.

Das Leuchten.

Substanzen, welche aus Kohlenstoff, oder wie das Holz aus Kohlenstoff, Wasser- und Sauerstoff (die letzteren zwei im Verhältnisse wie in dem Wasser) bestehen, werden wie ihr gehört habet, durch Verbrennung ihres Kohlenstoffes zum Behufe der gleichförmigen, gemäßigten Wärmeabgabe an andere, und zur Erzeugung hoher Temperaturen verwendet. Sie heißen **Brennmaterialien**.

Andere, chemisch ähnlich zusammengesetzte Substanzen, mit viel überschüssigem Wasserstoff werden zu dem Zwecke verbrannt, um das Licht, welches ihre Flamme aussendet, zur Beleuchtung zu benutzen. Sie heißen **Beleuchtungsmaterialien**.

Nachdem ich euch vor kurzem die Grundzüge der Beheizung mittheilte, will ich euch jetzt mit den Grundbegriffen der Beleuchtung in Bekanntschaft setzen.

Was Flamme sei, wurde bereits erwähnt (§. 262). Die Flamme gewinnt um so mehr an **Leuchtkraft**, je mehr Kohlentheilchen aus dem brennenden, gekohlten Wasserstoffe ausgeschieden werden und für sich schwebend in demselben erglühen. Die Leuchtkraft einer Flamme wird also durch das Erglühen der Kohlentheilchen bedingt. Eine Spiritusflamme leuchtet schwach, weil sich in ihr wenig Kohlentheilchen ausscheiden. Die Kerzen, das Öl, das Leuchtgas geben ein helles Licht; es muß demnach in deren Flammen viel Kohlenstoff zur Ausscheidung gelangen. Dieß bemerkt man auch an dem Ruße, den sie geben, wenn man einen kalten Körper in dieselben hineinhält.

Die Leuchtgasflamme (Gasflamme) ist gewiß sehr intensiv; bringt man sie aber mit so viel atmosphärischer Luft in Berührung, daß der sämmtliche in ihr ausgeschiedene Kohlenstoff verbrennen kann ohne zu glühen (wozu das 7- bis 8fache Volumen Luft hinreicht), so wird ihre Leuchtkraft bedeutend herabgemindert. Ihre Heizkraft wird aber dagegen sehr erhöht. Das Heizen mit Gas ist nicht mehr neu. Man besitzt Gasbügeleisen, Gaslöthrohre u. s. w., ja selbst Gassparherde, worauf die Speisen in kurzer Zeit gekocht und gebraten werden. Mindere Vortheile bieten die jetzigen Gaszimmeröfen dar.

457

Fig. 303.

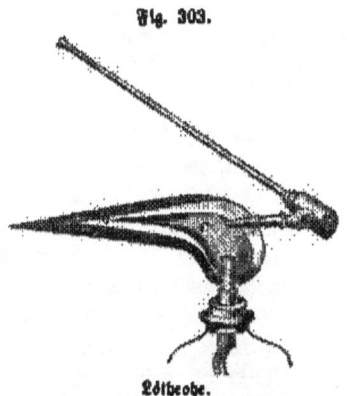

Löthrohr.

Um im Kleinen eine ſtarke Hitze hervorzubringen, wird das **Löthrohr** (Fig. 303) angewendet. Durch das mittelſt deſſelben veranlaßte Hineinblaſen in die Flamme wird aus dem nämlichen Grunde an der Spitze dieſer Flamme (Stichflamme) die hohe Temperatur hervorgebracht, aus welchem im Schmiedefeuer durch den Blasbalg die Hitze erzeugt wird. Der Kohlenſtoff der Flamme wird auch hier durch den geſteigerten Luftzutritt vollſtändig verbrannt. Der innerſte Theil c einer Flamme iſt ſtets dunkel, weil daſelbſt keine Verbrennung ſtattfinden kann, die darauf folgende Hülle b iſt die am ſtärkſten leuchtende und der ſie umfaſſende Mantel a iſt der heißeſte Theil der Flamme, indem dort eine vollſtändige Verbrennung ſowohl des Kohlenſtoffes als auch des Waſſerſtoffes erfolgt. Wegen der Leichtigkeit des brennenden Gaſes läuft jede Flamme nach oben in eine Spitze zuſammen.

So wie das Brennmaterial zur Abgabe des möglichſt beſten Heizeffektes einer beſtimmten Menge atmoſfäriſcher Luft benöthiget, ebenſo braucht auch ein Beleuchtungsmaterial, ſoll es möglichſt **hell leuchten**, eine **beſtimmte Menge atmoſfäriſcher Luft**. Eine friſch gepußte Talgkerzenflamme brennt klar und ſchön, weil der Docht ſo geformt iſt, daß nicht mehr Leuchtgas ſich ausſcheidet, als die Berührung mit der Atmoſfäre, bei kleinem Luftzuge, es bedingt. Entwickelt ſich in dem Dochte eine größere Menge gasförmiger Produkte, als die erforderliche, ſo fängt die Flamme zu qualmen an und wird trübe.

Dasſelbe findet bei den Lampen ſtatt. Sobald die nöthige Menge Sauerſtoff zu der Flamme Zutritt hat, liefern ſie eine klare, ruhige, geruchsreie

Flamme. Ist aber bei der Lampe etwas nicht in Ordnung, so daß dem Sauerstoffe der Luft der Zutritt in erklecklicher Menge verwehrt wird, so beginnt sie alsogleich zu qualmen und Gestank zu verbreiten. Die Lampen müssen demnach stets rein, die Effnungen für den Luftzug stets offen gehalten werden.

Die Dicke des Dochtes bildet bei den Kerzen den Regulator ihrer Leuchtkraft. Je niedriger der Schmelzpunkt des Materials der Kerze ist, desto dicker muß ihr Docht gemacht werden, weil nur dann dessen Aufsaugungsfähigkeit größer und dadurch die Flamme mehr über den Rand der Kerze gehoben wird, was nothwendig ist, damit nicht zu viel von ihr abschmelze.

Lampen mit großen Dochten erfordern einen künstlichen Luftzug, welcher der Flamme eine entsprechende Menge Sauerstoff zuzuführen im Stande ist. Hohle Dochte und die gläsernen Lampen-Zilinder sind bekanntlich Mittel, den Luftzutritt zu der Flamme zu fördern. Bei großen Dochten kommt zu gleicher Zeit eine größere Menge gasförmiger Körper zum Leuchten, wodurch ein kräftigeres Licht hervorgehen muß.

Bei Beleuchtung mit leicht destillierbaren Oelen muß besonders für einen reichlichen Luftzutritt gesorgt werden. Die wagrechten Scheibchen, welche man bei Mineralöllampen in geringer Entfernung über dem Brenner anbringt, dienen dazu, damit die brennenden Gase der Flamme und die zugeführte Luft sich besser mischen können, wodurch ein vollständigeres Erglühen des Kohlenstoffes bewirkt wird.

Die Einschnürungen bei den Glaszilindern, die Kappen der Flachbrenner für Mineralöllampen haben denselben Zweck.

§. 304.
Das Löschen.

Wird der Flamme der Luftzutritt, d. h. der Zufluß des Sauerstoffes der Luft ganz entzogen, so löscht sie aus. Auf dieser Thatsache beruhen die bekannten Erscheinungen, daß in Gärräumen, in mit schädlichen Luftarten angefüllten Brunnen und Schachten das Licht auslöscht. Aus derselben Ursache befindet sich in dem Inneren einer jeden Kerzenflamme ein dunkler Raum, in welchem der Docht bloß verkohlt, nicht aber verbrennt.

459

Das Auslöschen der Flamme erfolgt aber auch, wenn man derselben zu rasch die Luft zuführt. In diesem Falle wird sie so stark abgekühlt, daß sie fortzubrennen aufhört. Das Ausblasen der Flamme ist eine bekannte Thatsache.

Ein Schornsteinfeuer kann dadurch gelöscht werden, daß man einen nassen Sack mit nassem Stroh durch denselben rutschen läßt. Das Wasser wirkt beim Feuerlöschen sowohl durch die Abkühlung, als auch dadurch, daß es den brennenden Körper umhüllt und sofort den Sauerstoffzutritt abschneidet. Lehmiges, salzhaltiges Wasser würde demnach dabei den Dienst am besten versehen, wenn nur die Feuerspritzen damit nicht verunreinigt würden. Beim Feuerlöschen darf das Wasser nicht mitten in die Glut hineingespritzt werden, weil es sich sonst durch die dort bestehende große Hitze und bei der Berührung mit dem glühenden Brennmateriale in seine gasförmigen Bestandtheile zerlegen würde, wovon der eine, der Sauerstoff, das Brennen unterhält, der andere aber, der Wasserstoff nämlich, selbst verbrennlich ist. (Vergl. mit §. 19.) Am besten wird es sein den Feuerherd ruhig ausbrennen zu lassen, denselben aber da, wo die Flamme nicht hingekommen ist, mit einem Walle von Wasser so eng als möglich zu umgeben und ihn sonach einzuschränken. Die neueste Art des Feuerlöschens besteht darin, daß man das Wasser bis zur Brandstelle hin mittels eines Schlauches leitet und dort mit voller Kraft, welche die Spritze entwickelt, gegen die Flamme zu schleudern und sie auf diese Weise zu erdrücken sucht. Das Hineinfeuern in brennende Kamine mit Pistolen, das Verbrennen von Schwefel unter denselben, das Abschließen derselben mittels Schieber, endlich der Gebrauch von Feuerlöschdosen in Kellerräumen u. s. w., das Unverbrennlichmachen von Kleidern und anderen Stoffen beruhet auf der Abschließung des Luftzutrittes von den Brennstoffen.

Fig. 304.

Das Dämpfen der Stichflamme.

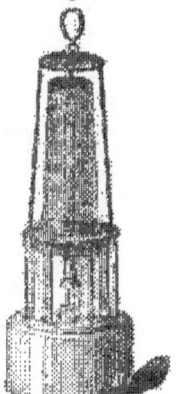

Fig. 305.

Sicherheitslampe.

Das Dämpfen der Stichflamme mittels eines engen Drahtnetzes (Figur 304) beruhet auf deren Abkühlung durch das Eisennetz und wird beim Kochen in gläsernen Gefäßen über einer Weingeistflamme mit Vortheil verwendet. Bei der Davy'schen Sicherheitslampe (Fig. 305) der Bergleute wird auch das Entzünden der verderblichen Grubengase (der schlagenden Wetter) durch ein enges Drahtnetz verhindert.

* Die Dampfkesselwartung.

§. 305.

Die sparsame und gefahrlose Dampferzeugung in Kesseln setzt nicht nur eine entsprechende Heizung des Kessels voraus, sondern auch ein aufmerksames **Speisen** desselben mit **Wasser**, ein sorgfältiges Beobachten der **Sicherheitsventile** und eine **reine Instandhaltung** des Kessels selbst.

Wegen der Wichtigkeit, welche die Dampferzeugung bei den Gewerben angenommen hat, will ich euch auch über diese drei wichtigen Punkte das Nothwendige in gedrängter Kürze mittheilen.

§. 306.

* Das Speisen der Dampfkessel.

Das An- und Nachfüllen des Kessels mit Wasser heißt **das Speisen desselben**. Der Kessel wird mit Wasser so hoch angefüllt, daß sein Spiegel 4" über der Feuerlinie (Fig. 306 mn), also über dem höchsten Feuerkanal zu stehen kommt.

Fig. 306.

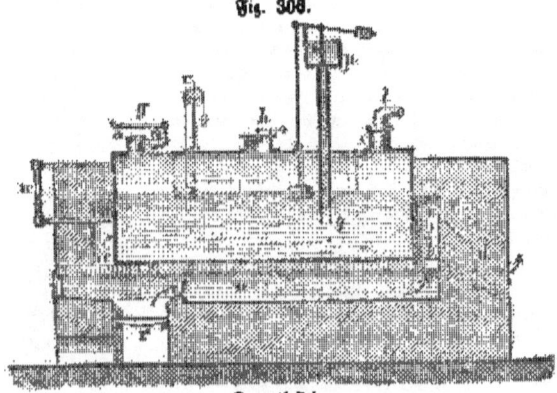

Dampfkessel.

Das Speisewasser muß wegen Ökonomie des Betriebes möglichst warm dem Kessel zugeführt werden. Man benutzt gewöhnlich den abgehenden Dampf zum Heizen desselben. Die Gefäße, worin dieses geschieht, heißen Vorwärmer.

Das Nachfüllen des Wassers soll möglichst regelmäßig und in kleinen Mengen erfolgen. Es wird dem Kessel immer nur so viel Wasser zugeführt, als dort verdampft. Des Heizers Augenmerk muß demnach vorzüglich dahin gerichtet sein, den Wasserstand stets in möglichst gleicher Höhe zu erhalten.

Das Speisen mit großen Mengen Wasser auf einmal hat den Nachtheil, daß, besonders wenn das Speisewasser nicht warm genug ist, der Dampf im Kessel niedergeschlagen wird; in Folge dessen die Spannung des Dampfes sinken würde, was bei der Verwendung desselben als Betriebskraft Störungen veranlassen möchte. Auch darf der Kessel nicht zu viel Wasser enthalten, weil sonst der Dampf zu stark mit Wasser gemengt wäre.

Das Wasserstandglas, worüber ich bereits im §. 172 gesprochen habe, und das auch in der obigen Figur 306 bei w gezeichnet ist, gibt dem Heizer den Stand des Wassers im Kessel an. Diesen muß er fleißig beobachten und darnach das Nachfüllen des Kessels einrichten.

An einem und demselben Kessel sind gewöhnlich wegen der Sicherheit mehrere Wasserstandzeiger verschiedener Art angebracht. Es sind dieß z. B. die Probehähne, welche übereinander an dem Kessel so befestiget sind, daß bei regelmäßigem Stande des Wassers im Kessel der Wasserspiegel zwischen dieselben zu stehen kommt. Es wird demnach beim Öffnen des oberen Hahnes Dampf, und beim Aufdrehen des unteren Wasser ausströmen. Gibt der obere Hahn Wasser, so ist der Stand des Wassers im Kessel zu hoch, strömt dagegen aus dem unteren Dampf aus, so ist er zu niedrig. Außer den genannten Vorrichtungen sind auch steinerne Schwimmer in Anwendung (Fig. 306 vt), welche auf dem Kesselwasser schwimmen und mittelst einer Kette einen Zeiger über eine Scheibe schleifen lassen; oder welche den Kessel von selbst nachfüllen, indem die Kette ein Ventil in dem richtigen Augenblicke öffnet, wodurch das Wasser in den Kessel einbringen kann. Diese Art des Speisens kann aber nur dann Platz greifen, wenn in dem Kessel Dämpfe von niederer Spannung entwickelt werden. Dieß gilt auch für die Figur 306, wo außerdem auch ein solcher Wasserspeisungsapparat pq angebracht ist.

Das Speisen der Kessel geschieht gewöhnlich aus höher gelegenen Wasserbehältern, u. z. bei niedrig gespannten Dämpfen ganz einfach durch die Füllröhre pq. Bei höher gespannten Dämpfen wird außer der Füllröhre noch eine zweite Röhre, welche den Kessel mit dem geschlossenen Vorwärmer verbindet und die von oben in denselben einmündet, nothwendig sein, damit der Dampfdruck auf den unteren Querschnitt der Füllröhre durch jenen, der von oben ausgeübt wird, aufgehoben werde. Auch wird in ähnlichen Fällen mittels Druckpumpen das Wasser in den Kessel gedrückt.

Das Beobachten des Wasserstandes im Kessel.

Der Heizer begeht einen großen Fehler, wenn er den Wasserstand unter die Feuerlinie sinken läßt, weil in diesem Falle die heißen Gase des Feuerkanales die vom Wasser entblößten Kesselwände bestreichen möchten, wodurch die letzteren rothglühend würden. Käme nun beim Nachfüllen des Kessels das Wasser mit glühenden Wänden in Berührung, so würde mit einemmal eine sehr bedeutende Menge Dampf sich entwickeln, welcher Umstand selbst das Bersten des Kessels herbeiführen könnte.

Sollte nun das Wasser im Kessel trotzdem, wegen Unachtsamkeit des Heizers unter die Feuerlinie sinken, so könnte durch ein plötzliches Speisen des Kessels noch ein größerer Fehler begangen werden. Der Heizer muß in einem solchen bedenklichen Falle vor allem darauf hinwirken, daß der Kessel zuerst abgekühlt werde. Er wird demnach das Feuer vom Roste wegräumen, und durch das sofortige Aufziehen des Schiebers die kalte Luft unter den Kessel strömen lassen. Hierauf wird der Dampf langsam aus dem Kessel hinausgeleitet, und erst nachdem der letztere abgekühlt wurde und die Dampfspannung abgenommen hat, darf das Wasser in diesen nachgefüllt werden.

Würde eine Räumung des Rostes nicht leicht angehen, so müßte der Schieber gesenkt werden, um den Verbrennungsprozeß zu unterdrücken. Auch ist es leicht einzusehen, warum die Kessel so gebaut sein müssen, daß der Spiegel, welchen die Wasserfläche bildet, eine möglichst große Ausdehnung habe.

§. 307.

* Das Auffassen des Dampfes aus dem Kessel.

Das Auffassen des Dampfes geschieht vom höchsten Punkte des Kessels (Fig. 306 a), ferner auch von so einer Stelle,

welche dem Orte, wo der Dampf benutzt wird, am nächsten
liegt. Das erstere erfolgt deshalb, damit so wenig wie möglich
Wasser vom Dampfe mitgeführt werde; das letztere, um den
Dampf in der Dampfleitungsröhre (l) nicht unnöthig abzukühlen.

Es sind in dem Kessel mannigfache Vorrichtungen angebracht, um den
Dampf von dem beigemengten Wasser zu reinigen, welche alle auf das hinaus-
laufen, den Dampf im Kessel nicht sogleich in die Dampfleitung treten zu
lassen, sondern ihn auf Umwegen derselben zuführen. Die Dampfleitungsröhre
wird mit schlechten Wärmeleitern, wie Thon, Ölkuchen, Kuhhaare, Knochen-
mehl u. s. w., aus leicht begreiflichen Gründen umhüllt.

In dem Kessel soll sich stets so viel Dampf nachentwickeln
als davon verbraucht wird. Dieser Anforderung ist aber schwer
zu genügen. Kleine Schwankungen in der Dampfspannung werden
demnach stets vorkommen.

Das Beobachten der Dampfspannung.

Die herrschende Dampfspannung wird mit Hilfe einfacher
Instrumente eigener Art vom Heizer fleißig beobachtet, um
darnach seine Heizung einzurichten. Man nennt diese Instrumente
Manometer. Außer dem
gewöhnlichen, auf dem Gesetze
kommunizierender Gefäße be-
ruhenden Manometer, welches
im §. 193 beschrieben wurde,
finden auch die Federmanometer Anwendung, weil sie
wenig Raum einnehmen und
minder gebrechlich sind. Sie
bestehen, wie die Figur 307
zeigt, aus einer elastischen
Stahlplatte, welche die Öffnung
einer Flantsche, die in den Kessel
eingeschraubt wird, verschließt
und gegen welche die Pressung
des Dampfes gerichtet ist. Auf
der Platte ruhet ein Klötzchen,

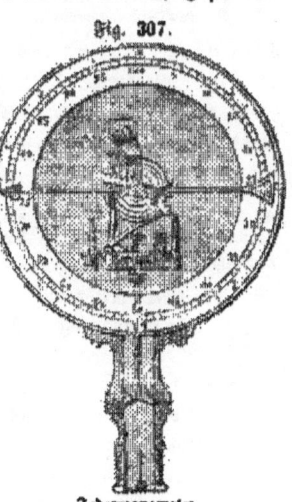

Federmanometer.

mit dem eine Stange in Verbindung steht, welche wieder mit dem unteren Ende eines Quadranten verbunden ist. Die durch den Dampf erfolgte Ausbiegung der elastischen Scheibe mißt den Dampfdruck, dessen Größe an der Kreistheilung mit Hilfe des Zeigers 6. 2 entweder nach Zollen, Pfunden oder Atmosfären abgelesen wird.

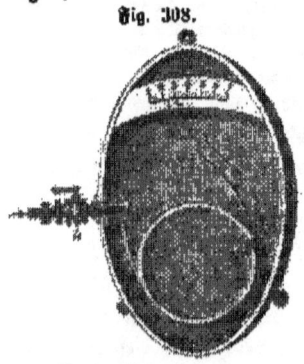

Fig. 308.

Bourdon'sches Manometer.

In der Figur 308 ist das Bourdon'sche Manometer gezeichnet. Je größer die Spannung des in der blechernen Hohlspirale enthaltenen Dampfes ist, desto mehr rollt sich die Röhre auf. Die Skalen dieser Manometer müßen erfahrungsmäßig, durch Versuche nämlich, gefunden werden.

Damit nicht durch etwa eingetretene übermäßige Dampfspannung eine Gefahr für den Kessel erwachse, sind an jedem Kessel zwei Sicherheitsventile angebracht. Diese öffnen sich augenblicklich sobald die höchst erlaubte Dampfspannung überschritten wird. Ein solches Ventil ist in der Figur 308 g gezeichnet.

Von diesen zwei Ventilen ist gewöhnlich das eine zugänglich und das andere verwart. Das letztere ist deshalb unzugänglich, damit es nicht über das Maß beschwert wird, was unerfahrene Heizer sich bei den offenen Ventilen zu thun erlauben, in der Meinung hiedurch eher die gewünschte Dampfspannung im Kessel zu erreichen.

Die Sicherheitsventile müßen, wenn sie die Gefahr der zu großen Dampfspannung und demnach jene des Berstens der Kessel verhüten sollen, durch den Heizer öfters gelüftet werden, um dem Übelstande zu begegnen, daß sie auf dem Ventilsitze einrosten oder ankleben, was bei kalkhaltigem Wasser leicht geschehen kann.

In einem solchen Falle sind die Ventile nicht plötzlich aufzureißen, sondern wieder vor allem bloß die Feuerung zu dämpfen. Ein unerfahrener Heizer hat schon öfters durch das übertriebe Auftreiben der Ventile Kesselexplosionen verursacht, weil bei Verminderung des Druckes auf das Wasser sich urplötzlich eine sehr große Menge Dampf zu bilden im Stande ist.

Außer diesen gewöhnlichen Sicherheitsventilen, deren Einrichtung bereits im §. 99 beschrieben wurde, müssen bei Dampfkesseln mit geringer Dampfspannung, dann an Destillationsapparaten Luftventile h (Fig. 306) angebracht sein. Dieß sind Ventile, welche sich von außen nach innen öffnen, und welche verhindern, daß ein Zusammendrücken des Kessels durch den äußeren Luftdruck erfolge, sobald durch Einführung des kalten Wassers oder bei sonstiger plötzlicher Abkühlung der Dampf kondensiert würde und zufolge dessen ein luftverdünnter Raum in dem Kessel entstehen sollte.

Bei Brennereien, wo die Dampfspannung bloß ½ bis ⅔ Atmosphären beträgt, bieten sogenannte Wasserventile große Vortheile dar. Es sind dieß nach Art der Manometer gekrümmte und auf dem Kessel angeschraubte Röhren, welche mit Wasser gefüllt werden. Der hydrostatische Wasserdruck bewirkt hier den Wasserabschluß. Bei den Maischblasen sind solche Ventile, die bloß 2 bis 4 Fuß hoch zu sein brauchen, sehr anzuempfehlen, weil sie sowohl die Sicherheits- als auch die Luftventile ersetzen. In Frankreich werden einzelne Öffnungen an den Kesseln mit leicht schmelzbaren Metallkompositionen verschlossen, wodurch die übertriebene Wärme und die gefahrbringende Spannkraftzunahme des Dampfes durch das Wegschmelzen derselben verhindert wird.

§. 303.
Das Reinigen des Kessels vom Schlamm und Wasserstein.

Der Heizer muß endlich auf die gehörige Reinigung des Kessels sehen. Der Schlamm, welcher sich aus dem unreinen Wasser niederschlägt, muß weggeschafft, die Kesselsteinkruste, welche sich aus dem kalk- und gipshaltigen Wasser absetzt und den nur schwer ablösbaren Kessel- und Wasserstein bildet, muß zeitweise losgebrochen und aus dem Kessel geschafft werden. Derartige Ansätze sind dem Kessel an und für sich schädlich, weil an solchen Stellen das Kesselblech sich stark erhitzt, auch rothglühend wird, was seiner Festigkeit Abbruch thut; sie können aber außerdem noch die Ursache der heftigsten Kesselexplosionen werden. Wenn nämlich der Wasserstein, welcher die Kesselwand dicht bedeckt, sich augenblicklich von derselben loslöst, welcher Umstand bei einer etwas raschen Feuerung leicht herbeigeführt wird, und wenn die Wand bereits zum Glühen gekommen ist, so wird trotz der Sicherheitsventile eine Explosion des Kessels unvermeidlich; indem die Dampfbildung über den glühenden Stellen, welche beim Zerspringen des Kesselsteines mit dem Wasser plötzlich in Berührung kommen, so rasch erfolgt, daß der Dampf bei den Sicherheitsventilen nicht schnell genug entweichen kann.

Bei Verwendung unreinen oder kalkhaltigen Wassers ist der Gebrauch von Mitteln gegen die Kesselsteinbildung anzurathen. Davon sind die mechanischen Vorsichtsmaßregeln, wie das Hineinthun von Blechschnitzeln, Gleisen, Glas nicht anzuempfehlen, weil diese den Kesselstein in vielen Fällen noch dichter machen. Einige Vortheile bieten dar: Graphit, Talg, Stearin, Theer, Thon, Stärkezucker, weil sie die erdigen Bestandtheile des Wassers mit einer fettigen Hülle umgeben. Am zweckmäßigsten sind die chemischen Gegenmittel, indem sie die Bildung des Wassersteines dadurch verhindern, daß sie den Kalk oder Gips zu Verbindungen disponieren, welche entweder den schädlichen Niederschlag unmöglich machen oder ihn als feines Pulver, das sich an die Wände des Kessels nicht anlegt, aus dem Wasser ausscheiden. Die chemischen Mittel bestehen in Gärbsäuren der Gärbhölzer, Soda oder Pottasche, Aetzkali oder Ammoniak, Salmiak u. s. w. Das chemische Ausfällen der steinbildenden Erden aus dem Speisewasser soll vor der Speisung des Kessels geschehen.

Das Reinigen der Kessel wird auf die Weise möglich, daß man in den Kessel durch das sogenannte **Mannloch**, eine dampfdicht verschließbare Öffnung auf der oberen Seite des Kessels, hineinsteigen kann. Auf der unteren Seite des Kessels befindet sich ein Ablaßhahn, durch welchen der aufgelockerte Schlamm weggeführt wird.

Die Dampfmaschine.

§. 309.

Nachdem ich euch in den vorhergehenden Paragrafen mit den Vorsichten bekannt gemacht habe, welche bei der Dampferzeugung zu befolgen sind, will ich euch noch zum Schlusse dieses Abschnittes das Nothwendigste über die Vorrichtungen mittheilen, welche dazu dienen, den **Dampf als bewegende Kraft** zu verwenden.

§. 310.

Die Kolbensteuerung einer Dampfmaschine.

Bei einer Dampfmaschine wirkt der Dampf durch seine Spannkraft, indem er bald vor, bald hinter den Kolben, welcher dampfdicht in dem Dampfzilinder sich bewegen läßt, eingeleitet wird, wodurch er denselben abwechselnd nach vorne und rückwärts zu treiben vermag. Diese auf- und abgehende Bewegung des Kolbens wird durch die Schiebersteuerung ermöglicht und mit Hilfe sowohl der Kolben und Pleuelstange, als auch der Kurbel auf die zu bewegende Maschinen-Achse übertragen.

Der Dampf wird nämlich aus dem Dampfkessel mittels der Dampfleitung d (Fig. 309), in die Dampfkammer befördert, und von hier aus mit Hilfe eines Schiebers ss wechselweise nach den beiden, durch den Kolben k getrennten Zilinderräumen mittels der, in der Zilinderwand angebrachten Kanäle geleitet. Tritt nun auf diese Weise der Dampf mit Hilfe des unteren Kanales u in den Raum unterhalb des Kolbens, so wird er denselben vermöge seiner Spannkraft vor sich schiebene

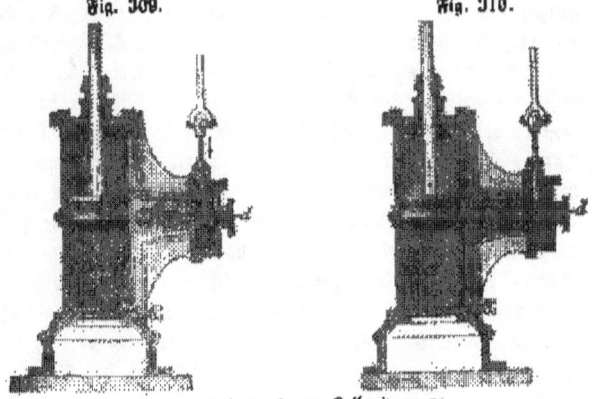

Fig. 309. Fig. 310.

Dampfzilinder sammt Kolbensteuerung.

und ihn bis an das obere Ende des Zilinders bewegen. Die oberhalb des Kolbens befindliche Luft gelangt dabei durch den oberen Kanal o und die Öffnung x in das Freie.

Hat der Kolben auf diese Art seinen höchsten Stand erreicht, so wird der Schieber umgesteuert, d. h. er wird in die zweite Stellung ss (Fig. 310) herabgedrückt. Der Dampf wird jetzt durch den oberen Kanal o in den Zilinder eintreten, von oben auf den Kolben einwirken und diesen nach abwärts bewegen. Der unterhalb des Kolbens befindliche Dampf entweicht aber mit Hilfe des unteren Kanals u und der Röhre x in's Freie.

Wird nun der Schieber in die erste Stellung zurückgebracht, so beginnt das beschriebene Kolbenspiel von neuem. Man sieht leicht ein, daß diese Bewegung so lange anhält, als noch Dampf in der Dampfkammer vorhanden ist und der Schieber hin- und hergesteuert wird. Der in vorstehender Figur gezeichnete Schieber ist der gewöhnlichste und heißt **Muschelschieber**.

§. 311.
Die Einrichtung einer Dampfmaschine mit Expansionsvorrichtung.

Die Figur 311 zeigt eine **Dampfmaschine** in ihrer ganzen Anlage in der Perspektive. Der **Zilinder A**, die **Dampfkammer b**, die **Dampfkanäle d, d'** und die **Dampfleitung a** sind durchschnitten gezeichnet, um einen besseren Einblick in den Gegenstand zu erhalten. Weiter bemerkt man in der Zeichnung, daß mit dem oberen Ende der Kolbenstange B ein sogenanntes **Querhaupt O** verbunden ist, das sich mittels zweier Rollen oder eines Schlittens in einem Geleise c auf- und abbewegt, was der Kolbenstange zur Führung dient. An dieses Querstück ist von oben die **Treib-** oder **Pleuelstange CD** eingehängt, welche mittels der Kurbel D die Maschinenwelle in Bewegung setzt, an welcher das Schwungrad G (vergl. §. 135) sich befindet. Ferner wird es auch aus der Figur klar, auf welche Weise die Steuerung des Schiebers geschieht. — Dem Schieber wird nämlich hier, wie dieß

Fig. 311.

Dampfmaschine mit Meyer'scher Expansionsvorrichtung.
(Hochdruckmaschine.)

gewöhnlich der Fall ist, mit Hilfe der Exzentrik E eine auf- und abgehende Bewegung ertheilt.

Die Exzentrik ist eine Metallscheibe, welche exzentrisch auf der Schwungradwelle befestiget, und um welche ein Metallring geschlungen ist. Dieser Ring wird während der Drehung der Exzentrik um ihre Achse nach vorne und rückwärts geschoben, und nachdem mit demselben die Schieberstange verbunden ist, so erhellet, auf welche Weise dem Schieber die abwechselnde Stellung gegeben wird.

Exzentrisch' ist eine Scheibe auf einer Achse dann befestigt, wenn die Achse nicht durch den Mittelpunkt der Scheibe, sondern außerhalb desselben geht.

An derselben Welle steckt auch die Exzentrik F, welche auf ähnliche Weise die Kolbenstange N der Speisepumpe PQ in Bewegung setzt.

§. 312.
Beschreibung der Meyer'schen Expansionsvorrichtung.

Ich habe bereits früher (§. 289) aufmerksam gemacht, dass man den Dampf sehr vortheilhaft mit Expansion arbeiten lassen kann. In diesem Falle läßt man denselben nämlich nicht während der Dauer eines ganzen Kolbenhubes wirken, sondern man sperrt ihn ab, nachdem der Kolben einen Theil (z. B. $\frac{1}{3}$ bis $\frac{1}{10}$) seines Hubes zurückgelegt hat. Man erspart dadurch bei gleicher Wirkung die Hälfte, selbst zwei Drittel des Dampfes oder man bringt mit derselben Menge Dampf eine doppelt oder dreimal so große Wirkung hervor, als ohne Expansion.

Die Vorrichtungen, welche den Dampfzutritt in den Zilinder rechtzeitig absperren, sind sehr mannigfaltige. Die Schieber mit Überdeckungsrändern sind die gewöhnlichsten.

In der oben erwähnten Figur 311 ist die Meyer'sche Expansionsvorrichtung dargestellt. Durch diese wird zeitweise die Verbindung zwischen der Dampfkammer und der Dampfleitung (d. h. dem Kessel) unterbrochen. Sie besteht aus einem Ventil b, welches mit Hilfe eines vertikalen um seine Achse beweglichen Kegels h, der an seiner Oberfläche mit zwei zum Theile spiralförmig ausgewundenen Rippen versehen, und um welchen ein Ring lose geschlungen ist, zurückgeschoben wird.

Das Vorschieben des Ventiles gegen die Öffnung der Dampfkammer geschieht in Folge des Druckes, welchen die Feder f nach der Richtung fh ausübt. Durch das Zurückschieben des Ventiles wird das Einströmen des Dampfes in die Dampfkammer und in den Zilinder ermöglicht, während dem das Vorschieben desselben den Eintritt des Dampfes in den Zilinder eine kurze Zeit unterbricht, so daß der in diesen bereits eingeleitete Dampf durch Expansion wirken und den Kolben mit verzögerter Geschwindigkeit in die Höhe schaffen wird.

Nachdem die Achse L des erwähnten Steuerungskegels — er wird nach obigem wie eine Ezzentrik — mittels der Winkelräder K und K durch die Schwungradswelle in rotierende Bewegung gesetzt wird, so ist es klar, daß die angegebene Absperrung und Öffnung während einer Umdrehung der Welle zweimal geschehen muß.

§. 313.

* Das Zentrifugalpendel als Regulator der Dampfeinströmung.

In derselben Figur 311 bemerkt ihr noch eine Vorrichtung, welche bei den Dampfmaschinen häufig anzutreffen ist. Man heißt dieselbe das Zentrifugal-Pendel. Es sind dieß zwei eiserne Kugeln M M, welche sich während der rotierenden Bewegung der Achse L im Kreise herumbewegen. Je schneller die Bewegung der Maschinenwelle erfolgt, um so größer wird die Fliehkraft (Zentrifugalkraft, vergl. mit §. 137) der Kugeln, zufolge welcher sie auseinander gehen, werden. Dieses Bestreben auseinander zu fahren wird mittels des Gelenkes, unterhalb derselben, auf den bereits erwähnten Kegel h übertragen und nachdem dieser auf der inneren Achse auf und ab verschiebbar ist, so wird derselbe dabei gehoben, wodurch das Ventil nicht so stark zurückgeschoben wird, wie in dem Falle, wo vermöge des stärkeren Zusammenfallens dieser Pendel der Kegel tiefer niedersinkt und mit den hervorstehenderen Theilen desselben den Ring zurückschiebt. Man erblickt aus dieser Darstellung, daß das Fliehkraftspendel keinen anderen Zweck hat, als jenen, den Gang der Maschine zu regulieren.

Bewegt sich nämlich die Maschinenwelle zu schnell, so wird das Ventil durch die Feder f in die Öffnung der Dampfkammer tiefer hineingedrückt, worauf die Expansion längere Zeit andauern kann. Im entgegengesetzten Falle wird die Absperrung kürzer anhalten, was den Gang der Maschinen beschleunigen würde.

§. 314.
Der Kondensator bei Dampfmaschinen.

Der ausgediente Dampf wird mit Hilfe der Leitung e entweder unmittelbar in die freie Luft geführt oder zu Heizungen verwendet. Bei manchen Dampfmaschinen leitet man denselben in den Kondensator, wo er verdichtet wird.

Der Kondensator ist ein geschlossener Behälter unterhalb des Dampfzilinders, in welchen mittels einer Brause absatzweise kaltes Wasser hineingespritzt wird. Durch diese Kondensazion des Dampfes wird der Gegendruck, den sonst der gewirkte Dampf auf den Kolben ausübte, aufgehoben und der Effekt der Maschine erhöht. Das zur Kondensazion des Dampfes verbrauchte Wasser gelangt aus dem Kondensator mittels Saug- und Druckpumpen in den Kessel wieder zurück.

Um 1 Pfund Dampf zu kondensiren, braucht man 20 bis 25 Pfund kaltes Wasser. Wenn man wenig Wasser zur Verfügung hat, oder wenn die Dampfmaschine wenig Raum einnehmen soll, wird man an derselben keinen Kondensator anbringen.

§. 315.
Eintheilung der Dampfmaschinen.
Vergleichende Betrachtungen an denselben.

Man theilt die Dampfmaschinen ein in Nieder-, Mittel- und Hochdruckmaschinen. Bei den Niederdruckmaschinen, welche stets mit Kondensatoren ausgerüstet sein müssen, wendet man Dämpfe an von der Spannung von $\frac{1}{4}$ bis $\frac{3}{4}$ Atmosfäre. Bei Mitteldruckmaschinen beträgt ihre Spannung $\frac{3}{4}$ bis 3, bei den Hochdruckmaschinen 3 bis 10 und mehr Atmosfären.

Eine gewöhnliche Dampfmaschine braucht stündlich per Pferdekraft 60 Pfund Dampf. Nachdem nun in der Stunde per 1 Quadratfuß Kesselfläche

473

5 Pfund Dampf erzeugt werden können, so rechnet man für die Pferdekraft bei Niederdruckmaschinen 14 Quadratfuß, bei Hochdruckmaschinen ohne Kondensator 13 Quadratfuß, bei solchen mit Kondensator 10 Quadratfuß Kesselfläche.

Der Effekt der Dampfmaschinen nimmt zu mit der Anzahl der Pferdekräfte. Bei den Niederdruckmaschinen ist der Nutzeffekt höchstens 65 Prozent, bei den Hochdruckmaschinen mit Expansion steigt er bis auf 82 Prozent des theoretischen.

Vortheile der Hochdruckmaschine.

Die Hochdruckmaschinen bieten gegen die Niederdruckmaschinen manche Vortheile dar. Sie sind einfacher gebaut, nehmen einen geringeren Raum ein, dann sind sie leichter und wohlfeiler. Die Kraft solcher Maschinen kann durch erhöhete Dampfspannung zeitweise vergrößert werden, auch ist der Betrieb derselben ein wirtschaftlicherer, weil man bei ihnen die Expansion des Dampfes vollständig ausnützen kann. Bei den meisten Dampfmaschinen, die jetzt gebraucht werden, wird der Dampf mit einer Spannung von 4—6 Atmosfären angewendet. Diese Gränze wird selten überschritten.

Die Lokomotive (Fig. 312) ist eine Hochdruckmaschine, deren Kolben mittels der Triebstange auf die Triebräder wirkt und den Train in Bewegung setzt. Liliput-Maschinen nennt man die kleinen, braunen zusammengestellten Hochdruckmaschinen, welche in den Kleingewerben Anwendung finden und gegenwärtig sehr zweckentsprechend und billig hergestellt werden. Lokomobile heißt eine

Fig. 312.

Lokomotive.

der Lokomotive ähnliche Maschine mit Rädern, welche durch Pferde transportabel ist und zu Ackerbau-Arbeiten verwendet wird. — Die Dampfspritze hat auch eine ähnliche Einrichtung.

§. 316.
Schlußbetrachtungen über Dampfmaschinen.

Die Wichtigkeit der Dampfmaschine fällt besonders dann in die Augen, wenn man einem größeren Fabriks- oder Bergwerksorte, wo es an Wasserkraft fehlt, einen Besuch abstattet. Dort erblickt man unermüdlich arbeitende Dampfmaschinen von verschiedener Größe und Bauart, welche in ihrer gefälligen Ausrüstung und großartigen Wirkung den Laien mit Bewunderung, den Kunstverständigen mit Befriedigung erfüllen. — Es erkennt gewiß jedermann in der stattlich dahinbrausenden Lokomotive eine Tochter der Dampfmaschine. Sie fördert durch die Kraft des Dampfes, ihr anvertraute Personen und Güter mit Vogelschnelle über Berg und Thal auf den Wink ihres Führers, sie nähert damit entfernt gelegene Länder und verkettet sofort ihre gemeinsamen Interessen. Endlich treibt auch der Dampf die Schaufelräder und die Schraube der Schiffe, dieser häuserähnlichen Bauwerke auf wogigem Meere. Gleich einem Ungethüm wälzt sich der schwimmende Koloß durch die Macht des Dampfes auf dem unruhigen Elemente mit Schnelligkeit fort, dem Winde, ja selbst dem Sturme Trotz bietend, unverdrossen dem Steuermanne folgend, und bringt somach selbst die hinter Ozeanen liegenden Länder mit den unseren in rasche, nähere Berührung, in wohlthätigen Verkehr.

Die Idee, den Wasserdampf als bewegende Kraft anzuwenden, ist sehr alt. Papin, Savary, Newkomen beschäftigten sich bereits im 17. und 18. Jahrhunderte mit der Herstellung von mit Dampf betriebenen Maschinen. Der Schlosser Newkomen war der erste, welcher eine brauchbare Dampfmaschine zum Heben von Wasser in Bergwerken gebaut hat. Dieselbe besaß aber noch viele Mängel. Dem Mechaniker James Watt ist es erst durch seinen ausdauernden Fleiß gelungen (im Jahre 1763) die Dampfmaschine in jenen Stand zu versetzen, wobei sie den Anforderungen einer Betriebsmaschine entsprochen hat, indem er sie so herstellte, wie sie der Hauptsache nach, auch noch gegenwärtig ausgeführt wird. Foulton baute das erste Dampfschiff (1811) und Stephenson die erste Lokomotive (1815).

Siebenter Abschnitt.
Die Lehre von dem Magnetismus.

Begriff des Magnetismus.

§. 317.

Natürliche Magnete.

Die Eigenschaft gewisser Körper, Eisenstücke an sich zu ziehen und solche festzuhalten, heißt Magnetismus. Zuerst hatte man diese Eigenschaft an einem stark verbreiteten Eisenerze, Magneteisenstein genannt, beobachtet.

<small>Der Magneteisenstein ist ähnlich zusammengesetzt wie der Eisenhammerschlag, welcher ebenfalls magnetisch wirkt. Beide sind Verbindungen des Eisens mit Sauerstoff.</small>

Hält man den genannten Stein in Eisenfeile, so bemerkt man sogleich diese Anziehung. Man sieht nämlich, wie die Eisenfeile um den Stein herum sich aufrichtet, und wie die Richtungen derselben nach gewissen Punkten, welche im Inneren des Steines liegen, vorzugsweise konvergieren.

Diese vorherrschenden Punkte des Steines heißen seine **Pole**. Man gewahrt an jedem wenigstens zwei Pole, welche ziemlich am Rande und auf den gegenüberliegenden Seiten des Steines liegen. Solche Eisensteine heißt man **natürliche Magnete**.

§. 318.

Künstliche Magnete.

Streicht man einen Eisenstab oder eine Eisennadel mit dem Pol eines natürlichen Magneten mehreremale nach deren ganzen

Längen, so werden dieselben auch magnetisch. Die so gewonnenen Magnete werden künstliche Magnete genannt. Zur Erzeugung künstlicher Magnete nimmt man anstatt Eisen gehärteten Stahl, weil derselbe, nachdem er durch das Streichen magnetisch wurde, diese Eigenschaft auch beibehält. Der Stahl wird durch das Streichen mit einem Magneten zu einem Dauermagneten.

Gewöhnliches Schmiedeisen läßt sich zwar leichter magnetisiren als Stahl, verliert aber auch den Magnetismus bald. Es wird bloß zu einem vorübergehenden Magneten.

Den Magneten gibt man entweder die Stab- oder die Hufeisenform. Man unterscheidet demnach Stab- und Hufeisenmagnete.

Solche künstliche Magnete zeigen besonders deutlich die erwähnten zwei Hauptpunkte der Anziehung, welche Pole heißen, wenn man sie in Eisenfeilspäne eintaucht (Fig. 313), oder nachdem man sie mit Papier bedeckt hat, auf dieselben mittels eines feinen Siebes Eisenfeile streut.

Fig. 313.

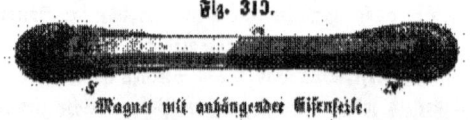

Magnet mit anhängender Eisenfeile.

An den Polen findet die stärkste Anziehung statt. Sie nimmt nach der Mitte m des Magneten schnell ab. Von seiner Mitte selbst wird nach außen keine Anziehung ausgeübt.

Ein starker Magnet zieht nicht bloß Eisenfeile an, sondern derselbe ist auch im Stande Eisenstücke zu tragen, deren Gewicht sein eigenes mehreremale übertrifft. So kann z. B. ein Magnet, der 1 Pfund wiegt, Eisenstücke selbst von 12½ Pfund Gewicht festhalten.

Der Magnetismus eines Stahlstabes kann ferner durch das Streichen mit demselben von anderen ähnlichen Stäben ebenfalls angenommen werden, ohne daß dabei der streichende Magnet seine Stärke verliert. Auf diese Weise lassen sich mittels eines Magnetstabes so viele neue Magnetstäbe herstellen als man nur wünscht.

§. 319.

Die Magnetnadel.

Eine Magnetnadel (Fig. 314) ist ein magnetisiertes Stahlstäbchen, welches in seinem Schwerpunkte auf einem spitzigen Stifte so aufruht, daß es sich frei bewegen kann.

Fig. 314.

Magnetnadel.

Die Magnetnadel besitzt die merkwürdige und wichtige Eigenschaft, stets nach derselben Richtung zu weisen. Wenn man sie aus dieser Richtung bringt, so wird sie nach einigen Schwingungen stets wieder in ihre ursprüngliche Lage zurückkehren.

Man nennt den Pol der Nadel, welcher nach Norden gerichtet ist, den Nordpol, den entgegengesetzten den Südpol.

Die magnetische Deklinazion.

Die Magnetnadel zeigt aber nur an wenigen Orten der Erde genau nach Norden. In den meisten Orten stellt sie sich nach einer von dieser abweichenden Richtung ein. Diese Abweichung der Magnetnadel von der geografischen Nordsüdlinie, welche letztere auch Mittagslinie heißt, wird die Dellinazion der Nadel genannt.

In Wien beträgt die magnetische Dellinazion 12 Grad westlich. Der Punkt des Horizontes, welcher in der Richtung des Nordpolarsternes liegt und Nordpunkt heißt, befindet sich nämlich 12 Grad östlich von jenem, den die Nadel durch ihre Richtung angibt.

Die Nordsüdlinie, also die Gerade, welche vom Nordpunkte nach dem Beobachter gezogen gedacht wird, nennt man aus dem Grunde auch die Mittagslinie, weil die Sonne stets, wenn sie in dieser Richtung gesehen wird, die Mittagszeit des Beobachtungsortes angibt.

Wenn die Magnetnadel in einem Gehäuse auf die Weise angebracht ist, daß sie in der Mitte eines eingetheilten Kreises sich bewegen und auf die Theilstriche desselben genau hinweisen kann, so wird sie Kompaß (Fig. 315) genannt. Der Seekompaß hat die Haupt-Weltgegenden: N. S. W. O. und die dazwischenliegenden sammt deren Unterabtheilungen verzeichnet. Mit Hilfe des Kom-

Fig. 315.

Kompaß.

paſſet wird es dem Seefahrer möglich, die Weltgegenden auf der offenen See anzugeben. Aber nicht nur der Seemann, auch der Berg- und Forstmann, der Geometer und Feldherr benutzen den Kompaß, um ſich bei ihren Aufnahmen zu orientiren.

Die magnetiſche Inklination.

Fig. 316.

Darſtellung der magnetiſchen Inklination.

Die Magnetnadel erhält ſich, nachdem ſie im Schwerpunkt unterſtützt wird, nicht genau horizontal. Auf unſerer Erdfläche nämlich bemerkt man eine Senkung ihrer Nordhälfte. Dieſe Neigung gegen den Horizont wird ſtets am größten ausfallen, wenn ſie an einem Faden, in ihrem Schwerpunkte beweglich, aufgehängt wird (Figur 316). Man heißt dieſe Neigung, die Inklination der Nadel. In Wien beträgt ſie 64 Grad. Aus der genauen Einſtellung der Magnetnadel nach einer beſtimmten Richtung und aus der Senkung ihrer Nordſpitze folgt, daß die Erde auf dieſelbe einen Einfluß übt.

§. 320.
Die Anziehung und Abſtoßung der Magnete.

Um die Einwirkung der Erde auf den Magneten richtig zu beurtheilen, merke man ſich die nachfolgende Thatſache.

Nähert man die Nordpole zweier Magnetnadeln einander, ſo werden ſich dieſelben abſtoßen. Bringt man aber in die Nähe des Nordpols einer Magnetnadel, den Südpol einer anderen, ſo werden ſich beide Pole anziehen. Daßſelbe gilt auch von Magnetſtäben. Dieſes Geſetz halte man in folgende Worte eingekleidet:

Die gleichnamigen Pole zweier Magnetnadeln oder zweier Magnete ſtoßen einander ab und heißen demnach feindliche Pole, die ungleichnamigen aber ziehen einander an und werden freundschaftliche Pole genannt.

Dieses Gesetz muß selbstverständlich auch seine Giltigkeit behalten, wenn einer Magnetnadel ein Magnetstab genähert wird, wie dieß die Figur 317 darstellt.

Fig. 317.

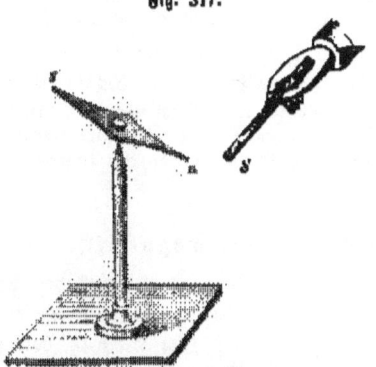

Einwirkung der Magnete auf einander.

Hievon wird Anwendung gemacht, wenn man von einem Magnetstabe die Pole kennen lernen will. Bringt man z. B. das eine Ende des Stabes in die Nähe des Nordpols der Magnetnadel und es erfolgt zwischen beiden eine Abstoßung, so muß dieses Ende des Magnetstabes auch ein Nordpol sein; würde aber zwischen der Nordspitze der Nadel und dem zugewendeten Ende des Stabes eine Anziehung stattfinden, so müßte das bezeichnete Ende des Stabes mit dem Südpol behaftet sein.

Stellt man eine Magnetnadel auf einen Magnetstab (Fig. 318), so wird die Nadel in die Lage, in welche sie sich durch den Einfluß des Stabes einstellte, nach jeder bewirkten Ablenkung wieder zurückkehren.

Fig. 318.

Magnetnadel über einem Magnetstabe.

Es wird auch hier der Nordpol der Nadel in die Richtung des Südpols des Stabes, der Südpol der Nadel dagegen in jene des Nordpols des Stabes sich einstellen.

Wirkung der Erde auf Magnete.

Weil nun jede Magnetnadel und jeder aufgehängte Magnetstab sich unter dem Einflusse der Erde auch nach einer bestimmten, früher beschriebenen Richtung einstellt, so wirkt die Erde auf frei bewegliche Magnete gerade so, wie ein Magnet auf andere. Man nennt diese richtende Eigenschaft der Erde den **Erdmagnetismus**.

Wegen der Einwirkung des Erdmagnetismus auf das Eisen werden die Schlosserwerkzeuge, auch eiserne Stangen, insbesondere wenn ihnen die Richtung der Inklinationsnadel gegeben wird, mit der Zeit magnetisch.

§. 321.
Die Stärke der magnetischen Kraft.

Die magnetische Kraft eines Magnetstabes hängt ab von seiner Stärke und von der Entfernung, in welche er wirken soll. Mit der Entfernung nimmt seine Wirkung bedeutend ab. In der doppelten, dreifachen Entfernung ist diese bloß ein Viertel, ein Neuntel .... von der ursprünglichen.

§. 322.
Die magnetische Induktion.

Fig. 319.

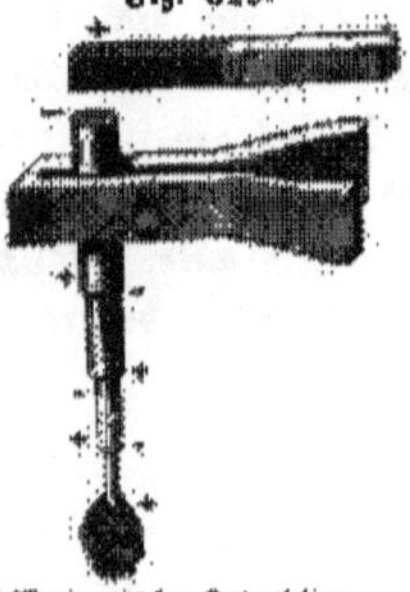

Bringt man in die Nähe eines Magnetstabes ein Stück weiches Eisen, so wird dasselbe bekanntlich vom Magneten angezogen. Das Eisenstück wird aber außerdem unter dem Einflusse des Magneten, selbst zu einem Magneten. Es wird zumlich auch zwei Pole besitzen, u. z. wird das, dem Pol des Magneten zugekehrte Ende des Eisenstückes mit dem entgegengesetzten Pol behaftet sein. Dieses magnetische Eisenstück vermag selbstverständlich wieder ein anderes anzuziehen. (Siehe die Figur 319.)

Magnetische Induktion.

Nähert man z. B. dem Südpole des Magneten einen Stab von weichem Eisen, ohne ihn mit dem ersteren in Berührung zu bringen (Fig. 320), so wird dieser in b den Nord-, in a den

Fig. 320.

Magnetstab.

Südpol annehmen. Der Eisenstab wird aber von neuem unmagnetisch, wenn man ihn außer der Wirkungssfäre des Magneten bringt. Die Eigenschaft des Magneten vornehmlich in weichem Eisen eine solche magnetische Vertheilung zu veranlassen, heißt die **magnetische Induktion**. Dieselbe wirkt also auch in die Ferne, obwohl nur schwach.

§. 324.

Das Magnetisieren der Stahlstäbe.

Es wurde bereits anfangs erwähnt, daß die künstlichen Magnete mittels des Streichens angefertigt werden. Man unterscheidet gewöhnlich den **einfachen** und den **getrennten Strich**.

Der **einfache Strich** wird auf die Weise ausgeführt, daß man den zu magnetifierenden Stahlstab auf eine Unterlage, u. z. so legt, daß diejenige Seite des Stabes, welche den Nordpol enthalten soll, gegen Norden zu liegen komme. Nachdem dieses geschehen ist, setzt man auf die Nordpolseite des Stahlstabes den Nordpol des Magneten nach der Richtung des Streichens etwas geneigt auf und streicht ihn damit nach seiner ganzen Länge zwanzig- bis dreißigmale. Hierauf wird der Stab um seine Längenachse gewendet, und eben so oft wie früher mit dem Magnete der ganzen Länge nach gestrichen. Der aufgesetzte Nordpol bringt in dem Stahlstabe durch Induktion eine Trennung seiner magnetischen Flüssigkeiten hervor. Das Ende des Stabes, auf welches der Nordpol aufgesetzt wurde, wird ein gleichnamiger Pol, das andere Ende ein Südpol.

Bildlich läßt sich diese Magnetisirung nachstehend erklären: Die beiden magnetischen Flüssigkeiten, welche getrennt die Nord- und Südpolarität bilden, seien im natürlichen Zustande des Stahles, in jedem Molekül desselben mit einander verbunden. Durch das Nordende des Magneten werden sie auf die Weise von einander getrennt, daß dieses in jedem Moleküle des Stahlstabes die Südflüssigkeit nach der Richtung des Striches von der Nordflüssigkeit wegzieht. Der gestrichene Stahlstab, welcher nach dem Streichen magnetisch wird, besteht demnach aus lauter kleinen Magnetchen (magnetischen Molekülen), deren sämmtliche Nordhälften nach links, die Südhälften nach rechts gewendet seien, sobald das Streichen von links nach rechts erfolgt ist.

Der getrennte Strich besteht darin, daß man zwei Magnete mit ihren entgegengesetzten Polen in geneigter Lage auf die Mitte des zu magnetisirenden Stahlstabes, u. z. unter einem Winkel von 25—30 Grad aufsetzt und beide Magnetstäbe von da zu gleicher Zeit nach den entsprechenden Enden bewegt. Die Figur 321 und 322 zeigt dieß näher. An dem Ende, an welchem der Südpol des streichenden Magnetes

Das Magnetisiren der Stahlstäbe.

abgezogen wird, entsteht der Nordpol, auf dem anderen Ende der Südpol des zu magnetisirenden Stabes. Diese Magnetisirungsmethode ist für dünne Stäbe und Nadeln sehr zweckmäßig. — Auf ähnliche Weise werden auch die Hufeisenmagnete magnetisirt. (Vergl. die Figur 322.)

Welche Methode man nun auch anwenden mag, man wird stets bemerken, daß durch fortgesetztes Streichen dem Magneten keine beliebige Stärke mitgetheilt werden kann. Über einen gewissen Punkt hinaus ist alles Streichen überflüssig. Diesen Punkt nennt man Sättigungspunkt. Je gleichartiger das Korn des Stahles auch je gestreckter die Form der Stahlstäbe ist, um so stärkere Magnete erhält man durch das Streichen.

§. 324.
Das Aufbewaren der Magnete.
Ihre Tragkraft und Benutzung.

Magnetstäbe müßen in trockenen Räumen aufbewart werden, damit sie nicht rosten. Schläge, Erschütterungen, der Temperaturwechsel schwächen die Kraft des Magneten bedeutend.

Sollen die Magnete beim Aufbewaren ihre Kraft ungeschwächt beibehalten, so müßen sie armiert werden. Dieses geschieht dadurch, daß man ihnen an den Enden ein Stück weiches Eisen, Anker genannt, vorsetzt; damit durch die Rückwirkung des Eisens, welches unter ihrem Einflusse zu einem vorübergehenden Magneten wird, der Magnetismus in ihnen selbst besser festgehalten werde. Bei den hufeisenförmigen Magneten setzt man den Anker vor die beiden Pole und hängt gewöhnlich an diesen Gewichte. Die Figur 323 zeigt eine Verbindung mehrerer Hufeisenmagnete, ein sogenanntes magnetisches Magazin, welches mit einem Anker versehen ist. Die einzelnen Stäbe des Magazines heißen seine Lamellen.

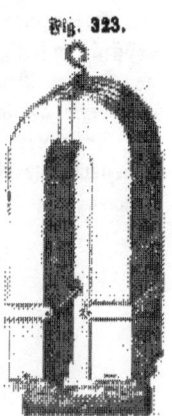

Fig. 323.

Magnete.

Gerade Magnetstäbe werden armiert, indem man zwei davon in einiger Entfernung parallel, u. z. so nebeneinander legt, daß sich an jedem Ende zwei ungleichnamige Pole befinden, vor welche man auf beiden Seiten ein Stück weiches Eisen anbringt.

Die Tragkraft der Magnete hängt von ihrem Gewichte ab. Je schwerer ein Magnet ist, ein um so größeres Gewicht wird er tragen können. Leichtere Magnete bethätigen aber ein verhältnismäßig größeres Tragvermögen als die schwereren.

Ein Magnet, der ¼ Loth wiegt, vermag sogar ein Gewicht von 100 Loth — also das 25fache seines eigenen — zu heben, ein Magnet von

4 Pfund Schwere bloß ein solches von 31½ Pfund, ein Magnet von 300 Pfund ein Gewicht von 560 Pfund.

Im technischen Leben finden die Magnete nur eine vereinzelte Anwendung.

Vom Uhrmacher und vom Metallarbeiter in feinen Artikeln wird der Magnet gebraucht, um die zarten Arbeitsstücke vom Metallstaub zu trennen. Der Fabrikant des Maschinenpapieres benutzt die Magnete zum Entfernen der feinen Eisentheilchen aus dem Papierzeuge, welche von den Maschinen herrühren, um die Roßflecke im fertigen Papier zu verhüten. In Nadelfabriken braucht man sie zum Reinigen der Stahlmaske des Nadelschleifers und zu anderen ähnlichen Zwecken.

In neuerer Zeit kennt man auch magnetische Hämmer für Tapezierer, welche das Anfassen der Nägel mit den Händen ersparen.

Achter Abschnitt.
Die Lehre von der Elektrizität.

Begriff der Elektrizität.
§. 325.

Unter Elektrizität im allgemeinen versteht man diejenige Eigenschaft der Körper, vermöge welcher dieselben, sobald sie in einen gewissen Zustand versetzt werden, leichte Körperchen anziehen und diese gewöhnlich sogleich wieder abstoßen. Reibt man z. B. eine Glasröhre A (Fig. 324), eine Glas- oder Siegellack-

Fig. 324.

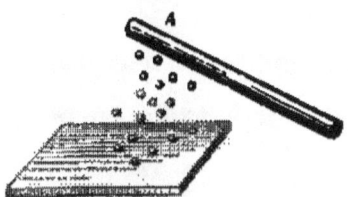

Grundversuch der Elektrizität.

stange mit einem Stücke Tuch, Wolle, Flanell, mit Seide oder einem Pelzflocke, so nehmen die geriebenen Körper die Eigenschaft an, leichte Körperchen, wie z. B. Holundermark- oder Korkkügelchen a, Papierschnitzel, Goldblattstreifen u. s. w. in einiger Entfernung anzuziehen. Diese Körperchen werden, sobald auf den geriebenen Körpern die Elektrizität hinreichend stark entwickelt wurde, nach der Anziehung sogleich wieder abgestoßen.

Das Wort Elektrizität stammt aus dem Griechischen und ist abgeleitet von einem Zeitworte, welches „ziehen" bedeutet. Die Elektrizität wurde zuerst an dem Bernsteine (Elektron) beobachtet.

Außer Glas und Siegellack zeigen auch der Schwefel und jedes Harz diese Eigenschaft, nachdem sie gerieben wurden.

Anfangs dachte man, daß die Elektrizität bloß durch die Reibung erzeugt wird. Spätere Beobachtungen lehrten aber, daß außer der Reibung auch die gegenseitige Berührung verschiedener Körper, ferner chemische Verbindungen und Zersetzungen, die ungleiche Erwärmung der Körper, die Einwirkung der Magnete auf Eisenstäbe, ja selbst die Muskel- und Nerventhätigkeit im thierischen Organismus, besonders in jenem der elektrischen Fische (Zitteraale, Zitterrochen u. s. w.) denjenigen Zustand hervorrufen können, welchen wir mit Elektrizität bezeichnen.

a. Die Reibungselektrizität oder Spannungselektrizität.

Leiter und Nichtleiter der Elektrizität.

§. 326.

Obwohl jeder Körper durch Reibung elektrisch wird, so nimmt man die Elektrizität nur bei wenigen Körpern war, nachdem sie gerieben wurden. Was ist die Ursache davon?

Diese Thatsache wird durch den Umstand erklärlich, daß die Elektrizität bei den meisten Körpern sich von dem Orte, wo sie erregt wurde, mit großer Schnelligkeit nach dem Erdboden fortpflanzt, und sich so unserer Wahrnehmung entzieht. Bloß bei einigen Körpern bleibt sie auf der Stelle ihrer Erregung haften, an welcher sie sich uns in ihrer Eigenthümlichkeit offenbart. Von diesen wenigen Körpern sind die wichtigsten: Glas, Harz, Seide, Haare, Felle, trockenes Holz und trockene Luft. Man heißt sie **Nichtleiter der Elektrizität**. Die übrigen Körper, welche die Elektrizität weiter befördern, heißen **Leiter der Elektrizität**. Die wichtigsten von ihnen sind: Metalle, Kohle, Wasser, feuchte Luft, der menschliche und thierische Körper,

Pflanzen, Papier, Dämpfe. Die Elektrizität läßt sich diesen Leitern auch leicht mittheilen.

<small>Die Fortpflanzungsgeschwindigkeit der Elektrizität durch solche gute Leiter ist, wie genaue Versuche lehrten, noch größer als jene des Lichtes, nämlich 60.000 Meilen in der Sekunde.</small>

§. 327.

Das Isolieren der Leiter.

Die Elektrizität ist immer an etwas Stoffliches gebunden, und die Reibungselektrizität breitet sich bloß auf der Oberfläche der Körper aus, ohne in das Innere derselben merklich einzudringen. Will man also bei einem guten Leiter verhüten, daß die Elektrizität, welche auf seiner Oberfläche erregt oder durch Mittheilung auf dieselbe gebracht wurde, nicht in den Boden abfließe, so muß der Leiter isoliert, d. h. sein Zusammenhang mit dem Erdboden durch einen schlechten Leiter z. B. Glas unterbrochen werden. Auf diese Art wird es möglich, auch auf guten Leitern die Elektrizität fest zu halten.

<small>Verhalten der Elektrizität auf den guten und schlechten Leitern.</small>

Auf der guten und schlechten Leitung der Elektrizität beruhen so manche Erscheinungen, von denen einige hier näher betrachtet werden sollen. Reibt man z. B. einen Glasstab mit einem Seidentuche oder Flanell, so wird an der geriebenen Stelle die erregte Elektrizität den Glasstab nicht verlassen, obgleich man ihn in der Hand hält. Wenn die Luft trocken ist, so bleibt die Elektrizität ziemlich lange auf dem Stabe haften. Berührt man den Glasstab an der geriebenen Stelle mit dem Knöchelchen eines gekrümmten Fingers, so wird man im Dunkeln das Überspringen eines Funkens unter Verbreitung eines Geräusches, Knistern genannt, wahrnehmen.

<small>Ein Metallstab, der mittels eines Glasstabes oder auf andere Weise isoliert wurde, kann durch Reiben auch elektrisch werden. Trotz der Isolierung wird man aber bei diesem die Elektrizität nicht so leicht nachweisen können, weil derselbe die Elektrizität theils an die Luft, welche niemals vollständig</small>

trocken ist, theils auch an das Reibzeug (reibende Tuch), so wie sie sich bildet, abgibt.

Berührt man einen isolierten und durch Mittheilung elektrisch gewordenen Metallstab (Fig. 325, 1 und 2 wo ab der Metall-, c der Glasstab ist) mit dem Finger, so fließt die

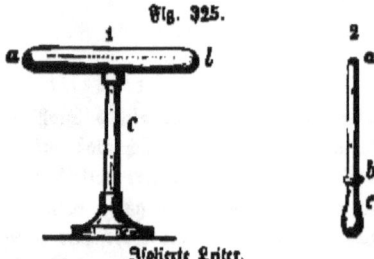

Fig. 325.

Isolierte Leiter.

sämmtliche Elektrizität des Stabes in denselben und damit alsogleich zur Erde ab. Würde man einen elektrisierten Glasstab auf dieselbe Weise berühren, so flösse bloß die Elektrizität, welche an der berührten Stelle sich befindet, in den Finger. Der übrige Theil des Glasstabes bliebe noch elektrisch.

Ähnliche Erscheinungen werden auch beim Laden der Körper mit Elektrizität eintreten. Wünscht man nämlich einem guten Leiter die Elektrizität mitzutheilen, so genügt es, wenn man bloß einen Punkt desselben einer Elektrizitätsquelle nähert. Bei einem schlechten Leiter muß dagegen die ganze Oberfläche desselben mit der Elektrizitätsquelle in Berührung gebracht werden, wenn man dieselbe elektrisieren will.

§. 328.

Vertheilung der Elektrizität auf der Oberfläche verschieden geformter Leiter.

Die Spannung der Elektrizität.

Auf kugelförmigen, leitenden Oberflächen lagert sich die Elektrizität ganz gleichmäßig an, bei den gestreckten Oberflächen (ellipsoidischen) häuft sie sich an dem in den Raum am weitsten hinausragenden Theile mit der größten Dichte an. Auf solchen Stellen wird auch ihr Bestreben, den elektrischen Zustand nach außen zu offenbaren, am ausgeprägtesten. Sie wird auch dort am entschiedensten dahin wirken, die Oberfläche der Körper zu verlassen, um sich nach anderen dargebotenen Leitern zu begeben. Man sagt, sie nimmt dort die größte elektrische Spannung an. Diese Spannung erreicht bei zugespitzten Körpern eine solche Stärke, daß die ihnen mitgetheilte Elektrizität durch diese Spitzen sogleich in die Luft abströmt.

§. 329.
Anziehung und Abstoßung der Elektrizitäten.

Versuche haben gelehrt, daß die Reibungselektrizität, welche dem Glase entlockt wird, von entgegengesetzter Natur ist als jene, die man dem Harze entnehmen kann.

Hängt man nämlich an einem Seidenfaden ein Holundermarkkügelchen oder einen Ballon von Silberpapier, also isoliert auf, etwa wie Fig. 326 zeigt, und neben diesem elektrischen Pendel ein zweites; theilet beiden die Elektrizität durch Berührung mit einer geriebenen Glasstange mit, so gewart man alsogleich, daß die beiden elektrischen Körper (Pendel) nicht mehr nebeneinander vertikal herabhängen, sondern daß dieselben auseinanderfahren werden. Bringt man

Fig. 326.

Elektrische Pendel.

die geriebene Glasstange zwischen beide, so werden sie noch bedeutender ausschlagen.

Dieselbe Erscheinung käme zum Vorschein, wenn man beide Kugeln mit Harzelektrizität, also mit der Elektrizität einer geriebenen Harzstange versehen würde. Diese Eigenschaft der elektrischen Körper wird durch den Lehrsatz ausgedrückt: **Gleichnamige Elektrizitäten stoßen einander ab.**

Behaftet man dagegen den einen Ballon des elektrischen Pendels mit Glas-, den anderen mit Harzelektrizität, so macht man die Erfahrung, daß beide Ballons sich nicht abstoßen, sondern zuerst anziehen werden. Nach erfolgter Anziehung zeigen sie aber entweder gar keine elektrische Erscheinung mehr, oder sie entfernen sich von einander. Das erstere tritt ein, sobald die beiden Ballons (Pendel) mit einer gleichen Menge der beiden Elektrizitäten ausgestattet wurden. Wird aber einem der beiden Pendel eine größere Menge dieser Elektrizitäten mitgetheilt, so wird nach deren Anziehung ein noch merkliches Auseinanderfahren der Pendel eintreten.

Diese eigenthümliche Erscheinung wird erklärlich, wenn man annimmt, daß die Glas- und Harzelektrizität die Eigenschaft besitzen, ihre Wirkungen nach außen gegenseitig und vollständig auszugleichen (aufzuheben), sobald sie in gleichen Mengen sich begegnen. Besitzt aber der eine Körper eine größere Menge von den sich entgegenstrebenden Elektrizitäten, z. B. von der Glaselektrizität, so muß selbstverständlich auf dem stärker elektrisierten Körper nach der Berührung ein Überschuß seines elektrischen Zustandes, also in diesem Falle von Glaselektrizität, übrigbleiben, der sich auf beide Körper gleich vertheilt und dadurch ihre Abstoßung bewirkt.

Diese Eigenschaft der beiden Elektrizitäten wird durch folgenden Lehrsatz ausgedrückt: **Ungleichnamige Elektrizitäten ziehen einander an, und tilgen sich gegenseitig.** Beide Elektrizitäten, die Glas- und Harzelektrizität nämlich, sind demzufolge von entgegengesetzter Natur, weil nur solche Kräfte sich in ihrer Wirkung beheben können.

Man bemerkt hieraus, daß der elektrische Zustand der Körper dem magnetischen sehr ähnlich ist.

Die **Glas-Elektrizität** bezeichnet man auch mit dem Namen der **positiven**, die **Harzelektrizität** mit jenem der **negativen Elektrizität**.

Diese Benennung kommt aus der Rechnungskunst, wo man das Vermögen als eine positive, die Schulden als eine negative Größe ansieht. So wie die Schulden durch das verfügbare Vermögen getilgt werden können, so tilgen die positiven Größen die gleich großen negativen. Dieselben Gegensätze bestehen auch zwischen den beiden Elektrizitäten.

Man kann ferner die beiden Elektrizitäten als Flüssigkeiten ansehen, weil sie von einem isolierten Leiter in einen mit dem Erdboden verbundenen scheinbar abfließen. Man spricht demnach im bildlichen Sinne auch von einer positiven und negativen elektrischen Flüssigkeit.

Obwohl viel mehr Wahrscheinlichkeit für die Annahme spricht, daß die Elektrizität in einer Stoßbewegung der Moleküle elektrischer Körper bestehe, und daher mit der Wärme der Körper nahe verwandt ist.

Stellt man sich nun die beiden Elektrizitäten als Flüssigkeiten vor, so wird es erlaubt sein anzunehmen, daß im natürlichen Zustande die beiden Arten der Elektrizität mit einander gleichmäßig verbunden sind, und durch das Reiben oder in Folge einer der anderen Ursachen aus dem natürlichen Zustande ausgeschieden werden können. Reibt man z. B. Glas, so wird dieses positiv, das Reibzeug negativ elektrisch.

§. 330.
Die elektrische Induktion.

Gleich dem Magneten, welcher bekanntlich in die Ferne vertheilend auf das Eisen einwirkt, bringt auch ein elektrischer Körper eine Vertheilung der elektrischen Flüssigkeiten in einem, in seine Wirkungssfäre gebrachten, unelektrischen Körper hervor.

Hält man z. B. eine geriebene Glasstange m in der Nähe eines guten, aber isolierten Leiters, etwa eines Messingzilinders nn (Fig. 327), so wird man wahrnehmen, daß auf der zugekehrten Seite desselben die angebrachten elektrischen Pendel — deren Holundermarkkügelchen nämlich — mit negativer, auf der abgewendeten mit positiver Elektrizität ausschlagen werden.

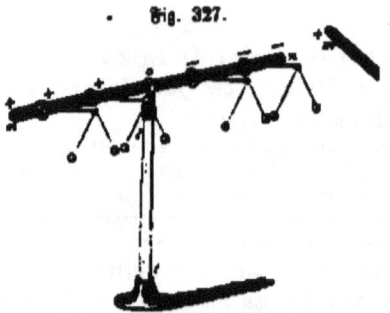

Nachweis der elektrischen Induktion.

Nähert man, so lange die beschriebene elektrische Einwirkung besteht, den ersteren Pendeln eine geriebene Harzstange, so werden dieselben stärker ausschlagen, die letzteren werden dagegen, wenn man mit der geriebenen Harzstange in die Nähe kommt, schwächer auseinanderfahren.

Die eben auseinandergesetzte Einflußnahme der elektrischen Körper auf unelektrische heißt die **elektrische Induktion**.

Der Fundamentalversuch der elektrischen Erscheinungen, die elektrische Anziehung und Abstoßung nämlich, beruhet ebenfalls auf der elektrischen Induktion. Hält man nämlich eine geriebene Glasstange e dem Ballone b des elektrischen Pendels (Fig. 328) entgegen, so wird derselbe durch Vertheilung elektrisch. Die gegen den Glasstab gekehrte Seite des Ballons wird negativ, die abgewendete Seite dagegen positiv elektrisch. Die positive Elektrizität des Glasstabes zieht hierauf die negative des Kügelchens und mit dem das Kügelchen selbst bis zur Berührung mit dem Glasstabe an. Durch das alsbaldige erfol-

Elektroskop.

gende Überfließen der negativen Elektrizität des Kügelchens in den Glasstab, wird auf dem ersteren bloß positive Elektrizität bleiben, zu welcher noch ein Theil der positiven des Glasstabes herüberströmt. Auf diese Weise wird das Kügelchen mit der dem Glasstabe gleichnamigen Elektrizität vollständig geladen sein und von demselben abgestoßen werden. — Die Stange ii muß wegen besserer Isolierung von Glas sein. —

§. 331.
Gebundene Elektrizität.

Bei Gelegenheit der elektrischen Induzion will ich noch auf eine merkwürdige Eigenschaft der Elektrizität aufmerksam machen.

Nähert man nämlich einem isolierten Leiter, der unelektrisch ist, einen z. B. positiv elektrischen Körper, und bewirkt dadurch die Trennung der beiden Elektrizitäten des Leiters, d. h. eine Anhäufung der negativen auf der vorderen, der positiven Elektrizität auf der rückwärtigen Seite desselben (gerade so wie dieß an der Vorrichtung Figur 327 erklärt wurde), so wird man wahrnehmen, daß nachdem der Leiter mit dem Finger berührt wird — die Berührung kann auch auf seiner vorderen Seite geschehen — bloß die positive Elektrizität in denselben abfließt. Die negative Elektrizität ist durch die positive des Glasstabes (des induzierenden Körpers) derart beschäftiget, daß sie an Ort und Stelle festgehalten wird. Man sagt, sie ist auf der dem positiv elektrischen Körper zugekehrten Seite des Leiters **gebunden**.

Entfernt man endlich nach der Berührung des Leiters mit dem Finger den elektrischen Körper von dem Leiter, so erscheint derselbe negativ elektrisch, indem sich die negative Elektrizität, welche jetzt frei wurde, auf der ganzen Oberfläche desselben verbreitet.

Durch dieses Experiment ist man also im Stande, die beiden elektrischen Zustände oder Flüssigkeiten von einander zu trennen (was beim Magneten nicht möglich ist), und einem Leiter die entgegengesetzte Elektrizität von jener mitzutheilen, welche der genäherte elektrische Körper besitzt. — Selbstverständlich würde man dem Leiter die gleiche Elektrizität bleibend, nur durch unmittelbare Berührung beibringen können.

494

§. 332.

* **Die Stärke der elektrischen Kraft.**

Die elektrische Kraft wirkt also gleich dem Magnetismus in die Ferne; nimmt aber so wie dieser, in einem schnellen Verhältnisse mit der Entfernung ab. In der zweifachen Entfernung ist nämlich ihre Kraft nur ein Viertel von jener, welche in der einfachen bestanden hat.

§. 333.

* **Das Elektroskop.**

Fig. 329.

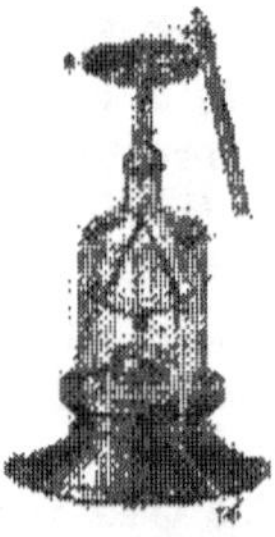

Goldblatt-Elektroskop.

Die Untersuchung des nebengezeichneten Apparates (Fig. 329) soll uns eine Wiederholung des bis jetzt Vorgetragenen darbieten.

Der isolierte Leiter dieses Instrumentes besteht aus einem **Metallstabe**, auf welchem oberhalb eine **Kugel** oder eine Scheibe z, unterhalb zwei **Goldblattstreifchen** ee befestiget sind. Der Stab wird in der Mitte einer **Glasröhre** mittels eines Korkes festgehalten und die Röhre in den Hals der **Flasche** hineingepaßt. Der Metallstab ist auf diese Weise von der Berührung mit dem Erdboden abgeschlossen, also isoliert.

Was erfolgt nun, wenn man der Kugel des Apparates von der Ferne einen z. B. positiv elektrischen Körper nähert? — Eine elektrische Induktion. — Was werden die Goldblättchen in Folge dessen thun? — Sie werden auseinander weichen. — Mit welcher Art von Elektrizität wird dieses Ausschlagen geschehen? Mit positiver; weil diese bei der Induktion durch den induzierenden, elektropositiven Körper nach unten abgestoßen wird. Beide Blättchen werden dabei positiv elektrisch und auseinandergehen (§. 329). Was geschieht mit den Blättchen, wenn man mit dem elektrischen Körper der erwähnten Kugel sich fortwährend nähert? Sie werden immer stärker auseinanderfahren. Bringt man denselben mit der Kugel in Berührung, so erfolgt auch der stärkste Ausschlag mit positiver Elektrizität. Die negative Elektrizität fließt nämlich dabei vollständig in den positiv elektrischen Körper ab und die Metalltheile des Apparates bleiben bloß mit positiver Elektrizität geladen.

Was wird ferner mit den Goldblättchen geschehen, wenn, während der induzirende Körper in der Nähe der Kugel sich befindet, dieselbe mit der Hand berührt wird? — Nach dem Ausschlagen ein Zusammenfallen der Blättchen — Warum? Weil mit der Hand die freie positive Elektrizität, welche den Ausschlag der Blättchen bewirkte, abgeleitet wird. Entfernt man aber die Hand und darauf den induzirenden Körper von der Kugel, so erfolgt ein anhaltendes Ausschlagen der Blättchen mit negativer Elektrizität — Warum? Weil die zuvor auf der Metallkugel gebundene negative Elektrizität jetzt frei wird, wodurch ihr die Möglichkeit geboten ist, sich auf der Oberfläche des leitenden Theiles des Apparates auszubreiten und den dauernden Ausschlag der Goldblättchen zu bewirken.

Aus dem Dargestellten erhellet, daß in dem Falle, wo man dem Apparate eine geriebene Glasstange nähert, dabei die Kugel mit dem Finger berührt, darauf den Finger und die Glasstange nacheinander wegzieht, die Goldblättchen des Apparates mit negativer Elektrizität geladen werden. Mit Hilfe einer geriebenen Harzstange könnte man auf ähnliche Weise den Blättchen positive Elektrizität ertheilen. (Vergl. mit §. 331.)

Der Apparat, welchen wir jetzt beschrieben haben, heißt Elektroskop. Er dient dazu, um schwache Elektrizitäten, die man mit dem elektrischen Pendel nicht nachweisen kann, entdecken und selbst die Beschaffenheit (Natur) derselben angeben zu können.

Man würde bloß die Blättchen des Apparates mit bekannter Elektrizität zu laden brauchen, und die Einwirkung des genäherten elektrischen Körpers auf den Ausschlag der Blättchen zu beobachten nöthig haben. Möchte man z. B. die Blättchen mit positiver Elektrizität laden und einen Körper mit unbekannter Elektrizität dem Apparate nähern, welcher eine Vergrößerung des Ausschlages der Goldblättchen bewirkte, so wäre der genäherte Körper auch positiv elektrisch. Er besäße die entgegengesetzte elektrische Natur, wenn bei seiner Annäherung eine Verminderung des Ausschlages erfolgt wäre. — Mit

496

Hilfe von gebranntem Chlorcalcium, welches in den Behälter C gethan wird, läßt sich die Luft im Innern der Glasglocke trocken erhalten, welcher Umstand eine Bedingung der Empfindlichkeit des Elektroskopes für sehr schwache Elektrisierungen ist.

Es gibt auch Apparate, welche schwache elektrische Äußerungen zu verstärken im Stande sind. Man nennt sie Kondensazions-Apparate der Elektrizität. Ein solcher Apparat ist vorne in Figur 326 mno gezeichnet.

§. 334.
Die Elektrisiermaschine.

Um bedeutendere Mengen von Reibungselektrizität zu erzeugen, dient die Elektrisiermaschine (Fig. 330). Sie besteht aus einer starken, möglichst glattgeschliffenen Glasscheibe a von mehreren Fuß, ja selbst bis zu sechs Fuß im Durchmesser,

Fig. 330.

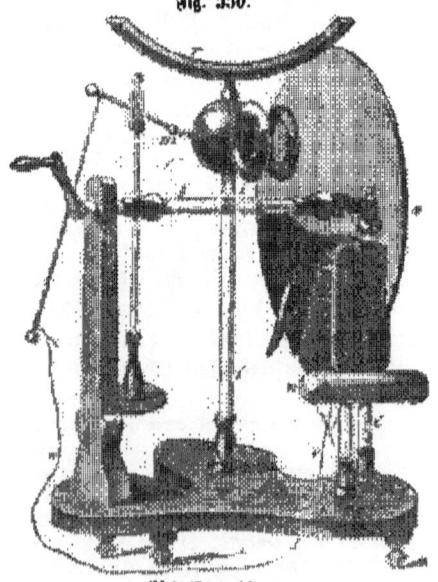

Elektrisiermaschine.

welche mittels einer Kurbel an ihre Achse, die gewöhnlich auch von Glas ist, gedreht wird. Je nach ihrer Größe ist sie mit 2—4 Reibzeugen ausgestattet. Es sind dieß Kissen von Leder, welche mit einem Amalgam von Zink, Zinn und Quecksilber mittels Knochenöl bestrichen und mit Hilfe von Metallfedern an die Glasscheibe angedrückt werden. In der Figur 331 a ist ein solches

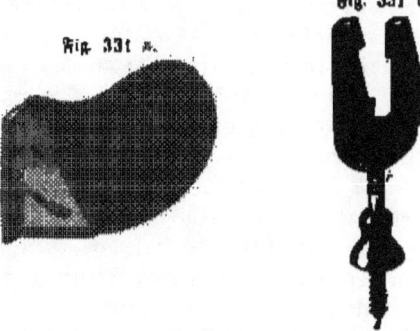

Fig. 331 a. Fig. 331 b.

Reibzeug zur Elektrisiermaschine.

Reibzeug besonders gezeichnet. Die Figur 331 b stellt das Holzgestelle dar, in welches die beiden Reibzeuge der Maschine, nachdem sie amalgamiert wurden, gethan werden. Dieses Gestell wird von einem gläsernen Fuße getragen. Die durch die Drehung der Glasscheibe und in Folge dessen durch die Reibung auf der Glasfläche entwickelte Elektrizität theilt sich mittels der Saugvorrichtung i dem Konduktor in (Fig. 330) mit. Der Konduktor ist ein Zilinder oder besser eine Kugel, gewöhnlich von Messingblech. Die Saugvorrichtung besteht wieder aus eisernen, feinen Spitzen, welche an den Konduktorarmen, bei den kugelförmigen Konduktoren dagegen an den beiden mit der Kugel verbundenen Ringen angebracht sind. Sowohl die Glasscheibe, als auch der Konduktor müssen gut isoliert sein, sie ruhen demnach auf Glasfüßen (Fig. 330 ii).

Es ist auch rathsam, dieselben mit einem Bernstein- oder Schellackfirniß zu überziehen, weil das Glas sehr gerne Wasserdünste an seiner Oberfläche kondensiert, wodurch es zu einem guten Leiter wird.

Man bemerkt endlich in der zuletzt erwähnten Figur 330, daß die Glasscheibe zum Theile mit Wachstaffet bedeckt ist. Dieß geschieht zu dem Behufe, um die Ableitung der Elektrizität vom Glase durch die Luft zu verhindern.

Nachdem man das Reibzeug (eigentlich den Konduktor u dessselben) mittels einer Metallkette r mit dem Erdboden in leitende Verbindung gebracht hat, wird die Maschine in Bewegung gesetzt. Durch die Reibung wird das Glas positiv, das Reibzeug negativ elektrisch. Die negative Elektrizität des Reibzeuges wird in den Boden abgeleitet. Die positive des Glases wirkt durch Vertheilung auf den Konduktor m, zieht dessen negative Elektrizität an und neutralisiert sie (hebt sie hinauf), so daß auf diesem freie positive Elektrizität zurückbleibt.

Je länger nun die Maschine gedreht wird, eine desto größere Menge Elektrizität häuft sich auf dem Konduktor an, womit sie auch allmählich eine größere Spannung annimmt, und auf genäherte Leiter, welche mit der Erde leitend verbunden sind, mit Geräusch und unter Entwicklung eines Funkens zu überspringen im Stande ist. Diese Erscheinung heißt elektrische Entladung und tritt bei Annäherung von Leitern, die eine abgerundete Form haben, auf.

Bevor man mit der Elektrisiermaschine experimentiert, muß die Glasscheibe sowohl, als auch alle Glassäulen derselben mit einem trockenen und erwärmten Tuch sorgfältig von Feuchtigkeit befreit werden. Die Metalltheile müssen vom Staub gereinigt werden, weil dieser die Konduktoroberfläche rauh macht, und von rauhen Flächen die Elektrizität sehr leicht in die Luft entweicht (Spitzenwirkung). Durch Umkehrung der Ableitung in die Erde kann auf dem Konduktor u des Reibzeuges negative Elektrizität angehäuft werden.

Versuche mit der Elektrisiermaschine.

Ein Haupterforderniß bei der Ausführung von Versuchen mit der Elektrisiermaschine ist die Trockenheit der Luft. Im Winter wird es am besten sein, in der Nähe eines geheizten Ofens mit der Maschine zu experimentieren.

Mannigfache, viel Unterhaltung darbietende Versuche lassen sich mit der Elektrisiermaschine anstellen. Zu den gewöhnlichen

499

gehören: das Hervorrufen starker Funken mit Hilfe zugerundeter Funkenzieher, die man dem Konduktor nähert, das Entzünden von Äther, Pulver mittels elektrischen Funkens, das elektrische Flugrad, der Puppentanz, das Durchlöchern von Glas und andere.

In dieser Richtung läßt sich sagen, daß es auch Maschinen giebt, welche Funken von 40 Zoll Länge liefern. Diese Funken nehmen an Glanz und Länge zu, sobald man auf den Konduktor einen hölzernen Ring r, der inwendig einen Teat hält, aufsetzt. Diese Blitzerscheinungen bestätigen, daß der Blitz nichts anderes ist, als entladene atmosfärische Elektrizität.

Entladet man die Elektrisiermaschine durch den menschlichen Körper, so erfährt derselbe einen erschütternden Schlag.

Bei einer kräftigen Maschine können auch mehrere Personen zugleich an diesem Entladungsschlage theilnehmen, indem sie sich die Hände reichen und einen Kreis bilden. Die erste Person faßt mit der einen Hand die Kette des Reibzeuges an, die letzte nimmt einen Metallstab mit einer runden Kugel in die freie Hand und fährt damit gegen den Konduktor. Die beiden Elektrizitäten der Elektrisiermaschine fließen mit Hilfe der gebildeten Kette ineinander, was die Ursache des Entladungsschlages ist.

Beim Annähern seines Gesichtes an die elektrisierte Scheibe der Maschine hat man das Gefühl als wenn man mit demselben in ein Spinnengewebe gerathen wäre, was von dem Elektrischwerden der feinen Gesichtshaare, die sich abstoßen, herrührt. Stellt sich eine Person (Fig. 332) auf den Isolierschämel (ein Holzschämel mit Glasfüßen), und berührt sie dabei den Konduktor während die Maschine gedreht wird, so gewart man an derselben ein Aufsträuben der Haare, auch wird man von allen Punkten ihres Körpers Funken ziehen können. Die Person selbst wird ein Theil des Konduktors.

Fig. 332.

Elektrisierte Person.
(Isolierschämel.)

Der eigenthümliche Geruch, der sich beim Drehen der Elektrisiermaschine entwickelt, rührt her von dem Ozon, nämlich von dem durch Elektrizität umgewandelten Sauerstoff der Luft. Dieses Ozon wirkt schädlich auf die Schleimhäute, es verursacht den Schnupfen. Die bleichende Kraft des Ozons wird in der

32*

Chemie besprochen. Der elektrische Funke bewirkt endlich, wenn man ihn durch Wasser, Schwefelsäure und andere zusammengesetzte Stoffe leitet, eine Zerlegung dieser Stoffe in ihre chemischen Bestandtheile.

In anderen Fällen werden wieder durch den elektrischen Funken Verbindungen veranlaßt, z. B. daß sich Wasserstoff und Sauerstoff in der elektrischen Pistole zu Wasser vereinigen. — Zuletzt mag noch erwähnt werden, daß Otto von Guericke, der Erfinder der Luftpumpe, auch die Grundidee zur Elektrisirmaschine gegeben hat.

§. 335.
Die Leydner Flasche.

Durch länger anhaltendes und schnelles Drehen der Elektrisirmaschine kann zwar die Spannung der Elektrizität auf den Konduktoren der größeren Maschinen bedeutend verstärkt werden, aber wegen der raschen Ableitung, welche die Elektrizität in die Luft erfährt, läßt sich diese Spannung nicht gar weit treiben. Will man nun die aufgezählten Experimente mit ausgiebigerem Erfolge ausführen, so muß man sich eigener **Verstärkungs-Apparate** bedienen. Den wichtigsten davon bildet die **Leydner Flasche** (von Cunäus in Leyden erfunden); sie besteht, wie die Figuren 333 a, b, c zeigen, aus einem gewöhn-

Fig. 333.

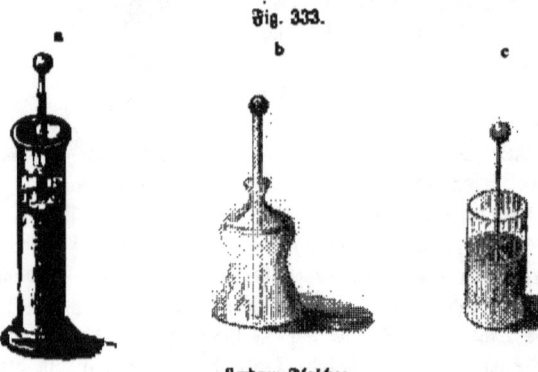

Leydner Flaschen.

lichen, ziemlich starken Einmachglase oder einer Flasche, die in- und auswendig bis zu dreiviertel ihrer Höhe mit Staniol überzogen sind. Die Öffnung der Leydner Flasche ist mit Kork, als Scheibe oder Stöpsel, verschlossen, durch welchen ein **Metallstab** oder eine **Messingröhre** geht, die oben in eine **Messingkugel** (Knopf), unten in eine **Kette** endiget, welche letztere bis zum Boden des Gefäßes, der auch mit Staniol belegt ist, reicht. Die äußere, freie Oberfläche des Glases und der Korkverschluß des Gefäßes wird mit einem **Firnis** oder mit im warmen Weingeist aufgelösten Siegellack überzogen.

Wünscht man die Flasche mit Elektrizität zu laden, so bringt man die innere Belegung, d. h. den Knopf derselben in leitende Verbindung mit dem Konduktor einer Elektrisiermaschine und die äußere in Verbindung mit dem Erdboden; was am einfachsten auf die Weise erreicht wird, wenn man die Flasche an der äußeren Belegung in der Hand haltend mit Hilfe ihres Knopfes dem Konduktor der Elektrisiermaschine, während die Scheibe gedreht wird, nähert. Die verstärkte Ladung der Flasche wird mit Hilfe der früher erklärten Eigenthümlichkeit der Elektrizität ermöglicht, vermöge welcher sie nämlich in die Ferne einzuwirken, und jene von entgegengesetzter Beschaffenheit zu binden im Stande ist. (Vergl. mit §. 331.) Zufolge dieser Eigenschaft also, zerlegt die, durch Mittheilung, auf die innere Belegung der Flasche vom Konduktor abgeleitete Elektrizität die beiden elektrischen Flüssigkeiten der äußeren Belegung, indem sie durch das Glas auf dieselbe induzierend einwirkt, und bindet dabei die negative Elektrizität, während sie die positive abstößt, welche in den Boden abfließt. Dieses Binden ist zugleich ein gegenseitiges und eigenthümliches. Die sich bindenden, durch die Glasschichte getrennten, entgegengesetzt gearteten Elektrizitäten verlieren nämlich während dieser Bindung ihre sonst ausgeprägte Eigenschaft in dargebotene Leiter zu entweichen. — Bloß die innere Belegung enthält außer der gebundenen, noch etwas freie Elektrizität, welche sich ableiten ließe. — Den entgegengesetzten Elektrizitäten beider Belegungen bleibt demnach beinahe einzig und allein bloß das Bestreben, sich zu vereinigen und ihre Gegensätze auszugleichen. Diese Vereinigung (Entladung) würde auch eintreten, wenn man die beiden Belegungen miteinander leitend verbände.

<small>Damit die gebundenen Elektrizitäten der Flasche sich nicht gleich wieder mit Hülfe der leicht luftfeucht werdenden Glasfläche entladen, wird der oben erwähnte Harzüberzug an ihrem oberen Theile angebracht.</small>

Das gegenseitige Binden der beiden Elektrizitäten einer solchen Vorrichtung hat aber offenbar, wegen der beinahe ausschließlich nach der äußeren Belegung gerichteten induzierenden Wirkung der positiven Elektrizität auch eine Verminderung der Spannung der auf der inneren Belegung angehäuften Elektrizität nach Seite des Konduktors zur Folge, welcher Umstand, wie leicht erhellet, erlauben wird, daß während des Drehens der Maschine eine bedeutendere Menge Elektrizität in die Flasche einströmen kann, als dieß geschehen wäre, wenn man die Eigenschaft der elektrischen Bindung nicht benutzt hätte; denn erst dann hört jede weitere Ladung der Flasche auf, sobald die freie Elektrizität der inneren Belegung, welche mit der Verdichtung der dort gebundenen Elektrizität ebenfalls an Dichte zunimmt, die nämliche Spannung, wie jene am Konduktor ist, angenommen hat. Die Ladung einer solchen Flasche wird demnach eine fernliegendere Gränze haben, als jene der Elektrisiermaschine ist.

<small>Wenn das Glas der Leydner Flasche sehr dünn ist, so kann auch die genannte, mögliche Gränze unerreicht bleiben, weil die größere Anhäufung der Elektrizitäten eine Entladung durch das Glas, wobei natürlich die Flasche gesprengt würde, veranlassen kann.</small>

Entladung der Leydner Flasche.

Das Entladen der Leydner Flasche geschieht gewöhnlich mittels eigener, isolierter Auslader (Fig. 334). Durch den menschlichen Körper läßt sich die Leydner Flasche leicht auf die Weise entladen, daß man mit der einen Hand die äußere Belegung, mit der anderen den Knopf berührt. Dieser Erschütterungsschlag ist sehr stark und der Versuch nur damals anzurathen, wenn die Flasche schwach geladen ist. Auf ähnliche

Weise kann auch die Entladung durch eine Reihe von Personen erfolgen, welche einander die Hände reichen.

Fig. 334.

Entladung der Leydner Flasche.

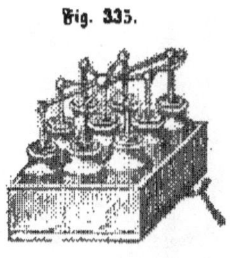

Fig. 335.

Elektrische Batterie.

Die Wirkung der Leydner Flasche läßt sich noch weiter dadurch verstärken, daß man die äußeren und inneren Belegungen mehrerer solcher Flaschen, u. z. jede Belegung für sich mit einander leitend verbindet. Man erhält auf diesem Wege gleichsam eine Flasche von großer Ausdehnung. Eine solche Vorrichtung, welche in der Figur 335 dargestellt ist, heißt eine elektrische Batterie. Mittels Zinnfolie stehen die äußeren Belegungen der Leydner Flaschen, mit Hilfe der Stäbe außerhalb dagegen die inneren in leitender Verbindung.

§. 336.

*Das Felsensprengen mit Hilfe der Elektrisiermaschine.

Im gewerblichen Leben wird die Elektrisiermaschine bloß zum Felsensprengen angewendet. Ein hierzu dienlicher Sprengungs-Apparat (Fig. 336) besteht aus einer kleinen Elektrisiermaschine und einer entsprechenden Leydner Flasche FF, welche sich in einem Kästchen befinden. Mit demselben ist öfters ein Ofen in Verbindung, welcher dazu dient, die Maschine auch bei feuchter Luft benutzen zu können. Durch Drehung der Scheibe

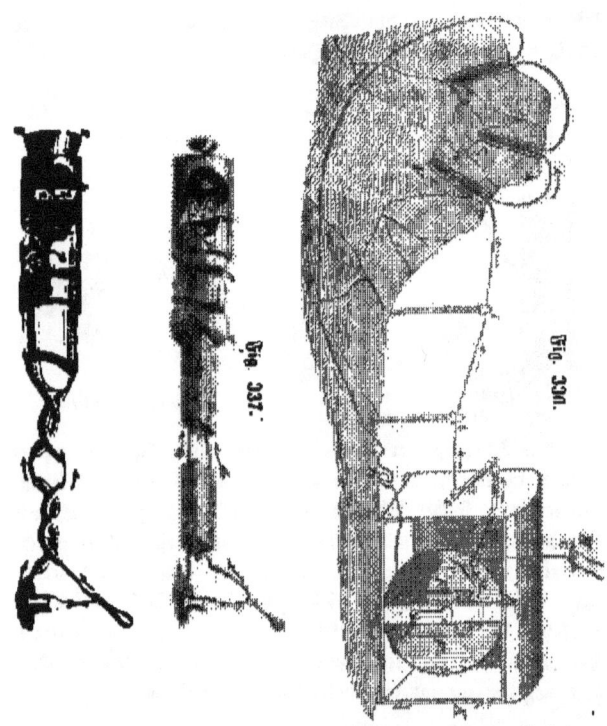

wird die Leydner Flasche geladen. Von der äußeren Belegung der Flasche geht ein Drat in die untere Abtheilung v, z, z der Patrone des Bohrlochs, welche Abtheilung mit einem leicht entzündlichen Pulver, gewöhnlich aus Spießglanz und chlorsaurem Kali bestehend, geladen ist. Der zweite Drat geht wieder von einem Punkte in der Nähe des Knopfes s der Leydner Flasche aus und erstreckt sich ebenfalls bis zu der unteren Abtheilung, dem Zünder der Patrone. Beide Dräte endigen hier in Knöpfe, welche einige Linien weit, wie die Figur 337 darstellt, einander gegenüberstehen. Die Patrone, deren übriger Theil mit Sprengpulver angefüllt ist, wird sammt den Dräten, welche sich aus leicht erklärlichem Grunde metallisch nicht berühren dürfen (sie werden gewöhnlich dort wo dieß nöthig ist, mit Seide übersponnen) in das vorgerichtete Bohrloch versenkt und ordentlich verstampft. Will man nun den Sprengschuß ausführen, so wird an dem Apparate mittels eines kurzen Hebels w das bewegliche zugerundete Dratende desselben mit der Kugel der Leydner Flasche in Berührung gebracht. Dadurch wird nämlich eine leitende Verbindung zwischen beiden Belegungen der Flasche mittels der Dräte hergestellt, in Folge dessen die Elektrizitäten dieser Belegungen durch dieselben sich entladen werden. Die positive Elektrizität strömt dabei in dem Drate der negativen, und die negative Elektrizität der ersteren entgegen. Die kleine Unterbrechung des Drates in der Patrone verhindert diese Vereinigung der entgegengesetzten Elektrizitäten nicht, sondern sie bewirkt, daß die Elektrizität dort als Funke erscheint, welcher mit Hilfe des Knallsalzes, das Sprengpulver entzündet. Das Sprengen des Gesteines selbst geschieht durch die Spannkraft des bei der Pulververbrennung erzeugten heißen Pulverdampfes, welcher anfänglich auf den Raum des Bohrloches eingeschränkt ist.

In neuester Zeit konstruiert man Sprengapparate, deren Elektrisiermaschinen, Scheiben von Kautschuk und ein Reibzeug von Pelzwerk besitzen. Bei großartigen Sprengungen, besonders wenn solche unter Wasser ausgeführt werden, sind dieselben mit Vortheil angewendet worden. Man kann damit auch Minen, u. s. z. aus großen Entfernungen sprengen.

§. 337.
Der Elektrofor.

Der Elektrofor ist eine Vorrichtung, mit deren Hilfe man durch Reibung ebenfalls Elektrizität zu entwickeln im Stande ist.

Er besteht, wie die Figur 338 zeigt, aus einer Metallscheibe, die einen etwas hervorstehenden Rand hat, in welche eine geschmolzene Masse von Pech, Kolofonium und Terpentin mit Vorsicht so hineingegossen wird, daß nach dem Erkalten der Harzmasse (Kuchen genannt) eine mit dem Rande der Blechform vollkommen ebene Oberfläche, ohne Blasen, entsteht. Reibt man nun den Kuchen, der in der Form verbleibt, mit einem Pelzwerke F, so wird derselbe mit negativer

Fig. 338.

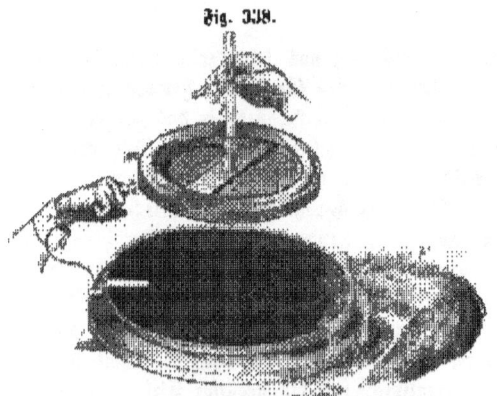

Elektrofor.

Elektrizität geladen, bedeckt man ferner den elektrisierten Harzkuchen mit einem durch seidene Schnüre oder einem Glasstabe l zum Auf- und Abheben vorgerichteten Metalldeckel m und läßt dabei die Hand einen Augenblick auf demselben nieder, um die im Deckel durch den Kuchen induzierte und abgestoßene negative Elektrizität abzuleiten, so wird dieser, nachdem man ihn an den seidenen Schnüren oder an dem Glasstabe abhebt, mit positiver Elektrizität geladen sein. Nähert man demselben einen Leiter, so wird auf diesen ein Funke überspringen. Man könnte das Aufsetzen und Abheben des Deckels mehrmals wiederholen und geräume dabei jedesmal einen Funken. Wenn der Deckel auf dem elektrischen Harzkuchen liegt, so kann sich die Elektrizität auf demselben Monate lang erhalten. — Die alten Zündmaschinen, in denen mittels des elektrischen Funkens Wasserstoffgas entzündet wurde, besaßen in ihrem unteren Theile einen Elektrofor. Die Schokoladetafeln, so lange sie warm sind und sich noch in ihren blechernen Formen befinden, zeigen auch ähnliche Eigenschaften wie die Elektroforen.

§. 338.

Der Blitz ist eine elektrische Erscheinung.

Das Zickzackförmige des dem Konduktor einer kräftigen Elektrisiermaschine entlockten Funkens, die Eigenschaft desselben, schlechte Leiter zu durchbohren und zu zerschmettern, brennbare Gegenstände zu entzünden, Metalle zu schmelzen und andere ähnliche Erscheinungen, hatten bereits im vorigen Jahrhundert den Nordamerikaner Franklin auf den Gedanken gebracht, den Blitz als eine Entladung der elektrischen Gewitterwolke gegen die Erde anzusehen. Derselbe hatte mit Hilfe eines Papierdrachens Versuche angestellt, welche ihn von der Richtigkeit seiner Vermuthung vollständig überzeugten.

Die Gewitterwolken nehmen die Elektrizität der Atmosfäre, welche gewöhnlich positiv elektrisch ist, in sich auf und nachdem sie damit geladen sind, wirken dieselben auf die Gegenstände der Erdoberfläche durch Vertheilung ein. Sie ziehen deren negative Elektrizität an und stoßen die positive ab.

Eine stark geladene Gewitterwolke wird besonders auf hohe und gut leitende Gegenstände induzieren, und die Induktion vermag bei dieser so kräftig zu werden, daß eine Vereinigung der sich anfangs bloß bindenden Elektrizitäten durch die Luft, also ein Entladen mit Blitz und Donner, was man bekanntlich das Einschlagen nennt, erfolgen kann. Das Einschlagen des Blitzes besteht demnach in nichts anderem als in der Entladung einer elektrischen Wolke gegen die Erdoberfläche oder eine andere Wolke. Der Donner ist eine Schallempfindung, welche durch die Lufterschütterung hervorgerufen wird, die bei einer solchen Entladung eintreten muß.

Der Hagel, das Wetterleuchten beruhen ebenfalls auf der elektrischen Beschaffenheit der Atmosfäre.

Die besten Leiter für die Elektrizität, also auch für den Blitz sind die Metalle. Das Silber, Kupfer, Gold sind davon die vorzüglicheren, das Blei und die Metalloxide (der Metallrost) sind die schwächeren Leiter. Gute Leiter sind ferner alle nassen und feuchten Gegenstände, dann auch Menschen und Thiere.

Daraus geht hervor, warum der Blitz öfters in die Knöpfe und Metalldächer der Türme, in rauchende Schornsteine und in Menschen und Thiere, besonders wenn sie schwitzen, einschlägt.

Wird man im Freien durch ein Gewitter überrascht, so ist stets die Gefahr groß, weil man da noch überdieß — besonders in der Ebene — zu den hervorragenden Gegenständen gehört. In diesem Falle ist anzurathen sich ausgestreckt auf die Erde oder noch besser in den Graben zu legen. Man hüte sich sehr während des Gewitters zu laufen, weil durch die dabei erfolgte Erhitzung und die erzeugte Dunstatmosfäre der Blitz leicht angezogen werden könnte. Auch darf man während des Gewitters unter einem Baum keinen Schutz suchen oder an die Häuser sich stellen, weil diese Gegenstände, als die höheren, leicht vom Blitz aufgesucht werden und in Folge dessen der Mensch als besserer Leiter leicht getroffen werden kann, indem der Blitz den guten Leiter dem schlechteren vorzieht. Es kommt aber auch vor, daß der Blitz von einem guten Leiter auf einen schlechten überspringt, sobald er auf diesem bedeutend schneller zur Erde, seinem Endziele, gelangt. Folgt der Blitz einem guten Leiter, so zündet er nicht, erfährt derselbe aber in seiner Fortpflanzung eine Unterbrechung oder Spaltung, ist er dabei bemüßiget die Luft zu durchbrechen, so erscheint derselbe als zündender Feuerstral und kann dann erst recht unheilvoll werden. — Blitzschläge, welche nicht zünden, heißen kalte Schläge.

Der Blitzableiter.

Die **Blitzableiter** verhindern das Einschlagen des Blitzes in ein Gebäude nur insoferne, als sie ein Abfließen der negativen Elektrizität nach den Wolken befördern, und zufolge dieser Ausgleichung die elektrische Spannung in den Gewitterwolken vermindern.

Bekanntlich wirkt eine vorüberziehende Gewitterwolke, welche gewöhnlich positiv elektrisch ist, induzierend auf die irdischen Objekte. In Folge dessen wird vorzüglich in den metallischen Theilen des Gebäudes, also in den Auffangstangen und in der Leitung des Blitzableiters eine Zerlegung des natürlichen Zustandes derselben erfolgen. Die positive Elektrizität dieser Theile wird in den Erdboden abfließen, die negative Elektrizität wird dagegen nach den Spitzen der Auffangstangen getrieben und endlich durch die Einwirkung der Gewitterwolke in dieselbe selbst ausströmen. Man bemerkt dieses Abfließen der negativen Elektrizität an den hellen Lichtbüscheln, welche sich bei Nacht auf den Spitzen der Blitzableiter zeigen — St. Elmsfeuer.

Ist die Gewitterwolke stark elektrisch oder nähert sich ein Gewitter zu schnell, so wird das Ausströmen der negativen Elektrizität durch die Auffangstange des Blitzableiters nicht genug rasch geschehen und der Blitz wird in dem Falle auch in den Blitzableiter einschlagen können; welcher Umstand aber dem Hause nie gefährlich werden kann, wenn nur der Blitzableiter gut angelegt ist und in gehörigem Zustande sich befindet, weil der in die Auffangstange fahrende Blitz alsogleich mittels der Leitung dem Erdboden zugeführt wird. Man sieht daraus, daß der Nutzen eines Blitzableiters ein zweifacher ist, nämlich die

509

in der Gewitterwolke angesammelte Elektrizität zu vermindern und den Gang eines Wetterstrales auf die Ableiter zu beschränken.

Fig. 339.

Blitzableiter.

Ein **Blitzableiter** besteht, wie die Figur 339 zeigt, aus der Auffangstange a und der Leitung bc, cf. Die erstere ragt 10—15 Fuß über die höchsten Punkte des Gebäudes hervor, ist von Schmiedeeisen und unten wohl isoliert. Sie endiget oben in eine feine Spitze, welche wegen Abhaltung des Rostes vergoldet wird. Kupferne Auffangstangen mit vergoldeten Spitzen sind zweckmäßiger, weil das Kupfer die Elektrizität besser leitet als Eisen. Die Auffangstange darf nicht zu dünn gemacht werden (1—2 Quadratzoll im Querschnitt), weil sie sonst durch den Blitz schmelzen könnte (vergl. mit §. 346). Auf einem Gebäude müssen mehrere solche Stangen angebracht sein, weil, wie die Erfahrung lehrte, eine Auffangstange bloß auf einem geringen Umkreis (von circa 15—20 Fuß) das Gebäude vor dem Einschlagen schützt. — Die Ableitung besteht gewöhnlich aus einem Kupfer oder Eisen-Blechstreifen, der alle Auffangstangen unter sich verbindet und über den ganzen First des Daches reicht. Von da wird er auf kürzestem Wege an der Wand des Gebäudes in die Erde, u. z. bis in eine solche Tiefe geführt, in welcher auch im trockensten Sommer sich die Feuchtigkeit erhält. Die Metallleitung endet am besten in mehreren Spitzen in einem natürlichen, außerhalb des Hauses befindlichen Wasserbehälter. Um das Metall gegen die Angriffe der Feuchtigkeit zu schützen, umgibt man die in den Erdboden versenkte Leitung mit Holzkohlen, welche die Elektrizität ziemlich gut leiten. Sehr gefehlt wäre es, dieses durch Überlackieren des Metalles erreichen zu wollen, weil die Ausleitung damit unterbrochen wäre.

Am Blitzableiter darf sich nirgends eine Unterbrechung der Leitung vorfinden (also bei eisernen Leitungen keine verrosteten Stellen), auch muß jede Seitenentladung des Blitzes in das Gebäude verhindert werden. Eine öftere Besichtigung der Blitzableiter und die unverzügliche Ausbesserung der schadhaften Stellen wird demnach stets anzuempfehlen sein. Zur Erhaltung der eisernen Leitungen wird ein Anstrich mit Ölfarbe angewendet, der keinen anderen Nachtheil hat, als daß er nach jedem Blitzschlage auf den Ableiter erneuert werden muß.

b. Die Berührungs- oder strömende Elektrizität.
(Der Galvanismus.)

Erklärungen hierüber.

§. 339.

Durch Berührung zweier ungleichartiger Metalle wird Elektrizität erzeugt, welche so geartet ist, daß dieselbe in dem Augenblicke als man sie ableitet, sich an der Berührungsfläche der Metalle von neuem entwickelt. Man heißt diese Berührungs-Elektrizität auch die **galvanische** oder die **strömende Elektrizität**.

Die galvanische Elektrizität heißt sie deshalb, weil Galvani im Jahre 1780 zuerst diese neue Elektrizitätsquelle beobachtet hat. Strömende Elektrizität heißt dieselbe aus dem Grunde, weil jeder Entladung das augenblickliche Auftreten neuer Elektrizität nachfolgt.

Volta, ein Schüler Galvani's, hatte mittels scharfsinniger Versuche, die derselbe mit verschiedenen Metallen anstellte, dargethan, daß **Metalle, welche sich berühren, stets entgegengesetzt elektrisch sind. Bringt man z. B. Zink mit Kupfer in Berührung, so wird Zink positiv, und Kupfer negativ elektrisch.**

Bei Zinn und Eisen ist das Zinn positiv und das Eisen negativ elektrisch. Bei Eisen und Kupfer ist das erstere positiv, das letztere negativ elektrisch.

Im allgemeinen kann man hervorheben, daß Zink in Berührung mit den übrigen Metallen stets positiv, Platin dagegen mit den anderen Metallen stets negativ elektrisch wird. Die Kohle hingegen erscheint aber auch in Berührung mit Platin elektro-negativ, so daß sie im Kontakte mit allen Metallen eine negativ elektrische Spannung annimmt.

Man kann sich übrigens auch leicht selbst davon überzeugen, daß durch Berührung zweier verschiedenartiger Metalle sich ein elektrischer Strom einstellt. Bringt man nämlich unter die Zunge ein Blättchen Staniol (ausgewalztes Zinn) und legt auf dieselbe eine Silbermünze, so wird, sobald man mit derselben den Staniolstreifen berührt, in der Zunge ein ziemlich heftiger Stich und ein eigenthümlicher Geschmack, der während der Berührung anhält, wahrzunehmen sein. Ähnliches trägt sich zu, wenn man Wein, Bier u. a. aus einem metallenen Gefäße trinkt.

§. 340.
Die Volta'sche Säule.

Volta baute im Jahre 1800 eine Säule aus runden Platten von Kupfer und Zink und machte die sehr wichtige Entdeckung, daß durch Einschaltung eines nassen Leiters zwischen zwei solchen Platten, welcher Leiter gewöhnlich in einer Tuchscheibe besteht, die mit angesäuertem Wasser feucht gemacht wurde, eine mit der Anzahl der Plattenpaare zunetzende elektrische Kraft der Säule geweckt wird, welcher gewünschte Umstand ohne Vermittlung des nassen Leiters nicht hervorgegangen wäre.

Legt man also auf eine Glasplatte oder gefirnißte Holzplatte eine Zink-, auf diese eine Kupferscheibe, darauf eine mit Salzwasser getränkte oder schwach mit Schwefelsäure angesäuerte Tuch- oder Löschpapierscheibe (in der Figur 340 ist sie schwarz gezeichnet), auf diese hin wieder eine Zink-, Kupfer- und nasse Scheibe u. s. f. und endiget mit einer Kupferscheibe, so wird man bemerken, daß die unterste Zinkplatte positiv, die oberste Kupferplatte negativ elektrisch erscheint, welche Eigenschaft der Säule mittels des Elektroskopes nachgewiesen werden kann. Die beiden Enden der Säule heißen die Pole

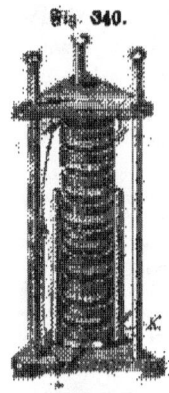

Fig. 340.

Geschlossene Volta'sche Batterie.

derselben. An der **Zinkplatte** ist der **positive**, an der **Kupferplatte** der **negative Pol**. Die nebige Figur 340 stellt eine solche Volta'sche Säule dar und man sieht übrigens auch aus der Zeichnung, daß die Säule mittels Glasstäbe in ihrer vertikalen Lage erhalten wird. Verbindet man die beiden Pole der Säule durch einen gut leitenden Drat, am besten mittels Kupferdrates, so werden sich die an den Polen auftretenden Elektrizitäten mit Hilfe des Drates gegenseitig ausgleichen, sie werden sich nämlich entladen. Jeder solchen Entladung folgt aber sogleich eine Ladung der Säule. Es durchzieht demnach während der ganzen Schließung der Kette den Schließungsdrat sowohl, als die Säule selbst ein elektrischer Strom, welchem ein anderer entgegenströmt. Man betrachtet vorzüglich den vom positiven Pole der Säule ausgehenden und in dem Schließungsdrate nach dem negativen Pole gehenden Strom, und heißt ihn den positiven. Der **positive Strom** fließt demnach im Schließungsdrate vom Zink zum Kupfer. — Der negative verfolgt die entgegengesetzte Richtung.

§. 341.

Die Wirkungen der strömenden Elektrizität.

Läßt man von beiden Polen der Volta'schen Säule Kupferdräte ausgehen, und faßt die beiden Enden der Dräte mit angefeuchteten Händen an, schließt also die Kette mit den Händen, so erfährt man augenblicklich eine Erschütterung, die beim Loslassen der Dräte, also beim Öffnen der Kette, sich wiederholt. Bei starken Säulen, bei solchen nämlich, welche aus vielen Plattenelementen bestehen, hält die Erschütterung während der ganzen Schließungsdauer der Säule an.

Die Wirkung der Erschütterung kann dadurch sehr gesteigert werden, daß man die galvanische Kette in rascher Aufeinanderfolge schließt und wieder öffnet. Dies läßt sich sehr leicht auf die Weise bewerkstelligen, daß man den einen Poldrat mit einer Feile verbindet und mit dem andern auf derselben hin- und herfährt.

Schaltet man zwischen die beiden Enden der Dräte einen feinen **Platindrat** ein, auf die Weise, daß man den Drat um beide Enden wickelt, so wird der Platindrat stark **glühend**, er kann bei starker Säule sofort geschmolzen und selbst verflüchtigt werden.

Wenn die beiden Poldräte mit einander verbunden und darauf schnell von einander entfernt werden, so springt besonders beim Entfernen der Dräte ein stark **leuchtender Funke**, wie der einer Elektrisiermaschine, von einer Spize zur andern.

Durch eine **Flüssigkeit** geleitet, zerlegt der Strom dieselbe in ihre **chemischen Bestandteile** und durch eine Spirale geführt, in welche eine **Stahlnadel** gebracht wurde, ruft derselbe in der Nadel **bleibenden Magnetismus** hervor.

Im Vorübergehen mag bemerkt werden, daß der elektrische Strom auch noch eine richtende Wirkung auf die Magnetnadel ausübt. Der Nordpol der Magnetnadel wird durch einen nach ihrer Richtung fließenden Strom von dieser Richtung nach einer darauf senkrechten so abgelenkt, daß derselbe (nämlich zur linken Hand des Schwimmers sich befindet, der den Strom entlang, und die Nadel anschauend, schwimmend gedacht wird.

Die chemische Einwirkung als Elektrizitätsquelle.

§. 342.

Nicht nur die Berührung, sondern auch die **chemische Einwirkung** der Stoffe auf einander kann die Ursache der Entstehung des elektrischen Stromes werden.

Schon bei Gelegenheit der Konstrukzion der Volta'schen Säule hat man bekanntlich die Erfahrung gemacht, daß durch die Einwirkung der Säuren auf die beiden Metalle Zink und Kupfer (wobei das Zink allein eine Auflösung erfährt) der sonst aus der Berührung beider Metalle hervorgehende, sehr schwache Strom an Stärke bedeutend zunimmt.

Auf der Thatsache nun, daß bei Berührung der Metalle mit einer Flüssigkeit, welche sie angreift, sich Elektrizität entwickelt, und auf dem Umstande, daß zwei Metalle, die in solche Flüssigkeiten versenkt werden, entgegengesetzte Elektrizitäten annehmen, beruhen die Apparate zur Erzeugung bedeutender Mengen strömender Elektrizität. Von den beiden Metallen wird immer dasjenige, welches sich in der Flüssigkeit auflöst — gewöhnlich ist es das Zink — oder welches im allgemeinen eine chemische Veränderung erleidet, negativ elektrisch, das andere dagegen stets positiv elektrisch.

§. 343.
Die Volta'sche Kette.

Fig. 341.

Einfache Volta'sche Kette.

Die einfachste dieser Vorrichtungen besteht aus einem Becherglase, welches mit verdünnter Schwefelsäure (1 Theil Schwefelsäure mit 10—15 Theilen Wasser) angefüllt ist, in welche Flüssigkeit ein Kupfer- und ein Zinkstreifen gethan werden. Man nennt so eine Zusammenstellung, welche auch in Figur 341 zu sehen ist, eine einfache Volta'sche Kette. Bei der offenen Kette zeigt sich am Kupferende freie positive, am Zinkende freie negative Elektrizität. Das Kupfer k bildet demnach bei dieser Zusammenstellung den positiven, das Zink z den negativen Pol, was wir uns vor allem merken wollen, weil diese Art elektrischer Apparate gegenwärtig beinahe einzig und allein angewendet wird. Verbindet man die Enden beider Metallplatten mittels eines Schließungsdrates (was durch Messingzylinder oder Klemmen, welche mit Schrauben versehen sind, vermittelt wird), so stellt man in demselben einen elektrischen Strom her, welcher sich vom Kupfer zum Zink fortpflanzt. In der Flüssigkeit hat dieser Strom offenbar die Richtung vom Zink zum Kupfer.

Der Becherapparat.

Eine Zusammenstellung mehrerer solcher einfachen Ketten, in der Weise wie dieß die Figur 342 zeigt, heißt eine galvanische oder Volta'sche Batterie oder auch der Becher-Apparat. Der elektrische (positive) Strom geht auch hier im Schließungsdrate vom freien Kupfer- zum freien Zinkpol.

Fig. 342.

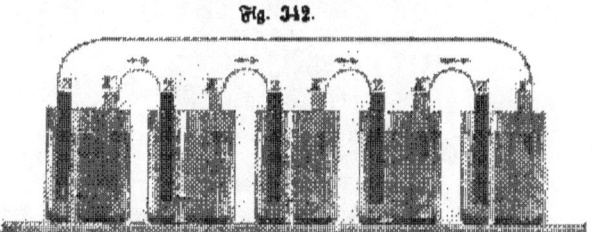

Volta'sche Batterie.

Dieser Apparat liefert gleich der Volta'schen Säule einen elektrischen Strom von bedeutender Spannung, der bei großen äußeren Widerständen besonders vortheilhaft anzuwenden ist. Gegen die Volta'sche Säule hat er den Vorzug, daß sich die Elemente desselben leichter reinigen lassen und daß die Platten eine reichliche Menge Flüssigkeit neben sich haben.

Die Figur 343 zeigt eine zusammengesetzte Volta'sche Kette (Säule) mit eingerollten Elementen.

Fig. 343.

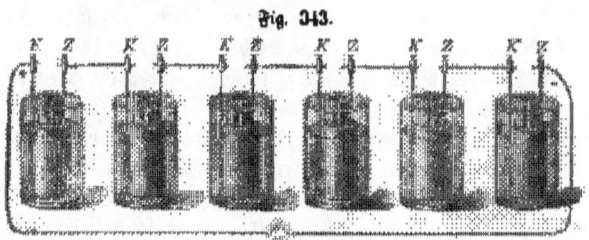

Zusammengesetzte Volta'sche Kette.

Ähnlich wie diese zusammengesetzte Kette könnte man auch Ketten aus Zink und Silber herstellen, welche noch wirksamer sind, als die beschriebene ist. Man heißt sie Smee'sche Ketten (Fig. 344).

In der folgenden Abbildung ist Zink mit Z, Silber mit P bezeichnet; Kork- oder Holzstöseln, welche die Metallplatten auseinanderhalten.

Fig. 344.

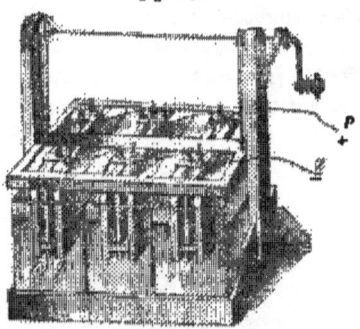

Smee'sche Kette.

Die häufigste Anwendung finden bei der gewerblichen Ausübung nachstehende elektrische Ketten:

§. 344.

Die konstanten elektrischen Ketten.

Die Bunsen'sche Kette.

Die Bunsen'sche Kette (Fig. 345) besteht aus Zink und Kohle. Ein starkwandiges Becherglas A wird mit verdünnter Schwefelsäure s zum Theile angefüllt. In dieses bringt man weiter einen hohlen Zinkzylinder z, welcher auf einer Seite aufgeschlitzt ist, und in den ein Becher von porösem Thon d hineingestellt wird. Nachdem in diesen Becher, Thonzelle genannt, entweder konzentrierte Salpetersäure, oder besser eine konzentrierte Auflösung c von doppelt chromsaurem Kali (4 Theile) und konzentrierte Schwefelsäure (1 Theil) hineingegossen wurde, wird in denselben ein massiver Zilinder von Kohle K gethan. Sowohl der Zink-

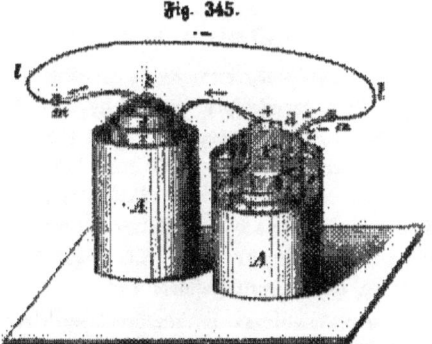

Fig. 345.

Zusammengesetzte Bunsen'sche Kette (Säule).

als der Kohlenzilinder sind mit aufwärts gerichteten Metallstreifen versehen, an deren Enden sich Klemmvorrichtungen zu befinden, in welche man die Schließungsdräte einspannen kann.

Das Zink als dasjenige Metall, welches in dieser Kette sich auflöset (vergl. mit §. 342), bildet den negativen, die Kohle dagegen den positiven Pol. Der elektrische Strom wird demnach im Schließungsdrate auch hier von dem Kohlen- nach dem Zinkende gerichtet sein. Die Bunsen'sche Kette liefert von allen elektrischen Ketten den stärksten Strom.

Die hier Verwendung findende Kohle ist eine gut ausgeglühte Gaskohle, die pulverisiert mit konzentrierter Zuckerauflösung getränkt und in einem zilindrischen feuerfesten Gefäße ausgeglüht wird. Dieser festgewordene Kohlenzilinder läßt sich nun mit der Raspel behandeln. Der obere Theil, an welchem gewöhnlich ein blankgefeilter kupferner Ring a (Fig. 346) aufgesetzt wird, ist mit Wachs oder besser mit Kolofonium eingelassen, damit die Säure nicht in den Poren der Kohle aufsteige und sofort den kupfernen Ring angreife, weil dadurch die leitende Berührung zwischen Kohle und Ring unterbrochen werden könnte. Der Kolofoniumüberzug muß selbstverständlich von der Oberfläche der Kohle weggefeilt werden.

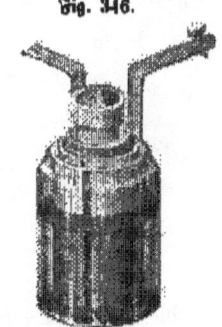

Fig. 346.

Einfache Bunsen'sche Kette.

Die Bunsen'sche Säule.

Eine Zusammenstellung mehrerer solcher Ketten, gewöhnlich in der Weise, daß der Zinkpol jeder Kette mit dem Kupferpole der nächsten Kette verbunden wird, heißt eine **Bunsen'sche Säule**. Das freie Kohlenende stellt dabei den positiven, das freie Zinkende den negativen Pol vor. Schließt man diese Säule, so erhält man einen Strom von starker Spannung, der vom Kohlen- zum Zinkende läuft. Die Figur 345 stellt eine solche Säule im geschlossenen Zustande dar.

Verbände man alle gleichnamigen elektrischen Elemente der Ketten, also die Zinkzilinder, und eben so alle negativen Elemente derselben, d. i. die Kohlenzilinder miteinander, so würde eine solche Zusammenstellung eine **Batterie** heißen. Diese giebt eine große Menge Elektrizität, aber von geringer Spannung, ist also bei geringem äußeren Widerstande recht brauchbar. Hieraus folgt, daß es nicht gleichgiltig ist, ob man die Ketten zu Säulen oder zu Batterien verbindet. Der im §. 343 beschriebene elektrische Apparat sollte demnach eigentlich nicht galvanische Batterie, sondern galvanische Säule heißen. Wir behielten diese Bezeichnung nur deshalb bei, weil er unter diesem Namen bekannter ist.

Die Daniel'sche Kette.

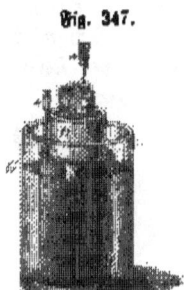

Fig. 347.

Daniel'sche Kette.

Die **Daniel'sche Kette** (Fig. 347) ist ähnlich gebaut, wie die Bunsen'sche. Es kommt nur bei derselben anstatt des Kohlenzilinders ein hohler, geschlitzter Kupferzilinder in die Thonzelle, nachdem dieselbe mit konzentrierter Kupfervitriolauflösung im Wasser angefüllt wurde. Der Strom der geschlossenen Kette verfolgt auch hier im Schließungsdrate die Richtung vom Kupfer- zum Zinkpole, und ist ziemlich schwach.

Die Grove'sche Kette.

Die **Grove'sche Kette**, welche der Bunsen'schen ebenfalls sehr ähnlich ist, unterscheidet sich von dieser nur dadurch, daß sie in der Thonzelle ein Platinblech mit konzentrierter Salpetersäure enthält. Sie ist zwar kräftig, aber das Ausstoßen von den uneinathmenbaren salpetrigen Dämpfen macht sie unbrauchbar.

Die Dellmann'sche Kette.

Die Dellmann'sche Kette ist die billigste. Sie ist aus Gußeisen und Zink zusammengesetzt. In einen Becher von Gußeisen wird nämlich ein hohler Zinkzilinder gebracht, der mit Pergamentpapier umwickelt ist, welches am oberen und unteren Rande etwas umgeschlagen wird. Der Becher wird mit einer alkalischen Flüssigkeit, z. B. mit Pottasche oder Natronlösung, der Zinkzilinder mit verdünnter Schwefelsäure gefüllt. Der Strom dieser Kette ist ziemlich stark und geht selbstverständlich vom Eisen- zum Zinkpole.

Wegen der Billigkeit und der bequemen Handhabung dürfte diese Kette bei den Gewerben sich einer günstigen Aufnahme erfreuen.

§. 345.
*Schlußbetrachtungen über die elektrischen Ketten.

Die ersten drei, im vorigen Paragrafe behandelten Ketten werden auch konstante Ketten genannt, weil der elektrische Strom bei Schließung derselben ziemlich lange gleich stark anhält. Die den elektrischen Strom abschwächenden Ursachen sind nämlich bei ihnen möglichst beseitiget.

So ist z. B. die den Betrieb der Kette benachtheiligende Ausscheidung von Wasserstoff (vergl. mit §. 347) an den Strom-Austrittsgliedern (Kohle, Kupfer, Platin u. s. w.), wodurch die Spannung zwischen diesen und dem Zink vermindert wird, mit dem Hineinthun von einer Säure in die Thonzelle, welche ihren Sauerstoff willig hergibt, behoben. Die Salpeter- und Chromsäure sind am besten hierzu geeignet. Deren Sauerstoff verwandelt nämlich den Wasserstoff, wie er sich bildet, sogleich in Wasser.

Zu den Zinkzilindern wird ferner entweder ganz reines Zink genommen oder das unreine amalgamiert (d. h. mit Quecksilber eingerieben), um die Nebenströme, welche vom Zink ausgehen und wieder zum Zink zurückkehren, zu vermeiden, indem der Hauptstrom in dem Maße schwächer wird, als diese sich einstellen.

Die Thonzellen werden möglichst dünn und poröse gemacht, auch darf der Abstand zwischen den elektrischen Gliedern (Elementen) der Kette nur sehr klein sein, damit dem Strom in der Kette kein großer Widerstand entgegengesetzt werde; was aber beziehungsweise gilt, weil ein Strom, der im Schließungsdrate einen beträchtlichen Widerstand zu überwinden hat, bereits in der Kette einen bedeutenden erfahren soll.

Der Widerstand, den der Strom im Wasser erfährt, ist sehr groß, geringer ist er in Kupfervitriolauflösung, noch geringer im angesäuerten Wasser; aber auch in diesem ist er noch immer beträchtlich genug.

Die Metalle leiten zwar den Strom ganz gut; weil aber die Länge der Metalldräte, durch welche der Strom geht, sehr bedeutend sein kann, so muß auch der Widerstand, den die Metalle dem Strome entgegensetzen, in Betracht gezogen werden.

Silber hat die größte Leitungsfähigkeit für den galvanischen Strom, dann kommt Kupfer, Gold, Messing, Eisen, Platin, Zinn und Blei. Je länger eine Dratleitung ist, um so schwieriger, je größer der Querschnitt des Drates ist, um so leichter wird der Strom durch dieselbe durchzuleiten sein. — Weil z. B. Eisen 6mal schlechter leitet als Kupfer, so müßte dem Eisendrate ein 6facher Querschnitt gegeben, d. h. derselbe müßte 2½mal dicker als der Kupferdrat gemacht werden, wenn er den Kupferdrat in einer Leitung vertreten soll. Bei Blitzableitern ist dieß sehr beachtenswert.

Da ein Metalloxid (Metallrost) eine viel geringere Leitungsfähigkeit hat, als das Metall selbst, so müssen die Ein- und Austrittsstellen des Stromes aus der Kette immer blank gehalten werden.

c. Die Anwendung des galvanischen Stromes.

§. 346.

Obwohl der Unterschied zwischen dem galvanischen Strom und jenem, welchen eine Elektrisiermaschine liefert, kein wesentlicher ist, so ist doch der erstere obwohl von geringerer Spannung, doch viel gleichmäßiger und demnach brauchbarer als der letztere. Auch läßt sich der galvanische Strom, wegen seiner geringeren Spannung leichter isolieren, als jener der Elektrisiermaschine und ist deshalb in seinen Wirkungen verläßlicher. Es wird demnach von den galvanischen Ketten ein öfterer Gebrauch gemacht, als von der Elektrisiermaschine. Man verwendet den galvanischen Strom:

521

Das Minensprengen.

1. **Zum Minensprengen.** Bekanntlich erglüht ein feiner und kurzer Drat, der als Schließungsleiter einer Kette verwendet wird. Ein Bunsen'sches Element erhält einen Platindrat von 1 Zoll Länge und von der Dicke eines Pferdehaares anhaltend im Glühen.

Mit einer Batterie von 20—30 Bunsen'schen Ketten bringt man einen 2—3 Fuß langen Eisendrat augenblicklich zum Weißglühen und derselbe zerfällt dabei in unzählige glühende Kügelchen.

Dieses Erglühen des Drates mittels des galvanischen Stromes benutzt man aus, um Felsen unter Wasser zu sprengen, überhaupt beim Steinsprengen. Die Anlage dabei erfolgt gerade so wie beim Sprengen mittels der Elektrisirmaschine (§. 336) nur mit dem Unterschiede, daß die beiden Enden des Schließungsdrates der galvanischen Batterie oder Säule B (Fig. 348) zu einer Art Gabel vv zusammengeflochten werden, zwischen deren Zinken ein feiner Platindrat vv eingezogen wird. Der Schließungsdrat muß selbstverständlich dort, wo er zusammengedreht wurde, mit Baumwoll- oder Wollgarn übersponnen sein, damit der Strom den vorgeschriebenen Weg einschlage.

Fig. 348.

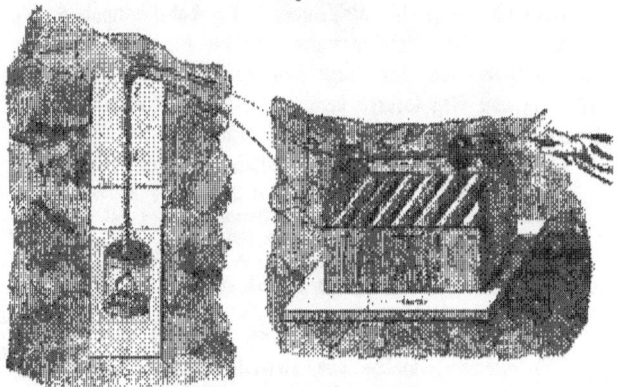

Sprengen mittels galvanischen Stromes.

522

Durch das Erglühen des Platindrates wird das Knallpulver der Patrone und vermittelst dieses das Sprengpulver entzündet. In England hatte man zum Behufe von Eisenbahnanlagen mit Hilfe des galvanischen Stromes sehr großartige Felsensprengungen ausgeführt.

Die elektrische Beleuchtung.

Fig. 349.

Elektrisches Licht.

2. **Zur Beleuchtung.** Wenn man den elektrischen Strom durch zwei Kohlenspitzen (Fig. 349) leitet, welche man anfangs sich berühren läßt und hierauf in eine nicht zu große Entfernung bringt, so wird man bei einer kräftigen Batterie von 12—100 Bunsen'schen Ketten ein äußerst glänzendes Licht, einen **Flammenbogen** zwischen beiden Spitzen hervorgehen sehen, welcher an der negativen Kohlenspitze besonders hell leuchten wird. Das Drumond'sche Kalklicht (vergl. mit §. 244), welches bekanntlich sehr intensiv ist, wird durch das elektrische Licht bedeutend übertroffen. Man verwendete dieses Licht zuerst in Paris bei öffentlichen Bauten, welche bei Nacht betrieben wurden. Es sind auch Versuche angestellt worden, um es zur Straßenbeleuchtung zu benutzen. Der Umstand, daß die Kohlenspitzen sich dabei allmählich abstumpfen, weil der Lichtbogen aus Theilchen besteht, welche vom positiven Pole nach dem negativen geführt werden, rief die Erfindung von Regulatoren hervor, welche die beiden Pole in gleicher Entfernung (von 1"—3") auseinanderhalten, wodurch eine gleichmäßige Leuchtkraft des elektrischen Lichtes erzielt wird.

Die positive Spitze verliert während der Beleuchtung beinahe doppelt so viel Masse als die negative. — In der Stunde brennt 1 Zoll der Spitze ab. — Wird aber der Raum zwischen beiden Kohlenspitzen größer, so nimmt auch der Widerstand zu, den die strömende Elektrizität zu besiegen hat, was zur Folge hat, daß der Strom und demnach auch das Licht abgeschwächt werden.

Die Kostspieligkeit der Erzeugung, besonders aber die sehr grelle Beleuchtung, welche das elektrische Licht liefert, machte dasselbe für Straßenbeleuchtungen untauglich. Seine Anwendung ist bloß in vereinzelten Fällen geblieben, wie z. B. zur Beleuchtung von Leuchtthürmen, dringenden Bauwerken bei Nacht, zu jener unter Wasser, in Bergwerken, in welchen zwei letzten Fällen es in dicht geschlossenen Glasgefäßen erzeugt wird, was möglich ist, indem das elektrische Licht zu seinem Bestande keines Luftzutrittes benöthiget.

Das Magnetisieren.

3. Zur Erzeugung kräftiger Magnete. Wird der elektrische Strom in mehreren Windungen eines mäßig dicken Drates um ein Stück Eisen geführt, so wird das Eisen magnetisch, u. z. um so stärker, je mehr Windungen des isolierten, mit Seide übersponnenen Drates um das Eisen herumgelegt werden. Weiches Eisen verliert den auf diese Weise erlangten Magnetismus wieder gleich oder nach kurzer Zeit. Der gehärtete Stahl liefert aber Dauermagnete, d. h. er behält den Magnetismus ebenso, als wenn er gestrichen worden wäre. Mit Hilfe des elektrischen Stromes kann man bedeutend stärkere Magnete und in kürzerer Zeit als durch das Streichen gewinnen.

Wünscht man einen Dauermagneten mittels elektrischen Stromes zu erzeugen, so braucht man bloß einen gut gehärteten Stahlstab in eine Magnetisierungsspirale zu thun, und indem man den elektrischen Strom durch dieselbe leitet, den Stab in derselben hin und her zu führen. Der Stab wird dabei an seinen beiden Enden mit einem Anker von weichem Eisen versehen. Den elektrischen Strom unterbricht man dann, wenn der Magnet in der Mitte der Spirale sich befindet.

Die Magnetisierungsspirale (Fig. 350) besteht aus 20—30 von einander gut isolierten, neben- und reihenweise übereinander gelagerten Windungen eines

Fig. 350.

Magnetisierungsspirale.

etwa ½ Zoll dicken und 22—25 Fuß langen Kupferdrahtes oder eines ebenfalls isolierten Bandes von Kupferblech. Dieselbe hat dann 1 Zoll Höhe, etwa 1½ Zoll Wanddicke und 1½ Zoll inneren Durchmesser. Der Strom wird in A eingeleitet und mittels des Drates B aus der Spirale entfernt.

Der elektrische Strom eines großplattigen Elementes genügt, um recht kräftige Magnete zu erzeugen. Bedient man sich beim Magnetisieren mehrerer Elemente, so werden dieselben zu einer Batterie (vergl. mit §. 344, S. 558) verbunden.

Ist die Magnetisierungsspirale rechts gewunden (wie z. B. an einem Stöpselzieher), so entsteht dort, wo der positive Strom eintritt, der Südpol; bei einer links gewundenen Spirale wird er dagegen an der Stelle, wo der Strom austritt, zum Vorschein kommen.

Der Nordpol erscheint nämlich zur linken Hand des mit dem elektrischen Strome schwimmenden und das Gesicht dem Eisenstabe zukehrenden Schwimmers (Vergl. mit §. 341.)

Elektromagnete.

Elektromagnete sind vorübergehende (temporäre) Magnete, welche mittels des elektrischen Stromes im weichen Eisen, — dem gewöhnlich eine Hufeisenform gegeben wird — entwickelt werden. Diese Magnete besitzen eine bedeutende Tragkraft. Beim Aufhören des Stromes verschwindet auch der Magnetismus in ihnen, obwohl nicht plötzlich, sondern allmählich; das letztere besonders dann, wenn der Anker mit den Polen in Berührung bleibt. Erst, wenn man den Anker von denselben wegzieht, verschwindet deren Magnetismus gänzlich. Die nebengezeichnete Figur 351 stellt einen Elektromagneten dar. Zufolge des Angegebenen muß das rechtsseitige Ende des Magneten zum Nordpol, das linksseitige zum Südpol werden.

Fig. 351.

Elektromagnet.

Auf beiden Schenkeln des Magneten ist die Spirale links gewunden, und der Strom wird rechts eingeleitet. Würde der Strom links eingeführt werden, so hätten die Pole auch eine umgekehrte Lage.

Wir haben in dem Vorhergehenden gesehen, daß, sobald um ein Stück Eisen ein elektrischer Strom mit Hülfe einer isolierten Kupferspirale geleitet wird, das Eisen magnetisch wird. Daraus entnehmen wir, daß Elektrizität den Magnetismus erzeugt. Weitere Versuche lehrten aber auch die umgekehrte Thatsache, nämlich jene, daß Magnetismus den elektrischen Strom hervorruft.

Umwickelt man nämlich weiches Eisen mit einem feinen Drate und macht das Eisen bald magnetisch bald unmagnetisch, etwa dadurch, daß man dem Eisenkerne einen Magneten nähert und entfernt, so geht sowohl bei Entstehung als auch beim Verschwinden des Magnetismus im Kerne, ein elektrischer Strom in dem Drate hervor. Beide Ströme sind entgegengesetzt gerichtet. Versieht man die Dratenden mit Metallzilindern und faßt diese mit den Händen, so wird der Körper nach der Richtung des elektrischen Stromes, besonders in den Armgelenken, Erschütterungen erfahren, welche von wechselweise auftretenden und einander entgegengerichteten elektrischen Strömen herrühren.

Man hat eigene Apparate konstruiert, wo diese beiden Ströme regelmäßig erzeugt und in einen einzigen, der nach derselben Richtung geht, umgewandelt werden. Man heißt sie magneto-elektrische Rotationsapparate oder Magnet-Elektrisiermaschinen. Rotationsapparate heißen sie deshalb, weil dabei ein hufeisenförmiger Anker JJ, (Fig. 352), um welchen ein Drat gewickelt ist, mittelst einer Kurbel um die Pole eines Magneten oder mehrerer Magnete NS gedreht wird. Durch diese Drehung erfahren die beiden Schenkel des Ankers eine wechselnde magnetische Polarität.

Fig. 352

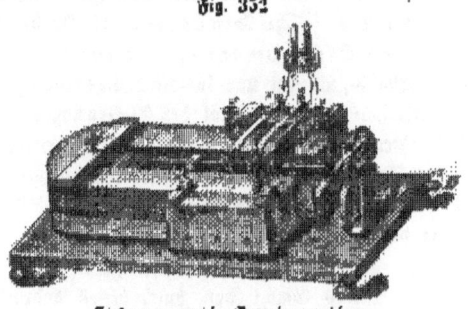

Elektromagnetische Rotazionsmaschine.

wodurch, wie erwähnt, Strömungen in dem Drate hervorgerufen werden. In x und z werden die Schließungsdräte eingeklemmt.

In der Wirklichkeit bestehen sehr kräftige Maschinen dieser Art. Sie werden durch den Dampf betrieben und dazu verwendet, um mit dem erhaltenen Strome ein elektrisches Licht herzustellen, welches sehr intenso ist und dabei ziemlich billig zu stehen kommt. Die Figur 352 weiset auf die Benutzung desselben zur Wasserzersetzung (vergl. mit §. 347) hin.

Die elektrische Telegrafie.

4. Eine weitere und gewiß die wichtigste Anwendung findet die galvanische Elektrizität in der Telegrafie, in der Kunst nämlich, unsere Gedanken mit der Schnelligkeit des Blitzes in die Ferne zu befördern.

Nachdem diese Art der Fernschreibekunst eine sehr große volkswirtschaftliche Bedeutung hat, wollen wir deren Grundzüge hier ableiten.

Bereits in der zweiten Hälfte des vorigen Jahrhundertes hat man Versuche angestellt, die Reibungselektrizität zu telegrafischen Zwecken auszubeuten. Alle in dieser Richtung unternommenen Versuche scheiterten aber an der Unbeständigkeit der Elektrisiermaschine und an der Schwierigkeit einer genügenden Isolierung der Leitungsdräte. Der galvanische Strom wurde zum Telegrafieren erst seit 1833 verwendet und viele, ja die mannigfaltigsten Vorrichtungen sind bereits seitdem zu diesem Zwecke erfunden worden.

Der brauchbarste und auch am häufigsten angewendete Apparat ist der Morse'sche Drucktelegraf. Er besteht vor allem aus einem Elektromagnet, der seinen Anker, so oft man es wünscht, anzieht und losläßt. Das erstere geschieht, wenn der elektrische Strom den Drat des Elektromagneten durchläuft, das letztere, wenn derselbe in diesem eine Unterbrechung erfährt. Der Anker ist an dem einen Ende eines doppelarmigen Hebels befestigt, an dessen anderem Ende ein Stahlstift festsitzt, welcher in dem Augenblicke, als der Anker angezogen wird, mit der Spitze gegen einen Papierstreifen geräth. Bei kurzer Anziehung des Ankers kommt nun durch dieses Andrücken des Stiftes auf dem Papiere ein Punkt, bei längerer dagegen ein

527

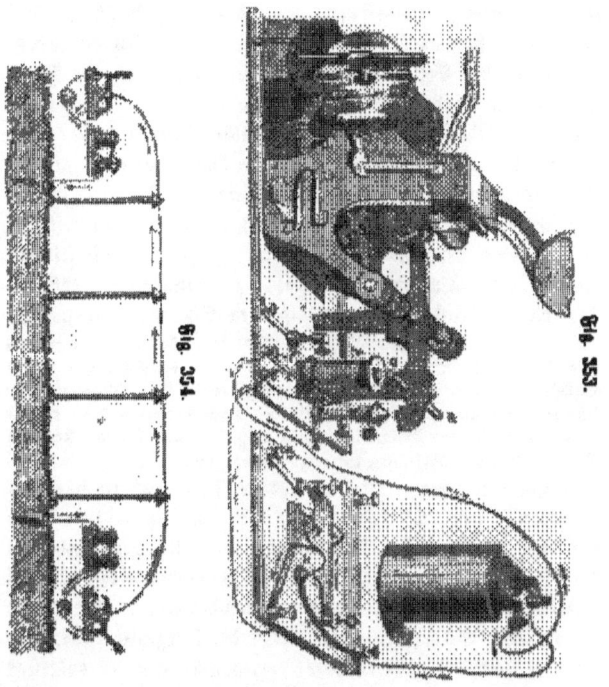

Fig. 354. Fig. 353.

Strich zum Vorschein. Nachdem der Streifen zwischen zwei Walzen, die mittels Uhrwerks gleichmäßig getrieben werden, weiter gleitet, so erhellet, daß Punkte und Striche in verschiedener Anordnung das Resultat des Telegrafierens sein werden, und daß nach dieser Methode nur mittels dieser Zeichen die Verständigung in die Ferne geschehen kann.

Der Amerikaner Morse ist der Erfinder dieses sinnreichen Schreibapparates, auch Zeichenbringer genannt, der in Fig. 353 links gezeichnet ist. Rechts ist der zweite wesentliche Bestandtheil des Drucktelegrafen, der Schlüssel oder der Zeichengeber, zu sehen. Derselbe besteht aus einem Metallhebel, aus zwei Paaren Metallkegel (wovon r, x das eine), einer Einleitungsklemme und zwei Ausleitungsklemmen. Mit der ersteren sind die Metallkegel durch Messingstreifen verbunden.

Wenn der Schlüssel offen ist, wie dieß aus der Figur ersichtlich, so ist der galvanische Strom der Säule unterbrochen. In der gewöhnlichen Lage ist der Schlüssel immer offen. Für gewöhnlich kann demnach kein elektrischer Strom von einer Stazion zu der anderen gehen. Beim Niederdrücken des Schlüssels kommt aber derselbe in die Lage (Fig. 354) rechts. Dadurch wird es dem Strome der Säule möglich die ganze Telegrafenleitung, welche beide Stazionen verbindet, zu durchströmen und das beabsichtigte Zeichen auf der entfernten Stazion hervorzurufen.

Der Strom geht nämlich vom Kupferpole, überhaupt vom $+$Pole (Fig. 353) nach der Einlaßklemme, von da mittels der Kegel x, r in den Schlüssel und von diesem mittels des eingeklemmten Ausleitungsdrates der telegrafierenden Stazion, längs des isolierten Telegrafendrates nach der anderen Stazion, wohin das Telegrafieren geschieht. Von dieser Stazion kehrt der Strom mittels der Erdleitung zur ersten wieder zurück.

In der schon einmal erwähnten Figur 354 ist die Anordnung der Apparate beider TelegrafenStazionen, so wie deren Dratleitung übersichtlich gezeichnet, wodurch das Geschäft des Telegrafierens veranschaulicht wird. Bei niedergedrücktem Schlüssel der telegrafierenden Stazion bewegt sich der elektrische Strom von dieser, längs der Telegrafenleitung (der Drat ist hier auf gläserne oder porzellanene Glocken aufgelegt und sonach isoliert) nach der anderen Stazion, tritt hier durch den Schlüssel ein, bewegt sich durch den Kopf des geschlossenen Schlüssels nach dem Elektromagnet, macht dessen Eisen magnetisch (wodurch der Anker an, Figur 353, angezogen wird, worauf er das oben bemerkte Zeichen auf dem Papierstreifen bewirkt), tritt vom Elektromagnet durch den Ableitungsdrat nach der im Boden versenkten Kupferplatte und strömt durch den Erdboden nach der ihr entgegenstehenden gleichen Platte der ersten Stazion, um von hier den dießseitigen Elektromagnet umkreisend und bewegend nach dem Zinkpole der Säule zurückzukehren. Ist aber der Schlüssel geöffnet, so unterbleibt der oben bezeichnete Strom gänzlich, weßhalb auch der Anker aa durch die Feder E (Fig. 353) von dem jetzt unmagnetischen Eisenkerne des Elektromagneten weggehoben wird.

Durch die Zurückleitung des elektrischen Stromes mittels des Erdbodens hat man den Rückleitungsdrat erspart. Diese äußerst wichtige Benützung der Erdleitung beim Telegrafieren ist auf Anrathen Steinheils zuerst in Baiern befolgt worden.

Beabsichtiget der Telegrafist der einen Stazion nach der anderen eine Depesche abzusenden, so drückt er mehrmals rasch hintereinander den Schlüssel des Apparates nieder, wodurch ein abwechselndes An- und Abziehen der Anker beider Elektromagnete erfolgt. Das dadurch hervorgebrachte Klappern macht den Telegrafisten der anderen Stazion aufmerksam, welcher nun, nachdem er auf ähnliche Weise geantwortet hat, sein Uhrwerk auslöst und den Papierstreifen zwischen den Walzen laufen läßt. Der Telegrafist der sprechenden Stazion drückt hierauf in den gehörigen Intervallen neuerdings den Schlüssel nieder, um sofort auf dem Papierstreifen der anderen Stazion die beabsichtigten telegrafischen Zeichen, welche aus Punkten und Strichen bestehen, hervorzubringen. Zu Ende der Depesche macht er eine Reihe von gleichmäßig aufeinanderfolgenden Punkten. Nun antwortet der Empfänger der telegrafischen Depesche entweder „verstanden" oder verlangt die Wiederholung der etwa undeutlich gebliebenen Stellen.

In der Telegrafie verwendet man, wegen des großen Widerstandes in der Leitung, die galvanischen Säulen, u. z. gewöhnlich die Daniell'schen und Bunsen'schen.

Die Geschwindigkeit des Telegrafierens ist 12—25 Worte in der Minute. Um auf weite Strecken mit Verläßlichkeit telegrafieren zu können, wird zwischen Elektromagnet und dem Schlüssel das Relais, ein Elektromagnet ohne die Schreibvorrichtung, eingeschaltet.

Der Caselli'sche Kopier-Telegraf erlaubt von der auf Zinnfolie oder metallisiertem Papier mit gewöhnlicher Tinte niedergeschriebenen Depesche einen ganz getreuen Abdruck in die Ferne zu entsenden. Man kann mit Hilfe dieses Telegrafen nicht bloß Depeschen, sondern auch Zeichnungen, Noten, Portraite mit fotografischer Genauigkeit und mit Blitzesschnelle von einem Orte zum andern befördern.

Der Hughes'sche Typendruck-Telegraf macht es möglich, die Depesche auf dem Papierstreifen der Empfangsstazion unmittelbar durch den Strom abzudrucken.

Selbst das Meer setzt der Telegrafie keine Gränze. Bei der untermeerischen Telegrafie legt man den Leitungsdrat, das Kabel genannt, auf den Meeresgrund. Das Kabel besteht aus mehreren zusammengeflochtenen Dräten, welche mit Guttapercha und ähnlichen schlecht leitenden Stoffen umhüllt und zuletzt noch mit Drat dicht umsponnen werden. Zwischen Europa und Afrika, so wie an anderen Punkten Europa's bestehen bereits solche Telegrafenverbindungen. Die zwischen Europa und Amerika sowohl vor mehreren Jahren gemachte, als auch die im Jahre 1865 wiederholt versuchte Kabelverstrahung ist zwar verunglückt. Ende Juli 1866 gelang aber die Kabellegung zwischen den zwei Welttheilen vollständig. Seine Länge beträgt 475 geogr. Meilen.

Über elektrische Arbeitsmaschinen.

5. Der galvanische Strom hat auch als Betriebskraft Anwendung gefunden.

Der Grundgedanke einer elektrischen Arbeitsmaschine besteht in folgendem:

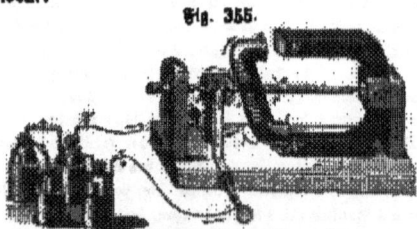

Galvanischer Rotations-Apparat.

Neben einem festen Hufeisenmagneten NOS (Fig. 355) ist ein um eine horizontale Achse a drehbar eingerichteter Elektromagnet nos angebracht, dessen Polarität mittels einer mit Seide übersponnenen Drahtspirale hervorgerufen, aufgehoben und in die entgegengesetzte überführt werden kann.

Läßt man in die Spirale des Elektromagneten von r aus den elektrischen Strom eintreten, so wird der Eisenkern magnetisch. Das eine Ende n wird zum Nordpol, das andere s zum Südpol. Der Elektromagnet muß sich demnach bezüglich des festen Magneten so einstellen, daß sich die freundlichen Pole gegenüberliegen. Wenn sich derselbe also in der entsprechenden Lage noch nicht befinden würde, so müßte er dieser zueilen. In der angegebenen Lage angelangt, bleibt aber der Elektromagnet, vermöge der Trägheit, nicht in derselben, sondern er bewegt sich über dieselbe etwas hinaus. Wird nun in diesem Augenblicke der Strom in der Spirale unterbrochen und sofort in den entgegengesetzt gerichteten verwandelt, d. h. wird der elektrische Strom anstatt in r, in o eingeleitet, so erfolgt auch an dem Elektromagnet eine Umkehrung seiner Pole. (§. 346, 3.) Das Ende n wird jetzt zum Südpole, das andere s zum Nordpole werden. An der Stelle, an welcher früher zwischen den beiden Magneten

Anziehung herrschte, findet jetzt Abstoßung statt. Der obere Magnet wird also in der Richtung der eingeschlagenen Bewegung sich weiter bewegen, bis er von neuem in eine solche Lage gelangt ist, in welcher sich die ungleichnamigen Pole gegenüberstehen. Sorgt man nun wieder dafür, daß in dem Augenblicke, wo der Elektromagnet diese Lage etwas überschreitet, dem Strome neuerdings die entgegengesetzte Richtung gegeben wird, so erfolgt wie früher eine Weiterbewegung desselben. Hieraus sieht man ein, daß bei gehöriger und periodischer Umkehrung des elektrischen Stromes in der Spirale ein ununterbrochenes Rotieren des oberen Magneten um die Enden des unteren eintreten muß, und es erhellet zugleich auch, auf welche Weise der elektrische Strom als bewegende Kraft verwendet werden kann.

Hier würde es sich bloß noch darum handeln, anzugeben, auf welche Weise diese Umkehrung des Stromes geschehen kann. Die Umkehrung des Stromes erfolgt mittels der an der Achse des Elektromagneten, an der Seite desselben angebrachten hölzernen Scheibe ro, welche von einem Messingringe umschlossen ist. Dieser Ring besteht aus zwei Segmenten, welche durch zwei nach dem Durchmesser desselben gegenüberliegenden Zwischenräumen il getrennt sind, und die mit Elfenbein, Horn, Glas oder einer anderen schlechter leitenden Substanz ausgelegt werden. Das eine Ende der Drahtspirale ist an Halbringe r, das andere an jenem o angelöthet. Auf dem Umfange der Scheibe schleifen zu beiden Seiten zwei Metallfedern, deren äußere Enden mit Klemmschrauben versehen sind, welche zur Aufnahme der Poldrähte der Batterie dienen. Liegt nun die eine Feder auf dem Halbringe r und die andere auf jenem o, so durchfließt der Strom die Spirale von r nach o. Berühren die Federn die einander entgegengesetzt angebrachten Richtleiter ll, so erfährt der Strom eine Unterbrechung. Gelangen endlich bei der Drehung der Scheibe die Federn abwechselnd mit den anderen Halbringen in Berührung, so wird auch der Strom die Spirale in entgegengesetzter Richtung durchschreiten. — Es leuchtet von selbst ein, daß dabei eine solche Anordnung getroffen sein muß, wornach der Strom in dem Augenblicke, in welchem sich die Pole der beiden Magnete einander gegenüberstehen, unterbrochen und in dem umgekehrt gerichteten verwandelt wird.

Mittels einer ähnlichen aber aus mehreren Magneten bestehenden Vorrichtung hatte Professor Jacobi zu Petersburg im Jahre 1839 auf der Newa ein Boot, das 14 Personen faßte, mit einem Kraftaufwande von ⅔ bis 1 Pferdekraft in Bewegung gesetzt, wozu er eine Batterie von 64 Grove'schen

Elementen brauchte. Aber trotzdessen scheiterten diese wie die ähnlichen Versuche, welche z. B. Stöhrer und Page anstellten, theils an der Kostspieligkeit des elektrischen Stromes, theils an dem Umstande, daß der Elektromagnet seinen Magnetismus nicht augenblicklich mit der Unterbrechung des Stromes verliert.

Wenn nämlich ein galvanischer Strom einen langen Metalldrat durchströmt, so ruft er sowohl in einem benachbarten, als auch in dem Drate, den er selbst durchfließt, Ströme hervor, welche induzierte Ströme heißen. — Es gibt auch eigene Induktions-Apparate, welche ermöglichen, von diesen Strömen Gebrauch zu machen. — Die induzierten Ströme, welche in der Dratspirale des ursprünglichen Stromes selbst auftreten, werden Extraströme genannt. Diese Extraströme, so wie alle induzierten, entstehen immer in dem Augenblicke, als der ursprüngliche (primäre) Strom beginnt, und auch dann, wenn er verschwindet, d. h. sobald die Batterie oder Säule geöffnet und sobald sie geschlossen wird. Der beim Beginn des Stromes auftretende Extrastrom schwächt den ursprünglichen Strom bedeutend, weil er ihm entgegengerichtet ist; der beim Aufhören des primären Stromes entstehende macht wiederum möglich, die Eisenstäbe mehr als 5- bis 6mal in einer Sekunde zu magnetisiren, indem dieser Extrastrom erst nach dem Aufhören des ursprünglichen Stromes auftritt und demnach das Verschwinden ihres Magnetismus verzögert.

Erst in neuester Zeit hatte der Mechaniker Marcus in Wien diesen störenden Einfluß beseitiget, wodurch es ihm gelungen ist, die Magnete über hundertmal in der Sekunde wirksam zu machen.

Die Hauptbestandtheile seines Motors sind eigenthümlich geformte, festliegende Elektromagnete und mit parabolischen Kurven versehene bewegliche Elektromagnete. Die Kurven bewirken eine allmähliche Zu- und Abnahme der Anziehung sowohl als der Abstoßung dieser Magnete. Die Mannskraft, welche an einer Kurbel wirkend gedacht wird, also der Effekt von 30 Fuß-Pfund, kostet mit dieser Maschine bloß 60 kr. österr. Währ. täglich. Diese Maschine wäre demnach bei Verwendung kleiner Arbeitskräfte von etwa ½ bis 1 Pferdekraft, wie dies beim Gewerbewesen oft der Fall ist, nicht zu verschmähen, indem sie einen billigeren Betrieb, als jede andere zuläßt.

Die Galvanoplastik im weiteren Sinne.

§. 347.

Die chemischen Wirkungen des elektrischen Stromes.

Wasserzersetzung.

Die sechste und in rein gewerblicher Richtung die bedeutendste Anwendung fand der elektrische Strom erst nach der

Erfindung der Galvanoplastik durch Jacobi und Spencer (im Jahre 1838).

Die **Galvanoplastik** beschäftiget sich im allgemeinen entweder damit, die Oberfläche der Körper mit einer dünnen Metallschichte zu überziehen oder mit dem, wertvolle Gegenstände in Metall abzuformen, wodurch es möglich wurde, die Kunstgegenstände auf billige Weise zu vervielfältigen.

Bevor wir aber in die Auseinandersetzung dieses Verfahrens eingehen, wollen wir des Verständnisses halber zuerst die chemischen Wirkungen des elektrischen Stromes behandeln.

Man erhält eine Vorstellung von dieser Wirkung, wenn man in angesäuertes Wasser zwei Bleche, am besten von Platin, etwa auf die Weise wie es die Figur 356 zeigt, eintaucht, und

Fig. 356.

Wasserzersetzung durch den galvanischen Strom.

das eine Blech mit dem einen Pole, das zweite mit dem andern Pole einer galvanischen Säule verbindet. In dem Augenblicke als der galvanische Strom geschlossen wird, d. h. wie er das Wasser durchzusetzen beginnt, findet an beiden Platinblechen eine Gasentwicklung statt. Fängt man die sich ausscheidenden Gase in zilindrischen Gläschen auf, welche über die Bleche umgestülpt werden, und untersucht dieselben näher, so wird man finden, daß sich in dem einen Gläschen Sauerstoff, in dem anderen Wasserstoff ausgeschieden hat; auch wird man unter einem bemerken, daß in derselben Zeit sich von dem letzteren Gase doppelt so viel entwickelt, als von dem ersteren.

Bringt man in das, mit dem einen Gase gefüllte Gläschen o einen glimmenden Span, so entzündet sich derselbe und verbrennt darin mit lebhaftem Lichtglanze. Diese Eigenschaft des Gases weiset auf den Sauerstoff hin.

Wird dem offenen Ende des anderen Gläschens H ein brennender Körper genähert, so entzündet sich das darin befindliche Gas und verbrennt mit matt leuchtender Flamme, was wieder den Wasserstoff kennzeichnet. Ist das Gläschen sehr klein, so erfolgt diese Entzündung mit schwachem Knall — Knallgas. —

Die Wirkung des elektrischen Stromes besteht also darin, das Wasser in seine beiden Bestandtheile, Sauerstoff und Wasserstoff, zu zerlegen. Der elektrische Strom besitzt aber noch außerdem die Eigenschaft, den einen Bestandtheil des Wassers, nämlich den Wasserstoff, gleichsam weiter mit sich zu führen und ihn an der Austrittsstelle des Stromes auszuscheiden. Der Sauerstoff wird an der Eintritts-, der Wasserstoff an der Austrittsstelle abgeschieden.

Die Eintrittsstelle des Stromes heißt auch die positive Elektrode (Anode), die Austrittsstelle dagegen die negative Elektrode (Kathode).

Der vorhergehende Versuch hat auch unter einem nachgewiesen, daß Wasser aus einem Rauminhalte Sauerstoff und aus zwei Rauminhalten Wasserstoff besteht. (Vergl. mit §. 21.)

Das Ansäuern des Wassers mit Schwefelsäure dient dazu, dasselbe für den elektrischen Strom leitungsfähiger zu machen. Auch das Kochsalz begünstiget die Leitungsfähigkeit des Wassers.

Weil sich der Sauerstoff an der positiven Elektrode ausscheidet, so sieht man denselben als einen elektro-negativen, den Wasserstoff dagegen, welcher an der negativen Elektrode frei wird, als einen elektro-positiven Körper an.

Zufolge der elektro-chemischen Theorie denkt man sich jedes Wassermolekül aus dem Aneinanderhaften eines Sauerstoff-Atomes mit zwei Wasserstoff-Atomen entstanden, welches Zusammenhalten durch die Anziehung geschieht, welche aus ihrem elektrischen Gegensatze entspringt.

Genaue Versuche führten ferner zu der Vorstellung, daß der elektrische Strom bei der Zerlegung des Wassers in seine chemischen Bestandtheile vor allem die Moleküle der zwischen den Elektroden befindlichen Flüssigkeit polarisiert und sie so dreht, daß in jedem einzelnen Wassermolekül der Sauerstoff nach der Anode, der Wasserstoff nach der Kathode gewendet ist. Das an der Anode befindliche Sauerstoff-Atom wird nun von derselben angezogen, trennt sich in Folge dieser Anziehung von seinen Wasserstoff-Atomen, welche mit dem, in der Richtung der Fortpflanzung des elektrischen Stromes gelegenen nachbarlichen Sauerstoff-Atom des nächsten Wassermolekules, das neuerdings seine

Wasserstoff-Atoms im Stiche läßt, sich zu einem neuen Wassermolekül zusammensetzt. Diese Entladung und neue Gruppirung der polarisirten Wassermoleküle erfolgt von der Anode, an welcher der Sauerstoff sich ausscheidet, bis zu der Kathode, wo der Wasserstoff abgesetzt wird.

Auf ähnliche Weise werden sämmtliche, chemisch zusammengesetzte Körper durch den galvanischen Strom in ihre Bestandtheile zerlegt. Die Säuren der chemischen Stoffe werden dabei stets an der positiven Elektrode, die Basen aber, nämlich diejenigen Stoffe, welche die Säuren in einer chemischen Verbindung begleiten, an der negativen Elektrode ausgeschieden. — Verbindungen von Säuren und Basen nennt man in der Chemie — Salze.

Zerlegung eines Salzes.

Das nachstehende Beispiel wird die **Zersetzung eines Salzes** durch den galvanischen Strom verdeutlichen.

Fig. 357.

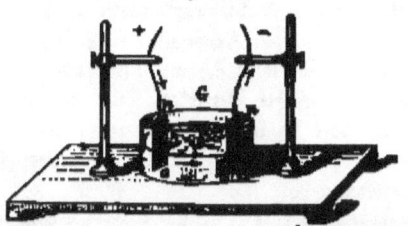

Zersetzung des Salzes durch den galvanischen Strom.

Man bringe in ein Gefäß G (Fig. 357) eine Lösung von **Kupfervitriol** in Wasser und leite den elektrischen Strom auf angegebene Weise mittels zweier Platinbleche p p durch die Flüssigkeit, so wird das genannte Salz in seine nächsten Bestandtheile zerlegt, nämlich in Schwefelsäure und Kupferoxid. Dabei ist offenbar Schwefelsäure (Vitriol) die Säure; das Kupferoxid, eine Verbindung des Kupfers mit Sauerstoff, die Base des Salzes.

Zufolge des angegebenen Gesetzes muß nun die Schwefelsäure nach der positiven Elektrode a, das Kupferoxid nach der negativen Elektrode k wandern. Nachdem aber auch das Wasser durch den elektrischen Strom zersetzt wird, so scheidet sich überdieß an der Anode a Sauerstoff, an der Kathode k Wasserstoff aus. An der Kathode kommt also das Kupferoxid mit dem Wasserstoffe zusammen, was zur Folge hat, daß ersteres durch den Wasserstoff desoxidirt, d. h. des Sauerstoffes beraubt wird, und daß es sich als *metallisches Kupfer an dem Kathodenbleche niederschlägt*. Man wird demnach bald wahrnehmen, daß das Platin an der Kathode eine fleischrothe Färbung annehmen wird, was von dem Kupferüberzuge herrührt.

Die an der Anode sich ausscheidenden Stoffe, Schwefelsäure und Sauerstoff werden das Platin nicht angreifen, weil dieses vermöge seiner chemischen Natur beiden widersteht. Ein großer Theil des Sauerstoffes entweicht in die Luft und die Schwefelsäure bleibt in der Flüssigkeit aufgelöst.

Bringt man an die Stelle der Platinbleche, in die oben bezeichnete Flüssigkeit zwei Kupferplatten, so wird in dem angegebenen elektrolitischen Vorgange bloß die Änderung eintreten, daß die Kupferplatte an der Anode sich in der dort ausgeschiedenen Schwefelsäure auflösen wird. Die Platte an der Kathode wird sich wie zuvor mit einer an Dicke zunehmenden Kupferschichte überziehen. Man macht dabei zugleich die Erfahrung, daß die letztere Platte genau um dasselbe an Gewicht zunehmen wird, um welches die erstere Platte an diesem abgenommen hat.

Das Auflösen des Kupfers an der Anode und das Niederschlagen desselben an der Kathode erscheint demnach gerade so, als wenn von der Anodennach der Kathodenplatte durch den elektrischen Strom Kupferpartikelchen direkt übergeführt worden wären.

Nehmen wir endlich diejenige Zusammenstellung der beiden Elektroden an, welche die Grundlage der Galvanoplastik bildet, wählen wir nämlich zur Anodenplatte wie zuvor das Kupfer, zur Kathodenplatte dagegen eines der anderen Metalle, z. B. Eisen, Stahl, Zink, Zinn u. s. w., die man zuerst ordentlich gescheuert hat, behalten wir ferner dieselbe Flüssigkeit wie früher, also die Kupfervitriollösung bei und leiten jetzt den elektrischen Strom durch dieselbe, so wird, zufolge des früher Mitgetheilten, das Kupfer sich an der Anode auflösen, an der Kathode sich aber aus der Flüssigkeit abscheiden. — Was wird nun der Erfolg dieser Ausscheidung sein?

Das galvanische Verkupfern.

Die Kupferausscheidung bewirkt, daß die auf der Kathodenseite eingehängten eisernen, stählernen, zinkenen und zinnenen Gegenstände an ihrer Oberfläche mit einem Kupferüberzuge versehen werden, welcher an Dicke mit der Dauer des elektrischen Stromes zunehmen wird.

In diesem Vorgange besteht das Verkupfern der Gegenstände.

Ganz ähnlich würde man den Apparat vorrichten, wenn Metallgegenstände mit einem Gold-, Silber-, Messing-, Blei-, Zinn- oder Zinküberzuge behaftet werden sollten. Die Anodenplatte würde in diesem Falle aus einem dem Überzuge gleichen Metall, und der Elektrolit, d. i. die Flüssigkeit, welche durch den elektrischen Strom zersetzt wird, aus einer Auflösung des entsprechenden Metallsalzes in Wasser bestehen. Auf die Austrittsseite (Kathode) des Stromes kämen die mit den Metallniederschlägen zu überziehenden Gegenstände.

Rezepte zur Bereitung der Flüssigkeit (des Elektrolites), womit die Gegenstände vergoldet, versilbert, verzinkt u. s. w. werden können, sind sehr mannigfaltig und man findet sie in den entsprechenden Handbüchern der Epitalimatif.

Die galvanische Vergoldung und Versilberung.

Bei der galvanischen Vergoldung und Versilberung wird zur Anodenplatte beziehungsweise Gold und Silber, zur Kathodenplatte die zu vergoldenden oder zu versilbernden Gegenstände, wie Argentan, Bronze, Kupfer, Messing, Stahl, verkupfertes Eisen u. dgl. genommen. Als Elektrolit dient dabei eine konzentrierte Auflösung von einem neutralen Doppelsalze dieser Metalle. Man kennt solche Auflösungen unter dem Namen: Goldflüssigkeit, Silberflüssigkeit.

538

Es wird gewöhnlich Kalium-Gold-Cyanid zum Vergolden, Kalium-Silber-Cyanid zum Versilbern gewählt.

Der Strom muß bei allen galvanischen Arbeiten möglichst gleichmäßig und ziemlich schwach gehalten werden, weil nur damals eine gleichartige Ablagerung des Metallüberzuges erfolgen wird. Die Erwärmung der Flüssigkeit beförbert den galvanischen Prozeß.

Die mit edeln Metallüberzügen zu versehenden Gegenstände müssen ganz gut gescheuert, und um sie von Fettschichten zu befreien, in sauren und alkalischen Lösungen gebeizt werden. Man nimmt sie während des Prozesses selbst öfters aus der Zersetzungsflüssigkeit heraus, und reinigt ihre Oberfläche mit einer nassen Bürste, die in gepulverten Weinstein getaucht ist, vollständig.

Die Beschaffenheit dieser Oberfläche der zu vergoldenden Gegenstände, die Zusammensetzung der Zersetzungsflüssigkeit, die Stärke und Dauer des elektrischen Stromes haben Einfluß auf die Art der Vergoldung, ob nämlich dieselbe als Glanz- oder Matturvergoldung ausfallen wird. Die vergoldeten Gegenstände werden zuletzt gereinigt und mit dem Polirstahle polirt. Um ihnen die rothe Goldfarbe zu ertheilen, werden sie mit Glühwachs abgebrannt. — Das eben Ausgeführte über Vergoldungen läßt sich mit kleinen Abänderungen auch auf die Versilberungen in Anwendung bringen.

Die galvanische Vergoldung und Versilberung hat die Feuervergoldung, welche wegen der sich dabei entwickelnden Quecksilberdämpfe für die Arbeiter sehr nachtheilig ist, beinahe ganz verdrängt. Die großartigste Anstalt zur Erzeugung von galvanisch-versilberten und vergoldeten Kunstgegenständen und Geräthen besitzen Christofle v. Comp. in Paris.

Chinasilber ist nichts anderes, als Argenian (Packfong oder Neusilber), welches stark galvanisch versilbert wurde.

Auch nichtmetallische Gegenstände, z. B. Holz, Blumen, Insekten u. s. w. können vergoldet und versilbert werden, wenn sie vorher mit einer Fosforlösung überzogen wurden.

An dieser Stelle will ich noch einiger, im Leben öfter vorkommenden Fälle Erwähnung thun, welche auf der chemischen Wirkung des elektrischen Stromes beruhen. Verzinnte — weißblecherne — Gefäße, dergleichen Eisenblechdächer gehen bekanntlich sehr schnell zu Grunde, wenn sie nicht gut verzinnt sind, wenn also das Wasser bald bis zu dem Eisenblech den Zutritt erhält. Eisen und Zinn bilden dann nämlich eine Volta'sche

Kette, wobei der Sauerstoff des durch den elektrischen Strom zersetzten Wassers das Eisen oxidieren und in Folge dessen das Blech sehr bald zerstören wird. Bei Zinkbedachungen müssen aus derselben Ursache die Eisenhaften, welche das Zinkblech auf der Verschalung festhalten, vor Zutritt der Feuchtigkeit, durch das umgebogene Zinkblech (die Falz) selbst wohl geschützt werden. Eisen und Kupfer werden in verdünnter Salzlösung angegriffen, bringt man sie aber unter dieser Flüssigkeit mit Zink in Berührung, so oxidiert sich zwar das Zink rasch, das Kupfer bleibt aber dabei verschont. Darauf gründet sich das Verfahren Davy's Kupferbeschläge der Schiffe durch Zinknägel zu schützen und der ähnliche Vorgang bei Salzsudwerken, die eisernen Pfannen gegen das Anfressen zu bewaren.

Die Galvanoplastik in engerem Sinne.

§. 348.

Die Vorarbeiten.

Die **Galvanoplastik** beschäftigt sich mit der **Abformung der Gegenstände in Metall mit Hilfe des elektrischen Stromes**. Das Metall, fast ausschließlich Kupfer, wird auf den abzuformenden Gegenstand selbst, oder auf einen Abdruck desselben (Matrize) mittels des elektrischen Stromes niedergeschlagen.

Sie besteht aus mehreren einzelnen Arbeiten, u. z.:

1. In dem Anfertigen der Form oder Matrize des abzubildenden Gegenstandes, welche von Wachs, Stearin, aus leichtflüssigem Metall, von Gips, Guttapercha oder einem Gemische von Guttapercha und Kautschuk hergestellt wird.

2. In dem Grafitieren der Form mit fein abgeriebenem Grafit, bis dieselbe einen vollständigen Metallglanz angenommen hat. — Durch das Grafitieren wird die Form, welche gewöhnlich nicht von Metall ist, leitungsfähiger gemacht.

3. In dem Versenken der grafitierten Form in den Elektroliten, welcher aus einer ziemlich gesättigten Kupfervitriolauflösung besteht.

Die Form legt man nämlich auf ein gereinigtes Kupferblech. Sämmtliche Theile der Form und der metallischen Unterlage, worauf kein Kupferniederschlag erfolgen soll, müssen dabei mit Wachs überzogen werden. Während der Kupferablagerung muss vorzüglich darauf gesehen werden, dass sich auf der Form keine Luftblasen ansetzen. — Ein Überfahren der grafitierten Form mit verdünntem Weingeist verhindert dies.

4. In dem Herausnehmen der Form aus dem Elektroliten und der Trennung des Kupferniederschlages von derselben, welches letztere entweder durch das Wegschmelzen oder durch's Losbrechen geschieht.

Der galvanoplastische Apparat für große Gegenstände.

Dem galvanoplastischen Apparat selbst wird bei Behandlung größerer Gegenstände die in Figur 358 gezeichnete Einrichtung gegeben. Er besteht aus einem hölzernen Trog abc, der mit Guttapercha- oder Bleiplatten ausgefüttert ist, welche noch mit Asphaltfirnis überstrichen werden.

Fig. 358.

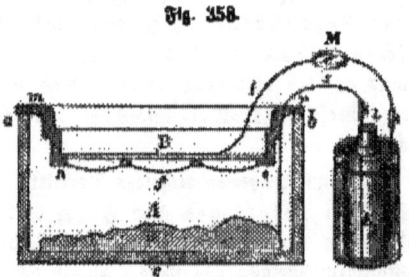

Galvanoplastischer Apparat.

Der mit Kupfer zu überziehende Gegenstand A kommt nun entweder unmittelbar auf den Boden des Troges wagrecht zu liegen, oder derselbe wird auf einen schwebenden Kupferboden gethan, welches letztere wegen Erzielung einer besseren Leitung geschieht. In

diesen Trog wird nun von oben ein vertiefter hölzerner
Rahmen mnor, der auch mit einem Firniß überzogen wird,
eingehängt. Dieser Rahmen besitzt an seinem unteren Ende no
ein Gitter von Holzleisten, auf welches eine Kupferplatte B,
die Anodenplatte nämlich, von der wagrechten Ausdehnung des
Gegenstandes A niedergelegt ist. Damit nicht etwa Kupfertheilchen, welche sich bei der Auflösung der oberen Platte von
dieser losmachen könnten, auf den Gegenstand herabfallen, was
auf die gleichmäßige Kupferablagerung ungünstig einwirken
möchte, wird der Rahmen mit Leinwand oder Flanell f über-
spannt. Der Kasten wird nun mit einer **Kupfervitriollösung** so hoch angefüllt, daß die obere Kupferplatte damit
auch hinreichend bedeckt ist, endlich wird die **obere Platte**
mit dem **positiven**, die **untere** dagegen oder der mit
Kupfer zu überziehende Gegenstand selbst mit dem **negativen
Pole**, also mit dem Zinkpole einer galvanischen Kette, welche
gewöhnlich aus mehreren Daniel'schen oder Smee'schen Elementen
besteht, mittels Dräte oder Blechstreifen verbunden.

Der Strom darf weder zu stark noch zu schwach sein. Die Regulierung
desselben geschieht durch die Vermehrung oder Verminderung der wirkenden
elektrischen Elemente. Die Magnetnadel M gibt durch ihre Ablenkung die
Stromstärke an.

Das sich aus dem Elektroliten auf den Gegenstand nieder-
schlagende Kupfer wird alsogleich wieder durch die Auflösung
der Anodenplatte ersetzt, so daß die Kupferlösung stets denselben Sättigungsgrad behält, was eine Hauptbedingung einer
gleichförmigen Kupferfällung ist. Die hellrothe Fleischfarbe des

Fig. 359.

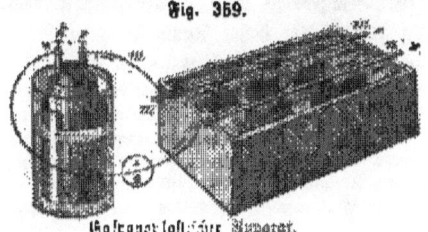

Galvanoplastischer Apparat.

gefällten Kupfers und die glatte, nicht körnige Oberfläche der Kupferschichte sind verläßliche Kennzeichen eines guten Ganges des Prozesses.

Würde man die Form und die Anoden-Kupferplatte in dem Troge in aufrechter Lage einander gegenüberstellen (welche Anordnung bei kleineren Gegenständen vortheilhafter ist), so wäre offenbar der Rahmen überflüssig. In diesem Falle könnten die Gegenstände oder Formen mittels Kupferdräthe auf zwei über den Trog hin gelegten metallenen Stäben aufgehängt werden, wie dieß die Figur 359 zeigt.

Der galvanoplastische Apparat für kleinere Gegenstände.

Fig. 360.
Galvanoplastischer Apparat.

Für kleinere galvanoplastische Arbeiten, z. B. bei Vervielfältigung von Denkmünzen, Siegeln und anderen Gegenständen ist der in der Figur 360 gezeichnete Apparat, welcher ein verbesserter Becquerel'scher ist, anzurathen; denn nicht nur ist derselbe sehr einfach handzuhaben, er benöthiget aber auch keiner galvanischen Batterie. Dieser Apparat besteht aus einem ziemlich weiten Glas- oder Porzellangefäße A, in welches ein oben offener, unten aber mit einer Thiermembrane (Blasen- oder Schweinsblase) verschlossener Glaszylinder mit Hilfe eines Drathringes, der mit Handhaben versehen ist, so hineingehängt wird, daß zwischen beiden Böden ein beiläufig drei Finger hoher Raum übrig bleibt.

Der innere Glaszylinder wird gewöhnlich aus einem Zuckerglase, dessen Boden abgesprengt ist, hergestellt. Im Ermanglungsfalle eines solchen kann auch ein Lampenzylinder gute Dienste thun. Die Befestigung der Membrane und des Drathes geschieht in diesem Falle an einem Siegellackringe, welcher mit geschmolzenem Siegellack auf dem erwärmten Zylinder leicht hergestellt werden kann. — Übrigens kann der Glaszylinder auf einem Holzschämel in das Gefäß hineingestellt werden, auch kann ihn ein poröser Thonzylinder ersetzen.

Die Membrane befestiget man mit Darmsaiten oder mit einem Blasfaden, der aber, um ihn vor Zerstörung durch die Säuren des Apparates zu schützen, mit Wachs oder Pech bestrichen werden muß.

In das innere Gefäß kommt nun zur Erregung des elektrischen Stromes ein vertikal hängender Zinkstreifen oder besser eine wagrecht angebrachte, amalgamierte Zinkplatte z; in das äußere dagegen eine wagrechte Kupferplatte m, welche Form genannt wird. Beide werden mittels eines Kupferdrates oder Streifens verbunden. — Die davon etwas abweichende Einrichtung, wie sie in der Figur 360 gezeichnet ist, wird weiter unten erklärt werden. — Füllt man endlich das innere Gefäß mit sehr verdünnter Schwefelsäure (20—30fache Verdünnung), das äußere dagegen mit Kupfervitriol an, so erfolgt vermöge der Berührung der beiden Metalle Zink und Kupfer mit den entsprechenden Flüssigkeiten ein elektrischer Strom, welcher vom Zink, der sich auflösenden Elektrode nämlich nach der Kupferplatte gerichtet sein wird. Dieser Strom bewirkt nun eine langsame Zersetzung des Kupfervitriols, und in Folge dessen eine allmähliche Ablagerung von regulinischem Kupfer (reinem Kupfer) auf der Form. Befindet sich nun auf der letzteren die Matrize oder der abzuformende Metallgegenstand, so wird sich das Kupfer auf diese niederschlagen und sofort einen Abdruck von denselben herstellen. Geschieht diese Kupferablagerung auf dem Gegenstande selbst, so geht ein negativer Abdruck desselben hervor, d. h. ein solcher, wo die Erhabenheiten des Originales vertieft, die Vertiefungen aber erhaben erscheinen. Ein nochmaliger galvanischer Abzug gäbe in diesem Falle erst eine dem Originale gleiche Abklatsche. Um den galvanischen Abdruck von dem Metallgegenstande leicht loslösen zu können, wird der Gegenstand selbst mit etwas Öl, am besten mit Rosmarinöl eingerieben.

Das Kupfer wird sich während des Prozesses nicht nur auf dem abzubildenden Gegenstande niederschlagen, sondern auch auf allen Theilen der Form und des Drates, welche mit der Kupfervitriollösung in unmittelbarer Berührung stehen. Um diesen Kupferverlust zu vermeiden, werden alle jene Metalltheile, auf welchen kein Niederschlag erfolgen soll, mit Wachs oder mit Pech,

welchem Wachs beigeschmolzen wurde, überzogen. Die Form muß an den Auflage-
stellen der Gegenstände blank polirt sein. Die Ränder der metallischen Matrizen
werden gewöhnlich auch, wegen besserer Leitung, mittels feiner Dräte mit der
Form in Verbindung gebracht. Nimmt man zur Aufnahme von angesäuertem Wasser
anstatt eines Glaszylinders einen solchen von Thon oder ein Thongefäß, so
wird in dieselben ein Zinkstab oder eine Platte aufrechtstehend hineingestellt und
mit diesem ein Kupferstreifen, der in das äußere Gefäß mit der Kupfervitriollösung hineinreicht, verbunden. Auf den herabhängenden Kupferstreifen werden
die Gegenstände, welche galvanisch behandelt werden sollen, befestigt. Das
vertikale Einhängen der Sachen verschafft den Vortheil, daß man sie öfters
herausnehmen, den Prozeß beobachten, nachhelfen und in veränderter Stellung
in die Flüssigkeit zurückversetzen kann, wodurch eine gleichförmigere Ablagerung
der Kupferschichte bewirkt wird.

Vorsichten beim kleineren Apparat.

Sollen die galvanoplastischen Arbeiten mit diesem einfachen
Apparate gelingen, so ist es rathsam einige Vorsichten, wovon
die wesentlicheren hier Platz finden sollen, zu befolgen.

Der elektrische Strom des Apparates muß nämlich äußerst
schwach gehalten werden, weil nur auf diese Weise eine gleichförmige Ablagerung des Metallniederschlages erzielt wird. Aus
dieser Ursache wird auch die Schwefelsäure ungemein verdünnt
genommen. Die fleischrothe Farbe der Ablagerung ist ein sicheres
Zeichen, daß der Prozeß gut vor sich geht. Nach dem Gange
desselben soll auch die Stärke des Stromes regulirt werden.
Dieß geschieht sehr zweckmäßig mit Hilfe der in Figur 360
angegebenen Einrichtung. Ein metallener Träger nämlich ist
zu diesem Behufe neben dem äußeren Gefäße festgemacht, und
trägt zwei messingene Klemmstücke a und x, mittels deren man
die Dräte, welche an ihrem unteren Ende in wagrechte Spiralen
ausgehen, entsprechend hoch einstellen kann. Die eine Spirale
dient als Unterlage für die Zinkplatte, die andere für die
Matrize oder den zu behandelnden Gegenstand. Die Annäherung
beider Spiralen verstärkt den Strom, die Entfernung derselben
schwächt ihn.

Der zu starke Strom fällt das Kupfer pulverförmig und schwammig,
der zu schwache blättrig-kristallinisch. In beiden Fällen besitzt es die gewünschte
Geschmeidigkeit nicht.

Die Kupfervitriollösung soll ferner stets denselben Sättigungsgrad behalten, was dadurch erreicht wird, daß man Kristalle von diesem Salze im Überschusse auf den Boden des äußeren Gefäßes thut, und solche stets erneuert. Auch muß dafür gesorgt werden, daß die aus dem Kupfervitriol durch den Prozeß ausgeschiedene Schwefelsäure durch ein demselben beigesetztes Salz gebunden werde, — am besten geschieht die Bindung derselben durch kohlensaures Kupferoxid, — obwohl ein geringer Überschuß an Schwefelsäure den Elektroliten leitungsfähiger macht und daher den galvanischen Prozeß befördert. Endlich ist noch zu erwähnen, daß auch die Zinkplatte öfters von dem anhaftenden Oxide zu reinigen ist.

Die vortheilhafteste Temperatur der Zersetzungsflüssigkeit ist 14 Grad Réaumür.

Binnen 24 Stunden bildet sich bei einem guten Gange des Prozesses bereits eine ziemlich dicke Metallschichte. Hört der Prozeß auf, so werden einige Tropfen Schwefelsäure genügen, um ihn wieder in Gang zu setzen. Der Apparat arbeitet zwar langsam, liefert aber gelungene Abdrücke. Es versteht sich von selbst, daß man mit einer solchen Vorrichtung auch ganz gut vergolden und versilbern kann. Vergoldungen und Versilberungen von ausgedehnten Gegenständen selbst, wie von Kelchen, Pokalen und anderen Kunstobjekten, Bijouterien u. s. w. können in ähnlichen Apparaten ohne Hilfe der elektrischen Batterien (Säulen) ausgeführt werden.

In diesem Falle werden beide Gefäße von Holz angefertigt. Das innere Gefäß erhält einen Pergamentboden und wird mit der Gold- oder Silberlösung angefüllt. In dem äußeren Gefäße kommt auf einem Kupferroste ein Zinkstab zu liegen, und es wird in dasselbe, um den Prozeß einzuleiten, entweder eine konzentrirte Kochsalzlösung oder eine sehr verdünnte Schwefelsäure gethan. Der galvanisch zu behandelnde Gegenstand wird an einem kupfernen Ständer, welcher mit dem Kupferroste in metallischer Verbindung steht, in die Zersetzungsflüssigkeit hineingehängt. Soll von einzelnen Stellen des Gegenstandes die Goldablagerung ferngehalten werden, so müssen diese mit einem Firniß überzogen werden, der aus Asfalt, Mastix und Terpentinöl bereitet wird.

Die Metallochromie.

§. 349.

In neuerer Zeit werden viele Bijouteriewaren mit Farben versehen, welche auf denselben in den zartesten Abstufungen prangen und wie mit einem Pinsel aufgetragen zu sein scheinen. Diese gefällige Ausschmückung, unter dem Namen Metallochromie bekannt, wird auf galvanischem Wege ausgeführt. Sie geschieht nämlich durch galvanische Niederschlagung von einer sehr zarten Metalloxidhaut (gewöhnlich ist es Bleioxid) auf die Oberfläche der Gegenstände. Bringt man nämlich den blank polierten Metallgegenstand in eine Auflösung von einem Blei-, Kupfer- oder Eisensalze, berührt denselben mit dem positiven Leitungsdrate einer Kette und führt die Spitze des vom negativen Pole ausgehenden Drates gegen die Oberfläche des Gegenstandes, so wird der dadurch in der Flüssigkeit bewirkte Niederschlag die oben angegebene Färbung auf dem Gegenstande erzeugen. Nachdem die niedergeschlagene Metallschichte äußerst dünn ist, so erfolgt dieser eigenthümliche Farbenüberzug aus der nämlichen Ursache, aus welcher der Farbenschimmer auf dem Wasser sich einstellt, sobald man einen Tropfen Terpentinöl auf dasselbe bringt.

<small>Diese Erscheinung und andere ähnliche rühren von der Interferenz der Lichtstrahlen her, d. h. von der Einwirkung, welche die Lichtstrahlen aufeinander ausüben, wenn sie von derartig äußerst dünnen Schichten zurückgeworfen werden.</small>

Von dieser eigenthümlichen Wirkung des galvanischen Stromes kann man sich leicht überzeugen, wenn man ein blankgemachtes Silberblech oder eine Silbermünze nimmt und darauf einen Tropfen einer Auflösung von Grünspan (essigsaurem Kupferoxid) in Essig bringt. Hält man nun in diese Lösung ein unten zugespitztes, blankes Stück Zinkblech hinein, so daß das Silber berührt wird, so werden an den Berührungsstellen in kurzer Zeit verschiedene dunkle und helle Kreise hervorgehen. Sie rühren von den ausgeschiedenen, verschieden dicken Kupferschichten her.

Nachdem sich aber auch nebstbei Kupferoxidschichten niederschlagen werden, so wird man auch bei längerem Hin- und Herfahren mit der Zinkspitze das Entstehen von verschiedenfarbigen Metallüberzügen gewaren., welche Metallfarben besonders glänzend hervortreten, wenn man die Grünspanlösung mit Wasser vom Bleche wegspült.

Rückblick.

§. 350.

Die Erklärung des galvanischen Prozesses und seiner Apparate hat bereits den unverkennbaren Nutzen hervorleuchten lassen, welchen die Galvanoplastik dem Künstler und Gewerbetreibenden darbietet. Anfangs hatte man dieselbe bloß zum Abformen von Medaillen, Münzen und Siegeln verwendet. Gegenwärtig ist ihre Verwendung eine sehr ausgebreitete, und sie nimmt noch immer größere Ausdehnungen an.

Man braucht sie nämlich jetzt zur Darstellung von Monumenten statt des Metallgusses, zur Herstellung von Bijouteriewaren, Ornamenten, Basreliefs, Modellen, selbst zur Anfertigung mathematischer Instrumente, wie z. B. zu jenen getheilter Kreise und Maßstäbe. Der Kupferstechkunst bietet sie besonders große Vortheile dar. Die galvanisch gewonnenen Kupferplatten sind nämlich viel gleichartiger und härter als die gewalzten, die, den gestochenen Original-Kupferplatten ganz getreu nachgebildeten und zum Abdrucke tauglichen, galvanischen Kupferdruckplatten, welche sich in jeder beliebigen Anzahl anfertigen lassen, erlauben von dem gestochenen Originale so viele scharfe und genaue Abzüge zu machen, als man nur wünscht, was gegen früher, wo bloß 1000 bis 1500 guter Abdrücke zu erreichen waren, sehr zu Gunsten der Galvanoplastik spricht. Auch die Stereotipplatten des Buchdruckers lassen sich mit Hilfe der Galvanoplastik viel haltbarer und schärfer, als auf gewöhnlichem Wege herstellen. Das Ätzen der Druckplatten, selbst der

35 *

Daguerrotippplatten, das Anfertigen von Formen für den Kattundruck, u. z. dadurch, daß man im ersten Falle die Platte als positive, in letzterem Falle als negative Elektrode in den galvanischen Apparat bringt, endlich der Naturselbstdruck, mit dessen Hilfe man äußerst getreue Kopien von Pflanzen, zarten Insekten und ähnlichen Naturgegenständen, von Spitzen, Stickereien u. s. w. ausfertigen kann, sind die wichtigsten von den vielen Anwendungen der Galvanoplastik.

Berichtigungen.

72, Zeile 5 von oben, lies: stark, anstatt: start.
147, „ 4 „ „ „ Splitthammer, beim Herausziehen der Nägel, — gleich hinter Biegemesser.
167, „ 6 „ unten „ wird, anstatt: ist.
241, „ 10 „ oben „ wird, „ wirbe.
348. In der Figur 254 ist das rechts stehende A oben mit einem Strichlein zu bezeichnen.
351, Zeile 5 von unten, lies: ist, je, anstatt: wird, je.
361, „ 6 „ „ „ dem Auge des Beobachters, anstatt: dem leuchtenden Gegenstande.
371, „ 1 „ „ „ Schüppchen eines Schmetterlingsflügels, anstatt: Schmetterlingsflügel.
373, „ 14 „ oben „ Schirme ein, anstatt: ein Schirme.
384, „ 11 „ „ „ ist aber dabei nicht allein entscheidend, anstatt: ist allein dabei nicht aber entscheidend.
488, „ 12 „ „ „ (hebt sie dort auf), anstatt: (hebt sie hinauf).
516, „ 5 „ „ „ a, b, c sind Kork- oder Holzstöckl. anstatt: Kork oder Holzstöckln.
518, „ 3 „ „ „ Kohlenpole, anstatt: Kupferpole.
531, „ 14 „ unten „ von r nach o, anstatt: von r nach s.

Druck von Karl Gorischek in Wien.

www.ingramcontent.com/pod-product-compliance
Lightning Source LLC
Chambersburg PA
CBHW031939290426
44108CB00011B/616